JN190577

汲古叢書188

小林　晃　著

南宋政治史論

汲古書院

南宋政治史論　目次

凡例

・本書全体で共通に用いる漢籍の略称は次の通りである。

『繫年要録』　李心伝『建炎以来繫年要録』
『朝野雑記』　李心伝『建炎以来朝野雑記』
『宋史全文』　欠名『宋史全文続資治通鑑』
『綱目備要』　欠名『続編両朝綱目備要』
『宋会要』　清・徐松輯『宋会要輯稿』
『晦庵文集』　朱熹『晦庵先生朱文公文集』
『勉斎文集』　黄榦『勉斎先生黄文粛公文集』
『西山文集』　真徳秀『西山先生真文忠公文集』
『鶴山文集』　魏了翁『鶴山先生大全文集』
『後村全集』　劉克荘『後村先生大全集』

・本文中で史料原文を引用する場合は、原則としてその後段に書き下しを（　）で表記する。
・引用する史料原文中の双行注は〈　〉で表記する。
・引用する史料原文の字句の明らかな誤りを修正する場合は、対象の字句のルビに修正後の字句を（　）に入れて表記し、修正後の字句に従って書き下しを行う。

・引用する史料原文に字句の不明箇所・誤脱があり、それを補った場合は、その字句を［　］で表記し、それに従って書き下しを行う。

・本書で明・鄭真輯『四明文献』を引用する場合は、原則として静嘉堂文庫所蔵抄本（本書第五章二二二頁の①のテキスト）を底本とし、中国国家図書館所蔵清抄本（本書第五章二二二頁の②のテキスト）で校勘したものを用いる。校勘により字句の不明箇所や誤脱が判明した場合の表記方法は右に準ずる。

・本書で『四明文献』史彌遠所収「宋理宗御製丞相衛王神道碑〈其略曰〉」（第六章所掲の「史彌遠神道碑」）、および清・史悠誠纂修『鄞東銭堰史氏宗譜』巻一、鄭清之「宋贈開府儀同三司忠宣公墓誌銘」（第七章所掲の「史彌堅墓誌銘」）を引用する場合は、それぞれ本書第六章・七章での校勘を経た「史彌遠神道碑」と「史彌堅墓誌銘」の史料原文を用いる。

・論文集など単行本に収録されている論文は、繁を避けるため原載雑誌名などは省略し、初出の発表年次を示すに止めた。

南宋政治史論

序　章

はじめに

一〇世紀から一三世紀にかけて中国を支配した宋朝の歴史は、大きく二つの時期に分けられる。いわゆる中国本土のうち、河北・山西の北部を除くほぼ全域を統治した北宋（九六〇～一一二七）の時代と、中国東北から興った女真の金国に華北を奪われ、統治領域を華中・華南のみに狭められた南宋（一一二七～一二七九）の時代とがそれである。この宋代を中国史全体のなかに位置づけようとするとき、宮崎市定氏が、内藤湖南氏の所論を発展させて提唱した「唐宋変革」論は避けては通れない学説だといえる。これによれば、宋代は社会・経済・文化など多くの分野でそれ以前とは質的に異なる変化が生じた一大画期の時代であり、明清時代へと続いていく中国史上の「近世」の揺籃期であったという。そうした変化は政治面でも指摘され、宋代では政府高官の多くが科挙合格を経た士大夫官僚によって担われるようになったことや、中央・皇帝に権限を集中させ、日常的なものも含めたあらゆる政務の最終決定を皇帝が下す、いわゆる「君主独裁制」が形成されたことなどがその内容として挙げられたのであった。[1]

このうち「君主独裁制」については、中央・皇帝に権限を集中させる試みが隋唐の官制によってすでになされていたことが近年改めて注目されている。[2] しかも唐後期には皇帝が些細な日常政務の決裁にまで関与するようになっていたという。[3]「君主独裁制」は宋代に一朝にして形成されたわけではなく、長期的かつ段階的に形成されたと見るのが妥当なのであろう。あるいは明朝初期に宰相が廃止され、皇帝への権力集中がより鮮明になったことを考慮すれば、「君主独裁制」は宋代ではなおも発展途上の段階にあったと評価されるべきかもしれない。また「唐宋変革」論自体も、その後の研究の進展によって修正されるべき点が指摘され[4]、提唱時そのままの形では通用しなくなっており、相対化して再吟味する必要性が生じている。とはいえ、ことを政治面に限るならば、北宋後期の元豊官制がその後の王朝の官制の原型となったことを含めて、宋代が中国史上の一つの画期であったことは確かだといえる[5]。

さて北宋時代の政治の特徴について、内藤湖南氏は「北宋時代には制度も確立して居り、天子が十分なる宰相の黜陟権を持って居つた」、もしくは「政治は皆天子が自分の秘書役たる大臣等と相談してやると云ふことが当り前」になったと述べ[6]、宮崎市定氏は「従来は中央政府の首脳者であった宰相は、単なる天子のブレーンにすぎなくなった」[7]と述べていた。北宋時代ではあらゆる政務の最終決定は皇帝が行うものとなり、官僚機構のトップたる宰相はそれを助けるのみの存在となったことが指摘され、またそれが「君主独裁制」の特徴の一つとも目された。ところが南宋時代の政治については論調が一変してしまう。すなわち内藤氏は「南宋では秦檜、韓侂冑、史彌遠、賈似道など、一時権力が宰相に帰したやうな時もある[8]」と論じ、これらの人物を「宰相の専権者[9]」と呼んでいた。「皆其人一代限りで権力を失[10]」ったことをもって例外的な事象としつつも、南宋では北宋と異なり、大きな権力を行使する宰相が複数登場したことが指摘されたのであった。

右で名前の挙がった秦檜・韓侂冑・史彌遠・賈似道の四人を、愛宕松男氏はのちに「専権宰相」と総称した[11]。なかには北宋末の蔡京をその一人に加える論者もある[12]。本書もこれに倣い、北宋末から南宋にかけて登場し、長期にわたって中央政治を単独で壟断した人物を「専権宰相」と呼ぶことにしよう。それでは内藤氏がいうように、彼ら「専権宰相」は宋代政治史上の例外的な存在だったのであろうか。南宋の四人の「専権宰相」が権力を行使したとされる期間は七〇年にもおよび、それは南宋一五〇年の歴史の半ば近くを占める。南宋とは「専権宰相」の時代であったともいいうるのである。[13]その「専権宰相」を例外扱いすることは、南宋の政治史そのものをも例外と見なし、その研究の必要性を軽視することにつながりはしまいか。一九八八年には寺地遵氏によって南宋政治史の研究が北宋のそれと比べて大きく立ち遅れていることが指摘された[14]が、そうした事態がもたらされた要因の一つはこうしたところにも求められよう。しかもそうした状況は現在においても大きくは変わってはいないのである。

いうまでもなく、宋朝三二〇年の歴史のうち、南宋一五〇年はその半ばを占める。宋代が中国政治史上の画期の一つとして認められればこそ、宋代政治史の全体像を明らかにすることが重要となるであろう。にもかかわらず、南宋の政治史は例外視されて慮外に置かれ、研究もほとんど進展してこなかったわけである。これでは宋代政治史の全貌を見通すことなど望むべくもない。かかる現状を改めるには、「専権宰相」を例外として扱わず、その出現を宋代政治史の文脈のなかに改めて位置づけ直す必要がある。すなわち「専権宰相」の出現をも内在させた、整合的な宋代政治史像を構築することが求められるのである。そのためにはどのような視点から、いかなる考察を行うべきであろうか。先学の研究を振り返りながら検討することにしよう。

第一節　宋代政治の動態的側面と元豊官制への着目

一九九〇年代以降の宋代政治史研究を振り返ると、それ以前になされた梅原郁・寺地遵両氏の提言が一つの画期になっていたことが分かる。右に示した本書の問題関心も両氏の議論の影響を強く受けている。時系列的には前後するが、まずは寺地氏の所論から概観する。

寺地氏は一九八八年に上梓した著書の序論[15]、および一九九六年の論考[16]において、それ以前の日本の宋代政治史研究は多くが北宋前期を研究対象とし、かつ北宋前期の統治機構・政治制度や、王安石に代表される士大夫政治を研究の主題とする傾向が強かったことを指摘した。同氏によると、これはそれらの研究が「唐宋変革」論を理論的な根拠とし、唐・五代からそれほど時代が隔たっていない北宋前期の政治制度や士大夫政治に、それ以前とは異なる「近世」的な要素を見いだそうとしていたことに由来するという。具体的には、北宋前期の機構・制度に「君主独裁制」の諸要素が求められ、王安石には為政者としての自覚を持った士大夫官僚の理想像が投影された。このことは日本の宋代政治史研究に大きな偏りを生じさせた。北宋後期から南宋にかけての政治史研究はきわめて低調となり、王安石以外の政治指導者や、新法改革以外の政治事件についての研究もまた軽視されることになった。こうした状況においては、「政治思想論、政治制度論から解放された、首尾一貫した宋代政治史の包括的記述[17]」は望みえないというのが寺地氏の理解であった。

上述の認識のもと、寺地氏は北宋後期以降、とりわけ南宋期の政治史研究を推進すること、および機構・制度以外の政治史分野の研究を充実させることを提言した。機構・制度以外の研究とは、重大な政治事件・場面における国家意思の決定過程や、日常的な政策決定過程、それらを牽引した有力指導者・集団などの研究を指し、機構・制度研究が政治のいわば静態面を分析するのに対し、これらは動態面を俎上に載せるものである。寺地氏は提言の目的を、「宋政権の生成―発展―衰退―滅亡を一個の不可分な運動過程としてとらえること[18]」に置いていた。その意図は、北宋後期・南宋期の政治的な事件・事象についての実証的な知見を蓄積し、宋朝三二〇年を通じて中央政治がいかに変わったのか、または変わらなかったのかを全体的に把握することにあったものと思われる。明らかになった歴史事実に基づいたうえで、「君主独裁制」の仮説にとらわれずに、かつ北宋・南宋を別個のものとせずに、一貫した視点から宋代政治史の全体を叙述し、そこから宋朝の歴史的個性を考究し直すこと、これが寺地氏の目指したものだったのであろう。

寺地氏により、北宋後期から南宋にかけての政治史研究が不足しているという認識と、それを克服するものとして政治の動態に着目する研究手法とが示された。次はいかなる点に焦点を当てるのかが問題となるが、その大きな手がかりを提供したのが梅原郁氏であった。梅原氏は一九八五年の著書[19]において、北宋後期の元豊官制改革が政治にいかなる影響を及ぼしたのかについての仮説を示した。これによると、元豊官制は「三省にこだわるあまり、宰相・執政の責務、地位が不明確になり、かつ事務が繁雑、停滞する点など」の不都合を生じさせたものの、この問題は「徽宗時代、そして南宋と数次の改革をへて落着くところに落着」いたという。その結果もたらされたのは「宰相の権力の増大」であったとし、「蔡京、秦檜、韓侂胄、史彌遠、賈似道と北宋末期から南宋百五十年にかけての宰相は皇帝の代行ともいうべき巨大な権力を掌握した。独裁的宰相が登場する時のほかは宰相(ママ)はいずれも小粒で、むしろこれといった能力のない人物ばかりである。元豊の改革は宰相の地位を制度的に優越させるのに一役買ったといえるであろうか」との見通し[20]を示したのであった。

「専権宰相」を生じさせた要因の一つが元豊官制にあったとの梅原氏の見通しが、この時点で示されたことの意味はきわめて大きい。これによって「唐宋変革」の例外と見られていた「専権宰相」を、宋代政治史の歴史過程のなかで必然的に生じた存在としてとらえ直す道が拓かれたからである。宋代の政治制度が時代とともに変容し、それが北宋後期以降の現実政治に甚大な影響を及ぼしたとの見方は、動態的な観点から制度史を描こうとするものであり、寺地氏の議論と通底するものが感じられる。梅原氏の見通しは実証的な裏づけを明示したものではなく、また「元、明、清と継承、発展させられてゆく宋代の官僚制度のうち、本当に生きて躍動していたのは、やはり北宋期とくに元豊改革以前のそれであった」[21]とあるように、梅原氏も北宋前期の官制にこそ「唐宋変革」の要素が顕現していると認識していた。しかしその後、元豊官制下の北宋後期政治史を研究する動きが強まったことを踏まえれば、右の梅原氏の議論はその後の研究の方向性をまさに決定づけたものと考えられるのである。

それでは元豊官制とはいかなるものであったのか。南宋政権もまた元豊官制を基本的に継承したため、その基礎的な知識は寺地・梅原両氏以後の北宋政治史研究を理解するためだけでなく、本書各章の内容理解のためにも必須となる。次節で元豊官制改革の特徴、およびその後の宰相制度を中心とした宋朝の中央官制の枠組みについて、先学の成果に学びながら一瞥することにしよう。

第二節　元豊官制改革とその後の中央官制の概要

北宋前期の文官が帯びた肩書としては、本官と差遣とが最も重要であった。本官は三省六部などの唐代前期の官制に由来する肩書だったが、北宋前期では位階・俸禄を示す指標となっており、肩書に示された唐前期官制の職務に当たるわけではなかった。実際の職務を示したのが差遣であり、これは唐代後期に激変する現実に対処するために多く設けられた臨時官職（使職）に由来する肩書であった。北宋前期の百官の実職は、枢要なものも含めて差遣によって示された。当時の中央政府の中枢は、宰相府として民政を統轄した中書門下と、軍政を担当した枢密院であった。中書門下は宰相・副宰相である同中書門下平章事（一～三名）と参知政事（一～二名）によって率いられ、枢密院は枢密使・枢密副使、もしくは知枢密院事・同知枢密院事を長官・次官とし、これらが皇帝輔弼の任に当たった。重要な差遣としては、ほかにも財政を統轄した三司使や、重要な詔勅（内制）の起草に当たった翰林学士、京朝官の人事を差配した知審官院などがあり、これらはいずれも唐前期官制の枠組みには存在しない官職であった。唐前期官制の肩書が有名無実化していたことについて、同時代人も名実の不一致を感じ取っていた。

北宋六代目皇帝の神宗は、こうした北宋前期の官制を元豊五年（一〇八二）五月に一新した。元号を取ってこの改革を元豊官制改革といい、これによって生まれた新官制を元豊官制と称する。[22] 神宗の治世前半に行われた新法改革は王安石の主導でなされたが、元豊官制改革は王安石の下野後に行われており、神宗独自の構想によるものであった。この元豊官制の最大の特徴は、北宋前期の差遣の多くを廃止し、差遣が担っていた現実の職務を唐前期官制の形に編成し直したことにある。つまり三省六部・九寺五監などの整然とした唐前期の官僚制度が、外形的には再現されたのであった。唐前期には存在しなかった枢密院・翰林学士院が存続したことや、吏部・兵部の構成・職掌が唐代と異なるなど、無視しえない相違も見られたものの、それまで位階・俸禄を示すのみであった本官は、これによって新たに実職を持つ職事官として生まれ変わった。また文官の位階・俸禄を示す機能は、唐代の散官をもとにした寄禄階（寄禄官）が作られ、これに引き継がれた。北宋前期の本官・差遣に替えて、新たに寄禄階・職事官が文官の位階と実職とを示すようになったのである。また武官と選人の寄禄階は八代目徽宗朝の政和二年（一一一二）まで制定されず、制定後も調整が続けられた。[23]

元豊官制では三省として中書省・門下省・尚書省が設けられたが、本来の長官職である中書令・門下侍中・尚書令は任命されなかった。三省のトップは、尚書省・門下省の次官を兼任する尚書左僕射兼門下侍郎と、同じく尚書省・中書省の次官を兼任する尚書右僕射兼中書侍郎とによって担われた。この両者が宰相であり、序列により前者を首相、後者を次相と称した。副宰相の任には、中書省の次官である中書侍郎、門下省の次官である門下侍郎、尚書省の第三等官である尚書左丞・右丞が当たった。この四者を執政官と称し、宰相と合わせて宰執と称する。ほかに特別宰相ともいうべき平章軍国重事・平章軍国事が任ぜられた時期もあったが、通常であれば三省には最大六名の宰執が置かれたことになる。[24]

元豊官制改革後も宰相制度はしばしば改変を被った。徽宗朝の政和二年（一一一二）には、尚書左僕射を太宰に、尚書右僕射を少宰に改称するほか、特定の職事官を持たずに三公（太師・太傅・太保）に任ぜられた者を公相とし、宰相の上位に置く公相制が施行された。公相制は宣和七年（一一二五）に廃止され、翌年には太宰・少宰の職事官名も旧に復した。さらに南宋初代高宗朝の建炎三年（一一二九）には中書省・門下省が中書門下省へと合併され、宰執の職事官名も大きく変化した。首相は尚書左僕射兼同中書門下平章事、同じく次相は尚書右僕射兼同中書門下平章事とそれぞれ称され、尚書省・中書門下省のトップとされた。三省の執政官も尚書左丞・右丞が廃され、中書侍郎・門下侍郎を参知政事と改称した。参知政事には通常一～二名が任ぜられたが、南宋四代目寧宗朝以降は三名が任ぜられるケースも見られた。[25]きわめて長大となった宰相の職事官名は乾道八年（一一七二）に左丞相・右丞相と簡潔に改められ、これが南宋滅亡まで継承された。

枢密院は元豊官制においても軍政の最高官府としての立場を保ったが、人事権の及ぶ範囲は高級武官のみに制限された。元豊官制改革により枢密使・枢密副使の職名は廃され、知枢密院事・同知枢密院事が枢密院の長官・次官となり、のちにはその下に簽書枢密院事や同簽書枢密院事が置かれた。ところが南宋になると枢密使が再び置かれ、知枢密院事と併存するなど複雑な様相を呈した。[26]枢密院を率いたこれら複数の職事官もまた執政官と称された。三省の宰相・執政官が枢密院の執政官職を兼任するようになるのも南宋期の特色である。本書では三省・枢密院の宰相・執政官を宰執集団と総称する。

三省の内部を見ると、まず中書省・門下省には中書後省・門下後省が所属し、それぞれ中書舎人と給事中とを長官とした。当初、両後省には諫議大夫・司諫・正言などの諫官が分属したが、南宋初期に諫院が別置されてそこの所属となり、両後省から独立した言路官（言事官）となった。[27]両後省を経由して出される命令文書は、中書舎人・給事中の審査と認可を受ける必要があり、命令が不当であれば中書舎人・給事中は意見を付してこれを差し戻すことができた（封還・駁正、あわせて封駁という）。そのため中書舎人・給事中は言路官としての性格も帯びたとされる。[28]また中書舎人は翰林学士院の官僚（翰林学士・翰林権直・学士院権直など）とともに詔勅の起草を分担した。翰林院が重要な内制の起草を命じられたのに対し、中書舎人はそれよりも重要度の低い制誥（外制）の起草に当たった。中書省と門下省が南宋で合併されて以後も、両後省はそれぞれ独立した機関として存続した。[29]

尚書省は上部機構の尚書都省と、下部機構の六部とで構成された。尚書都省は都司とも称され、左司・右司に分かれて六部との文書のやり取りを統轄し、長官・次官として郎中・員外郎（両者を郎官と総称する）が左右司にそれぞれ置かれた。左司は吏部・戸部・礼部を、右司は兵部・刑部・工部をそれぞれ管轄した。

六部は各部の長官・次官たる尚書・侍郎がこれを統轄し、各部には四司ずつ、合計二十四司の部局が置かれ、二十四司の各長官・次官を郎中・員外郎と称した。このうち吏部司と戸部司には郎中・員外郎は置かれず、吏部司を構成する尚書左選・右選と侍郎左選・右選の四部局（吏部四選）に郎中・員外郎を、同じく戸部司を構成する左曹・右曹にも郎中・員外郎をそれぞれ設ける措置がとられた。唐代には兵部が担った武官の人事は、元豊官制では枢密院のほか、吏部の尚書右選・侍郎右選がこれを担うようになった。そのため兵部は廂軍や郷兵の名籍の管理などを行うに過ぎなくなったという。また戸部右曹は新法改革で生み出された財源を管理し、当初は朝廷によって管轄されたが、南宋初期に戸部尚書が左右曹の両者を統轄する形に改められた。[30]南宋初期にはこのほか郎官の兼任による二十四司の併合が進められ、[31]刑部が刑部・都官の二司によって運営されること、および礼部・兵部・工部がそれぞれ一司によって統轄されることが隆興元年（一一六三）に定められるなど、時期による変動が大きかったようである。[32]
元豊官制では六部に加えて九寺五監も再現され、九寺には長官・次官たる卿・少卿が、同じく五監には監・少監がそれぞれ置かれた。ただし南宋初期に重要度の低い寺監の合併が行われ、衛尉寺は兵部に、太僕寺は駕部に、少府監は工部に各々併合され、その後も再設置されることはなかったとされる。[33]

北宋前期官制における重要な言路機関であった御史台は、元豊官制においても同様の官庁ではあったが、元豊官制改革の直前に吏・戸・礼・兵・刑・工の六察案が御史台に設けられ、のちにその管轄は六名の監察御史に委ねられた。六察案は中央・地方の諸官庁の文書行政の監察を職務とし、これにより監察御史は言事機能を失い、言路官ではなくなった。言事は御史台の長官の御史中丞のほか、侍御史・殿中侍御史にのみ認められ、御史台は監察機能を増大させた反面、言事機能を北宋前期よりも弱体化させた。ただし南宋の乾道八年（一一七二）に、監察御史に中央・地方を問わず、官僚の特定の不法行為に限って言事を行うことが認められ、言路官としての職掌が一部回復されたようである。[34]

以上、元豊官制改革とその後の中央官制について確認した。次節では北宋後期政治史について、いかなる研究が一九九〇年以降の日本で行われてきたのかを分析することにしよう。

第三節　一九九〇年以降の北宋後期政治史研究の展開

一九九〇年以降の日本では北宋後期の政治史研究が活発化し、本書の議論の前提ともなる研究成果が多く示された。まずは平田茂樹氏の研究から見ていこう。同氏は南宋で「専権宰相」が誕生した原因が、元豊官制のもとで宰相への権力集中が進んだこと、および言路官が弱体化したことに求めた。平田氏によると、宋代の日常的な政策決定は、百官が皇帝と対面して意見具申する対（上殿奏事）を中心になされる。対を行う機会は行政の中心であった宰執や六部尚書・侍郎に優先的に与えられたほか、御史台官・諫官などの言路官にも高い頻度で認められ、それ以外の官僚たちにも様々な機会に対が許された。対を通じて皇帝にもたらされる様々な情報、とりわけ言路官による政治批判は宰相の権力を強く抑制した[35]。ところが哲宗朝以降、言路官の推薦権が宰相に認められたことで両者が強く結びつき、対による宰相権力の抑制がうまく働かなくなった[36]。また哲宗朝では新旧両法党の政争が激化した結果、対立党派に朋党のレッテルを貼り、詔獄（皇帝の詔勅で設けられる特別裁判）によって弾圧する政治手法がとられるようになる。審理が宰相により主導される詔獄は、宰相が対立党派を排斥するための手段となった[37]。これらが南宋に継承されたことが、「専権宰相」を生み出す原因として作用したというのである。

皇帝と百官との接触機会を重視した平田氏の議論は、皇帝の日常生活やそれを営む空間への着目を必然的にともなうものであった。ミクロな視点から政治事象を分析する手法は、政治史をより動態的にとらえうる可能性を拓くものであり、今後も継承されるべきであろう[38]。しかし平田氏の研究は、宰相の権力増大に一層の拍車をかけた要素や、その結果として生じた現象に焦点を当てたものであって、そもそも元豊官制のいかなる仕組みが宰相の権力を増大させたのかという根本的な問題には立ち入ってはいなかったといえる。

元豊官制がどのような構想のもとで形成され、それによって宰相の権力はなぜ増大し、その後の政治過程のなかでいかなる変容を遂げたのかを体系的に追究したのは熊本崇氏であった。同氏は元豊官制の特徴を、神宗が新職事官の職権を微細な点まで取り決め、その厳守を官僚たちに求めたことに見いだす。六部・寺監の形に再編された新職事官は尚書省に統轄され、その尚書省は宰相が率いるわけであるから、新職事官は宰相を頂点とする階層秩序に絶対的に服従することを強いられる。[39]かかる職権と階層秩序は宰執の内部にも例外なく取り入れられた。元豊官制は首相・次相に三省のうち二省ずつを、最大四名の執政官に三省のうち一省ずつを管轄させ、宰執全員を所管の省の職務に拘束した。このことは宰相と執政官の権限・階層の格差を明確なものにした。宰相の地位はそのほかの官僚と比べて隔絶したが、その職権には制限がかけられたのである。また首相・次相の権限にも門下省・中書省のいずれを管轄するかで相違があり、中書省を管轄する次相は進擬権（人事や新規の措置を皇帝に提言する権限）を持つがゆえに首相よりも大きな権力を持った。皇帝からの諮問に応じて幅広い職務に関与し、かつ相互の職権の差異が曖昧であった北宋前期の宰相・参知政事とは正反対のあり方といえる。[40]熊本氏はこうした元豊官制を、宰相を皇帝の意思の忠実な遂行者に規定しつつ、君主の独裁権をさらに徹底させたものとして位置づけたのであった。[41]

熊本氏の所論を筆者なりに解釈すれば、元豊官制は宰相を皇帝に逆らいようのない存在に止めつつも、政治上に皇帝の意思を忠実に反映させるための、皇帝にとって最も頼れる片腕として機能しうるように仕立てようとするものであったといえるであろうか。元豊官制において、皇帝は官僚機構の頂点に据えた宰相を通じ、自らが望む政策を強力に推進することができたと考えられるからである。仮に皇帝と宰相の政見が一致し、皇帝がその宰相を強く信任する場合、そのほかの官僚は皇帝―宰相ラインで進められる政策を阻みえなくなるであろう。熊本氏によると、宰相に行政を広く統轄させることは仁宗朝で范仲淹がすでに提言しており、それは北宋中央が対西夏戦争に迅速に対応できなかったことへの危機感からなされた。神宗は范仲淹の問題意識を継承し、君主の立場からその構想を実現させようとしたのだという。[42]あるいは神宗は王安石とともに進めた新法改革において、反対派の官僚たちがこれに頑強に抵抗しえたことを問題視し、それを二度と許さない体制作りを目指したのかもしれない。元豊官制は士大夫に為政者であることよりも、所与の職権の忠実な執行者であることを求めたという熊本氏の総括は、[43]右の推測をある程度裏づけるように思われる。

さて神宗朝の元豊官制では、三省の宰執たちは皇帝視朝の場において、各々が所管する省ごとに一班を作って上殿奏事を行った。このうち中書省が進擬権を独占して大きな実権を持ったが、哲宗朝初にこの原則に変更が加えられた。人事などの進擬は、三省の宰執が事前に聚議したうえで三省共同の一班を作って上奏することとなり、進擬権が三省に開放されたのである。熊本崇氏によると、三省の宰執全員が進擬権を平等に享受するためには、聚議の適正な運用が条件となるが、実際はうまく機能しなかった。二省を管轄する宰相は、各省の閉鎖性を利用して執政官を分断することで、容易に聚議の主導権を握れたからである。[44] しかも進擬権の開放は、首相に中書省の職権の一部をも付与することを意味したから、首相は三省全てにわたる権限を獲得し、その職権の範囲は次相を上回った。これでは次相が欠員であれば、執政官は首相の独走を防ぐことは困難となる。三省共同進擬の導入は、権限が特定の宰相に集中する傾向を現出したというのである。[45]「専権宰相」を生みだす前提条件の一つが、元豊官制改革とその後の制度の変容過程にあったことは、熊本氏の研究によって確実になったといえるであろう。

ここまでは北宋後期の官僚機構の変容を見てきたが、実は同時期に皇帝の詔勅をめぐる制度にも大きな変更が加えられた。徳永洋介氏の研究[46]に沿ってその内容を見てみよう。宋代の詔勅は、三省（北宋前期は中書門下）から発布されるのが原則であった。ところが神宗朝において、内降手詔を新たに聖旨（詔勅）とすることが定められた。内降手詔（内降）とは宮中から三省を経ずに下される皇帝の特旨のことで、内批・御批などとも呼ばれた。その発令には三省・枢密院による覆奏が条件とされたものの、徽宗朝に内降が御筆手詔（御筆）に改められ、その不履行や施行期限に厳しい罰則が科されると、三省・枢密院による覆奏もうまく機能しなくなり、濫発された御筆が法制を混乱させる局面も見られた。そのため南宋では御筆にかかわる罰則・期限は大きく緩和され、発令前に三省・枢密院が覆奏を行う原則も再確認された。しかし即応性と効率性に優れた命令形式である内降・御筆の登場は、各行政機関が事前に周到な原案を用意して先に内降・御筆による許可を取得し、三省・枢密院が事後的に覆奏してそれを追認する慣例を必然的に発達させた。中央行政の内部に三省・枢密院の関与を必須としない領域が形成されたのである。また内降・御筆は皇帝の家政機関である尚書内省の女官によっても作成された。徽宗朝になって尚書内省に六部に対応した六司が設けられると、皇帝は六部から提出される文書を御筆によって直接処理できるようになったのであった。

元豊官制での行政は、三省と各機関とが文書を複雑にやり取りして処理するように設計されていたため、行政文書の処理に深刻な遅滞が生じた。あるいはこのことが行政を迅速に進めうる内降・御筆の価値を一層高め、官僚たちにそれを受け入れることをより強く促したのかもしれない。いずれにせよ、神宗が宰相に行政を強く統轄させる元豊官制を施行しただけでなく、その宰相を関与させずに皇帝自ら政務を裁決しうる体制をも同時に発達させていたことに疑問の餘地はない。神宗以降の皇帝は、宰相を頂点とする官僚機構から完全に隔絶した地位を得ていたといえるであろう。

ただし神宗以後の政治史については、寺地遵・藤本猛両氏が異なる理解を示していたことが留意される。藤本氏は北宋徽宗朝において、徽宗が宰相の蔡京と二度も政策の方向性や主導権をめぐって争ったと主張し(47)、同じく寺地氏は南宋高宗朝において、宰相の秦檜の影響力が最終的に皇帝を凌駕し、高宗は官僚機構を統制できなくなったと見なしたのであった(48)。両氏の議論は、神宗以後の宰相が皇帝に伍しうる実権を有したことを示唆するものであり、右の理解と大きく齟齬する。このうち寺地氏の議論については、その依拠する史料の記述が不正確であることを清水浩一郎氏が指摘している。清水氏は、秦檜が文書行政の体裁を最低限守っていたことから、その政権を制度から逸脱したものでも、また皇帝に制約を加えるものでもなかったと結論づけたのである(49)。右の寺地氏の議論の妥当性には疑問が残る。

次に藤本氏の見解を見てみよう。同氏は神宗朝で構築された皇帝主導の政治体制は、哲宗朝初に首相が三省全ての権限を獲得したことで御破算となり、首相は皇帝が政治を主導するうえでの障害物になったと解釈した[50]。そのうえで徽宗朝の政治史を、徽宗が蔡京と対立しながら皇帝主導の政治を再建していく過程として描いたのであった。それではその議論は妥当であろうか。藤本氏の議論は、熊本崇氏の前掲所論を継承して展開されているが、その継承の仕方に問題が感じられる。確かに熊本氏は、神宗が宰相の権限を三省に分割し、かつ宰相以下を官僚化することで、宰相を皇帝の意思の忠実な遂行者に仕立てたと論じていた。だがこれはあくまでも神宗の主観的な意図を推測したものであろう。神宗は確かに宰相が皇帝を蔑ろにして政治を私物化することを危惧し、元豊官制にそれを防止する措置を施したが、それは神宗個人の猜疑心によってなされたに過ぎず、当時の宰相が現実にそうしたことをなしえたのか、あるいは皇帝がそれを防ぎえなかったのかは別の問題である。つまり神宗の思惑と現実政治とを峻別する必要がある。神宗が施した防止措置が撤廃されたことをもって、即座に皇帝の政治的な主導権が毀損されたと見なすのは論理が飛躍しているといわざるをえない。

藤本氏によると、崇寧五年（一一〇六）における蔡京の罷免は、対遼穏健策を支持する徽宗と、強硬策を唱える蔡京との対立の結果であった。蔡京罷免後も執政官の多くは蔡京に近い強硬論者に占められたため、徽宗は自身が任じた穏健派の宰相とともに対遼融和を実現したという。藤本氏はこの事件を、徽宗による上からの政変であったと解釈した[51]。しかし客観的に見て、これは皇帝が現任の宰相の政策に不満を感じ、それを罷免して新任の宰相とともに政策の軌道を修正したという、ありふれた事件に過ぎないのではないか。徽宗がその気になれば蔡京の罷免も、対遼政策の転換も問題なく成し遂げられており、蔡京にはそれを阻止することは不可能であった。哲宗朝以降、首相に実権が集中したことは事実としても、それは官僚機構内でのことに止まり、宰相が皇帝の意志の忠実なる遂行者であることをも変更することはなかったと見るべきであろう。[52] 次節で見るように、徽宗はのちに公相制を施行し、宰相の実権をより強化することになるが、右の藤本氏の所説ではこのことを整合的に説明しえなくなる。[53] このことも同氏の議論が誤っていることを示すといえよう。

もちろん人際関係が政治に大きな影響を及ぼした前近代中国であれば、皇帝が自分を擁立した宰相に一定の配慮をせざるをえない場合など、政治的な状況によっては皇帝が宰相を強く抑止しえないケースが生じたのは当然である。[54] しかしながら通常であれば、神宗以降の皇帝の眼前には、自らの信任する人物を宰相に起用して政権運営を委ねるか、自ら行政の前面に出て主体的な政権運営を行うか、二つの選択肢が用意されていたものと考えられる。皇帝は自身の能力やその時々の状況に応じて、いずれかの手法を随時選択し政権運営を行なった。徽宗が御筆を積極的に行政に用いたのは、右のうち後者による政権運営を強化する試みであったろうし、また公相制を施行したのは前者による政権運営を効率化する試みだったのであろう。当時の政治史は、皇帝と宰相のいずれの権力が大きいかというシーソーゲームのような問いが、もはや意味をなさない段階にあったというのが本書の立場である。

以上、本節では近年の日本における北宋後期の政治史研究について概観した。いずれも北宋・南宋の政治史を断絶ではなく、連続として理解しようとする問題意識が強く表出された成果であったといえる。それでは同様の問題意識を持つ論者によって、南宋政治史はいかに論じられ、そこにはどのような問題点が見いだされるのか。節を改めて論じることにしよう。

第四節　両宋政治の連続性からの「専権宰相」理解とその問題点

前述したように、寺地遵氏は一九八八年以前の日本における南宋政治史研究の低調さを問題とした。もちろん当時においても、南宋政治についての研究が皆無だったわけではなく、山内正博氏による南宋初期の武将勢力についての研究[55]や、川上恭司氏による総領所研究[56]、衣川強氏による秦檜・韓侂冑研究[57]など、今後も継承されるべき重要な成果が挙げられてはいた。寺地氏が問題視したのは、南宋政治史の全体的な見通しが欠けていたことで、それらが孤立的な成果に止まっていたことにあったのであろう。

そうした南宋政治史研究の状況に、大きな変化を与えたのが寺地氏の研究であった。寺地氏は南宋初期の政治史を、北宋後期からの連続性に着目して描くことを試みた。同氏によると、成立直後の南宋政権は、第一に金国との安定的な共存関係をいかに築くか、第二に靖康の変によって崩壊した宋朝の軍事力をいかに再編して皇帝のもとに一元化するかという二つの大きな政治課題に直面した[58]。南宋政権は最終的には金国に臣従して和平を締結し、岳飛らが率いていた軍隊の指揮権を中央に回収して皇帝の直轄軍とすることで右の二つの問題を解決し、これによって安定的な政権の基盤を形成した。このうち後者の軍事指揮権の回収については、五代後周から北宋にかけての軍事力の中央への集中という国是を継承したものであったという[59]。前者の金国との和平については、北宋政権が中国本土の防衛者であったのに対し、南宋政権は北方の領域を放棄したのであるから、政権の性格が変質したともとらえうる[60]。ところが前者についても寺地氏は、燕雲十六州を契丹に割譲した五代後晋や、澶淵の盟によって契丹と和平を結んだ北宋三代目真宗の政策路線を継承したものとする見解をのちに示した[61]のであった。

また寺地氏は、初期南宋政権の中枢を担った人物の多くが、北宋末期の政権指導者であった蔡京・王黼・童貫らと人脈的に結びついていたことに注目した。南宋初期の宰相であった黄潜善や呂頤浩、および彼らが起用した実務官僚は、その多くがもとは蔡京・王黼の流れを汲んだ官僚であった[62]。また哲宗朝で宰相となった王珪は新法派として知られるが、その女子は徽宗朝の宰相鄭居中に嫁ぎ、一族の一人は童貫の庇護を受けるなど、王氏は北宋末の政権中枢と浅からぬ関係を築いていた。秦檜の妻王氏こそはその王珪の孫女であり、秦檜もまた北宋末の政府上層部からの流れを引く人物だったと推測される[63]。北宋末と南宋初の政権担当者の間には、人脈的な継承関係が色濃く見いだされるのである。

寺地氏は、両宋間の重要政策の理念や政権担当者の人的な継承関係から、両宋の政治的な連続性を立証しようとしたのであり、かかる視点からの研究としては先駆的なものであった。しかし先駆的であったがゆえに、北宋政治のいかなる要素が秦檜政権の出現につながったのかを問うことはいまだなかったといえる。この問題に正面から切り込んだのが前節の熊本崇氏であり、その研究成果を継承した清水浩一郎氏であった。清水氏の研究は、北宋末期の徽宗朝の公相制を分析したものと、南宋の三省制を分析したものとがある。本来であれば前者は前節で論じられるべきだが、清水氏は北宋公相制と南宋三省制の制度的な連続性に強く着目しており[64]、二つの研究は不可分であるため本節でまとめて論じる。

元豊官制においては、宰相は首相の尚書左僕射兼門下侍郎と次相の尚書右僕射兼中書侍郎によって担われたが、政和二年（一一一二）に施行された公相制はこれに改変を加えた。右の二つの宰相職を太宰兼門下侍郎・少宰兼中書侍郎に改称して「次相之任」としたのである。加えて、具体的な職事官を持たずに太師・太傅・太保のいずれかに任ぜられた者を公相と称し、これを宰相（「真相之任」）とし、太宰・少宰の上位に置いた。清水氏によると、元豊官制の三省の宰執は宰相・執政官の二階層に分かれていたが、公相制はこれを宰相（公相）・旧宰相（太宰・少宰）・執政官の三階層に再編するものであった。[(65)]

宰執の名称や階層構成が変更されただけでなく、公相に行政上の実権が付与されたことも公相制の重要な特徴であった。公相は三省を総領することが規定されたが、同じく三省全てにわたる権限を持った平章軍国重事などと異なり、公相は三省の日常的な政務の決裁にも責任を持ったという。[(66)]さらに清水氏は、公相制の施行にともない尚書省の制度上の長官であった尚書令が廃止されていたことにも着目する。尚書令の廃止によって尚書省の行政文書の簽書（署名）では、それ以前は「尚書令　闕」と記されていた箇所に公相の肩書・姓名が記されることになった。公相が旧尚書令庁を治所としたことからも、公相とは尚書令を一度廃止して、それを改めて具象化したものであったとする。これによって公相を旧来の首相の上位に置く階層秩序が制度的に裏づけられた。わざわざ尚書令を廃止したのは、公相の職権が尚書省だけでなく三省全てにわたることを規定し直す必要があったからだという。ここから清水氏は、公相を「権限を三省に拡大された尚書令」であったと見なした。[(67)]公相制によって独員宰相の存在が制度的に認められたからこそ、公相となった蔡京・王黼は独員宰相として大きな権限を行使しえたというのである。

このような特徴を備えた公相制であったが、欽宗が即位した宣和七年（一一二五）に廃止され、靖康元年（一一二六）に元豊官制に戻された。さらに南宋が成立すると、建炎三年（一一二九）四月十三日にその元豊の三省制にも改変が加えられることになった。第二節でも見たように、中書省と門下省が合併されて中書門下省が発足したのである。南宋は中書門下省・尚書省を官僚機構の頂点とする、いわば二省制をとったわけであるが、宋人はこれをあくまでも三省と称し続けた。本書もまた宋人に倣って中書門下省・尚書省を三省と総称し、その体制についても清水氏と同じく南宋三省制と呼ぶこととする。[(68)]南宋の宰相は尚書省と中書門下省を統轄することとなり、その職事官名は尚書左僕射兼同中書門下平章事（首相）と尚書右僕射兼同中書門下平章事（次相）に改められた。また執政官では尚書左丞・右丞が廃止され、中書侍郎・門下侍郎が参知政事に改称されることになった。清水氏によると、四ヵ月後の同年八月十日には尚書省にかかわる職権までもが参知政事に付与されたという[69]。引き続き南宋三省制についての同氏の議論の概要を確認しよう。

南宋三省制は、建炎三年（一一二九）四月に呂頤浩の主導によって形成され、その改革案は元祐年間（一〇八六〜一〇九三）の司馬光の遺奏[70]を根拠としていたとされる。司馬光の遺奏は門下省を中書省に併合して廃止することを主張したものであり、確かにそれに沿って改革が行われたようにも見える。しかし南宋の三省制はそれだけに止まらず、宰相に三省を統轄させるという司馬光の本来の主張にはない変更までもが加えられていた。これは宰相の権限を徽宗朝の公相と等しくしたことを意味する。ここから清水氏は、南宋の三省制とは元豊の三省制を否定し、公相制を模倣しようとしたものであり、司馬光の遺奏はそれを糊塗するために引き合いに出されたに過ぎないと断じたのであった[71]。

南宋三省制もまた、宰相への権限集中という北宋後期以来の政治的な潮流の延長線上に位置していたことが理解されよう。しかしその潮流の行き着く先が秦檜を始めとする「専権宰相」の出現であったとすれば、南宋では独員宰相がその地位を保持するのは、北宋後期よりも容易だったことになる。その原因は南宋の三省制のいかなる要素に見いだせるのか。清水氏はこの問題を告身（任官文書）における三省の簽書（署名）のあり方から解き明かそうとした。元豊の三省制では、唐代前期と同じく三省から発給される行政文書が発効するには、規定された各省の責任者の署名が具備されている必要があった。中書省→門下省→尚書省と送られた勅授告身を例とすると、中書省では長官か次官、および中書舎人の署名が必須とされ、次の門下省でも同じく長官か次官、そして給事中の署名が必要であった。さらに尚書省では左・右僕射いずれかの署名とともに、左・右丞いずれかの署名も原則として必要とされ、そののちに吏部の官僚たちの署名がなされた(72)。首相・次相が二省を管轄していたことを考慮すると、元豊官制では最低でも三名の宰執の署名がなければ勅授告身は発効しなかったことになる。当時の三省の宰執は最大六名であるから、現実には三名以上が在職していることも多かったろう。特定の宰相が自分の意のままに行政を動かすためには、自分以外の二名から五名の宰執の同意を常に取り付ける必要があったのである。

これに対して、門下省が合併・廃止された南宋の三省制では、勅授告身は中書省から門下省に送られる過程が省かれ、中書門下省での手続きのあとすぐに尚書省に送られた。中書門下省では首相・次相と最大二名（嘉泰三年（一二〇三）以降は三名）の参知政事、および中書舎人・給事中の署名がなされ、尚書省でもまた首相・次相・参知政事と吏部の官僚たちの署名がなされた(73)。三省所属の宰執全員が三省全ての権限を有したがゆえに、中書門下省と尚書省で署名を行う宰執は全くの同一人物となる。ただし宰相と執政官の間には明確な階層秩序があり(74)、宰相に在職者がいる場合、参知政事にはその職務を代行する権限はなく、実務を処理するうえで宰相の署名は必須となる(75)。また首相・次相間の職権は同等であるうえに、二名の参知政事の間の職権も同等であった。首相・次相のいずれか一方がいれば実務は問題なく処理でき、参知政事が不在でもその職務は宰相によって代行された(76)。三省所属の宰執は最大四名だったが、宰相一名と参知政事一名でも行政の運営には支障がなく、極端なところでは宰相が単独で在職するだけだったとしても、三省の行政は処理しえたのである。ごく少数の宰執による行政の処理を可能にしたのが南宋の三省制であり、それゆえに独員宰相の長期在任が許容されたものと清水氏は推測したのであった(77)。

熊本崇・清水浩一郎両氏の研究により、秦檜政権が北宋後期の政治的な潮流から生み出されたことはほぼ明らかになった。これらは両宋の政治史の連続性を重視する研究であり、第一節で見た梅原郁氏の見通しの一部を立証するものであったといえる。しかしここで想起したいのは、梅原氏が秦檜だけでなく、韓侂冑・史彌遠・賈似道の各政権までもが全て「宰相の権力の増大」によって生じていたと見ていたことであろう。[78] この梅原氏の見通しはその後、極端な方向へと発展してしまう。というのも、二〇〇六年の著書において梅原氏は、北宋末の蔡京を「徽宗皇帝の神輿を担ぎ、権力と財力を一手に収め、反対派は全て追放し、追従する連中だけを相手にした」人物であったと見なしたうえで、「南宋一五〇年、その社会は、実質的には徽宗時代と大差なく、政権の担い手たちや皇帝も、蔡京と徽宗の繰り返しに過ぎなくなる」[79] と述べていたからである。さらに同氏は南宋政治史それ自体についても、「そこでは中国社会を揺り動かすような新しい活動は、その萌芽を含めても、少なくとも政治的側面では全くと言ってよいくらい見られ」なかった[80] と否定的な評価を下したのであった。

梅原氏が南宋政治史をこのように評価した理由の一つは、同氏が秦檜・韓侂冑・史彌遠・賈似道の四政権を、いずれも「宰相の権力の増大」によって生じた類似した政権だと認識していたことに求められよう。この四政権が同質であったとすれば、最初の秦檜政権が北宋末政治史の延長線上に生起したことが説明された時点で、それに続く三政権もまた同様に理解されるのは道理だからである。これによって梅原氏は、秦檜以下の四政権をあたかも北宋末の蔡京政権の焼き直しであったかのようにとらえたのであった。確かに右の四人は「専権宰相」と総称され、梅原氏以外にもこの四政権を一括りにして扱う論者は多い。[81] しかしそこに重大な陥穽が潜んでいたように思われる。この問題については、南宋二人目の「専権宰相」韓侂冑についての安倍直之氏の所論[82] が大きな手がかりを与えてくれる。

安倍氏は、寧宗朝前期に活躍した韓侂冑が「専権宰相」の一人に数えられるにもかかわらず、実際にはほとんど宰相の地位になかったことに着目した。韓侂冑は科挙ではなく恩蔭によって出仕した武臣官僚であり、そもそも宰相になりうる資格を持たない人物であった。韓侂冑は十三年間にわたって政治を壟断したが、特別宰相の平章軍国事を務めたのは最後の二年間だけで、それ以外の期間は知閤門事や在京宮観の官職にあった。[83] 知閤門事は宮中儀礼の差配や上奏文の皇帝への取り次ぎなどを担った皇帝側近の武官職であり、在京宮観は具体的な職掌を持たないものの、皇帝の意向次第で随時引見される可能性を持つ官職だった。韓侂胄による政治の壟断は秦檜と異なって宰相の権限によらずに、自身を信任する皇帝の影響力を借りて行われたのであった。

安倍氏によると、こうした韓侂胄政権が寧宗朝で誕生した原因は、南宋二代目孝宗朝の政治に求められる。孝宗は本来の諮問役である宰執ではなく皇帝側近の武臣官僚を重用し、宰執に掣肘されずに主体的に政治を行いうる体制を模索した。孝宗は側近武臣と相談して決めた人事や政策を、御筆によって直接現場に下して施行し、政策決定過程から宰執を排除したのである。これにより孝宗朝では、知閤門事や在京宮観などを務めた一部の皇帝側近武臣が、宰執をも圧倒する現象が見られた。(84) 孝宗朝の皇帝側近武臣のあり方は、寧宗朝の韓侂胄のそれと酷似しているというのである。(85)

安倍氏の議論により、韓侂胄・秦檜の両政権の権力形態が全く異なっていたことが示された。この事実は梅原氏の前掲所論の妥当性に大きな疑義を突きつけるであろう。ここにおいて我々はようやく本書の課題らしきものの端緒をつかむに至った。次節にてさらに追究することにしたい。

第五節　本書の課題

四人の「専権宰相」が一五〇年の間に次々に登場したことは、南宋政治史の大きな特徴であった。だがその「専権宰相」という呼称は、そもそも明確な定義づけがなされたものではない。秦檜・韓侂胄・史彌遠・賈似道が最終的に宰相もしくは特別宰相（平章軍国事・平章軍国重事）となり、長期にわたって中央政治を壟断したことをもって便宜的に一括りにされていたに過ぎなかったのであった。にもかかわらず、梅原郁氏が四人の「専権宰相」の政権が権力形態を同じくしていたことを所与の前提とし、南宋政治史の全てを北宋徽宗朝政治史の焼き直しであったかのようにとらえたのは[86]、この間の研究で北宋から南宋への政治史の連続性が重視された反面、南宋政治史の内実それ自体への関心は相対的に低いままとされ、その史実の解明が進まなかったことによるのであろう。しかし梅原説のそうした前提は、韓侂冑政権の内実を探った安倍直之氏の研究[87]によって覆されることになった。宰相として政治を主導した秦檜と、皇帝側近の武臣官僚として権力を掌握した韓侂冑とでは、その政権のあり方の相違はあまりにも大きいからである。さらに安倍氏に続き、寺地遵氏も南宋末期の賈似道政権について、それが対モンゴル防衛の必要から生み出された軍事政権であったとする新たな見方を示した[88]。両氏の研究成果は、これまで一括りにされてきた四人の「専権宰相」の政権が、実際にはそれぞれ異なる歴史的個性を帯びていたことを示唆する。我々は秦檜・韓侂冑・史彌遠・賈似道の四政権を安易に同列に扱って議論を行うことがもはや許されなくなったといえるであろう。

安倍・寺地両氏の所論はこれだけに止まらない。安倍氏は韓侂冑の先駆ともいうべき皇帝側近武臣の活躍が孝宗朝ですでに顕著に見られたことを指摘し[89]、同じく寺地氏は賈似道に先立ち、史嵩之政権が対モンゴル戦線の将帥を中央から統轄する体制を築いていたことを論じていた[90]。第三節で見たように、元豊官制以降、宰相は中央の行政機構の頂点に位置づけられるとともに、皇帝の意思の忠実な遂行者となった。ところが右の前者は、少なくとも孝宗朝から寧宗朝前期にかけては、皇帝が宰相よりも側近武臣を政治的に重用することがあったことを示し、後者は南宋五代目理宗朝の宰相が、最前線の軍事をも統轄できるようになっていたことを意味する。一五〇年の推移のなかで南宋政治には次々に新たな事態が生じ、それが四人の「専権宰相」の政権のあり方をそれぞれ規定したのであった。南宋の政治史が徽宗朝のそれの単なる繰り返しなどでなかったことは自明といえる。

もちろん、このことは南宋政治史研究において、北宋からの政治史的な連続性が軽視されていいことを意味するものではない。それどころか、北宋から継承された官制・法制などの諸制度は、南宋政治の展開を規定する間違いなく重要な要素の一つであった。例えば元豊官制による宰相の権限増大がなければ、秦檜・史彌遠が独員宰相として長期にわたって朝政を壟断することはそもそも不可能であったろう。また韓侂冑は権力掌握に当たって御筆を盛んに利用したが、この制度的な枠組みは北宋の神宗朝から徽宗朝にかけて形成され、同時期には張誠一や梁師成・童貫など、のちの韓侂冑を彷彿とさせる側近武臣の活躍も見られた。韓侂冑政権が神宗朝以降の政治的な流れの末に出現したことも確かだと思われる。だが他方で、韓侂冑のように武臣出身でありながら特別宰相にまで昇進して国政を差配した人物や、史彌遠のように長期にわたって戦争を主導しながら宰相位にあり続けた人物が、北宋ではついに現れなかったこともまた事実なのであった。両宋政治の連続性に着目するだけでは、権力形態をそれぞれ異にした四人の「専権宰相」が南宋で生み出された経緯と原因とをとらえきれないのである。

また両宋の諸制度は多くが共通するものの、南宋では「専権宰相」の出現以外にも、北宋にはない特有な事象の発生や独自の制度の創設がいくつも見られた。例えば、高宗朝における都統制司と総領所とを組み合わせた防衛体制の成立や、孝宗朝以降のいわゆる道学派士大夫の政治的な擡頭などは、南宋時代の特徴として先学がつとに指摘してきたものであった。[91] また高宗朝から最前線の司令官として宰執が戦時の度に派遣されるようになったことや、孝宗・光宗・寧宗の三朝で三代続けて太上皇帝が誕生したことも、[92] 南宋特有の現象である。このほか、寧宗朝後期から広域の防衛区画の軍政を統轄する制置使が各前線に常置されるようになったこと、および同時期から明州慶元府（現在の浙江省寧波市）の史氏一族やその姻戚が擡頭し、中央政治や最前線の軍政で大きな役割を果たし続けたこと、理宗朝後期に江南デルタの地主層から田地を強制的に買い上げて官田とする公田法が施行されたことなども同様の事例として挙げられようし、仔細に検討すれば類例はさらに見いだされよう。南宋政治は北宋とは異なる新たな展開を見せてもいたのである。となれば、「専権宰相」の出現を含めたこれら特異な現象を、南宋でのみ生じさせた制度以外の要因や環境条件とは果たして何であったのかが問われなければなるまい。つまり北宋からの連続性を前提としつつも、南宋政治の独自性や北宋からの断絶性にも目を向けることが求められる[93]。

それではそうした南宋に特有の要因・環境条件とはいかなるものが考えられるであろうか。本書が注目するのが愛宕松男氏の所説である。愛宕氏は一九六九年の概説書のなかで、南宋で絶えず「専権宰相」が出現したことについて、「金国との準戦時体制がつづく南宋では、やむをえな」かった[94]との見方を示していた。これは南宋が一五〇年にもわたって北方の金国・モンゴルと対峙し続けたことそれ自体を、「専権宰相」の出現を促した南宋特有の環境条件であったと見なしたに等しいといえる。試みに両宋を対比してみると、北宋もまた契丹・西夏と長期にわたって対峙はしたものの、契丹とは長期にわたる安定的な和平を築くことに成功した。北宋・西夏間では度々戦火が交えられ、北宋にとって大きな問題になったとはいえ、そもそも西夏は北宋の存亡を脅かすほどの勢力ではなかった。これに対して南宋・金国の和平は安定性を欠き、両国間でしばしば戦端が開かれたほか、南宋・モンゴル間では和平が成立することすらなかった。南宋にとって金国・モンゴルとの関係は、自らの存亡を左右する重大なものであった。しかも南宋国内では、そうした北方への対応をめぐって主戦派と和平派が激しく対立した。南宋政府の上層部には、かかる内外の緊張状態のなかで国の舵取りを適確に行うことが常に求められたのである。南宋の中央政治を強権的に壟断した「専権宰相」は、南宋国内の異論を抑え、外圧に強力に対処するには確かに有効な存在でありえたであろう。右で挙げた南宋独自の政治的事象にしても、一見して金国・モンゴルとの対峙がからんでいると分かるものが多かった。対外的な緊張はその国の政治に大なり小なり影響を与えるが[95]、南宋の場合は対峙した相手が強大だった分、国内政治に及ぼした影響もそれだけ甚大であったと思われる。愛宕氏の所説は論理的に整合しており、有力な仮説と認められよう。

もちろん南宋時代の対外的な緊張が「専権宰相」を出現させたというだけではあまりにも静態的な見方であり、「専権宰相」を全て類似した権力者として扱ってきた従来の研究とそれほど異なるところはないといえる。本書では愛宕氏の所説をさらに一歩進め、南宋と金・モンゴルの南北対峙の推移と、それにともなう南宋の国内情勢の変化とが、四人の「専権宰相」の各政権の特質をいかに形作っていったのかをとくに重視する。かかる動態的な視点をとることは、「専権宰相」の四政権それぞれの歴史的個性の相違を浮き彫りにするだけでなく、政権相互の変遷過程を明らかにすることにもつながるであろう。本書はこれによって南宋一五〇年の政治史を一貫した視点から見通すことを目指す。

ただしそのためには、同じ南宋政治史のなかにあっても、時代ごとの研究の進展具合に著しい差異があることが問題とならざるをえない。南宋初期の高宗朝の政治史研究に比較的多くの蓄積があることは、前述した秦檜政権についての研究状況からも明らかである。ところが寧宗朝以降の政治史は、これまで研究がほとんど進められてこなかった。韓侂冑・史彌遠・賈似道とは、まさにその寧宗朝以降に活躍した「専権宰相」なのであった。これでは南宋時代を通じての政治史を構成することなど不可能であろう。本書の目的のためには、南宋政治史の全体像を常に視野にいれつつも、右の視点に基づいて、寧宗朝以降の南宋政治史の展開を集中的に解き明かしていく必要がある。これこそが本書最大の課題であるといえよう。

また寧宗朝以降の政治史研究については、史料をめぐる問題があることも一言しておく必要があるであろう。北宋から南宋初期にかけては、『続資治通鑑長編』や『繫年要録』といった中央政治の動きを一日単位で追える編年体史料が現存しており、この時代の政治史研究においてもこれらが大いに活用されてきた。ところが寧宗朝以降の南宋の中央政治については、それを詳細に追いうる編年体史料が残されていない。寧宗朝以降の政治史の解明が大きく立ち遅れてきたのは、かかる史料不足もまたその一因であったと思われる。そのため寧宗朝以降の政治史研究においては代替史料の活用を模索せざるをえない。同時代の官僚が残した文集史料は、編年体史料の欠を補いうる最も有望な史料群ではあるが、現存する寧宗朝以降の文集は道学派士大夫、とりわけ朱熹の学派の継承者の手になるものが多数を占める。真徳秀・魏了翁・劉克荘の文集はその代表的なものといえる。真徳秀ら三人の文集はいずれも大部なもので、当時の政治の内実に迫りうる貴重な情報を多く含む。だが真徳秀らは、寧宗朝時代に道学派を弾圧した韓侂冑や、理宗朝時代に自分たちを排斥した史彌遠を激しく憎んでいたらしく、三人の文集は韓・史両政権に対する悪罵に満ち溢れている。対して、韓侂冑や史彌遠の政権の中枢を担った人物の文集史料はほとんど残されていない。真徳秀らの言説を全て鵜呑みにしてしまえば、著しく公平性を欠いた政治史ができあがるであろうことは容易に想像される。そこで本書では、筆者が日中の漢籍収蔵機関で見いだした史彌遠政権についての新史料を積極的に活用し、そうした文集史料の記事の偏向を抑制することを試みる。既存の文集史料やそれら新史料から再構成された歴史事実を時系列に沿って整理すれば、寧宗朝以降の史料不足をある程度までは補うことが可能であろう。寧宗朝以降の政治史研究を行うためには、いわば『続資治通鑑長編』や『繫年要録』の記事を自らの手で編むような努力を払うことが必要になるわけである。

以上の課題設定のもと、本書第一章から第四章では、高宗朝から寧宗朝前期までの政治史を検討する。高宗朝で成立した南宋三省制は、独員宰相の長期在任を可能にする側面を持ち、秦檜・史彌遠の長期政権の成立を準備した制度でもあった。しかし南宋三省制が金国の侵攻が迫る危機のなかで形成されたことを踏まえると、この制度の別の側面に気づかされる。第一章では、南宋三省制のもとで宰執が司令官として最前線に派遣されていたことに着目し、南宋の三省制と国防との関連を考究する。これにより、南宋三省制が実は準戦時体制を続ける南宋にとってきわめて適合的な制度であったことが明らかになるであろう。また第一章の検討結果は、理宗朝における史嵩之・賈似道の両政権の成立要因を考える手がかりにもなるはずである。

続く孝宗朝では、皇帝による側近武臣の重用が始められ、これが寧宗朝の政治史に大きな影響を与えることになった。しかし孝宗がなぜこの政治路線を採用したのかは必ずしも明らかではない。第二章では、孝宗朝における太上皇帝高宗がどのような政治的影響力を有していたのかについて分析する。孝宗が側近武臣を重用した理由の一つとして、太上皇帝が長期にわたって存命したことが挙げられると考えるからである。さらに第三章では、寧宗朝初期に南宋中央で行われた韓侂冑と趙汝愚の政争を従来よりもミクロな視点から観察する。筆者は韓侂冑がこの政争に勝利し、実権を掌握できた原因は、寧宗即位直後の南宋中央できわめて特異な政治状況が展開されていたことにあると考えている。孝宗朝の側近武臣と異なり、なぜ韓侂冑のみが政権を成立させることができたのか、その原因の解明は自ずと孝宗政治と韓侂冑政権の連続性を立証することにつながるものと思われる。第四章では、韓侂冑暗殺直後における史彌遠政権の成立過程に焦点を当てる。既述のように、韓・史の両政権は権力形態を大きく異にしていた。この章では、どのような要因が両政権の交替をもたらしたのかを検討することを通じて、史彌遠政権の成立が宋代政治史上においていかなる意義を有したのかを明らかにする。

第五章から第七章までは、南宋政治史にかかわる重要な新史料が主題となる。とくに第五章では、元末明初の鄭真が編纂した『四明文献』を書誌学的に分析し、その史料価値や編纂目的を明らかにする。『四明文献』には従来未知であった史料が大量に含まれるが、そうであるがゆえに『四明文献』の史料としての信憑性が問題になるからである。

鄭真とはいかなる人物であり、なぜ『四明文献』を編纂しなければならなかったのかを明らかにすることにより、南宋―元―明の江南社会の連続性までもが浮き彫りになるであろう。続く第六章・第七章は、史彌遠の神道碑とその異母弟史彌堅の墓誌銘の全文に断句を施し、訓読と注釈の試案を付したものである。史彌遠は宋代最長の政権を築いたにもかかわらず、現存する関連史料があまりにも少ないことが問題視されてきた。史彌遠の神道碑と史彌堅の墓誌銘はそうした史料の欠を補いうる可能性を秘めている。これらの新史料は、第八章以降の研究において活用されることになる。

第八章から第一一章までは、寧宗朝後期から理宗朝にかけての政治史を俎上に載せる。この時代の特徴は、南宋が金国・モンゴルと相次いで開戦したことにあるといえる。第八章では、史彌遠政権が対金戦争を主導するなかで、いかなる変容を遂げたのかが分析される。これまで史彌遠政権は成立とともに強権的な政治を行ったものと認識されてきた。だがそれは史彌遠政権の本来の姿ではなく、戦時体制の構築にともなって現出した特徴であったことが判明するであろう。第九章では、『四明文献』に収められた南宋政治史関連の史料を活用し、史彌遠政権の終焉から理宗親政の成立までの政治過程を追跡する。理宗の親政がいつ成立したのかは、これまで複数の仮説が並存する状況にあった。この章ではそれら従来の仮説の当否を再検討し、モンゴルとの戦争が南宋中央に与えた影響の一端を探る。付論は第九章の補足として、端平年間（一二三四〜一二三六）に生じた理宗と鄭清之との対立関係が、その後の政治史の展開のなかでいかなる経緯をたどり、淳祐年間（一二四一〜一二五二）に建立された史彌遠の神道碑にどのように刻印されるに至ったのかを論じたものである。第一〇章では、第九章と同じく『四明文献』所収の史料を用い、史彌遠・史嵩之両政権時代の四明史氏の姿に迫る。四明史氏は史彌遠を始め多数の高位高官を輩出したが、史嵩之の失脚後に急速に衰退した。この章では史氏がなぜ衰退したのかを探ることを通じて、史氏の衰退が賈似道政権の成立の前提となったことを示す。第一一章では、理宗朝における両淮防衛軍への軍糧供給策の変遷過程を検討する。理宗朝では軍糧獲得のために浙西両淮発運司の設置や、公田法の施行などが行われた。この章での検討により、それらの政策が単に軍糧の充足だけでなく、軍隊の統制をも目的としていたことが明らかになるであろう。

付章は、近年の中国で提示された拙論への批判の妥当性を吟味したものである。とくに本書第二章から第四章までの内容に密接に関連する内容であり、本書の所論を再確認することにもつながると思われる。

以上、全一一章の考察により、我々は高宗朝から理宗朝に至るまでの政治史を一貫した視点から見通すことが可能になるであろう。なお本書は筆者の既発表論文に加筆・修正を施したものと、新たに書き下ろした論文とによって構成される。旧稿の論旨自体に変更はないが、明らかな誤りや誤解を招きかねない表現などを修正した箇所、およびその後の史料調査の成果などを反映して増補した箇所も多い。旧稿と本書各章の関係は次に掲げる通りである。なお第六章・第七章・付論は旧稿を分割し、大幅に改稿したものとなっている。

序　章　書き下ろし
第一章　書き下ろし
第二章　「南宋孝宗朝における太上皇帝の影響力と皇帝側近政治」（『東洋史研究』七一―一、二〇一二年）
第三章　「南宋中期における韓侂冑専権の確立過程――寧宗即位（一一九四年）直後の政治抗争を中心として――」（『史学雑誌』一一五―八、二〇〇六年）
第四章　「南宋寧宗朝における史彌遠政権の成立とその意義」（『東洋学報』九一―一、二〇〇九年）
第五章　「鄭真輯『四明文献』の史料価値とその編纂目的――『全宋文』『全元文』補遺の試み――」（『北大史学』四九、二〇〇九年）

第六章　「史彌堅墓誌銘と史彌遠神道碑――南宋四明史氏の伝記史料二種――」（『史朋』四三、二〇一〇年）の一部
第七章　「史彌堅墓誌銘と史彌遠神道碑――南宋四明史氏の伝記史料二種――」（前掲）の一部
第八章　「南宋寧宗朝後期における史彌遠政権の変質過程――対外危機下の強権政治――」（『史朋』五〇、二〇一八年）
第九章　「南宋理宗朝前期における二つの政治抗争――『四明文献』から見た理宗親政の成立過程――」（『史学』七九―四、二〇一〇年）
付　論　「史彌堅墓誌銘と史彌遠神道碑――南宋四明史氏の伝記史料二種――」（前掲）の一部
第一〇章「南宋四明史氏の斜陽――南宋後期政治史の一断面――」（三木聰編『宋―清代の政治と社会』汲古書院、二〇一七年）
第一一章「南宋後期における両淮防衛軍の統制政策――浙西両淮発運司から公田法へ――」（『歴史学研究』九二三、二〇一四年）
付　章　「南宋寧宗朝政治史研究の前進のために」（『唐宋変革研究通訊』一四、二〇二三年）
終　章　書き下ろし

注

（1）宮崎市定『東洋的近世』（『宮崎市定全集』二、岩波書店、一九九二年所収、原版は一九五〇年）を参照。
（2）渡辺信一郎「『臣軌』小論――唐代前半期の国家とイデオロギー――」（同『中国古代国家の思想構造――専制国家とイデ

オロギー――』校倉書房、一九九四年所収、初出は一九九三年）、徳永洋介「宋代官僚制の形成――元豊官制の歴史的意義――」（『岩波講座　世界歴史』〇七、岩波書店、二〇二二年所収）を参照。なお両氏の指摘は次の諸論考に基づいてなされたものである。濱口重国「隋の天下一統と君権の強化」（同『秦漢隋唐史の研究』下、東京大学出版会、一九六六年所収、初出は一九四二年）、濱口重国「所謂、隋の郷官廃止に就いて」（同右書所収、初出は一九四一年）、池田温「中国律令と官人機構」（仁井田陞博士追悼論文集編集委員会編『前近代アジアの法と社会』勁草書房、一九六七年所収）、池田温「律令官制の形成」（『岩波講座　世界歴史』五、岩波書店、一九七〇年所収）。

（3）劉後濱『唐代中書門下体制研究――公文形態・政務運行与制度変遷――』（斉魯書社、二〇〇四年）を参照。

（4）例えば注（1）宮崎著書は、唐代では関中の生産力が限界に達したために糧食を江南に依存したことや、宋代では全国的に商業が著しい発達を遂げたことなどを述べる。ところが前者については丸橋充拓『唐代北辺財政の研究』（岩波書店、二〇〇六年）が、唐朝が江南に完全に依存しきらず、関中の和糴米によって前線の軍糧を支えていたことを明らかにし、後者については宮澤知之『宋代中国の国家と経済』（創文社、一九九八年）が、宋代の商業の発達は大運河沿線上に顕著に見られ、必ずしも全国一律の現象ではなかったことを指摘している。

（5）注（2）徳永論文二〇三頁は、「皇帝を頂点とする専制国家の歴史において宋代が重要な結節点に位置する」と述べ、北宋後期の元豊官制改革を「中国官僚制の歴史において大きな画期となった」と位置づけている。

（6）内藤湖南『支那論』（『内藤湖南全集』五、筑摩書房、一九七二年所収、原版は一九一四年）三一九頁を参照。

（7）宮崎市定「宋代官制序説――宋史職官志を如何に読むべきか――」（『宮崎市定全集』一〇、岩波書店、一九九二年所収、初出は一九六三年）二五〇頁を参照。

（8）注（6）内藤著書三一九頁を参照。

（9）内藤湖南『支那近世史』（『内藤湖南全集』一〇、筑摩書房、一九六九年所収、原版は『中国近世史』弘文堂、一九四七年）四四二頁を参照。

（10）注（6）内藤著書三一九頁を参照。

(11) 愛宕松男『世界の歴史一一　アジアの征服王朝』(河出書房新社、一九六九年) 二二六頁を参照。
(12) 例えば、藤本猛「北宋末~南宋の政治史――「皇帝親政」と「専権宰相」の時代――」(平田茂樹ほか編『宋代とは何か――最前線の研究が描き出す新たな歴史像――』勉誠出版、二〇二二年所収) は、「蔡京は、途中三度の失脚に遭いながらも、都合十六年ほども宰相を務め、その意味では「専権宰相」の先蹤としてもよい人物であった」と述べる。
(13) 南宋政治史が四人の「専権宰相」の時代であったことは、山内正博「南宋政権の推移」(『岩波講座　世界歴史』九、岩波書店、一九七〇年所収) の「なかでも秦檜・韓侂冑・史彌遠・賈似道の四名は、それぞれの伝記がそのまま政治史の基本を構想し得るほどの才腕を振るった」という文言に端的に示されている。
(14) 寺地遵『南宋初期政治史研究』(渓水社、一九八八年)「序章」九~一八頁を参照。
(15) 注 (14) 寺地著書「序章」一~二一頁を参照。
(16) 寺地遵「宋代政治史研究方法試論――治乱興亡史論克服のために――」(佐竹靖彦ほか編『宋元時代史の基本問題』汲古書院、一九九六年所収) を参照。
(17) 注 (16) 寺地論文八二頁を参照。
(18) 注 (14) 寺地著書八頁を参照。
(19) 梅原郁『宋代官僚制度研究』(同朋舎、一九八五年) を参照。
(20) 注 (19) 梅原著書「序論」xxi頁を参照。
(21) 注 (19) 梅原著書「序論」xxii頁を参照。
(22) 元豊官制改革の経過については、宮崎聖明「元豊官制改革の施行過程について」(同『宋代官僚制度の研究』北海道大学出版会、二〇一〇年所収、初出は二〇〇四年) に詳しい。
(23) 北宋前期官制や元豊官制の概要については、近年では注 (2) 徳永論文や、宮崎聖明「北宋官制の構造と展開――「元豊官制改革」の歴史的位置づけ――」(平田茂樹ほか編『宋代とは何か――最前線の研究が描き出す新たな歴史像――』(注 (12) 前掲) 所収) に的確にまとめられており、本章も両氏の論考に多く依拠した。

(24) 清水浩一郎「北宋徽宗朝の「公相制」についての一考察――尚書令廃止とその意図――」(『集刊東洋学』一一六、二〇一七年)三三頁は、平章軍国重事・平章軍国事は正確には宰相ではないとする。筆者もそれには同意するが、両職の内実を的確に示せるほかの呼称が思い浮かばない。本書では差しあたりこの両職を特別宰相と呼称しておく。
(25) 『朝野雑記』乙集巻一三、官制一「参知政事併除三員」によると、嘉泰三年(一二〇三)に参知政事三員を任ずることが初めて行われ、嘉定三年(一二一〇)以降はこれが故事となったとする。
(26) 梁天錫『宋枢密院制度』上(黎明文化事業、一九八一年)六三〜九六頁を参照。
(27) 古麗巍「宋代中央政務の「複式」審査システム――元豊改制を中心に――」(『史滴』三五、二〇一三年)五二頁を参照。
(28) 趙升『朝野類要』巻二「言路」は、「台・諫・給・舎也」とし、言路官の範疇に給事中・中書舎人をも含めている。
(29) 清水浩一郎「南宋高宗朝の給事中と中書舎人――呂中『皇朝中興大事記』「再除給舎」をてがかりに――」(『歴史』一〇六、二〇〇六年)を参照。
(30) 周藤吉之「北宋中期における戸部の復立――左右曹を中心として――」(同『宋・高麗制度史研究』汲古書院、一九九二年所収、初出は一九六八年)を参照。
(31) 張復華「宋高宗朝政制更革之研究」(『国立政治大学学報』七二、一九九六年)一三八頁を参照。張氏によると、礼部郎官が主客郎官を兼任したほか、祠部郎官が膳部郎官を、兵部郎官が職方郎官を、駕部郎官が庫部郎官を、比部郎官が司門郎官を、工部郎官が虞部郎官を、屯田郎官が水部郎官をそれぞれ兼ねた。
(32) 何忠礼・徐吉軍『南宋史稿――政治軍事和文化編――』(杭州大学出版社、一九九九年)五〇〇〜五〇二頁を参照。
(33) 『繋年要録』巻二二、建炎三年四月庚申条に、「衛尉寺帰兵部〈後不復置〉、太僕寺帰駕部〈後不復置〉、少府・将作・軍器監帰工部〈紹興三年十一月庚戌、復将作・軍器二監、惟少府監不復〉」とある。
(34) 熊本崇「元豊の御史――宋神宗親政考――」(『集刊東洋学』六三、一九九〇年)、熊本崇「宋御史台制度再攷――梅原郁氏の御史台理解をめぐって――」(『集刊東洋学』一〇〇、二〇〇八年)を参照。なお『宋会要』一七―三一〜三五の記事からは、元豊以降、監察御史の言事権が幾度か復活したことが確認できる。

(35) 平田茂樹「宋代の政策決定システム——対と議——」(同『宋代政治構造研究』汲古書院、二〇一二年所収、初出は一九九四年）を参照。
(36) 平田茂樹「宋代の言路」(同『宋代政治構造研究』(注（35）前掲）所収、初出は一九九二年）を参照。
(37) 平田茂樹「宋代の朋党と詔獄」(同『宋代政治構造研究』(注（35）前掲）所収、初出は一九九五年）を参照。
(38) 周佳『北宋中央日常政務運行研究』(中華書局、二〇一五年）や、王化雨『面聖——宋代奏対活動研究——』(三聯書店、二〇一九年）は、本文で示した平田茂樹氏の研究手法の影響を強く受けた成果である。しかし両氏の研究は、宋朝中央の日常的な政務決裁の過程や政治空間を明らかにすることを自己目的化してしまい、それが本来は宋代政治史の特質を解明するための手段であったことが見失われているようにも感じられる。
(39) 熊本崇「宋神宗官制改革試論——その職事官をめぐって——」(『東北大学東洋史論集』一〇、二〇〇五年）を参照。
(40) 熊本崇「宋執政攷——元豊以前と以後——」(『東北大学東洋史論集』一一、二〇〇七年）を参照。
(41) 注（39）熊本論文を参照。
(42) 熊本崇「慶暦から熙寧へ——諫官欧陽修をめぐって——」(『東北大学東洋史論集』七、一九九八年）一五六頁・二一六〜二二二頁、および注（39）熊本論文一七七頁を参照。
(43) 注（39）熊本論文一七八頁を参照。
(44) 方誠峰『北宋晩期的政治体制与政治文化』(北京大学出版社、二〇一五年）四七頁は、熊本崇氏が三省聚議の原則が遵守され、厳格に執行されたことを元祐政権の最大の成果だと認識しているとするが、熊本氏の認識は全くの逆であり、方氏は熊本氏の論旨を完全に誤読している。このように近年の中国側の研究には、日本側の研究に対する誤解や無理解が非常に目立つ。国際学会やシンポジウムなど、日中の学術交流の場に今後出席する日本人研究者には、中国側の研究のそうした問題点を的確に指摘・修正する責任が必然的にともなうことが存知されるべきであろう。
(45) 熊本崇「宋元祐三省攷——「調停」と聚議をめぐって——」(『東北大学東洋史論集』九、二〇〇三年）を参照。
(46) 徳永洋介「宋代の御筆手詔」(『東洋史研究』五七—三、一九九八年）を参照。

(47)　藤本猛「崇寧五年正月の政変」(同『風流天子と「君主独裁制」』京都大学学術出版会、二〇一四年所収、初出は二〇〇九年)、同「妖人・張懐素の獄」(同右書所収、初出は二〇一二年)、同「政和封禅計画の中止」(同右書所収、初出は二〇一四年)を参照。

(48)　注(14)寺地著書二八九～四二五頁を参照。

(49)　注(29)清水論文を参照。

(50)　注(47)藤本著書「序章」一〇～一八頁を参照。

(51)　藤本猛「崇寧五年正月の政変――蔡京の第一次当国と対遼交渉――」(注(47)藤本著書所収、初出は二〇〇九年)を参照。

(52)　注(2)徳永論文二一四頁は、元豊官制改革以降の宋朝の「専断的な宰相」について、「なかには文字どおりの強権政治を行う者もいたが、その多くはあくまで職権の範囲内で皇帝の意思の忠実な代行者に徹していたと考えられる。宰相は政権を専断する「専制朝権」は職掌上できたとしても、皇帝権力を代行することは原理上不可能だったからである」とする。首肯すべき見解であろう。

(53)　注(47)藤本著書「終章」四八〇頁は、「当時の蔡京のおかれた政治状況などから、公相としてのその影響力を限定的に捉えたのだが、静態的な制度のみで見れば、確かにこれは元祐以来の官僚制度の中から出てきたものといえた。したがって徽宗朝後半期の政治状況としては、皇帝「親政」体制として形成される「中朝」が、士大夫の公相制とどう折り合いをつけたのか、二人目の公相であった王黼は徽宗の「中朝」とどう関わったのかを考察せねばなるまい」として、公相が自説にとって不整合な存在であることを認めている。公相制はそもそも徽宗が発足させた制度であるにもかかわらず、なぜそれをあえて徽宗の対立物として設定しなければならないのか、同氏の議論の前提が筆者には理解しがたい。

(54)　熊本崇「高氏延和殿宣諭――宋蔡確「車蓋亭」案の一側面――」(『東北大学文学研究科研究年報』六三、二〇一四)三七頁・三九頁は、蔡確が哲宗擁立の功績を有したまま中央政界に復帰した場合、哲宗は蔡確を制御できなくなるとの危惧を宣仁太皇太后高氏が懐いていたことを指摘している。少なくとも一部の宋人は、宰相が皇帝を擁立した場合、皇帝がその宰相を制御できなくなる可能性があると認識していた。

(55) 山内正博「南宋建国期の武将勢力に就いての一考察——特に張・韓・劉・岳の四武将を中心として——」(『東洋学報』三八—三、一九五五年)や、山内正博「南宋の四川における張浚と呉玠——その勢力交替の過程を中心として——」(『史林』四四—一、一九六一年)などを参照。

(56) 川上恭司「南宋の総領所について」(『待兼山論叢』一二史学篇、一九七八年)を参照。

(57) 衣川強「秦檜の講和政策と南宋初期の官界」(同『宋代官僚社会史研究』汲古書院、二〇〇六年所収、初出は一九七三年)、および衣川強「「開禧用兵」と韓侂冑政権」(同右書所収、初出は一九七七年)を参照。

(58) 注(14)寺地著書二五～二八頁を参照。

(59) 注(14)寺地著書二七八～二八六頁を参照。

(60) 注(14)寺地著書二八四頁で寺地氏は、「南宋政権が民族全体の防衛を果すという自己規定性を放棄して集権主義のみを継承し再生産したことは大きな変化であった」とのべていた。

(61) 寺地遵「宋代史における二つの政治路線」(同『東洋における王朝権力解体過程の史的研究』平成五年～八年度科学研究費補助金一般研究(A)・基盤研究(A)(2)研究成果報告書、一九九七年所収)を参照。

(62) 注(14)寺地著書六〇～六三頁・八三頁・一〇〇～一〇一頁・二八四頁を参照。

(63) 注(14)寺地著書二八四～二八五頁を参照。

(64) 注(24)清水論文三九～四三頁を参照。

(65) 注(24)清水論文二七～三〇頁を参照。

(66) 注(24)清水論文三一～三四頁を参照。ただし同論文四八頁所掲の「豊沢廟封康顕侯勅并記」の中書省の簽書部分には、蔡京の署名は見られない。注(24)清水論文四七頁の注(34)では、これが文献史料の脱漏であるのか、記入されない規定だったのか不明とされる。今後の検討が待たれる。

(67) 注(24)清水論文三三～三九頁を参照。

(68) 注(29)清水論文三六頁に「南宋三省制」の呼称が見える。
(69) 清水浩一郎「南宋告身の文書形式について」(『歴史』一〇九、二〇〇七年)二〇～二一頁を参照。
(70) 司馬光『温国文正司馬公文集』巻五五、章奏四〇「乞合両省為一箚子」。
(71) 注(69)清水論文二〇頁を参照。
(72) 注(69)清水論文八～一五頁を参照。
(73) 注(69)清水論文一五～二三頁を参照。
(74) 宰相と執政官の階層秩序については、清水浩一郎「南宋末期理宗朝における執政の兼職とその序列――『武義南宋徐謂礼文書』所収の告身を手掛かりに――」(宋代史研究会編『宋代史料への回帰と展開』汲古書院、二〇一九年所収)でさらに詳細に論じられている。
(75) 注(69)清水論文二一頁を参照。
(76) 注(69)清水論文二二～二三頁を参照。
(77) 注(69)清水論文二三頁を参照。なお同論文は、後世の文献に引用されたものであるとはいえ、告身を手がかりに南宋の政治制度を分析した初めての本格的な研究として重視される。その後、小島浩之「南宋告身二種管見――併論：インターネット情報と歴史学研究――」(『論集：中国学と情報化』好文出版、二〇一六年)や張東光「南宋《詹棫軍器監主簿告身》考釈」(『中国国家博物館館刊』二〇二〇―八、二〇二〇年)、張東光「南宋《詹twenty之文林郎告身》考釈」(『檔案』二〇二二―四、二〇二二年)など、中国で新たに発見された南宋時代の告身を紹介・分析した論考が提示された。現在、南宋の政治制度を分析する新たな手がかりとして、告身は大いに注目されるに至っている。注(74)清水論文が活用した徐謂礼文書も告身そのものではないが、南宋の告身の写しを現在に伝えた史料であり、その発見もまた告身研究を活性化させる一因となった。現存が報告されている南宋の告身はなおも少なく、今後の進展が期待される。宋代の告身を用いた中国側の重要な研究成果としては、鄧小南・張禕「書法作品与政令文書――宋人伝世墨迹挙例――」(『故宮学術季刊』二九―一、二〇一一年)、王楊梅「徐謂礼告身的類型与文書形式――浙江武義新出土南宋文書研究――」(『浙江社会科学』二〇一三―一一、二

〇一三年）、張禕「徐謂礼《淳祐七年十月四日転朝請郎告》釈読」（『中国史研究』二〇一五―一、二〇一五年）、王楊梅「南宋中後期告身文書形式再析」（包偉民・劉後濱主編『唐宋歴史評論』二、社会科学文献出版社、二〇一六年）などが挙げられる。

(78) 注（19）梅原著書「序論」xxi頁を参照。

(79) 梅原郁『宋代司法制度研究』（創文社、二〇〇六年）「弁言」九頁を参照。

(80) 注（79）梅原著書「弁言」一〇頁を参照。

(81) 例えば衣川強「杭州臨安府と宰相」（梅原郁編『中国近世の都市と文化』京都大学人文科学研究所、一九八四年）九五頁は、秦檜・韓侂冑・史彌遠・賈似道の四人を、「権力をほしいままにし、国家を壟断したことで著名な四人の宰相」「格別の権力を掌握した宰相たち」と称し、同論文一〇一頁でも「南宋政治史の上できわだって悪名の高い四人の宰相」と称している。

(82) 安倍直之「南宋孝宗朝の皇帝側近官」（『集刊東洋学』八八、二〇〇二年）を参照。

(83) 注（82）安倍論文九七頁を参照。

(84) 注（82）安倍論文八三～八七頁を参照。

(85) 注（82）安倍論文九七頁を参照。

(86) 注（79）を参照。

(87) 注（82）安倍論文を参照。

(88) 寺地遵「賈似道の対蒙防衛構想」（『広島東洋史学報』一三、二〇〇八年）を参照。

(89) 注（82）安倍論文八三～九五頁を参照。

(90) 寺地遵「南宋末期、対蒙防衛構想の推移」（『広島東洋史学報』一一、二〇〇六年）を参照。

(91) 例えば総領所について、長井千秋「淮東総領所の財政運営」（『史学雑誌』一〇一―七、一九九二年）一頁は、「総領所は南宋期に特徴的な財政及び軍政機関」であったと述べている。また南宋における道学派士大夫の政治的擡頭については、余英時『朱熹的歴史世界――宋代士大夫政治文化的研究――』（允晨文化実業、二〇〇三年）で詳細に分析されている。

（92）宋代における太上皇帝は徽宗の退位により、北宋九代目欽宗朝のときにすでに出現していた。その経緯ついては藤本猛「北宋「滅び」への道程――「二帝北狩」の成立過程――」（『史林』一〇五―一、二〇二二年）に詳しい。

（93）この意味において、注（23）清水論文が北宋末の公相制と南宋の三省制とを比較し、両者の間に連続性だけでなく断絶性をも見いだしていることは重視される。南宋政治史研究においては両宋の連続性だけでなく、南宋の独自性にも着目する必要があることを端的に示すといえよう。

（94）注（11）愛宕著書二二六頁を参照。

（95）注（42）熊本論文一七七頁は、元豊官制改革が行われた要因として、北宋中央が西夏との戦争に迅速に対処できなかったことへの問題意識が当時の朝廷で共有されていたことを挙げていた。北宋の存亡を左右したわけではない西夏との対立ですら、北宋の内政に重大な影響を与えたことが分かる。

第一章　南宋三省攷――高宗朝初期の対外危機と「三省合一」――

はじめに

北宋の元豊官制改革によって形成された三省制は、南宋初代高宗朝の建炎三年（一一二九）四月十三日に大きく改変され、新たに南宋独自の三省制が確立された。三省のうち門下省が廃止されて中書省と合併され、中書門下省が形成されたのである。それにともなって宰相・執政官の職事官も改変され、首相・次相である尚書左僕射・右僕射はそれぞれ同中書門下平章事（以下、本章では同平章事と称す）を兼任し、尚書省と中書門下省のいずれをも管轄した。執政官としては尚書左丞・右丞が廃止され、中書侍郎・門下侍郎が参知政事に改められた。まもなく参知政事には尚書省に関する権限までもが付与されたという。(1) 三省の全てが宰相に統轄されるようになったことを、宋人は「三省合して一と為る」と表現した。(2) そのためこの改革は「三省合一」と呼ばれている。(3)

「三省合一」以降、南宋政府が三省制の枠組みを大きく改変することは二度となかった。右の三省制は南宋一五〇年の政治史の展開を強く規定し続けたといえる。南宋三省制の政治史的な重要性は明らかであるが、その内実は久しく不明なままであった。それは南宋三省制のもとでの政務処理の実態を伝える史料が乏しく、有効な分析手法を確立しがたかったことによるのであろう。そうした状況を一変させたのが清水浩一郎氏の一連の論考であった。清水氏は、南宋の告身に見える宰執の簽書の形式や当時の制度規定から、南宋三省制の特徴として次の三点を指摘した。第一に、宰相・執政官が三省にそれぞれ分属させられた元豊三省制と異なり、南宋三省制では宰相・参知政事が三省全てにわたる権限を有するようになった。そのため南宋三省制のもとでは、文書行政はごく少数の宰執で運営することが可能となったという[4]。第二に、三省全てを統轄した南宋の宰相の姿は、北宋末の公相のあり方に酷似している。公相制では公相一人に三省を統轄させたのに対し、南宋では宰相・参知政事の全員が三省を主導した点で違いがあるものの、南宋三省制は公相制の発想を模倣して形成された可能性が高い[5]。第三に、南宋の宰相・参知政事はいずれも三省全てにわたる権限を有したとはいえ、宰相在職中は参知政事には人事の進擬権が認められないなど、両者の権限の強さには格差があった[6]。この宰執間の格差もまた元豊以来の北宋官制の特徴を継承したものであった。

このように、清水氏は元豊官制の継承・発展の末に南宋三省制が形成されたものと見なした。さらに清水氏は右の三点から、南宋で宰相の長期独員状態がしばしば見られた原因を、文書行政の運営に多くの執政官を必要とせず、かつ宰執間の権限に明確な線引きがなされていた南宋三省制の制度的な特質に帰したのであった。同氏の議論は、南宋中央の文書行政の仕組みを旧来にない水準で明らかにしており、その成果に裏づけられた右の見解も大いに首肯しうるものである。しかし文書行政に着目したためか、清水氏の分析は国内政治に重点を置きすぎていたようにも感じられる。そもそも南宋の三省制は、金国からの大きな脅威を克服しようとするなかで形成されたものであった。南宋三省制の特質は当時の対外政策にもまた強く反映されていたのではあるまいか。かかる予想をもって当時の記事を見直すと、南宋の宰執が北宋時代ではあまり見られなかった動きをしていたことに気づかされる。すなわち南宋初期においては、現役の宰執が宣撫使や都督の官職を帯びて諸将を統率し、最前線の防衛や叛乱勢力の鎮圧に当たる事例が頻繁に見られるのである。北宋において宰執が前線に出向くのは稀であった[7]。この点に注目した研究としては梁天錫氏や龔延明氏らによる論考があるものの[8]、それらは南宋の都督制を単独で分析するに止まり、南宋の都督制と三省制とのかかわりには大きな注意を払っていなかったといえる。清水氏は当時の文書行政に注目することで、南宋三省制に北宋からの連続性を見いだした。本章はそれとは逆に、当時の対外政策を分析することで、北宋とは異なる南宋三省制の独自性に光を当てようとするものである。

以上の問題関心のもと、本章第一節では「三省合一」がいかなる経緯で行われたのかを、従来見落とされていた史料を用いて再確認する。これによって南宋三省制が差し迫った国難に対処するために形成された事実がより鮮明になるであろう。第二節では、南宋初期の呂頤浩政権の対外政策に、南宋三省制がいかなる影響を及ぼしたのかを検討し、南宋三省制の特質についての仮説を提示する。続く第三節では、趙鼎・張浚政権の対外政策を分析することで右の仮説の当否を検証するとともに、その後の政治史の展開から南宋三省制の歴史的意義を見通す手がかりを得たい。これによって南宋三省制の新たな側面が明らかになるはずである。

第一節　三省改革提唱の時期と目的

前述したように、南宋三省制は建炎三年（一一二九）四月十三日の「三省合一」の改革によって形成された。当時、南宋政権の行在は杭州府に置かれ、呂頤浩が守尚書右僕射兼中書侍郎として宰相を務めていた。ここに至るまでの経緯を瞥見すると、建炎元年（一一二七）五月一日に南京応天府（現在の河南省商邱市）で即位した高宗は、当初は応天府を行在として主戦派の李綱を宰相としたが、同年八月に李綱を罷免して対金和平を唱える黄潜善を宰相とし、十月には揚州府に移動してそこを行在とした。しかし南宋との講和を拒否した金国は翌年から南征を開始し、建炎三年（一一二九）二月に揚州を急襲した。黄潜善は金軍接近の報を疑い、何ら対策を講じていなかったため揚州は大混乱に陥り、高宗は多くの犠牲者を出しながら南に落ちのび、二月十三日に杭州府に到着した。南宋政権がそこを行在としたのも束の間、その翌月に生じたのが明受の変であった。

明受の変は、同年三月に高宗の近衛軍の将校であった苗傅・劉正彦が叛き、高宗に迫って帝位をわずか二歳の長子趙旉に譲らせた兵乱であった。江寧府（現在の江蘇省南京市）・平江府（現在の江蘇省蘇州市）にそれぞれ駐屯していた同簽書枢密院事の呂頤浩と礼部侍郎の張浚が異変を察知し、共同で杭州に軍を進めたため、苗傅・劉正彦は四月一日に杭州から逃走し、高宗は復辟を果たした。呂頤浩・張浚は四月四日に杭州に入城し、まもなく呂頤浩は宰相に、同じく張浚は知枢密院事に任ぜられた。「三省合一」はこうした状況のなかで行われた。

「三省合一」施行の経緯については、史料A：『繫年要録』巻二二、建炎三年四月庚申条の記事が最も詳しい。

尚書右僕射兼中書侍郎呂頤浩、改同中書門下平章事、仍兼御営使。尚書右丞李邴、改参知政事。時言者復引司馬光併三省状、請挙行之。詔侍従・台諫議、御史中丞張守言、光之所奏、較然可行。若便集衆、徒為紛紛。既而頤浩、召従官九人至都堂、言委可遵行、悉無異論。頤浩乃請以尚書左・右僕射並同中書門下平章事、門下・中書侍郎、並為参知政事、尚書左・右丞、並減罷。……及是上納頤浩等言、始合三省為一、如祖宗之故。論者韙之。

（尚書右僕射兼中書侍郎呂頤浩もて、同中書門下平章事に改め、仍お御営使を兼ねしむ。尚書右丞李邴もて、参知政事に改む。時に言者復た司馬光の三省を併するの状を引き、挙げてこれを行わんことを請う。侍従・台諫に詔して議せしめんとするに、御史中丞張守言う、光の奏する所、較然として行うべし。若し便ち衆を集めれば、徒に紛紛を為さんと。既にして頤浩、従官九人を召して都堂に至らしむるに、委に遵行すべくして、悉く異論無しと言う。頤浩乃ち尚書左・右僕射を以て並びに同中書門下平章事とし、門下・中書侍郎もて、並びに参知政事と為し、尚書左・右丞もて、並びに減罷せんことを請う。……是に及びて上頤浩等の言を納め、始めて三省を合

して一と為すこと、祖宗の故の如くす。論者これを韙とす。〉

「司馬光併三省状」とは、司馬光『温国文正司馬公文集』巻五五、章奏四〇「乞合両省為一箚子」を指す。司馬光死後の元祐四年（一〇八九）に上呈されたが、太皇太后高氏はそれを採用しなかった。(9)司馬光はこの箚子で門下省が文書行政を遅滞させていることを批判し、その解消のために門下省を中書省に併合することを求めた。また右史料の中略部分には、元豊三省制の不便さが北宋のときから自覚され、門下省の廃止を主張する議論がその頃からあったとする記事が入る。史料Aの記事は、そうした北宋の経緯を踏まえながら、当時の南宋中央で司馬光の遺奏を引いて門下省を中書省に併合することを求める声が上がり、高宗はその可否を侍従・台諫に議論させようとしたとする。ところが多人数を集めれば議論がまとまらなくなるとの意見があり、侍従官九人だけに検討させたところ全員が賛同したという。これによって中書門下省が設立されただけでなく、宰執の職事官・権限にも大きな変更が加えられたことは「はじめに」で見た通りである。

こうした三省の改革案は、建炎三年（一一二九）四月に突然提唱されたわけではなく、それ以前にも改革を求める動きは存在したようである。史料Ｂ：『繫年要録』巻一三、建炎二年二月辛酉条には次のように記されている。

会議者言、三省旧合為一、文書簡徑、事無留滞。乞循旧以宰相帯同平章事。詔侍従・台諫議、武仲曰、今敵兵尚熾、軍防兵政、所宜討論者甚多。何暇講求省併条例。莫若且依元豊官制元立吏額、及行遣日限。庶無冗員滞事、而得省併之実。翰林学士朱勝非亦言、唐制、僕射為尚書省長官、奉行両省詔令而已。今為相職、如復平章事、則三省規制、与昔不同、左・右丞以下官曹職守、以至諸房体統綱目、皆合改易。典故散亡、未易尋繹。儻輔佐得人、官称異同、似非急務。矧今行朝事無巨細、皆三省・枢密院日再進呈、同稟処分、兵機国政、宰相実已平章矣。請俟休兵日議之。議遂寝〈此以武仲墓誌、及勝非閑居録参修、不得其時。且附武仲遷吏書之後〉。

（会議せる者言うに、三省は旧と合して一為るに、文書簡径にして、事留滞する無し。乞うらくは旧に循い宰相を以て同平章事を帯びせしめよと。侍従・台諫に詔して議せしむるに、武仲曰く、今敵兵尚お熾んなれば、軍防兵政、宜しく討論すべき所の者甚だ多し。何ぞ省併の条例を講求するに暇あらんや。元豊官制の元立の吏額、及び行遣の日限に依るに若くは莫し。冗員滞事無くして、省併の実を得るに庶からん。今相職為るに、如し復た平章事とせば、則ち三省の規制、昔と同じからず、左・右丞以下の官曹職守、以て諸房の体統綱目に至るまで、皆な合に改易すべし。典故散亡せば、未だ尋繹するに易からず。儻し輔佐に人を得れば、官称の異同は、急務に非ざるが似し。矧んや今行朝の事は巨細無く、皆な三省・枢密院日再進呈し、同に処分を稟せば、兵機国政、宰相実に已に平章せり。請うらくは休兵の日を俟ちてこれを議せと。議遂に寝む〈此れ武仲の墓誌、及び勝非の閑居録を以て参修するも、其の時を得ず。且く武仲吏書に遷るの後に附す〉。）

当時の南宋中央では、北宋前期の文書行政は簡潔で遅滞がなかったことを挙げ、北宋前期のように宰相に同平章事を兼任させよとの請願があった。これを侍従・台諫の議論に付したところ、周武仲と朱勝非は、制度が北宋前期とは違うため実行には様々な調整や条例の制定が必要となること、戦時下ではそうした議論をする餘裕がないことを挙げて反対し、議論は立ち消えになったというのである。この記事では三省の合併には触れられていないが、この記事の資料源となった周武仲の墓誌銘には、「且つ門下・中書は未だ併せて一と為すべからず[10]」との文言があり、右の議題が中書・門下両省の合併にあったことは明白である。また右の末尾の双行注には、この議論がいつなされたのかは不明とある。周武仲は建炎二年（一一二八）五月から病に伏し[11]、七月には在外宮観に任ぜられ[12]、八月に死去した[13]。周武仲の墓誌銘でも右の議論は死の直前に記されており、五月以前のことなのは確かである。史料Bの記事の時期については後文で再検討する。

史料Bでは、三省改革の目的が文書行政の遅滞の解消に帰せられている。史料Aでは、三省改革が北宋以来の懸案だったことが強調されていたが、他方で司馬光の遺奏が改革の根拠となったことも述べられていた。その遺奏とは、文書行政の遅滞を理由に改革を求めたものであった。史料A・Bは、文書処理の迅速化こそが三省改革の大義名分だったことを示すといえよう。これは当時の制誥の文言に、「朕祖宗の法に循い、中書・門下、合して一と為すは、文書を省きて、統類を一にする所以なり」[14]とあることからも確認できる。

清水浩一郎氏は、南宋の勅授告身の文書形式から、門下省に文書を送る手続きが省かれていたことを明らかにした[15]。これは南宋三省制のもとでの文書行政の簡素化の一端を示すものであり、史料A・Bの記述とも平仄が合う。だがことはそれだけに止まらない。清水氏が同時に指摘したように、南宋三省制は文書行政の運営をごく少数の宰執によって行うことを可能にした[16]。宰執が少数となればそれだけ集団内の意思決定が容易となる。それは文書処理の迅速化だけでなく、集団を率いる宰相の主導力をも増大させたであろう。建炎三年八月には、参知政事にも尚書省を管轄する権限が付与された[17]とはいえ、南宋三省制の当初の制度設計では、宰相にのみ尚書・中書門下両省にわたる権限を認め、参知政事の管轄は中書門下省に限られていた。白暁霞氏は「三省合一」を宰相への権限集中を意図したものと見なした[18]が、右の事実は白氏の見解の正しさを証するといえる。さらに清水氏は、この改革が北宋末に蔡京・王黼に三省を統轄させた公相制を模倣しようとしたものであり、改革に当たって司馬光の遺奏が引き合いに出されたのはそれを糊塗するためだったと推測した[19]のであった。

筆者は先学のこうした指摘に全面的に同意する。しかし従来の研究では史料A・Bばかりが挙げられ、ほかの史料にはあまり注意が払われてこなかった。本節ではこれまで看過されてきた二つの史料を提示し、先学の成果に若干の知見を付け加えることを試みる。第一の史料として、史料C：胡寅『斐然集』巻二五、「先公行状」を見てみよう。

六月四日、召公為給事中。会宰相黄潜善専権妄作、斥逐忠賢、公再辞免、因奏曰……有旨不允。公三辞、因致書右丞許景衡曰、……蓋六部諸司事、皆稟於都省、中書取旨、門下審駁、行遣迂回、此政事所以日壅、而不決也。夫宰相者、啓沃人主、進退賢才、阜安百姓、天下之事、無所不統者也。而日覧詞訴、又各兼一省、互相関制、則失其職矣。謂宜合二省、正宰相之権、使得専行其職、而六曹之事、皆決於長官、応奏上者直奏上、応下行者直行下。自非関大体有改更、更不経由僕射・丞轄、則事不稽壅矣。

（六月四日、公を召して給事中と為す。会たま宰相黄潜善権を専らにして妄作し、忠賢を斥逐すれば、公再び辞免し、因りて奏して曰く……旨有るに允さずと。公三たび辞し、因りて書を右丞許景衡に致して曰く、……蓋し六部諸司の事、皆な都省に稟し、中書旨を取り、門下審駁するに、行遣迂回、此れ政事の日び壅して、決せざる所以なり。夫の宰相なる者、人主を啓沃し、賢才を進退し、百姓を阜安し、天下の事、統べざる所無き者なり。而るに日び詞訴を覧じ、又た各おの一省を兼ね、互いに相い関制すれば、則ち其の職を失うなり。謂うに宜しく二省を合し、宰相の権を正し、専ら其の職を行うを得さしめて、六曹の事は、皆な長官に決し、応に奏上すべきは直ちに奏上し、応に下行すべきは直ちに行下すべし。自ずから大体に関わりて改更する有るに非ざれば、更には僕射・丞轄を経由せずして、則ち事は稽壅せざるなり。）

胡安国の行状の一節である。これによると、建炎二年（一一二八）六月四日に胡安国は給事中に任ぜられたがこれを三度辞退し、その際に尚書右丞の許景衡に書簡を送った。そこでは六部の行政が三省の事務処理の煩雑さによって遅滞していること、および宰相も事務仕事に忙しく、首相・次相で省の管轄が異なるため相互に牽制して職責を尽くせていないことが問題として挙げられていた。この書簡において胡安国は、二省を合併して宰相の責務に専念させ、行政的な実務は六部の長官に委ねることを提言したという。胡安国は紹興元年（一一三一）十二月に参知政事の秦檜に宛てた書簡においても、「頃者、元祐大臣の奏議を遵用し、中書・門下二省を合して一と為すも、而れども事は六部に分決せしめず。是れ名に循いて実を得ず、併と不併とは、以て異なる無きなり」と述べていたから[20]、その改革案の目的も三省の文書行政の簡素化に置かれていた。

ただし史料Cが、史料中にあるように建炎二年（一一二八）六月四日以降の史料であるということはありえない。というのも、許景衡は同年五月二日に尚書右丞を罷免され[21]、同月二十二日に死去していたからである[22]。史料Cは同年四月以前の史料であると考えざるをえない。ここで想起されるのは、先に同年五月以前の記事だと推測した史料Bである。両史料は時期的に近接しており、内容も類似している。とすれば、史料Cは史料Bの発端を示しており、史料Bの改革案を提示した「会議せる者」とは、許景衡かそれに近い人物だったのではあるまいか。胡安国の給事中任命をめぐる騒動と史料Cとは時期的に近接していたため、行状での時系列に混乱が生じたのであろう。正確な時日は相変わらず不明だが、史料B・Cはともに建炎二年（一一二八）四月前後の記事であるとここでは推測しておく。ともあれ、史料B・Cの関連性とその改革案が提起された事情が判明したことは、「三省合一」の全容解明の手がかりとなろう。

それでは三省の改革案は建炎二年（一一二八）四月よりも以前に提起されたことはなかったのであろうか。史料D：鄧粛『栟櫚先生文集』巻一、奏箚子、第十七の記述を見てみよう[23]。

臣於今月初八日、以本職上殿、因奏論次、遂言夷狄之巧在文書簡、簡故速、中国之患在文書煩、煩故遅、今日事勢、豈可遅也。面奉聖訓曰、正此討論、欲併二省、尽依祖宗法。臣窃欣幸、以為太平興国之治、可以指日而望矣。……比嘗有討論祖宗官制之命矣、今越両月、不聞所正者何事。豈以為用兵之際、未暇及之乎。殊不知用兵之道、正以此為急務耳。蓋法祖宗以考官制、略虚文以稽実効者、用兵之本也。不務其本、而欲斉其末、臣所未聞。臣愚欲乞専委宰執、辟礼官数人、限以旬日、期於必正。

（臣今月初八日に於いて、本職を以て上殿し、奏論の次なるに因り、遂に言うに夷狄の巧は文書の簡なるに在り、簡なるが故に速し、中国の患は文書の煩なるに在り、煩なるが故に遅し、今日の事勢、豈に遅かるべけんやと。面奉せる聖訓に曰く、正に此に討論せよ、二省を併せ、尽く祖宗の法に依らんと欲すと。臣窃かに欣幸するに、以為うに太平興国の治、以て日を指して望むべし。……比ごろ嘗て祖宗の官制を討論するの命有り、今両月を越ゆるも、正す所の者何事なるかを聞かず。豈に用兵の際、未だこれに及ぶ暇あらざるを以為わんや。殊に用兵の道、正に此れを以て急務と為すを知らざるのみ。蓋し祖宗を法とし以て官制を考うるに、虚文を略し以て実効を稽うるは、用兵の本なり。其の本に務めずして、其の末を斉えんと欲するは、臣の未だ聞かざる所なり。臣愚欲し乞うらくは専ら宰執に委ね、礼官数人を辟し、限るに旬日を以てし、必正を期せ。）

鄧粛は某月八日に上奏した際に、女真は文書行政が簡素であるから意思決定が速く有利で、宋朝は文書行政が煩雑であるから遅く不利だと述べたところ、高宗から北宋前期のように二省を合併したい、議論せよとの命令が下った。これに対して鄧粛は、宰執と礼官数人に命じて十日間を期限とし、必ず改正することを期して検討させよと主張したのであった。紹興二十八年（一一五八）作の鄧柞「栟櫚先生墓表」によると、鄧粛は高宗即位直後に左正言に任ぜられ、李綱の失脚に抗議して罷免された[24]。高宗の即位は建炎元年（一一二七）五月一日、李綱の失脚は八月十八日である。史料Dには二ヵ月前にも祖宗の官制を討論せよとの命令があったとあるから、この上奏文は建炎元年（一一二七）七・八月頃のものだということになる。

文書処理の迅速化を掲げて中書・門下両省の併合を主張する点では、史料Dは史料A・B・Cと同様である。史料Dがそれ以外と大きく異なるのは、二省併合の目的が金国からの脅威に迅速に対応するためであることを明確に述べている点であろう。従来の研究においても、「三省合一」が非常事態への対応のなかで施行されたことは指摘されていたが、[25]当時の政治状況から帰納された推測にすぎなかったといえる。史料Dは、同時代人の言説によってその推測を裏づけうる現存する唯一の史料なのである。しかも史料Dからは、高宗が即位直後から、二省併合のための改革案を立案するように自ら指示していたことまでが判明する。史料Dは「三省合一」に関する最も根源的で、かつ重要な史料であると考えられよう。[26]

ここまで論じてきたことをまとめると次のようになる。建炎元年（一一二七）に即位した高宗は、鄧粛の提言を受けて金国との戦時に対応するため、同年七月から八月中旬頃までに中書・門下両省の併合を検討するように指示した（史料D）。ところが対金和平を優先したためか、あるいは行在を揚州に移動させたためなのかは不明だが、改革の話は立ち消えになった。翌年四月頃になると、胡安国の献策を受けた尚書右丞の許景衡、もしくはそれに近い人物によって中書・門下両省の併合は再び議論の俎上に載せられたが、周武仲や朱勝非が戦時下で議論すべきではないと反対したため、改革案は再び沙汰止みとなった（史料B・C）。そして同三年（一一二九）四月十三日、三度目の廃案となることを恐れて九人の侍従官だけを集めた議論により、中書・門下両省の併合はようやく実現するに至ったのであった（史料A）。

南宋中央はなぜ建炎三年（一一二九）四月になってようやく「三省合一」を実現することができたのであろうか。中書・門下両省の併合に反対していた朱勝非が明受の変後に宰相を引責辞任したことも一因であろうが、最大の要因はその二ヵ月前に行在の揚州が金軍に急襲されたことであったろう。それは当時の宰相黄潜善が主導していた対金和平の破綻を意味したからである。同年四月の時点で、南宋首脳部は金軍の侵攻はもはや避けられないと覚悟するに至っていた。[27]それは高宗の復辟に当たって出された批答や尚書省牒に、「防秋の期已に迫れり」「防秋は邇きに在り」

との文言があることからもうかがえる。[28]

つまり南宋は金国との本格的な戦争になることを見越して、宰相の主導力を増大させることで、戦時に迅速に対応しうる指導体制を確立しようとした。それによって実現したのが「三省合一」なのであった。しかし「三省合一」の効果はそれだけに止まらなかったと考えられる。次節で確認しよう。

第二節　呂頤浩政権による都督府設立と南宋三省制

建炎三年（一一二九）四月以降、南宋中央を主導したのは宰相呂頤浩であった。呂頤浩は建炎四年（一一三〇）四月に一度宰相を罷免されたが、紹興元年（一一三一）九月に宰相に復帰し、同三年（一一三三）九月までその任にあった。二度の呂頤浩政権では、いずれも南宋に特徴的な国防体制の形成が見られた。順を追って見ていこう。

（ⅰ）第一次呂頤浩政権時代

建炎三年（一一二九）五月八日に江寧府に到着した南宋朝廷はそこを建康府と改称して行在とした。その前後から金国に通問使を派遣する一方で、金軍の侵攻に対処するための防衛体制を構築していくことになる。五月一日には、知枢密院事の張浚を川陝宣撫処置使に任じて四川・陝西方面に派遣し、便宜黜陟（臨機応変に人事を差配する権限）を許すことが決められた。[29]張浚に付与された権限の大きさを懸念する声も上がったが、高宗は耳を貸さず、[30]張浚は七月二十四日に四川へと出発した。その後、紹興三年（一一三三）に行在への召還命令が下されるまで、張浚は四川・陝西方面の経略に力を尽くした。これは執政官を遠方に派遣し、広域の防衛を委ねた南宋で最初の事例であろう。ただしこの時点ではなおも枢密院の執政官を派遣するに止まっていた。

建炎三年（一一二九）六月に入ると金軍侵攻への懸念は高まり、翌月下旬に皇太后孟氏を六宮（後宮組織）・宗室とともに長江以南に避難させるほか、杜充を淮南・京東宣撫処置副使に任じ、その軍を淮水まで下がらせることが決められた[31]。杜充は宗沢の死後、北京留守から東京留守に転任し、大兵力を擁し開封府を守備していた[32]。南宋の防衛体制の変化は、この皇太后孟氏の避難[33]と、杜充の宣撫処置使への就任とによって生じた。まずは皇太后孟氏をめぐる事情について見ていこう。

皇太后孟氏は同年八月に建康府を発ち[34]、避難先とされた江南西路の洪州府（現在の江西省南昌市）へと向かった。皇太后孟氏には後宮組織だけでなく、一定規模の官僚組織も扈従しており、これは従衛三省・枢密院と呼ばれた[35]。当時の宰執集団は、宰相一人（呂頤浩）、参知政事二人（李邴・王綯）、知枢密院事一人（張浚）、簽書枢密院事二人（滕康・周望）で構成されていた。張浚の四川への出発から二日後の七月二十六日、従衛三省・枢密院の長官・次官として、李邴が権知三省・枢密院事に、滕康が権同知三省・枢密院事に任ぜられた。中央に残った執政官のうち、参知政事と簽書枢密院事が一名ずつ出され、従衛三省・枢密院を統轄したのであった[36]。

従衛三省・枢密院には、中央の三省・枢密院が行うべき政務の一部が委ねられた。『宋会要』の記事によると、防衛のための軍事・財政・人事は中央が統轄し、それ以外の些細な事務や官僚の任命・評定、さらには既存の法で処理できる六部の日常政務は、全て従衛三省・枢密院が措置する規定だった[37]。また三省・枢密院の胥吏や六部・寺監の官員も、それぞれ三分の一から半数を中央に残して従衛三省・枢密院に従った[38]。実際には金軍が長駆して洪州を衝き、従衛三省・枢密院は虔州（現在の江西省贛州市）へと潰走したため[39]、この規定はうまく機能しなかったと思われる。とはいえ構想としては、中央が重大案件を扱い、従衛三省・枢密院が軽微な案件を処理する分業が志向されていたのであった。

次に杜充を中心とした対金防衛体制の整備について見てみよう。七月二十六日、杜充は呂頤浩・張浚の推薦によって同知枢密院事に就任した[40]。当初、張浚は呂頤浩に朝廷を武昌（現在の湖北省鄂州市）に移動させることを提言し、呂頤浩はそれを了承していた[41]。杜充の人事もその戦略の一環だったのであろう。ところが呂頤浩は張浚が四川に出発すると考えを変え、閏八月には高宗を浙西方面に退避させることにした[42]。『繫年要録』巻二七、建炎三年閏八月戊子条には次のようにある。

頤浩曰、金人之謀、以陛下所至為辺面。今当且戦且避、但奉陛下於万全之地。臣願留常・潤死守。上曰、朕左右豈可無宰相。……上曰、張守入対言、不如留杜充建康、不可過江。頤浩曰、臣与王綯・周望・韓世忠議、本自如此。

（頤浩曰く、金人の謀、陛下の至る所を以て辺面と為す。今当に且つ戦い且つ避け、但だ陛下を万全の地に奉ずべし。臣願わくば常・潤に留まりて死守せんことをと。上曰く、朕の左右豈に宰相無かるべけんやと。……上曰く、張守入対して言うに、杜充を建康に留め、江を過るべからざらしむるに如かずと。頤浩曰く、臣王綯・周望・韓世忠と議するに、本より自ずから此くの如しと。）

呂頤浩が高宗を安全な場所に退避させ、自分が鎮江・常州で金軍を防ぐことを求めたところ、高宗は宰相が皇帝の側から離れることに反対した。そこで杜充を建康に置いて金軍を防がせる案が浮上したのであった。

ここで南宋政府は思い切った措置をとることになる。閏八月十三日に呂頤浩を首相に昇進させ、空位となった次相に杜充を就任させたのである。その二日後に杜充は江淮宣撫使を兼任し、一〇万の軍をもって建康を防衛することが命じられ、鎮江府や太平州を守っていた韓世忠・劉光世の軍までもがその指揮下に入れられたのであった[43]。大きな自己裁量権を持つ宰相を司令官とし、戦局に臨機応変に対応させることは、戦争において確かに有効な手段であったろう。だが右の措置の目的はそれだけに止まるまい。張俊・劉光世・韓世忠ら諸将に率いられた当時の南宋軍は、北宋の残存兵や各地の義軍・元群盗など雑多な兵員で構成されており、中央を侮ってその統率に服さないことが問題視されていた。対して、杜充は科挙官僚ながら北京留守以来の兵力を自ら率い、開封の諸軍を厳格に取り締まった過去があるなど、諸将を統率させるにはうってつけの人物であった。ただし同時に諸将は杜充の峻厳さに反発してもおり(44)、素直にその指揮に従うか不安もあった。だからこそ南宋中央は、杜充を官僚機構の最高位たる宰相に任命して、皇帝の名代として最前線に送り込み、その権威でもって諸将を従わせようとしたものと考えられるのである(45)。こうして三省の宰執が最前線の指揮に当たるという北宋では稀有だった事態が出来したのであった。ただしそれでも諸将の統率が困難だったのは、劉光世が杜充の指揮下に入ることに抗議し、高宗の怒りを買った出来事に端的に示されている(46)。

注目したいのは、宰相呂頤浩が前線に出ようとしたのを、右史料で高宗が「朕の左右豈に宰相無かるべけんや」と拒否していたことである。これによって最大二名の宰相のうち、一名は朝廷内で三省を統轄して皇帝輔弼の任に当たり、もう一名が最前線に出て諸軍の司令官を務めることになった。二人の宰相が朝廷の内と外とでその職務を分業することが意図されたのである。朝廷内外での宰執の分業を志向した点において、先に見た従衛三省・枢密院の設置と発想を同じくしていたといえるであろう。

杜充は十一月に諸将の足並みの乱れもあって金軍に敗北し(47)、まもなく降服してしまう。杜充の敗北を知った高宗・呂頤浩は、退避していた平江府からさらに南下して海上に逃れ、建炎四年（一一三〇）四月にようやく越州（翌年十月に紹興府に改名）に落ち着き、紹興二年（一一三二）一月に臨安府（杭州から改名）に戻るまでそこを行在とした。呂頤浩は敗戦の責任から罷免され、その第一次政権は終焉を迎えた。二人の宰相のうち一人に最前線の守りを委ねるという呂頤浩の試みは失敗に終わったが、この措置はのちの都督制度の先蹤となった。[48] 引き続きその形成過程を追うことにしよう。

(ii) 第二次呂頤浩政権時代

建炎四年（一一三〇）十一月、金国から帰国した秦檜が高宗に面会して対金和平を唱え、紹興元年（一一三一）二月に参知政事に任ぜられた。呂頤浩の後継で宰相となっていた范宗尹が七月に罷免されると、翌月には秦檜が宰相として尚書右僕射・同平章事・知枢密院事に就任した。ところが九月二十日に呂頤浩もまた宰相として尚書左僕射・同平章事・知枢密院事に復帰し、ここに秦檜・呂頤浩の並相体制が成立した。金国が北流黄河以南の地に傀儡政権の斉国を置いたのもこの頃である。

同年十一月五日には、参知政事の孟庾に福建・江西・湖南北路宣撫使を兼任させ、宣撫副使韓世忠とともに福建の群盗范汝為の鎮圧に向かわせる命が下った。[49] 杜充に続いて、三省の宰執に軍を統轄させた二つ目の事例である。『揮麈録』には、孟庾の起用は統制が難しい韓世忠を抑止するためだったとあるから、[50] 杜充と同じく執政官の権威で軍を従わせようとしたのであろう。孟庾と韓世忠は范汝為の乱の鎮圧後、翌年七月頃まで荊湖南路で群盗鎮圧に従事した。この間、最大二名の参知政事のうち一名は常に外地にあったことになる。

紹興二年（一一三二）三月以前、襄陽一帯の鎮撫使だった桑仲が斉国からの開封奪還を計画し、南宋中央に協力を要請した。呂頤浩はこれを好機ととらえ、自ら北伐を行うことを提議した。同年四月二十七日、宰相呂頤浩に都督江淮・両浙・荊湖諸軍事を兼任させる命が下り、[51] ここに都督制度が発足したのであった。都督は事後報告をすれば自らの命令を聖旨として下せたほか、七十七名もの文武の属官を抱え、また各路の財政・人事・軍事を自由に差配できるなど、絶大な権限を有した[52]。その制度的な詳細は先学の成果に譲り、ここではその設置の背後にやはり朝廷内外での分業の狙いがあったことに注目したい。すなわち呂頤浩が北伐を主張していた頃、高宗は呂頤浩に対しては軍事に専念し、秦檜に対しては日常政務に従事するようにと申し渡していた[53]。二人の宰相を分業させるというこの構想を具現化したものが都督制度であったことは明らかであろう。

その後の事態の推移を追おう。呂頤浩は同年五月四日に神武後軍や御前忠鋭軍を率いて鎮江に向かったが、常州駐屯中に忠鋭軍の一部が叛乱を起こしてしまう。さらに呼応するはずの桑仲も三月中に殺されていたことが遅れて判明した。呂頤浩は六月に鎮江に到着したものの進退に窮し、都督府参謀官の傅崧卿に軍を委ねて建康に先行させ、自らは病と称して辞任を求めたのであった[54]。忠鋭軍は主に群盗出身者で構成された新設の軍隊であった[55]。また呂頤浩は張俊・劉光世ら諸将の統制が困難なことを憂慮し、その軍の実態把握を試みて失敗した過去があった[56]。白暁霞氏が述べるように、呂頤浩はこの北伐を通じて忠鋭軍を中央独自の軍事力として育成し、諸将の抑止力に仕立てようとの意図があったものと思われる[57]。とすれば、呂頤浩が前線に出向したのは、戦術的な理由だけでなく、やはり宰相の権威により諸軍を強力に統轄しようとする狙いがあった可能性が高い。だからこそ宰相として宣撫使を帯びた杜充が諸将を統制できなかった失敗に鑑み、より強い権限を持つ都督を創設して宰相に帯びさせたのではないだろうか[58]。しかし南宋中央の軍事力が不足している状態では、それも十分には機能しないことを忠鋭軍の叛乱は露呈させた。これが北伐を頓挫させた最大の要因だったのであろう。その前後から、皇帝親衛の神武中軍の増強が行われていったのも[59]、あるいはその克服が目指されたためかもしれない。

辞任を求めた呂頤浩は高宗に召還され、同年七月二十一日に臨安府に戻り、そのまま宰相の職務に復帰した[60]。斉国側が都督府の設置を警戒し、金国が八月に南侵すると広言したためか[61]、呂頤浩が戻っても都督府は撤廃されず、傅崧卿がしばらく都督の代理を務めた[62]。その後、中央では呂頤浩と秦檜の対立が激化し、八月に秦檜が罷免されるまで新都督の人事は棚上げになった。呂頤浩は秦檜に対抗するため、元宰相の朱勝非を同都督に推薦したが[63]、この人事はうまくいかなかったらしい[64]。八月五日に新たに権同都督に任ぜられたのは、群盗討伐を終えた参知政事の孟庾であった。孟庾は九月二十八日には都督府に到着し[65]、十二月に同都督に昇任した。秦檜に替わって尚書右僕射に就任した朱勝非は、中央にいる呂頤浩までもが都督を兼任することの不当さを指摘し、前線にいる孟庾だけが都督を兼任すべきだと論じたというから[66]、やはり朝廷の内外での宰執の分業が強く意識されていたことが分かる。

紹興三年（一一三三）四月には都督府を鎮江に移し、建康の劉光世と泗州の韓世忠とを都督府が統轄する新たな体制が取られた[67]。しかし同年九月には劉光世と韓世忠の争いを都督府が仲裁できず、孟庾が朝廷に裁決を求める事態も生じた[68]。都督府はなおも諸将の統制に苦慮していたのである。秦檜との政争に勝利後、呂頤浩は都督府を移転させた右の措置を除けば金・斉への有効な対抗策を打ち出すことができず、同年九月に宰相を罷免された。都督府もまた翌年三月頃に撤廃され[69]、第二次呂頤浩政権は幕を閉じたのであった。

以上本節では、最初期の南宋政権において、中央で三省の統轄を担うはずの宰執がしばしば外地に派遣されて軍を統轄し、最前線の防衛や群盗の討伐などに従事していたことを確認してきた。南宋は宰執集団の構成員を析出し、その宰執に三省の職務の一部や新たな任務を委ねて朝廷外で活動させ、朝廷内の宰執と分業させることによって未曾有の難局を乗り切ろうとしたのであった。しかしそもそも三省の宰執は行政文書の処理に日々拘束されていたはずである[70]。南宋政権はなぜ多忙なはずの宰執を長期にわたって朝廷外に派遣することができたのであろうか。南宋三省制の特徴について、清水浩一郎氏は次のように指摘していた[71]。

建炎三年四月十三日庚申の制度変更の結果、中書・門下両省は中書門下省に併合され、中書門下省と尚書省が並立する形式になった。……更に宰執の職事官名にも変更があり、これに伴って宰執は全員中書門下省と尚書省に簽書することとなった。宰相不在の場合には参知政事がその闕を埋め、逆に参知政事不在の場合には宰相によってその闕は補われ、ほぼ問題なく事務処理が行われるようになった。文書の形式からみるかぎり南宋の三省制は、極少数の宰執で運営可能な形態になったと言えるだろう。このような制度の変更によって、首相と次相を問わず、独員宰相の長期在任が許容される制度基盤が整備されたと考えられる。

南宋の三省は、最大で宰相二名・参知政事二名によって構成されるが、宰相一名であっても文書行政を運用することは可能であったということになる。これは逆にいえば、最低限の宰執さえ朝廷内に止まっていれば、そのほかの宰執が外地に派遣されても中央の文書行政には何ら問題を生じなかったことをも意味する。これこそが南宋初期において、一部の三省の宰執を文書行政から解放し最前線の防衛に当たることを可能にさせた制度的な要因であったと考えられよう。

紹興二年（一一三二）六月の三省を例にとれば、宰相は呂頤浩・秦檜、参知政事は孟庾・翟汝文であった。ところが孟庾は前年から群盗討伐に出ていたうえに、呂頤浩も前月から都督として出征していた。中央の三省には秦檜と翟汝文のみが止まり、文書行政を運用していたが、その翟汝文も秦檜と衝突して六月十三日に罷免された。この日から簽書枢密院事の権邦彦に権参知政事の兼任が命じられた同月十六日までは、秦檜が一人で三省の文書を切り盛りしたのであろう。さらに六月十六日から呂頤浩が中央に戻る七月二十一日までの約一ヵ月間は、秦檜と権邦彦の二人が文書行政を差配したことになる。その秦檜も八月五日に罷免され、今度は呂頤浩が独員宰相となった。八月五日から朱勝非が次相に任ぜられる九月八日までは、呂頤浩・権邦彦が二人で三省の文書行政に当たったのであった。元豊三省制では、宰執はそれぞれ権限の異なる三省に分属し、文書の発効には各省の担当者の簽書が必要であった。元豊三省制下で宰執を派遣するには、各省に欠員が出て文書行政に支障を生じさせないため、人事を複雑に操作することが求められたはずである。きわめて容易に宰執を外地に派遣することが可能であった点に南宋の特異性を見いだすこともできるであろう。

清水浩一郎氏は、南宋三省制について「事を文書行政上の手続きに限定すれば、独員で事務処理を行っても何らの瑕疵もない以上、宰相の相互抑制を期待する以外に、殊更二名の宰相を任命する理由はみあたるまい[72]」と述べていた。もちろんこれは誤りではないが、平時にこそ最もよく適合する指摘だと思われる。二名の宰相を任命することは、中央の文書行政を気にせずに最前線の防衛に当たりうる宰相一名を創出することにほかならず、戦時においてはそれ自体に積極的な意味があったと考えられるからである。

第三節　趙鼎・張浚政権における南宋三省制とその後

前節では、建炎三年（一一二九）から紹興三年（一一三三）までの政治の動向から、初期の南宋政権が宰執を軍の司令官職に任じたのは、戦争を有利に進めるのはもちろんのこと、宰執の権威によって諸将を従わせることまでもが意図されていた可能性を論じた。また南宋が宰執を長期にわたって外地に派遣しえたのも、南宋三省制の制度的な特質によるものであったと推測したのであった。本節では、紹興四年（一一三四）から同七年（一一三七）に至る三省制と国防のあり方を分析し、右の仮説の妥当性を検証するとともに、その後の政治史の展開から南宋三省制の歴史的意義についても見通してみたい。

呂頤浩失脚後、政権を引き継いだ朱勝非も紹興四年（一一三四）九月二十四日に宰相を辞任した。この間、知枢密院事として川陝宣撫処置使を務めていた張浚が、任地での逸脱行為を批判されて召還され、同年三月に罷免された。これにより四川の司令官が不在となり、同年八月に趙鼎が知枢密院事として都督川陝・荊襄諸軍事を兼任し、四川に派遣されることになった。当初、趙鼎には宣撫処置使の兼任が命ぜられたが、その肩書では川陝宣撫副使の呉玠を抑えられないと判断され、改めて都督に任ぜられたのであった。[73] しかし趙鼎の四川派遣は実現しなかった。九月二十六日に金・斉連合軍の南侵が伝えられたからである。翌日、趙鼎は宰相として守尚書右僕射・同平章事・知枢密院事に就任し、一転して金・斉の侵攻に対処することになったのであった。

この戦争において、南宋政権は皇帝親征の形で諸将を統率することを選択した。高宗は十月二十七日に平江府に到着し、そこから前線を指揮することになった。そのためか都督府は置かれず、逆に後方の臨安府に参知政事の孟庾を残して留守とし、臨機応変に百司の事務を処理させる措置がとられた。[74] ただし都督府は置かれずとも、執政官を前線に派遣することは盛んに行われた。十月中には簽書枢密院事の胡松年を鎮江・建康に派遣し、諸将と会議して中央の意向を伝えて進軍させた。[75] 十一月に捷報が続々と届くと高宗は長江を渡っての決戦を考えたが、趙鼎が反対したため、参知政事の沈与求を長江沿いの諸将のもとに派遣し、その可否について意見を徴した。[76] 沈与求が中央に不在の間は、平江に戻った胡松年が権参知政事を兼任して職務を代行した。[77] 十一月十四日、左遷先から呼び戻された張浚が知枢密院事に任ぜられ、十日後には最前線へと出向した。[78] 枢密院の職務のうち、張浚は軍事を管轄し、胡松年は戦艦を管轄せよとの分業が指示された。[79] 十二月二十九日に、胡松年は再び前線に出ることになり、今度は沈与求が権枢密院事を兼任することになった。[80] 諸将は中央の命令によく従い、この戦争は南宋側の勝利に終わった。寺地遵氏がいうように、前年に朱勝非が諸将の管轄区域を明確化したことも勝因であったろうが、[81] 複数の執政官を積極的に前線に派遣し、諸将の作戦行動をつぶさに監督させたことも大きかったと思われる。このときは宰相一名・参知政事一名が朝廷に残って文書を差配し、枢密院の執政官が外地に出るという分業が基本であったが、参知政事が外地に出る場合もあり、その際は枢密院の執政官がその職務を兼任する措置がとられていた。翌年閏二月に参知政事二名に権枢密院事を兼任させたのは、あるいはこの経験のためかもしれない。[82]

前年の戦争での功績により、紹興五年（一一三五）二月十二日、趙鼎が尚書左僕射・同平章事・知枢密院事に、同じく張浚が尚書右僕射・同平章事・知枢密院事に任ぜられ、趙鼎・張浚の並相体制が発足した。加えて、趙鼎・張浚はいずれも都督諸路軍馬を兼任し、再び都督府が設置されたのであった。二月中に高宗は臨安に戻ったため、都督府は臨安に置かれることになった。しかし趙鼎・張浚が中央から共同で軍政を主導するという形にはならなかった。熊克『宋朝中興紀事本末』巻三二、紹興五年二月丙戌条所引「趙鼎事実」は次のように伝える。[83]

趙鼎事実曰、二月回鑾、先議定張浚右揆、出使湖外平楊幺、鼎陞左揆。方鎖院之夕、鼎密啓曰、宰相無事不統、不必専以辺事、乃為得体。洎両制出、浚独以軍功及専任辺事為言。上既以辺事付浚、而政事及進退人材専付於鼎矣。

（趙鼎事実に曰く、二月回鑾するに、先に議定するに張浚は右揆となり、湖外に出使して楊幺を平らげ、鼎は左揆に陞ると。鎖院の夕に方りて、鼎密かに啓して曰く、宰相事の統べざる無ければ、必ずしも専ら辺事を以てせざれば、乃ち体を得ると為すと。両制出づるに洎び、浚独だ軍功及び専ら辺事に任ずるを以て言と為すのみ。上既に辺事を以て浚に付して、政事及び人材を進退するは専ら鼎に付するなり。）

つまり高宗は張浚を朝廷外に出して軍事を委ね、朝廷内に残った趙鼎に政治や人事を委ねたのである。前節で見た呂頤浩・秦檜の分業体制の再現といえる。これによって二月十八日、詔を受けた張浚は再び前線へと出向した。その詔には、「西のかた隴・蜀を連ね、北のかた江・淮に洎ぶまで、既に督護の権を加え、悉く指揮の域に在らしむ。既に中覆に従り難ければ、宜しく事機を専制すべし[84]」とあるから、張浚には広大な地域の指揮権のほか、中央の許可を待たずに臨機応変に措置を下す権限が付与されたのである。閏二月三日に出発した張浚は、鎮江・建康・太平州で聖旨の伝達や諸軍の慰労をしたあと、荊湖南路に盤踞していた楊么（楊太）の叛乱討伐に向かった[85]。張浚は五月十一日に潭州（現在の湖南省長沙市）に到着し、六月には岳飛に楊么の乱を鎮圧させた。張浚はその後も淮南で対金防衛策を諸将と話し合うなど外地で活動を続け、十月十一日にようやく臨安に戻ったのであった[86]。

張浚が外地に出てから帰還するまでの八ヵ月間、三省の文書行政は、同年四月までは宰相の趙鼎と参知政事の孟庾・沈与求によって運用され、四月に孟庾が知枢密院事に昇進してからは趙鼎・沈与求によって運用された。しかし孟庾と沈与求は、外地にある張浚が三省の権限をしばしば侵すことに不満を覚え、同年七月に孟庾が辞職し、翌紹興六年（一一三六）二月には沈与求も辞職してしまう[87]。同月には折彦質が簽書枢密院事に就任し、沈与求の辞任と前後して権参知政事をも兼任した。張浚は同年一月十五日に再び外地に出向したから[88]、沈与求の辞任後、三省の行政文書は趙鼎・折彦質の二人によって処理された。宰相の張浚が長期にわたって外地で活動できたのは、中央の宰執が文書行政を肩代わりしていたからであったといえよう。

外地に再び出た張浚は、同年二月に長江沿岸で岳飛・韓世忠・劉光世・張俊の四武将を呼び出して会議を行って斉国に対する積極策を指示し[89]、三月には自ら淮南に進駐した[90]。その後、張浚は八月まで江淮にあって軍事を差配し続けた。なかでも三月八日に、張俊麾下の趙密を中央の殿前軍（前年に神武中軍から改編）の指揮下に入れたことは注目される[91]。この頃、北伐を考えていた張浚は、頼みとする韓世忠の望みに応じて趙密の所属を張俊軍から韓世忠軍に換えるように命じたが、張俊はこれを拒否して朝廷に抗議した。趙鼎は「浚宰相を以て諸軍を督するに、若し号令行われざれば、何を以て挙事せんや。俊も亦た拒むべからず[92]」と述べ、張俊を強く批判した。その後、張俊が命令に承服しないため、殿前軍の楊沂中を韓世忠の指揮下に入れ、趙密を殿前軍の指揮下に入れる代替策がとられたのであった(93)。

右の趙鼎の発言からは、やはり南宋政権が宰執の権威によって諸将を従わせようとしていたことが確認できる。しかも黄寛重氏によると、張浚は張俊・韓世忠ら四武将の権限があまりに大きく、中央の命令に従わないことを憂慮し、前年六月の楊么の乱鎮圧前後から、中央軍の増強や都督府の職権拡大などに力を入れていたという(94)。右の事件は、当時の張浚が四武将の軍をより直接的に掌握しようとしていたことを示すといえよう。ただし趙密の所属替えがうまくいかなかったことは、当時の南宋政権にあっても四武将の統制がなおも容易ではなかったことを物語る。

同年八月になると斉国の南侵の動きが明らかになり、張浚は中央に戻って高宗に再度の親征を進言し(95)、高宗は九月八日に平江府まで出向した。張浚は九月二十五日に鎮江府に出て前線を差配し(96)、趙鼎は平江で高宗の輔弼に当たることになった。ここに再び朝廷の内外で職務を分業する二人の宰相の姿を見ることができよう。南宋軍は各地で侵攻する斉軍を撃破し、十一月には南宋の勝利は確定した。しかし十一月六日に張浚が平江の行在に戻ると、趙鼎と張浚はその後の方針をめぐって意見を対立させた。張浚は戦勝に乗じて斉国に対する北伐を行うことを求め、高宗を建康府に移すことや、劉光世から軍の指揮権を剝奪することを主張したが、慎重な趙鼎はいずれにも強く反対したのである(97)。ここに趙鼎・張浚の協力関係は完全に破綻した。前節の呂頤浩・秦檜でも見られたように、南宋三省制では宰相二人がそろって中央にいると両者間で主導権争いが生じやすく、その場合は宰相同士の「相互抑制(98)」が働くことになる。高宗は張浚の方針を支持し、宰相の趙鼎とそれに同調していた執政官の折彦質とを、十二月九日・十三日に相継いで罷免したのであった。その後、同月十八日に張守が参知政事に任ぜられるまでの五日間、三省の文書行政は張浚一人の手で運営されていたことになる。

翌紹興七年（一一三七）一月になると、高宗は張浚の意見を採用して建康府への出向を決めた。一月二十一日に新たな執政官として、陳与義が参知政事に、沈与求が同知枢密院事に任命され、その四日後に秦檜が枢密使に任ぜられた。執政官四名が独員宰相である張浚を補佐する形である。高宗は二月二十七日に平江を出発し、三月九日に建康に到着した。さらに同月二十二日、張浚の企図通りに劉光世は淮南西路兼太平州宣撫使を罷免され、ついにその軍の指揮権が剝奪された。旧劉光世軍は宰相が管轄する都督府の所属となり、張浚の腹心であった都督府参謀軍事の呂祉の指揮下に入れられたのであった。(99) 四武将の軍を中央の宰相に直接統轄させようとする試みであろう。四月二十一日から五月二十一日頃までにかけて、張浚が再び淮西の太平州や廬州府に出向した(100)のは、旧劉光世軍を自ら慰撫するためであったものと思われる。

ここで問題になるのは、当時の宰執集団において、三省の文書行政を運用できたのは宰相の張浚と参知政事の張守・陳与義の三名のみだったことであろう。趙鼎が罷免され、張浚が独員宰相となったということは、朝廷内で文書行政を引き受ける宰相がいなくなったことを意味する。張浚が外地に出るのは、前年と異なり困難だったはずである。それでは一ヵ月近くにおよんだ張浚の淮西出向はいかにして可能だったのか。『繫年要録』巻一〇九、紹興七年三月壬申条は、三月十日の詔と張浚の上奏を次のように伝える。

詔、軍旅方興、事務日繁、若悉従相臣省決、即於軍事相妨。可除中書門下省依旧外、其尚書省常程事、権従参知政事分治。合行事、令張浚条具取旨。浚奏、欲張守治吏・礼・兵房、陳与義治戸・刑・工房。如已得旨、合出告命・勅箚、与合関内外官司、及緊切批状・堂箚、臣依旧書押外、餘令参知政事通書。従之。

（詔するに、軍旅方に興らんとし、事務日び繁なり。若し悉く相臣従り省決せば、即ち軍事に於いて相い妨ぐことあらん。中書門下省は旧に依るを除くの外、其の尚書省の常程の事は、権りに参知政事従り分治すべし。合に行うべき事は、張浚をして条具取旨せしめよと。浚奏すらく、張守は吏・礼・兵房を治め、陳与義は戸・刑・工房を治めんことを欲す。如し已に旨を得るに、合に告命・勅箚を出だすべきと、合に内外の官司に関すべきと、及び緊切なる批状・堂箚とは、臣旧に依りて書押するの外、餘は参知政事をして通書せしめよと。これに従う。）高宗は張浚を軍事に専念させるため、尚書省の吏・礼・兵房の日常政務を張守に、同じく戸・刑・工房の政務を陳与義にそれぞれ処理させることを命じた。さらに皇帝の許可を受けた行政文書についても、告身・勅箚や内外官司への通知、重要な批状・堂箚以外は、張守・陳与義の簽書のみで発効できるようにしたのであった。これにより、三省の行政文書の多くを参知政事だけで処理できるようになった。宰相の張浚が外地に出ることができたのは、この新たな分業体制のおかげであったものと思われる。またのちに張浚が罷免されると、その翌日にすぐにこの命令が撤廃されたことは[101]、そもそもこれが張浚を外地に出すための特別措置であったことをも示唆する。重要な文書に宰相が簽書する規定を残したのは、自らの対金強硬策が妨害されることを張浚が警戒したためであろう。宰相・参知政事がいずれも三省全ての権限を有する南宋三省制であればこそ、一片の命令で参知政事に宰相の職務を肩代わりさせ、宰相を外地に出すことができたといえる。

順調に滑り出したかに見えた四武将の軍の中央直属化であったが、まもなく事態は急変してしまう。同年八月八日、張浚の急進的な措置に不満を爆発させた数万の旧劉光世軍が、駐屯地の廬州で叛乱を起こして呂祉を殺害し、斉国に亡命してしまったのである[102]。この淮西の兵変の責任により張浚は九月十三日に宰相を罷免され、翌日には都督府も廃止されたのであった。張浚罷免の四日後の九月十七日、高宗は趙鼎を呼び戻して再び首相に任命したのであった。以上、本節で見てきた紹興四年（一一三四）から同七年（一一三七）の南宋中央と国防のあり方は、いずれも前節で示した仮説と矛盾するものではなく、その妥当性を強く裏づけるといえる。引き続きその後の展開を追ってみよう。

首相に復帰した趙鼎は、引き続き対金強硬論を唱えた。しかしこのとき高宗はすでに対金和平論に傾斜していたらしい。そのことは翌紹興八年（一一三八）二月に行在が建康から臨安に戻され、三月に秦檜が次相に任命されたことに端的に示されている。秦檜はその翌年に趙鼎との権力争いに勝利して独員宰相となり、紆余曲折の末に同十二年（一一四二）に金国との安定的な和平を実現したのであった。秦檜の独相体制は、趙鼎が罷免された同九年（一一三九）から、秦檜が死去した同二十五年（一一五五）まで継続した。その政権は対金和平のほか、四武将の軍の統制をも成し遂げたことでも知られる。秦檜は劉光世以外の残る三武将のうち張俊を籠絡し、三武将から軍の指揮権を奪うことで、彼らの軍を中央に直属させたのであった[103]。四武将の軍は駐箚御前諸軍（大軍）に再編されて鎮江・建康・池州・鄂州に駐屯して国防を担い、軍政を管轄する各都統制司と、兵站を管理する各地の総領所とによって統轄される体制が形成されたのである。

　秦檜の死後、紹興三十一年（一一六一）に金国の海陵王による南侵が行われると、南宋では知枢密院事の葉義問を督視江淮・荊襄軍馬に任じて前線を委ねる措置がとられた[104]。督視は都督と職務を同じくする一等下の官職であり、都督・督視はそれぞれ宰相・執政官の兼任官職となった。二代目孝宗朝から四代目寧宗朝までは、金国との戦端が開かれる度に、宰執などに都督・督視を兼任させて前線に派遣することが行われた。しかし都督が南宋初期ほどの活躍を見せることは、二代目孝宗朝初期の張浚の事例を除けばほとんどなかったといえる。恐らく当時は駐箚御前諸軍を中心とする国防体制がうまく機能していたため、都督の重要性が薄れていたのであろう[105]。高級文武官を制置使に起用し、前線の防衛を統轄させる制度が発達したこともその理由かもしれない[106]。

　孝宗朝の事例で目を引くのは、戦時でないにもかかわらず、宰執に四川の軍政を委ねることが五年にわたって行われていたことであろう。南宋初期の四川では、武将の呉玠が四川宣撫使として大きな兵力と権限を保有し、呉玠の死後は弟の呉璘がその地位を引き継いだ。四川は中央から遠く離れていたため、秦檜政権下でも呉璘の軍の指揮権は剝奪されず、その勢力は温存された。ところがその呉璘が乾道三年（一一六七）五月に死去すると、その翌月には虞允文に知枢密院事として四川宣撫使を兼任させる命令が下り[107]、同五年（一一六九）三月に虞允文が中央に召還されると、今度は参知政事の王炎が同八年（一一七二）九月まで四川宣撫使を務めたのであった[108]。王炎は乾道七年（一一七一）七月に参知政事から枢密使に昇任したから、同五年（一一六九）三月からの二年四ヵ月ほどは、最大二名の参知政事のうち一名が常に四川にいたことになる。しかも王炎が中央に戻ると、再び虞允文が元宰相の身分で四川宣撫使となり、淳熙元年（一一七四）二月に死去するまでその任にあった[109]。これらが宰執の権威に借りて、旧呉璘軍を中央の統制下に置こうとした試みであったことは明らかであり[110]、南宋初期の諸将統制策の延長線上で理解できよう[111]。

五代目理宗朝の端平年間（一二三四～一二三六）以降になると、それ以前とは打って変わり、都督・督視や宣撫大使などを兼任した宰執が最前線の防衛に当たるのが常態化するようになる。このとき金国はすでに滅び、華北はモンゴルの支配下に入っていた。南宋は強大なモンゴルと対峙するに当たり、国防強化のために宰執を再び最前線に配置せざるをえなかったのであろう。なかでも史嵩之は紹定五年（一二三二）から京西・湖北の安撫制置使として活躍し[112]、モンゴルの侵攻が激化するなか、嘉熙二年（一二三八）に参知政事として督視京西・荊湖南北・江西路軍馬に任ぜられた。その翌年、右丞相兼枢密使に昇進して兼任官職も都督とされた史嵩之は、南宋の国防体制を立て直し、同四年（一二四〇）までその地位にあったのであった[113]。趙葵も史嵩之と同時期に淮東制置使として活躍し、淳祐二年（一二四二）に制置使のまま同知枢密院事に任ぜられたが、恐らくは史嵩之との確執によって左遷された[114]。しかし同四年（一二四四）に史嵩之が失脚すると中央に復権し、同七年（一二四七）から枢密使兼参知政事として督視江淮・京西・湖北軍馬を兼ね、二年間にわたって最前線の防衛に当たった。趙葵はこの功績で右丞相兼枢密使に任ぜられ、中央に召還されたが、科挙官僚ではない趙葵の宰相への起用には反対も強く、これは実現しなかった[115]。この二人のあとに国防を担ったのが賈似道であった。淳祐六年（一二四六）から京湖や両淮の制置使を歴任した賈似道は、開慶元年（一二五九）一月に枢密使として京西・湖南北・四川宣撫大使となり、同年十月には宣撫大使を兼任したまま右丞相兼枢密使に昇進した[116]。賈似道がクビライによる鄂州攻囲を退けたと喧伝されたのはこのときのことである。

寺地遵氏によると、史嵩之・趙葵・賈似道の三人は当時の国防を一手に担った、南宋末の政治史における重要人物であった[117]。このうち史嵩之と賈似道は、どちらも最前線にいながらにして宰執に昇進し、広域の司令官職に就任していた。しかも二人は都督・宣撫大使として国防の任を果たしたあと宰相として中央に召還され、朝政を壟断するに至った。中央から宰執を派遣するのではなく、前線で宰執にまで昇進した人物がその地位のまま中央に流入するという、いわば逆流現象が生じていたわけである。趙葵は中央から督視として最前線に派遣されたが、これは左遷と復権とを挟んだためであって、趙葵も左遷前は制置使として同知枢密院事に達しており、やはり史嵩之・賈似道と同様の昇進ルートをたどっていた。さらに実現はしなかったが、趙葵もまた督視の任を果たしたあと、宰相として中央に召還されていた。つまり末期の南宋政権は、軍政の手腕に長けた人物を宰執に昇進させて最前線の防衛を担わせただけでなく、そこで顕著な功績をあげた人物を中央に召還し、最終的には国政の頂点に立たせていたのであった。最前線の事情に精通した人物に中央政治を総攬させることは、戦時においてはたしかに有効であったろう。そのためには、宰執集団の構成員の一部が常に最前線に割かれる必要があったが、それでも中央の文書行政に問題を生じさせないところに南宋三省制の強みがあったといえる。戦時に柔軟に対応できる点において、南宋三省制は南宋にとって合理的な制度だったのであった。「戦時軍事独裁の相貌を色濃く帯び[118]」た「軍事力独占構造に立脚する専権[119]」を行ったと特殊視される賈似道にしても、実際には南宋三省制の枠組みのなかで出現した権力者でもあったことが理解されよう。

おわりに

以上、本章で論じてきたことは次のようにまとめられる。第一に、建炎三年（一一二九）四月十三日に行われた「三省合一」の改革は、実は南宋建国直後の同元年（一一二七）七・八月頃にすでに提起され、高宗もまたその改革案を支持していた。「三省合一」は文書行政の簡素化と宰相への権限集中により、金国からの脅威に迅速に対処することを明確に意図した改革であった。

第二に、建炎三年（一一二九）四月から紹興三年（一一三三）九月までの二度の呂頤浩政権、および同四年（一一三四）九月から同七年（一一三七）九月までの趙鼎・張浚政権においては、対金防衛や群盗鎮圧のために宰執の一部を析出し、宣撫使や都督を兼任させて諸将を統轄させることが頻繁に見られた。これは一つには宰執に皇帝の名代としての権限を付与し、戦局に臨機応変に対応させるためであり、もう一つには宰執の権威によって軍を強力に統轄させるためであった。諸将が中央の命令に必ずしも従順でなかった南宋初期においてはやむをえない措置だったのであろう。しかし都督であっても諸将を統制するのは容易ではなく、その軍の中央直轄化は都督が一度撤廃されたあと、秦檜政権のもとでようやく達成されたのであった。

第三に、南宋政権が宰執を長期にわたって朝廷外に派遣し、国防などの任務に当たらせることができたのは、南宋三省制の制度的な特質がそれを可能にしたからであったと考えられる。当時の三省の宰執は文書行政に追われて多忙であったが、南宋三省制では少数の宰執が中央の文書行政を引き受けさえすれば、そのほかの宰執が外地で特務に従事しようと行政に問題は生じなかったのである。宰執に前線の軍を統制させること自体は、南宋初期のやむをえない状況のなかで考案された苦肉の策であったが、それは南宋末期の対モンゴル防衛において有効に機能したのであった。

それでは「三省合一」の改革は、当初から宰執を最前線の防衛に当たらせることを意図したものだったのであろうか。本章第一節で見た四つの三省改革案では、いずれも「三省合一」による文書行政の簡素化のみが明言されていた。しかし南宋三省制によって宰執を外地に派遣しやすくなったのは、あるいは意図せざる結果であったのかもしれない。しかし南宋三省制が運用され始めてまもなく、政府上層に右の利便性が明確に認識されたであろうことは、改革のわずか五ヵ月後に宰相の杜充に最前線の防衛が委ねられたことからも容易に想像される。都督制度の発足はその三年後のことであった。北方からの脅威に常にさらされた南宋にとって、戦時体制に迅速に移行できる南宋三省制はきわめて適合的であり、それゆえに南宋の最初期に制定されてからその滅亡まで、一貫して維持されることになったものと考えられるのである。

注

(1) 清水浩一郎「南宋告身の文書形式について」(『歴史』一〇九、二〇〇七年)二〇～二一頁を参照。
(2) 例えば岳珂『愧郯録』巻八「給舎論駁」に、南宋成立後のこととして「三省合為一」とある。
(3) 白鋼主編・朱瑞熙著『中国政治制度通史』第六巻・宋代(人民出版社、一九九六年)一九九頁では、南宋三省制の発足が「三省合一」の一語で表現されている。
(4) 注(1)清水論文二二～二三頁を参照。
(5) 清水浩一郎「北宋徽宗朝の「公相制」についての一考察――尚書令廃止とその意図――」(『集刊東洋学』一一六、二〇一七年)三九～四〇頁を参照。
(6) 注(1)清水論文二一頁を参照。また清水浩一郎「南宋末期理宗朝における執政の兼職とその序列――『武義南宋徐謂礼文書』所収の告身を手掛かりに――」（宋代史研究会編『宋代史料への回帰と展開』汲古書院、二〇一九年所収）は、南宋では三省・枢密院の執政官の間に上位集団と下位集団の格差が設けられ、宰執が宰相・上位執政官・下位執政官の三層に格付けられていた可能性を指摘している。

（7）北宋前期では熙寧三年（一〇七〇）に参知政事韓絳が陝西宣撫使として前線に出向き、軍中で同平章事に任ぜられた事例（『宋史』巻三一五、韓絳伝）など少数の事例がある。また北宋末の宣和六年（一一二四）に領枢密院事の童貫が陝西・河北・燕山路宣撫使を兼任して前線に当たった（徐自明『宋宰輔編年録』巻一二、宣和六年八月乙卯条）ほか、靖康元年（一一二六）に知枢密院事の李綱が河東北宣撫使を帯びて太原の救援に当たった事例（『宋史』巻三五八、李綱伝上）などもあるが、これらは例外に属するであろう。

（8）梁天錫「南宋之督府制度」（『宋史研究集』一〇、国立編訳館中華叢書編審委員会、一九七八年所収、初出は一九六七年）や、王青松・付鵬「南宋都督簡析」（『宋史研究論叢』一二、河北大学出版社、二〇一一年）、および龔延明「両宋都督府職能比較研究」（『文史哲』二〇一八―六、二〇一八年）を参照。

（9）李燾『続資治通鑑長編』巻四三一、元祐四年八月癸卯条に詳細な記事がある。

（10）楊時『亀山先生全集』巻三六、誌銘七「周憲之墓誌銘」に、「且門下・中書未可併而為一」とある。

（11）『繫年要録』巻一五、建炎二年五月戊子条に、「及是武仲以病在告。上諭知閤門事韓恕曰、武仲若出、可先期以聞。而武仲不能朝矣」とある。

（12）『繫年要録』巻一六、建炎二年七月丁亥条に、「吏部尚書兼侍読周武仲、充龍図閣学士・提挙江州太平観」とある。

（13）『亀山先生全集』巻三六、誌銘七「周憲之墓誌銘」に、「遂薨於揚州官舎、実建炎二年八月十六日也」とある。

（14）李正民『大隠集』巻二、制「周穎検正制」に、「朕循祖宗之法、中書・門下、合而為一、所以省文書、而一統類也」とある。

（15）注（1）清水論文一八～一九頁を参照。

（16）注（1）清水論文二三頁を参照。

(17) 注（1）清水論文二〇～二一頁を参照。

(18) 白暁霞『南宋初年名相研究』（曁南大学出版社、二〇一二年）四三頁を参照。

(19) 注（1）清水論文二〇頁を参照。

(20) 『斐然集』巻二五、「先公行状」に、「頃者、遵用元祐大臣奏議、合中書・門下二省為一、而事不分決於六部。是循名而不得実、併与不併、無以異也」とある。またこの書簡の冒頭には、「紹興元年十二月、除中書舎人兼侍講、公辞、因致書参政秦檜曰」と記されている。

(21) 『繫年要録』巻一五、建炎二年五月乙酉条に、「遂罷景衡為資政殿学士・提挙杭州洞霄宮」とある。

(22) 『繫年要録』巻一五、建炎二年五月乙巳条に、「資政殿学士・提挙杭州洞霄宮許景衡薨」とある。

(23) 鄧粛の上奏文は、明・楊士奇ほか編『歴代名臣奏議』巻六九、祖宗「左正言鄧粛上奏」にも同文が見える。

(24) 『栟櫚先生文集』（万暦刊本、中国国家図書館所蔵、索書号一一一七七）附録、鄧柞「栟櫚先生墓表」に、「今上践祚、遷承奉郎、除左正言」とあり、「会大丞相李公綱以論事丐出、公抗章挽留之、執政愈怒、遂送吏部。……執政欲重黜之、上曰、嘻、鄧粛何罪。送吏部足矣。公南還閩中」とある。また『宋史』巻三七五、鄧粛伝にも同様の記述がある。

(25) 注（18）白著書四三頁を参照。また苗書梅・葛金芳ほか著『南宋全史（三）典章制度巻上』四頁は、「建炎初年に大臣は絶えず上奏し、元豊官制以後の三省並列のあり方が行政効率の低下を引き起こしていることや、党争が三省制度を破壊していることなどの問題を指摘していた、とくに南宋初年は南下する金軍に一歩一歩追い詰められ、さらに強力な中央集権によって外患に対応する必要があった」とするが、史料的な根拠は挙げられていない。

(26) 曹家斉「南宋〝三省合一〟問題補議」（同『宋史研究雑陳』中華書局、二〇一八年所収、初出は二〇一七年）一七二頁は、『宋史』巻三五七、李綱伝上に引く上奏文の「宜一帰於中書」という一節を挙げ、これを「三省合一」が提言された最初と見なす。しかしこれは誤りであろう。というのも、この上奏文の出典は李綱『梁渓集』巻五九、奏議「議本政」であり、その趣旨は北宋末の命令文書が宦官や女官から出されていたことを批判し、命令は三省から下されるべきだと主張することにあったからである。「宜一帰於中書」もそのことを述べた文言に過ぎず、曹氏の議論は成立しえないといえる。

（27）寺地遵『南宋初期政治史研究』（渓水社、一九八八年）八四頁を参照。
（28）徐夢莘『三朝北盟会編』巻一二八、建炎三年四月一日条所引の「皇帝親筆批答」に「防秋之期已迫」とあり、同じく「尚書省牒部」に「防秋在邇」とある。
（29）『繫年要録』巻二三、建炎三年五月戊寅条に、「詔、知枢密院事兼御営副使張浚、為宣撫処置使、以川陝・京西・湖南北路為所部。……上許浚便宜黜陟、親作詔賜之」とある。
（30）『繫年要録』巻二四、建炎三年六月乙亥条に、「中書舍人季陵罷、為徽猷閣待制・知太平州。陵論遣張浚宣撫陝・蜀、任太専、非是」とある。また同書巻二五、建炎三年七月己丑条にも「綯密奏、川・陝重地、張浚不可専任、宜求同徳之人、協賛之」とあり、王綯が張浚のみを派遣するのに異を唱えたとあるが、その密奏が採用された形跡はない。
（31）『繫年要録』巻二四、建炎三年六月乙亥条に「詔、諭軍民、以迫近防秋、已令杜充提重兵防淮。又於七月下旬、恭請隆祐皇太后率六宮・宗室近属、迎奉神主前去江表」とあり、『三朝北盟会編』巻一三〇、建炎三年六月二十八日条に「杜充淮南京東宣撫処置副使」とある。
（32）宗沢・杜充の開封府での軍事力については、胡文寧「政治演変与個人抉択——従抗金統帥到投金叛臣的杜充——」（『西北大学学報（哲学社会科学版）』四四—二、二〇一四年）や、鄒笛「南宋初期における北方地域の軍事力——宗沢、杜充と東京留守司——」（『早稲田大学大学院文学研究科紀要』六七、二〇二二年）に詳しい。
（33）皇太后孟氏の長江以南への退避については、中嶋敏「孟太后西征考」（同『東洋史学論集続編』汲古書院、二〇〇二年所収、初出は一九九〇年）を参照。
（34）注（33）中嶋論文九頁で指摘されているように、孟氏出発の日付については八月十三日とする説と、十六日とする説がある。
（35）趙鼎『忠正徳文集』巻七「建炎筆録」建炎三年八月十三日条に「先是有旨、以百司閑慢細務・常程注授之類、並従太后之洪州、謂之従衛三省・枢密院」とある。
（36）『繫年要録』巻二六、建炎三年八月壬子条によると、八月六日に李邴が職を辞したことで、滕康が権知三省・枢密院事に繰り上がり、執政官ではない吏部尚書の劉珏が権同知三省・枢密院事となった。ただし同条に「仍許珏綴執政班奏事」とあるように、劉珏はこの人事によって執政官に準ずる扱いを受けたようである。従衛三省・枢密院を執政官に主導させる原則に変わりはなかったといえる。

(37)『宋会要』方域二―七、建炎三年七月二十八日条に、「一、六部常程依格法事務、並従権知三省・枢密院官奏行〈雖非常程而待報不及者、亦聴裁決〉」とあり、「一、遍下諸路照会、行在専総辺防軍馬銭穀・差除重事、所有其餘細務及官員注擬・磨勘功賞・挙辟之類、並申権知三省・枢密院〈仍往洪州投下〉」とある。

(38)例えば『宋会要』方域二―七、建炎三年七月二十八日条に、「三省・枢密院六房人吏、除已選充行遣文字外、逐房自点検以下、至守闕守宮（当）官、並従上各存留一半、於行在祇応、餘並先次随従前去」とあり、「一、大理寺治獄官吏並留行在、断行官吏量留三分之一、餘並随権知三省・枢密院前去」とある。

(39)注(33)中嶋論文一一〜一七頁を参照。

(40)『繋年要録』巻二五、建炎三年七月壬寅条に、「宣武軍節度使・東京留守杜充、為中大夫・同知枢密院事兼宣撫処置副使。呂頤浩・張浚薦之也」とある。

(41)『繋年要録』巻二七、建炎三年閏八月丁丑条に、「始張浚建武昌之議、呂頤浩是之、有成説矣」とある。

(42)『繋年要録』巻二七、建炎三年閏八月丁丑条に、「浚行未幾、江浙士大夫揺動、頤浩遂変初議。……然卒定東巡之策」とある。

(43)『繋年要録』巻二七、建炎三年閏八月辛卯条に、「命尚書右僕射杜充兼江淮宣撫使、領行営之衆十餘万守建康、留中書印付充。……御前左軍統制韓世忠、為浙西制置使、守鎮江府。太尉・御営副使劉光世、為江東宣撫使、守太平及池州、光世仍受節制」とある。また同じく壬寅条に、「時劉光世・韓世忠各持重兵、畏杜充厳峻、論説紛紜」とあるから、韓世忠も杜充の指揮下に入ったことが分かる。

(44)『宋史』巻四七五、杜充伝に、「時諸路各擁重兵、率驕蹇不用命。張俊方白事、謁未入俊遽前、充怒戮其使、諸将稍稍慴服。……以充為江淮宣撫使、留建康、使尽護諸将。光世・世忠憚充厳急、不楽属充」とある。

(45)『繫年要録』巻二七、建炎三年閏八月己丑条は、杜充が同知枢密院事の地位に不満を持ち、さらに天下が杜充に嘱望していたため、高宗は杜充を宰相にしたとする。しかし杜充はこの直後に金国に投降し、叛臣扱いされた人物であるため、その欲深さを殊更に強調しようとする右史料の記述は鵜呑みにできない。

(46)『宋会要』刑法七―三二、建炎三年閏八月二十六日条に、「江南東路宣撫使劉光世言、受杜充節制。上怒曰、豈容如此跋扈。便降指揮言、杜充除将出自朕意、令尽護諸将、光世輒敢首拒詔命、恐紊朝綱。候指揮到、却令過江。如尚敢違拒、当寘典憲。仍令閤門不得収接朝見文字。〈継而光世已依指揮画時渡江、即喜其遵奉詔令、遣中使以茶薬銀合賜之〉」とある。しかし『宋史』巻四七五、杜充伝に、「光世・世忠憚充厳急、不楽属充。詔移光世江州、世忠常州」とあり、劉光世と韓世忠の不満によって二人の駐屯地が変更されたというから、これによって杜充の命令が劉光世・韓世忠に届きにくくなった可能性もある。

(47)『繫年要録』巻三一、建炎四年正月辛未条に引く王藻の上奏文中に、「臣痛念、自去秋以来、陛下為宗社大計、以建康・京口・九江、皆要害之地。故杜充為守建康、韓世忠守京口、劉光世守九江、而以王瓊隷杜充、其措置非不善也。……洎杜充力戦於前、世忠・王瓊卒不為用、光世亦偃然坐視、不出一兵」とある。

(48)周紫芝『太倉稊米集』巻六〇、記六首「時山観音神像」は、紹興九年（一一三九）の史料であるが、杜充のことを「兵馬大都督」と称している。宰相杜充が最前線の司令官職を兼ねたことを、宋人が都督制度の事実上の始まりだと見なしていたことがわかる。

(49)『繫年要録』巻四九、紹興元年十一月戊戌条に「参知政事孟庾、為福建・江西・荊湖宣撫使、神武左軍都統制韓世忠副之」とあり、同巻同月辛丑条に「詔、孟庾・韓世忠応官吏軍兵一切事務、共為一司、不得輒分彼此。自范汝為外、餘皆与免罪、許令帰業」とある。

(50)王明清『揮麈録』後録巻一一「孟富文為執政」に、「其方張不易擒者、莫如閩之范汝為。乃以命韓世忠、而世忠在諸将雖号勇鋭、然病其難制、或為州県之害、当選従官中有風力者一人、置宣撫使、世忠副之以行、而在廷実籍其選。衆乃謂、孟人物既庬厚、且嘗為韓所薦、首遷本部尚書遣之。又以為韓官已高、亦非尚書所能令、乃欲以為同簽書。……遂亟批出、富文除

参知政事」とある。孟富文は孟庾（字富文）を指す。『繫年要録』巻四八、紹興元年十月庚午条で李心伝が考証するように、この記事は誤りを多く含むが、参知政事の地位をもって韓世忠を抑止せんとしたことは事実なのであろう。

(51)『宋会要』職官三九―一、紹興二年四月二十七日条に、「制以特進・尚書左僕射・同中書門下平章事兼知枢密院事呂頤浩、特授依前特進・尚書左僕射・同中書門下平章事兼知枢密院事・都督江淮両浙荊湖諸軍事」とある。

(52) 注（8）梁論文二四〇～二四二頁、および注（8）龔論文六二頁を参照。

(53)『繫年要録』巻五三、紹興二年四月乙卯条に、「執政奏事、上諭二相曰、頤浩専治軍旅、檜専理庶務。当如范蠡・大夫種分職」とある。また胡銓『胡澹庵先生文集』巻二三、墓誌銘「龍図閣学士広平郡侯程公墓誌銘」によると、高宗は程瑀に対して「因曰、頤浩熟於軍事、令総諸将外禦、秦檜在朝廷、庶内外相応」と語ったとされる。

(54)『繫年要録』巻五五、紹興二年六月甲寅条に、「初、頤浩甫出師、而其前軍叛去、又聞桑仲死、頤浩不能進、遣参謀官傅崧卿以所部之建康、因引疾求罷」とある。

(55)『繫年要録』巻五一、紹興二年二月丁丑条に、「詔、閤門宣賛舎人崔増・枢密院準備将領趙延寿・単徳忠・李振・徐文・武功大夫李捧・枢密院水軍統制邵青所部兵分為七将、以御前忠鋭為名」とあるが、このうち李振以外の人物はいずれも盗賊の将領であったことが『繫年要録』の記事で確認できる。

(56)『繫年要録』巻五一、紹興二年二月庚辰条に、「詔、内外諸軍、並各供具人馬・衣甲・器械総数、及開坐統制・統領官所轄数以聞。自今毎軍月具籍申枢密院。時呂頤浩以諸大将専兵難制、故挙旧制行之。然終不能得其柄」とある。

(57) 注（18）白著書一六六～一六八頁を参照。

(58) 注（8）前掲王・付論文三一一～三一三頁は、都督制度の設立要因を、文臣による軍事の統制のためであったとする。筆者もそれに異論はないが、宰執を前線に派遣する試みが都督の設立以前から行われていたことを踏まえる必要があるように思われる。

(59) 小岩井弘光「南宋初期兵制について」（同『宋代兵制史の研究』汲古書院、一九九八年所収、初出は一九七二年）三〇七～三一二頁を参照。

(60)『繫年要録』巻五五、紹興二年六月甲寅条に「詔尚書左僕射・都督江淮荊浙諸軍事呂頤浩、令赴行在奏事」とあり、同書巻五六、紹興二年七月辛巳条に「詔呂頤浩日下赴都堂治事」とある。

(61)『繫年要録』巻五五、紹興二年六月甲辰条に、「近縁朝廷除呂頤浩都督八路諸軍、偽地震恐、遂声言八月金人分道入寇」とある。

(62)『繫年要録』巻五六、紹興二年七月辛巳条に、「徽猷閣待制・都督府参謀官・権主管本府事傅崧卿請、逐路応統兵官・大小将帥、及本府元留下人馬、並聴節制、行移兵将官及属部、仍用箚子。除江東一路事務、与李光会議外、餘路並令諸大帥依元得便宜指揮施行。従之」とある。

(63)『繫年要録』巻五六、紹興二年七月辛巳条に、「観文殿学士・知紹興府朱勝非、同都督江淮荊浙諸軍事。頤浩薦勝非、蓋傾秦檜也」とある。

(64)『宋宰輔編年録』巻一四、建炎四年六月丙戌条に、紹興二年（一一三二）のこととして「七月、時呂頤浩都督班師、勝非自知紹興以同都督江淮荊浙諸軍事召赴行在所、勝非力乞守越、且丐外祠、皆不許。勝非同都督、頤浩薦其才也。……勝非惶懼即走旁郡、牢辞不就職」とある。

(65)『繫年要録』巻五八、紹興二年九月乙酉条に、「都督府請増辟参謀官已下文臣十七員、以孟庾至府故也」とある。

(66)『繫年要録』巻五八、紹興二年九月乙酉条に、「勝非以為、宰相権任已重、若更典兵、文武二柄尽在其手、豈人臣所堪。後世不幸奸人居此位、建功立業、託名済世、将何以処之。他日因進呈、復奏此官当罷。呂頤浩・権邦彦皆言、方防秋未可。勝非又言、庚姑存之、頤浩所領可罷」とある。

(67)『宋会要』職官三九—六、紹興三年四月七日条に、「三省言、已降指揮、劉光世建康府置司、韓世忠泗州置司。所有都督府合移於鎮江府、照応両軍機務。詔、都督府移司鎮江府」とある。

(68)『繫年要録』巻六八、紹興三年九月乙卯条に、「参知政事・同都督江淮荊浙諸軍事孟庾、自軍中朝行在、至是復還鎮江。時江東宣撫使劉光世・淮南宣撫使韓世忠、因私忿交争、事下督府、庾不能辨曲直、乃走愬諸朝焉」とある。

(69)『宋史』巻二七、高宗本紀四、紹興四年三月壬戌条に、「孟庾至行在、罷都督府。以其兵属張俊」とある。

(70) 例えば『宋会要』職官三―三三、紹興元年六月二十四日条に「都省言、左・右司勘会、諸房文字擁併、比之去歳増及数倍。自宰相分庁呈稟至未時、尚未尽絶」とあるほか、『歴代名臣奏議』巻四七、治道所収の章誼の上奏にも「誼又上奏曰、……巡幸以来、三省・都堂不復異処、賓従絡繹、僅能応酬、文書紛紜、無暇省決。又復分庁対客、日晏未罷、左・右司有所稟議、逡巡而不得前、堂吏抱案牘、趑趄戸外而退。雖有経済之才、彌綸之志、何暇措意哉」とある。

(71) 注(1)清水論文二二〜二三頁を参照。

(72) 注(1)清水論文二二頁を参照。

(73) 『繫年要録』巻七九、紹興四年八月庚辰条に、「御札、参知政事趙鼎、知枢密院事、充川陝宣撫処置使。初張浚既召帰、言者数上章謂、若無大帥必失両蜀。上与朱勝非謀曰、西帥難其人、欲以趙鼎為之、如張浚故事。勝非曰、聖謨如此、臣謹奉詔。……時勝非以瘍疾在告、鼎詣之曰、今川陝兵柄皆属呉玠、大帥無它、能制玠足矣。若官与之同、豈能制乎。勝非曰、公以元枢出使、豈論宣撫邪。鼎曰、須得一使名在宣撫上者乃可。勝非曰、偶疾未能造朝、公難自言、即同官可言也」とある。また『宋会要』職官三九―六、紹興四年八月十一日条に、「詔、川陝宣撫処置使趙鼎、為都督川陝荊襄諸軍事。孟庾等言、趙鼎除川陝宣撫処置使、恐与王似・盧法原・呉玠使名相似、乞自睿旨別易一使名。上顧鼎曰、此是朕不思、不曾与大臣商議、所以然者。故続有是詔」とある。

(74) 『繫年要録』巻八一、紹興四年十月丁丑条に、「参知政事孟庾為行宮留守、従権措置百司事務、仍鋳印以賜。庾請即尚書省置司、行移如本省体式、合行事従権便宜施行。……皆許之」とある。

(75) 『繫年要録』巻八一、紹興四年十月丙戌条に、「詔遣簽書枢密院事胡松年、先往鎮江・建康府、与諸将会議進兵、因以覘察敵情。上曰、先遣大臣、諭以朕意、庶幾諸将賈勇争先」とある。

(76) 『繫年要録』巻八二、紹興四年十一月戊午条に、「簽書枢密院事胡松年、兼権参知政事、以沈与求按行江上故也。……上見士気大振、捷音日聞、欲渡江決戦。趙鼎曰、退既不可、渡江非策也。……於是遣与求按行江上、与諸将議可否」とある。

(77) 『繫年要録』巻八二、紹興四年十一月戊午条の双行注に、「按日暦、十一月戊午有旨、胡松年兼権参知政事、候沈与求回日依旧。是時孟庾在臨安、与求独為参知政事、不容十餘日、始差権官、当是与求出門、而松年摂其事也」ともある。当時は参

知政事の定員は二名であったため、胡松年による権参知政事の兼任は例外的な措置であったろう。

(78)『宋史』巻二七、高宗本紀四、紹興四年十一月己巳条に、「詔張浚視師江上」とある。『繫年要録』巻八三、紹興四年十二月丁亥条に、「初張浚至江上、令淮東宣撫使韓世忠募軍民王愈・王徳、持書抵右監軍宗弼所、為言張枢密已在鎮江」とあるから、張浚は十二月には鎮江に出ていた。

(79)『繫年要録』巻八二、紹興四年十一月丁卯条に、「朕於三四大臣皆当分委。張俊専治軍旅、胡松年可専治戦艦」とある。なお史料中の張俊は張浚の誤りである。

(80)『繫年要録』巻八三、紹興四年十二月癸卯条に、「参知政事沈与求、兼権枢密院事、以胡松年再往江上故也」とある。

(81)注(27)寺地著書一一八～一一九頁を参照。

(82)『繫年要録』巻八六、紹興五年閏二月乙卯条に、「御筆、参知政事孟庾・沈与求並兼権枢密院事。……鼎曰、……臣既以宰相兼治院事、而参知政事之臣、並令兼権、則事帰一体」とある。

(83)『宋史』巻二八、高宗本紀五、紹興五年二月壬午条に「帝至臨安、進扈従官吏秩一等」とある。

(84)『繫年要録』巻八五、紹興五年二月壬辰条に、「西連隴・蜀、北泊（洎）江・淮、既加督護之権、悉在指揮之域。既難従於中覆、宜専制於事機」とある。

(85)『晦庵文集』巻九五上、行状「少師保信軍節度使魏国公致仕贈太保張公行状上」に、「上還臨安、公留相府。未閲月、復出江上労軍。至鎮江、召韓世忠親喩上旨、使挙軍前屯楚州以撼山東。世忠欣然受命、即日挙軍渡江。公至建康撫張俊軍、至太平州撫劉光世軍、軍士無不踊躍思奮。時巨寇么抝洞庭重湖、朝廷屢命将討之不克。公念建康東南都会、而洞庭実抝上流、今寇日滋、壅遏漕運、格塞形勢、為腹心害。……遂具奏請行、上許焉」とある。

(86)『晦庵文集』巻九五上、行状「少師保信軍節度使魏国公致仕贈太保張公行状上」に、「公自岳・鄂転淮西・東、諸将大議防秋之宜、直至承楚、偽境震動。上念公久労于外、遣中使賜手書促帰、制除公金紫光禄大夫。……公以十月十一日至行在」とある。

(87)『宋朝中興紀事本末』巻三六、紹興六年二月癸亥条所引の「趙鼎事実」に、「趙鼎事実曰、時張浚在江上、経営興挙。……

而行府所行之事、往往侵紊三省。知枢密院孟庾・参知政事沈与求憤憤然不平之曰、三省・枢密院、乃奉行行府文書耶。各称疾罷去」とある。

(88)『繫年要録』巻九七、紹興六年正月丙戌条に、「尚書右僕射張浚辞往荊襄視師」とある。

(89)『晦庵文集』巻九五上、行状「少師保信軍節度使魏国公致仕贈太保張公行状上」に、「至江上、会諸帥議事、命韓世忠拠承・楚以図淮陽、命劉光世屯合淝以招北軍、命張俊練兵建康、進屯盱眙、命楊沂中領精兵為後翼佐俊、命岳飛進屯襄陽以窺中原」とある。『繫年要録』巻九八は、張浚と四武将との会議には触れず、張浚が韓世忠ら諸将に下した命令についての記事を、紹興六年二月辛亥条に繫ける。

(90)『繫年要録』巻九九、紹興六年三月乙亥条に、「時都督張浚在淮南、謀渡淮北向、惟倚韓世忠為用」とある。

(91)『繫年要録』巻九九、紹興六年三月乙亥条に、「詔江東宣撫司統制官趙密・巨師古軍、並権聴殿前司節制」とある。

(92)『宋朝中興紀事本末』巻三八、紹興六年八月条に、「鼎白上曰、浚以宰相督諸軍、若号令不行、何以挙事。俊亦不可拒」とある。

(93)趙密の所属をめぐる事件については、注(18)白著書九四〜九五頁に詳しい。

(94)黄寛重「酈瓊兵変与南宋初期的政局」(同『南宋軍政与文献探索』新文豊出版、一九九〇年所収、初出は一九九〇年)五八〜六二頁を参照。

(95)『晦庵文集』巻九五上、行状「少師保信軍節度使魏国公致仕贈太保張公行状上」に、「八月、至行在。……公力陳建康之行為不可緩、朝論同者極鮮、惟上断然不疑」とある。

(96)『繫年要録』巻一〇五、紹興六年九月庚寅条に、「是日、張浚復往鎮江視師」とある。

(97)注(18)白著書一〇〇頁を参照。

(98)注(1)清水論文二二頁を参照。

(99)『繫年要録』巻一〇九、紹興七年三月甲申条に、「少保・護国鎮安保静軍節度使・淮南西路兼太平州宣撫使劉光世、為少保、仍三鎮旧節、充万寿観使・奉朝請、封栄国公。時光世入見、再乞罷軍、且以所管金穀百万献於朝、乃以其兵属都督府、而有

是命。張浚因分光世所部為六軍、令聴本府参謀軍事呂祉節制」とある。

(100)『繫年要録』巻一一〇、紹興七年四月壬子条に「張浚辞往太平州、淮西視師」とあり、同書巻一一一、同年五月甲申条に「先是、浚自淮西帰」とある。

(101)『繫年要録』巻一一四、紹興七年九月癸酉条に、「詔、三省事権従参知政事輪日当筆、竢除相日如旧、更不分治常程事」とある。

(102)注(94)黄論文六五～七三頁を参照。

(103)注(27)寺地著書二二七～二四三頁を参照。

(104)注(8)龔論文六五頁を参照。

(105)なお紹興十二年(一一四二)の宋金和議成立後、都督の活躍が目立たなくなる理由の一つとしては、宰相でありながら軍の指揮権までをも有するその絶大な権限が警戒された可能性も考慮されるべきかもしれない。例えば、『繫年要録』巻五三、紹興二年閏四月辛卯条に「後数日、彌大於講筵留身言、東晋王導・謝安為都督、未嘗離朝廷。今辺圉幸無他、頤浩不宜軽動。又言、已為天子従官、非宰相可辟。乞於諸軍悉置軍政、如漢朝故事、以察官・郎官為之。欲殺其専、自都督府始。陛下必欲遣臣与崧卿、当別為一司、伺察頤浩過失、密以啓聞。上以為、離間君臣。彌大遂改命」とある。都督創設の際、都督府参謀官となった李彌大は、都督呂頤浩の行為を自分が監察することを高宗に申し出たところ、君臣を離間しているとしてその職を罷免されたという。また『繫年要録』巻五八、紹興二年九月乙酉条にも、「右僕射朱勝非、嘗因辞同都督之命、上章極論利害、至数千言。勝非以為、宰相権任已重、若更典兵、文武二柄、尽在其手。豈人臣所堪。後世不幸姦人居此位、建功立業、託名済世、将何以処之。他日因進呈、復奏此官当罷」とあり、朱勝非が同都督の任命を辞退し、都督府の危険性を主張したことが記されている。

(106)姚建根『宋朝制置使研究』(上海書店出版社、二〇一〇年)九～一四頁を参照。

(107)『宋史』巻三四、孝宗本紀二、乾道三年六月甲戌条に「以虞允文為資政殿大学士・四川宣撫使」とあり、同月戊寅条に「復以虞允文為知枢密院事、充宣撫使、帝親書九事戒之」とある。

(108)『宋史』巻三四、孝宗本紀二、乾道五年三月乙亥条に「以王炎為四川宣撫使、仍参知政事。召虞允文赴行在」とあり、同八年九月乙亥条に「詔王炎赴都堂治事」とある。

(109)『宋史』巻三四、孝宗本紀二、乾道八年九月戊寅条に「以虞允文為少保・武安軍節度使・四川宣撫使、封雍国公」とあり、淳熙元年二月癸酉条に「虞允文薨」とある。

(110)楊倩描『呉家将――呉玠呉璘呉挺呉曦合伝――』（河北大学出版社、一九九六年）二〇六～二〇七頁は、虞允文が四川の呉氏一族を抑止しないと重大な結果を招くと認識していたこと、および虞允文・王炎が実際に呉璘の勢力を強く抑止したことを指摘する。

(111)ただし注一一〇楊著書二〇七～二一二頁や、王智勇『南宋呉氏家族的興亡――宋代武将家族的興亡――』（巴蜀書社、一九九五年）一九四～二〇一頁によると、四川の軍の指揮権は虞允文の死後、呉璘の子呉挺に戻されることになった。南宋政権の試みはこの時点では失敗したといえる。

(112)『宋史』巻四一、理宗本紀一によると、史嵩之は紹定四年（一二三一）十二月に京湖制置副使となり、その翌月の同五（一二三二）年正月に京湖安撫制置使となった。

(113)寺地遵「南宋末期、対蒙防衛構想の推移」（『広島東洋史学報』一一、二〇〇六年）七～一三頁を参照。

(114)『宋史』巻四二、理宗本紀二によると、趙葵は淳祐二年（一二四二）五月に湖南安撫使とされ、同年十二月に福建安撫使とされた。最前線から後方への異動であり、左遷人事であったことは明らかである。この時期、中央で宰相を務めていたのは史嵩之であった。延祐『四明志』巻五、人物攷、先賢「史嵩之」には、「端平二年、趙范・葵弟兄、用師河南、丞相鄭清之主議、嵩之奏不可。師大衄、繇是三姓交悪」とあり、趙葵と史嵩之との関係悪化を伝える（端平二年（一二三五）は端平元年（一二三四）の誤りであろう）。趙葵の左遷も史嵩之によるものであろう。

(115)注(113)寺地論文一四～一八頁、および汪聖鐸「趙葵・趙范研究」（同『宋史探研』中国社会科学出版社、二〇一九年所収、初出は二〇一三年）二九八～三〇〇頁を参照。

(116)『宋史』巻四三、理宗本紀三によると、賈似道は淳祐六年（一二四六）に京湖制置使となり、同十年（一二五〇）に両淮制置大使となった。さらに同書巻四四、理宗本紀四は、賈似道が開慶元年（一二五九）一月に枢密使として京西・湖南北・四川宣撫大使となったこと、および同年十月に宣撫大使のまま右丞相兼枢密使となったことを伝える。

(117)　注(113)寺地論文、および寺地遵「賈似道の対蒙防衛構想」（『広島東洋史学報』一三、二〇〇八年）を参照。

(118)　注(117)寺地二〇〇八年論文二七頁を参照。

(119)　注(117)寺地二〇〇八年論文四四頁を参照。

第二章　南宋孝宗朝における太上皇帝の影響力と皇帝側近政治

はじめに

本章は南宋二代目孝宗朝における太上皇帝高宗の政治的影響力とはいかなるものだったのか、およびそれが孝宗の政治姿勢にどう反映されたのかを明らかにするものである。

孝宗は南宋政権の最盛期を築いた皇帝として知られるが、その政治については異なる二つの評価が並存しているといえる。①孝宗が宰執よりも皇帝側近武臣官僚（以下、本章では側近武臣と称す）を重用したことに注目した評価と、②孝宗朝二十七年間のうち、二十五年にもわたって初代高宗が太上皇帝として存命していたことに着目した評価、の二つである。

このうち①を提示した諸研究によれば、孝宗は側近武臣を手足として政治を強力に主導し、宰執の権力を大きく抑制した。すなわち孝宗は自らが信任する側近武臣に枢密院文書行政を統轄させ、宰執の掣肘を受けない命令系統を確保したほか、宰執を経由せずとも皇帝から担当部局に直接命令を下せる御筆を政権運営に多用することで、政策決定から宰執を排除したというのである。その理由については、孝宗が宰相による「専権」を警戒していたことに求めた安倍直之氏と、孝宗が実務能力に乏しい科挙官僚よりも武臣官僚の重用を目指していたことに帰した藤本猛氏とで見解に相違があるものの[1]、①は孝宗が皇帝による「独断」的政治運営を実現したことを重視した見解であるといえよう[2]。

これに対して②は、太上皇高宗が孝宗朝政治において大きな影響力を有していたことを指摘したものである。先学によると、孝宗はもともと対金強硬論を支持していたものの、太上皇高宗が和平を望んだためにそれを自粛せざるをえなかったほか、高宗の体面を傷つけた官僚の罷免を強いられるなど、様々なレヴェルの政策決定で太上皇帝からの掣肘を受けたという。つまり孝宗の政策決定が太上皇高宗の強い抑圧下で行われていたことを強調したのが②の見解であった(3)。

①②は一見すると相対立しているようにも思える。寺地遵氏が二〇〇五年の論考において、孝宗によって重用された側近武臣が、実は太上皇帝から孝宗のもとに送り込まれた監視役であったと論じたのは、両説の対立を解消しようとしたものであった。寺地氏は、両説を踏まえたうえで②をより重視し、孝宗による「独断」的政治運営が、実は太上皇高宗を後ろ盾として行われていたと解釈することで、①を事実上否定したのである(4)。両説を整合的に解釈しようとした寺地氏の試みはきわめて重視される。しかし本章第三節で見るように、孝宗の側近武臣がしばしば高宗と対立する動きを見せていたことを考えると、寺地氏の見解には疑問が残るのである。

それでは①②の齟齬はいかに解釈されるのか。これついて筆者は、①②は決して相容れない見解ではなく、どちらも当時の政治の実態の一側面を言い当てていたのではないかと考える。というのも、孝宗が側近武臣を重用した原因は、安倍・藤本両氏が挙げた理由よりは、太上皇帝からの強い制約に対し、孝宗が主体的に対応しようとしたことにこそ求められるように思われるからである。もちろんこの推測の妥当性は、太上皇帝がどのような手段で政策決定に関与したのかを踏まえたうえで判断される必要がある。ところが②を主張する従来の研究は、太上皇高宗が介入した政策・人事の断片的な実例から、いわば印象論的に太上皇帝の影響力の強さを指摘するに止まり、この問題についての詳細な議論は行っていなかった(5)。一つの政治事件の顚末を詳細に追うことによって、太上皇高宗が現実にいかなる形で孝宗の政策決定に介入したのかを、体系的に検証することが求められよう。

以上の問題関心のもと、本章第一節・二節では、紹興三十二年（一一六二）六月の孝宗即位から、隆興和議が締結された隆興二年（一一六四）十二月までに南宋中央で行われた、対金政策の議論の推移を検討する。寺地遵氏も同じ問題を一九八八年に論じたが、同氏はその時点で太上皇高宗の影響力を高く評価していなかった。(6) 太上皇高宗が当時の和戦論争にどうかかわっていたのかを追究することで、寺地氏とは異なる議論が可能になるはずである。さらにそこでの結論を踏まえたうえで、第三節では太上皇帝が有した影響力と、孝宗による側近武臣重用との関係を論じることにしたい。

第一節　符離の戦い前夜の宰相人事と和戦問題

紹興三十二年（一一六二）六月、南宋初代高宗は退位し、二代目孝宗が即位した。高宗は国政を孝宗に委ねて太上皇帝を称し、太上皇后呉氏とともに徳寿宮に移り住んだのである。徳寿宮は高宗の退位後の居所として、臨安東南の望仙橋の東に用意された宮殿であった。望仙橋は南宋皇帝の宮城の北門であった和寧門の、さらに北の朝天門の東に位置した。徳寿宮は宮城の北東にいわば離宮として所在したことになる。そのため当時の人々は徳寿宮を北内と称し、皇帝の宮城を南内もしくは大内と称した。高宗は淳熙十四年（一一八七）十月に死去するまでの二十五年間、この徳寿宮に南宋政権の最高権威として君臨したのであった。(7)

さて『朝野雑記』(8) によると、高宗は自らの退位の理由を老衰と病とに帰し、それまでにも長く退位を望んでいたと述べたというが、先学によれば高宗退位の原因は当時の政治状況に求められる。高宗退位の前後の時期は、まさに宋金関係の変動期に当たっていた。まずは先学に依拠しつつ、当時の政治過程を瞥見したい。

高宗は紹興十二年（一一四二）に秦檜主導で行われた宋金和平を強く後押ししたことで知られるが、そうした和平重視の姿勢は同二十五年（一一五五）十月の秦檜没後も変化はなかった。すなわち高宗は秦檜派の沈該・湯思退らを宰相に起用し、宋金関係の維持・安定に努めたのである。しかし南宋政権内では陳俊卿・虞允文ら対金強硬論者が次第に力を強め、同二十九年（一一五九）には沈該が、翌年には湯思退が弾劾によって罷免された。そして金国皇帝の完顔亮（海陵王）が南宋侵攻を行ったことで高宗の和平政策は破綻し、同三十一年（一一六一）八月から再び南宋・金の全面戦争が行われた。この戦争は采石の戦いに南宋が勝利し、叛乱によって完顔亮が横死したことで金側の敗北に終わったが、このことは強硬論者のさらなる躍進をもたらした。強硬論者の領袖で、秦檜最大の政敵として排斥されていた張浚が、同年十月に判建康府として現職復帰を果したのである。まもなく金国の新皇帝世宗が南宋に和平を持ちかけたものの、翌年正月に南宋朝廷で行われた議論では意見がまとまらず、両国の和平は暗礁に乗り上げたのであった(9)。

このように紹興三十二年（一一六二）当時の南宋政権は、対金強硬論者が大きく擡頭する状況にあった。高宗はまさにこうした情勢下で退位を行ったのである。先学の成果を踏まえつつ述べれば、高宗は自らの和平路線の破綻に失望し、また攻勢を強める対金強硬論の矢面に立つことを忌避し、退位を決意したのであろう(10)。ところがここで大きな問題が生じた。というのも、退位直前に宰執たちに「朕此の事を料るに終には和に帰せん(11)」と述べるなど、なおも対金和平に固執していた太上皇高宗とは異なり、新皇帝孝宗は金国を不倶戴天の仇と見なし、即位と同時に自ら北宋旧領の恢復に当たることを宣言した(12)強硬論者だったからである。近侍のたびに「恢復の大計」を主張した孝宗に対し、太上皇高宗が百年後にそのことを議論せよと諭したという逸話(13)は、対金政策をめぐる両者の思惑の違いを鮮明に表している。それではかかる状況は当時の政局にいかに反映されたのか。

孝宗にとっての喫緊の課題は、対金政策の舵をどう切るかであった。一度頓挫した和平交渉を再開するか、強硬論者の主張に従って再び開戦するかである。この選択をめぐって大きな焦点となったのが、前年に現職復帰した張浚の処遇であった。張浚は対金強硬論者として知られ、紹興五年（一一三五）には宰相を務めたが、軍の中央直轄化を急いで淮西の兵変を誘発するなど失策の多い人物でもあった。[14] そのため高宗は張浚を忌避し、宋金和平が破られた同八年（一一三八）に廷臣から張浚の再起用が提言されると、厳粛な面持ちで「寧ろ国を覆すも、此の人を用いず」と述べたとされる。[15] しかも高宗の張浚への不信感は、それから二十四年後の退位前後においても払拭されていなかった。例えば同三十一年（一一六一）六月以前に、高宗は陳俊卿から張浚の再起用を求められると、「浚の才疎なれば、これをして一路を帥せしめれば、或いは観るべき有るも、若し再び諸軍を督せしめれば、必ずや事を敗るべし」と答えていた。[16] さらにその翌年正月にも、金安節と劉珙が楊存中に替えて「重臣」を江淮荊襄路宣撫使に起用するように求めたところ、高宗は劉珙の父劉子羽と張浚の親しい関係から「重臣」とは張浚を指すものと疑い、怒りをあらわにしたのであった。[17] 高宗が張浚の再起用に否定的な考えを持っていたことがうかがわれるのである。

ところがこうした状況は孝宗の即位によって一変する。張浚は孝宗即位からわずか一ヵ月後の紹興三十二年（一一六二）七月に前線の司令官である江淮宣撫使に起用され、さらに半年後の隆興元年（一一六三）正月には執政官である枢密使に抜擢されたのであった。もともと対金強硬論を支持していた孝宗は、このとき張浚の主張する主戦論に共鳴し、それゆえに右の軍政の重職を委ねたとされる。[18] 高宗が一貫して張浚を忌避していたこと、および張浚再起用の結果として高宗が最も望まない対金戦争が行われたことを考えれば、この人事があくまでも孝宗の意思によって行われたことは明らかである。孝宗は太上皇高宗の和平路線とは異なる、独自の対金政策を模索していたものと考えられよう。

さてここで改めて注目したいのが、当時の宰相の動向である。孝宗即位から戦争決行までの期間に宰相を務めたのは、陳康伯・史浩の二人であった。陳康伯は紹興二十九年（一一五九）九月に尚書右僕射兼同中書門下平章事（以下、本章では右僕射と称す）に任ぜられ、同三十一年（一一六一）三月に尚書左僕射兼同中書門下平章事（以下、本章では左僕射と称す）に昇進し、隆興元年（一一六三）十二月まで同職を務めた。もう一人の史浩は、紹興三十二年（一一六二）八月に執政官である参知政事に任ぜられ、翌隆興元年（一一六三）正月に右僕射兼枢密使に昇進して同年五月に辞職した。当時における陳康伯・史浩の動向について、李心伝は「四月戊辰、魏公入りて奏事し、上議を定めて出師し淮を渡らんとするも、陳・史二公不可とす」と記している。[19] つまり当時宰相を務めた二人がそろって孝宗の強硬策に反対を表明し、その推進への一定の抑止力として機能したのであった。

もちろん皇帝と宰相が政策をめぐって対立することは珍しいことではない。問題となるのは、陳康伯・史浩の宰相起用に太上皇高宗の意向が作用した可能性が高いということである。陳康伯は高宗朝末期から宰相を務め、完顔亮の南宋侵攻を乗り切ったことで高宗から深く信任されたとされる。[20] 王十朋の上奏に、「太上皇陛下に授けるに大宝位を以てし、又た一相を以てこれを遺し、右揆を虚しくし以て陛下の自ら択ぶを待つ」とあるように、[21] 当時の人々は陳康伯を太上皇高宗が孝宗のために残した人材として認識していた。しかも紹興三十二年（一一六二）十月に陳康伯が辞職を願い出ると、孝宗は御筆を下して「太上皇帝卿を儲え以て朕を佐けしむ」と述べて慰留し、孝宗から請願された太上皇高宗も御筆を下して陳康伯に辞職の撤回を命じたのであった。[22] 柳立言氏は、この事件を孝宗が太上皇帝に仮託して官僚を慰留した事件として解釈し、太上皇高宗の権威の大きさを示す一例としていた。[23] しかしこの事件には別の相貌もあった。楼鑰『攻媿集』巻九三、神道碑「純誠厚徳元老之碑」は次のように伝える。

康伯乞罷政、孝宗批問、恩礼已尽、当与何職。意蓋属公也。公即奏、康伯前朝老臣、不可不留以為重。若其請未已、必得徳寿聖諭、可安其意。是日高宗賜以御筆、康伯乃安職。

（康伯罷政を乞うに、孝宗批問すらく、恩礼已に尽くせば、当に何れの職を与うべきかと。意蓋し公に属するなり。公即ち奏すらく、康伯は前朝の老臣なれば、留めて以て重と為さざるべからず。若し其の請未だ已まざれば、必ず徳寿の聖諭を得、其の意を安んずべしと。是の日高宗賜うに御筆を以てし、康伯乃ち職に安んず。）

孝宗は陳康伯の辞任を認めるつもりで、何の職を与えるべきかと史浩（「公」）に諮問したが、史浩は高宗朝からの老臣である陳康伯を引き止めないわけにはいかない、なおも辞任を求めるなら太上皇帝（「徳寿」）の聖諭によって慰撫すべきだと答えたという。つまり孝宗は必ずしも陳康伯の宰相留任を望んでいなかったにもかかわらず、高宗が起用した人物であったがゆえに任用せざるをえなかった事情が看取されるのである。

もう一人の宰相史浩は、皇子時代の孝宗に学問を教授した経歴を持つ人物であった。そのため史浩の宰相起用は、孝宗自身の意思によるとも考えられる。ところが蔣義斌氏は、史浩が高宗と同じく和平論者であり、しかも高宗が在位中から史浩を高く評価していたことを根拠に、史浩の宰相起用が太上皇高宗の意向であったものと推測したのである(24)。ただし蔣氏は高宗と史浩の関係を示す史料を提示せず、また高宗と史浩の関係が当時の和戦問題にどう反映されたのかも検討していない。これについては次の宝慶『四明志』巻九、叙人中、先賢事跡下「史浩」の記述が注目される。

浩参知政事、上皇使内侍召至賜食。諭曰、卿在皇帝潜藩、備殫忠力。皇帝孝愛、卿輔導之功也。今得卿為輔弼、吾亦安心。又曰、卿皇帝親臣、凡事宜直前規正、不可回忌。

（浩参知政事となり、上皇内侍をして召して至らしめ食を賜う。諭して曰く、卿皇帝の潜藩に在り、備に忠力を殫くす。皇帝孝愛なるは、卿輔導の功なり。今卿を得て輔弼と為す、吾も亦た心を安んずと。又た曰く、卿皇帝の親臣なれば、凡そ事は宜しく直前規正すべくして、回忌すべからずと。）

史浩が紹興三十二年（一一六二）七月に参知政事に任ぜられると、太上皇高宗から宦官が遣わされ、徳寿宮に召されて食事を賜った。高宗は史浩に対し、皇帝の近臣となった以上は規正すべき行動はきちんと規正して避けてはならないと述べたというのである。

右の記事は徳寿宮にいる太上皇帝が執政官と独自に面会し、自らの意思を表明できたことを示すとともに、蔣氏がいうように史浩の宰相起用に高宗の意思が介在していた可能性を強く示唆しよう。また別史料が右の高宗の言葉に続けて「公既に推謝するも、次日又た奏事に因りてこれを言う」と記し、史浩は高宗からの言葉を辞退したが、翌日の上奏の際にも高宗は同じ言葉を繰り返したと伝えていることも重視される。[25] これによって内外の者たちには、史浩が孝宗の行動を「規正」することが、太上皇高宗の意向によるものだと受け取られたはずだからである。これが史浩の発言力を増大させたであろうことは容易に想像される。恐らく高宗は、孝宗を始めとする強硬論者の動きを、史浩が「規正」することを期待したのであろう。江淮宣撫使張浚が孝宗の命令によって対金戦争を計画したものの、参知政事史浩の反対によってなかなか実行に移せなかったという事実は、[26] 右の高宗の思惑が一定の成果を収めていたことを物語る。孝宗は太上皇高宗から深く信任されていた史浩の慎重論を、容易に退けることはできなかったのである。

こうした太上皇高宗と史浩の協力関係は、隆興元年（一一六三）四月の論争に一層明瞭な形で表われることになる。紹興三十二年（一一六二）は、陳康伯・史浩ら慎重論者が強硬論者を抑止したまま推移したが、翌隆興元年（一一六三）正月に史浩が右僕射に起用され、張浚が枢密使に抜擢されると、史浩と張浚の間で激しい和戦論争が交わされることになった。その経緯は次の通りである。同年四月に張浚は孝宗に対し、前線である建康府に赴き、自ら対金戦争を督戦するように要請した。これに対して陳康伯は沈黙を守ったが、史浩は反対論を唱えた。史浩によれば、皇帝が動くには親征・労軍・移蹕の三つの名目があるが、親征は金側の大規模な反攻を招くので不可であり、軍を労うのも財政不足でやはり不可である。皇帝の居所を動かす移蹕が最も都合がよいが、なおも熟議を要するという。これを聞いた孝宗は、移蹕ならば問題ない、なぜ議論が必要なのかと詰問した。(27) 次の宝慶『四明志』巻九、叙人中、先賢事跡下「史浩」の記述は、それに続く史浩と孝宗のやり取りである。

浩曰、未審陛下自与六宮往、亦奉上皇以倶。若奉上皇、則建康未有徳寿行宮。又未知上皇行止之意若何。臣料上皇未必肯行也。上皇不行、陛下安得与六宮往。倘陛下自行、乃是親征、非移蹕也。若今親征、俟有功乃回乎、不待有功而即帰乎。必俟有功。功不可必、則卒未有回鑾之期。苟無功而還、則与上皇視師之行無以異、亦復何益。……抑臣聞之、古人不以賊遺君父。今必俟上臨陳、乃能成功。安用都督哉。況留上皇于此、而陛下遠適千里之外、不得朝夕侍左右。虜以一騎犯淮、則此間騒然、少有奔竄、上皇能不動心乎。陛下父子慈孝如此、今日豈可跬歩相離。上始悟謂浚曰、都督姑先臨辺、俟有功緒。朕何敢憚行。今未須下詔。

（浩曰く、未だ陛下自ら六宮と与に往くか、亦た上皇を奉じて以て倶にするかを審らかにせず。若し上皇を奉ずれば、則ち建康未だ徳寿の行宮有らず。又た未だ上皇の行止の意若何なるかを知らず。臣料るに上皇未だ必ずしも行くを肯んぜざるなり。上皇行かざれば、陛下安くんぞ六宮と与に往くを得んや。倘し陛下自ら行けば、乃ち是れ親征にして、移蹕には非ざるなり。若し今親征せば、功有るを俟ちて乃ち回るか、功有るを待たずして即ち帰るか。必ず功有るを俟つべし。功必すべからざれば、則ち卒かには未だ回鑾の期有らず。苟くも功無くして還れば、則ち上皇視師の行とは以て異なる無し。亦た復た何の益ならん。……抑そも臣これを聞くに、古人賊を以て君父に遺さずと。今必ず上の臨陳を俟ち、乃ち能く成功すべしとす。安くんぞ都督を用いんや。況んや上皇を此に留めて、陛下遠く千里の外に適けば、朝夕左右に侍るを得ず。虜一騎を以て淮を犯せば、則ち此の間騒然とし、少しく奔竄有れば、上皇能く心を動かさざらんや。陛下父子、慈孝なること此くの如し。今日豈に跬歩も相い離るるべけんやと。上始めて悟り浚に謂いて曰く、都督姑く先に辺に臨み、功緒有るを俟たん。朕何ぞ敢えて行くを憚らんや。今未だ須く詔を下すべからずと。）

史浩は孝宗の諮問に対し、孝宗が太上皇帝を連れて行くのか否かがはっきりしないうえに、建康府にはそもそも太上皇帝の居所がないと答えた。また太上皇帝は恐らく同行しないであろうと指摘し、太上皇帝が同行しないとすれば孝宗は居所を移すことはできないとする。さらに孝宗のみが行くとすればそれは親征であり、親征であれば何がしかの戦功がなければ帰れないから、滞在は長期に及ぶ可能性もある。張浚は皇帝が出陣してはじめて成功すると言うが、それでは都督とは一体何のためのものなのか。ましてや太上皇帝を臨安に留めて皇帝が遠くにあっては、敵が一騎でも淮河を犯せば臨安は大騒ぎとなり、味方が少しでも敗走すれば太上皇帝の心を乱すことになると述べ、孝宗は太上皇帝のそばから離れてはならないと結論づけた。これを聞いた孝宗は建康への出向を一時見合わせたというのである。つまり史浩は太上皇高宗の存在を口実とすることによって、孝宗が自ら前線に出向することを思い止まらせたのであった。強硬論者張浚のもとへの孝宗の出向は、史浩が述べていたようにその後の宋金戦争を長期化、もしくは大規模化させる可能性をはらんでいたといえる。また翌五月に実際に親征が命じられたことからすれば、史浩の懸念通りこの出向がそのまま親征となることもありえた。それを開戦前のこの時点で回避できたことには少なからぬ意義が認められよう。そしてそれは太上皇高宗から信任されていることで知られた史浩が太上皇帝の存在を盾にし、その意向を代弁することで初めて可能になったのであった。

このように史浩は孝宗に対して慎重論を展開し、孝宗が前線に出向くことは思い止まらせることに成功したものの、ここで孝宗と張浚は史浩にとって予想外の行動をとることになる。すなわち張浚の進言に従い、孝宗は三省・枢密院を経由せずに出兵の命令を下すという、通常では考えられない非常手段によって対金戦争を強行したのである。これを知った太上皇高宗は、徳寿宮を訪問した孝宗を「張浚の虚名を信ずる毋かれ。将来必ずや大計を誤るべし」と説得するも翻意させることはできず、さらに史浩は宰相である自分を出兵に関与させなかった孝宗の行為に憤り、五月十五日に宰相の地位を辞したのであった。[28] そして高宗と史浩の憂慮は的中し、同年五月二十四日に南宋軍は符離（現在の安徽省宿州市）において金軍に大敗することになる。いまだ敗報を知らぬ孝宗がついに詔を下して親征を表明したのは五月二十五日、すなわち敗戦の翌日であった。

第二節　符離の戦い後の宰執人事と隆興和議

隆興元年（一一六三）六月、孝宗は詔を下して前月の符離での大敗の責任を自らに帰し、さらに翌月には秦檜の和平路線の継承者とされる湯思退を右僕射兼枢密使に再起用した。[29] 金側の紇石烈志寧が南宋の三省・枢密院に書簡を送ると、「湯・陳二相、亟かにこれと和せんと欲」したとあるように、[30] 右僕射湯思退は左僕射陳康伯とともに宋金和平を主導することになったのである。これにより同年十月には金側から和議の条件として、両国の名分関係を叔姪とすること、南宋側が前年に占領した唐・鄧・海・泗の四州を金国に返還することなどが示された。[31] 当初は四州の返還に難色を示した孝宗も次第に態度を軟化させ、同年十一月二十五日の集議のあとは「上曰く、彼能く太上を以て兄と為すは、朕の喜ぶ所の者なり。朕の意已に定まれり。正に当に此れに因りて治功を興起すべしと」と述べ、[32] 新たな名分関係のもとで太上皇高宗が金の世宗の兄とされることに満足し、一度は和議締結を決意したのであった。

孝宗がそれまでの強硬論を一転させ、宋金和平の推進を決意した背景には、太上皇高宗からの働きかけもあったようである。[33]「太上皇帝深く上に勧めて和に従わしめんとし、遂に使を遣わしめんと決議す[34]」との記述はそのことを端的に示している。また孝宗から金国との交渉再開の決定を聞かされた高宗が大いに喜び、金国への礼物を自分で選びたいと述べたとする史料も、[35]高宗が和議再開のために積極的に動いていたことを強く示唆するであろう。太上皇帝と皇帝とが意見を一致させたことで、南宋政権の対金政策は和平へと舵が切られ、ここに事態は収束するかに思われた。

ところが符離での大敗にもかかわらず、張浚に対する孝宗の信任は衰えなかったらしく、翌十二月初めに張浚が南宋中央に戻ると事態は再び一変した。すなわち寺地遵氏によると、張浚が和議反対を主張し、言路官の多くがこれに同調すると「孝宗の意志は大きく動揺」した。孝宗は陳康伯がすでに左僕射を辞任していたことから、同月に湯思退を左僕射に昇進させ、張浚を右僕射に抜擢したのであった。これによって再び強硬論が力を持ち、「和議の動きはにわかに阻まれ[36]」たというのである。

このように南宋朝廷では符離での敗戦後も、隆興元年（一一六三）十二月の張浚の右僕射就任から、最終的に隆興和議が締結された翌年十二月までにかけて、和戦問題をめぐって和平論者と強硬論者との間で政争が行われた。ただしそうした政局の動きについては、すでに寺地遵氏の専論がある。[37]本節では前節から引き続き、当時の政争や孝宗の政策決定に、太上皇高宗がいかにして影響を与えたのかを検討することにしたい。

まずは張浚の右僕射抜擢についてであるが、これについては黎靖徳『朱子語類』巻一三一、本朝五「中興至今人物上」に注目すべき証言が残されている。

張魏公初召来、搢紳甚喜。時湯進之在右揆、衆以為魏公必居左。既而告庭双麻、湯遷左、魏公居右、凡事皆為湯所沮。

（張魏公初め召来せらるるや、搢紳甚だ喜ぶ。時に湯進之右揆に在れば、衆以為えらく魏公必ずや左に居るべしと。既にして双麻を告庭するに、湯は左に遷り、魏公は右に居れば、凡そ事は皆な湯の沮む所と為る。）

張浚（「張魏公」）が朝廷に召されると官界は非常に喜んだ。当時は湯思退（「湯進之」）が右僕射であったため、人々は張浚がその上位の左僕射に起用されると思っていた。ところが実際には湯思退が左僕射に昇進し、張浚は右僕射に任ぜられてしまったため、あらゆることが湯思退に阻まれたという。さらに同史料の別の部分にも類似の朱熹の言葉がある。すなわち張浚が宰相に起用されて対金戦争を主張すると、朱熹は張浚の子張栻に対し、もしも張浚が皇帝に請願し、全権を張浚に委ねさせることができれば対金戦争は成就するが、湯思退とともに戦争を行おうとすれば失敗すると忠告し、のちにその通りになった。しかも当時は湯思退が左僕射であり、張浚は右僕射であった。たとえ張浚と湯思退のポストが逆だったとしても、やはり対金戦争は行えなかったであろうというのである[38]。

どちらも朱熹が語ったことではあるが、前者の史料は、強硬論が湯思退に阻まれた最大の原因を、張浚が左僕射に任ぜられなかったことに帰している。後者の史料は、たとえ張浚が左僕射に任ぜられても強硬論は阻まれたとするが、張浚の右僕射拝命が強硬論の劣勢を決定づけたととらえる点では一致している。つまり張浚の宰相抜擢によって息を吹き返し、宋金和議を阻害したとされる対金強硬論も、実際には張浚が右僕射に任ぜられた時点でその敗北は決していたのである。もちろん朱熹という一士大夫の主張であるため注意が必要ではあるが、当時の政治を実見した人物の証言として無視しえないといえよう。

それではそもそも張浚はなぜ右僕射に任ぜられたのか。既述のように、孝宗は南宋官界の輿論が和平に傾くなかでも、なおも張浚を信任していた。しかも寺地遵氏によれば、隆興元年（一一六三）十二月に張浚が強硬論を主張して以降、孝宗の意向は和平とは反対の方向にあった[39]。さらに湯思退・張浚が左・右僕射を拝命したあとも、孝宗は上殿奏事のたびに張浚のみを留めて言葉を交わしたとする史料もある。(40) かかる状況下において、孝宗が湯思退を左僕射に任じ、張浚をその下位の右僕射としたのはきわめて不自然に感じられよう。ところがこの疑問に明快な答えを与える史料が残されている。『朝野雑記』乙集巻三、上徳三「宰執恭謝徳寿重華宮聖語」には次のようにある。

> 隆興初、湯進之為右僕射、上欲相張魏公、而難於左右、因過宮稟之上皇。上皇云、各還其旧。蓋魏公在紹興初纔為右相、而進之紹興末年已為左相故也。後五日鎖院、進之転左僕射、魏公拝右僕射。
>
> （隆興初、湯進之右僕射と為り、上 張魏公を相とせんと欲するも、左右に難し。過宮に因りてこれを上皇に稟するに、上皇云えらく、各おの其の旧に還せと。蓋し魏公紹興初に在りて纔かに右相と為り、進之紹興末年に已に左相と為るの故なり。後五日鎖院し、進之左僕射に転じ、魏公右僕射を拝す。）

隆興元年（一一六三）に湯思退が右僕射になると、孝宗は張浚を宰相に任じたく思ったが、左・右僕射いずれとするかが難問となった。そこで孝宗は徳寿宮を訪れた際に太上皇高宗にうかがいをたてたところ、高宗は各々昔の官職に戻せばよいと述べた。張浚は紹興初に短期間ながら右僕射となり、湯思退は紹興末に左僕射を務めたことがあったからである。これによって湯思退は左僕射に昇進し、張浚は右僕射を拝命したという。洪邁もこれとほぼ同じ事実を伝えるが、そこには「孝宗張を命じて左と為さんと欲し、徳寿に請うも、高宗曰く、湯思退は元是れ左相にして、張浚は元是れ右相なれば、只だ其の旧に仍れば可なりと」とあり、(41) 孝宗が張浚の左僕射起用を太上皇高宗に請願したにもかかわらず、高宗によってそれが拒絶されたことが明記されている。いずれの史料も、高宗は湯思退・張浚の経歴に照らして両者の左・右僕射叙任を決めたと伝えるが、この人事が当時の和戦問題の行方を決定づけたことを考えれば、それをそのまま信用することはできないであろう。太上皇高宗が張浚の左僕射就任を阻み、湯思退の昇進を後押しした背景には、宋金和平を主張していた湯思退に対する、高宗からの強い期待と信任とが働いていたものと推測される

のである。(42)

以上から強硬論を唱えていた張浚が右僕射に任ぜられ、和平を主張していた湯思退が左僕射に起用されたのは、太上皇高宗の意向が作用した結果であったことが明らかになった。孝宗は張浚を深く信任し、その左僕射への起用を望んでいたにもかかわらず、太上皇帝の意向を受け入れざるをえなかったのである。朱熹はこうした経緯を必ずしも把握していなかったが、孝宗が「秦檜も如かず」とまで罵った湯思退を左僕射に起用したことにはかねてから疑念を持っていたらしく、「然るに竟にこれを用いるは、暁るべからず。恐るらくは是れ太上の意ならん」と述べ、(43)湯思退の起用が高宗の意向であることを推測していた。宰相人事に太上皇高宗の意向が反映しうるという認識を、当時の士大夫がごく常識的に持っていたことが分かる。そして朱熹のこの推測は正鵠を射ていたのであった。

また湯思退と同じく当時の和戦問題を左右した宰執人事として重視されるのが銭端礼の事例である。銭端礼は五代十国の呉越銭氏の後裔で、祖父銭景臻は仁宗の大長公主を妻とし、銭端礼の女子は孝宗の皇太子であった荘文太子の妃となるなど、(44)皇室と深い結びつきを持つ人物であった。紹興三十年（一一六〇）に権戸部侍郎となったが、翌年父の死によって服喪し、隆興元年（一一六三）十一月に戸部侍郎として復帰した。その翌年に吏部侍郎に任ぜられ、湯思退とともに戦費不足を理由に張浚の強硬論を激しく糾弾したのであった。(45)

さて湯思退・銭端礼らの張浚批判が功を奏したのか、張浚は隆興二年（一一六四）四月についに罷免され、南宋朝廷の議論は再び和議に統一された。ところが十一月に金軍が淮南に侵攻し、さらに秦州・商州をうかがう動きを見せると、事態はまたもや急変することになる。金軍の動きに激怒した孝宗は「若し彼堅く商・秦の地、俘降の人を欲さば、則ち朕国を以て斃すること有るも、従う能わざるなり」との詔を下し、(46)対金和平への反対を表明したのである。ここにおいて宋金関係は再び緊張状態に置かれることになった。孝宗は和平を主張した左僕射湯思退を同月十日に罷免し、十七日には前年に宰相を退いた陳康伯を再び左僕射に起用したのであった。

前節で見たように、陳康伯は太上皇高宗から深く信任された人物であり、この人事もまた高宗の意向に基づいていたようにも見える。しかしこのとき陳康伯はすでに老病に冒され、詔によって二日に一度だけの出仕を命じられたうえに、重要案件以外には署名をしなくてもよいとされ[47]、さらに就任から四ヵ月後の翌年二月に発作を起こして急死していることから[48]、実質的には宰相の権限を行使できる状態にはなかったものと思われる。陳康伯が再起用された隆興二年（一一六四）十一月の時点において、参知政事兼知枢密院事の周葵が宰相の権限を代行していたとする史料もあるが[49]、周葵もその翌月の閏十一月には失脚しており[50]、当時の政局を主導した形跡は見いだされない。

ここで改めて注目されるのが銭端礼の動向である。銭端礼は同年三月に淮東宣諭使として前線を実見したあと、中央に戻って九月に兵部尚書に任ぜられ、十一月に戸部尚書を兼任した。同年十一月二十日には同進士出身を与えられ、簽書枢密院事兼参知政事として執政官に任ぜられたのであった。しかも当時の史料によれば、銭端礼は陳康伯が没すると宰相の権限を代行し、ついには宰相位をうかがうまでになったという[51]。湯思退失脚後の中央政治を事実上主導したのは、この銭端礼であったと考えられよう。さらに注目すべきは、銭端礼が簽書枢密院事兼参知政事への就任と同時に、太上皇高宗の居所である徳寿宮の管理を司る提挙徳寿宮使をも兼任したことである[52]。そのためか、どうやら銭端礼は徳寿宮に出入し、高宗に近侍することが可能であった。銭端礼の行状によると、宋金関係の緊張により臨安の官民が多く避難を図るなか、太上皇高宗までもが徳寿宮を出ようとしているとの情報が伝わり、人心は動揺した。そこで高宗が銭端礼に最近の情勢を下問したところ、銭端礼は高宗が避難の準備をしているとの噂が民衆を動揺させていると上奏し、高宗を諫めたというのである[53]。高宗と銭端礼のやり取りを伝えたこの話は、銭端礼が高宗の身辺近くに仕えていたことを前提として初めて成り立つものであろう。日時は不明だが、同じく銭端礼の行状には「嘗て徳寿に奏事するに、太上雪を賞でて坐を賜い、玉盃を以て宣勧し、名を以て呼ばず、隆眷せらるること此くの如し[54]」ともあり、銭端礼が比較的頻繁に徳寿宮に出入し、高宗から信任されていたこともうかがえるのである。また陳傅良『止斎先生文集』巻二五、奏状箚子「奏事後申三省枢密院箚子」の記事も一考に値する。

某因検照得中興会要、在孝宗時、以参知政事銭端礼充徳寿宮使。一時応合奏稟事件、多藉端礼之力。有此故事、可以挙行。今来若於親王・執政・宗室・戚里中、差近上臣寮一人充重華官（宮）使、自後応合奏稟事件、令得往来伝旨、庶幾不至阻隔。

（某因りて中興会要を検照し得たるに、孝宗の時に在りて、参知政事銭端礼を以て徳寿宮使に充て、一時の応合（まさ）に奏稟すべきの事件は、多くは端礼の力に藉る。此の故事有れば、以て挙げて行うべし。今来若し親王・執政・宗室・戚里の中より、近上の臣寮一人を差して重華宮使に充て、自後応合に奏稟すべきの事件は、往来伝旨するを得さしめれば、阻隔するに至らざるに庶幾からん。）

これは光宗と太上皇孝宗の不仲が問題となった、三代目光宗のときの箚子である。陳傅良（「某」）は孝宗・光宗父子の関係を心配し、孝宗朝時代に銭端礼が提挙徳寿宮使として高宗・孝宗間のパイプ役を務めた故事を挙げ、同じように孝宗・光宗間のパイプ役として光宗の近臣を提挙重華宮使に任ずるように提言したのであった。つまりこの史料は、隆興二年（一一六四）十一月から翌年八月まで参知政事を務め、南宋政治を事実上主導したと思われる銭端礼が、実は朝廷と太上皇高宗とをつなぐ役目をも担っていたことを明示しているのである。その銭端礼は「故に臣曰く、戎と和するは国の福なり」と述べていた[55]ように、孝宗に和平を強く勧めた人物でもあった。とすれば、そもそも銭端礼の執政官への起用自体が、太上皇高宗の支持に裏づけられた人事であったと解釈せざるをえない。すなわち高宗は自らの意思を銭端礼に託すことを通じて、和議締結を後押ししていたのである。陳康伯・史浩・湯思退の事例と同じく、高宗が宰執人事への介入を通じて自らの望む政策決定を実現しようとしていたこともあわせて注意されよう。

宋金間で隆興和議が最終的に締結されたのは隆興二年（一一六四）十二月であった。しかし和議締結は必ずしも孝宗の本意によるものではなかった。朱熹は張浚の主戦論と湯思退の主和論について論じた際に、張浚はいたずらに孝宗に従って主戦を唱え、太上皇高宗に背くべきではなかった。金国と戦えるということを高宗に納得させられれば、高宗が口を出すことはなかったのだと語ったという。[56]また乾道五年（一一六九）の秘書省校書郎員興宗の上奏には、「太上の意和柔を主せば、故に陛下は一切委順す」との文言があった。[57]これらの史料は、隆興和議が太上皇高宗の政治的影響力のもとで成立したことを端的に示す。その影響力は、宰執人事への介入を通じて行使されていたのである。

第三節　太上皇帝の影響力と孝宗・光宗の側近政治

前節までの議論によって、孝宗朝初期の宰執人事に太上皇高宗が強く関与していたことが確認された。すなわち孝宗朝初期に宰相を務めた、もしくは参知政事として宰相の職務を代行した陳康伯・史浩・湯思退・張浚・銭端礼のうち、張浚以外の四人はいずれも高宗の意向によって起用されていたのである。それではかかる現象はこの四例に止まるものなのか。本節ではこの点を検証したい。

まずは孝宗朝初期の事例として右僕射朱倬が挙げられる。朱倬は高宗朝末に右僕射を務め、孝宗即位前に罷免された人物であるため、正確にいえば孝宗朝の宰相ではない。しかし朱倬の墓誌銘を見ると、朱倬は高宗の退位に反対して罷免されたが、それは徽宗のようなあまりにも急な退位を避けようとしたに過ぎず、高宗・孝宗は朱倬の行為を問題としていなかった。高宗は挨拶に来た朱倬に対し、自分は退位して徳寿宮に行こうとしており、朱倬は郷里に帰ろうとしているから、来年には必ず朱倬を召喚すると述べたが、朱倬は翌年致仕してしまったとある[58]。高宗が自らの退位後の人事として、朱倬の宰相への復職を約束していたことが注目される。また陳俊卿の行状によると、乾道元年（一一六五）に参知政事銭端礼は外戚でありながら宰相の地位を狙っていたが、陳俊卿は宋朝では外戚が宰相となった例はないと上奏して反対した。これを聞いた銭端礼は人を遣わして「聞くならく両宮皆な己を相とするを許す」と伝えさせ[59]、高宗・孝宗（「両宮」）が銭端礼の宰相起用を認めたとして陳俊卿を説得しようとしたという。銭端礼は参知政事のまま同年八月に罷免されてしまうため、朱倬と同じく未遂に終わった人事であるが、これらはいずれも高宗が宰相人事に関与した事例として数えられよう。

次に乾道元年（一一六五）十二月に右僕射に任ぜられ、翌年三月まで同職を務めた洪适の事例を見てみたい。洪适は南宋初に金国に抑留された洪皓の長子で、弟の洪遵・洪邁も高官にのぼったことで知られる。とくに洪遵は隆興元年（一一六三）に同知枢密院事に任ぜられ、湯思退とともに対金和平を主張した。その翌年に湯思退・張浚間で和戦論争が行われた際には、洪适も淮東総領所から召喚されて、張浚の防備を児戯のようだと批判したというから[60]、洪适もまた和平論者に連なる人物であったといえよう。洪适は乾道元年（一一六五）六月に執政官の簽書枢密院事に任ぜられ、その際に徳寿宮に執政官拝命の恩を謝しに行ったところ、太上皇高宗は「上卿を用いんと議するに、吾謂えらく従官中に卿を踰ゆる者無しと」と述べたという[61]。孝宗は執政官の人事を事前に高宗に相談していたのである。半年後における洪适の宰相昇進にも、高宗が関与した可能性は高いと思われる。

さらに乾道二年（一一六六）五月に簽書枢密院事に任ぜられた蔣芾は、当初は荘文太子にその才を見いだされ、推挙されて権直舎人院になった。その後、蔣芾が宦官梁珂の任命書の起草命令を差し戻したところ、「語徳寿宮に徹し、上皇其の忠に嘆じ、簽書枢密院に除せら」れたというから[62]、蔣芾が太上皇高宗の意向で執政官に昇進したことは明らかである。また『宋史』巻三八四、本伝によると、蔣芾は同四年（一一六八）二月に宰相である右僕射兼枢密使に昇進し、同年七月に母の服喪のために中央を去った。このとき孝宗は再び対金戦争を計画し、服喪中の蔣芾に密旨を下してその可否を諮問したが、蔣芾は「天時人事未だ至らず」と答えて孝宗の意に逆らった。服喪後に蔣芾は観文殿大学士・知紹興府・提挙洞霄宮に任ぜられたものの、まもなく言路官の弾劾により観文殿大学士の職を剝奪されてしまったという。(63)『無錫県志』は、蔣芾が対金戦争に反対し、孝宗の意に背いたことを服喪前のこととするものの、これに「譏忌する者」が乗じたことが右のような蔣芾の失脚につながったと解釈している。(64)蔣芾もまた太上皇高宗と同じく、宋金和平を重視する政治姿勢の持ち主であったこと、およびそのことが蔣芾の失脚をもたらしたことがうかがわれるのである。

また采石の戦いで活躍した虞允文は、張浚とともに対金強硬論を唱えたことで知られ、乾道五年（一一六九）八月に右僕射に起用されてからは再び対金戦争を主張し、孝宗から深く信任された。すでに柳立言氏が紹介した事例(65)であるが、虞允文は同八年（一一七二）四月に殿中侍御史蕭之敏に弾劾され、孝宗がそのことを太上皇高宗に伝えると、高宗は采石の戦いのとき蕭之敏はどこにいたというのか、虞允文の辞任を許してはならないと述べた。そのため孝宗は蕭之敏を罷免し、虞允文を慰撫したという。(66)和平論者の高宗がなぜ虞允文をかばったのかは、当時の政局を解明したうえでの別途の検討を要するが、(67)このときの虞允文の進退に高宗の意向が影響を与えたことだけは間違いないといえる。

このほか王淮は淳熙八年（一一八一）から同十五年（一一八八）にかけて、孝宗朝では最長の七年にもわたって宰相を務めた人物であるが、ここにも太上皇高宗の関与が指摘されている。余英時氏は、王淮が高宗と同じく「安静」を求める政治姿勢の持ち主であったこと、および高宗の死の直後に、孝宗が王淮を強引な方法によって罷免したことから、王淮の宰相就任の裏に高宗の支持があったものと推測したのであった[68]。余氏の議論が妥当であるとすれば、乾道八年（一一七二）から宰相を務め、強硬論に反対して罷免された梁克家[69]や、淳熙元年（一一七四）に参知政事に任ぜられ、翌年に宰相葉衡が罷免されてからはその職務を代行しながらも、一度も強硬論を主張しなかったという龔茂良[70]の人事にも、同様に太上皇高宗の関与が疑われよう。

最後に孝宗が高宗と同じく退位を行い、太上皇帝として五年にわたって君臨した光宗朝はどうかといえば、やはり周必大・留正・趙汝愚の宰執人事に太上皇孝宗が関与していたことが指摘されている[71]。このうち周必大と留正は孝宗在位中に宰相に起用され、周必大は光宗即位後まもなく罷免されたが、留正は光宗朝を通じて宰相を務めた。孝宗は留正を深く信任し、その臨終に際しても宰相は必ず留正に務めさせるようにと太皇太后呉氏に遺言したとされる[72]。また宗室出身の趙汝愚は光宗即位後に執政官に起用されたが、宗室を宰執に起用してはならないという官界からの反論を押さえ、その起用を強行したのは太上皇孝宗であった[73]。

以上の宰執人事を総合的に見れば、孝宗・光宗両朝において太上皇帝は、ほぼ通時的に宰執人事に関与できたものと結論づけざるをえないであろう。しかもそこには制度的な裏づけも認められる。高宗が退位してからは、「宰輔・大臣」に叙任された者は景霊宮ではなく、太上皇帝の居所である「北内」で恭謝を行うようになり、「大臣」の辞令書は太上皇帝への奏稟後に下されたとされる[74]。太上皇帝はこの奏稟の際に自らの意思を表明し、宰執人事に関与できたものと推測されるのである。

それでは退位したはずの太上皇帝はそもそもなぜ宰執人事に介入しえたのか。柳立言氏は、高宗の養子として即位した孝宗は必要以上に自分の孝子ぶりを強調せねばならず、そのことが太上皇高宗の影響力を増大させたと説明していた[75]。しかし光宗が実父であった太上皇孝宗と対立して官界の支持を失い、ついには強制的に退位させられたことを考えれば、養子であるか実子であるかを問わず、皇帝には常に理想的な孝子像を体現することが求められたはずである。いわゆる伝統中国では、「父とむすことの間には絶対的な権威と服従の秩序が支配」するのが常識であった(76)。またこのことと関連して、伝統中国には「そもそも日本語の隠居に当たるような、家父の隠退を指称する特別な言葉がない」とする滋賀秀三氏の指摘も重視されよう(77)。伝統中国では、家父が年老いて家務を処理できなくなり、また子（承継人）が一人しかおらず分家できない場合は、子を当家に立てて家務の管理を委ねることが行われた。当家には家務が委任されるだけで、家父の本権には変動を生じないため、家父は隠退したあとも重大な問題があればいつでも口を出すことができたというのである(78)。太上皇帝と皇帝の関係は、家父とその唯一の承継人の関係とに置き換えられよう(79)。かかる家族原理が作用する社会に生きた宋人にとって、太上皇帝と皇帝の並立という宋朝でもほとんど前例のない事態が、家父から当家への家務の委任という常識的な事柄に比定されて理解されたであろうことは容易に想像される。だからこそ前節において朱熹は、湯思退の左僕射起用の経緯を把握していなかったにもかかわらず、それが太上皇帝の意向によることを正確に見抜けたのであろう。また家政を担った当家は国家の宰相にもたとえられたとされる(80)。そうであるとすれば、劉子健氏が、高宗の退位とは孝宗を宰相として政務を処理させたに事実上等しかったと述べたのは、まさにこのことを指摘していたのではあるまいか(81)。太上皇帝が宰執人事という国家の重大問題に関与できたのは、中国の伝統的な家族原理に照らせばごく自然なことであったと考えられよう。

もちろん父と子は決して対抗関係にはなく、「完全な相互依存関係」にあったとされる以上(82)、孝宗が太上皇高宗に一方的に抑圧されていたと見るのは誤りである。張浚の事例に見られたように、孝宗は高宗からの影響を受けつつも、自らの意思を宰執人事に反映させることは可能であった。孝宗朝の宰執人事は、太上皇高宗と孝宗とが互いに妥協しながら進められたものと推測される。とはいえ、本来皇帝の輔弼を担うはずの宰執に、太上皇帝の意向を受けた人物が通時的に加わるのであれば、その宰執によって皇帝が望む政策決定が阻害されることも往々にしてあったであろう。第一節・二節で検討した孝宗朝初期の和戦問題は、まさにその典型的な事例であった。

ここにおいて我々は、孝宗による側近武臣の重用を指摘した近年の研究成果を改めて想起する必要がある。「はじめに」で見たように、孝宗は皇帝が宰執の掣肘を受けることなく政策決定を行える体制を模索し、宰執よりも自身が信任する側近武臣を重用することで、皇帝の「独断」的政治運営を実現しようとした。安倍直之・藤本猛両氏は、孝宗のそうした行動の理由を、孝宗が宰相による過度の権力掌握を警戒していたこと、および孝宗が武臣や宗室といった科挙士大夫以外の階層の重用を構想していたことに求めたのであった[83]。しかし本章でのこれまでの議論を踏まえれば、孝宗が側近武臣を重用したもう一つの理由として、当時の宰執に太上皇高宗の意を受けた人物が常に加わっていたことをも挙げるべきであるように思われる。高宗が宰執への起用を望んだ人物のほとんどが和平論者であったことは、これまでの議論を振り返れば明らかであろう。これに対して孝宗は、北宋旧領の恢復を強く望んだ皇帝であった。孝宗が太上皇高宗の意向で起用された宰執の多くに不満を感じたであろうことは想像に難くない。そうした状況のなかで孝宗が自らの望む政策決定を主体的に行おうとするのであれば、宰執を極力排した側近政治を行う以外に方法はなかったものと考えられるのである[84]。

ただしこの推測にはなおも問題点が残されている。孝宗がとくに重用した側近武臣としては、曾覿・龍大淵・張説・王抃・甘昪の五人が知られるが、このうち曾覿・龍大淵はもともと高宗が孝宗の側近に起用した人材であり、甘昪もまた太上皇高宗が孝宗に推挙した宦官であった。寺地遵・余英時両氏はこれらの事実を踏まえたうえで、太上皇高宗が曾覿らを孝宗のもとに送り込み、孝宗の動静を逐一把握していたものと推測したのである。とりわけ寺地氏は、曾覿ら側近武臣を太上皇高宗の「連絡将校」と定義づけ、孝宗の統治行為に太上皇帝の代理人として関与した存在と見なしたのであった。[85]両氏の所論は、側近武臣もまた孝宗の政策決定を制限した存在であったと見なすものであり、右の筆者の理解と大きく食い違うといえよう。

それでは寺地・余両氏の指摘はどう理解されるべきなのか。これについては、両氏の指摘が必ずしも十分な史料に裏づけられていなかったことが留意される。例えば寺地遵氏は、曾覿らが太上皇高宗の「連絡将校」であり、孝宗は曾覿らを重用せざるをえなかったと見る根拠として、『宋史』巻四六九、甘昇伝を挙げていた。朱熹が唱える甘昇排斥論を、孝宗が「甘昇は高宗が推挙した者だ」と述べて退けたという記事である。確かに孝宗が高宗を憚って甘昇を擁護したようにも見えるが、実はこれは高宗死後の淳熙十五年（一一八八）六月の記事なのである。[86]高宗の推挙がきっかけであったとしても、孝宗がそれだけで甘昇を重用したわけでなかったことは明らかであろう。また曾覿・龍大淵にしても、高宗が二人を孝宗の側近として起用したのは、孝宗が皇子に冊立された紹興三十年（一一六〇）以前にさかのぼる。[87]当時の孝宗に人事権はなかったのであるから、全ての人事の責任が高宗に帰せられるのはむしろ当然である。高宗と曾覿・龍大淵の具体的な関係が不明である以上、右の事実だけをもって二人を高宗の「連絡将校」と見なすのは妥当性を欠くように思われるのである。

孝宗が徳寿宮で宴を開いた際に、曾覿が侍宴官を務めたことからすれば、曾覿が宮中に人脈を持つ人物であったことは間違いないと思われる。[88]また甘昇は高宗存命中に一度中央から排斥され、高宗没後に太上皇后呉氏のとりなしで中央に復帰しており、[89]太上皇后から信任されていたことが知られる。ここで想起されるのが、側近武臣を官僚機構に存在基盤を持たない皇帝の政治顧問とした寺地遵氏の定義と、同じく側近武臣の権力を皇帝一人に由来したと見なした安倍直之氏の指摘である。[90]つまり孝宗朝の側近武臣は、その地位を孝宗一人の信任に依存したきわめて不安定な存在であったことになる。曾覿・甘昇はそうした自らの脆弱な立場を保全するために、太上皇帝や太上皇后と主体的に結びつこうとしたのであろう。しかしそれにもかかわらず曾覿・龍大淵・張説・王抃・甘昇の五人がいずれも最終的に排斥されるか、もしくは一度排斥された過去を持っていたことは、そうした努力にも自ずと限界があったことを意味する。最終的に皇帝からの信任に依存せざるをえない不安定な存在であったからこそ、孝宗は太上皇帝の意向を受けやすかった宰執よりも、容易に罷免できた側近武臣を重用したものと推測されるのである。

この推測を補強すると思われるのが、孝宗朝の側近武臣たちの政治姿勢である。例えば淳熙元年（一一七四）に右丞相に起用された葉衡は軍事に詳しく、対金戦争を計画していた孝宗は葉衡を深く信任し、葉衡の上奏後は「従容として坐を賜い、機密を講論し、或いは不時に召対」した。[91] 曾覿と葉衡は親密な関係にあり、葉衡はそれによって宰相にまで昇進したとされる。[92] 曾覿・葉衡が対金強硬論を唱えていた可能性は高いといえる。曾覿が太上皇高宗の「連絡将校」であったとすれば、その高宗の望まない強硬論を曾覿が支持していたことはきわめて不自然である。

さらに当時は金国から国書がもたらされた場合、南宋の皇帝は起立してそれを受け取ったが、孝宗はこの「受書礼」を対等なものにするようにしきりに金国に要求し、数度にわたって宋金関係を動揺させた。太上皇高宗はその度に金側が求める「受書礼」を認めるように孝宗を諭したという。[93] ところが孝宗の側近武臣として活躍した枢密都承旨王抃は、かつて孝宗が求める「受書礼」を金国の使者に強要したことがあり、それによって孝宗に任用されたのであった。[94] つまり孝宗は自らが望む対金強硬路線を、太上皇高宗の影響力を極力排したうえで実現するためのいわば尖兵として、側近武臣を利用しようとしていたものと推測されるのである。[95] 淳熙八年（一一八一）に王抃が金側の求める「受書礼」を勝手に許可したことで孝宗の不興を買い、罷免された事実[96]はこの推測に一定の説得力を付与しよう。

また光宗朝における留正と姜特立の対立も、寺地遵・余英時両氏の所説を検討するうえで重視される。寺地氏によれば、高宗は退位後も重要な国策の決定に介入しただけでなく、孝宗側近に自らの「連絡将校」を配して孝宗の政策決定に関与させたが、孝宗も退位して太上皇帝になると同じパターンを光宗に強いたという。[97] 寺地氏の指摘が正しいとすれば、光宗の側近武臣として活躍した姜特立もまた、孝宗の「連絡将校」であったことになるであろう。ところが留正は右丞相であった紹熙元年（一一九〇）に姜特立を弾劾して罷免に追い込み、その二年後には光宗が姜特立を再起用しようとするのに抗議したが、これが聞き入れられないと左丞相の職務を五ヵ月にわたって放棄したのである。[98] 既述のように、留正は孝宗に深く信任された宰相であった。寺地氏は右の事件を、光宗―姜特立ラインと孝宗―留正ラインの対立と見なすが、そうなると光宗はなぜそうまでして孝宗の「連絡将校」を重用しようとしたのか、逆に孝宗はなぜ自分の「連絡将校」と対立したのか、説明がつかなくなる。また余英時氏は、姜特立を光宗の腹心ととらえるものの、姜特立は光宗の皇太子時代に孝宗によって太子宮左右春坊に起用されており、その経歴は孝宗朝の曾覿・龍大淵とほとんど同じである。[99] 曾覿・龍大淵は太上皇帝の腹心と見なされるにもかかわらず、なぜ同じ経歴の姜特立だけは皇帝の腹心と見なされるのか、余氏が説明するところは全くない。光宗朝における留正と姜特立の対立とは、孝宗が太上皇高宗の影響力を排するために追求した側近武臣重用の矛盾が、孝宗と光宗の不和をきっかけに一気に噴出した結果であったと考えるのが最も自然であろう。その矛盾は次の四代目寧宗朝において、側近武臣韓侂冑による権力掌握という形で結実したものと結論づけられるのである。

おわりに

以上本章では紹興三十二年（一一六二）六月の孝宗即位から、隆興二年（一一六四）十二月の隆興和議締結に至るまでの南宋中央における和戦論争の推移、およびその後の孝宗・光宗両朝の宰執人事を分析することで、孝宗が側近武臣を重用せざるをえなかった理由がどこにあったのかを検討した。その結果は以下のようにまとめられる。

もともと対金強硬論を支持していた孝宗は、即位すると高宗に忌避された強硬論者の張浚を積極的に起用し、大規模な対金戦争を敢行しようとした。しかしその意図は、和平を望む太上皇高宗の意向で宰相に起用された陳康伯・史浩の反対によってしばしば阻まれた。とくに孝宗は張浚の要請に従い、前線である建康への出向を強く望んでいたが、これはその後の宋金戦争を長期化させかねない行為であったと考えられる。孝宗は宰相を経由しないで命令を下すことで対金北伐を断行し、符離において大敗を喫することになったものの、高宗の意を受けた史浩の反対によって孝宗の建康への出向が事前に阻止されたことには一定の意義が認められる。

符離の敗戦によって南宋官界では和平支持の声が高まり、和平論者の湯思退が右僕射に起用された。孝宗も一時は和平に傾いたが、張浚が中央に戻ると再び強硬論を支持し、隆興元年（一一六三）十二月には湯思退・張浚を左・右僕射に起用した。孝宗が湯思退を忌避したにもかかわらず、湯思退を張浚よりも上位の左僕射に起用したのは太上皇高宗の意向があったからであった。これによって強硬論者は劣勢となり、翌年四月に張浚が失脚すると南宋朝廷の議論は和平で統一された。ところが同年十一月に金側が不穏な動きを見せると孝宗は再び強硬論を唱え、湯思退は罷免されるに至る。このとき湯思退に替わって中央政治を主導したのが参知政事銭端礼であった。太上皇高宗の居所の管理をも兼務していた銭端礼は、朝廷と太上皇帝とをつなぐパイプ役として和議締結を推進したのである。かかる銭端礼の人事もまた太上皇高宗の意向によって行われたものと思われるが、同時に高宗の影響力が主に宰執人事を通じて政策に反映されていたことも留意されよう。

太上皇帝の影響力はその後の宰執人事にも看取されることになる。未遂の人事も含まれるものの、朱倬・銭端礼・洪适・蔣芾・王淮らの宰相起用には太上皇高宗の関与が認められ、梁克家・龔茂良の宰執起用にも高宗の関与が疑われる。さらに次の光宗朝における周必大・留正・趙汝愚ら三人の宰執起用も、新たに太上皇帝となった孝宗の意向によるものであった。つまり孝宗・光宗両朝において、太上皇帝は通時的に宰執人事に関与できたということになる。孝宗は対金政策の路線をめぐり、太上皇高宗と意見を齟齬させていたのであった。こうした状況下で孝宗が可能な限り自らが望む政策決定を行おうとすれば、宰執を排除した側近政治を行うしか方法はなかったものと思われる。すなわち孝宗は太上皇帝の出現という当時の特殊な政治状況に直面したがゆえに、結果として側近武臣の重用を行い、皇帝の「独断」的政治運営を追求せざるをえなかったのである。

孝宗朝における側近武臣の重用、および皇帝と太上皇帝とが異なる宮殿に居住する状況は、寧宗朝で側近武臣韓侂冑による権力掌握という事態を引き起こし、さらにそれに対する士大夫官僚の反発は続く史彌遠による中央政治の壟断を用意することになった[100]。孝宗朝における太上皇帝の出現は、南宋中期以降の政治史の曲折を強く規定したのであり、ここにおいて我々は南宋前期から中期にかけての政治史を一貫した視点から見通しうる手がかりを得たといえるであろう。もちろん南宋の太上皇帝については、儀礼など礼制方面からの分析によってその国家における位置づけをさらに明確化する必要がある。また日本における院政との比較・検討も有効な視座を提供するであろう。これらについては今後の課題としたい。

注

（1）安倍直之「南宋孝宗朝の皇帝側近官」（『集刊東洋学』八八、二〇〇二年）、および藤本猛「「武臣の清要」――南宋孝宗朝の政治状況と閤門舎人――」（同『風流天子と「君主独裁制」――北宋徽宗朝政治史の研究――』京都大学学術出版会、二〇一四年所収、初出は二〇〇四年）を参照。

（2）「独断」の語句は、注（1）安倍論文一〇二頁の注（44）が指摘するように、寧宗の即位直後の上奏である『晦庵文集』巻一四、奏箚「経筵留身面陳四事箚子」に、当時は宰執や台諫の進退すらも「皆出於陛下之独断、而大臣不与謀、給舎不及議」と論じられていたことに由来する。朱熹によると、皇帝の「独断」によって政策決定が行われる状況は孝宗朝から存在していた。

（3）蔣義斌「史浩与南宋孝宗朝政局――兼論孝宗之不久相――」（『宋史研究集』一八、国立編訳館、一九八八年所収、初出は一九八二年）、柳立言「南宋政治初探――高宗陰影下的孝宗――」（『中央研究院歴史語言研究所集刊』五七―三、一九八六年）、余英時『朱熹的歴史世界――宋代士大夫政治文化的研究――』（允晨文化実業、二〇〇三年）などを参照。

（4）寺地遵「韓侂冑専権の成立」（『史学研究』二四七、二〇〇五年）を参照。また注（1）安倍・藤本両論文を踏まえたものではないが、注（3）余著書下篇四三五～四五四頁にも同様の指摘が見られる。

（5）注（4）寺地論文二六頁は、太上皇高宗が重要な国策である「対金戦争や最高人事」などに関与できたものとし、本章の主旨と一部重なることを述べているが詳細な論証は施していない。同論文二七頁に「全面的整理は別の機会に譲る」とあるように、寺地遵氏は注（3）柳論文が挙げる断片的事例からこの結論を帰納したものと思われる。なお寺地氏は同論文のなかで、太上皇帝と皇帝が並存した孝宗・光宗両朝の政治体制を、注（3）柳論文五七七頁の言葉に依拠して「双重皇権」と称している。

（6）寺地遵『南宋初期政治史研究』（渓水社、一九八八年）四七六頁は「高宗はよるべき政治勢力も、二十餘年間、依拠してきた政治的枠組も喪失し、紹興三十二年夏には退位せざるを得なくなった」としている。

（7）徳寿宮については、呉自牧著・梅原郁訳注『夢粱録2――南宋臨安繁昌記――』（東洋文庫六七六、平凡社、二〇〇〇年）一九～二四頁を参照。

（8）『朝野雑記』乙集巻一、上徳一「壬午内禅志」に、「高宗亦為之揮涕曰、朕在位三十六年、今老且病、久欲間退。此事断在朕意、亦非由臣下開陳也」とある。

（9）注（6）寺地著書四二六～四五四頁を参照。

（10）注（3）柳論文五六一～五六四頁、および注（6）寺地著書四五〇～四五三頁を参照。また何忠礼「宋高宗「禅位」及其対南宋政治的影響」（同『科挙与宋代社会』商務印書館出版、二〇〇六年所収、初出は二〇〇四年）は、高宗は対金戦争の推進を望んでいたものの、敗北した場合は責任を孝宗に押しつけ、再び和平を進められるようにするために退位したと論じている。興味深い仮説であるが、これでは高宗が対金戦争を望む孝宗に釘を刺したとする現存史料と大きく齟齬してしまう。やはり高宗の退位は、和平路線が破綻したことへの失望と、官界で対金強硬論が擡頭したことへの忌避から行われたと考えるべきであろう。ただし退位によって高宗の政治への関与が絶たれたわけではなかったことは、注（3）柳論文や注（4）寺地論文から明らかである。本章第三節で見るように、恐らく高宗は政治の第一線からは退きつつも、宰執人事への影響力を維持することで可能な限り強硬論を押さえ込もうとしたものと推測される。

（11）『繫年要録』巻一九六、紹興三十二年正月壬辰条に、「洪邁・張掄入対、上謂宰執曰、朕料此事、終帰於和」とある。

（12）葉紹翁『四朝聞見録』丙集「張史和戦異議」に、「会天子新立謂、我家有不共戴天之讐、朕不及身図之、将誰任其責。乃奮志於恢復」とある。

（13）『四朝聞見録』乙集「孝宗恢復」に、「上毎侍光尭、必力陳恢復大計、以取旨、光尭至曰、大哥俟老者百歳後、爾却議之。上自此不復敢言」とある。

（14）南宋初期における張浚の対金強硬論とその帰結については、山内正博「張浚の富平出兵策」（『東洋史研究』一九―一、一九六〇年）や注（6）寺地著書一二四～一三四頁を参照。

（15）王明清『揮麈録』後録巻一一に、「翌日済川求対、啓上云、金寇長駆犯淮、勢須興師。如張某者、当且以戎機付之。高宗正色曰、寧至覆国、不用此人」とある。

（16）『繫年要録』巻一九〇、紹興三十一年六月壬寅条に、「先是、俊卿復言張浚可用。上曰、卿欲用浚為何官。俊卿曰、此在陛下。上曰、浚才疎、使之帥一路、或有可観、若再督諸軍、必敗事」とある。

（17）『繫年要録』巻一九六、紹興三十二年正月丙申条に、「給事中金安節・起居舎人劉珙言、比言（者）金人渝盟、干犯王略、恃彊凌侮、勢必漸衰。今陛下親御六飛、視師江滸、大明黜陟、号令一新。天下方注目以観、傾耳以聴、凡所擢用、悉宜得人。……存中已試之効、不待臣等具陳、頃以権勢太盛、人言籍籍、陛下曲示保全、俾解軍職。今復授以茲任。事権益隆、豈惟無以慰海宇之情、亦恐非所以保全存中也。儻聖意以允文資歴未深、未可専付、宜別択重臣、以副盛挙。疏入上怒、謂輔臣曰、珙之父為張浚所知、其為此奏、意専為浚地耳」とある。

(18)『朝野雑記』甲集巻五、朝事一「隆興和戦」に、「時上意郷魏公、故史公拝右僕射、而魏公亦拝枢密使・都督江淮軍馬」とある。

(19)『朝野雑記』甲集巻二〇、辺防二「癸未甲申和戦本末」に隆興元年（一一六三）のこととして、「四月戊辰、魏公入奏事、上定議出師渡淮、而陳・史二公不可」とある。

(20)陳康伯については王明「陳康伯与南宋初期政局」（『宋史研究集』三四、蘭台出版社、二〇〇四年所収）を参照。

(21)王十朋『梅渓王先生文集』巻二、「上殿箚子三首〈壬午十月〉」の三首目に、「太上皇授陛下以大宝位、又以一相遺之、虚右揆以待陛下自択」とある。

(22)『繫年要録』巻二〇〇所引「中興聖政章」紹興三十二年十月丙寅条に、「左僕射陳康伯乞解機政、御筆曰、太上皇帝儲卿以佐朕、卿遽力請、豈朕涼菲不足与為治。況今辺陲未為無事、卿縦欲捨朕而去、寧忍違太上皇帝之意耶。太上御筆曰、皇帝来奏、卿上章力乞解罷、欲吾親筆諭卿。皇帝以卿元老耆旧、方委任機務、留卿之意甚堅、卿可体至意、不得再有陳請」とある。

(23)注（3）柳論文五六九頁を参照。

(24)注（3）蔣論文三六〜三七頁を参照。

(25)『攻媿集』巻九三、神道碑「純誠厚徳元老之碑」に、「嘗対徳寿宮、高宗曰、皇帝誠孝、卿輔導之効居多。今又得卿佐之、朕心亦安。又曰、卿為皇帝親臣、凡有規正、不可回忌。頼卿悉力調護。公既推謝、次日又因奏事言之」とある。

(26)『朝野雑記』甲集巻五、朝事一「隆興和戦」に、「魏公欲命李顕忠・邵宏淵、引兵進取、而史魯公、以宮寮位執政、謂強弱不敵、未可進也、数従中止之」とある。

(27)宝慶『四明志』巻九、叙人中、先賢事跡下「史浩」に、「四月浚至。乙亥、与陳康伯及浩、倶在上前、浚請上即日降詔、幸建康。上顧康伯、康伯無語。乃顧浩、浩曰、万乗一動、有名則可。以臣視之、其動有三。一曰親征、二曰労軍、三曰移蹕。

臣謂、今日皆未可也。明曰（名）親征、則虜必以大軍応我。無故而招致数十万人寇辺、何以応之。謂之労軍、則用度当如上皇時。上皇曩歳之行、帑蔵耗費、郡県供億、諸軍・諸司往来饋遺、蓋費緡銭数百千万。姑計内蔵一庫所出、已千四百万緡。他可知已。今復為是、六軍聞之必喜。苟所賜不能尽如前日之数、必皆怨望。是可已而不已者。若曰移蹕、其于進取固為順便。第在今日、則又有未安者、更須熟議。上不悦曰、移蹕只是移蹕、又復何議」とある。

（28）周密『斉東野語』巻二、張魏公三戦本末略「符離之師」に、「明日内引、浚奏曰、史浩意不可回也。恐失機会、惟陛下英断。於是不由三省・密院、径檄諸将出師矣。徳寿知之、謂寿皇曰、毋信張浚虚名、将来必誤大計。他専把国家名器・財物、做人情耳。已而浩於省中忽得宏淵等遵稟出軍状、始知其故。浩語陳康伯曰、吾属倶兼右府、而出兵不得与聞、則焉用彼相哉。浩遂力請罷帰、乃出知紹興府」とある。

（29）湯思退については王曾瑜「湯思退与隆興和議」（『漆俠先生紀念文集』河北大学出版社、二〇〇二年所収）を参照。

（30）『朝野雑記』甲集巻二〇、辺防二「癸未甲申和戦本末」の隆興元年（一一六三）八月六日の記事に、「紇石烈志寧遣書遺三省・密院、己卯進呈、上付督府、魏公未肯答、而湯・陳二相、欲亟与之和」とある。

（31）注（6）寺地著書四六一頁を参照。

（32）『宋史全文』巻二四上、宋孝宗一、隆興元年十一月壬子条に、「上曰、虜能以太上為兄、朕所喜者。朕意已定。正当因此興起治功」とある。

（33）注（3）蔣論文四六～四七頁を参照。

（34）欠名『中興禦侮録』巻下、隆興元年十二月三日条に、「而太上皇帝深勧上令従和、遂決議遣使」とある。

（35）『朝野雑記』甲集巻二〇、辺防二「癸未甲申和戦本末」の隆興元年（一一六三）十一月の記事に、「又翌日、上朝徳寿宮〈十五日壬寅〉、因奏知遣使通問事、上皇甚喜、諭上以欲自備一番礼物」とある。

（36）注（6）寺地著書四七〇頁を参照。

（37）注（6）寺地著書四五三～四八三頁を参照。

（38）『朱子語類』巻一三一、本朝五「中興至今人物上」に、「張魏公被召入相、議北征。某時亦被召辞帰、嘗見欽夫与説、若相公誠欲出做、則当請旨尽以其事付己、抜擢英雄智謀之士、一任諸己、然後可為。若欲与湯進之同做、決定做不成、後来果如此。然那時又除湯為左相、却把魏公做右相。雖便得左相、湯做右相、也不得」とある。

(39) 注（6）寺地著書四七〇頁を参照。

(40) 徐自明『宋宰輔編年録』巻一七、隆興元年十二月条に、「十二月二十二日制、拝公尚書右僕射、都督如故、而思退亦転左僕射云云。上諭当直学士銭周材以注意在公、故思退雖為左僕射、而公恩遇独隆。毎奏事、上輒留公与語」とある。史料中の「公」は張浚を指す。

(41) 洪邁『容斎随筆』五筆巻一〇「祖宗命相」に、「孝宗欲命張為左、請於徳寿、高宗曰、湯思退元是左相、張浚元是右相、只仍其旧可也」とある。

(42) なお沈松勤『南宋文人与党争』（人民出版社、二〇〇五年）八〇頁は、湯思退が太上皇高宗の意向で宰相に起用されたとするが、史料的な根拠は示されていない。

(43) 『朱子語類』巻一〇三、胡氏門人「張敬夫」に、「湯在相位時、有御札出来罵、亦有秦檜不如之語。然竟用之、不可暁。恐是太上意」とある。同様の記述は、『朝野雑記』甲集巻二〇、辺防二「癸未甲申和戦本末」の隆興二年（一一六四）三月丁亥の記事にも見える。

(44) 銭端礼が荘文太子の妻の父であったことは、『朝野雑記』乙集巻二、上徳二「己酉伝位録」に見える。

(45) 銭端礼の経歴は、『攻媿集』巻九二、行状「観文殿学士銭公行状」に依拠した。

(46) 『朝野雑記』甲集巻二〇、辺防二「癸未甲申和戦本末」の隆興二年（一一六四）十一月の記事に、「若彼堅欲商秦之地、俘降之人、則朕有以国斃、不能従也」とある。

(47) 『宋史』巻三八四、陳康伯伝に「間日一会朝、許肩輿至殿門、仍給扶、非大事不署」とある。

(48) 『宋史』巻三八四、陳康伯伝の乾道元年条に、「一日出殿門、喘劇、輿至第薨、年六十有九」とある。『宋史』巻三三、孝宗本紀一は、陳康伯の死去の日を乾道元年二月丁未とする。

(49)・『宋史全文』巻二四上、宋孝宗一、隆興二年十一月条に、「時参知政事周葵、実行相事」とある。

(50)『宋史』巻三三、孝宗本紀一、隆興二年閏十一月丙辰条。
(51)『攻媿集』巻九二、行状「観文殿学士銭公行状」に、「公既行相事、兼権提挙玉牒・監修国史」とある。また『晦庵文集』巻九六、行状「少師観文殿大学士致仕魏国公贈太師謚正献陳公行状」には、「会銭端礼起戚里秉政、駸駸入相」とある。
(52)『宋会要』選挙九―一九、隆興二年十一月二十日条に、「賜兵部尚書兼戸部尚書銭端礼同進士出身、幷拝端明殿学士・簽書枢密院事兼権参知政事兼提挙徳寿宮」とある。
(53)『攻媿集』巻九二、行状「観文殿学士銭公行状」に、「時辺報日至、都下官民、多謀移徙。或伝、徳寿宮亦有諸宮焼香之議。人心愈揺。太上宣問近事宜、公奏、金人必和。但民間驚疑、似聞陛下亦有所備、所以日有妄伝。臣不敢少誤陛下。此豈小事、願陛下不可軽動。太上開納、自是始定、去者復還」とある。
(54)『攻媿集』巻九二、行状「観文殿学士銭公行状」に、「太上賞雪賜坐、以玉盃宣勧、不以名呼、隆眷如此」とある。
(55)『攻媿集』巻九二、行状「観文殿学士銭公行状」に、「臣故曰、和戎国之福也」とある。
(56)『朱子語類』巻一三一、本朝五、中興至今人物上に、「因論張魏公・湯思退主戦和曰、亦不可徒従上言戦、以拗太上。太上以故両番不曾成了、所以怕主戦者。須是做得模様在人眼前、教太上看得、自信其可以戦、則自無説也」とある。
(57)員興宗『九華集』巻五、奏議「上皇帝書」に、「太上之意主於和柔、故陛下一切委順」とある。
(58)『鶴山文集』巻七四、墓誌碑銘「観文殿学士左通奉大夫贈特進謚文靖朱公神道碑」に、「会孝皇升儲、中外流伝疑信参半、諫大夫故与公有怨、乃以風聞上疏、孝皇知公無他、比再上、降資政殿学士。詞臣承望、至謂元良天下之本、乃覬疇庸。不知君臣之間、未嘗有異論也。授受之意、屢形詔諭、誰不知之。矧公自典挙嘗白発其端、継以臣隣陪扈出入、与聞政幾、脱有欲言、当不待臨事而発也。公之所啓、不過曰靖康之事、正以伝位太遽、盍姑徐之。揆諸人情、此亦愛君之至者。高皇決不以為忤、而孝廟仁孝篤誠、未嘗志於趣得、則亦必不以為疑。陛辞之日、高皇諭云、所論於卿何与。朕欲過徳寿宮、卿且帰、俟年歳当召卿。明年公以致仕聞」とある。
(59)『晦庵文集』巻九六、行状「少師観文殿大学士致仕魏国公贈太師謚正献陳公行状」に、「会銭端礼起戚里秉政、駸駸入相。……公抗疏力詆其非、且為上言、本朝無以戚属為宰相者。今若此、懼不可為子孫法。上以為然。端礼聞之、密遣門下士、語公曰、聞両宮皆許相己」とある。

（60）『宋史全文』巻二四上、宋孝宗一、隆興二年四月条に、「直学士院洪适当制、有棘門如児戯耳之句。蓋适自淮東総領召帰、附思退意、言浚辺備如児戯、故又形之制詞也」とある。

（61）周必大『廬陵周益国文忠公文集』巻六七、平園続稿巻二七、神道碑七「丞相洪文恵公适神道碑〈嘉泰元年〉」に、「公赴徳寿宮謝、高宗曰、上議用卿、吾謂従官中無踰卿者」とある。

（62）『無錫県志』（四庫全書本）巻三上、人物三之二「宋蔣芾」に、「芾嘗官東宮、為荘文太子所知、薦其賢于寿皇、命権直舎人院。因繳内侍梁珂、語徹徳寿宮、上皇嘆其忠、除簽書枢密院」とある。

（63）『宋史』巻三八四、蔣芾伝に、「明年拝右僕射・同中書門下平章事兼枢密使。会母疾卒、詔起復、拝左僕射、芾力辞。有密旨欲今歳大挙、手詔廷臣議、或主和、或主恢復、使芾決之。芾奏、天時人事未至。払上意。服闋、除観文殿大学士・知紹興府・提挙洞霄宮。尋以言者論落職、建昌軍居住」とある。

（64）『無錫県志』（四庫全書本）巻三上、人物三之二「宋蔣芾」に、「上方鋭意恢復、芾力陳天時人事未可挙兵、凡二千餘言、忤旨、讒忌者乗之、既而丁内艱去職」とある。

（65）注（3）柳論文五八二頁を参照。

（66）『宋史』巻三八三、虞允文伝に、「四月、御史蕭之敏劾允文、允文上章待罪。上過徳寿宮、太上曰、采石之功、之敏在何許。毋聴其去。上為出之敏、且書扇製詩以留之」とある。

（67）孝宗は乾道八年（一一七二）九月に虞允文を宰相職から罷免して四川宣撫使に任じたが、『宋史』巻三八三、虞允文伝に、「陛辞、上諭以進取之方、期以某日会河南。允文言、異時戒内外不相応。上曰、若西師出而朕遅回、即朕負卿。若朕已動而卿遅回、即卿負朕」とあるように、孝宗は虞允文と相呼応して江南・四川からともに北伐を行うことを約束したという。あるいは高宗は虞允文の罷免がそうした北伐計画の布石であることを知っており、その動きを牽制するために虞允文の罷免を一度妨害したのかもしれない。

（68）注（3）余著書上篇四二三～四九六頁、および下篇一三一～一四八頁を参照。

（69）『宋史』巻三八四、梁克家伝に、「議金使朝見授書儀、時欲移文対境以正其礼、克家議不合、遂求去、以観文殿大学士・知建寧府」とある。
（70）『宋史』巻三八五、龔茂良伝に、「茂良之以首参行相事也、踰再歳、上亦不置相。……茂良力求去、上諭曰、朕極知卿、不敢忘、欲保全卿去。俟議恢復、卿当再来。是日除職与郡、令内殿奏事、乃手疏恢復六事。上曰、卿五年不説恢復、何故今日及此。退朝甚怒曰、福建子不可信如此。……茂良平生不喜言兵、去国之日、乃言恢復事。或謂、覿密令人諷之云、若論恢復、必再留。茂良信之」とある。
（71）注（3）余著書下篇一九〇～二一五頁、および注（4）寺地論文二六～二九頁を参照。
（72）『宋宰輔編年録』巻一九、紹熙元年七月乙卯条に引く留正の行状に、「先是、孝宗大漸、謂太皇太后曰、宰相須是留某、不可軽易」とある。
（73）『綱目備要』巻二、紹熙四年三月条に、「至於枢府有闕、寿皇欲用汝愚。既出命矣、察院汪義端有言、高宗聖訓、不用宗室為宰執者。……汝愚猶不拝、上諜於寿皇、遂命宰執召当筆学士、申諭聖意謂、高宗聖訓、本以折秦檜之姦謀、故答詔有云、若乃紹興之故実、蓋有為而言。況我寿皇之疇咨、欲播告於衆、蓋為是也。汝愚乃受命」とある。
（74）『朝野雑記』乙集巻三、上徳三「宰執恭謝徳寿重華宮聖語」に、「故事、宰輔大臣除拝、皆恭謝景霊宮。自紹興壬午以来、又恭謝於北内。蓋徳寿・重華、雖不以事物嬰心、而為子孫得人之意、則未嘗替也。故凡登進大臣、亦必奏稟上皇、而後出命」とある。
（75）注（3）柳論文五六九～五七二頁を参照。
（76）滋賀秀三『中国家族法の原理』（創文社、一九六七年）一三〇頁を参照。この意味において、注（3）柳論文五三三頁が太上皇高宗の孝宗に対する権力を「父権」と称しているのは正しいといえるが、ここで問題にしたいのはその「父権」を成り立たせていた伝統中国の家族原理とはいかなるものであったかである。
（77）注（76）滋賀著書二九九頁を参照。
（78）注（76）滋賀著書一八三頁、および二八七～三〇二頁を参照。

(79) こうした帝位の継承と家の継承とをパラレルにとらえる視点は、すでに秦玲子「宋代の后と帝嗣決定権」（『柳田節子先生古稀記念　中国の伝統社会と家族』汲古書院、一九九三年所収）に示されている。

(80) 注（76）滋賀著書二九四頁を参照。

(81) 劉子健「包容政治的特点」（同『両宋史研究彙編』聯経出版、一九八七年所収、初出は一九七三年）五三頁を参照。

(82) 注（76）滋賀著書一三一頁、および一六〇頁を参照。

(83) 注（1）安倍・藤本両論文を参照。

(84) 王徳毅「宋孝宗及其時代」（『宋史研究集』一〇、中華書局、一九七八年所収、初出は一九七三年）二六四～二七七頁や、注（3）蔣論文五二～五九頁は、孝宗が宰相を長期間任用しなかったことを指摘しているが、この現象も同じ視点から説明できるであろう。

(85) 注（3）余著書下篇四五四～四五五頁、および注（4）寺地論文二五～二六頁を参照。

(86) 『朱子語類』巻一〇七、朱子四、内任、孝宗朝に、朱熹が六月七日に孝宗に上奏した際の記事があり、「第五箚読至制将之権、旁出閹寺。上曰、這箇事却不然。尽是採之公論、如何由他。対曰、彼雖不敢公薦、然皆託於士大夫之公論、而実出於此曹之私意。且如監司・守臣薦属吏、蓋有受宰相・台諫風旨者。況此曹奸偽百出、何所不可。臣往蒙賜対、亦嘗以此為説、聖諭謂為不然。臣恐疏遠所聞不審、退而得之士大夫、与夫（輿）・防夫・走卒、莫不謂然。独陛下未之知耳。至去者未遠而復還〈謂甘昇〉。問上曰、陛下知此人否。上曰、固是。但洩漏文書、乃是他子弟之罪。対曰、豈有子弟有過、而父兄無罪。然此特一事耳。此人挟勢為奸、所以為盛徳之累者多矣。上曰、高宗以其有才、薦過来。対曰、小人無才尚可、小人有才、鮮不為悪」と記されている。束景南『朱熹年譜長編』（華東師範大学出版社、二〇〇一年）八九六～九〇〇頁は、この記事を淳熙十五年（一一八八）六月に繫ける。

(87) 曾覿については『繫年要録』巻一八六、紹興三十年九月庚子条に、「敦武郎・権閤門看班祗候曾覿為建王府内知客」とある。龍大淵については注（1）安倍論文八四頁を参照。

(88) 周密『武林旧事』巻七、乾淳奉親、淳熙九年八月十五日条は、孝宗が徳寿宮に伺候した際に催された宴の記録であるが、そこに「侍宴官開府曾覿」の名前が見える。ただし『宋史』巻四七〇、本伝によれば曾覿は淳熙七年（一一八〇）十二月に死去しており、『武林旧事』の繫年には疑問が残る。

(89)『宋史』巻四〇〇、王信伝に、「宦者甘昇既逐遠之矣、属高宗崩、用治喪事、人莫敢言。昇俄提挙徳寿宮、信亟執奏、挙朝皆悚。翰林学士洪邁適入、上語之曰、王給事論甘昇事甚当。朕特白太上皇后、聖訓以為、今一宮之事異於向時、非我老人所能任、小黄門空多、類不習事、独昇可任責、分吾憂。渠今已帰、居室尚不能有、豈敢蹈故態。以是駁疏不欲行。卿見王給事、可道此意。信聞之乃止」とあり、『廬陵周益国公文忠公文集』巻一七二、雑著述巻一〇「思陵録」上、淳熙十四年十月辛卯条に「徳寿宮朝臨畢、帰作降聖節仮前日批付枢密院、奉皇太后聖旨、差甘昇提挙徳寿宮。又降旨差提挙欽奉太上皇帝几筵。李舎人巘先繳奏、中批云、不敢違皇太后聖旨、難以依奏。可日下書行。給事中王信又繳密白黄。上批、出令宣諭信、皇太后止為本人頗暁事、人亦推許、要兼本宮職事、凡事斉整。将来修慈寧宮、亦要本人逐日取皇太后聖旨。務要凡百惬皇太后意、可便書読行下」とある。

(90) 注（4）寺地論文二五頁、および注（1）安倍論文九五頁をそれぞれ参照。

(91)『宋史』巻三八四、葉衡伝に、「上鋭意恢復、凡将帥・器械・山川・防守悉経思慮、奏対畢、従容賜坐、講論機密、或不時召対」とある。

(92)『宋史』巻三八四、葉衡伝に、「衡負才足智、理兵事甚悉、由小官不十年至宰相。進用之驟、人謂出於曾覿云」とあるほか、『宋史』巻四七〇、曾覿伝にも、「葉衡自小官十年至宰相。徐本中由小使臣積階至刺史・知閤門事、換文資為右文殿修撰・枢密都承旨、賜三品服、俄為浙西提刑、尋以集英殿修撰奉内祠。是二人者、皆覿所進也」とある。

(93) 趙永春『金宋関係史』（人民出版社、二〇〇五年）二六四～二六九頁を参照。また『宋史』巻四七〇、王抃伝に、「先是、抃給金使取国書、及使帰金主誅之。嗣歳金使至、帝以徳寿宮之命、為離席受国書、尋悔之」ともある。

(94)『宋史』巻四七〇、王抃伝に、「金使至、議国書礼不合。抃以宰執虞允文命、紿其使曰、両朝通好自有常礼、使人何得妄生事、已牒知対境。翌日金使乃進書。帝以為可任、遣詣荊襄点閲軍馬」とある。

(95) 張維玲『従南宋中期反近習政争看道学型士大夫対「恢復」態度的転変（1163～1207）』（花木蘭文化出版社、二〇一〇年）

五五～八二頁は、孝宗に重用された近習（側近武臣）たちが、孝宗の対金強硬論に迎合したことで、当時の軍事や外交に深く関与したこと、および宰相として強硬論を唱えていた虞允文・葉衡・趙雄が、これら近習たちと進んで結びつくことで対金強硬策を進めようとしたことを論じる。しかし本節でのこれまでの議論や、孝宗が皇帝による主体的な政治運営を志向していたことなどを勘案すると、右の現象は孝宗によって意図的に引き起こされたと考えるのが妥当ではあるまいか。孝宗は宰執集団に和平論者が常に含まれるなか、対金強硬策の推進のために重要な軍事・外交に側近武臣を関与させるとともに、対金強硬論を支持する宰相にこれら側近武臣と協力させることで、自らの望む対金強硬策を可能な限り貫徹させようとしたものと推測されるのである。

(96)『宋史』巻四七〇、王抃伝に、「淳熙八年、金賀正旦使至、復要帝起立如旧儀、帝遽入内。抃擅許金使用旧儀見。翌日汝愚侍殿上、帝不懌数日。汝愚因亟攻抃、帝遂出抃外祠、不復召」とある。

(97) 注（4）寺地論文二六頁を参照。

(98) 注（4）寺地論文二三～二四頁を参照。

(99) 注（3）余著書三四七～三七〇頁

(100) 本書第三章、および第四章をそれぞれ参照。

第三章　南宋寧宗即位直後における韓侂冑権力の確立過程

はじめに

本章は南宋四代目の寧宗朝前期に中央政治を壟断した韓侂冑について、その権力確立がいかなる要因によってもたらされたものであったのかを明らかにしようとするものである。

韓侂冑は寧宗即位直後から十三年間にもわたって南宋中央の実権を掌握し、慶元党禁や開禧用兵など宋代の重要な政治事件を主導したことで知られ、これまでにもいくつもの研究がなされてきた(1)。しかしその多くは、韓侂冑をその前後に政治を専断した秦檜や史彌遠らと類似した権力者とみなす傾向があったため、韓侂冑政権の独自性に注意が払われることはほとんどなかったといえる。ところが近年では、韓侂冑が秦檜・史彌遠とは異なって科挙登第を経ずに、宰相職に就かないまま強権を行使した点が改めて注目され、二代目孝宗朝の政治路線と韓侂冑政権との間の連続性が議論されるに至っている。

宋朝では科挙士大夫を母体とする文臣官僚による統治が行われた。これはのちの明朝や清朝にも踏襲された統治形態であり、いわゆる「唐宋変革」論の論拠の一つともされる。また前章でも触れたように、宋代では皇帝と文臣官僚のトップである宰執とが政事を入念に熟議し、そのうえで政策決定を行うのが原則であった。ところが安倍直之・藤本猛両氏の研究によると、孝宗は皇帝が宰執の掣肘を受けることなく主体的に政策決定を行える体制を追求し、皇帝側近武臣官僚（以下、本章では側近武臣と称す）を重用する政治路線を選択した。[2] 武臣官僚とは武階を有する官僚群のことで、そこには科挙及第を経ていない者も多く含まれていた。[3] 孝宗は枢密院文書行政や御筆などの命令系統を皇帝の直轄下に置き、[4] その統轄や命令の伝達を皇帝の手足となる側近武臣に担わせることで、政策決定過程から宰執を排除することを試みた。これにより、一部の側近武臣の権力が宰執をも圧倒する傾向を現出することになった。寧宗朝は孝宗退位のわずか五年後に成立したが、そこでにわかに擡頭した韓侂冑もまた武臣官僚の出身であり、その十三年間にもわたる実権掌握期間のうち、最後の二年間のみ特別宰相の平章軍国事を務めたほかは側近武臣として大きな権力を行使していたのであり、孝宗朝と寧宗朝の間に顕著な連続性が看取されるというのである。

つまり韓侂冑自身が科挙士大夫ではなく、しかも官僚機構のトップに就くこともなく権力を掌握した点に、宋代のそれまでの政権とは一線を画する韓侂冑政権の独自性が認められる。皇帝からの信任を権力基盤とし、既存の官僚機構の枠組みに必ずしもとらわれずに形成された韓侂冑政権は、孝宗朝の政治路線にその淵源が求められるのである。さらに寺地遵氏は、こうした指摘を受け入れ、韓侂冑を孝宗朝の側近武臣の流れを汲む存在として位置づけつつ、その政権成立のプロセスを①紹熙五年（一一九四）七月から慶元元年（一一九五）二月までと、②同年六月から同四年（一一九八）五月までの二段階に分けて論じ、韓侂冑政権の全体像を提示することを試みた。[5] 同氏は寧宗即位直後の①期を、孝宗政治の変更を目指した趙汝愚らと、それに反発した韓侂冑ら皇帝側近層との間で政争が行われ、韓侂冑がそれに勝利した時期、②期を韓侂冑が中央から疎外されていた不満分子を糾合し、敵対者を弾圧して政権中枢を自勢力で固めた時期であったとする。韓侂冑政権の確立期を慶元党禁が発令された慶元四年（一一九八）五月に設定し、その政権を孝宗政治への回帰を志向したものと位置づけた点に寺地氏の論考の大きな特徴があるといえるであろう。

しかし寺地氏の議論には問題点も認められる。寺地氏の議論では、孝宗朝で側近武臣として活躍した曾覿・張説・

王抃・甘昇らと異なり、なぜ韓侂冑だけが政権を掌握できたのかが必ずしも分明ではないのである。この点が明らかにならなければ、孝宗朝の側近武臣と寧宗朝の韓侂冑との連続性はそもそも証明されたことにはならず、あくまでも蓋然性の高い仮説の一つたるに止まらざるをえないであろう。この点を明らかにしようとするとき、改めて重視されるのが上記①期の政争である。寺地氏が述べるように、韓侂冑政権の確立が②期であったとしても、その前提となる権力基盤は①期の政争を通じて形成されたものであった。[6]とすれば、孝宗朝末から一貫して側近武臣の地位にあった韓侂冑が、なぜ①期ににわかに政治的擡頭を遂げることができ、またなぜ趙汝愚らとの政争に勝利することができたのかが改めて問題にならざるをえない。韓侂冑政権の性質とも密接に関わるこの問題については、当時の政治がいかなる局面のもとで運営されていたのかを明らかにしたうえで論じられる必要があるといえよう。

以上の問題意識のもと、本章では上記①期の政争において、韓侂冑の政治的勝利と権力基盤の形成とを決定づけた要因を考察する。その際にとくに重視するのが、平田茂樹氏が近年注意を喚起している「政治空間」の問題である。平田氏によると、政治空間とは政治の主体となる人々によって政治意思が決定される「場」のことで、とりわけ政策の最終決定者である皇帝が生活を営み、官僚と直に接触して政治運営を行う「場」が重視されるという。[7]実は寧宗即位直後の①期では、この政治空間に大きな変動が見られたのであるが、この問題は先学の研究において看過されてきた。本章第一節ではまず寧宗即位直後の政局について再検討したあと、第二節でこの政治空間の問題を検証する。さらにそこで明らかになった事実が韓侂冑の権力形成においていかなる意味を有していたのかを検討し、当時の政治状況の特殊性を究明することにしたい。

第一節　寧宗即位直後の政局と韓侂冑・趙汝愚間の対立

韓侂冑（字節夫）は北宋の名臣韓琦の曾孫である。さらに高宗の皇后（寧宗朝では太皇太后）呉氏の妹を母とし、同じく皇后呉氏の姪女を妻にするなど皇室、とくに呉氏との結びつきがきわめて深い人物であった。韓侂冑は科挙を受けずに恩蔭によって武臣として出仕し、孝宗朝末に汝州防禦使・知閤門事となり、光宗朝でも同職であり続けた。官制上の地位は高いものではなかった。彼にとっての転機は紹熙内禅事件であった。当時の官僚たちが、太上皇帝孝宗の喪をとり行うことができなかった病身の三代目皇帝光宗を退位させ、寧宗を新皇帝として擁立した事件である。このとき知枢密院事趙汝愚らは太皇太后呉氏の名のもとに光宗から寧宗への禅譲を計画したが、その際に外廷と呉氏とのパイプ役を務めたのが韓侂冑であった。こうして紹熙五年（一一九四）七月五日に寧宗が即位し、韓侂冑の堂姪の孫娘（韓氏）が寧宗の皇后に立てられると、(8) 韓侂冑は寧宗から大きな信任を受けるに至るのである。

さて先学によると、このあと韓侂冑は趙汝愚らと対立して政争を展開し、翌慶元元年（一一九五）二月に趙汝愚を失脚させ、実質的な権力を確立したとされる。(9) それでは韓侂冑と趙汝愚の対立とは、寧宗即位後のいかなる政局のなかで何を原因に形成されたのか。本節ではこの問題を検討したい。

寺地遵氏によると、韓侂冑・趙汝愚間の対立は寧宗擁立の際の恩賞のもつれだけではなく、孝宗朝以来の政治的軋轢をも原因に形成された。寧宗即位直後に趙汝愚らが①光宗側近の宦官であった陳源らを孝宗・光宗間を離間した罪で罷免し、②孝宗死後の情勢に対応できず、臨安府から逐電した留正を召還して再び宰相とし、③自派の官僚を政権中枢に一斉に起用したことが、陳源らと同じく光宗側近者であった韓侂冑を不安にさせた。その結果、韓侂冑は皇帝側近層の利害を代表し、趙汝愚らに対して自衛的な権力闘争をしかけるに至ったという[10]。つまり寺地氏は韓侂冑・趙汝愚間の対立を、孝宗朝以来の側近政治の維持を目指す勢力と、是正を目指す勢力との葛藤として位置づけたのである。

寺地氏の見解はきわめて説得力に富むといえよう[11]。例えば②で名が挙がった留正は光宗朝を通じて左丞相を務めた人物であるが、紹熙四年（一一九三）にはその職をなげうってまで当時の知閤門事姜特立と対立した、側近政治批判の急先鋒であった[12]。留正に代わって寧宗擁立を主導し、中央での影響力を高めていた趙汝愚も、当初は留正の後押しによって執政官に昇進しており[13]、両者は政治的には協力関係にあった。趙汝愚は留正を召還し、新政権の旗頭としたが、徐自明『宋宰輔編年録』巻二〇、紹熙五年八月丙辰条に引く留正の行状には、この頃の韓侂冑・趙汝愚・留正の関係を次のように伝えている。

韓侂冑寖謀干政、時詣都堂。及公召還、一日復至趙汝愚閤中。公聞之、令省吏諭使去曰、此非知閤往来之地。侂冑大怒而出、由是亟謀去公。

（韓侂冑寖く干政せんと謀り、時に都堂に詣る。公の召還せらるるに及び、一日復た趙汝愚の閤中に至る。公これを聞き、省吏をして諭して去らしめ、此れ知閤往来の地には非ずと曰わしむ。侂冑大いに怒りて出で、是れ由り亟やかに謀りて公を去らしめんとす。）

韓侂冑は趙汝愚の執務室をしばしば訪れて政治に関与しようとしていたが、留正（「公」）はその介入を厳しく拒否し、韓侂冑との関係を悪化させたという。このとき趙汝愚に韓侂冑と積極的に敵対する意思がなかったことは、他史料の記述からもうかがえる[14]。しかし趙汝愚が孝宗朝時代に側近政治批判を何度も展開していたことを考えると、留正ほど強硬ではなかったとしても、やはり彼もまた韓侂冑の政治への介入を支持してはいなかったといえるであろう。さらに上記③の指摘も重要である。張端義『貴耳集』巻下は、韓侂冑による権力掌握について次のように記す。

韓侂冑柄国、皆由道学諸公激之使然。……寧廟即位、諸公便掩侂冑一日之労、畩台諫給舎、攻其専輒之罪。此時侂冑、本不知弄権怙勢為何等事。道学諸公反教之、如此為之弄権、如此為之怙勢。及至太阿倒持、道学之禍起矣。

（韓侂冑の柄国するは、皆な道学諸公これを激して然らしむるに由るなり。……寧廟即位するに、諸公便ち侂冑一日の労を掩い、台諫給舎を畩け、其の専輒の罪を攻めしむ。此の時侂冑、本より弄権怙勢とは何等の事為るかを知らず。道学諸公反ってこれに教うるに、此くの如きはこれ弄権為り、此くの如きはこれ怙勢為るなりと。太阿倒持するに至るに及び、道学の禍起こるなり。）

韓侂冑による権力掌握は、「道学諸公」の過剰な韓侂冑批判によって惹起されたとする。当時の「道学」は朱陸の学や事功の学など、道学系諸学派を広く含意したというから、(15)ここでは趙汝愚に与していた道学諸派の官僚たちを漠然と指すものと思われる。彼らもまた韓侂冑の政治への介入を厳しく批判する立場をとっていたのである。紹熙五年（一一九四）十月以降に次々に韓侂冑を批判した、起居舎人劉光祖・監察御史呉猟・煥章閣待制兼侍講朱熹・中書舎人彭亀年らはその例証といえる。(16)なかでも朱熹は孝宗朝以来の側近政治批判者であり、韓侂冑批判もその延長線上に位置していた。(17)つまり留正・趙汝愚やその党派の人々は、韓侂冑ら皇帝側近層の権益を抑制する路線をとっていたのである。このことが韓侂冑・趙汝愚間の対立を惹起した可能性はきわめて高いと考えられよう。

しかし韓侂冑・趙汝愚の対立については、注目すべき要素がもう一つある。それはこの対立で韓侂冑派に属した士大夫官僚である。寺地氏は当時の「韓侂冑の党」の中核を韓侂冑の同僚の閤門官であったと推測する一方で、京鏜や謝深甫といった士大夫官僚までをもその党派に含めている。(18)京鏜らはなぜ韓侂冑に与するに至ったのか。また同氏はのちに京鏜・謝深甫・何澹らが推進した慶元党禁が、趙汝愚一派によって官界で行われていた不公正な人事の刷新を目指していたとする。[19] ところが慶元党禁では、趙汝愚以前に宰相を務めた、周必大・留正までもが排斥の対象とされていた。とすれば、非難の対象となった不公正な人事とは、いつ頃から始まったものだったのか。孝宗朝末から光宗朝にかけての政治状況を、李心伝『道命録』巻六「劉徳修論道学非程氏之私言」付注は次のように伝えている。

王丞相秉政日久、士多失職。周益公既相、拱嘿無所預。詹体仁元善、為太学博士。率同志者、請於益公、反復極論、責以変通之理、因疏納知名士廃不用者、陳傅良君挙而下三十三人。益公雖不能用、然其後亦多所収擢。王丞相罷、留丞相為次輔、与益公不合。擢何澹為諫長、攻益公罷之。益公之門多佳士、相継去国者衆。太学博士沈有開応先、為留丞相所厚、力勧以抜用知名之士。留丞相従之。自是一時、善類多聚于朝、而不得志者、始側目矣。

（王丞相秉政して日久しくし、士多く失職す。周益公既に相たるも、拱嘿して預かる所無し。詹体仁元善、太学博士と為る。志を同じくする者を率い、益公に請い、反復極論し、責するに変通の理を以てし、因りて疏して知名の士にして廃して用いられざる者、陳傅良君挙而下三十三人を納む。益公用うる能わざると雖も、然るに其の後も亦た多く収擢する所あり。王丞相罷め、留丞相次輔と為るも、益公と合わず。何澹を擢して諫長と為し、益公を攻めてこれを罷めしむ。益公の門佳士多く、相い継いで国を去る者衆し。太学博士沈有開応先、留丞相の厚くする所と為り、力めて以て知名の士を抜用せんことを勧む。留丞相これに従う。是れ自り一時、善類多く朝に聚まりて、志を得ざる者、始めて側目す。）

孝宗朝後期の王淮政権時代では「士」は用いられなかったが、周必大・留正が宰相になると徐々に中央で登用されていったという。『道命録』は道学擁護の体裁をとっているから、「士」とは道学諸派の士人を指すといえよう。余英時氏は朱熹・陳傅良・葉適・陸九淵やその門弟・同調者たちが、王淮による道学抑圧策のもとで学派を越えた政治勢力を形成していたこと、[20] および彼らが王淮失脚後に周必大・留正のもとで推薦などを通じて次第に中央に進出し、光宗朝時代には言路官を担うまでになっていたことを指摘しているが、[21]それはまさに右の史料の記述を裏づけるものである。とくに留正は先述したように光宗朝の六年間を通じて宰相を務め、『道命録』巻七上「劉徳秀論留丞相引偽学之徒以危社稷」に、

右諫議大夫劉徳秀奏、……国家祖宗以来、垂三百年。聖慮深遠、宗室不得参預機政。乃力薦汝愚、破壊成法。又欲固寵保位、見偽学之徒方盛、已不能敵、反倚為助、縦臾鉤致、蟠拠朝廷、幾危社稷。

（右諫議大夫劉徳秀奏すらく、……国家祖宗以来、三百年に垂とす。聖慮深遠にして、宗室機政に参預するを得ず。乃ち力めて汝愚を薦め、成法を破壊す。又た固寵保位せんと欲し、偽学の徒方に盛んにして、已に敵する能わざるを見、反って倚りて助けと為さんとし、縦臾して鉤致し、朝廷に蟠拠せしめ、幾ど社稷を危うくす。）

とあるように、紹熙四年（一一九三）の趙汝愚の執政官入りを助けたうえに、道学系官僚を積極的に自派に引き入れていた。つまり当時の宰執留正・趙汝愚を中心とする政治勢力は、それまで中央から疎外されていたいわゆる道学派官僚を糾合しつつ、光宗朝時代に急速な成長を遂げていたのである。この留正・趙汝愚派の形成過程こそが、慶元党禁で批判の対象とされた不公正な人事を生じさせる原因となっていたのではなかろうか。さらに前掲した『道命録』巻六「劉徳修論道学非程氏之私言」付注の末尾に「志を得ざる者、始めて側目す」とあったように、官界にはこうした新たな政治勢力の擡頭に反発する動きも現れていた。[22]同年三月の監察御史汪義端による趙汝愚批判や、[23]翌紹熙五年（一一九四）七月の侍御史張叔椿による留正批判は、その表れと解釈できる。[24]とすれば、寧宗擁立が趙汝愚らによって主導され、その直後に留正・趙汝愚派の官僚が一斉に起用されたことが、右のような反留正・趙汝愚の動きを一気に加速させたであろうことは想像に難くない。しかも彼らは留正・趙汝愚派との対立という点で、韓侂胄ら皇帝側近層と利害の一致を見ていたのである。留正罷免後の状況を説明した記事ではあるが、『道命録』巻七上「何澹論専門之

学短拙姦詐宜録真去偽」付注の、

自趙公得政、凡一時知名之士、朝除暮拝、略已無遺。姦憸小人、相与側目。侂冑亦自謂賞不酬労、重以怨恨。趙公未之覚也。

（趙公政を得て自り、凡そ一時の知名の士、朝除暮拝し、略ぼ已に遺す無し。姦憸小人、相い与に側目す。侂冑も亦た自ら賞労に酬いざるを謂い、重ねるに怨恨を以てす。趙公未だこれ覚らざるなり。）

とする記述は、当時の情勢が韓侂冑と反留正・趙汝愚の士大夫との合流を促進していたことを端的に示す。韓侂冑に与した京鏜らが慶元党禁に際して不公正な人事の撤廃を掲げていたことを考えると、彼らもまたこうした反留正・趙汝愚の立場にあったと推測される。例えば趙汝愚と対立していた知枢密院事兼参知政事の陳騤は韓侂冑と共謀し、同年八月二十七日に御筆によって謝深甫の御史中丞就任を実現させていた。[25] 謝深甫は史料上では「韓侂冑の党」とされる[26]が、陳騤とのつながりを考慮するとやはり彼も反留正・趙汝愚の立場にあったのであろう。

それでは右のような状況は、いかなる政治事件を惹起することになったのか。清・傅増湘輯『宋代蜀文輯存』巻七一、劉光祖「宋丞相忠定趙公墓誌銘」は次のように記す。

至是孝宗大行、公反復論殯宮非是日(曰)、往歳深息(思)陵、其深不盈九尺。聞者寒心。欲改卜山陵、与宰臣議不合。趙彦逾為按行使、迎宰臣意、為之属者和而助之、与覆按使悉不主公説、而党始分矣。小人因二公之議山陵不合也、而間之。会留公裁抑経筵、更易台察、士寖不悦。韓侂冑欲自用事得其便、従中出留公於建康、復命公右丞相。公本倚留公共政、怒侂冑不以告。侂冑謁公、公故不見、侂冑慚而忿。簽書枢密院羅公点曰、公誤矣。召侂冑与語、力釈之。公亦悟、復見侂冑。侂冑意終不懌。

（是に至り孝宗大行し、公反復して殯宮の是に非ざるを論じて曰く、往歳思陵を深くするに、其深さ九尺に盈たず。聞く者寒心すと。改めて山陵を卜せんと欲するも、宰臣と議合わず。趙彦逾按行使為りて、宰臣の意を迎え、これが属為る者和してこれを助け、覆按使と与に悉く公の説を主せずして、党始めて分かたる。小人二公の山陵を議して合わざるに因るや、而してこれを間つ。会たま留公経筵を裁抑し、台察を更易するに、士寖やく悦ばず。韓侂冑自ら用事して其の便を得んと欲し、中従り留公を建康に出だし、復た公を右丞相に命ず。公本より留公に倚りて政を共にせんとすれば、侂冑の以て告げざるを怒る。侂冑公に謁せんとするも、公故に見えず、侂冑慚じて忿る。簽書枢密院羅公点曰く、公誤れり。侂冑を召して与に語り、力めてこれを釈けと。公も亦た悟り、復た侂冑に見ゆ。侂冑の意終に懌ばず。）

これは趙汝愚の墓誌銘の記述であるが、執筆者は趙汝愚・韓侂冑の政争を実見した劉光祖であり、その記述は重要である。これによると趙汝愚（「公」）と留正（「宰臣」）とが同年八月二十三日[27]に孝宗の陵墓選定をめぐって意見を対立させたところ、趙彦逾や謝深甫（「覆按使」）[28]らが留正の意見を支持したために、その「党」は二分されてしまった[29]。当時、留正は経筵官・言路官の人事に大きな権限を有していたが、韓侂冑はそれを煙たがって留正を失脚させ、趙汝愚を宰相に昇進させた（同年八月二十八日）。しかし留正と共同で政権運営に当たるつもりでいた趙汝愚は、韓侂冑の行為に不満を抱いて面会を拒否し、韓侂冑との関係を悪化させるに至ったという。

先に見たように謝深甫は反留正・趙汝愚の人物であったと推測されるが、趙彦逾は寧宗即位後の自身の昇進に不満を抱いていた人物であった。つまり謝深甫らは当時の不満分子を糾合したうえに、礼制上の意見の相違をも利用して留正・趙汝愚派を切り崩し、韓侂冑はそれに呼応する形で留正を罷免したのである。まさに留正罷免を契機とし、韓侂冑を中心とする政治勢力が形成されていたことがうかがえる。また右史料後半部の韓侂冑と趙汝愚との個人的関係の悪化を伝える記事は、この事件を境に両派の対立が激化したことをも暗示する。そして事実、この事件後から親韓侂冑の官僚たちが言路官に次々に任命され、他方の劉光祖・朱熹らによる韓侂冑批判もまた活発化するのである。

以上から韓侂冑・趙汝愚間の対立の背景には、孝宗朝以来の二重の政治的軋轢がその要因として作用していたと結論づけられる。その第一とは、寺地氏が指摘した孝宗朝以来の側近政治の是非をめぐって引き起こされた、皇帝側近層と士大夫官僚層の対立であり、第二に光宗朝時代に急速な擡頭をとげていた留正・趙汝愚を中心とする政治勢力と、それに反発する勢力との間で生じていた士大夫官僚層内部の対立であった。

さてこのように引き起こされた韓侂冑・趙汝愚間の対立であったが、それでは韓侂冑はこうした政局のなかでいかにして自派の政治的勝利を確立しつつ、自らの権力基盤を形成していったのか。周密『斉東野語』巻三「紹熙内禅」は次のように述べる。

然宮中及一時之議、皆帰功於侂冑、自是出入宮掖、居中用事。

（然るに宮中及び一時の議、皆な功を侂冑に帰し、是れ自り宮掖に出入し、中に居りて用事す。）

宮中の関係者や一時の世論は内禅の功績を韓侂冑に帰し、これ以後、韓侂冑は公然と宮掖に出入し、宮中にいながら権力を行使したという。それでは韓侂冑が出入し、権力を行使した「宮掖」「宮中」とはどこの宮殿を指すのか。諸先学は寧宗が即位後、南内（皇帝の宮城・大内）を居所としていたことを自明の前提にしつつ、韓侂冑・趙汝愚の政争を分析していたと思われるが、ここに大きな誤謬があったと筆者は考える。次節ではこの問題を検討したい。

第二節　光宗の居所と寧宗の行宮

（i）寿康宮の位置

本節ではまず光宗の退位後の居所、寿康宮の位置を特定する。この寿康宮と寧宗即位後の居所には密接な関係があるからである。

紹興三十二年（一一六二）、退位して太上皇帝となった高宗は、南内の北東に所在した秦檜の旧邸宅を改築して離宮とし、徳寿宮と名づけて自らの居所に定めた(30)。徳寿宮は高宗の死後、やはり孝宗の退位後の居所として重華宮に改称されたが（後述）、皇帝の南内に対してこの離宮は一貫して北内と称されたのであった。

梅原郁・平田茂樹両氏は、寿康宮とこの北内とを同一建築物として扱ってきた(31)。つまり徳寿宮が重華宮に改称されたのと同様に、重華宮の名称が寿康宮に改称されたと見なしてきたのである。それではなぜこのような理解がなされてきたのか。平田氏は『宋史』巻一五四、輿服志六「宮室制度」が、

寿康宮即寧福殿也。初丞相趙汝愚、議以秘書省為泰寧宮、已而不果行、以慈懿皇后外第為之。上皇不欲遷、因以旧寧福殿為寿康宮、光宗遜位御之。

（寿康宮は即ち寧福殿なり。初め丞相趙汝愚、議して秘書省を以て泰寧宮と為さんとするも、已にして果たして行かず、慈懿皇后外第を以てこれと為す。上皇遷るを欲さず、因りて旧寧福殿を以て寿康宮と為し、光宗遜位してこれに御す。）

と述べるのに従い、「旧寧福殿」を改称したものが寿康宮であるとし、同じく注で『宋史』巻八五、地理志一「京城」

の、

重華・慈福・寿慈・寿康四宮、重寿・寧福二殿、随時異額、実徳寿一宮。

（重華・慈福・寿慈・寿康の四宮、重寿・寧福の二殿は、時に随いて額を異にするも、実に徳寿一宮なり。）

とする記述を引いて「この記事が正しければ、寧福殿も徳寿宮と同じもの」[32]であると、やや懐疑的ながら寿康宮と徳寿宮とを同じ建築物と見なしたのである。明記してはいないものの、恐らくは梅原氏も同じ史料によったと推測される。寿康宮の位置に関するこれまでの理解はこれら二つの『宋史』の記事によってなされていたと思われる。

しかし次の史料と比べると、先の『宋史』輿服志・地理志の記述の誤りが明らかになる。すなわち『朝野雑記』甲集巻一、上徳「寿康宮進香」は、

上始受禅、趙子直議以秘書省為泰安宮、已而不果、乃以慈懿皇后外第為之。会光宗不欲遷、因以旧福寧殿為寿康宮、而更建福寧殿。

（上始め禅を受くるや、趙子直議して秘書省を以て泰安宮と為さんとするも、已にして果たせず、乃ち慈懿皇后の外第を以てこれと為す。会たま光宗遷るを欲さず、因りて旧福寧殿を以て寿康宮と為して、更めて福寧殿を建てる。）

と伝え、さらに王応麟『玉海』巻一五八、宮室、宮四「紹興徳寿宮・淳熙重華宮」も、

光宗内禅、以旧福寧殿為寿康宮〈初曰泰安、後改〉、而更建福寧殿、御書宮殿名七字、五日一朝。

（光宗内禅するや、旧福寧殿を以て寿康宮と為して〈初めは泰安と曰い、後に改む〉、更めて福寧殿を建て、宮殿名七字を御書し、五日に一朝す。）

と記しているのである。先の『宋史』輿服志とこの『朝野雑記』はほぼ同内容の史料といえるが、一見して明らかな

ように宮殿名にそれぞれ異同が見られる。輿服志が「泰寧宮」「旧寧福殿」と記していた宮殿名が、『朝野雑記』では「泰安宮」「旧福寧殿」となっている。『玉海』も『朝野雑記』と同じ宮殿名を伝え、どちらも南宋期の編纂史料であることを考えると、『宋史』の誤りは明らかである。[33]『朝野雑記』と『玉海』が示す「光宗は退位当初、旧福寧殿を改称した泰安宮を居所としていたが、のちにその泰安宮の名称を寿康宮に改称した」とする経緯が正しいのである。

またこの旧福寧殿については『朝野雑記』甲集巻二、郊廟「今大内」に、

二十八年、増築皇城東南之外城。於是時禁中已復営祥曦・福寧等殿。

（二十八年、皇城東南の外城を増築す。是の時に於いて禁中已に復た祥曦・福寧等の殿を営む。）

とあり、紹興二十八年（一一五八）に福寧殿が建造されたという。この福寧殿と先に寿康宮の前身とされていた旧福寧殿とは、恐らく同一建築物であろう。それではこの福寧殿とはいかなる宮殿だったのか。先の『朝野雑記』と『玉海』の「更めて福寧殿を建てる」とする記事から、旧福寧殿に代わって新福寧殿が建設されたことが分かる。この新福寧殿は、のちの咸淳『臨安志』と『武林旧事』がそれぞれ「御寝」「寝殿」と解説する「福寧殿」[34]と同一であろう。当然、旧福寧殿も同様の機能を備えた宮殿であったと推測できるが、それを裏づけるのが次の『綱目備要』巻三、紹熙五年七月甲子条の記事である。

詔、建泰安宮〈以奉太上皇帝・太上皇后。……後又詔、以時方秋暑、宜用唐武徳・正観故事[35]、太上皇帝未須移御、其即以寝殿為泰安宮。是歳、改泰安宮為寿康宮〉。

（詔し、泰安宮を建てる〈以て太上皇帝・太上皇后を奉ず。……後に又た詔するに、時に方に秋暑なるを以て、宜しく唐の武徳・貞観の故事を用い、太上皇帝未だ須く移御すべからざれば、其の即ち寝殿を以て泰安宮と為せと。是の歳、泰安宮を改めて寿康宮と為す〉。）

寝殿を泰安宮に、次いで寿康宮に改称したとしている。すでに確認したように寿康宮は旧福寧殿と同一建築物なのだから、この寝殿は旧福寧殿を指す。つまり旧福寧殿は高宗・孝宗・光宗が使用した寝殿だったのである。

以上を総合すると、寿康宮と北内とを同一建築物としていた従来の理解が誤りだったことが分かる。旧福寧殿（後の寿康宮）が、徳寿宮（北内）建設以前の紹興二十八年（一一五八）に造築された皇帝の寝殿であったことが記されている以上、寿康宮が北内と同一ということはありえないからである。光宗は退位後、泰安宮を新造して移ることを拒否し、南内の寝殿（旧福寧殿）に留まり続けたため、そこが居所として泰安宮と呼ばれ、次いで寿康宮に改称されたと解釈されよう。[36]この推測が正しいことは、次の『朝野雑記』乙集巻二、上徳二「成粛謝皇后」の記述が証明してくれる。

及寿皇升遐、憲聖・寿成二太后当遷内、而寿康宮已在南内矣、乃改重華宮為慈福宮、以旧慈福宮為重寿殿、二太后皆徙居焉。

（寿皇升遐するに及び、憲聖・寿成の二太后当に内に遷すべきも、而るに寿康宮已に南内に在り、乃ち重華宮を改めて慈福宮と為し、旧慈福宮を以て重寿殿と為し、二太后皆な焉に徙居す。）

「孝宗の逝去後、太皇太后呉氏と皇太后謝氏を南内に移すべきであったが、南内にすでに寿康宮があったため、重華宮を慈福宮に、旧慈福宮を重寿殿に改名した」とし、寿康宮が南内に所在したことが明記されているのである。

以上のように、寧宗朝の太上皇帝光宗は、皇帝が本来いるべき南内に留まり続けていたのである。それではこの事実を踏まえたうえで、次に寧宗の即位後の居所を検討したい。

（ⅱ）寧宗の行宮の位置

寧宗の即位の翌月、紹熙五年（一一九四）八月三日から寧宗の聴政が開始されたことは、『綱目備要』巻三、紹熙五年八月辛卯条の、

初御行宮便殿聴政。

（初めて行宮の便殿に御し聴政す。）

という記述から分かるが、その聴政場所は「行宮」の便殿であったという。また同書同巻同年十月条にも、

是月、詔建福寧殿〈以旧東宮為之、備移御也。朱熹・彭亀年等請罷之〉。

（是の月、詔して福寧殿を建てる〈旧東宮を以てこれと為し、移御に備うるなり。朱熹・彭亀年等これを罷めんことを請う〉。）

とあり、旧東宮を福寧殿に改築したとする。この「福寧殿」とは先に確認した新福寧殿を指すと思われるが、それによって寧宗の「移御」に備えたという。つまりこの二史料は寧宗が即位後、皇帝が本来いるべき南内ではなく、行宮にいたことを示している。それでは寧宗の行宮とはどこのことなのか。楼鑰『攻媿集』巻九六、神道碑「宝謨閣待制致仕特贈龍図閣学士忠粛彭公神道碑」は次のように記す。

上嘗問、恐太上皇未肯過泰安如何。公奏、陛下本出于不得已、必不以位為楽。況宮室乎。寿皇梓宮在殯、且居喪次、于礼為正。旬日間三降旨経営泰安、紛紛不定。太上微疾未瘳、不若且居南内、以休息聖躬。陛下少留重華、以居喪聴政。従之。

（上嘗て問うに、恐るらくは太上皇未だ泰安に過くを肯んぜざるは如何せんと。公奏するに、陛下本より已むを

得ざるに出で、必ずしも位を以て楽とは為さず。況んや宮室をや。寿皇の梓宮殯に在り、且つ喪次に居れば、礼に于いて正為り。旬日の間三たび旨を降し泰安を経営するも、紛紛として定まらず。太上の微疾未だ瘳えざれば、且らく南内に居り、以て聖躬を休息するに若かず。陛下少しく重華に留まり、以て喪に居りて聴政せよと。これに従う。）

退位した光宗が泰安宮を新造し、そこに移ることを拒否したため、彭亀年（「公」）がしばらくは南内（内部の福寧殿）で光宗を療養させ、寧宗は重華宮で孝宗の喪に服しながら聴政することを提言し、寧宗はそれに従ったという。この史料には正確な年月の記載がないが、次の彭亀年『止堂集』巻五、奏疏「論車駕移御南内于義不安者二于国不安者一奏〈紹熙五年閏十月〉」を見ると、寧宗は即位後、一貫して重華宮に滞在し続けていたと考えざるをえない。

仰惟陛下、自即阼以来、聴言納諫、不啻如流、雖臣狂愚、亦荷采覧。独移御南内一事、臣凡五次口奏、始若俯肯、終于不従。……臣窃謂陛下此挙、于義不安者有二、于国不安者有一。謹条列如左。陛下前日臨践大宝、天下暁然知陛下之心、政以重華無喪主也。今発引有期、而陛下遽有即安南内之意、異時攢宮既畢、虞主既還、几筵之奉、誰復主之。……今陛下既欲移御、不知亦嘗思寿皇虞主所奉之地乎、亦嘗思慈福太皇太后・寿成皇太后所処之宮乎。若寿皇虞主、止居重華、則二太后当不離此。二太后既奉寿皇几筵于此、則陛下不当捨而之他矣。陛下若捨而之他、則不特寿皇几筵無主、而二太后亦孤処于外。是為父母而捨其祖。此于義不安者二也。

（仰ぎ惟うに陛下、即阼自り以来、聴言納諫は、啻だに流れるが如くのみならず、臣の狂愚と雖も、亦た采覧を荷（こうむ）る。独だ南内に移御するの一事のみは、臣凡そ五次口奏し、始めは俯肯するの若かるも、終には従わず。……臣窃かに謂うに陛下の此の挙、義に于いて安んぜざる者二有り、国に于いて安んぜざる者一有り。謹んで条列すること左の如し。陛下前日大宝を臨践し、天下暁然として陛下の心を知るは、政に重華喪主無きを以てなり。

今発引するに期有りて、陛下遽かに即ちに南内に安んぜんとするの意有るも、異時攅宮既に畢わり、虞主既に遷れば、几筵の奉、誰が復たこれを主るや。……今陛下既に移御せんと欲するは、亦た嘗て寿皇の虞主の奉ずる所の地なるを思うか、亦た嘗て慈福太皇太后・寿成皇太后の処る所の宮なるを思うかを知らざるなり。若し寿皇の虞主、重華に止居せば、則ち二太后当に此を離れざるべし。二太后既に寿皇の几筵を此に奉ずれば、則ち陛下当に捨てて他に之くべからず。陛下若し捨てて他に之けば、則ち特だに寿皇の几筵主無きのみならず、二太后も亦た外に孤処す。是れ父母の為にして其の祖を捨つ。此れ義に于いて安んぜざる者の二なり。)

これは同年閏十月の上奏であるが、南内への移御を希望していた寧宗に対し、孝宗の几筵（祭壇）を奉じる必要があるため、重華宮に留まり続けるべきとの主張がなされている。さらに引用部末尾では、孝宗の虞主（位牌）が重華宮に置かれる限り、太皇太后・皇太后もまた当然にここ（重華宮）を離れない。二太后がすでに孝宗の几筵をここ（重華宮）に奉じているのだから、陛下は捨て置いて他所（南内）に行ってはならないと述べている。即位の約五ヵ月後の閏十月においても、寧宗が孝宗の喪に服するため、呉氏・謝氏の二太后とともに重華宮に滞在し続けていたことが確認できるのである。

それでは、こうした状況はいつまで続いたのか。『宋史』巻三七、寧宗本紀一、紹熙五年十一月丙午条に、

帝自重華宮還大内。

(帝重華宮自り大内に還る。)

とあり、寧宗は孝宗埋葬後の同年十一月十九日に南内に移ったことが分かる。この年には閏十月が存在したから、七月五日の寧宗即位後の約六ヵ月間は皇帝と太上皇帝の居所が通常とは逆転し、太上皇帝が南内を、皇帝が北内（重華宮）をそれぞれ居所にする状況が展開されていたことになる。(37)

またここで注意したいのは、先の『綱目備要』や『攻媿集』の記述で行宮、すなわち重華宮が寧宗の聴政場所とされていたことである。こうした変則的な状態は明・楊士奇ほか編『歴代名臣奏議』巻一二、孝親所収の劉光祖の上奏に、

寧宗時、起居郎兼侍講劉光祖上疏曰、臣仰惟、陛下誕膺天命、纂紹皇図、聴政行宮、凡五閲朔。迨于烈祖梓宮発引、然後徐蹕、移御大内。

（寧宗の時、起居郎兼侍講劉光祖上疏して曰く、臣仰ぎ惟うに、陛下天命を誕膺し、皇図を纂紹し、行宮に聴政すること、凡そ五たび朔を閲す。烈祖の梓宮の発引するに迨び、然る後に徐ろに蹕し、大内に移御す。）

とあるように、寧宗が南内に移るまで続けられていた。[38] この期間中は政治もまた重華宮を舞台として動いていたことになる。つまり重華宮が重要な政治空間として機能していたと考えられるのである。

以上から韓侂冑が出入し、実権を掌握する舞台になったという「宮掖」「宮中」が、どこを指していたのかが明らかとなる。寧宗が重華宮を行宮としていた期間（以下、本章では寧宗の重華宮滞在期間と称す）では、「宮掖」「宮中」とは主に重華宮を指していたと考えられるのである。寧宗の即位から趙汝愚の失脚までの約九ヵ月間のうち、寧宗の重華宮滞在期間はその約三分の二を占める。このことは韓侂冑・趙汝愚間の政争において、寧宗の重華宮滞在が何らかの重要な意味を有していたことを示唆しまいか。節を改めて引き続き論じることにしたい。

第三節　寧宗の重華宮滞在と韓侂冑・趙汝愚政争の行方

前節で述べたように、重華宮と徳寿宮とは同一建築物であった。高宗は退位後、淳熙十四年（一一八七）に逝去す

るまで、太上皇帝として太上皇后呉氏とともに徳寿宮で暮らした。そして高宗の死後は『朝野雑記』乙集巻二、上徳二「成粛謝皇后」に、

永思陵既復土、寿皇欲迎憲聖還居大内、而憲聖以為上皇享天下之養、優游二十餘載、升遐此宮、何忍遽然遷去。今几筵又復安奉於此、儻欲遷内、当俟終制。乃命有司改築本殿為慈福宮、就居之。

（永思陵既に復土し、寿皇憲聖を迎えて大内に還居せしめんと欲すも、而るに憲聖以為うに上皇天下の養を享け、優游すること二十餘載にして、此の宮に升遐すれば、何ぞ遽然として遷去するに忍びんや。今几筵又た復た此に安奉せば、儻し遷内せんと欲すれば、当に終制を俟つべしと。乃ち有司に命じて本殿を改築して慈福宮と為し、これに就居す。）

とあるように、徳寿宮内の本殿が慈福宮に改築され、呉氏の居所とされた。さらに同十六年（一一八九）一月、息子の光宗に禅譲した孝宗は、『朝野雑記』乙集巻二、上徳二「己酉伝位録」に「二十八日己未、詔して徳寿宮を改めて重華宮となす」[39]とあるように徳寿宮を重華宮に改称し、皇后の謝氏とともにここに移り住んだ。これが重華宮である。

右の二史料を勘案すれば、重華宮は内部に旧徳寿宮の本殿を改築した呉氏の慈福宮をも包摂していたことになる。つまり重華宮は孝宗・謝氏・呉氏の三人が生活する空間の総称であった。この推測が正しいことは、前節で引用した彭亀年の「論車駕移御南内于義不安者二于国不安者一奏」に、寧宗が謝氏・呉氏とともに重華宮にいると明記されていたことからもうかがえるのである。

（ⅰ）　皇帝の北内滞在と韓侂冑の擡頭

寺地遵氏は韓侂冑・趙汝愚の政争の勝敗は「皇帝（寧宗）の意思にどちら側がより多くの影響力を行使できるか」

によって決したとする。[40] つまり韓侂冑は寧宗の意思決定を左右することで自派に有利な人事を展開しえたのであったが、こうした影響力は「宮禁に出入し、権を弄して党を植える」[41] とあるように、韓侂冑が宮中に出入し、常に皇帝に近侍することで担保されたと考えられる。それではなぜ韓侂冑はそのような行動をとることができたのか。もちろん韓侂冑が皇帝側近官に在職していたこともその一因であろう。しかしそれと同時に前節で判明した、寧宗が重華宮を行宮にしていたという事実をも考慮すべきではあるまいか。まずは『四朝聞見録』乙集「呉雲壑」の記事を見てみたい。

憲聖既御簾政、則戒公曰、垂簾非我志也、不比大哥在時〈謂孝宗〉。汝輩自此少出入、庶免干預内廷之謗。其厳待家人如此、謂之以聖、宜哉。

（憲聖既に御簾政すれば、則ち公を戒めて曰く、垂簾は我が志に非ざるなり、大哥の在りし時に比せず〈孝宗を謂うなり〉。汝輩此れ自り出入を少なくせば、内廷に干預するの謗りを免るるに庶からんと。其の厳しく家人を待すること此くの如し、これを謂うに聖を以てするは、宜（むべ）なるかな。）

寧宗の即位前後、呉氏が垂簾聴政を行った際に、今からは慈福宮への出入を少なくし、内廷に関与しているという謗りを受けないようにと、姪（おい）の呉琚を戒めたという。慈福宮は重華宮内部に所在していたから、この史料は呉氏の近親者が重華宮に頻繁に往来していたことを示唆する。それではこうした事例は、同じく呉氏の近親者であった韓侂冑にも当てはまるのか。紹熙内禅事件の経緯を『斉東野語』巻三「紹熙内禅」は次のように伝える。

乃謀可白事於慈福宮者。始擬呉琚、琚憲聖姪也。琚辞。或云、已白憲聖不許。継用呉環、環亦辞。於是令徐誼・葉適、因閤門蔡必勝、諭意於知閤門事韓侂冑。侂冑母、憲聖女弟也、其妻又憲聖女姪、最為親近。侂冑慨然曰、某世受国恩、託在肺腑、願得効力。於是往見慈福宮提挙張宗尹曰、事勢如此、我輩死無日矣。宗尹曰、今当如何。

遂告以内禅事、且云、須得太皇主張方可。宗尹遂許為奏知。次日未報、侂冑懼、遂親往慈福宮。適値憲聖感風不出、侂冑亦窘、立殿廡垂涕。重華宮提挙関礼適至、邀問之。侂冑不言、因指天為誓、侂冑遂具述其事。礼曰、即当奏知、少俟可也。礼入見垂涕。……礼曰、今宰執令韓侂冑在外、欲奏内禅事。望聖人三思、早定大計。憲聖不語、久之曰、我前日略曾見呉琚説来、若事順、須是做教好。且許来早於梓宮前垂簾、引執政面対。礼遂伝旨侂冑、侂冑乃復命於汝愚。

（乃ち事を慈福宮に白すべき者を謀る。始めに呉琚を擬す、琚は憲聖の姪なり。琚辞す。或いは云う、已に憲聖に白すも許さずと。継いで呉環を用いんとするに、環も亦た辞す。是に於いて徐誼・葉適をして、閤門蔡必勝に因り、意を知閤門事韓侂冑に諭さしむ。侂冑の母、憲聖の女弟なり、其の妻も又た憲聖の女姪なれば、最も親近為り。侂冑慨然として曰く、某世国恩を受け、託るは肺腑に在れば、願くは力を効すを得んと。是に於いて往きて慈福宮提挙張宗尹に見えて曰く、事勢此くの如かれば、我輩死するに日無からんと。宗尹曰く、今当に如何すべきかと。遂に告ぐるに内禅の事を以てし、且つ云う、須らく太皇の主張を得て方めて可なるべしと。宗尹遂に奏知を為すを許す。次日未だ報ぜず、侂冑懼れ、遂に親ら慈福宮に往く。適たま憲聖感風して出でざるに値たり、侂冑も亦た窘しみ、殿廡に立ちて垂涕す。重華宮提挙関礼適たま至り、邀いてこれに問う。侂冑言わず、因りて天を指して誓いを為し、侂冑遂に具さに其の事を述ぶ。礼曰く、即ちに当さに奏知すべし、少しく俟てば可なりと。礼入見して垂涕す。……礼曰く、今宰執韓侂冑をして外に在りて、内禅の事を奏せしめんと欲す。望むらくは聖人三思し、早やかに大計を定めよと。憲聖語らず、これを久しくして曰く、我前日略ぼ曾て呉琚の説来するを見る、若し事順なれば、須らく是れ做して好からしむべしと。且つ来早梓宮の前に垂簾し、執政を引きて面対するを許す。礼遂に旨を侂冑に伝え、侂冑乃ち汝愚に復命す。）

呉氏への使者として、呉氏の近親者の呉琚・呉環・韓侂冑が次々に候補者とされ、最終的には韓侂冑が慈福宮に出向き、呉氏の病のために面会は許されなかったものの、宦官の関礼の助力により、垂簾聴政の執行と寧宗即位の許可を呉氏からとりつけたとある。また史料中の提挙慈福宮張宗尹は、韓侂冑との結びつきが伝えられる宦官であり[42]、提挙重華宮関礼も、韓侂冑の知閤門事就任と重なる淳熙年間（一一七四〜一一八九）の末に孝宗から信任された宦官であるから[43]、韓侂冑とも面識があったと見てよい。

つまりこの史料は、韓侂冑もまた呉氏の近親者として重華宮で比較的自由に活動できたこと、さらには韓侂冑が重華宮内部の宦官に広範な人脈を有していたことを示唆している。ところがこれとは逆に一般の官僚にとって、後宮としての性格を色濃く有した重華宮が比較的縁の薄い空間だったであろうことは容易に想像される。右の史料に趙汝愚らが呉氏とのパイプ役を外戚の韓侂冑たちに依頼したとあり、さらに『貴耳集』巻下がその理由を、

紹熙五年七月、光宗属疾、寧皇未内禅。外朝与中禁、勢相隔絶。趙忠定招侂冑通太后意、中官関礼同任往来之旨。

（紹熙五年七月、光宗属疾し、寧皇未だ内禅せられず。外朝と中禁とは、勢いとして相い隔絶す。趙忠定侂冑を招きて太后の意に通じんとし、中官関礼も同に往来の旨を任う。）

と説明していることはその例証といえよう。当時は「外朝と中禁とは、勢いとして相い隔絶す」る状況であったため、呉氏との接触に韓侂冑を利用したというのである。通常の官僚たちにとって重華宮内部の呉氏と接触することはきわめて困難であった。さらに第一節ですでに引用した『宋宰輔編年録』巻二〇、紹熙五年八月丙辰条に引く留正の行状は、当時の宰執についての重要な情報を含んでいた。行論の都合上、次に再び引用する。

韓侂冑寖謀干政、時詣都堂。及公召還、一日復至趙汝愚閤中。公聞之、令省吏諭使去曰、此非知閤往来之地。侂冑大怒而出、由是亟謀去公。

（韓侂冑寖く干政せんと謀り、時に都堂に詣る。公の召還せらるるに及び、一日復た趙汝愚の閤中に至る。公これを聞き、省吏をして諭して去らしめ、此れ知閤往来の地には非ずと曰わしむ。侂冑大いに怒りて出で、是れ由り亟やかに謀りて公を去らしめんとす。）

当時の左丞相留正が、趙汝愚と都堂でしばしば面会していた韓侂冑を去らせたとあるが、留正は紹熙五年（一一九四）八月二十八日に失脚しているから、まさに寧宗の重華宮滞在期間中の事件である。つまり皇帝が北内を居所とする状況においても、留正や趙汝愚ら宰執たちは通常と同じく、都堂で政務をとっていた。都堂は南内の和寧門のすぐ北に三省などとともに所在したから[44]、一五五頁後掲の※**地図**からも明らかなように、当時は皇帝と宰執とが通常よりも空間的に切り離されていたことになる。

詳細は不明ながら、寧宗が重華宮で聴政していたことが明らかである以上、そこで寧宗と宰執以下の官僚たちとの面会がなされていたことは間違いない。しかしながら寧宗が都堂から距離的に隔たった北内で、孝宗の喪に服しつつ聴政していたことや、五日に一度は寿康宮の光宗を見舞っていたことなどを考慮すると[45]、当時の皇帝と宰執との面会の機会が、通常よりも減少していたことを想定せざるをえないのである[46]。寧宗の聴政開始前の史料ではあるが、蔡幼学『育徳堂奏議』巻一「紹熙応詔言事奏状〈五年七月〉」貼黄の記述は、この推測に一定の説得力を付与しよう。

臣伏読日暦、恭覩大行至尊寿皇聖帝御極之初、引対群臣、日三四班、雖休暇不廃。今翠華未還南内、閤門未有班次、従臣雖嘗同班奏事、恐未能尽所欲言。

（臣伏して日暦を読むに、恭しんで大行至尊寿皇聖帝の御極の初、群臣を引対すること、日び三四班にして、休暇なると雖も廃せざるを観る。今翠華未だ南内に還らず、閤門未だ班次有らざれば、従臣嘗て同班奏事すると雖も、恐るらくは未だ言わんと欲する所を尽くす能わざらん。）

寧宗が南内に戻らず、百官が引見されなかったため、従臣は意見を言い尽くしえていないとされているのである。しかしここではさらに、彭亀年が「陛下即位自り以来、好んで御筆を出だし、陞黜の間、多く不測を為す」[47]と論じていたように、「御筆」による人事が当時頻繁に行われていたことに着目したい。[48]一般にこうした御筆人事の横行は韓侂冑の暗躍に起因し、彼の権力掌握にとっての重要な手段であったとされる。[49]ところが南宋時代の御筆について、平田茂樹氏は次のように指摘する。孝宗朝に皇帝の北内への伺候が慣例化し、皇帝が宰執と直接対面して意見を交わす対の機会が減少したため、皇帝が文書（御筆）を介して宰執に諮問・命令を行う「御筆システム」が代わって活発化した。孝宗朝の政治は、「対システム」と「御筆システム」という二つの政治システムの微妙な均衡のうえで運営されていたというのである。[50]皇帝の北内滞在という事態に対応して出現したこうした孝宗朝の政治のあり方が、寧宗朝にも継承されていた可能性はきわめて高いといえる。

「陛下宅憂の時、御批しばしば出で、中書を由らず」[51]とされるように、宰執が人事に関与できなかった点については別途の考察を要するものの、平田氏の指摘を踏まえれば当時の御筆の濫用は、寧宗と宰執との対が通常よりも減少傾向にあったことをある程度反映していたとも考えられる。またこの仮説との関連上、次の『攻媿集』巻六九、題跋「恭題直学士院所賜御筆留正少師判建康府趙汝愚右丞相」の記述は一考に値する。

臣紹熙五年、待罪西掖兼直学士院、際遇主上龍飛之初、書詔塡委。……八月二十七日、忽蒙宣召、不知為何事入院、而御筆至亦不聞知。既啓御封、留正除少師観文殿大学士判建康府、汝愚除右丞相。故事命相必設金鑾殿、詞臣面受聖語。是時、主上猶御重華宮、仍鎖南内翰苑、故以御筆賜臣。二者皆有訓辞、而汝愚者尤詳。遂具載于二制中、退不敢以語人、読者往往不知所自也。

（臣紹熙五年、西掖に待罪し直学士院を兼ねるに、主上龍飛の初に際遇し、書詔のこと塡委す。……八月二十七日、忽ち宣召を蒙り、何事を為すかを知らず院に入りて、御筆至るも亦た聞知せず。既に御封を啓けば、留正をば少師観文殿大学士判建康府に除し、汝愚をば右丞相に除すと。故事相を命ずれば必ず金鑾殿を設け、詞臣は聖語を面受す。是の時、主上猶お重華宮に御せば、仍お南内の翰苑を鎖し、故に御筆を以て臣に賜う。二者皆な訓辞有りて、汝愚の者尤も詳し。遂に具に二制の中に載せ、退きて敢えて以て人に語らず、読む者往往にして自る所を知らざるなり。）

これは寧宗即位直後に直学士院として制誥の起草を担当していた楼鑰が、同年八月二十七日に下された御筆について、当時の状況を回想したものである。寧宗からの呼び出しを受けた楼鑰が、何のためかも分からずに学士院に行くと、留正の左丞相罷免と趙汝愚の右丞相昇進とを伝える御筆がもたらされた。通常、宰相の任命は金鑾殿で詞臣が皇帝の言葉を面受することになっていたが、このときはまだ寧宗が重華宮に滞在していたため、南内の翰林院を鎖院し、右の辞令の起草を御筆によって楼鑰に命じたという。

平田茂樹氏の所説の通り、皇帝と官僚との面会の制限が、御筆の利用を引き起こしていたことが確認できる。楼鑰は宰執ではなかったものの、皇帝の秘書官であった楼鑰と寧宗との面会が制限され、さらにその一因として寧宗の重華宮滞在が挙げられていることは、先の筆者の推測をある程度裏づけると考えられるのである。

以上のように寧宗の重華宮滞在期間では、皇帝と宰執との対が通常よりも減少する傾向にあった。しかも孝宗朝の事例と異なり、寧宗の北内滞在は約半年にも及んだため、当時においては平田氏のいう「対システム」と「御筆システム」との均衡は継続的に崩れていたものと見なさざるをえない。こうした状態は韓侂冑にきわめて有利に作用したであろう。韓侂冑は重華宮に出入することで皇帝を独占できる、密室性の高い状況を利用して寧宗からの信任を獲得し、御筆による自派に有利な人事を展開しえたものと考えられるからである[52]。また反留正・趙汝愚の立場にあった官

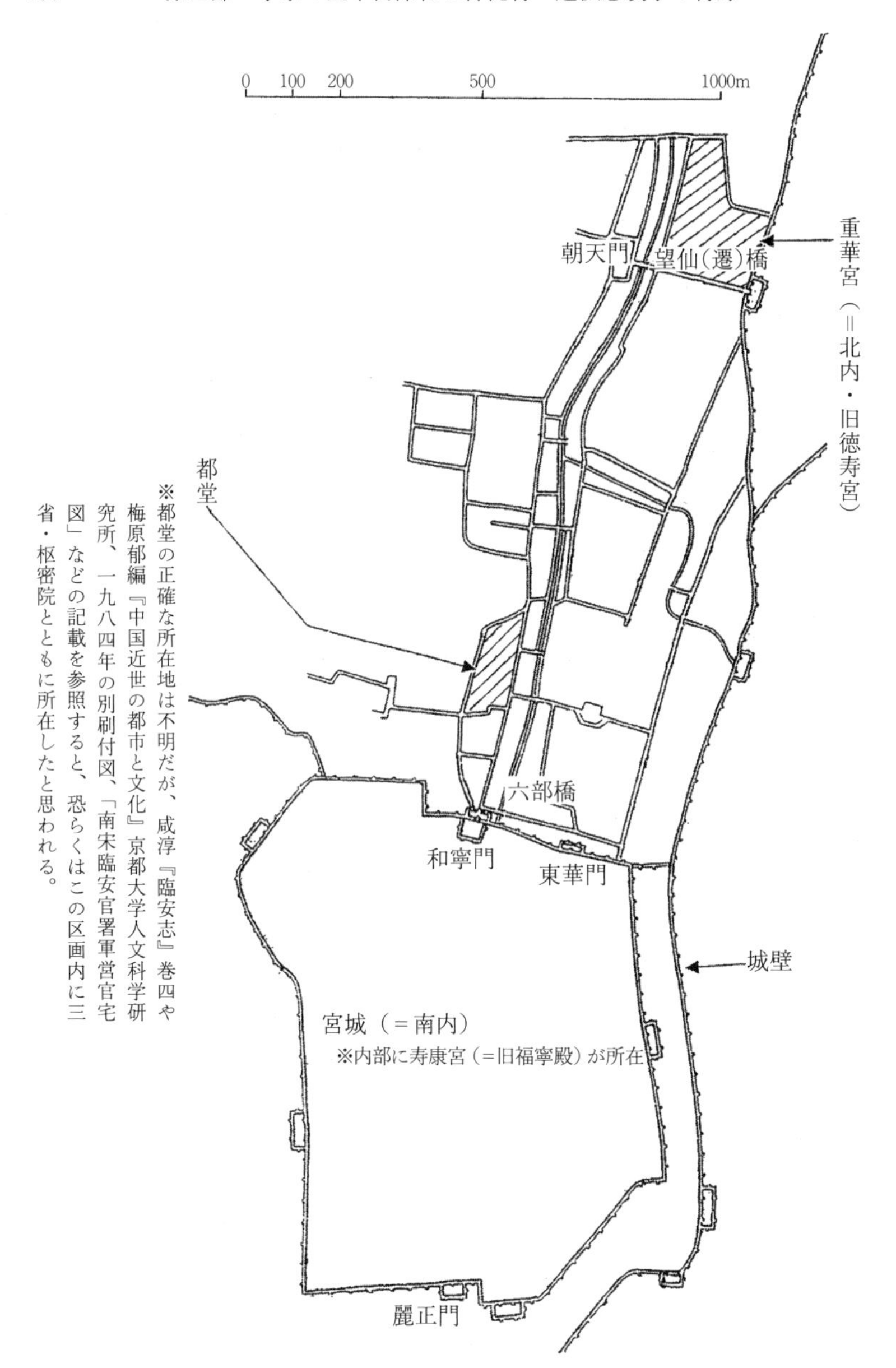

※地図　（梅原郁編『中国近世の都市と文化』京都大学人文科学研究所、1984年の別刷付図、「南宋臨安坊廂橋梁図」・「南宋臨安官署軍営官宅図」を基に作成）

僚たちが積極的に韓侂冑と結びついた背景には、こうした政治的に有利な韓侂冑の立場を利用しようとする意図があったとも推測できよう。

さて以上では寧宗の重華宮滞在に着目し、当時の政治がいかなる局面のもとで運営されていたのかを分析してきた。しかし検討すべき要素がもう一つある。それは太皇太后呉氏の存在である。『綱目備要』巻六、嘉泰元年五月条に、

甲寅之秋、国家多故、臣属在肺腑、往来両宮、預聞内禅。陛下龍飛之日、面奉憲聖慈烈皇后聖旨、俾臣朝夕仰裨初政。

（甲寅の秋、国家多故、臣属するに肺腑に在れば、両宮を往来し、内禅に預聞す。陛下龍飛の日、憲聖慈烈皇后の聖旨を面奉するに、臣をして朝夕初政を仰裨せしむ。）

とあるように、呉氏には右で見たような韓侂冑の活動を容認していた形跡があるからである。右の史料は韓侂冑が嘉泰元年（一二〇一）五月に平章軍国重事就任を辞退した際の上奏であり、寧宗即位の日、呉氏は韓侂冑に聖旨を下して寧宗の初政を朝夕助けさせたと述べられている。具体的な聖旨の内容は不明なものの、上奏文に虚偽を混入させたとは考えにくいため、恐らくは韓侂冑の政治関与を正当化しうる呉氏からの、いわばお墨付きが与えられていたのであろう。それでは当時の呉氏の存在と影響とをどのように解釈すればよいのか。

（ⅱ）　太皇太后呉氏の影響力

前節で引用したが、『朝野雑記』乙集巻二、上徳二「成粛謝皇后」が、

及寿皇升遐、憲聖・寿成二太后当遷内、而寿康宮已在南内矣、乃改重華宮為慈福宮、以旧慈福宮為重寿殿、二太后皆徙居焉。

（寿皇升遐するに及び、憲聖・寿成の二太后当に内に遷すべきも、而るに寿康宮已に南内に在り、乃ち重華宮を改めて慈福宮と為し、旧慈福宮を以て重寿殿と為し、二太后皆な焉に徙居す。）

と伝えているように、孝宗の死後、重華宮内に所在したそれまでの慈福宮、すなわち旧慈福宮を重寿殿に改称し、重華宮全体を慈福宮に改称した。これにより、呉氏は名実ともに重華宮の主となった。ただし旧慈福宮が重華宮内に所在していた以上、孝宗が死去した時点で重華宮の実質的な最大の権威者は太皇太后呉氏だったと見てよい。つまり寧宗は即位後の約半年間、太皇太后呉氏のお膝元を行宮としていたことになる。この間、寧宗は呉氏の強い影響下にあったと考えられる。果たしてその影響力とはいかなるものだったのか。『綱目備要』巻四、慶元二年六月乙丑条は慶元党禁の際の事件を次のように伝える。

中書舎人汪義端、引唐李林甫故事、以偽学之党皆名士、欲根株断除之。一時号為君子、無不斥逐。太皇太后聞而非之、遂有毋及旧事之詔。

（中書舎人汪義端、唐の李林甫の故事を引き、偽学の党は皆な名士なるを以て、これを根株断除せんと欲す。一時号して君子と為せば、斥逐せざる無し。太皇太后聞きてこれを非とし、遂に旧事に及ぶ毋かれの詔有り。）

これによると、次第に熾烈さを増す党禁を聞きつけた呉氏がそれを非とし、以前のことを追及してはならないとする詔（御筆）が出されたとする。さらにことの顛末を同書巻四、慶元二年六月甲戌条は、

御筆、台諫・給舎論奏毋及旧事。〈務在平正、以副朕救偏建中之意。御筆既出、韓侂冑及其党皆怒。……尋詔、改不必更及旧事、為不必専及旧事。……〉

（御筆するに、台諫・給舎の論奏は旧事に及ぶこと毋かれと。〈務めて平正に在りて、以て朕の救偏建中の意に副えと。御筆既に出で、韓侂冑及び其の党皆な怒る。……尋いで詔するに、必ずしも更に旧事に及ばざれを改め、

必ずしも専ら旧事に及ばざれと為す。……〉）

と伝え、この党禁緩和の御筆に怒った韓侂冑一派が抗議し、詔によって御筆の文言を「必ずしも更に旧事に及ばざれ」から「必ずしも専ら旧事に及ばざれ」に改めたとする。最終的には阻まれたものの呉氏の意向が寧宗の御筆に即座に反映され、党禁の緩和が図られたことが分かる。またこの事件では韓侂冑と呉氏とが対立する動きを見せているが、実はその背後には外戚とそれに連なる官僚の動きがあった。この経緯を葉適『水心先生文集』巻二九、雑文「題拙斎詩藁」は次のように記す。

於是胡紘・劉徳秀等多架造険阻、欲株陥良善、人人皇恐不自保。君又請琚曰、太后誥外庭、毋更論往事、卒消党禍。力十居六七。

（是に於いて胡紘・劉徳秀等多く険阻を架造し、良善を株陥せんと欲し、人人皇恐として自保せず。君又た琚に請いて曰く、太后をして外庭に誥し、更に往事を論ずる毋からしめれば、卒かに党禍は消えんと。力は十の六七に居り。）

王大受（「君」）が呉氏の姪（おい）で道学に好意的な呉琚に、太皇太后が外庭に命令し、以前のことへの論及を禁じればすぐに党禁はなくなると頼んだとある。(53) 呉氏の寧宗への働きかけは、実はこうした裏工作の結果なされていた。つまり外戚が太皇太后呉氏を動かし、その影響力を寧宗に対して行使することによって御筆が下されたのである。この事例は呉氏の寧宗に対する強い影響力とともに、それが外戚にとって有力な政治的ルートとして活用されていたことを明示している。

それではこうした呉氏の影響力は何に起因するものだったのか。そこに太皇太后としての大きな権威が介在していたことは疑いないが、ここでは別に寧宗の即位事情の特殊性に着目したい。寧宗は実父光宗からの禅譲という形式で

即位したが、禅譲後の父子の関係を『朝野雑記』甲集巻一、上徳「寿康宮進香」は、

上之在重華執喪也、五日一朝於寿康。時光宗聖体未平、猶不得見。……五年八月丙戌、以重明節前十日、上初詣寿康宮進香、詔書降諸道流罪以下囚、釈杖以下。

（上の重華に在りて喪を執るや、五日に一たび寿康に朝す。時に光宗の聖体未だ平ならず、猶お見えるを得ず。……五年八月丙戌、重明節の前十日を以て、上初めて寿康宮に詣りて進香し、詔書もて諸道の流罪以下の囚を降し、杖以下を釈さしむ。）

と述べている。これによると即位後、重華宮で孝宗の喪をとっていた寧宗は、寿康宮を五日に一度は訪れていたが光宗の病のために面会できず、即位から五年を経た慶元五年（一一九九）八月にようやく父子の対面が実現したという。ところが次の『晦庵文集』巻一四、奏箚「経筵留身面陳四事箚子」は、寧宗が光宗に当初面会できなかった理由についての異なる事情を伝えている。

至於寿康定省之礼、則臣嘗言之矣、而其意有未尽也。今聞邇日一再過宮、亦未得見、而不亟為之慮、如臣所謂下詔自責、頻日継往者、顧乃逶迤舒緩、無異尋常之時、泛然而往、泛然而帰。太上皇帝聞之、必以為此徒備礼而来、実無必求見我之意、其深閉固拒而不肯見、固亦宜矣。又聞、太上皇后、懼忤太上皇帝之意、不欲其聞太上之称、又不欲其聞内禅之説、此又慮之過者。殊不知、若但一向如此、而不為宛転方便、使太上皇帝灼知、陛下所以不得已而即位者、但欲上安宗社、下慰軍民、姑以代己之労、而非敢遽享至尊之奉、則父子之間、上怨怒而下憂懼、将何時而已乎。

（寿康定省の礼に至りては、則ち臣嘗てこれを言うも、而るに其の意未だ尽くさざる有るなり。今聞くに邇日一再宮に過くも、亦た未だ見えるを得ずして、亟かにこれが慮を為さず、臣の謂う所の下詔自責し、頻日継往する

ことの如きも、顧って乃ち逶迤舒緩し、尋常の時と異なる無く、泛然として往き、泛然として帰る。太上皇帝これを聞けば、必ず此れ徒だ礼を備えて来たるのみにして、実に必ず我に見えんと求めるの意無しと以為うべくして、其の深閉固拒して見えるを肯んぜざるは、固より亦た宜なり。又た聞くに、太上皇后、太上皇帝の意に忤うを懼れ、其の太上の称を聞かしむるを欲せず、又た其の内禅の説を聞かしむるを欲せざると、此れ又た慮の過なる者なり。殊に知らず、若但し一向に此くの如くして、宛転方便し、太上皇帝をして、陛下已むを得ずして即位する所以は、但だ上は宗社を安んじ、下は軍民を慰め、姑らく以て己の労に代わらんとするのみにして、敢えて遽かに至尊の奉を享けんとするには非ざるを灼知せしめるを為さざれば、則ち父子の間、上は怨怒して下は憂懼すること、何時を将て已まんや。）

これは朱熹の紹熙五年（一一九四）閏十月の上奏であるが、引用部冒頭では光宗と寧宗の面会が実現しないことについて、寧宗が表面的な礼を備えるだけで、本当に光宗に会いたいのだという気持ちを見せないために、光宗は寧宗の内心を見透かして会おうとしないのだと述べられている。先の『朝野雑記』の記事と異なり、光宗の病が面会を阻害する要因として挙げられていない点は注目されよう。そして次には、太上皇后李氏が光宗の意に逆らうことを恐れ、太上皇帝の呼称や内禅の話を光宗の耳に入れたがらないとある。さらに引用部末尾では、光宗に寧宗が国家軍民のためにやむを得ず即位した事情を分からせなければ「則ち父子の間、上は怨怒して下は憂懼す」る状態は収まらないと指摘されている。上とは光宗を、下とは寧宗のことを指すものと思われる。

　あくまでも一士大夫の意見なので慎重に扱わねばならないが、上奏文でこうした指摘がなされているということは、当時これらの情報が確度の高いものとして認識されていたことを示している。またこれに関連するものとして次の『綱目備要』巻五、慶元五年八月辛巳条の記述も重要である。

初上之未見寿康也、御史胡紘因劾趙汝愚、請以行遣汝愚之事、奏之太上、庶幾太上懽然尽釈前憾、怡愉如初。汝愚遂有永州之貶。

（初め上の未だ寿康に見えざるや、御史胡紘因りて趙汝愚を劾して、請うらくは汝愚を行遣するの事を以て、これを太上に奏せば、太上懽然として尽く前憾を釈し、怡愉すること初めの如くなるに庶幾からんと。汝愚遂に永州の貶有り。）

胡紘が趙汝愚を弾劾した際、趙汝愚を処分したことを太上皇帝光宗に上奏すれば、光宗の「前憾」は氷解すると述べたという。先の朱熹の上奏や、趙汝愚が紹熙内禅の首謀者であったことなどを踏まえると、「前憾」とは紹熙内禅事件を指す可能性が高いといえよう。

以上に従えば、光宗は退位後も寧宗の即位に納得せず、怒りすら感じていたということになる。即位後の約五年間、寧宗が実父の光宗に面会を拒絶され続けた一因として、こうした光宗の怒りについても考慮する必要があるであろう。つまり寧宗の即位は太上皇帝光宗の意向に逆らうものであり、その帝位は潜在的な不安定要素を内包していたのである。

こうした当時の事情からは、呉氏が寧宗に対して大きな影響力を行使しえた別の理由が見えてくる。楊万里『誠斎集』巻一二四、墓誌銘「宋故少保左丞相観文殿大学士贈少師郇国余公墓銘」が伝える寧宗即位時の余端礼の、

公泣奏曰、今太上違豫、大喪乏主、国勢岌岌、人情皇皇。太上之詔、不可以莫之承也。且太皇太后非為陛下計也、為太上皇帝・太上皇后計也、為宗廟社稷計也。

（公泣きて奏して曰く、今太上違豫にして、大喪主を乏き、国勢岌岌として、人情皇皇とす。太上の詔、以てこれを受くること莫かるべからざるなり、太皇太后の命、以てこれを承ること莫かるべからざるなり。且つ太皇太

后陛下の為に計るに非ざるなり、太上皇帝・太上皇后の為に計るなり、宗廟社稷の為に計るなり。）
という言葉が示すように、太皇太后呉氏こそが寧宗の即位を決定した人物だったからである。秦玲子氏は宋代の輩行の一番高い皇太后や皇后は、皇帝が帝嗣の決定を表明できないときに帝嗣を決定する権限、すなわち「帝嗣決定権」を有していたと述べているが[54]、寧宗の帝位はまさに呉氏の帝嗣決定権によって保障されていた。帝位に大きな不安定性を有した寧宗に対し、呉氏の影響力は自ずと高くならざるをえなかったのである。

もちろん筆者はこうした呉氏の影響力と当時の御筆の濫発とを直接的に結びつけようとするつもりはない。しかし韓侂冑が寧宗との関係を基盤に趙汝愚との政争に勝利したと考えられる以上、韓侂冑の近親者であった呉氏の、寧宗に対する影響力は無視できないであろう。寧宗が呉氏の身辺近くにい続け、上述のような呉氏の影響力を被りやすかったことを考慮すれば、寧宗からの信任獲得にあたり、呉氏の存在を後ろ盾にできたことは韓侂冑にきわめて有利に作用したと推測されるのである[55]。

(iii)　御筆人事の推移から見た韓侂冑の政治的勝利

以上、本節では韓侂冑・趙汝愚の政争が、寧宗の重華宮滞在によって生じた特殊な状況のもとで展開されていたことを確認してきた。それではこうした政治状況は、現実の政争にどのように反映されたのであろうか。寧宗即位から趙汝愚罷免までの間に御筆によってなされた人事を、時系列に沿って左に表示する（※は当時の政治史の画期になったと考えられる事件を、それ以外は当時の政局に影響を与えたと思われる御筆人事を示す[56]）。

紹熙5年（1194）

※ **7・5　寧宗が重華宮において即位**
8・27　煥章閣待制・知建康府謝深甫（親韓侂冑）→御史中丞
8・28　左丞相留正（反韓侂冑）→罷免
知枢密院事趙汝愚→右丞相
9・10　大理寺主簿劉徳秀（親韓侂冑）→監察御史
この前後　楊大法（親韓侂冑）→殿中侍御史
9月中　右正言黄度（反韓侂冑）→罷免(57)
閏10・21　煥章閣待制兼侍講朱熹（反韓侂冑）→罷免
※ **11・19　寧宗が南内に移御**
※ **11・23　知閤門事韓侂冑→枢密都承旨**
12月中　監察御史呉猟（反韓侂冑）→罷免(58)
劉三傑（親韓侂冑）→監察御史
慶元元年（1195）
※ **2・23　右丞相趙汝愚→罷免**

一見して明らかなように、寧宗が重華宮に滞在していた期間中では、御筆によって親韓侂冑の人物が次々と言路官に就任する一方で、反韓侂冑の人物は逆に罷免されていた。まず紹煕五年（一一九四）八月から見てみたい。第一節で述べたように、このとき韓侂冑は留正・趙汝愚らと対立しつつ、反留正・趙汝愚の人物との合流を開始していたと考えられる。八月二十七日に親韓侂冑の謝深甫が御史中丞に任命されたことはその表れであろう。しかもこの人事の裏には、趙汝愚と対立していた知枢密院事兼参知政事陳騤と韓侂冑との共謀があった。さらに御筆人事ではないため表示していないが、同日中に章穎・黄艾が言路官を罷免され、黄度が右正言に任命されたことは、翌日の留正罷免と連動する人事だったのではなかろうか。黄度は留正・趙汝愚に近い立場にあったが、このときは留正との関係を悪化させていた。[59]韓侂冑は黄度が自派に与し、留正を弾劾することを期待していたという。[60]韓侂冑は反留正・趙汝愚の士大夫と積極的に結びつき、確実に勢力を強めつつあったのである。

また趙汝愚は留正罷免と同日に右丞相に昇進したが、第一節で述べたように韓侂冑と趙汝愚との対立は、この留正罷免を契機に激化することになる。こうした情勢が翌九月の、のちに趙汝愚を失脚に追い込む劉徳秀・楊大法の言路官起用につながったのであろう。さらに黄度が同じ月に御筆によって罷免されているが、これは韓侂冑を弾劾しようとした彼の計画が露見したためであった。[61]また九月中には趙汝愚に与していた簽書枢密院事羅点・給事中黄裳が相次いで死去し、親韓侂冑の京鏜が簽書枢密院事として執政官入りしている。これにより、執政官は親韓侂冑の人物によって占められることになった。

さらに翌々月の閏十月に、韓侂冑排斥論者の急先鋒であった朱熹が罷免されたことは注目に値する。朱熹は侍講の職を帯び、寧宗に比較的接触しやすい立場にあったからである。十月以降に同じく韓侂冑批判を展開していた呉猟らよりも、朱熹の存在は韓侂冑にとって脅威であったろう。その朱熹が寧宗の御筆によって罷免されたことは、韓侂冑派の大きな躍進を物語る。韓侂冑は当時の状況を利用して寧宗に近侍し、その意思決定に大きな影響力を及ぼすようになっていたのである。朱熹が罷免された時点で、両派の政争の勝敗はほぼ決していたと考えられよう。

また朱熹の罷免については、近年の吾妻重二氏の指摘も注目される。同氏は朱熹が趙汝愚に宛てた書簡を分析し、同年閏十月六日の時点で朱熹と趙汝愚とが祧廟問題をめぐって対立していたことを明らかにした。趙汝愚が朱熹の主張を無視して僖祖の祭室を撤去し、朱熹を激怒させたことが彼を中央から去らせる一因となった。朱熹は翌年正月に、趙汝愚に絶交状を突きつけていたというのである。[62] 朱熹と趙汝愚との関係は、朱熹罷免以前に破綻していたことになる。さらに明・謝敏行『東山志』巻一七、墓銘、張嗣古「宋故少傅右丞相贈太師衛王謝公墓誌銘」はこの事件について次のように述べる。

礼官議祧僖祖、侍講朱公熹、引義抗言。公言、宗廟重事、未易遽更。熹考訂所依拠。請従其議。

（礼官議して僖祖を祧せんとするに、侍講朱公熹、義を引きて抗言す。公言う、宗廟は重事なれば、未だ遽かに更めるは易からざるなり。熹の考訂は依拠する所あり。請うらくは其の議に従わんことを。）

韓侂冑派の謝深甫（「公」）は廟制について朱熹の意見を支持していたとするが、この事実は孝宗の陵墓選定をめぐって趙汝愚と留正とが対立した際に、やはり謝深甫が留正を支持し、留正・趙汝愚派を分裂させていた第一節既出の事例を想起させる。つまり留正・趙汝愚派は礼制をめぐる議論が持ち上がるたびに足並みを乱し、そこを韓侂冑派につけ込まれて重要人物を失っていたのである。こうした事情も韓侂冑にとっては有利に作用した。

また寧宗の南内移御の四日後の同年十一月二十三日に、韓侂冑が重要な皇帝側近官とされる枢密都承旨[63]に就任したことは偶然とは考えがたい。この人事は重華宮での近侍で韓侂冑が寧宗から強固な信任を獲得したことに起因し、南内移御後も引き続き任用するという寧宗の意志表示だったのではあるまいか。翌十二月九日には彭亀年の弾劾により、韓侂冑には実職のない在京宮観が、彭亀年には外任官が与えられることになるが、この人事も韓侂冑にとって不利な結果にはならなかったようである。[64] さらにこの前後から、それまでに御筆によって言路官についていた謝深甫・劉徳秀・楊大法らが趙汝愚派の人物を次々に弾劾し始める。こうした政争を経て、寧宗の南内移御から三ヵ月後の慶元元年（一一九五）二月、ついに言路官の弾劾によって趙汝愚が罷免され、韓侂冑の政治的勝利が確定する。同年四月に趙汝愚の後任として右丞相に就任したのは、親韓侂冑の余端礼であった。

以上のような政治過程を通観すれば、韓侂冑が趙汝愚らに対する政治的勝利を獲得するための基盤は、寧宗の重華宮滞在期間中にほぼ形成されていたと見なすことができよう。

おわりに

以上本章では孝宗朝の側近武臣とは異なり、なぜ韓侂冑のみが政権を掌握することができたのかという問題を、寧宗即位直後の政治状況を分析することを通じて明らかにすることを試みた。その結果、寧宗即位直後の南宋朝廷で次のような状況が展開されていたことが明らかになった。

第一に、韓侂冑と趙汝愚の政争は、孝宗朝で行われた側近政治をめぐる対立のみではなく、光宗朝時代に勢力を増大させた留正・趙汝愚を中心とする政治勢力と、それに反発する勢力との対立という政治現象をも原因として形成されていた。こうした士大夫官僚層内部の対立を利用することにより、韓侂冑は官界全体を巻き込んだ大規模な政争を引き起こすことができたのである。

第二に、即位後の約半年間の政治は、新皇帝寧宗が重華宮（北内）を行宮としてそこで聴政を行うという、特異な局面のもとで運営されていた。そのため韓侂冑は側近官としてはもちろん、太皇太后呉氏の近親者としても比較的自由に重華宮に出入して寧宗に近侍することができ、さらに重華宮は呉氏の生活空間でもあったため、韓侂冑はその影響力をも後ろ盾にしえたのである。これらの要素は寧宗からの信任を獲得するうえで韓侂冑にきわめて有利に作用したのであった。

第三として、重華宮が都堂から離れて所在したこともあり、当時は皇帝と宰執との面会の機会が減少していたため、平田茂樹氏のいう「御筆システム」の活性化が生じていた。こうした状況下にあったからこそ、韓侂冑は御筆による自派に有利な人事を展開しえたのであり、逆に反留正・趙汝愚の官僚たちも韓侂冑の周辺に蝟集したのであった。

これらのなかには当時の政局の流れのなかで多分に偶然的に生じたものもあるが、いずれも韓侂冑が当時の政争に勝利を収め、自らの権力基盤を形成する上で重要な要素であった。「はじめに」で見たように韓侂冑政権が、孝宗朝以来の側近政治の流れを汲むものであったことは間違いない。しかし孝宗朝の側近武臣と異なり、韓侂冑のみが政権を掌握することができた主な原因は、これまで見てきたように寧宗即位直後の南宋朝廷に、韓侂冑にとって圧倒的に有利な政治状況が展開していたことにこそ求められる。そしてその政治状況とは皇帝が長期にわたって宮城を留守にするという、前例のないきわめて特異なものであった。まさに韓侂冑にとって千載一遇の機会だったのである。このことを理解して、我々は初めて孝宗朝から寧宗朝前期に至るまでの政治史を整合的に把握することが可能になったといえるであろう。

以上のように、孝宗が選択した側近武臣重用路線は、孝宗朝から寧宗朝前期に至るまでの南宋中期政治史を強く規定する要素の一つであった。それではそうした皇帝による側近武臣の重用は、その後いかにして終焉を迎えたのであろうか。次章で検討することにしたい。

注

（1）千葉煚「韓侂冑――宋代姦臣伝その二――」（『山崎先生退官記念　東洋史学論集』山崎先生退官記念会、一九六七年所収)、衣川強「「開禧用兵」と韓侂冑政権」(同『宋代官僚社会史研究』汲古書院、二〇〇六年所収、初出は一九七七年)、酈家駒「試論関于韓侂冑評価的若干問題」(『中国史研究』一九八二―二、一九八二年)、張邦煒「韓侂冑平議」(『四川師範大学学報』一九九一―一、一九九一年)などを参照。

(2)安倍直之「南宋孝宗朝の皇帝側近官」(『集刊東洋学』八八、二〇〇二年)、および藤本猛「「武臣の清要」――南宋孝宗朝の政治状況と閤門舎人――」(同『風流天子と「君主独裁制」――北宋徽宗朝政治史の研究――』京都大学学術出版会、二〇一四年所収、初出は二〇〇四年)を参照。なお孝宗が側近武臣を重用したことについては、趙冬梅「試論宋代的閤門官員」(『中国史研究』二〇〇四―四)一一四～一二一頁にも指摘がある。

(3)梅原郁「宋代の武階」(同『宋代官僚制度研究』同朋舎、一九八五年所収、初出は一九八四年)九九～一〇五頁を参照。

(4)御筆については、徳永洋介「宋代の御筆手詔」(『東洋史研究』五七―三、一九九八年)を参照。

(5)寺地遵「韓侂冑専権の成立」(『史学研究』二四七、二〇〇五年)を参照。

(6)例えば注(1)衣川論文三〇〇頁は趙汝愚の罷免をもって「韓侂冑の実質的な権力が確立された」と述べている。

(7)政治空間の問題については、平田茂樹「宋代の宮廷政治――「家」の構造を手掛かりとして――」(笠谷和比古編『公家と武士Ⅱ「家」の比較文明史的考察』思文閣出版、一九九九年所収)を参照。

(8)注(1)千葉論文・衣川論文、および注(5)寺地論文は韓氏を韓侂冑の姪の娘とするが、小林義廣「宋代の二つの名族――真定韓氏と相韓韓氏」(井上徹・遠藤隆俊編『宋―明宗族の研究』汲古書院、二〇〇五年所収)一六四～一六五頁所掲の系図では、韓氏は韓侂冑の堂姪の孫娘である。また小林義廣氏は韓侂冑の父韓誠は、誰の子供なのか明確ではないとも述べている(一七六頁)。

(9)注(1)千葉論文・衣川論文を参照。

(10)注(5)寺地論文三〇～三一頁を参照。

(11)ただし①の陳源ら宦官の罷免が、韓侂冑を不安にさせたとする点には疑問が残る。光宗・孝宗の不和の責任を陳源らにとらせたこの措置は、その実は光宗が犯した「不孝」の大罪を取り繕うための苦肉の策でもあったと推測されるからである。

しかも陳源らへの弾劾は孝宗生前中から行われていたうえに（『止堂集』巻三、奏疏「論陳源間諜両宮亟宜斥逐車駕往朝重華以息謗騰疏」など）、千葉煚「英宗宣仁聖烈皇后高氏――宋代の后妃その二――」（『木村正雄先生退官記念　東洋史論集』汲古書院、一九七六年所収）が述べるように、北宋時代に英宗と皇太后曹氏の不和の責任を、入内都知任守忠にとらせた類似の前例が存在していた（七六～七七頁）。劉光祖もこの故事にならって光宗・孝宗の不和を解消するように提言していた（『宋史』巻三九七、劉光祖伝）ことを考えると、陳源らの処罰は当時では不可避であり、韓侂冑もそのことを承知していた可能性が想定される。

(12) 留正と姜特立の政争については、注（5）寺地論文二四頁で言及されている。

(13) 『宋史』巻三九一、留正伝に、「紹熙元年、進左丞相。正謹法度、惜名器、毫髪不可干以私。引趙汝愚首従班、卒与之共政」とある。

(14) 例えば『晦庵文集』巻二九、書「答黄仁卿書」には「趙公相見有何語。当時大事不得不用此輩、事定之後、便須与分界限、立紀綱。若不能制而去、亦全得朝廷事体、不就自家手裏壊却。去冬亦嘗告之、而不以為然、乃謂韓是好人、不愛官職」とあり、紹熙五年（一一九四）冬に朱熹が韓侂冑の排斥を趙汝愚に主張したところ、趙汝愚は韓侂冑を「好人」であると弁護したという。

(15) 土田健次郎『道学の形成』（創文社、二〇〇二年）「序章」一六頁を参照。

(16) 『西山文集』巻四三、墓誌銘「劉閣学墓誌銘」や、『鶴山文集』巻八九、行状一「敷文閣直学士贈通議大夫呉公行状」、『晦庵文集』巻一四、奏箚「経筵留身面陳四事箚子」、および『止堂集』巻五、奏疏「論韓侂冑干預政事疏」。なお劉光祖が韓侂冑を批判した上奏は『歴代名臣奏議』巻三〇八、災祥に収められる。

(17) 例えば『晦庵文集』巻一四、奏箚「経筵留身面陳四事箚子」は、孝宗の側近政治を厳しく批判した上奏である。

(18) 注（5）寺地論文三〇～三一頁を参照。

(19) 注（5）寺地論文三四～三九頁を参照。

(20) 余英時『朱熹的歴史世界――宋代士大夫政治文化的研究――』（允晨文化実業、二〇〇三年）上篇四二四～四九六頁、お

よび下篇二六～一八〇頁を参照。なお余英時氏は孝宗朝以降、政治・社会の変革を志向する朱熹らの政治思想に同調、もしくは好意的な立場をとった「『道学』型士大夫」が政治勢力を形成し、保守政治を是とした「反『道学』士大夫」勢力と対立していたと論じている。

(21) 注(20)余著書下篇一八二～三〇四頁を参照。

(22) 注(20)余著書下篇三〇六～三八二頁は、「反『道学』士大夫」勢力(どういった存在であったかは本章注(20)を参照)はのちに留正・趙汝愚らと対抗するために韓侂冑と結託し、慶元党禁を引き起こしたと論じる。余氏が述べるように、この対立が政治思想に根差すものだったか否かは再検討を要するが、ここでは韓侂冑との政争以前から、留正・趙汝愚らと対立する政治勢力が存在したとされている点を重視したい。また沈松勤『南宋文人与党争』(人民出版社、二〇〇五年)七一～一二六頁も余氏の議論を踏襲し、孝宗朝から韓侂冑専権までの政治史を、道学党・反道学党の対立という観点から論じている。

(23) 『綱目備要』巻二、紹熙四年三月条に「察院汪義端有言、高宗聖訓、不用宗室為宰執者」とある。汪義端はのちに慶元党禁に協力したとされる(『綱目備要』巻四、慶元二年六月乙丑条)から、留正・趙汝愚の擡頭に反発し、韓侂冑に与していった人物であったと見られる。

(24) 『綱目備要』巻三、紹熙五年七月丁卯条に「侍御史張叔椿劾留正擅去相位」とある。さらに張叔椿はこの事件直後の紹熙五年(一一九四)九月に諫議大夫に就任して「学術不可偏尚」と論じ(『道命録』巻七上「何澹論専門之学短拙姦詐宜録真去偽」付注)、その翌月には留正を再び弾劾した(『宋史』巻三七、寧宗本紀一、紹熙五年十月己丑条)。張叔椿も汪義端と同様に、反留正・趙汝愚の立場から親韓侂冑派へと合流していった人物であった。

(25) 『宋史』巻三九三、陳騤伝に「趙汝愚為右丞相、騤素所不快、未嘗同堂語。汝愚擬除劉光祖侍御史、騤奏曰、劉光祖旧与臣有隙。光祖入台、臣請避之。汝愚愕而止」とあり、『綱目備要』巻三、紹熙五年八月乙卯条に「会汝愚奏除劉光祖侍御史、方進呈、知枢密院陳騤忽奏曰、劉光祖与臣有嫌、今光祖入台、願先避位。汝愚愕然而止、侂冑遂以内批除深甫御史中丞」とある。『宋史』巻二一三、宰輔表四によると、陳騤は紹熙五年(一一九四)八月八日に知枢密院事として参知政事を兼任した。

(26)『綱目備要』巻三、紹熙五年八月乙卯条に「深甫、韓侂胄之党也」とある。

(27)陵墓選定の議論が行われた日付は、『宋史全文』巻二八、宋光宗、紹熙五年八月辛亥条に「趙汝愚請於近畿卜地営建至尊寿皇聖帝攢宮」とあることから確定できる。

(28)『綱目備要』巻三、紹熙五年十月乙巳条に「於是彦逾与覆按使謝深甫附其説」とあるから、史料中の「覆按使」とは謝深甫のことである。

(29)『四朝聞見録』丁集「慶元党」の考異には、当時の官僚が留正・趙汝愚の邸宅に集まって孝宗の陵墓選定の問題を議論していたことが描かれており、この問題が留正・趙汝愚間の対立を惹起したことがうかがわれる。

(30)徳寿宮については郭俊綸「杭州南宋徳寿宮考」(『社会科学戦線』一九七九―三、一九七九年)や林正秋「南宋徳寿宮範囲与地址考索――兼和郭俊綸先生商榷」(『浙江学刊』一九八〇―一、一九八〇年)、劉未「南宋徳寿宮址考」(『浙江学刊』二〇一六―三、二〇一六年)などを参照。また南内と徳寿宮の位置関係については本章所掲の※地図(本書一五五頁)を参照。なお徳寿宮の遺跡は発掘を経て、二〇二二年に徳寿宮遺址博物館として公開された。この博物館の敷地は本章※地図で示した重華宮の範囲よりも広大であり、これが本当であれば重華宮の敷地はさらに北に延びていたことになるが、宮殿の場所自体に変化はなく、詳細も現時点では不明であるため、本章の※地図は旧稿のままにしておく。

(31)松丸道雄ほか編『世界歴史大系 中国史3――五代~元――』(山川出版社、一九九七年)、第三章「南宋・金」、3「一進一退――宋・金の内側――」(梅原郁執筆)二九五頁、および平田茂樹「周必大『思陵録』・『奉詔録』から見た南宋初期の政治構造」(同『宋代政治構造研究』汲古書院、二〇一二年所収、初出は二〇〇四年)四四二頁を参照。

(32)注(31)平田論文四四二頁の注(21)を参照。

(33)『宋史』の誤りの原因は不明だが、『玉海』巻一六〇、宮室、殿下「隆興康寿殿」に「見御詩類、徳寿宮、太上皇帝曰徳寿殿、太上皇后曰康寿殿」とあるように、徳寿宮内には「康寿殿」なる宮殿が存在しており、これと寿康宮とを混同した可能性もある。また祝穆『方輿勝覧』巻一は『朝野雑記』を典拠としつつも福寧殿を寧福殿と誤記し、『宋史』と同様に泰安宮を泰寧宮と誤記している。しかし祝穆が参照したと思われる王象之『輿地紀勝』巻一は福寧殿を寧福殿と誤るものの、泰安宮については『朝野雑記』を典拠としつつ誤りがない。『宋史』は寧福殿については『輿地紀勝』から『方輿勝覧』に継承された誤りを、泰寧宮については『方輿勝覧』の誤りをそのまま踏襲したものと推測される。

(34) 咸淳『臨安志』巻一、行在所録、宮闕一「大内」は福寧殿を「御寝」と説明し、同じく周密『武林旧事』巻四「故都宮殿」は「寝殿」と説明する。また呉自牧著・梅原郁訳注『夢粱録2――南宋臨安繁盛記』(東洋文庫六七六、平凡社、二〇〇〇年)一七頁は福寧殿を「御寝とある皇帝の寝室」と説明している。

(35) 「正観」とは唐代の「貞観」であり、仁宗の諱「禎」字を避けたものであろう。

(36) 倪士毅「南宋皇城考述」(『杭州市地名志』浙江人民出版社、一九九〇年所収)四九一頁は福寧殿と寿康宮とが同一の宮殿であったことを指摘しているが、「光宗の時に寿康宮に改められた」と不正確な説明をしている。

(37) 本章では寿康宮が南内に所在し、寧宗が当初は重華宮を行宮としていたことを述べたが、同様の趣旨のことを虞雲国『宋光宗宋寧宗』(吉林文史出版社、一九九七年。当該書は『南宋行暮――宋光宗宋寧宗時代――』上海人民出版社、二〇一八年として再版されているが、記述や引用史料を削除するなど簡略化されている部分もあるため、本書では原版に依拠する)九七～九八頁がわずかに触れている。しかし虞氏の論著は伝記を主旨とし、本章の主張との重複箇所については引用史料名をほとんど挙げないうえに考証を施していないという問題点がある。また近年では満志敏「南宋皇城主要宮殿建築考」(『歴史地理』二〇、二〇〇四年)二七五～二七六頁が旧福寧殿と寿康宮とが同一建築物であったことを、本章とは別個に論証している。政治空間の問題や韓侂冑政権との関係については触れていないものの、本章の論旨と関わる部分も多い。あわせて参照して頂ければ幸いである。

(38) 『歴代名臣奏議』には日付が記されていないが、史料中に「陛下誕膺天命、纂紹皇図、聴政行宮、凡五閲朔」とあり、寧宗が即位してから五度の朔日を経過していたとある。紹熙五年(一一九四)は閏十月が存在したから、十一月中の上奏だったことになる。

(39) 『朝野雑記』乙集巻二、上徳二「己酉伝位録」の淳熙十六年(一一八九)一月の記事に、「二十八日己未、詔徳寿宮改為重華宮」とある。
(40) 注(5)寺地論文三二頁を参照。
(41) 袁燮『絜斎集』巻一三、行状「龍図閣学士通奉大夫尚書黄公行状」に、当時の韓侂冑の行動が「出入宮禁、弄権植党」と伝えられる。
(42) 『綱目備要』巻三、紹熙五年七月甲子条に「有知閤門事韓侂冑者、太皇女弟之子也。素善慈福宮内侍張宗尹」とある。
(43) 『宋史』巻四六九、関礼伝に「淳熙末、積官至親衛大夫・保信軍承宣使。孝宗頗親信之、後命提挙重華宮」とある。
(44) 周峰編『南宋京城杭州』(浙江人民出版社、一九八八年)「中枢機関」(林正秋執筆)三三～三四頁を参照。
(45) 『朝野雑記』甲集巻一、上徳「寿康宮進香」に、「上之在重華執喪也、五日一朝於寿康」とある。
(46) 皇帝の北内滞在期間中に皇帝と官僚との接触が減少したことは、時代は孝宗朝を対象とするが、注(31)平田論文四四二～四四三頁が論じている。
(47) 『止堂集』巻五、奏疏「応詔論雷雨為災奏〈紹熙五年十月〉」に、「陛下自即位以来、好出御筆、陞黜之間、多為不測」とある。
(48) 寧宗朝初期に御筆を多用した政治運営が行われたことは、例えば注(5)寺地論文三一頁でも指摘されている。
(49) 注(5)寺地論文三四頁は、韓侂冑は寧宗側近の宦官王徳謙と結びつくことで、御筆の恣意的な濫用を行いえたと推測している。重要な指摘ではあるが、なぜ寧宗即位直後という時期に御筆の濫用が行われたのか、という視点からも考える必要があると思われる。
(50) 注(31)平田論文四四二頁を参照。また平田茂樹「宋代の政策決定システム――対と議――」(注(31)平田著書所収、初出は一九九四年)によれば、「対」(上殿奏事)は皇帝と官僚とが直接接触できる機会を提供する、宋朝の重要な政治運営システムであったという。
(51) 『宋史』巻四〇〇、游仲鴻伝に、「陛下宅憂之時、御批数出、不由中書」とある。
(52) 韓侂冑が寧宗からの強固な信任を獲得した原因として、王宇「朱熹〝寧宗嫡孫承重〟説与慶元党禁的走向」(『浙江大学学報（人文社会科学版）』五二―三、二〇二二年）は、寧宗の北内から南内に早く移りたいという願いを韓侂冑が積極的に後押ししたことに求めている。王氏によると、朱熹を始めとする道学派士大夫は寧宗が北内に滞在し続けることを求めたが、寧宗は空間的に狭く百官の上朝に不都合で、皇帝としての威儀を示すこともできない北内に滞在することを厭い、早期に南内に移ることを望んでいた。韓侂冑は寧宗のそうした願いを察知し、南内における新福寧殿の建設などを推進することで寧宗からの信任を獲得したという。王氏の論考は、朱熹たちが寧宗に孝宗への三年服喪を求めたことで様々な問題を生じさせ、それが慶元党禁にも大きな影響を与えたことを明らかにしたものである。当該期の政治史を解明するための重要な視点であるといえる。

(53)『水心先生文集』巻二九、雑文「題拙斎詩藁」や、清・黄宗羲『宋元学案』巻五五、水心学案下「塩官王拙斎先生大受」によると、王大受は葉適に学んだあとに呉琚の客分となり、のちに呉琚の推薦によって紹興府の塩官に任命された。また『宋元学案』巻五三、止斎学案「節度使呉雲壑先生琚」によると、呉琚は陳傅良の弟子とされる。

(54)　秦玲子「宋代の后と帝嗣決定権」（『柳田節子先生古稀記念　中国の伝統社会と家族』汲古書院、一九九三年所収）を参照。秦氏は皇太后・皇后の持つ帝嗣決定権を男子なき場合、夫の代弁者として夫の死後に跡継ぎを決める寡婦の権利と同根であるとする。

(55)　注（5）寺地論文三三頁は寧宗即位直後の段階では、韓侂冑は寧宗の意を完全に掌握はしていなかったと推測している。韓侂冑が太皇太后呉氏の影響力を後ろ盾にできたことは、その不安定な立場を補強する重要な要素であったとも考えられる。

(56)　本文所掲の表の記事は、とくに断らない限り、『宋史』・『綱目備要』・『斉東野語』の記述によって作成した。

(57)　黄度の罷免が九月中であったことは『絜斎集』巻一三、行状「龍図閣学士通奉大夫尚書黄公行状」に「九月、具疏将乞対、侂冑微聞之、遽請御筆、除公直顕謨閣・知平江府」と見える。

(58)『鶴山文集』巻八九、行状一「敷文閣直学士贈通議大夫呉公行状」に、「十二月、集議孝廟配享、公謂、艱難以来、首倡大義、不与賊俱生、以不成敗利鈍異其心、精忠茂烈、貫日月、動天地、未有過於張浚也。孝宗皇帝規恢之志、一飯不忘、歴考相臣、始終此念、足以上配孝宗在天之意、亦惟浚一人。議不合、求去、除江南西路転運判官」とある。

（59）『絜斎集』巻一三、行状「龍図閣学士通奉大夫尚書黄公行状」に、紹熙五年（一一九四）八月のこととして、「論鎮江守馬大同以苛刻著、平江守雷溙以縦弛聞、皆不可推行賑済徳意、劾奏罷之。丞相留公頗賢此二人、聞之不悦」と記されている。黄度が大同・雷溙を弾劾して罷免に持ち込んだところ、この二人を高く評価していた留正は不満に感じることになったという。留正の罷免はこの直後の事件であった。

（60）『絜斎集』巻一三、行状「龍図閣学士通奉大夫尚書黄公行状」に「先是憲聖因光宗御筆有勧勤之語、欲命上履帝位、大臣揣知其意、而不能自達、以知閤門事韓侂冑、后族之姻也、密令奏稟、侂冑遂自以為功、邀求節鉞、留丞相抑之。丞相去国、侂冑知公嘗因論奏不合、意公必擠之。公語同列曰、留公已去、擠之易耳。長小人声欻、可乎。侂冑自是亦不楽公矣」とある。

（61）『絜斎集』巻一三、行状「龍図閣学士通奉大夫尚書黄公行状」に、「出入宮禁、弄権植党、有陵駕当世心、公憂之。九月、具疏将乞対、侂冑微聞之、遽請御筆、除公直顕謨閣・知平江府」とある。

（62）吾妻重二「朱熹の中央権力批判」（同『朱子学の新研究』創文社、二〇〇四年所収、初出は二〇〇四年）四八七～四九二頁を参照。

（63）孝宗が行った側近武臣の重用路線において、枢密都承旨が重要な役割を果たしていたことについては、注（2）安倍論文八七～九五頁を参照。

（64）『攻媿集』巻三〇、奏議〈瑣闥惷言〉「繳韓侂冑転一官彭亀年除職与郡〈同中書舎人林大中〉」に「亀年以侍郎得次対与郡、侂冑解閤門及都承旨職事、転一官内祠。……去者遂遠、不復得侍左右、留者既曰内祠、則召見無時、終不能遠」とあり、韓侂冑を弾劾した彭亀年は地方官として遠方に逐われ、在京宮観を与えられた韓侂冑はいつでも皇帝に召見されることが可能だとあることから、在京宮観への就任が韓侂冑にとって必ずしも不利ではなかったことが分かる。

第四章　南宋寧宗朝における史彌遠政権の成立とその意義

はじめに

本章は南宋寧宗朝において、権力形態を異にする韓侂冑・史彌遠二つの政権が相前後して成立した現象に注目し、そうした異質な政権がなぜ時間的に連続して出現したのかを考察するものである。

寧宗朝の開禧元年（一二〇五）に特別宰相の平章軍国事に任ぜられ、対金戦争を主導した韓侂冑は、戦況が南宋側に不利に推移し、金側が韓侂冑の首級を和平の条件とするにおよんで朝廷で孤立した。宮中の意を受けた和平派官僚は、同三年（一二〇七）十一月三日に韓侂冑を暗殺し、翌年には金との和平を実現した。政変の首謀者の一人であった礼部侍郎史彌遠はその後昇進を速め、嘉定元年（一二〇八）十月に宰相の右丞相に就任し、その翌々月には政敵の左丞相銭象祖を罷免に追い込んだ。母の死による服喪を挟んだものの、翌年五月に服喪を解かれた史彌遠はそれ以降、理宗朝の紹定六年（一二三三）に死去するまでの約二十五年間、すなわち金の衰亡とモンゴルの興起という東アジアの激動期に単独宰相として南宋政権の舵をとり続けたのであった。

史彌遠政権は宋代における最長期政権として知られ、これまでにも政権の長期化を可能にした史彌遠の政治手法や、李全ら山東忠義軍をめぐる金・モンゴルとの外交政策などについていくつかの研究がなされてきた。(1) しかし従来の研究は、韓侂冑・史彌遠を宰相の権力増大という文脈のなかで類似の権力者としてとらえる傾向があった(2)ため、そもそも両政権の交代をどのようにとらえるかという問題が問われることはなかったといえる。例えばリチャード・デイビス氏は、韓・史の政権交代について史彌遠が「官僚機構のトップとして韓侂胄に取って代わった」と述べ[3]、同じく虞雲国氏は「一侂胄死し、一侂胄生ず」と表現していた[4]。また寺地遵氏は韓・史両政権の差異は指摘したものの、政権交代自体は「デスポットの再生産」であったと評価していた[5]。先学は韓・史両政権の交代に、権力者の交代以上の意味を見いだしてこなかったのである。

両政権には言路官を自派で独占したことや、皇后など宮中の勢力と結託したことなどの類似点も確かにある。ところが既述のように、近年の研究によって韓侂胄政権の特質について重要な指摘がなされた。ここで再びその論旨を簡単に確認しておくと以下のようになるであろう。科挙士大夫ではない武臣官僚の韓侂胄は、実権を掌握し続けた十三年間のうち、最後の二年間のみ宰相を務めたほかは、皇帝側近武臣官僚（本章では以下、側近武臣と略す）として政治を壟断した。こうした韓侂胄政権のあり方は、科挙及第を経て終始宰相として政治を運営した秦檜・史彌遠両政権のあり方とは大きく異なる。韓侂胄政権の出現は宰相の権力増大という文脈からは説明できず、むしろ孝宗朝で模索された政治路線の転換に原因が求められるという。すなわち宋代の政策決定は、皇帝・宰執が入念に諮って行われるのが原則であったが、孝宗は宰相を排除した政治運営を志向し、皇帝が宰相の掣肘を受けずに政策決定を行える体制を追求したのであった。孝宗がこうした政治姿勢をとることにより、太上皇帝高宗による宰執人事を通じた政治介入を排除しようとしていたと考えられることは、本書第二章で論じたとおりである[6]。官僚機構の審議を経ずに行われた右のような皇帝の意志決定を、朱熹は「独断」という言葉で表現していた[7]。孝宗は自ら政治を「独断」的に運営するために、自らの意のままに動かせる側近武臣を宰執よりも重用し、それによって一部の側近武臣の権力が宰執をも圧倒する傾向が現出された。こうした傾向の寧宗朝への踏襲が、韓侂胄政権を出現させたというのである[8]。秦檜・史彌遠両時代に挟まれた孝宗朝から韓侂冑政権に至る四十年餘りは、皇帝が宰相を排除し、側近武臣とともに政治を主導するという事態がしばしば見られた時代であったことになる。となれば、孝宗朝以来の政治的な流れにそぐわない史彌遠政権が、韓侂冑失脚後になぜにわかに出現し、長期政権に発展できたのかが問題となるといえよう。

以上を踏まえた上で、本章では嘉定年間（一二〇八〜一二二四）の史彌遠政権が、当時の士大夫官僚から強い支持を受けていたとされることを重視したい。「相門の相」として士大夫の輿望を担い[9]、慶元党禁で排斥された人物を残らず顕彰し、国の命脈を保ったとされる当時の史彌遠政権の評価[10]と、言路官を利用して反対者を徹底的に弾圧したとされる後年の史彌遠政権の評価[11]との間には大きな懸隔が感じられる。理宗朝において史彌遠は反乱を起こした理宗の兄、趙竑の死後の処遇をめぐって真徳秀・魏了翁らと激しく対立した[12]。現存史料の多くが朱熹の後学に好意的な立場で書かれている以上、そこでの記述のイメージを嘉定期の史彌遠政権にまで反映させて論じることは避ける必要があると思われる。

如上の問題関心のもと、本章第一節では韓侂冑失脚後の士大夫官僚が、当時の政治に対していかなる問題意識を共有していたのかを論じる。史彌遠に関する史料は極端に少ないとされるが、政権成立期の政治状況を伝える史料は文集や地方志などに少なからず残されている。そうしたいわば周辺から、当時の史彌遠が置かれた状況を明らかにすることは可能であろう。さらにそうした政治状況が、嘉定元年（一二〇八）に決められた皇太子の政治参加と、その前後に進行した枢密院承旨司をめぐる変化とにどのように関わっていたのかを第二節・三節で検討する。史彌遠政権の成立、およびそれを長期化させた要因として、この二つの事象は大きな意味を持っていたと思われるからである。以上の検討を行うことで、史彌遠政権が宋代政治史上いかなる意義を持つ政権であったのか、その一端を明らかにできると考える。

第一節　韓侂冑失脚後における南宋官界の問題意識

開禧三年（一二〇七）十一月に最高権力者韓侂冑は暗殺され、それによって南宋政権上層部はその構成人員を一新した。政変前に宰執集団を構成していた平章軍国事韓侂冑・右丞相陳自強・参知政事李壁・参知政事銭象祖らは銭象祖を除いて失脚し、翌年正月までに右丞相銭象祖・参知政事衛涇・参知政事雷孝友・簽書枢密院事林大中・知枢密院事史彌遠らが新たに宰執集団を構成した。さらにこうした政局の動きと並行して政治批判を求める詔が下され、政治刷新のために言論の活性化が図られた。本節では当時の士大夫官僚の政治批判に注目し、当時の官界で共有されていた問題意識を探ることにしたい。

『西山文集』巻三一、策「館職策」は、太学博士真徳秀が嘉定元年（一二〇八）閏四月頃に受けた学士院試験の答案であるが、そこには次のようにある。

自昔人主、不必奮然独運、而後為権帰於上也。政令出於公朝、而不使有由中之漸、耳目寄於言責、而不撓於近倖之私、則権雖在人、未嘗不在己也。非必靡然不自総攬、而後為権散於下也。内庭外朝之勢隔、而信任有所偏、宦官女謁之情親、而聴受有不察、則権雖在己、未嘗不在人也。迺者柄臣、気焰薫燎、豈一旦所能為哉。漸漬之深、弥縫之久、人主堕其中、而不自覚焉耳。

（昔自り人主、必ずしも奮然として独運せざるも、後に権は上に帰すと為すなり。政令公朝より出でて、中に由るの漸有らしめず、耳目は言責に寄りて、近倖の私に撓されざれば、則ち権は人に在ると雖も、未だ嘗て己に在らずんばあらざるなり。必ずしも靡然として自ら総攬せざるに非ざるも、後に権は下に散ずと為すなり。内庭外朝の勢隔たりて、信任に偏する所有り、宦官女謁の情親にして、聴受に察せざること有れば、則ち権は己に在ると雖も、未だ嘗て人に在らずんばあらざるなり。酒者柄臣、気燄薫燎たるは、豈に一旦の能く為す所ならんや。漸漬の深、弥縫の久、人主其の中に堕して、自ら覚らざるのみ。）

古来人主が政治を独運しなくても、宮中からではなく朝廷から政令を出し、近倖の者につけこまれなければ権力は人主の手にあるが、逆に人主が政治を総攬しようとしても、親近の者につけこまれると権力は下の者に握られる。近年の韓侂冑（「柄臣」）の権勢は一朝で形成できたものではなく、寧宗を徐々に術中に陥れた結果であったとする。独断専行に走る寧宗の政治姿勢が、韓侂冑の権力掌握を惹起したと論じたに等しいといえる。また引用部の続きの部分では当時の政治の問題点が挙げられ、そのうち「近習を戒む」は、いくつかの不当な人事が正規の手続きを踏まず、御筆（「或煩宸筆」）や内降文書（「忽繇中出」）で下された当時の事件を批判し、そうした風潮が容認され「近習」がそれにつけこめば、政治の実権は「これを近習に帰せずして、誰に帰せんや」とする。そして同じく「小人を畏れる」は、「近習」「小人」は唇歯の関係にあり、韓侂冑（「柄臣」）が権力を掌握したばかりの頃はその権力は大きくなかったが、外廷の「小人」の協力によって「柄臣の勢、始めて滔天燎原とし、遏むべからず」に至ったとし、権力を掌握した「近習」の例として韓侂冑を挙げたのである[13]。韓侂冑が側近武臣（「近習」）の一人として強権を行使したことはすでに述べた。真徳秀はそれを認識したうえで、側近武臣によって再び政治が壟断される可能性を論じたのである。

また明・謝鐸ほか輯『赤城論諫録』[14]巻三、王居安「論更化治本当以侂冑為戒」は、左司諫兼侍講王居安が韓侂冑失脚後に提出した上奏を伝えたものである。王居安はこの上奏で人主が政治を外朝に帰し、「士大夫」「大臣」と謀議すれば国は治まるが、信任を偏らせて政治を内廷に帰し、「左右近習」「小臣」と謀議すれば国は乱れる。容易に決裁できないことを人主が下問することは必要だが、朝廷のことは廷臣と協議すべきで寵臣を介入させてはならないとし[15]、その後段で次のように論じた。

臣惓惓愚忠、伏望陛下当此更化之初、予防憸倖之進、鑑覆轍之已失、杜来事於未萌、躬親政事、委聴輔弼。毎日於退朝之暇、或於内殿、或於経筵、時賜宣召執政大臣、共議国事。凡臣僚之章奏、辺陲之便宜、郡国之申明、相与諮謀、而付外施行之。……若用人稍誤、則旧病復在。是一侂冑死、一侂冑復生也。

（臣惓惓たる愚忠、伏して望むらくは陛下此の更化の初に当たり、予め憸倖の進を防ぎ、覆轍の已失に鑑み、来事を未萌に杜ぎ、政事に躬親し、輔弼に委聴す。毎日退朝の暇に於いて、或いは内殿に於いて、或いは経筵に於いて、時に宣召を執政大臣に賜い、共に国事を議す。凡そ臣僚の章奏、辺陲の便宜、郡国の申明は、相い与に諮謀して、外に付してこれを施行せられんことを。……若し用人稍や誤れば、則ち旧病復た在り。是れ一侂冑死して、一侂冑復た生ずるなり。）

韓侂冑による実権掌握（「覆轍之已失」）を繰り返さないため、皇帝自らが政治を行って宰執を信任し、視朝後は宰執を引見して国事を議し、重要事項は諮問後に外廷から施行せよ。もし少しでも人事を誤れば旧弊は再び生じる。すなわち「是れ一侂冑死して、一侂冑復た生ずるなり」と述べた。末尾を当時擡頭しつつあった史彌遠を牽制した言葉とする解釈もあるが、(16) 上奏の主旨は寧宗が宰執を重用せずに側近政治を行い、韓侂冑による実権掌握を惹起したことへの批判にある。末尾も以上を履行しなければ側近武臣から第二の韓侂冑が現れかねないという問題意識を示した言葉と考えるべきである。

さらに次の劉宰『漫塘集』巻一三、公劄「代銭丞相奏劄」は、銭象祖が開禧三年（一二〇七）十二月に右丞相に就任した際の上奏を、游九言の門人劉宰が代筆したものである。代筆とはいえ、そこに銭象祖の政見が反映されていることは疑いない。

国家萃幾務於中書、而総之以二三大臣。此其任甚重、其責甚専。昨自憸人弄権、率意妄作、政令之施設、始有不由中書、人才之用捨、始有不由廊廟。予奪失当、措置乖方、迄至年来、毒流華夏。……故臣願、陛下自今以始、凡挙一事、凡用一人、若大若小、若内若外、必与臣等公議、而公行之。凡特旨内降、一切不出、或猶有蹈常襲故者、容臣執奏、一切不行。

（国家幾務を中書に萃めて、これを総ぶるに二三の大臣を以てす。此れ其の任甚だ重く、其の責甚だ専なり。昨ごろ憸人弄権して自り、率意妄作し、政令の施設、始めて中書に由らざる有り、人才の用捨、始めて廊廟に由らざる有り。予奪当を失い、措置方に乖り、迄に年来、毒を華夏に流すに至る。……故に臣願うらくは、陛下今自り以て始め、凡そ一事を挙げるも、凡そ一人を用いるも、大の若きも小の若きも、内の若きも外の若きも、必ず臣等と与に公議し、公にこれを行うべし。凡そ特旨内降は、一切出ださず、或いは猶お常を蹈み故を襲うもの有らば、臣の執奏を容れ、一切行わざらんことを。）

右の冒頭に見える「中書」とは、三省のことを漠然とした言葉で述べたものであろう。三省やそれを統轄する宰執は本来国政の中枢を担う存在だが、韓侂冑（「憸人」）が権力を握ってからは政策決定に関与できず国を乱すに至った。以後はいかなる御筆（「特旨内降」）も下さず、必ず廷臣と協議して政治を行うべきだと主張したのである。また引用部の後段には、宰相就任前にこうした上奏を行うのは、「中書」（三省）が形骸化して久しいため、後日自分が権力をほしいままにしていると讒言する者が現れ、寧宗の「左右」（側近武臣）がそれを支持してからでは手遅れだからだともある。[17] 銭象祖は宰執の指導力低下と、側近武臣の政治介入とに懸念を持っていたのである。また中書舎人兼侍読蔡幼学も同時期に、皇帝の「左右」でありながら宰執の権限を侵した韓侂冑を教訓にし、御筆の多用を控えるように求め、[18] 兵部尚書兼侍読倪思も類似の上奏を行っていた。[19]

以上の議論には、対金戦争に失敗し国を危機に陥れた側近武臣韓侂冑の権力壟断に対する反発、およびそれが繰返されることへの懸念とともに、その原因を宰執を軽視した寧宗の「独断」的な政治姿勢に求める痛烈な批判が、共通する論調として看取されよう。右の士大夫のうち銭象祖は宰相職を、王居安・蔡幼学・倪思は言路官・侍従官を担う当時の政権担当者であった。また真徳秀は当時まだ高官ではなく、右の答案によって学士院試験に合格することになった。とすれば、右の真徳秀の議論は、当時の官界で広範に支持されていたことを示唆しよう。真徳秀はその翌年に、参知政事楼鑰によってその同郷の史彌遠に推薦されたことで学士院権直に任ぜられたから[20]、楼鑰・史彌遠も同様の主張を持っていたものと思われる。また韓侂冑暗殺で協力した銭象祖・王居安・史彌遠は、直後に王居安が失脚するなど一枚岩の党派ではなく、同じく銭象祖・倪思は慶元党禁で道学派を弾圧したとされるから学派的な統一性も見いだしがたい[21]。つまり右諸議論は、当時の官界で共有されていた論調をある程度代表している可能性が高いのである。

さてここにおいて近年の研究が、孝宗の政治路線が寧宗朝まで踏襲された可能性を論じていたことが改めて想起される。宰執を排除した政策決定や、側近武臣による強権の行使、御筆を多用した政治運営など、右で挙げられた寧宗政治の問題点は、いずれも近年明らかにされた孝宗政治の特徴と著しい相似をなすからである[22]。すなわち寧宗政治を韓侂冑による権力壟断の原因として批判した右諸議論の矛先は、実はその前提をなした孝宗朝以来の政治のあり方にこそ向けられていたものと考えられよう。韓侂冑失脚前後の史彌遠の上奏を伝えた明・鄭真輯『四明文献』史彌遠所収、史彌遠「論韓侂冑疏」には次のようにある。

昔孝宗、欲用張説為枢密、舎人不書黄、学士不草詔、台諫連章論列。且副枢非権柄之地、猶不可用武人。而況可使為相、当［国家］大事乎。

（昔孝宗、張説を用て枢密と為さんと欲するも、舎人書黄せず、学士草詔せず、台諫連章論列す。且つ副枢権柄の地に非ざるも、猶お武人を用うべからず。況んや相と為し、［国家の］大事に当たらしむるべきをや。）

史彌遠は側近武臣の張説が執政官とされた孝宗朝の事例をあえて引きあいとして提示し、韓侂冑の宰相叙任の不当さを論じたのであった。当時の士大夫官僚の政治批判が、孝宗政治との連続性を意識したうえでなされていたことを端的に示すといえよう。

以上本節では韓侂冑による権力壟断の原因として、孝宗朝以来の政治のあり方を批判する論調が、当時の官界で共有されていたことを論じた。安倍直之氏は当時の政治運営の形態として、宰執など官僚機構中枢による政治運営と、皇帝が「独断」で行う政治運営との二つを想定し、孝宗は後者を選択したが、一方で当時の士大夫官僚が皇帝の「独断」を否定する考え方を持っていたと論じた(23)。また余英時氏も、当時の士大夫が皇帝の「独断」による政治運営に否定的であったとし、それは皇帝と「同に天下を治める」という士大夫官僚の政治主体としての自意識に由来していたとする(24)。孝宗が志向したのは、皇帝が宰執や官僚機構に諮問することなく、側近武臣とのみ相談して物事を取り決め、それを御筆などの命令手段によって、宰執を関与させることなく施行してしまう政治運営であった。本書はこれを皇帝の「独断」的政治運営と称する。当時の官界では、側近武臣の権力を増大させかねず、また実際に国を危機に陥れることになった皇帝の「独断」的政治運営を否定し、皇帝と宰執とが熟議して政務を処理する旧来型の政治運営への回帰を求める声が高まっていたのではなかろうか。それではかかる南宋官界の状況は、韓侂冑失脚後の寧宗朝政治にいかに反映されたのであろうか。

第二節　嘉定資善堂会議の設置とその目的

嘉定元年（一二〇八）閏四月十五日、皇太子を枢要な政務に習熟させることを理由に、寧宗は皇太子（以下、景献太子と表記）に視朝の場に侍立し、視朝終了後は資善堂（皇子の就学所）で宰執と会議を行うことを命じ、補佐役として宰執に東宮官を兼任させる旨の詔を下した。[25]これによって運営された会議を本書では嘉定資善堂会議と呼称する。[26]

虞雲国氏は嘉定資善堂会議設置の重要性を次のように指摘した。資善堂会議は韓侂冑の暗殺を成功させた、銭象祖・衛涇・史彌遠ら「政変集団」が景献太子を通じて寧宗の動向を監視し、朝政を壟断するために設けられた。しかし景献太子の政治参加は、太子と皇子時代から結びついていた史彌遠一人の権力を伸張させ、史彌遠政権成立の原因となった。嘉定元年（一二〇八）前半に「政変集団」は銭象祖・衛涇・史彌遠の三派に分裂・対立し、史彌遠は同年六月・十二月に衛涇・銭象祖との政争にそれぞれ勝利したが、いずれの勝因も史彌遠が景献太子の影響力を利用しえたことにあったというのである。[27]筆者は同氏の所論のうち、史彌遠政権成立の契機を資善堂会議の設置に求める点には同意するが、会議設置の原因を「政変集団」の政治的野心のみに帰すことには疑問を感じる。この問題は韓・史両政権の差異を踏まえたうえで論じられる必要があるといえよう。まずは王炎が韓侂冑失脚直後の中央に宛てた書簡に注目したい。王炎は著名な道学者張栻の門人で、[28]朱熹とも親交があった人物である。[29]乾道五年（一一六九）の進士で軍器監まで昇進し、[30]開禧三年（一二〇七）十二月十三日に知湖州に就任した。[31]王炎『双渓類稿』巻二二、書「上執政〈銭参政・衛参政〉」は、その前後に参知政事銭象祖・衛涇に宛てられた書簡である。

而某官於更化之初、曾未浹日、建立儲闈、一正天下之本、所以安国家、重宗社者、無大於此。此固天下之所同喜、大体得矣。第某官未可高枕無事也。……①夫城狐不熏、社鼠不灌、雖以漢宣帝之察、唐元宗之断、而左右近習、或得以窃弄威柄。此其一也。周公制礼、奇服怪民、不得入宮。況女冠輩、執左道、仮鬼神、以惑衆者乎。此其二也。某官欲消此二憂、在乎秉公心、行正道而已矣。……②及天禧中、皇太子師傅、宰臣為之、賓客、執政為之、詹事以下、従臣為之、因議事於資善堂、小事則議定而行、大事則稟命。……旧章具在、今日可挙而行之否乎。酌今日之所宜、按旧章之已然、理正而事順。可以行之不疑。（丸数字は筆者、以下同。引用史料中の「唐元宗」は清の聖祖の避諱であるため、書き下しでは「唐玄宗」に改めて訓ずる）

（而して某官更化の初に於いて、曾て未だ浹日ならずして、儲闈を建立し、一に天下の本を正すは、国家を安んじ、宗社を重んずる所以のこと、此れより大なるは無し。此れ固より天下の同に喜ぶ所にして、大体得るなり。第だ某官未だ枕を高くして事無しとすべからざるなり。……①夫の城狐熏せず、社鼠灌がざれば、漢宣帝の察、唐玄宗の断を以てすると雖も、而れども左右近習、或いは以て威柄を窃弄するを得。此れ其の一なり。周公礼を制し、奇服怪民、入宮するを得ず。況んや女冠の輩、左道を執り、鬼神に仮り、以て衆を惑わす者をや。此れ其の二なり。某官此の二憂を消さんと欲さば、公心を秉り、正道を行うに在るのみ。……②天禧中に及び、皇太子の師傅、宰臣これと為り、賓客、執政これと為り、詹事以下、従臣これと為り、因りて資善堂に議事し、小事なれば則ち議定して行い、大事なれば則ち稟命す。……旧章具さに在り、今日挙げてこれを行うべきや否や。今日の宜しき所を酌み、旧章の已然を按ずるも、理正しく而事順なり。以てこれを行うこと疑わざるべし。）

右史料冒頭には、これが立太子後の書簡であることが明記されている。①は当面憂慮すべきこととして、「左右近習」が権力を行使すること、および女道士が宮中に出入することを挙げる。後者は寧宗から寵愛された婕妤曹氏の姉妹が、道士として宮中に出入したことを指すと思われるが[32]、ここでは側近武臣による権力掌握を警戒した前者の言葉に注目したい。②では宰執・侍従官が東宮官を兼任し、資善堂で皇太子と会議を行って小事を決し、大事は皇帝が決した北宋真宗朝の天禧年間（一〇一七〜一〇二一）の前例を挙げ、現状と典故とを斟酌して問題がないのでこれを実行すべきだと主張した。①②の関連が不明確だが、同書巻二二、書「上趙大資」には、

③霍氏之滅、漢宣嘗収此権執之矣、其窃而弄之者、漢宣不能尽察、大臣微附貴要是也。太平之誅、唐明皇嘗収此権執之矣、其窃而弄之者、明皇不能尽禁、朝士交通近習是也。宣帝之後有元帝、明皇之後有粛宗、其弊如何哉。……然則閤下為社稷計、為君父謀、孰大於此事。……④炎向者懐嫠不恤緯之心、嘗作一書、以告執政。然廟堂倥偬、恐未必深察其言。……炎之所言、有旧章可攷。理正而事順、其説可行。

（③霍氏の滅ぶや、漢宣嘗て此の権を収めてこれを執るも、其の窃みてこれを弄する者、漢宣尽くは察する能わず、大臣の貴要に微附するは是れなり。太平の誅さるるや、唐明皇嘗て此の権を収めてこれを執るも、其の窃みてこれを弄する者、明皇尽くは禁ずる能わず、朝士の近習に交通するは是れなり。宣帝の後元帝有り、明皇の後粛宗有り、其の弊如何せんや。……然らば則ち閤下社稷の為に計り、君父の為に謀るに、孰れか此の事より大ならん。……④炎向者嫠緯を恤さずの心を懐き、嘗て一書を作し、以て執政に告ぐ。然るに廟堂倥偬なれば、未だ必ずしも其の言を深察せざるを恐る。……炎の言う所、旧章の攷ずべき有り。理正しく事順なれば、其の説行うべし。）

とある。これは王炎が「上執政」の執筆後に趙彦逾に宛てた書簡である(33)。趙彦逾は寧宗擁立後に資政殿大学士に任ぜられて地方に出されたが、韓侂冑失脚後に侍読として中央復帰した。また趙彦逾は史彌遠と同じ明州出身であるうえに(34)、その辞任しての帰郷に当たっては史彌遠と関係の深い楼鑰が詩を送っており(35)、史彌遠に近い人物だった可能性が高い。③で王炎は、漢・唐両代では専横をきわめた者の失脚後、新たに権力を弄する外戚・近習が出現したとし、

韓侂冑失脚直後の当時の状況と対比させ、何らかの対策を講ずるべきだとする。さらに④では、自分は以前その対策を執政官に書簡で告げたが、多忙のため顧慮されない可能性がある。自分の所論には参考にできる典故があり、実行すべきだとある。つまり王炎は側近武臣による権力掌握を懸念し（①③）、その防止策として資善堂会議の設置を銭象祖・衛涇に提言したが（②）、聞き入れられない場合を考慮して趙彦逾に自分の提言を託したのである（④）。

また倪思も同時期に類似の上奏を行っていた。倪思は乾道二年（一一六六）の進士で、礼部侍郎まで昇進したあと左遷され、韓侂冑失脚後に兵部尚書兼侍読に任ぜられ問題の上奏を行った。「首対して淳熙の例を用い、太子をして議事堂を開き、機政を閑習せしめんことを乞う」[36]とあり、「便殿に入見し、故事を遵用し、東宮に命じて政事を参決せしめ、以て権臣の専を杜」ぐことを請うた[37]とあるのがそれである。淳熙十四年（一一八七）にすでに禅譲の意を固めていた孝宗が、皇太子に庶務を決裁させた議事堂会議の先例に従い、景献太子を政治に参画させて「権臣の専」を防ぐことを提言したのであった。「権臣の専」が韓侂冑を意識した言葉であることは明らかであろう。

次に虞雲国氏のいう銭象祖ら「政変集団」は、資善堂会議の設置をどうとらえていたのか。衛涇『後楽集』巻一二、奏議「繳進御筆箚子」は、寧宗から会議設置について諮問を受けた宰執の答申であり、虞雲国氏の所論の論拠でもある（「」は筆者加筆）。

臣等密上奏事間、恭奉玉音、「皇太子参決事、朕有此意甚久。昨日趙彦逾、経筵求去奏及此、此事断自朕意、不欲因人言批出。卿等可商量教穏当。欲待批出。」……臣象祖奏、陛下欲得皇太子習知朝廷政事、此宗社大計。非臣下所敢奏陳。出自英断、尤見陛下聖明。臣彌遠奏、此事当出自陛下宸断。臣涇奏、陛下適所宣諭、誠出独断。

（臣等密かに奏事を上るの間、恭しく玉音を奉ずるに、「皇太子参決の事、朕此の意有ること甚だ久し。昨日趙彦逾、経筵にて去らんことを求め奏して此れに及ぶも、此の事断ずるに朕意に自り、人言に因りて批出するを欲せず。卿等商量し穏当たらしむべし。批出は待たんと欲す」と。……臣象祖奏すらく、陛下皇太子の朝廷の政事に習知するを得んと欲するは、此れ宗社の大計なり。臣下の敢えて奏陳する所には非ず。英断自り出づるは、尤も陛下の聖明なるを見すと。臣彌遠奏すらく、此の事当に陛下の宸断自り出づるべしと。臣涇奏すらく、陛下の適たま宣諭する所、誠に独断に出づと。）

寧宗は皇太子の政治参加を早くから考えていたが、趙彦逾がその施行を求めてきた。これは寧宗自らが決めたことだが、臣下の意見に従って施行するのは望ましくない。協議して妥当な方法を示せとの諮問が下された。これに対して銭象祖・史彌遠・衛涇ら宰執は、皇太子の政治参加を決めた寧宗の英断を口々に賞賛したという。しかし実際の提案は史彌遠に近い趙彦逾からなされているから、この議論が銭象祖ら宰執の主導で行われたことは明らかである。さらに引用部の続きの部分で銭象祖らは、会議設置の利点を次のように主張した。すなわち当時の宰執は上殿奏事では寧宗に謁見できたが、奏事終了後は文書のやり取りのみで皇帝・宰執間の意思疎通は阻害され、韓侂冑はそれに乗じて権力を盗んだ。景献太子との会議が今後実現し、奏事終了後は太子が皇帝・宰執を結ぶパイプ役になれば「内外扞格として通ぜざるに至らず、且つ更に外間に別に人有りて、禁闥に出入し、朝政に干預するを容れざらん」[38]と述べたのである。韓侂冑の事例が反省材料とされていることからも、右の言葉は側近武臣の抑制を主張したものと推測される。つまり会議の設置を主導した銭象祖らは、王炎・倪思とほぼ同じ主張を繰り返していたのである。

史料引用部はこの議論に関与した人物として、銭象祖・衛涇・史彌遠・趙彦逾を挙げるが、史彌遠以外は王炎が前掲書簡を宛てた人物であり、衛涇は倪思と親しい人物であった[39]。さらに嘉定資善堂会議の設置では、景献太子・宰執が会議を行うことのほか、宰執全員が東宮官を兼任することが決められたが、倪思は前者を、王炎に至ってはその両者を主張していた。王炎・倪思の提言が、会議の設置に何らかの影響を与えたと考えて大過ないであろう。このうち倪思の提言は、「政変集団」の思惑によるとも考えられる。しかし王炎と「政変集団」が利害を共有していたことは現存史料からは確認できない。しかも当時七十歳と高齢だった王炎は、間もなく隠棲する自分には栄達を求める気持ちはないと書簡で述べ[40]、実際に中央官界と距離を置き、二年後には知湖州を罷免されて祠禄を奉じ、引退同然の身となったのである[41]。資善堂会議の設置に、「政変集団」の政治的野心とは異なる思惑が働いていた可能性は高いと考えられよう。

それでは資善堂会議は何のために設けられたのだろうか。右諸史料では側近武臣の抑制が目的として明言されていたが、そもそも側近武臣の権力増大は、孝宗が追求した皇帝の「独断」的政治運営がもたらした現象であった。そこで寧宗朝以前に皇太子が政治参加した事例に着目すると、真宗朝では「常程事務」の処理権限が[42]、同じく孝宗朝では「庶務」として寺監丞以下の中央官、知州軍以下の地方官の人事裁量権が皇太子に認められていた[43]。景献太子もまた真宗朝の例に倣って大臣の席に参列し、孝宗朝の制度に従って「庶務を参決」したのであり、それによって政治の弊害は除去され、人事も適正に行われたという[44]。具体的な内容は不明だが、景献太子にも政務処理のための権限が与えられていたことが分かる。もちろん国政を左右できる権限が与えられたとは考えられないから、重要事項の決定には寧宗の判断が仰がれたのであろう。しかし寧宗は当時すでに政治への意欲を失い、上殿奏事の際に廷臣と言葉を交わすこともまれになっていた[45]。そうしたなかで権限が委譲されれば、一定レヴェルの政策決定の主導権が皇帝の手を離れ、専ら皇太子に握られたであろうことは想像に難くない。さらに皇太子に与えられた政務処理の権限が、目付け役である宰執との合議を経て初めて行使できるものであったことも注目される[46]。景献太子の政策決定が、宰執の意向がきわめて反映されやすい仕組みのもとで行われたことを意味するからである。すなわち資善堂会議の設置は、宰執が裁量できる政務の領域を事実上広げることを意味していたと考えられるのである。

また景献太子は会議の設置後、皇帝の視朝に立ち会って「政事に預聞」し、宰執と会議するようになったが[47]、嘉定元年（一二〇八）十一月二十七日には郷里で服喪していた右丞相史彌遠を召還し、中央で議論があった場合は諮問するように上奏していた[48]。しかもそのなかで「彌遠は乃ち陛下腹心の寄、社稷の臣、其の一身の去留は、寔に天下重軽の繫る所」であると信任を表明し、寧宗もまたそれを認めていたのである[49]。このとき史彌遠は左丞相銭象祖と政争を演じており、太子の上奏は史彌遠の勝利を決定づけることになった。景献太子は国政を論じることができただけでなく、宰相の進退という国家の重要案件にさえも影響力を発揮できたのである。しかも同年五月に衛涇が「今臣等並びに東宮官を兼ね、日び資善堂に赴き会議す」と述べていたように[50]、宰執と景献太子とは会議を通じ、日常的に顔を合わせる機会を持っていた。景献太子が宰執の代弁者として機能した可能性は高いといえる。太子が史彌遠を擁護した右の事例にしても、史彌遠による事前の働きかけがあったことが想定されるのである。虞雲国氏はこうした景献太子の影響力を、皇子時代以来の太子の旧僚であった史彌遠のみが利用できたかのように解釈していた[51]。しかし結果はそうであったとしても、宰執全員の東宮官の兼任が行われたことからすれば、景献太子には宰執全員の意見の代弁が本来期待されていたと考えるのが妥当であろう。

前述のように、孝宗朝から寧宗朝前期にかけては皇帝の「独断」的政治運営が追求され、政策決定過程から宰執が排除される傾向があった。孝宗朝を評した「事は皆な上にて決し、執政は惟だ旨を奉じて行うのみ」とする言葉[52]や、宰執の進退すらも「皆な陛下の独断に出で、大臣は与謀せず」という寧宗朝初期に提示された中央政治に対する批判[53]は、そうした状況を端的に示したものである。ところがそれとは逆に資善堂会議の設置には、皇帝から皇太子に一定レヴェルの政策決定権を委譲させ、さらにそれを宰執が監督することによって、政策決定における宰執の影響力を回復させようとする狙いがあったのである。皇帝の「独断」的政治運営の後退であったといえるであろう。孝宗政治との連続性が指摘される韓侂冑政権の直後にあって、宰執をトップとする史彌遠政権が強い指導力を発揮できたのは、会議の設置によってそれを可能にする条件が整えられたからだったのではないだろうか。さらに注目されるのは、そうした会議設置の意図と、当時の士大夫官僚が共有していた問題意識とが、その目指す方向性において驚くほど一致することである。とすれば、会議の設置をめぐる王炎・倪思らの議論もまた、当時の官界の輿論の延長線上に生起したものであったと解釈される。もちろん当時の宰執には銭象祖・衛涇・史彌遠ら「政変集団」の一部が名を連ねていたから、会議の設置には「政変集団」の利益を図る側面もあったのであろう。しかしながら資善堂会議の設置を支持し、推進した主要な原動力が、当時の官界の輿論であったこともまた間違いない。嘉定資善堂会議の設置とは、当時の士大夫官僚が孝宗朝以来の政治のあり方に対して突きつけた、いわば異議の表明だったのである。

第三節　「四木」による枢密院承旨司の宰相直轄化

本節では前節の結論を踏まえ、史彌遠政権成立後の枢密院承旨司人事にいかなる変化が生じたのかを検討する。まずは議論の前提として「四木」の存在に注目したい。

「四木」とは史彌遠政権下で最大の権勢を誇ったとされる、薛極・胡榘・趙汝述・聶子述の四人を指す。史彌遠の党派のトップとして「四木」の重要性はこれまでにも指摘されてきたが[54]、彼らがいかなる背景を持つ人物で、なぜ強権を行使できたのかは説明されてこなかった。そこで彼らの官歴に着目すると、その全員が中書門下省検正諸房公事（以下、本章では検正官と称す）、もしくは尚書省左司・右司郎官（尚書省左司・右司郎中と尚書省左司・右司員外郎の総称。以下、本章では都司官と称す）を経験していたことが明らかになる。すなわち薛極は『宋史』巻四一九の本伝に都司官や検正官を務めたとされるほか、咸淳『毗陵志』に尚書省左司・右司や枢密副都承旨の官職を歴任し、刑部侍郎として検正官を兼任したとの記事が見える。さらに陳均の墓誌銘の嘉定八・九年（一二一五・一二一六）の記事には胡榘・薛極が「都曹」（都司）に在職していたとあり、『宋史』巻四一〇、曹彦約伝にも故榘が尚書省右司に在職していたとあるから、胡榘も都司官であったことになる。さらに趙汝述は『宋史』巻二四七の本伝に、同六年（一二一三）以降、常に「宰士」（都司官）を兼任したとあり、聶子述も同年に秘書丞として尚書省右司を兼ね、同九年・十一年（一二一六・一二一八）に検正官を務めたことを示す史料がある。[55][56][57][58][59][60]

検正官・都司官は熙寧三年（一〇七〇）に設置された中書検正五房・逐房公事に由来する。中書検正五房・逐房公事は、中書門下の文書の点検・監督を職掌としたうえに宰相のブレーンとしての役割を期待されたが、元豊官制改革で廃止され、その職務は新たに職事官となった都司官に引き継がれ、尚書・六部間の文書の点検・監督や尚書省各房の統轄がその職掌とされた。しかし行政文書の遅滞を理由に建炎三年（一一二九）に検正官が新設され、幾度かの変遷を経て中書門下省や通進司の文書の点検・監督が委任された。検正官・都司官は、宰相を主に文書行政などの実務面から補佐する宰相直属のポストだったといえる。さらに李涵・虞雲国両氏によると、類似の職掌を持つこの二つの部局は嘉定年間（一二〇八～一二二四）に合併され、史彌遠は自らの意向を政策に反映させるために、行政文書の一切を検正官・都司官に委ねた。検正官・都司官は六部の権限を侵害したうえに国家の重要案件にも関与し、その政治的地位は台諫や執政官を上回ったというのである。[61][62]

以上から「四木」が強権を行使できた理由は、彼らがその官歴において検正官・都司官を経験していたことにあったと推測される。呉泳の奏議に「其の都司に在りし時に方りて、四木の謡、爾れ極の嘲に匪ざる莫し」とあるのはその証左である。また葉紹翁『四朝聞見録』丙集「草頭古」は、史彌遠が信任していた薛極・胡榘が太学生に批判され[63]

た事件を伝え、その理由を次のように述べていた。

自侂胄得柄、事皆不隷之都司、初議於蘇師旦、後議之史邦卿、而都司失職。自時相用事、始専任都司。都司権、居台諫上、既未免以身任怨。故蒙天下之謗。

（侂胄柄を得て自り、事は皆なこれを都司に隷せず、初めは蘇師旦に議し、後にはこれを史邦卿に議し、而して都司は失職す。時相用事して自り、始めて都司を専任す。都司の権、台諫の上に居り、既に未だ身を以て怨を任ずるを免れず。故に天下の謗りを蒙る。）

史彌遠（「時相」）が都司官を重用したために、天下は失政の責任を都司官に就いていた薛極・胡榘に帰したとある。また同史料の続きの部分には「亦た時相の任ずる所」であった聶子述が、袁燮・真徳秀・楼昉ら当時著名だった知識人たちを「秀才の空言」として軽んじていたともある。[64]「四木」の都司官起用に史彌遠の意向が強く働いていたこと、および「四木」の面々が自らの実務能力に自信を持っていたことがうかがわれる。さらに史彌遠の死後に、都司官の陳宗仁・林介を批判した呉泳の奏議には、「遠相当国して自り、凡そ置く所の属は、逢迎の吏を楽み、健決の才を喜ぶ」[65]とある。呉泳はこのほか博学宏詞科に合格し、同進士出身の肩書きを有していた薛極をも「刀筆の吏」と見なしていたから、[66]「逢迎の吏」「健決の才」とは実務のみに長け、阿諛追従をこととした士人を非難した言葉なのであろう。史彌遠（「遠相」）は実務能力のみに長けた人物を、好んで都司官に起用していたのである。すなわち「四木」とは、史彌遠が自政権の手足とすべく任用した実務官僚のトップを形成し、史彌遠の腹心として活躍した人物たちだったのである。

さて「四木」の官歴には注目すべき共通点がもう一つある。それは「四木」全員が枢密都承旨・副都承旨ポストの経験者だったことである。枢密都承旨・副都承旨は文書行政など枢密院の実務を統轄する枢密院承旨司の責任者で、枢密院検詳官とともに中書門下省・尚書省の検正官・都司官に比定される。安倍直之氏によると、枢密都承旨ポストは孝宗がとった政治路線において重要な役割を果たした。すなわち孝宗は側近武臣を都承旨に起用することで、枢密院の命令系統を皇帝の直轄下に置いた。そして自らが裁可した文書を、宰執を経由せずに枢密院から施行させることで、皇帝の「独断」的政治運営を実現した。そうした体制は側近武臣の権力伸張の一因となったが、韓侂冑も寧宗即位後に短期間ながら側近武臣として都承旨を兼任するなど、寧宗朝でも踏襲された可能性があるというのである(67)。別表は安倍氏所掲の表を増補・改訂し、寧宗朝の枢密都承旨・副都承旨就任者を示したものである。これによると開禧元年（一二〇五）以前の数年間は、孝宗朝と同じく皇帝側近武官の知閤門事に在職した王知新・蘇師旦が都承旨を兼任していた。寧宗朝でも孝宗朝と同様の体制がとられていたことが分かる。開禧元年（一二〇五）以降は文臣が都承旨に起用され、孝宗朝とは異なる体制がとられたようにも見えるが、清・史悠誠纂修『鄞東銭堰史氏宗譜』巻一、鄭清之「宋贈開府儀同三司忠宣公墓誌銘」（第七章で後掲の「史彌堅墓誌銘」二八九頁）には次のようにある(68)。

　前時枢府行文書、西曹吏、以方寸紙擬定、都承旨・兼詳(検)占筆唯謹。公曰、西府本兵地、其重奚若顧受成吏手耶。且安用我輩。白廟堂廃吏文、属掾唯否、得以手筆抒意。至於今弗改。

（前時枢府文書を行するに、西曹の吏、方寸の紙を以て擬定し、都承旨・検詳は占筆し唯だ謹むのみ。公曰く、西府は本兵の地たるに、其の重奚若（いかん）ぞ顧って吏手に受成するや。且つ安にか我が輩を用いんやと。廟堂に白して吏文を廃せんとするも、属掾の唯否（いひ）は、手筆を以て抒意するを得。今に至るも改めず。）

これは史彌遠の異母弟に当たる史彌堅の墓誌銘を伝えたものである。引用部よりも前の部分によると、史彌堅は開禧元年（一二〇五）に枢密院検詳官として「承旨司の職事」を兼任した（本書二八九頁）。当時の枢密院の行政文書は胥吏が草案をまとめ、都承旨はただそれに従うだけであったため、史彌堅は胥吏の文書への介入を止めさせるよう提言した。しかしそれでも胥吏たちはなおもメモを送って考えを伝えることができたという。また史彌堅の前後に都承旨を務めたと思しき黄犖の行状にも、枢密院で施行する案件は全て胥吏から出されていたという類似の記述が見られる[69]。さらに前掲の『四朝聞見録』の記事に、韓侂冑が政事を都司官にではなく、胥吏出身の蘇師旦や三省の胥吏の史達祖（字は邦卿）に諮ったため、都司官は「失職」したとあったことも想起されよう。開禧年間（一二〇五〜一二〇七）に都司官の権限が胥吏に侵害されたことはほかの史料にも見いだされるほか[70]、衛涇の上奏には当時の韓侂冑が三省・枢密院の胥吏の史達祖・耿檉・董如璧の三人を重用したことが見えている[71]。このうち董如璧は韓侂冑暗殺の際に和平派官僚が示した韓侂冑・陳自強罷免の御筆を「偽詔」だと言い切ったというから[72]、この三人の胥吏が韓侂冑の腹心として当時の文書行政のほとんどを取り仕切っていたものと見て間違いないと思われる。韓侂冑は都司官・枢密都承旨の実務を子飼いの胥吏に委ねることで、両ポストを形骸化させつつもその権限を掌握していたのであろう。韓侂冑は開禧元年（一二〇五）に特別宰相の平章軍国事に任ぜられたが、同二年（一二〇六）までは腹心の蘇師旦が知閤門事に在職するなど、なおも寧宗最側近の立場を保持し続けていた。以上から嘉泰・開禧年間（一二〇一〜一二〇七）の枢密院文書行政は、孝宗朝と同じく皇帝―側近武臣ラインによってほぼ一貫して掌握されていたと考えられるのである。

話を「四木」に戻そう。別表に挙げた嘉定年間（一二〇八〜一二二四）の枢密都承旨・副都承旨就任者は、史料的な限界から不完全なものではあるが、大勢を知ることはできるといえよう。また年月日の多くは在職が確認できるものに過ぎず、実際の在職期間はさらに前後数年の幅があった可能性がある。一見して明らかなように、武臣官僚が枢密院文書行政を統轄した孝宗朝以来の傾向は影をひそめ、宰相であった史彌遠腹心の「四木」がほぼ嘉定期を通じてかわるがわる枢密都承旨・副都承旨を務めていたことが分かる[73]。判明する唯一の武臣官僚は、同二年（一二〇九）に副都承旨に在職した韓杕であるが、韓杕はもと文臣で後に武臣に転身した特殊な人物であった[74]。史彌遠の同郷人の参知政事楼鑰は、韓枤の祖父韓世忠の手筆の拓本や、同じく父韓彦直の遺稿に跋文を寄せるなど韓枤と親交があったから、韓枤が史彌遠に近い人物だった可能性は高いといえる。(75)同十四年（一二二一）から副都承旨を務めた呉格は、知紹興府時代に史彌遠の父史浩を歴代の名臣とともに合祀しており、やはり史彌遠に近い人物であったと推測される。(76)また呉格と前後して副都承旨を務めたと思われる朱在は朱熹の第三子として知られるが、のちに史彌遠の党派として弾劾された人物であった。(77)

検正官・都司官の経験者が枢密都承旨・副都承旨をも経験する事例は珍しくなく、それ自体に特別な意味が見いだされるわけではない。しかしながら検正官・都司官として中書門下省・尚書省の文書行政に辣腕をふるったとされる「四木」が、類似の職掌を持つ枢密院承旨司の責任者となれば、そこでもその実務能力を存分に発揮したであろうことは容易に想像される。しかも「四木」は、史彌遠の「党派の頂点を形成」した人物たちであった。(78)また史彌遠政権では都司官や枢密院属官ポストが、宰相の腹心で固められていたとする陳宓の証言もある。(79)以上を勘案すれば、史彌遠政権において枢密都承旨・副都承旨ポストは、皇帝―側近武臣ラインから切り離され、改めて宰相の直轄下に置かれたと考えざるをえない。皇帝の「独断」的政治運営実現のために孝宗が築いた枢密院系統の命令伝達ルートは、史彌遠政権に至って機能しなくなったものと考えられよう。

それでは当時のいかなる政治状況が、上記のような変化を引き起こしたのだろうか。もちろんそこには自己の権力強化を図る史彌遠の思惑も深くからんでいたことであろう。しかしここでとくに重視したいは、これまで論じたように史彌遠が推進した枢密院承旨司の宰相直轄化が、皇帝の「独断」的政治運営の抑制に直結していたことである。それこそまさに当時の士大夫官僚の輿論に合致するものであった。つまり史彌遠が右のような人事を強行できた理由は、嘉定資善堂会議の設置と同じく、そうした政策を強く後押しする空気が当時の南宋官界で醸成されていたことにこそ

別表 寧宗朝における枢密都承旨・副都承旨就任者表

在職者名	在職年月日	都・副の別	兼任官職	文武の別	出典
韓侂冑	紹熙 5/11/23～同年 12/9	都承旨	知閤門事	武臣	『備要』3・『宋史』37
薛叔似	紹熙 5/12/21～慶元 1/9/28	都承旨	戸部侍郎	文臣	中国国家図書館蔵「薛叔似墓誌」（拓本）・『朝野雑記』甲 10
王知新	？（慶元 4/6/15 以降）～嘉泰 2/1/17	都承旨	知閤門事	武臣	景定『建康志』26・『宋会要』職官 73-31
蘇師旦	嘉泰 2/1/17～開禧 1/10/3	都承旨	知閤門事	武臣	『備要』7・8
史彌堅	開禧 1～同 2	都承旨	枢密院検詳官	文臣	『鄞東銭堰史氏宗譜』1「宋贈開府儀同三司忠宣公墓誌銘」
李壁	開禧 1/10 前後～？	副都承旨	権礼部侍郎・内制	文臣	『備要』7・『西山文集』41「故資政殿学士李公神道碑」
	【開禧 2/4】	都承旨			『宋宰輔編年録』20
廖俁	？～開禧 2/11/11	副都承旨	司農卿	文臣	『宋会要』職官 73-37
田澹	開禧 3/3/26～？	副都承旨	太常少卿・権直学士院・権中書舎人	文臣	『宋会要』刑法 6-45
※呉総	開禧 2 年頃？	都承旨	工部侍郎・枢密行府参賛軍馬	文臣	『後楽集』5「賜工部侍郎兼枢密都承旨枢密行府参賛軍馬呉総……蠟薬勅書」
※黄犖	開禧年間？	都承旨	枢密院検詳官	文臣	『絜斎集』14「秘閣修撰黄公行状」
韓枤	嘉定初	副都承旨	帯御器械	武臣	『攻媿集』75「跋韓忠武王詞」
	【嘉定 2/2/8】				『宋会要』兵 26-20
胡榘	【嘉定 6/8/15】	副都承旨	将作監	文臣	咸淳『臨安志』4「承旨検詳編修」
趙汝述	嘉定 8/7～？	（副）都承旨	起居郎	文臣	『宋史』247・『南宋館閣続録』9
	【嘉定 9/3/25】	副都承旨	起居郎・国史院編修官・実録院検討官		『宋会要』崇儒 7-33
	【嘉定 11】	都承旨	試尚書兵部侍郎・同修国史・実録院同修選		『絜斎集』17「朝請大夫贈宣奉大夫趙公墓誌銘」
呉格	嘉定 14/10/5～？	（副）都承旨	直煥章閣	文臣	宝慶『会稽続志』2
	【嘉定 16/1/25】	副都承旨	直煥章閣		『宋会要』選挙 21-18
朱在	嘉定 16	副都承旨	直煥章閣	文臣	「朱在壙志」（『福建文博』1989-1・2 所引）
聶子述	【嘉定 17/10/29】	都承旨	宝謨閣直学士	文臣	『宋会要』礼 30-83
※薛極	？（胡榘の前後？）	副都承旨		文臣	咸淳『毗陵志』17・『無錫県志』3 上

・※印が付されている人物は正確な在職年月日が不明
・【　】内の年月日は、在職が確認できる年月日
・出典の『備要』は『両朝綱目備要』の、『朝野雑記』は『建炎以来朝野雑記』の、『宋会要』は『宋会要輯稿』の、『西山文集』は『西山先生真文忠公文集』のそれぞれ略称

求められる。それが結果的にとはいえ史彌遠の権力強化につながったとすれば、史彌遠政権の長期化をもたらしたのは、ほかならぬ当時の士大夫官僚の輿論であったと結論づけられよう。

おわりに

以上本章で論じたことは、次のように整理できる。

韓侂冑失脚後の南宋官界では、韓侂冑による権力壟断を引き起こした原因として、政策決定から宰執を排除する傾向のあった寧宗の政治姿勢を批判する議論が多く提示された。しかしそうした寧宗の政治姿勢は、孝宗朝でとられた政治路線から継承されたものであり、当時の士大夫官僚もそのことを踏まえたうえで右のような批判を展開していたと考えられる。当時の南宋官界の輿論は、孝宗朝から行われた皇帝の「独断」的政治運営が側近武臣による実権掌握を引き起こし、結果的に国を危機に陥れたことを批判し、皇帝と宰執が熟議しながら政治を行う体制に回帰することを求めていたのである。

そうした官界の輿論のなかで、南宋政治には二つの変化が生じた。その一つが、皇太子の政治参与を認めた嘉定資善堂会議の設置であった。これまで資善堂会議は韓侂冑暗殺を主導した「政変集団」の政治的な野心によって設けられたとされてきたが、実際には「政変集団」と利害関係のない士大夫もその設置を主張していた。しかも会議の設置からは、皇帝の「独断」的政治運営を抑制し、政策決定における宰執の影響力を回復させようとする、当時の士大夫官僚の問題意識と重なる意図がうかがわれた。嘉定資善堂会議の設置は、当時の士大夫官僚からの支持と後押しとを、広範に受けて行われた政策であったと考えられる。

二つめの変化は、枢密院承旨司の宰相直轄化であった。孝宗朝から韓侂冑政権時代にかけては、枢密院承旨司は皇帝―側近武臣ラインによって直轄され、皇帝の「独断」的政治運営を実現するための命令伝達ルートとして機能した。ところが史彌遠政権では、枢密院承旨司の責任者に史彌遠腹心の実務官僚たちがかわるがわる就任した。史彌遠政権において枢密院承旨司は皇帝―側近武臣ラインから切り離され、宰相の強い影響下に置かれたのである。またそうした変化は当時の官界の輿論とも符合するものであった。右のような枢密院承旨司人事が進められた背景にも、士大夫官僚の輿論の支持があったのであった。

嘉定資善堂会議の設置と枢密院承旨司の宰相直轄化は、いずれも宰執の権力基盤の強化につながる政策であったうえに、孝宗以来の皇帝の「独断」的政治運営を抑制する側面をも持っていた。孝宗政治との連続性が指摘される当時にあって、宰執をトップとする史彌遠政権が安定した権力を確立するためには、この二つの政策の施行は不可欠であったと考えられる。しかもこの二つの政策の施行を後押ししたのは、当時の士大夫官僚の輿論であった。以上から史彌遠政権は、当時の南宋官界で韓侂冑による権力壟断への激しい反発が生じるなかで、孝宗朝以来の政治のあり方に対するアンチテーゼとして成立した政権であったと結論づけられよう。太上皇帝高宗の政治介入を排除することを目的として始められ[80]、寧宗朝まで踏襲されることになった孝宗の政治路線は、韓侂冑の失脚と史彌遠政権の成立とによって一応の終焉を迎えたと考えられる。そうした変化を支持したのは、当時の士大夫官僚だったのである。

それでは当初は士大夫官僚からの支持をえていた史彌遠政権は、理宗朝においていかにして終焉を迎え、それは歴史的にどのように位置づけられるのであろうか。その検討を進めるうえで最大の問題となるのが、南宋中後期の政治史研究に活用できる史料が不足する現状をいかに打開するかである。この問題について、筆者は明代に編まれた『四明文献』を活用することである程度まで克服できると考えている。本章の一部でも当該史料を用いたが、『四明文献』

とはいかなる背景を持つ史料で、またどれだけの信憑性が認められるのかは明らかにしていなかった。史彌遠政権の終焉から理宗親政に至るまでの政治史を描くための前提として、この問題は避けては通れないといえるであろう。次章で検討することにしたい。

注

（1）史彌遠政権の基礎的な情報は、戴仁柱著／劉広豊・恵冬訳『丞相世家——南宋四明史氏家族研究——』（中華書局、二〇一四年、英文原著はRichard L. Davis, *Court and Family in Sung China 960-1279—Bureaucratic Success and Kinship Fortunes for the Shih of Ming-Zhou*, Duke U.P., 1986）九七～一五四頁や、千葉煕「南宋楊皇后」（『桐朋学園女子部研究紀要』五、一九九〇年）に整理されている。なおデイビス氏の著書については、中文版では英文原著の結論部分が節略されているものの、劉広豊氏の訳後記に、新しい研究成果などをもとにデイビス氏とともに原版に改訂を施したと記されている。そのため、本書でデイビス氏の著書を引用する場合は中文訳を優先し、結論部分を参照する場合は別にそのことを注記することとする。また史彌遠の具体的な政治手法については、虞雲国『宋光宗宋寧宗』（吉林文史出版社、一九九七年）二六〇～三三六頁や、寺地遵「南宋中期政治史の試み」（公開講演要旨）（『日本歴史学協会年報』一八、二〇〇三年）が独自の見解を打ち出している。

（2）例えば梅原郁『宋代官僚制度研究』（同朋舎、一九八五年）「序論」xxi頁では、「蔡京、秦檜、韓侂冑、史彌遠、賈似道と北宋末期から南宋百五十年にかけての宰相は皇帝の代行ともいうべき巨大な権力を掌握した」と論じられている。

（3）注（1）戴仁柱著書九三頁を参照。

（4）注（1）虞著書二七四頁を参照。

（5）注（1）寺地講演要旨三・四頁を参照。

（6）本書第二章を参照。

（7）安倍直之「南宋孝宗朝の皇帝側近官」（『集刊東洋学』八八、二〇〇二年）一〇二頁の注（44）が指摘しているように、寧宗の即位直後の上奏である『晦庵文集』巻一四、奏箚「経筵留身面陳四事箚子」に、当時は宰執や台諫の進退すらも「皆出於陛下之独断、而大臣不与謀、給舍不及議」と論じられていたことによる。朱熹によると、皇帝の「独断」によって政策決定が行われる状況は孝宗朝から存在していたという。

（8）注（7）安倍論文を参照。なお韓侂冑政権の成立を孝宗の政治路線の延長線上に位置づける見方は、藤本猛「「武臣の清要」――南宋孝宗朝の政治状況と閤門舎人――」（同『風流天子と「君主独裁制」――北宋徽宗朝政治史の研究――』京都大学学術出版会、二〇一四年所収、初出は二〇〇四年）、寺地遵「韓侂冑専権の成立」（『史学研究』二四七、二〇〇五年）でも共有されている。

（9）明・鄭真輯『四明文献』史彌遠所収、「宋理宗御製丞相衛王神道碑〈其略曰〉」（本書第六章に所掲の「史彌遠神道碑」二六五頁）に、「及為相天下皆曰、相門之相也」とある。『四明文献』がいかなる史料であるかについては、本書第五章で論じる。

（10）兪文豹『吹剣録外集』は、「学党五十九人、無非端人正士、尽入劉珏一網。侂冑既誅、史衛王当国、一切擢用、悉至顕官、無一人遺者。天地閉塞之気、至此一舒、四方忿鬱之情、至此一快。其於国脈、豈小補哉。……所恨衛王晩節不競、故此盛美、為過所掩。然在相位者二十六年、豈偶然哉」と述べ、慶元党禁の被害者を全て復権させた史彌遠を高く評価しつつ、晩年の失政が功績を覆い隠したとする。

（11）何忠礼・徐吉軍『南宋史稿――政治軍事和文化編――』（杭州大学出版社、一九九九年）二八九～二九五頁を参照。

（12）廖寅「〝非鄞則婺〟――南宋理宗前期的政治格局――」（同『従内地到辺疆――宋代政治与社会研究散論――』科学出版社、二〇一八年所収、初出は二〇〇三年）六二～六六頁は、寧宗朝時代の史彌遠政権は学派・党派を超えた包容・調和的な政治を行ったが、済王の死後の処遇をめぐって朱子学派官僚と対立し、その関係を破綻させたとしている。

（13）『西山文集』巻二二、策「館職策」に、「何謂亟当図者。三曰戒近習、曰畏小人、曰拯民命。夫謂之近習、固人主之所親、而易褻者也。情親而勢易褻、則巧佞易入、干請易行。巧佞入則主聴昏、干請行則朝綱紊。世之人主悦其順己、縦而弗制、終至於不可制者多矣。今公道昭融、固亡此患。独嘗窃怪、邇者一二除授、或煩宸筆、雖以大臣執奏而竟寝、然左右請謁之私、蓋不能無撓成憲者矣。其漸誠不可長也。閹寺之臣、得罪君父、屏之遠方、終身勿歯、夫奚庸恤。而一旦放還之命忽繇中出、甚至却東省之奏、而必欲書行、則是屈紀綱、而庇姦倖、尤非所望於更化之日也。夫人臣出力以抗権近、非為身計、為朝廷惜法度、為人主惜挙動耳。万一主意少移、讒諂面諛、乗之而入、則貴為天子、不得自由之言、有時而営惑矣。正論不聞、讒諂得志、威福之柄、不帰之近習、而誰帰哉。愚故謂、近習用事之萌、不可以不戒也。雖然、近習之親昵、固人主所当戒、而小人之窺伺、尤人主所当憂。蓋近習之与小人、実相唇歯、以済其私者也。方柄臣得志之始、権任尚軽、機械尚浅、未至蕩然亡所制也。惟夫外庭小人、志在附麗、於是煽其欲熾之焰、導其方決之流、而柄臣之勢、始滔天燎原、而不可遏」とある。

(14)『赤城論諫録』は台州の先賢の奏議を収集・編纂した書物であり、末尾の謝鐸「後論諫録題」に「成化己亥冬十一月朔」とあることからすると、明朝の成化年間（一四六五～一四八七）の編纂と推測される。清・沈初ほか撰『浙江採集遺書総録』辛集、集部、総集類二「赤城論諫録十巻〈刻本〉」や、清・永瑢ほか撰『四庫全書総目提要』巻五六、史部一二、詔令奏議類存目「赤城論諫録十巻〈浙江巡撫採進本〉」に詳しい情報が見える。

(15)『赤城論諫録』巻三、王居安「論更化治本当以侂冑為戒」に、「人主公聴並観則治、偏任私信則乱。政事帰諸外朝則治、帰諸内廷則乱。問諸百辟士大夫則治、問之左右近習則乱。謀諸大臣則治、謀諸小臣則乱。人主以一人之身応万幾之繁、裁処事幾有所未決、虚心任下、何損盛徳。雖尭舜之聖、未嘗不資人以下問。然公朝之事、当与廷臣公謀之、不当有私人以議公政也」とある。

(16)例えば注(1)虞著書二六七頁、および注(11)何・徐著書二八三頁を参照。ただしこれらの研究は、王居安の上奏文のごく一部を伝えた『宋史』巻四〇五、王居安伝の記述に依拠したものであり、上奏文全体の主旨を踏まえて論じられたものではない。『赤城論諫録』所収の上奏にも『宋史』王居安伝には見える上奏の一部が存在しないなど、本来の上奏文からの節略がある可能性も疑われるが、上奏文の主旨は正しく伝えているものと考えられる。

(17)『漫塘集』巻一三、公箚「代銭丞相奏箚」に、「蓋中書失職已十有三年、若非預此奏陳、異時求倖進而無門、欲速化而無策者、必且以怙勢専権間臣於陛下、陛下左右亦且以人主不得自由之言証成之、方是時臣雖欲自辯有不可得。故不得不先為陛下言之」とある。

(18) 蔡幼学『育徳堂奏議』巻三「嘉定元年請対劄子一〈四月初四日〉」に、「夫権当出於君上、而非臣下之所得専。政当行於廟堂、而非左右之所得与。此法守之至厳、人人而能知之也。自韓侂冑以肺腑奔走、夤縁親近、乗間投隙、獲售其私、始得以窃陛下之権、而侵廟堂之事。侂冑之所自処、既越乎法守之外、一時伝会之党、各以其私求侂冑、而侂冑亦以其私応之。……陛下正侂冑之誅、而士大夫軍民無不欣悦者、以其徇私廃法、乃怨怒之所同帰也。故法者天下之至公、雖人主不得而私也、而況於臣下乎。今日之事、処流弊之極、則懲創改革、尤不可以不厳。陛下当為祖宗守法、而謹之於宮掖。群臣当為陛下守法、而正之於朝廷。……邇者内侍四人、放令逐便、命由中出、瑣闥封駁至再、而陛下特為寝已行之命。臣有以窺仰聖意、未嘗不汲汲於守法也。……凡命令之行、悉遵成憲、其有法所不当得者、一切拒絶、以粛紀綱、以正人心」とある。

(19) 『宋史』巻三九八、倪思伝に、「又言、侂冑擅命、凡事取内批特旨、当以為戒」とある。

(20) 延祐『四明志』巻五、人物攷中、先賢「楼鑰」。

(21) 樵川樵叟『慶元党禁』は「攻偽学人」として銭象祖・倪思の名を挙げている。

(22) 注(7)安倍論文、および注(8)所掲の各論文を参照。

(23) 注(7)安倍論文九六～九七頁、および同論文一〇二頁の注(44)を参照。

(24) 余英時『朱熹的歴史世界――宋代士大夫政治文化的研究――』(允晨文化実業、二〇〇三年)上編二八七～三一三頁を参照。

(25) 『綱目備要』巻一一、嘉定元年閏四月甲申条。

(26) 王応麟『玉海』巻一二九、官制、儲官「嘉定資善堂会議」に従った。ただし『後楽集』巻一二、奏議「同宰執奏皇太子会議資善堂劄子」によると、会議の開催場所は同年五月に講堂に改められたようである。恐らく講堂は東宮内部に所在したのであろう。

(27) 注(1)虞著書二七一～二七九頁を参照。

(28) 明・程敏政『新安文献志』巻六九、行実、胡升「王大監〈炎〉伝」。

(29) 王炎『双渓類稿』巻二一、書「与朱侍講」。
(30) 欠名『南宋館閣続録』巻八、官聯二、著作郎に「王炎〈字晦叔、徽州婺源人。乾道五年鄭僑榜進士及第……〉」とあって乾道五年（一一六九）に科挙に合格したこと、同書巻九、官聯三、実録院検討官に「王炎〈……六年二月除軍器少監、十月為軍器監、並兼〉」とあるから、慶元六年（一二〇〇）に軍器監兼実録院検討官となったことが分かる。
(31) 嘉泰『呉興志』巻一四、郡守題名、王炎に、「開禧三年十二月十三日、朝議大夫到任」とある。
(32) 欠名『朝野遺記』に、「曹有姊妹、通籍禁中、皆為女冠、賜号虚無自然先生者、左右街都道録者、皆厚於韓侂冑、或謂亦与之暱」とある。なお李超『南宋寧宗朝前期政治研究』（上海古籍出版社、二〇一九年）二七五〜二七六頁は、この女道士を皇后楊氏が韓侂冑暗殺後に重用した王妙堅のことだと推測する。いずれが正しいかは現時点では不明とせざるをえないが、参考として併記しておく。李超氏の著書については、本書付章を参照。
(33) 同史料に「某官宗室之老勲」「経国之才、決定大策、見於已試」とあるから、趙大資は宗室で寧宗の即位に関与した人物ということになる。寧宗の即位に関与した宗室としては趙汝愚と趙彦逾の二人が候補に挙がるが、趙汝愚は慶元二年（一一九六）に死去していたうえに、『宋会要』崇儒七—二七は嘉定元年（一二〇八）三月の趙彦逾の肩書きを「資政殿大学士・中大夫・提挙万寿観兼侍読」とするから、趙彦逾が資政殿大学士に任ぜられていたことが分かる。以上から趙大資は趙彦逾のことであるとほぼ確定されるであろう。
(34) 延祐『四明志』巻五、人物攷中、先賢「趙彦逾」。
(35) 『攻媿集』巻一一、今体詩「送趙徳老観文東帰」。
(36) 『宋史』巻三九八、倪思伝に、「首対、乞用淳熙例、令太子開議事堂、閑習機政」とある。
(37) 『鶴山文集』巻八五、墓誌銘「顕謨閣学士特贈光禄大夫倪公墓誌銘」に、「入見便殿、請遵用故事、命東宮参決政事、以杜権臣之専」とある。
(38) 『後楽集』巻一二、奏議「繳進御筆箚子」に、「内外不至扞格不通、且更不容外間別有人、出入禁闥、干預朝政」とある。
(39) 『後楽集』巻一四、書「与倪思侍郎思箚」、および同書巻二〇、詩「悼倪尚書」。

（40）『双渓類稿』巻二二、書「上趙大資」に、「是以私心所懐一言之。炎老矣、功名之念息、山林之興多。起廃試郡、為貧所駆、不免一出。更期年挂冠神武而帰矣。其有言於下執事、亦非為進取計也」とある。

（41）嘉泰『呉興志』巻一四、郡守題名、王炎に「嘉定二年正月二十六日罷任」とあり、『新安文献志』巻六九、行実、胡升「王大監〈炎〉伝」に「竟以謗罷、再奉祠。積官至中奉大夫・軍器監、賜金紫。嘉定十一年卒家、年八十一」とある。嘉定二年（一二〇九）に知湖州を罷免されてからは祠禄を奉じ、そのまま郷里で過ごして死去したようである。

（42）熊本崇「宋仁宗立太子前後――慶暦「改革」前史――」（『集刊東洋学』七九、一九九八年）五一〜五二頁を参照。

（43）平田茂樹「周必大『思陵録』・『奉詔録』から見た南宋初期の政治構造」（同『宋代政治構造研究』汲古書院、二〇一二年、初出は二〇〇四年）四四〇頁を参照。

（44）『宋会要』礼四三―一三、嘉定十三年九月十日条に、「即青宮而議事、陪丹扆之眡朝。輔列大臣、蓋踵天禧之故典。参決庶務、聿遵孝廟之宏規。偕予一徳之良、致茲百度之理。興滞補弊、率由旧章。登能庸賢、悉従民誉。閲一終而再歳、中外乂寧。凡四薦於貳觴、神示昭格」とある。

（45）『後楽集』巻一〇、奏議「乙卯歳除郎上殿箚子」や、曹彦約『昌谷集』巻五、封事「応求言詔書上封事」、および袁燮『絜斎集』巻一、奏疏「輪対陳人君宜謹于好問箚子」などの記述からは、寧宗が慶元三年（一一九七）頃から廷臣と言葉を交わさなくなっていたこと、およびそうした傾向は嘉定年間（一二〇八〜一二二四）になっても変化はなかったことが分かる。

（46）例えば李燾『続資治通鑑長編』巻九六、天禧四年十一月庚午条には「其常程事務、委皇太子与宰臣・枢密使已下、就資善堂会議施行、訖奏」とあり、『朝野雑記』乙集巻二、上徳二「己酉伝位録」の淳熙十五年正月二日の記事に、「先是、有詔内東門司、改充議事堂、皇太子隔日与宰執公裳係鞋相見議事、如有差擢、在内館職、在外部刺史以上、乃以聞」とある。

（47）楼鑰『攻媿集』巻四四、内制「皇太子某辞免毎遇視事令侍立宰執赴資善堂会議不允詔〈嘉定元年閏四月〉」に、「朕欲俾爾習知国家之務、侍立吾左、預聞政事、師賓会議、皆吾大臣」とある、

（48）『宋会要』礼六二―八五、嘉定元年十一月二十七日条。

（49）『宋会要』礼六二―八五、嘉定元年十一月二十七日条に、「彌遠乃陛下腹心之寄、社稷之臣、其一身去留、寔天下重軽之所

繫」との景献太子の発言が見え、その後段に「詔、史彌遠有功社稷、力賛和盟、佐佑朕躬、輔導元子、委任方隆、難便去国。皇太子所奏甚合朕意、可特賜第行在、以便咨訪」とある。

（50）『後楽集』巻一二、奏議「同宰執奏皇太子会議資善堂箚子」に、「今臣等並兼東宮官、日赴資善堂会議」とある。

（51）注（1）虞著書二七九頁を参照。

（52）『宋史』巻三九七、徐誼伝に、「事皆上決、執政惟奉旨而行」とある。

（53）『晦庵文集』巻一四、奏箚「経筵留身面陳四事箚子」に、「而進退宰執、移易台諫、甚者方驟進、而忽退之、皆出於陛下之独断、而大臣不与謀」とある。

（54）中砂明徳「劉後村と南宋士人社会」（同『中国近世の福建人――士大夫と出版人――』名古屋大学出版会、二〇一二年所収、初出は一九九四年）五七頁や、注（1）何・徐著書二九三頁などを参照。

（55）『宋史』巻四一九、薛極伝に、「以参知政事楼鑰薦、遷大理正・刑部郎官、司封郎中・権右司郎中、遷右司郎中兼提領雑売場・寄椿庫、兼勅令所刪修官・中書門下省検正諸房公事、兼刪修勅令官。拝司農卿兼権兵部侍郎、尋為真」とある。

（56）咸淳『毗陵志』巻一七、人物二、無錫「薛極」に、「嘉定改元、召入、会以参正（政）楼鑰薦歴左右司・枢密副都承旨。……除刑部侍郎兼検正、未幾除刑部尚書、兼戸部、遷吏部」とある。

（57）趙汝騰『庸斎集』巻六、墓誌「陳平甫墓誌銘」に、「寺丞在嘉定乙亥・丙亥間、立朝有直声。……寺丞持孤喙、嬰群鋒。都曹胡榘・薛極輩力擠之、彌遠亦欲害之、頼寧皇容受不敢」とある。

（58）『宋史』巻四一〇、曹彦約伝に、「胡榘為右司、欲以世伝尽統諸峒而為之帥、悉徹江西・湖南戍兵、彦約固争之、榘不悦」とある。

（59）『宋史』巻二四七、趙汝述伝に、「嘉定六年、詔主管官告院、自是常兼宰士、累遷将作少監、権侍立修注官」とある。

（60）『宋会要』選挙二一―一三、嘉定六年八月十五日条に「秘書丞兼右司聶子述考試」とあり、同書崇儒七―三三、嘉定九年三月二十五日条に「朝議大夫・軍器監兼玉牒所検討官兼権検正兼侍立修注官聶子述」とあり、同書崇儒七―三五、嘉定十一年三月二十六日条に「中奉大夫・行起居郎兼中書門下省検正諸房公事兼玉牒所検討官兼権工部侍郎聶子述」とある。

(61) 都司官・検正官の概要については、熊本崇「中書検正官――王安石政権のにないてたち――」(『東洋史研究』四七―一、一九八八年)や、李涵「試論宋朝的検正与都司――従宰相属官的変化看相権的拡大――」(同『宋遼金元史論』四川人民出版社、二〇二二年所収、初出は一九八九年)を参照。

(62) 注(61)李論文、および注(1)虞著書三〇〇頁を参照。検正官・都司官の合併とは、官制上に新たなポストが設けられたことを意味するわけではないようである。すなわち『鶴山文集』巻一八、奏議「応詔封事」は検正官・都司官について「今混為一区」と記しているうえに、実際に両官の官署について咸淳『臨安志』巻四、行在所録、朝省は「検正左右司」と称している。つまり検正官・都司官の合併とは両官の官署が一箇所にまとめられたことを意味するものと推測される。ただし理宗朝の史料である徐鹿卿『清正存稿』巻一、奏札「壬子聚講癸丑論政府制国用並乞釐正検正官名札」は、検正官について「然名在中書門下、而職在尚省、可乎」と論じていることから、官署の合併は結果的に両官の職掌の境界を曖昧にすることになったようである。

(63) 呉泳『鶴林集』巻二一、繳黄奏議「繳薛極贈官詞頭」に、「方其在都司時、四木之謡、莫匪爾極之嘲」とある。

(64) 『四朝聞見録』丙集「草頭古」に、「時聶善之亦時相所任、大抵以袁潔斎・真西山・楼暘叔・蕭禹平・危逢吉・陳師虞輩、皆秀才之空言」とある。「善之」は聶子述の字である。

(65) 『鶴林集』巻二一、繳黄奏議「繳陳宗仁林介落閣降官詞頭」に、「自遠相当国、凡所置属、楽逢迎之吏、喜健決之才」とある。

(66) 『鶴林集』巻二一、繳黄奏議「繳薛極贈官詞頭」に、「汲黯亦謂、刀筆吏、不可為公卿」とある。

(67) 注(7)安倍論文を参照。なお孝宗朝の枢密都承旨については、韓冠群「南宋孝宗朝君主独断統治及其演変――基于軍政文書通進運行的考察――」(『江西社会科学』二〇二〇―六、二〇二〇年)が近年提示されたが、その論旨は注(7)安倍論文と大きく重複している。韓氏の論考の一三七頁の注(1)には、韓氏が注(7)安倍論文について「正文未見」であると記されており、やむをえない事情があったことが察せられるが、斯界における安倍直之氏の功績を蔑ろにすることになりかねないため、ここに注記しておく。

(68) 本書第七章を参照。

(69)『絜斎集』巻一四、行状「秘閣修撰黄公行状」に、「除枢密院検詳、踰月兼都承旨。時辺事繁興、盗権者欲引公自助。公不然之、遂大与忤。密院施行、皆由吏出。公曰、吾豈可復在此位耶。力求去、以為右司郎中」とある。

(70) 例えば『西山文集』巻四四、墓誌銘「譙殿撰墓誌銘」には、開禧年間（一二〇五～一二〇七）のこととして「遷右司郎官、時陳自強尸宰枋、事多諉成胥吏、掾属具員而已」とあり、韓侂冑時代には都司官の権限が胥吏に握られ、形骸化したと認識されていたことが分かる。

(71) 明・楊士奇ほか編『歴代名臣奏議』巻一八五、去邪、衛涇「論蘇師旦状」に、「師旦既敗、即有三省・枢密院人吏史達祖・耿檉・董如璧三名、随即用事、賄賂公行、向来師旦所売者、軍帥而已。三吏用事以来、監司・郡守・職事官亦以貨取、侂冑進退用捨、惟三吏之言是聴、以至調発軍馬、移易兵将、科撥銭糧、同列皆不得与聞」とある。董如璧は『四朝聞見録』戊集「臣寮雷孝友上言」などの史料では董如璧とされており、本文での表記はこちらに従う。

(72)『育徳堂奏議』巻三「繳堂吏史達祖・耿檉・董如璧決配旨揮状〈奉聖旨特与書行〉」に、「況韓侂冑・陳自強罷斥之日、陛下親降御筆、付之執政、而自強遅回顧望、不肯出門。董如璧者乃敢従旁唱言、以為偽詔」とある。韓侂冑が御筆を恣意的に発布することで権力を行使したことは本書第三章でも述べたが、董如璧が韓侂冑・陳自強罷免の御筆を「偽詔」だと称したことは、董如璧が御筆の作成にも携わっていた可能性をも示唆するといえよう。

(73) なお趙汝述は嘉定十年（一二一七）四月に母の死によって服喪したが（『宋史』巻二四七、本伝、および『絜斎集』巻一七、誌銘「朝請大夫贈宣奉大夫趙公墓誌銘」）、喪が明けていないはずの同年十二月に上奏を行っていたことが確認できる（『宋会要』選挙一八―一七、嘉定十年十二月十二日条）。嘉定十年（一二一七）は南宋・金の戦争が本格化した年であったため、軍政の要職にあった趙汝述は復職を命じられたものと推測される。

(74)『宋会要』礼四一―二三、紹興二十一年八月十三日条や同書兵二六―二〇、嘉定二年二月八日条、および『攻媿集』巻七五、題跋「跋韓忠武王詞」は韓杖と記すが、北京大学図書館所蔵の南宋版本『攻媿先生文集』巻七三、跋七「跋韓忠武王詞」は韓杕と記すから、韓杖とは韓杕の誤りである。『後楽集』巻一一、奏議「繳劉伯震換武職箚」には、韓杖なる人物が文資から武資に換資したことが見えているが、この韓枚も韓杕の誤りであろう。また韓杕がもとは文臣官僚だったことは、同知『臨江府志』巻一五、金石、宋「韓杕賜田碑記」が韓杕の嘉泰四年（一二〇四）の肩書きを「朝議大夫・直秘閣・知新興軍兼管内勧農営田使」としていることからも分かる。

(75)『攻媿集』巻七五、題跋「跋韓忠武王詞」、および同書同巻「跋韓荘敏公遺稿」。

(76) 宝慶『会稽続志』巻一、府廨「賢牧堂」。

(77) 朱在については壙志が出土しており、潘渭水「朱熹第三子〈朱在壙志〉識」（『福建文博』一九八九―一・二、一九八九年）に録文が収められるほか、同じく潘国平「南宋《朱在壙志》補釈」（『福建文博』二〇二〇―二、二〇二〇年）に碑文の写真と録文が見える。この壙志に「癸未、課嘉興旧最、授朝請郎、継除直煥章閣・枢密副都承旨、転朝奉大夫。遂除直宝文閣・両浙運副」とあるから、朱在の枢密副都承旨就任は嘉定十六年（一二二三）頃のこととなる。恐らくは呉格の後任であったろう。なお朱在が史彌遠の党派として弾劾されたというのは、『四明文献』史彌遠所収「宋張端義奏議」に「州郡にある史彌遠腹心の一人として朱在の名前が挙がっていることに基づく。

(78) 注（54）中砂論文八三頁を参照。

(79) 陳宓『復斎先生龍図陳公文集』巻六、奏箚「嘉定乙亥応詔封事」に、「都司・枢属、機政所繫、無非親暱之私、逢迎之党」とある。

(80) 本書第二章を参照。

【付記】 近年、尹航「宰属与史彌遠専権」（『文史』二〇一九―二、二〇一九年）が、史彌遠政権における都司官・検正官の重要性を論じた。南宋時代の都司官・検正官の職務を新たな視点から分析するなど、注目すべき論点を含む論考といえる。ただし尹氏は、右の論考の一九二～一九四頁で「四木」が都司官・検正官に任じられたことに触れるほか、同じく二〇一～二〇二頁で理宗時代に都司官・検正官の職務の境界が曖昧になったことを指摘するが、本章の旧稿を引用していない。「四木」と都司官・検正官との間に密接な関係があったこと、および理宗時代には都司官・検正官の職掌の境界が曖昧になっていたことを見いだしたのは本章旧稿の創見であり、尹氏がそれに全く触れないのは学術研究としての厳密性を著しく損なう行為だといわざるをえない。

第五章　鄭真輯『四明文献』の史料価値とその編纂目的
――『全宋文』『全元文』の補遺を兼ねて――

はじめに

本章はこれまで日中双方の学界でほとんど知られてこなかった史料、明・鄭真輯『四明文献』に書誌学的な検討を加え、その史料価値と編纂目的とを明らかにしようとするものである。

『四庫全書』や『四明叢書』第一集に収録され、現在容易に閲覧することができる『四明文献集』は、南宋後期から元代初期にかけて生きた王応麟の文集として、宋元時代史を研究する者にとってはなじみの深い史料であるといえよう。四明とは王応麟の郷里、明州慶元府（現在の浙江省寧波市）の雅称である。王応麟は南宋理宗朝の淳祐元年（一二四一）の進士で、エリート官僚として礼部尚書にまで昇進し、南宋滅亡後はモンゴル政権に仕えずに郷里で生涯を終えた人物であった。また王応麟は『玉海』『困学紀聞』などを編纂した学者として有名で、史蒙卿・黄震とともに当時まだ陸学が主流であった明州に朱子学をもたらした人物としても知られている。[1]

ところが『四庫全書総目提要』と『浙江採集遺書総録』は、『四明文献集』について右とは異なる情報を載せている。前者によれば、王応麟の本来の文集である『深寧集』一〇〇巻は早くに散佚しており、現在王応麟の文集とされている『四明文献集』はもともと王応麟一人の文集ではなく、『四明文献』なる書物の「一種」であったという。[2]さらに後者は、王応麟の『四明文献集』に「此れを按ずるに即ち鄭千之の四明文献従り摘出す。完書に非ず」[3]との按語を付していた。筧文生・野村鮎子両氏は『四明文献集』をめぐるこの問題について、次のように説明している。元末明初の人である鄭真は、郷里明州の先哲の詩文を収集し、それをもとに『四明文献』なる書物を編纂した。明末の崇禎十六年（一六四三）に同じく明州出身の陳朝輔なる人物が、友人が所蔵していた『四明文献』の抄本を購入してこれに手を加え、増補して王応麟の文集とした。これが現在伝わっている『四明文献集』だというのである[4]。つまり現行の『四明文献集』は、本来の『四明文献』から王応麟の文章のみを抽出し、再編集された書物だったのである。

それでは『四明文献』に本来収録されていたにもかかわらず、現行の『四明文献集』からは排除されてしまった、王応麟以外の明州の先哲の詩文はどうなってしまったのであろうか。この問題について祝尚書氏は、王応麟以外の文章はすでに全て散佚してしまったのだと述べている[5]。筧・野村両氏はこの問題を直接論じてはいないが、祝氏の見解にとくに異議を唱えていないことから同様の立場にあると考えられる。これが従来の通説であったと考えて間違いないであろう。しかしながら、筆者はこの通説が明らかな誤りであることを知った。すなわちこれまで散佚したと見なされていた、王応麟以外の詩文が収録された『四明文献』が、実は静嘉堂文庫や中国国家図書館などの日中両国の漢籍収蔵機関に所蔵されていたのである。そしてそこに収められた詩文の多くは、これまで知られていないものだったのであった。

ただし『四明文献』の存在に初めて気づいたのが筆者だったというわけではない。鄧子勉氏の著書や『全元文』は、『四明文献』の収録文章をすでに利用・紹介していた[6]。ところが両書が紹介した『四明文献』の収録文章は全体のごく一部にすぎず、そのほかの文章の重要性は看過されていた。しかも『四明文献』がどのような性格を持ち、いかなる価値を有する史料であるのかという根本的な問題について、両書が触れることは全くなかった。そのため『四明文献』の史料価値が学界で周知されなかったばかりか、その存在すらもほとんど知られることがなかったのである。『全宋文』『全元文』[7]が相継いで刊行され、宋元時代史をめぐる史料状況が劇的に変化するなか、とくに新たな文献史料の発見は期待できないとされてきた宋代史研究[8]にとって、これまで見落とされていた文献史料の存在が明らかになったことは大きな意味を持つと考えられよう。

如上の問題関心のもと、本章第一節ではまず『四明文献』の書誌やその編纂者である鄭真について現在知りうる基本的な情報を整理する。『四明文献』についての書誌学的な研究蓄積はこれまで皆無であったため、こうした作業は不可欠だと思われるからである。第二節では日中両国の漢籍収蔵機関に伝存する『四明文献』のテキストを比較・検討するとともに、『四明文献』に収録されている詩文の表題を提示し、その史料価値を確認する。さらに第三節では『四明文献』がいかなる目的のもとで編纂されたのかを、鄭真の一族が置かれていた当時の時代状況に着目して論じることにしたい。これらの議論によって『四明文献』の史料としての性格、および重要性が明らかになるはずである。

第一節　『四明文献』についての書誌学的検討

本節では『四明文献』についての書誌学的な情報を整理する。まずは本章における『四明文献』の書名の定義を明確にしておきたい。『四明文献』の書名には伝世の過程で生じた混乱が見られるうえに、明清時代には「四明文献」を書名に冠する書物が複数編纂されるなど、書名が新たな混乱を生む可能性があるからである。

成化『寧波郡志』所収の鄭真の伝には、「嘗て郷先生の言行文辞を採摭し、萃めて一編と為し、四明文献と曰う」とあり[9]、鄭真が編んだ書物の名前を『四明文献』としていた。ところが鄭真の文集である『滎陽外史集』では、鄭真自身が「嘗て四明文献集を輯」したと明言し、[10]成化『寧波郡志』と前後して編纂された黄潤玉『寧波府簡要志』と、明代嘉靖年間（一五二二～一五六六）に刊行された李堂『四明文献志』も、同じくその書名を『四明文献集』と伝えている。[11]また清代の全祖望はその文集のなかで、『四明文献』と『四明文献集』二つの書名を混用していた。[12]つまり『四明文献』と『四明文献集』二つの書名には本来厳密な区別はなく、早くから通用していたものと考えられる。さらに『千頃堂書目』には「鄭真四明文献録」とあって、[13]『四明文献録』なる書名もあったことを伝えている。全祖望によると、明州では鄭真の『四明文献』を嚆矢として、明・李孝謙『四明文献録』と明・黄潤玉『四明文献録』なる二つの書物が相継いで編纂された。[14]『千頃堂書目』の記事は、もとは鄭真の『四明文献』とこの二つの『四明文献録』とを混同した誤りではなかったかとも思えるが、いずれにせよ『四明文献録』という書名が鄭真と関連づけられて流布したことは確かなようで、『宋元学案』も鄭真の著作の名を『四明文献録』としている。[15]民国二十四年（一九三五）に『四明文献』を刊行した張寿鏞（号約園）は、こうした書名の混乱を指摘したうえで、成化『寧波郡志』の記述に依拠して『四明文献』を書名として出版したとその「序」に記している。[16]張寿鏞の判断の妥当性に疑問が残ることは右の議論から明らかであるが、本章でも無用の混乱を避けるため、陳朝輔によって王応麟の文集として再編集された書物を『四明文献集』、王応麟以外の文章をも採録しているテキストを『四明文献』とそれぞれ呼称し、とくに区別することにしたい。

先述のように、『四明文献』は元末明初の鄭真の編纂にかかる。まずはその一族の系譜を簡単に見ておきたい。[17]鄭氏は正確な時期は不明だが呉興（現在の浙江省湖州市）から明州に移住した一族で、南宋末に鄭鈞なる人物を出した。鄭鈞は選人身分の承直郎で終わった下級官吏であった。鄭鈞の子鄭登は国子監に在籍した人物であり、子供がいなかったためか、四明范氏の出の鄭芳叔が後を継いだ。[18]范氏は宋の南渡の際に開封から明州に移住した一族で、南宋理宋朝では工部尚書范楷を輩出しており、[19]名族の一つに数えられよう。鄭芳叔はその范楷の従孫であったが、継承した鄭氏は貧しく家に書物もなかったという。[20]鄭芳叔とその子鄭覚民は高い学識を持ち、ともに元朝治下で学官を務めた。この鄭覚民の次男が鄭真で、兄鄭駒・弟鄭鳳も文名を知られた人物であった。鄭駒は元代に科挙を受けたが失敗し、以後は挙業を絶って明代に義烏県儒学教諭にまでなった。このように鄭氏は高い儒教的教養を持ちながらも、宋代・元代を通じて進士及第者や高官を出すことができなかった一族であった。鄭真も自らの一族を「以為うに先世以来、貧にして且つ賤、固より資産の利と禄蔭の及とは有るには非ざるなり[21]」と評していた。「一門文献を以て其の家を世[22]した一族ではあったが、決して有力とはいえない一族であったと考えられよう。

鄭真（字千之、号滎陽外史）は詳細な伝記が残されていないため生没年は不明だが、一三三〇年代の生まれと推定される。[23]「六籍を研窮し、尤も春秋に長じ、旁く百氏の伝記に及び、究心せざる靡し[24]」とされる学識の持ち主であったものの、元末の科挙が途絶した時期に当たったため、古文の習得に専心したという。[25]『宋元学案』では王応麟の学統に位置づけられ、[26]ほかにも楊維楨・呉澄・貝瓊といった当時の著名な儒者に師事した。[27]洪武五年（一三七二）の浙江郷試に第一で及第したが、[28]明太祖の科挙政策の転換によって会試免除で臨淮教諭に任ぜられ、[29]広信教授にまでなった。明初の宋濂は鄭真の文才を高く評価していたとされ、全祖望も鄭真を明初の明州を代表する文人と見なしていた。[30]文集として『滎陽外史集』が、残本ながら静嘉堂文庫に所蔵されるほか、『四庫全書』にも収められ現在まで伝わっている。

次節で詳細に見るように、現在確認できる『四明文献』のテキストは一種類の版本と四種類の抄本の合計五種があり、そのいずれもが完本ではない。したがって『四明文献』の全体像を完帙の書物として確認することはできないが、幸いなことに日本の静嘉堂文庫に所蔵される抄本の冒頭には「四明文献目録」が付されている。この目録がいつ頃作製されたのかは不明なものの、現存する『四明文献』のいずれのテキストと比較しても矛盾は見られないため、これが現在知りうる『四明文献』についての最も完備された情報だと考えられる。この目録によれば、『四明文献』には史彌忠・史彌遠・史彌鞏・史彌応・史彌堅・鄭清之・宣繒・陳塤・史嵩之・史定之・史巖之・史宅之・史肯之・史育之・史宇之・史璟卿・王応麟・黄震・程端礼・黄叔英・杜世学・鄭芳叔・王惟賢・薛観・趙由宜・鄭覚民・董復礼・蔣宗簡の合計二十八人の詩文が収められていた。それらは、現存する『四明文献』の各テキストを対照することで全て確認することができる。史料の形式としては、右に挙げた人物ごとに項を立てたうえに、各項の冒頭に人物名とその人物の伝記が載せられ、その後ろにその人物自身の文章か、もしくはその人物と関係の深い文章が引かれる形になっており、さらにその後ろに鄭真の按語が付される場合もある。ただし程端礼のみは例外で、いずれのテキストでも伝記のみで詩文は載せられていない。

もちろん右の「四明文献目録」が『四明文献』の原貌を忠実に伝えているとは限らないため、すでに散佚した詩文があることも十分予想される。程端礼の詩文が『四明文献』に収められていない理由も、あるいは散佚によるとも考えられる。また『四明文献』に付された鄭真の按語からは、現行の『四明文献』から史彌遠の制誥が一篇、鄭芳叔の詩文が数篇欠落していることがうかがわれる[31]。しかしこれらを除けば、現行の『四明文献』に史料の性格を大きく変えるほどの欠落があることを示す証拠はなく[32]、したがって強いてそのように考えるべき理由もないように思われる。この点において、祝尚書氏や張驍飛氏、および筧文生・野村鮎子両氏の研究が、成立当時の『四明文献』を六〇巻本としていることは注目される。『四明文献』の現行テキストは、いずれも一〇巻本・二巻本・不分巻本で六〇巻には遠くおよばないため、現在までに同書から多くの文章が失われたことを示唆するからである。このうち筧・野村両氏は、鄭真が「嘗て四明の文献の著集・伝集・説集、論及び雑著詩文六十巻を編纂した[33]」と述べ、その後段で『四明文献』の完帙を六〇巻であったと論じていた。また祝・張両氏の指摘は、清代の童槐が『四明文献集』を「前明の初鄭教授真、選する所の各家の詩文、凡そ六十巻」[34]と説明していたのを踏襲したものと思われる。[35]しかしこれらは史料の誤読であろう。成化『寧波郡志』巻八、人物攷、補誌、儒業、国朝「鄭真」には次のようにある。

嘗採摭郷先生言行・文辞、萃為一編、曰四明文献。又嘗類聚諸家格言、著為集伝・集説・集論、及雑著・詩文六十巻。

（嘗て郷先生の言行・文辞を採摭し、萃（あつ）めて一編と為し、四明文献と曰う。又た嘗て諸家の格言を類聚し、著して集伝・集説・集論、及び雑著・詩文六十巻を為す。）

すなわち鄭真には『四明文献』のほかに、「諸家の格言」を集成した「集伝」「集説」「集論」と雑著・詩文、あわせて六〇巻の著作があったのである。この解釈が正しいことは、『寧波府簡要志』に「著する所四明文献集、及び文集六十巻有り」[36]とあり、全祖望も鄭真の文集について「成化郡志、祇だ六十巻と称するのみ」[37]と述べていたことから裏づけられる。『四明文献』の本来の巻数については史料がほとんどないため、現在のところ不明とせざるをえない。

また巻数とは別に、『四明文献』に乾道『四明図経』が収められていたとする須江隆氏の議論もある。全祖望「跋乾道四明図経」によると、乾道『四明図経』は清代には佚書と見なされていたが、明州の范氏天一閣を訪れた全祖望は李孝謙『四明文献録』に同書が大量に引用されているのを発見し、それを抽出して抄本を作成したとされる。これが現行の乾道『四明図経』の祖本である。ところが清代後期の朱緒曾は、乾道『四明図経』の由来について、後世の人間が鄭真『四明文献』から抽出して抄本を作成したとし、全祖望の証言と齟齬する説明を付していた。須江氏はこの二つの記述を整合的に解釈し、乾道『四明図経』のテキストが『四明文献』から『四明文献録』へと引き継がれ、それを清代に全祖望が発見したものと推測したのである。[38]しかし須江氏の推測は成り立たないように思われる。というのも、全祖望は鄭真『四明文献』が当時の明州で流伝していたことを述べたうえに、自身も文集のなかで同書を史料として用いていたからである。(39)『四明文献』に乾道『四明図経』が収められていたとすれば、全祖望はそれを無視して孫引きの『四明文献録』から乾道『四明図経』を抽出したことになり、説明がつかなくなってしまう。これは恐らく朱緒曾が『四明文献』と『四明文献録』とを混同して誤ったものであろう。『四明文献』と乾道『四明図経』とは、直接には無関係であったと解釈すべきである。(40)つまり以上の祝氏、筧・野村両氏、須江氏の指摘は、いずれも現行の『四明文献』に大きな欠落があることを示すものではないのである。

次に『四明文献』の編纂時期であるが、これについては明・鄭真『滎陽外史集』巻三八、題跋雑識「跋史越王進陳正言禾四経解箚子」に次のようなエピソードが載せられている。

嘗輯四明文献集、求公遺文、則散軼已久。今歳以秋試郷貢如銭塘、見售公易伝者。惜無金不能得、帰語其七世孫諱璿、字元良者、元良意甚悵悵、将浼人購贖。

（嘗て四明文献集を輯し、公の遺文を求めれば、則ち散軼すること已に久しくす。今歳秋試の郷貢を以て銭塘に如くに、公の易伝なる者を售るを見る。金無く得る能わざるを惜しみ、帰りて其の七世孫の諱璿、字元良なる者に語るに、元良意うこと甚だ悵悵にして、将に人に浼みて購贖せんとす。）

鄭真が以前『四明文献』を編纂した際に、北宋の陳禾（「公」）の遺文を求めたがすでに散佚していた。今年郷試のために杭州に赴いたところ、陳禾の「易伝」が売られていたが金銭がなく購入できなかった。明州に帰って事情を話したところ、陳禾の七世孫の陳璿は非常に残念がり、人に頼んで購入しようとしたという。『四明文献』の編纂が鄭真の郷試合格以前であったことを示すといえる。人材不足にあえいでいた王朝草創期の明朝は、洪武三年（一三七〇）から三年連続で郷試を行い、鄭真は第三回の洪武五年（一三七二）の郷試に合格した。鄭真が第一回・第二回の郷試に参加しなかったとは限らないが、『四明文献』に付された鄭真の按語のいくつかには「庚戌」、すなわち洪武三年（一三七〇）の年月日が看取される。[41]以上を勘案すれば、『四明文献』は洪武三年（一三七〇）前後に編纂された可能性が高いと判断されよう。[42]洪武三年（一三七〇）とは、まさに明朝によって科挙が復活された年であった。このことが何を意味するのかは第三節で論じることにしたい。

最後に『四明文献』の伝世の過程を見ておきたい。『四明文献』について記した明代の史料は少ないが、嘉靖年間の李堂『四明文献志』は『四明文献』の陳塤・王応麟・黄震の伝記を引用したうえに、『四明文献』所載のいくつかの文章について言及している。[43]さらに右で述べたように、清代前期の全祖望も当時の『四明文献』の流伝について証言していた。李堂と全祖望はどちらも明州人であるから、少なくとも明代後期から清代前期にかけての明州では『四明文献』が流通していたのである。ただしその数はきわめて少なかったらしい。明末に陳朝輔が友人から王応麟の文章が収められた『四明文献』の抄本を購入し、狂喜したとするエピソードは当時の明州における『四明文献』の稀少性を端的に物語っている。[44]その稀少性は清代後期にはさらに増したようで、著名な蔵書楼の二老閣を擁した慈渓鄭氏の出の鄭喬遷でさえも『四明文献』を三十年間探し求め、道光九年（一八二九）にようやく実見することができたという。[45]さらに鄭喬遷から『四明文献』の抄本を譲り受けた嘉興人の馮登府は、「此れ未だ刊本を見ず、伝鈔も亦た少なし」[46]と述べていた。すなわち『四明文献』は明代以来出版されることなく、明州という限られた地域を中心に抄本としてのみ伝わっていた史料なのであった。[47]あるいは馮登府が「不全不備、殆ど未成の書」[48]であると述べたように、『四明文献』が未完成の書物として認識されたこともその原因であったと考えられよう。鄭喬遷の序文と馮登府の跋文が付された抄本を入手した張寿鏞によって、民国二十四年（一九三五）に『四明文献』は初めて出版されるに至ったのである。

第二節　『四明文献』の伝存状況とその史料価値

前節で述べたように、現存する『四明文献』のテキストは一種類の版本と四種類の抄本で、日本の静嘉堂文庫と中国各地の図書館に所蔵されているが完本はなく、収録文章には各テキスト間で異同が見られる。筆者は二〇〇六〜二〇〇八年の北京大学留学中、および二〇一二年に中国各地に所蔵されている静嘉堂文庫所蔵本以外の『四明文献』についてもある程度の調査を行った。次に各テキストの書誌情報と所蔵機関を示し、それぞれについて解説しよう。

①『四明文献』不分巻、明鄭真輯、抄本（静嘉堂文庫所蔵）
②『四明文献集』一〇巻、明鄭真輯、清抄本（中国国家図書館所蔵）
③『四明文献』不分巻、明鄭真輯、清抄本（中国国家図書館所蔵）
④『四明文献』二巻、明鄭真輯、民国二十四年約園鉛印本（中国国家図書館・北京大学図書館・中国科学院文献情報中心などに所蔵）
⑤『四明文献』二巻、明鄭真輯、清鄭喬遷家抄本（南京図書館所蔵）[49]

①の静嘉堂文庫所蔵の抄本（以下、本章では静嘉堂本と称す）は、現在日本で所蔵が確認できている唯一の『四明文献』のテキストで、清代の陸心源の蔵書楼の一つ守先閣の旧蔵本である。この抄本がいつ作成されたのかは不明だが、冒頭の「四明文献目録」による限り現存テキストのなかで最も多くの詩文を保存しているため、②とともに最良のテキストの一つであると考えられる。文章が収録されている人物は、史彌忠・史彌遠・史彌鞏・史彌応・史彌堅・鄭清之・宣繒・陳塤・史嵩之・史定之・史巖之・史宅之・史肯之・史育之・史宇之・史璟卿・王応麟・程端礼・黄叔英・

杜世学・鄭芳叔・王惟賢・薛観・趙由宜・鄭覚民・董復礼・蔣宗簡の計二十七人である。冒頭の目録にはさらに黄震の名があるものの、本文では伝記と文章とが欠落している。王応麟については一七五編の詩文が載せられていて、いずれも現行の『四明文献集』所収の文章とほぼ一致するが、[50]『四明文献集』にはある各文章末尾の鄭真のものと思しき按語は静嘉堂本には見られない。また黄叔英の項に付された袁桷「黌庵記」（目録20―（2））は、表題のみで本文は欠落している。ほかに④⑤のテキストも「黌庵記」の本文を欠くものの、②③には収められている。この「黌庵記」の有無が各テキストの系統の相違を示しているのか否かは、別途の考察が必要と思われる。なお静嘉堂本には誤字・脱字が多数見受けられるため、その使用に当たってはほかのテキストと校勘することが不可欠である。

②の国家図書館所蔵一〇巻本の清抄本（以下、本章では国図本と称す）は、史彌忠・史彌遠・史彌鞏・史彌応・史彌堅・鄭清之・宣繒・陳塤・史嵩之・史定之・史巖之・史宅之・史肯之・史育之・史宇之・史璟卿・黄震・程端礼・黄叔英・杜世学・鄭芳叔・王惟賢・薛観・趙由宜・鄭覚民・董復礼・蔣宗簡の計二十七人の文章を収め、収録人物の人数は静嘉堂本と同じであるが、王応麟が抜けて黄震が加わっている点に相違が認められる。静嘉堂本にはなかった黄震の伝記・文章を収める代わりに、王応麟の伝記・文章が全て欠落しているのである。静嘉堂本と同じく誤字・脱字が多いため、やはりほかのテキストと校勘する必要がある。末尾には銭経藩の跋文が載せられている。国図本に収められている黄震「読通鑑　序両朝政要」（目録18―（1））は、現行の黄震『古今紀要逸編』と同内容である。『古今紀要逸編』の跋文には、明末清初の人である陳自舜が、父陳朝輔の遺した『四明文献』の抄本から黄震「両朝紀要」を抽出し、『古今紀要逸編』として出版した経緯が記されている。[51]本章「はじめに」で見たように、陳朝輔は『四明文献』から王応麟の文章を抽出して『四明文献集』にまとめた人物であった。『四明文献集』と『古今紀要逸編』の出所は、どちらも明末の明州で流通していた『四明文献』だったのである。なお国図本は一〇巻本とされているが、マ

イクロフィルムを実見したところ明確な巻数表記はほとんどなされていなかった。三分冊のうち史彌忠から史宅之の詩文を載せた一冊の冒頭に「巻一」との表記があるが、マイクロフィルムはこれに「応為巻四」と注意書きして訂正し、薛観から蔣宗簡の詩文を載せたものを第一冊として撮影を行っている。しかし静嘉堂本やその目録を見ればこの配列は明らかに誤りで、注意書きの根拠は不明である。本章では人物の配列は①の静嘉堂本に基づき、国図本の巻数は一切表示しないこととする。またマイクロフィルムには、鄭芳叔の項に錯簡が見られたことも付記しておきたい。

③の国家図書館所蔵の清抄本は欠落部分が多いテキストである（以下、本章では残本と称す）。そのため全体像は不明だが、現存部分には王応麟・黄震・史肯之・史育之・史宇之・史璟卿・程端礼・黄叔英・杜世学・鄭芳叔・王惟賢・薛観・趙由宜の計十三人が収められている。また残本の冒頭には「四明盧氏抱経楼蔵書印」の蔵書印がある。抱経楼は清代の盧址が建てた明州の著名な蔵書楼で、同族の盧文弨が建てた抱経堂とともに「東西二抱経」と称された[52]。『抱経楼書目』には『四明文献』の書名が二箇所に見えるが、どちらかが残本と同一である可能性は高いと思われる[53]。収録文章のうち、黄震のものは国図本と同様『古今紀要逸編』と同じである。また王応麟の詩文は一七三篇が収められ、静嘉堂本と比べると収録文章に若干の異同が見られるが、表題は全て現行の『四明文献集』に含まれているものと一致する[54]。さらに静嘉堂本と異なり、『四明文献集』所収の各文章末尾に見える鄭真によると思しき按語が、残本では一つを除き全てが収録されている[55]。これがなぜ静嘉堂本では削除されているのか、現在のところ不明とせざるをえない。

なお中国国家図書館に所蔵される②③は、近年になって同図書館のウェブサイト「中華古籍資源庫――数字図書館――」にて公開されたため、史料に容易にアクセスできるようになったことも付記しておく。

④の約園鉛印本（以下、本章では約園本と称す）は日本国内の所蔵は確認できていないが、中国国内では多数の図書

館で所蔵されており、比較的閲覧しやすいテキストであるといえる。収録されているのは、巻上：史彌忠・史彌遠・史彌鞏・史彌応・史彌堅・鄭清之・宣繒・陳塤・史嵩之・史定之・史巖之・史宅之・史肯之・史育之・史宇之・史璟卿、巻下：程端礼・黄叔英・杜世学・鄭芳叔・王惟賢・薛観・趙由宜・鄭覚民・董復礼・蔣宗簡の計二十六人の文章である。静嘉堂本・国図本と比べると、約園本は王応麟・黄震の伝記・詩文のほか、董復礼・蔣宗簡の詩文を多く欠いているが、張寿鏞の序文とともに、鄭喬遷の序文や馮登府の四篇の跋文など重要な書誌情報が載せられている。約園本の原本については、張寿鏞の序文に張秉三なる人物の家蔵本を借りて抄出したことが見えている[56]。張秉三は国民党の元勲であった張静江の族姪であり[57]、張静江は湖州南潯鎮の人で、適園蔵書で著名な張鈞衡と同族であった[58]。確かに民国・張鈞衡『適園蔵書志』には『四明文献』の書名が見え、そこに引用される馮登府の四篇の跋文は約園本とほぼ一致するものの、『適園蔵書志』は約園本にはない馮登府の跋文を一篇収め、逆に約園本には見える馮登府の道光二十年（一八四〇）立夏の日の跋文を欠くという相違もある。約園本の原本が張鈞衡の旧蔵本であった可能性は高いが、かといって『適園蔵書志』に紹介される『四明文献』が約園本の原本そのものだというわけでもなさそうである。あるいは③で見た盧氏抱経楼のケースと同様に、南潯張氏では『四明文献』が『適園蔵書志』のもの以外にもう一部所蔵されており、それが約園本の原本になったのかもしれない。

なお『東北地区古籍綫装書聯合目録』（遼海出版社、二〇〇三年）には、吉林省図書館などの所蔵本として『四明文献』二巻、清光緒元年（一八七五）約園鉛印本が載せられているが、これは約園本を誤ったものであろう。約園本の巻頭には「乙亥仲秋約園排印」とあり、光緒元年（一八七五）と民国二十四年（一九三五）はどちらも「乙亥」の年だからである。また北京大学図書館の所蔵本には冒頭に乱丁が見られたため、利用に当たっては注意が必要である。

⑤の南京図書館所蔵の清抄本（以下、南図本と略称）については、筆者は二〇一二年十二月に調査を行った。鄭喬遷

の家抄本とされ、収録文章は約園本と同じであるほか、約園本と同様に鄭喬遷の序文と馮登府の四篇の跋文を載せ、南図本の跋文は『適園蔵書志』のものと完全に一致する。二〇一二年の調査時にはこの事実に気づけておらず、南図本の蔵書印を調べることまでしなかったため、南図本が張鈞衡の旧蔵本なのか否かの判定は後日の再調査に期せざるをえない。南図本と約園本とでは字句の異同が多く、南図本は決して約園本の原本ではないものの、両者が系統的にきわめて近い関係にあることは確実である。約園本と同じく王応麟・黄震の伝記と文章の全てと、董復礼・蔣宗簡の多くの文章を欠いているため、テキストとしての価値は静嘉堂本・国図本には劣るといえよう。

　それでは現存する『四明文献』の各テキストで確認できる人物名と文章名を、次の**明・鄭真輯『四明文献』人物・文章目録**で提示することにしたい。この**目録**は①②③④⑤各テキスト所収の文章を斟酌したうえで、最も多くの詩文を保存している静嘉堂本を底本に、国図本で校勘したものである。ただし王応麟の文章は『四明文献集』で容易に見ることができるうえに、収録文章の数があまりにも多いため**目録**からは割愛した。**目録**の17王応麟の項目に、王応麟『四明文献集』所収の一七八篇の文章を加えたものが、現在確認しうる『四明文献』の全貌である。(59)

明・鄭真輯『四明文献』人物・文章目録

・静嘉堂本を底本に、国図本で校勘し、収録文章の掲載順序は静嘉堂本に従った。
・人名と収録文章名に付された数字は筆者加筆。
・収録文章の篇名中の［　］は静嘉堂本の字句の欠落を国図本で補塡したものを示し、〈　〉は原文の双行注を示す。静嘉堂本の字句を国図本で修正する場合は、その字句のルビに修正後の国図本の字句を（　）に入れて表示した。
・【　】は筆者による注記（その文章の作者が冒頭の人物とは別で、作者名が分かる場合は明記。また篇名が分からない文章は【 】内に通し番号を入れ、作者名を注記した。なお鄭真の按語は割愛した)。
・篇名が**ゴシック文字**の収録文章は、『全宋文』『全元文』に収録されているもの。

1史彌忠　(1)「徳祐元年内引奏箚」【「徳祐」は「淳祐」の誤り】、(2)「謝水心葉先生箚子」、(3)「端渓硯銘〈[時嵩之為相]公貽以硯作銘勉之〉」、(4)「祭従弟衛王文」、(5)「誄弟婦潘夫人文〈夫人諱[友]松参政李公光之甥也封斉魯両国夫人年五十五歳葬東湖福地〉」、(6)**「西山真先生答文靖公書」**【真徳秀】、(7)**「又」**【真徳秀】、(8)**「魏鶴山先生答文靖公書」**【魏了翁】

2史彌遠　(1)**「論[用]兵疏〈節文〉」**、(2)「論韓侂冑疏」、(3)「祭慈湖楊先生文」、(4)「宋故淑人黎氏壙記」、(5)「宋理宗御製丞相衛王神道碑〈其略云〉」【理宗〈文章は略文〉】、(6)「宋張端義奏議」【張端義】、(7)**「史彌遠特授正奉大夫依前起復右丞相奉化郡[開]国公加食邑食実封制」**【真徳秀】、(8)**「史彌遠特授光禄大夫右丞相兼枢密使[兼]太子少師加食邑食実封制」**【真徳秀】、(9)**「史彌遠回授加恩特進封永国公加食邑食実封制」**【真徳秀】、(10)「史彌遠特授少師依前右丞相兼枢密使魯国公加食邑食実封制」、(11)「太師左丞相兼枢密使魯国公史彌遠特授保寧昭信軍節度使充醴泉観使進封会稽郡王仍奉朝請制」、(12)「太師保寧昭信軍節度使醴泉観使会稽[郡]王史彌遠累辞免神主祔廟礼畢特転一官恩命奉御筆依所乞与回授仍加食邑食実封制」、(13)「太師保寧昭信軍節度使醴泉観使会稽郡王史彌遠致仕加食邑実封制」、(14)「太傅右丞相兼枢密使史某特授太師左丞相依旧兼枢密使魯国公加食邑実封制〈紹定六年十月〉」、(15)「右丞相史彌遠[降]授奉化郡開国公制〈紹定四年十月十日〉」、(16)「少師右丞相兼枢密使史彌遠特復魯国公制〈紹定三年二月〉」

3史彌鞏　(1)「奏論君子小人才否之分〈端平二年転対箚子〉」、(2)「第二箚」【国図本は「奏護蜀保江之略」の表題を加える】、(3)**「史彌鞏独善先生文集跋」**【王応麟、収録文章の表題は『深寧先生文鈔摭餘編』に依拠した】

4史彌応　（1）「自楽翁山吟序」【（2）（3）として宋鏡・史一之の文章二篇が添付】

5史彌堅　（1）「四明重開東銭湖記」、（2）「墓銘」【鄭清之】、（3）**「真西山建寧府広恵倉記」**【静嘉堂本・国図本のみ、真徳秀】

6鄭清之　（1）**「昭勲崇徳閣記」**、（2）**「乞将史衛王配享寧宗〈淳熙(祐)十年十月〉」**、（3）「鄭清之右相制」、（4）**「鄭清之左相制」**【洪咨夔】、（5）「鄭清之兼侍読制」、（6）「鄭清之左相制」、（7）「留鄭相」、（8）「留鄭相」

7宣繒　（1）「史中散墓誌銘」

8陳塤　（1）「自楽山吟序」

9史嵩之　（1）「破蔡擒完顔守緒露布」、（2）「破蔡擒完顔守緒露布」【按語によると（1）（2）どちらが真作かは不明】、（3）「跋張于湖与越王書」、（4）「史嵩之右相制」

10史定之　（1）「丁卯除守廬陵上殿奏箚」、（2）「第二箚」、（3）「廬陵討賊乞親入賊巣箚子」、（4）「第二箚」、（5）「乞降季(李)元礪箚子」、（6）「上曾漕書」、（7）「上宰相書」、（8）「又上宰相書」、（9）「与沈博士沈逵書」、（10）**「跋郷飲酒儀」**

11史宕(巖)之【静嘉堂本などは史宕之と表記するが、正確には史巖之である】（1）**「積慶寺記」**、（2）「史架閣所生母韓氏恭人壙志」、（3）「祭叔父将作監文」、（4）「祭独善先生文」

12史宅之　（1）「与顔制帥書」、（2）「与丞相永国公書」、（3）「与侍読修史判部尚書」、（4）「与六一姪」、（5）「宋理宗保全史氏後詔」【理宗】、（6）「宋太学生裘楚(埜)等五十六人上皇帝書」【略文、裘埜ほか（明・鄭真『滎陽外史集』巻三七、題跋雑識「録史忠清遺事」、および清・全祖望『鮚埼亭集外編』巻四五、簡帖五「答九沙先生問史枢密兄弟遺事帖子」は裘埜と表記する）】

13史肯之（1）「建独善書院祭祠堂文」、（2）「祭叔父大監文」

14史育之（1）「祭叔父将作監文」、（2）**「墓銘」**【略文、王応麟】

15史宇之（1）「宋故斉韓国夫人林氏壙記」、（2）「杜範奏疏」【略文、杜範】、（3）「与六一姪書」、（4）**「故観文殿学士正奉大夫墓誌銘」**【王応麟】

16史璟卿（1）**「上伯父丞相書」**

17王応麟【収録文章一七八篇は割愛】

18黄震（1）「読通鑑　序両朝政要」【静嘉堂本・約園本では欠落】

19程端礼【伝記のみで収録文章なし】

20黄叔英（1）**「墓銘」**【略文、黄溍】、（2）**「贛庵記」**【静嘉堂本・約園本は表題のみ、本文は国図本・残本に収録、袁桷】

21杜世学（1）「元帥府上梁文」

22鄭芳叔（1）「浙東道重建譙楼記〈時先生訓導郡学元帥趙公命為之既成乃以教授呉廷献署名而刻之〉」、（2）「鹿鳴燕詩序〈代俞教授作〉」、（3）「胡子才生挽詩序」、（4）「論尹鐸」、（5）「読五処士伝」、（6）「読唐芸文志序」、（7）「読漢二廷尉伝」、（8）「代総管府賀皇帝赦表」（9）「代市舶司賀［皇帝］赦表」、（10）「代万戸府賀［皇帝］正旦表」、（11）「賀皇太后牋」、（12）「賀皇太子」、（13）「代元帥府賀皇帝千秋節表〈二月初六日〉」、（14）「皇太子牋」、（15）「代元帥府賀［皇帝］建儲表〈泰定元年六月初五日〉」、（16）「賀皇太子牋」、（17）「代元帥府」賀［皇帝］赦及聖寿節表」、（18）「代元帥府賀［皇帝］登極表」、（19）「代元帥府賀［皇帝］追尊表」、（20）「代元帥府賀［皇帝］改元表」、（21）「代元帥府［賀］改元表」、（22）「代万戸府謝［皇帝］頒行銅銭表」、（23）「代市舶司謝［皇帝］頒行銅銭表」、（24）「重開聖像碑疏〈大成聖像旧有碑刻立于本学成已斎前茲欲重刊辱相与成事幸甚〉」、(25)「修岱山書院疏」、(26)「塑関王疏」、(27)「明倫堂上梁文」、(28)「儀門上梁文」、(29)「元帥府鼓角楼上梁文」、(30)「告社稷風伯雨師文〈泰定甲子教授相委六月廿九成三十日告大雨下〉」、(31)「送思斎王万戸」、(32)「寿宋経歴」、(33)「賦菜［詩］」、(34)「菊後一月承仲善示教遠静菊詩因賦以呈」、(35)「送趙元帥」、(36)「鄭徳仲父墓碣銘」【略文、柳貫】

23 王惟賢　(1)「春秋指要前叙(序)」、(2)「春秋指要後序」

24 薛観　(1)**「墓銘」**【黄溍】、(2)「奉化女児娘娘詩序」、(3)「李孝子序」

25 趙由宜　(1)「論須賈」、(2)「論文翁」、(3)「唐芸文志人物」

26 鄭覚民　(1)「説学斎記」、(2)「春草斎記」、(3)「怡雲軒記」、(4)「詩巣記」、(5)「送王叔載教諭象山県学詩幷序〈名厚孫序見別集〉」(6)「読葉居(君)敬常餘姚州事績詩有序」、(7)「史僉事松亭楽隠詩序」、(8)「送蔣伯威之任集慶路学正序」、(9)「送桂彦良之任包山書院山長序」、(10)「送章徳遠之任徽学正序」、(11)「送胡仁叔教諭歙県学序」、(12)「送鄭学［可］之任学道書院山長序」、(13)「送厳益清之任龍游県学教諭序」、(14)「送楽正単君良貴詩序」、(15)「送直学朱元良考満帰婺州序」、(16)「送廼賢易之游京師序」【(17)(18)(19)として黄溍・宇文公諒・呉当の文章三篇が添付】、(20)「送廼賢易之赴任編修序」、(21)「贈殷氏子序」、(22)「送林子蘭游学帰観序」、(23)「送楼佩玉侍父之越序」、(24)「送張京輿(敬)游京師序」、(25)「松雪翁馬図詩序」、(26)「葉華仲手沢序」、(27)「送述無作住持等慈寺序」、(28)「送明自誠住径山参学序」、(29)「贈医者［詩］序」、(30)「送范執中侍父之越序」、(31)「送琴士蔣仁本游金陵序」、(32)「浙東憲府僉事史公贈行詩序」、(33)「慶元路郷飲酒図序」、(34)「謝太府金帥(僉)董公主行郷飲酒礼詩後序」、(35)「大府都事李侯希仁禱雨詩序」、(36)「送賈瑞之江西省掾序」

27 董復礼　(1)**「送皇甫子敬入太学序」**、(2)**「送趙子采北遊序」**、(3)**「送瞿士弘帰武林序」**、(4)**「送童敬初赴都**

序」、（5）「送馬巡検序」、（6）「驃騎山賦序」、（7）「送畺無夢北上（游序）」、（8）「文会軒記」、（9）「玄雲軒記」、（10）「報本庵記」、（11）「主簿杜君行状」、（12）「胡景望墓志銘」、（13）「宋蛮伝」、（14）「代奉化州官請目青山住湖山寺疏」、（15）「代儒学請目青山住持湖山寺疏」、（16）「送慈渓［房］宣差帳語」、（17）「元日呈奉化州官」、（18）「次韻施省心学正詠雪」、（19）「寄劉師向」、（20）「戯贈孫正甫」、（21）「史君景福以蒲檜詩見示作長句以酬雅意」

28蔣宗簡　（1）「先世記」、（2）「澹然軒記」、（3）「遂初斎記」、（4）「送鄞県丞徐用宏詩序」、（5）「一首効杜子美」、（6）「一首効李太白」、（7）「一首効韓退之」、（8）「二首効柳子厚」、（9）「一首効李長吉」、（10）「三首効黄魯直」、（11）「一首効陳后山」、（12）「二首効陳去非」、（13）「送程編［修］子賚詩序」、（14）「送陳汝梅教授之京序」、（15）「送周以韶録事湖州序」、（16）「汪秀才詩巻序」、（17）「瀛海紀言序」、（18）「仏者機無関字説」、（19）「跋二南図」、（20）「大瀛海道院銘」、（21）「上浙東都元帥資徳公〈為救火作別不花丞相子〉」、（22）「代路学送牟景陽都事〈陵陽牟公賓于東浙大府六年矣徳孚恵行浹于人士于其行也郡文学掾某敢摭人士之意以詩之〉」、（23）「送瓚吉昆仲」、（24）「哀危処士十首」、（25）「遊奉化岳林寺」、（26）「黄東発之孫元理調福建宣慰司奏差率然作二詩送之」、（27）「呂尊師大瀛海道院前翰林学士呉公徴記之而又徴詩于宗簡宗簡率爾作律詩一百韻用杜少陵秋日夔府詠懐韻［次第］」、（28）「送海運千戸所達魯花赤納臣公帰共三十二韻」、（29）「訪戴帥初先生故居」、（30）「送府史趙徳謙」、（31）「送尚君文之主簿天台〈汴人〉」、（32）「送金魯仲県尹之京」、（33）「贈張大卿治中贈倭商詩」、（34）「寿郡太守張侯」、（35）「贈両浙都転運塩使趙知章〈善詩曾入翰林〉」【（36）として袁桷の文章一篇が添付】

右の**目録**でとくに注目されるのは、『四明文献』所収の史料の多くが『全宋文』『全元文』に採録されていないという事実である。[60] もちろん『全宋文』『全元文』にも史料の採録における遺漏はあるが、それでも両書がこれまでの研究の到達点を示す一つの指標になることに異論はないと思われる。右の目録は『四明文献』がこれまで知られていなかった史料を多数収録していることを、何よりも雄弁に物語っているのである。まさにこれからの宋元時代史研究にとって、重要な意味を持つ文献史料であるといえよう。

ただし現行の『四明文献』については、考慮すべき問題がもう一つある。それは現行の『四明文献』が偽書である可能性である。先述したように、明代後期の李堂が『四明文献志』のなかで『四明文献』を典拠にしながら挙げている詩文は、現行の『四明文献』によってもその存在を確認することができる。現行の『四明文献』が、明代後期に流通していた同書の姿を忠実に伝えている蓋然性は高いといえるであろう。しかしながら『四明文献』の内容に関する明代中期以前の記録はほとんど見られず、しかも同書に収められている詩文の多くが他書に見られない独自性の強いものである以上、現行の『四明文献』が明代後期以前に鄭真の名に仮託して作られた偽書である可能性は否定できない。そこで注目したいのが『四明文献』所収、史彌遠「宋故淑人黎氏壙記」（目録2―（4））である。幸いなことにこの史料と同じ内容を持つ石刻が、浙江省寧波市の鄞州東銭湖鎮下水西村で近年出土していた。[61] 次の史料は石刻の拓本を底本に、静嘉堂本・国図本・約園本・南図本で校勘したものである（〔　〕の数字は校勘箇所を示し、その結果は本文後ろに表記した。［　］の字句は、石刻の破損箇所を『寧波市志外編』第二輯・『寧波歴代碑碣墓誌彙編――唐／五代／宋／元巻――』の収録文章で補った部分）[62]。ここでは史料の記述内容そのものよりは、出土史料と文献史料との間の原文の字句の異同こそが焦点となるため、史料の書き下しは割愛することとする。

淑人姓〔一〕黎氏、諱妙沖、字徳容。世為慶元之鄞人。曾祖佚其名、祖誠、考顕忠〔二〕、［妣陳氏］。淳熙戊戌九月初四日生、幼来予家、以賢徳流誉〔三〕閨門。嘉定初、該遇瑞慶［聖節］、授冠帔。十四年、以明堂大礼〔四〕

蒙恩、擬封孺人。尋進令人・淑人、紹定戊子三［月］十四日卒。享年五十有一。聖上特頒御筆、賜賻贈〔五〕銀絹以千疋〔六〕両、慈明錫〔七〕賚、視御前半之。七月丁酉、葬于鄞県〔八〕東湖福地李家山之〔九〕原。黎氏端靖誠恪〔一〇〕、表裏〔一一〕如一。承上以敬、接下以温。予之室、斉〔一二〕魯国潘夫人也、有婦道、有婦徳。既悼亡、甚以失中饋為憂。黎氏〔一三〕亦能区処家務、井井有条。遵其榘矱、森立軌範〔一四〕、内言不出、外言不入。故予得以国爾忘家者、黎氏与有力焉。雖恩封舄弈〔一五〕、両宮卹礼卓異、可謂生栄而〔一六〕死哀、然痼疾既久、死不得上寿、而又無子。嗚呼〔一七〕傷哉。〔一八〕葬日迫、未暇銘其墓、姑識歳月納諸壙。少師・右丞相兼枢密使・提挙編修玉牒・提挙国史実録院・提挙編修国朝会要・提挙編修勅令・魯国公食邑二万六千一百戸・食実封壹万貳伯戸史〈彌遠〉記。〈陳祥・陳祐刊〉

〔一〕「淑人姓」：静嘉堂本・国図本は「□□□」に、約園本・南図本は「故淑人」に作る。　〔二〕「祖誠、考顕忠」：静嘉堂本は「□□顕忠」に、国図本は「□父□顕忠」に、約園本・南図本は「父名顕忠」に作る。　〔三〕「以賢徳流誉」：静嘉堂本・国図本は「以□□誉」に、約園本・南図本は「以能延誉」に作る。　〔四〕「明堂大礼」：静嘉堂本・国図本は「明□□」に、約園本・南図本は「明堂礼」に作る。　〔五〕「賻贈」：南図本は「賻賵」に作る。　〔六〕「千疋」：静嘉堂本・約園本・南図本は「千匹」に作る。　〔七〕「慈明錫」：静嘉堂本・国図本・約園本・南図本は「□□」に作る。　〔八〕「鄞県」：約園本・南図本は「鄞」に作る。　〔九〕「李家山之」：静嘉堂本は「李家□」に、国図本・約園本・南図本は「李家之」に作る。　〔一〇〕「誠恪」：静嘉堂本・国図本・約園本・南図本は「誠愨」に作る。　〔一一〕「表裏」：南図本は「表裡」に作る。　〔一二〕「予之室斉」：静嘉堂本・国図本・約園本・南図本は「予之□□」に作る。　〔一三〕「為憂黎氏」：静嘉堂本・南図本は「為□□」に、国図本は「為憂□」に、約園本は「為慮氏」に作る。　〔一四〕「森立軌範」：静嘉堂本は「森立軌」に作る。　〔一五〕「舄弈」：南図本は「冩弈」に作る。　〔一六〕「生栄而」：静嘉堂本は「生栄」に作る。　〔一七〕「嗚呼」：静嘉堂本は「烏乎」に作る。　〔一八〕静嘉堂本・国図本・約園本・南図本は「葬日迫」以降を欠く。

史料後半部の存否に大きな違いが見られるほか、若干の字句の異同・脱漏はあるものの、『四明文献』の文章と石刻の記述とはおおむね一致しているといえるであろう。宋代に土中に埋められた壙記の内容を現行の『四明文献』がほぼ忠実に伝えていることは、同書が偽書ではなく、きわめて信憑性の高い書物であることを強く裏づけるのである。

それでは『四明文献』はそもそもいかなる目的のもとで編纂された史料だったのであろうか。節を改めて検討しよう。

第三節　『四明文献』の性格とその編纂目的

『四明文献』の編纂目的を直接的にうかがわせる鄭真自身の証言は、現行の『四明文献』や『滎陽外史集』からは確認することはできない。しかし『四明文献』に文章を採録された人物の傾向や、鄭真が置かれた当時の時代状況などから、その編纂の意図をある程度読み取ることは可能であろう。『四明文献』に多数の詩文が収められている人物を、詩文の数に応じて次に列挙してみたい。ほかの人物の項目に引かれている王応麟の文章は、その人物のものとして計算し、鄭真の祖父・父である鄭芳叔・鄭覚民、および四明史氏はそれぞれ鄭氏・史氏として一族で合計すると、

王応麟（一七八篇）・鄭氏（七十二篇）・四明史氏（六十六篇）・蔣宗簡（三十六篇）・董復礼（二十一篇）・鄭清之（八篇）

となる。現存する『四明文献』に収められた詩文は合計三九四篇であるから、実にその八割以上が鄭氏・王氏・史氏の詩文によって占められていたことが分かる。『四明文献』はこの三家の詩文を、いわば中核として構成された書物だったのである。それではなぜ鄭真はいかなる目的のもとで、なぜこの三家の詩文を中心に『四明文献』を編纂したのであろうか。このうち鄭氏の詩文を多く収めたことについては、自らの一族の文名を示そうとした鄭真の意図を読み取

ることができる。清代の鄭喬遷もこの点に着目し、『四明文献』を鄭氏の「家集」と見なしていた。[63] しかしそれだけでは、鄭真が『四明文献』に王氏・史氏の詩文までをも大量に収めた目的は説明できないであろう。この問題は鄭氏・王氏・史氏の三家相互の関係を明らかにしたうえで論じられる必要がある。まずは鄭氏と王氏との関係から見ていきたい。

先述のように王応麟は、著名な学者であっただけでなく、南宋末期にエリート官僚として高官にのぼった人物であった。元朝には仕えなかったが、元代の地方官からは明州の知的指導者の一人として尊重されたとされる。[64] 鄭氏と王氏の関係について、鄭喬遷は王応麟の妻が鄭氏であったことを指摘していた。[65] 確かに王応麟の壙記には鄭氏を娶ったことが見えるが、[66] この鄭氏が鄭真と同族であった明証は今のところ見いだせていない。したがってここでは、両家の関係は鄭芳叔が王応麟に師事したことに始まったものと考える。『宋元学案』は鄭芳叔を王応麟の門人に位置づけたうえに、鄭覚民・鄭駒・鄭真が継承した「鄭氏家学」をも王応麟の学統に属させていた。[67] 鄭氏が族人を挙げて王応麟の学問を継承した一族と見なされていたことが分かる。しかも両家は、鄭芳叔・王応麟の世代以降も親密な交流を保つことになった。例えば鄭駒は、父の鄭覚民と王応麟の孫王厚孫とは同年の生まれで、しかも「同業」を学んだ者としてあつい親交があったこと、王厚孫が鄭駒に「我を知る者は爾の父に如くは莫し」と語ったことを述べていた。[68] さらに鄭真によると、王厚孫の弟王寧孫もまた鄭覚民と親密な交友を持ち、酒や囲碁にともに興じ、古今を論じあう仲であったという。[69] 至正三年（一三四三）の朱文剛「元慶元路総管王元恭去思碑」には、当時の明州府学の訓導として王厚孫の名が、斎長として鄭覚民・王寧孫の名が見え、三人が同時期にともに府学の学官であったことが分かる。[70] さらに慶元路総管王元恭が郷飲酒礼の復興を策した際は、鄭覚民・王厚孫はその議論に参与して重要な役目を担い、[71] 復興後は王寧孫が毎年の挙行を主導したとされる。[72] 鄭覚民・王厚孫・王寧孫は、先代までの両家の関係に加え、府学での職務や文化活動を通じて親交を深めていったのである。

こうして形成された鄭氏・王氏両家の親交は、鄭駒・鄭真の世代にさらに進展することになった。鄭駒・鄭真は王厚孫に師事し、鄭覚民の死後も「吾が兄弟の先生に事えること、吾が先人に事えるが如し」であったという[73]。また鄭駒・鄭真は王寧孫にも師事し[74]、あるとき鄭真が王応麟の手になる表奏七篇を諳んじたところ、喜んだ王寧孫は鄭真を「汝殆ど吾が家の子弟為らんや」と賞賛したとされる[75]。鄭氏と王氏とは、鄭芳叔の世代と鄭駒・鄭真の世代、二重の師弟関係によって結ばれていたことになる。鄭真の手になる王厚孫の伝や王寧孫の墓誌銘もまた、そうした両家の関係に基づいて執筆されたのであろう。しかも鄭駒の娘が王寧孫の孫王公権に嫁ぐことで、両家はついに姻戚関係によっても結ばれるに至ったのである[76]。また幼い頃に制誥や詔勅の文体の習得を望んだ鄭真に、王厚孫が王応麟の「玉堂・掖垣二稿」を与えていたことも注目される[77]。『四明文献』には王応麟の詔勅・制誥が多数収められているが、その資料源が鄭真と王厚孫との師弟関係にあったことを意味するからである。『四明文献』に載せられた王応麟の詩文は、鄭氏・王氏両家の親密な関係を反映するものであったと考えられよう。

それでは鄭氏と四明史氏の関係はどうだったのであろうか。史氏は南宋時代に三人の宰相と二人の執政のほか、多数の科挙合格者を輩出した明州を代表する名族であった。両家のつながりは、現存史料からは史氏の族人の一人史公珽の子史景祖・史晟祖の兄弟が、鄭覚民に師事したことにまで遡ることができる[78]。史公珽は南宋孝宗朝の宰相史浩の従兄弟史漸の子孫に当たる[79]。また鄭真は史景祖と幼い頃にともに学問に励んだ仲であった[80]。恐らくはこれらの縁によったのであろう、鄭真は四明史氏の女婿となったのである。鄭真が執筆した史世卿の墓表によると、鄭真は史世卿の孫史公竚の娘を娶った[81]。史公竚は史浩の弟史淵の子孫に当たる。ちなみに史世卿の父史損之は陳氏を娶り、史世卿は「表兄」の陳塤に詩賦を学んだ[82]。さらに前出の史公珽の曾祖父史望之は南宋理宗朝の宰相鄭清之の女婿で[83]、史公珽自身も鄭清之の曾孫鄭奕夫の娘を娶っていた。[84]『四明文献』に陳塤・鄭清之、および陳氏の姻戚であった黄震・黄叔英の文章がそれぞれ収められているのは、あるいはこうした縁によるとも考えられよう。[85]鄭真が六歳で没した次男鄭如昇のために書いた辞には、鄭真が外祖父の史巨伯の屋敷で三年間暮らして二子をもうけたこと、父の死のために妻をともなって鄭家に戻った際に、鄭如昇を史家に留めたことが記されている。[86]さらに先祖の墓地に感嘆した史浩の子孫史公襲の依頼によって、鄭真は「史氏先塋事実」を執筆してもいた。[87]鄭真と史氏との間に親密な交流があったことがうかがわれる。また鄭真が記した「跋史氏官誥及忠清公親帖」には、「是の誥、是の書、今史氏の家伝と為るも、真門壻を以て拝観するを獲得す」[88]とあるが、これは『四明文献』に多数収められた史氏の詩文が、史氏との姻戚関係を通じて収集されたものであったことを示唆しよう。王氏の場合と同様に、『四明文献』所収の史氏の詩文にも、鄭氏・史氏両家の関係が反映されていたのである。また史氏と王氏の関係に目を転じると、王応麟の娘が史彌鞏の孫史万卿に嫁ぎ、[89]さらに王厚孫が史氏の女子を娶っていたことも注目される。[90]鄭氏・王氏・史氏の三家は、姻戚関係によって互いに結びついていたのである。

また鄭氏と史氏とは、史晟祖が鄭覚民に師事していたこと以外に、学統のうえでも浅からぬ関係があったようである。王応麟の師の一人史彌鞏には、朱子学を学んだ史蒙卿という孫がおり、その史蒙卿に学んだ人物に程端礼がいる。[91]程端礼は鄭覚民らと同時期に明州府学の訓導を務めたほか、[92]王厚孫の親しい友人の一人でもあった。[93]問題となるのは、その程端礼に師事した蔣宗簡なる人物である。[94]蔣宗簡は「日び其の友鄭覚民以道・王厚孫叔載と与に、文字・義理を以て相い発明」したとあるように[95]鄭覚民・王厚孫と親交があったほか、王寧孫とも親しい関係を築いていた。[96]しかも蔣宗簡は王寧孫とともに府学で教鞭をとり、鄭駒に学問を教授していたのである。[97]史蒙卿が一家をなした史氏の学問は、程端礼・蔣宗簡を通じて鄭氏に継承されたと解釈することも可能であろう。[98]そして『四明文献』には程端礼の伝のほか、三十六篇にものぼる蔣宗簡の詩文が収められていた。これは史氏の詩文の数量に次ぐ多さであった。

以上で明らかになった鄭氏・王氏・史氏の関係を、鄭氏を中心にまとめると次のようになる。鄭駒の娘が王公権に嫁ぐことで鄭氏と王氏との姻戚関係が、鄭真が史公玗の娘を娶ることで鄭氏と史氏との姻戚関係がそれぞれ形成されていた。さらに王応麟の学統は鄭芳叔―鄭覚民―鄭駒・鄭真と、王厚孫・王寧孫―鄭駒・鄭真という二本のラインによって、四明史氏の学統は史蒙卿―程端礼―蔣宗簡―鄭駒というラインによって、いずれも鄭氏に継承されていたのであった。つまり鄭駒・鄭真の世代において、鄭氏は姻戚関係と学問の継承関係とを通じ、王氏・史氏の両家ときわめて密接に結びつくようになっていたのである[99]。『四明文献』に詩文が多数収録された人物の顔ぶれは、まさにこうした鄭氏・王氏・史氏の関係を強調する内容になっていたことに改めて気づかされよう。

それでは鄭真はなぜ鄭氏・王氏・史氏の関係を強調する必要があったのであろうか。第一節で論じたように、『四明文献』は洪武三年（一三七〇）前後に編纂されたと推測される。洪武三年（一三七〇）とは、まさに明朝によって科挙が再開された年であった。井上徹氏によると、元代に任官の道を狭められていた江南士大夫は、元末明初にはその任官機会を大きく拡大させた。その最たるものが明朝による科挙の復活であった。こうした状況のなかで当時の江南士大夫は、科挙官僚を代々輩出するための基盤として宗族の形成を強く志向し、盛んに祠堂や義荘を設立するなど宗族結集の動きを活発化させたという[100]。当時流行した族譜の編纂もそうした動きの一環で、自らの家の名族としての歴史を再確認し、宗族の統一を維持しようとしたものであった[101]。鄭真の一族もまた家譜を編纂しており、鄭真はそのなかで自らの一族を「以為うに先世以来、貧にして且つ賤」と評価していたのである[102]。井上氏によると、当時の名族の条件としては、読書人の伝統を保っていることのほかに、宋代に一族から任官者を出したことが重視されたという[103]。第一節で見たように、鄭氏はその条件を満たしてはいたものの、宋代・元代を通じて進士及第者や高官を一人も出すことができなかった一族であった。右の鄭真の言葉は、そうした鄭氏の名族としての脆弱性を端的に示したものであったといえる。ところが他方の王氏・史氏は、宋代に顕官・大学者を多数輩出した明州を代表する名族であった。これこそが『四明文献』編纂の主要な動機であったと考えられよう。鄭真は『四明文献』において、鄭氏一族と王氏・史氏両家との姻戚関係、および学問の継承関係を強調することによって、名族としては微妙な立場にあった鄭氏を、改めて名族として位置づけようとしたのである。もちろん『四明文献』には鄭氏・王氏・史氏以外の士人の詩文も収められているが、それらについても鄭喬遷は「則ち皆な鄭・史の親戚・朋友なり」と指摘していた。[104] 以上からすれば『四明文献』の編纂目的は、鄭氏一族の位置づけやその家学の伝承・形成過程を、明州における名族・士人との関係のなかで内外に顕彰することにあったと結論づけられよう。すなわち『四明文献』とは、元明交替の政治変動が如実に反映された書物であったと考えられるのである。

おわりに

以上本章で明らかにしたように、『四明文献』にはこれまで知られていなかった宋元時代の明州知識人の詩文が大量に保存されている。同書が宋元時代の明州士人社会を解明するための貴重な史料になることは疑いないと思われるが、同時に南宋寧宗朝から理宗朝にかけて宰相・執政として活躍した、史彌遠・鄭清之・史嵩之・宣繒・史宅之らの詩文までもが同書に多数収められていることにも注意を喚起したい。南宋中後期の政治史については、先学によってその史料の少なさが指摘されていた。[105]『四明文献』に収められた詩文は、そうした史料の欠を補いうると考えられるのである。筆者は本書第四章においてその一端を示したが、いまだ全面的には活用していなかった。これについては

第九章以降で行うことにしたい。

それではそうした重要性が認められる『四明文献』は、これまでなぜその存在を見落とされてきたのであろうか。その理由の一つは、王応麟の文集として再編集された『四明文献集』と混同されてしまったことが挙げられる。例えば第二節前掲の『東北地区古籍綫装書聯合目録』は、約園本『四明文献』の編者を鄭真ではなく王応麟と表記していたが、これは書名の混同によって生じた誤りであろう。こうした書名による先入観が『四明文献』の史料価値の再評価を遅らせる一因になったと考えられる。またもう一つの大きな要因として見逃すことができないのが、民国時代の張寿鏞が約園本『四明文献』を、自身が編纂した『四明叢書』に収めなかったことである。約園本『四明文献』所収、張寿鏞「序」にはその理由が次のように記されている。

斯書以南宋史氏冠首。史氏固多賢哲、若同叔者、雖著定策之功、而有蠹民之実。千之書其後曰、既不敢為之辨明、亦不敢為之隠諱。其言頗当。又若鄭安晩之執政、当時号為小元祐、然其晩節則尚有憾。若以之入四明叢書、乖初旨矣。因別為排印、俾賢者得以表揚、不賢者藉之借鏡、倘亦所以維持風教乎。

（斯の書 南宋史氏を以て冠首とす。史氏固より賢哲多きも、同叔の若きは、定策の功著なると雖も、而るに蠹民の実有り。千之其の後ろに書して曰く、既に敢えてこれが為に辨明せず、亦た敢えてこれが為に隠諱せずと。其の言頗る当なり。又た鄭安晩の執政の若きは、当時号して小元祐と為すも、然るに其の晩節となれば則ち尚お憾み有り。若しこれを以て四明叢書に入れれば、初旨に乖らん。因りて別に排印を為し、賢者をして以て表揚するを得、不賢の者をしてこれに藉りて借鏡せしめれば、倘しくは亦た風教を維持する所以ならんや。）

すなわち張寿鏞は、民衆を食い物にした史彌遠（「同叔」）や晩節を全うできなかった鄭清之（「鄭安晩」）の詩文が収められた『四明文献』を、郷里の先哲を顕彰するという『四明叢書』の主旨にはそぐわないと判断し[106]、『四明叢書』とは別個に刊行したのであった。もしも『四明文献』が『四明叢書』に収められていれば、その史料価値はもっと早くに知られていたはずである。張寿鏞にとっても大きな誤算であったと思われるが、非常に惜しまれるところである。

なお右引用史料の後段において、張寿鏞が次のように述べていることも注目される。

更有盧青厓〈址〉四明文献集、為一百四十巻、載於抱経楼書目。呉興嘉業堂劉氏有其書、因仮之録副、部帙既繁、欲梓未逮。誠有如盧氏自序所云者。

（更に盧青厓〈址〉の四明文献集有り、一百四十巻為りて、抱経楼書目に載す。呉興の嘉業堂劉氏其の書を有し、因りてこれを仮りて録副するも、部帙既に繁なれば、梓せんと欲するも未だ逮ばず。誠に盧氏の自序に云う所の如きこと有る者なり。）

清代の盧址には『四明文献集』一四〇巻という書物があり、張寿鏞は湖州（「呉興」）南潯鎮の嘉業堂からこれを借りて筆写したが、あまりにも大部なために出版には至っていなかったと記されている。一九三五年の時点で少なくとも湖州・寧波に一部ずつ所蔵されていたこの書物の行方は、現在のところ不明である。その後の日中戦争や文化大革命などの動乱によって失われたとも考えられるが、目録が作成されていない中国の地方の博物館や図書館に今もなお所蔵されていることも十分に予想される。もちろんこの『四明文献集』に宋元時代の佚文が収められているとは限らないが、本章で見た『四明文献』の実例から明らかなように、現物を見るまで断定することはできないであろう。宋元時代史研究に活用できる文献史料が、日中両国の各地の漢籍収蔵機関に人知れず所蔵されている可能性はまだ大いにあるのである。

注

（1）近藤一成「南宋地域社会の科挙と儒学——明州慶元府の場合——」（同『宋代中国科挙社会の研究』汲古書院、二〇〇九年所収、初出は二〇〇六年）一七九～一八五頁、陳暁蘭『南宋四明地区教育和学術研究』（鳳凰出版社、二〇〇八年）一八〇～二一四頁を参照。

（2）清・永瑢ほか撰『四庫全書総目提要』巻一六五、集部一八、別集類一八「四明文献集五巻〈浙江鮑士恭家蔵本〉」に「此本明鄞県鄭真・陳朝輔所輯四明文献之一種」とある。ただし本文中で後述するように、陳朝輔は明末に『四明文献』から王応麟の文章を抽出・再編集しただけであり、『四明文献』の編纂者ではないため、『四庫全書総目提要』の説明は誤りである。

（3）清・沈初ほか撰『浙江採集遺書総録』壬集、別集類三、宋「四明文献集五巻〈寫本〉」に、「按此即従鄭千子（之）四明文献摘出。非完書」とある。

（4）筧文生・野村鮎子『四庫提要南宋五十家研究』（汲古書院、二〇〇六年）四〇〇頁の注（5）、および四〇二頁の附記を参照。

（5）祝尚書『宋人別集叙録』（中華書局、一九九九年）一三八四頁を参照。

（6）鄧子勉編著『宋人行第考録』（中華書局、二〇〇一年）五一頁の「史十三」「史六十一」には、約園本（本章二二四～二二五頁を参照）から「与侍読修史判部尚書」（**目録12**—（3））・「与丞相永国公書」（**目録12**—（2））・「与六一姪書」（**目録12**—（4））が史料として挙げられる。また李修生主編『全元文』第四九冊（鳳凰出版社、二〇〇四年）巻一四八八は、約園本と国図本（本章二二三～二二四頁を参照）とを校勘したうえで、董復礼の文章（詩は除く）を収録している。ただし『全元文』は約園本の書名を『四明文献集』と誤っているため注意が必要となる。

このほか点校本『宋史』（中華書局、一九八五年）巻四一、八〇五頁では、史彌堅の諡を鄭真『四明文献』巻上により校勘している。

（7）曾棗荘ほか主編『全宋文』（上海辞書出版社・安徽教育出版社、二〇〇六年）、李修生主編『全元文』（鳳凰出版社（原江蘇古籍出版社）一九九七～二〇〇五年）を参照。

(8) 例えば平田茂樹「宋代政治構造研究序説」(『人文研究　大阪市立大学大学院文学研究科紀要』五七、二〇〇六年)二五一頁を参照。

(9) 成化『寧波郡志』巻八、人物攷、補誌、儒業、国朝「鄭真」に「嘗採摭郷先生言行文辞、萃為一編、曰四明文献」とある。

(10)『滎陽外史集』巻三八、題跋雑識「跋史越王進陳正言禾四経解笥子」に「嘗輯四明文献集」とある。

(11)『寧波府簡要志』巻四、人物志、郷彦、本朝「鄭真」に「所著有四明文献集及文集六十巻」とあるほか、『四明文献志』巻四、郷賢誌「国朝教授鄭先生」に「堂按、先生嘗採摭郷賢士夫言行文章、萃為一編、共□巻、為四明文献集」とある。李堂『四明文献志』一〇巻は遼寧省図書館に所蔵される孤本で、筆者は北京大学留学中の二〇〇八年五月に同書を調査する機会を得た。

(12) 例えば清・全祖望『鮚埼亭集外編』巻二四、序二「滎陽外史題詞」に「先生所輯四明文献、至今流伝」とあるが、同書同巻「四明文献録題詞」では「吾郷自鄭教授千之、輯四明文献集」とされている。「千之」は鄭真の字である。

(13) 清・黄虞稷『千頃堂書目』巻七、地理類中「鄭真四明文献録〈字千之、別号滎陽外史、鄞県人〉」。

(14)『鮚埼亭集外編』巻二四、序二「四明文献録題詞」に「吾郷自鄭教授千之、輯四明文献集、其於郷先輩著述所存、甚為有功。其後李処士孝謙預修永楽寧波府志畢、又為四明文献録、以続千之之緒」とあり、その後ろには「其後成化間黄僉事南山、亦有四明文献録」とある。

(15) 清・黄宗羲『宋元学案』巻八五、深寧学案、鄭氏家学「教授鄭先生真」に「嘗釆摭郷先生言行文辞萃為一編、曰四明文献録」とある。

(16) 約園本『四明文献』所収、張寿鏞「序」に「全謝山曰、吾郷自鄭教授輯四明文献集、於郷先輩著述所存、甚為有功。所謂文献集者、摭鄞献表。而甬上耆旧伝、又作四明文献録。惟楊実成化志謂、真嘗釆摭郷先生言行文献、萃為一編、曰四明文献。然則題名当依是準」とある。

(17) 本章ではとくに断らない場合、鄭氏についての情報は『滎陽外史集』巻四二、行状「亡兄金華府義烏県儒学教諭鄭先生行状」による。

(18)『四明文献』の鄭芳叔の伝には「鄭芳叔、字徳仲、号蒙隠先生。以范尚書族子来、為国子進士登後。祖鈞、宋承直郎」とある。高橋芳郎『訳注『名公書判清明集』戸婚門』(創文社、二〇〇六年)五六六頁によると、「国子進士」とはもとは国子監出身の進士を指したが、宋代では「国子監に籍を置き進士受験を目指す者の尊称」でもあった。延祐『四明志』巻六、人物攷下「進士」には鄭登の名はないため、ここでも国子監在籍者を指すと思われる。また高橋芳郎「宋代の士人身分」(同『宋―清身分法の研究』北海道大学図書刊行会、二〇〇一年所収、初出は一九八六年)一九四頁と二一八頁の注(8)もあわせて参照。

(19)『滎陽外史集』巻四三、墓銘「元故四明范府君墓碣銘」に、「其先居汴、宋建炎間諱某、号八府君者、扈蹕南渡、遂家于鄞、生贈中散大夫某、中散生子五人、長曰宣義郎、其次曰工部尚書楷」とある。

(20)『四明文献』の鄭芳叔の伝には「家貧無書、仮奥篇秘［笈］、躬自繕録、積之数十百巻」とある。

(21)『滎陽外史集』巻三九、題跋雑識「先伯父府君譜系後録」に「以為先世以来、貧而且賤、固非有資産之利、与禄蔭之及也」とある。

(22)『鮚埼亭集外編』巻二四、序二「滎陽外史題詞」に「一門以文献世其家」とある。

(23)洪武九年(一三七六)に記されたと思われる『滎陽外史集』巻五五、誄辞「故四明遂初老人王先生誄辞」には「真在幼時師事先生、今年已四十餘矣」とあり、同十二年(一三七九)に記されたと思われる同書巻四二、行状「亡兄金華府義烏県儒学教諭鄭先生行状」には「真以同母兄弟、友于之篤、四十餘年」とあることから、逆算すると鄭真は一三三〇年代の生まれということになる。

(24)成化『寧波郡志』巻八、人物攷、補誌、儒業、国朝「鄭真」に「研窮六籍、而尤長於春秋、旁及百氏伝記、靡不究心」とある。

(25)本章ではとくに断らない場合、鄭真についての情報は成化『寧波郡志』巻八、人物攷、補誌、儒業、国朝「鄭真」による。

(26)『宋元学案』巻八五、深寧学案、鄭氏家学「教授鄭先生真」。

(27)『鮚埼亭集外編』巻二四、序二「滎陽外史題詞」や、『宋元学案』巻九二、草廬学案、草廬門人「教授鄭先生真」、および元・貝瓊『清江貝先生集』巻二〇、金陵集「送鄭千之序」。

(28) 成化『寧波郡志』巻八、人物攷、補誌、儒業、国朝「鄭真」は鄭真の郷試合格を洪武四年（一三七一）とするが、『滎陽外史集』巻三九、題跋雑識「同年録後跋」は「洪武壬子」、すなわち洪武五年（一三七二）とする。このほか、鄭真の母の碣銘である『清江貝先生文集』巻三〇、中都集「故処州路儒学教授鄭以道先生妻蔣氏碣銘」にも、「次真、洪武五年秋、応有司挙、以春秋経冠東南九府之士」とある。成化『寧波郡志』の誤りであろう。

(29) 檀上寛「明代科挙改革の政治的背景——南北巻の創設をめぐって——」（同『明朝専制支配の史的構造』汲古書院、一九九五年所収、初出は一九八八年）一五二～一五三頁によると、明太祖は南人官僚抑制のために洪武六年（一三七三）二月に科挙を一旦廃止し、前年の郷試合格者を会試免除で全員採用した。『滎陽外史集』巻九七「計偕録」は洪武五年（一三七二）十二月から翌年三月までの寧波から南京までの旅行記であるが、この間のことを記したものであろう。

(30) 『鮚埼亭集外編』巻二四、序二「滎陽外史題詞」は、鄭真を「吾郷之以文章擅名於洪武時者也」と紹介し、楼鑰・王応麟・剡源・袁桷・任士林を明州の「宋元五家」としつつ、「曁於明初、即推先生」と述べ、鄭真を明初明州の代表的文人と見なす。

(31) 『四明文献』の史彌遠の項の按語には「史衛王除拝詞制凡十一篇」とあるが実際には十篇しか見えず、鄭芳叔の項の按語には「茲所録者、詩文大小四十篇」とあるが実際には三十六篇しか見えない。

(32) 『宋元学案』巻六、士劉諸儒学案（全祖望補本）の「助教楊大隠先生適」・「処士王鄞江先生致」・「正議楼西湖先生郁」・「銀青王桃源先生説」・「提挙王先生勲」（いずれも全祖望による補筆部分）は全て「参四明文献集」との注記があるが、現行の『四明文献』にはこれら五人の記事はなく、一見すると欠落を疑わせる。しかし同書巻八五、深寧学案（黄宗羲原本・全祖望補定）の「訓導鄭先生芳叔」・「教諭鄭求斎先生覚民」には「参四明文献録」とあり、『四明文献』には二人の伝記が見える。つまり『宋元学案』は『四明文献』をあくまで『四明文献録』と称し、『四明文献集』という書名とは区別している。

それでは『宋元学案』のいう『四明文献集』はいかなる書物を指すのか。『四明叢書』第一集には、王応麟著・陳朝輔輯『四明文献集』と、その拾遺である清・葉熊輯『深寧先生文鈔摭餘編』が収められるが、後者には「大隠先生楊伝」・「鄞江王先生伝」・「城南楼先生伝」・「桃源王先生伝」が見え、右で挙げた『宋元学案』の五人の伝記と一致する。『深寧先生文鈔摭餘編』は葉熊の「後序」によると道光九年（一八二九）の編纂物であるが、『中国古籍善本書目』集部（上海古籍出版社、一九九八年）巻二四、宋別集類「四明文献集」（四〇〇頁）の一つに「補遺二巻〈清呉城輯　清鈔本〉」とあることからすると、それ以前から『四明文献集』の拾遺が編まれていたことが分かる。『宋元学案』がいう『四明文献集』とは、恐らくはそうした拾遺を含んだ王応麟の文集としての『四明文献集』を指すのであろう。

(33) 注（4）筧・野村著書の四〇〇～四〇一頁の注（5）を参照。

(34) 『深寧先生文鈔摭餘編』童槐「後序」に「前明初鄭教授真、所選各家詩文、凡六十巻」とある。

(35) 注（5）祝著書の一三八四頁、および張驍飛「王応麟《四明文献集》整理中的幾個問題」（『浙江学刊』二〇一〇―一、二〇一〇年）一〇一頁を参照。

(36) 注（11）引用の『寧波府簡要志』の記事を参照。

(37) 『鮚埼亭集外編』巻二四、序二「榮陽外史題詞」に「而成化郡志、祇称六十巻」とある。

(38) 須江隆「宋代地誌序跋文考（二）――乾道『四明図経』の史料性に関する二、三の考察――」（『人間科学研究』六、二〇〇九年）三六～四一頁を参照。

なお須江氏の議論は、李孝謙『四明文献録』が散佚したことを前提になされているように思われるが、これには疑問が残る。民国・張寿鏞『約園雑著三編』巻二、蔵書題跋二、史部「四明文献録」には、張寿鏞が所蔵していた『四明文献録』の書誌が記されているが、この書誌は欠名『四明文献考』（『北京図書館古籍珍本叢刊』第二八冊、書目文献出版社、一九八七年）の内容と完全に合致するうえに、実際に『四明文献考』には「四明張氏約園図籍」という張寿鏞の蔵書印が見え、同書の前半には乾道『四明図経』が収められている。また約園本『四明文献』所収、張寿鏞「序」には「而李孝謙〈名本、以字行〉則有四明文献録、亦曰文献考」とある。張寿鏞の考察が正しければ、李孝謙の『四明文献録』は『四明文献考』と書名を変えて現存していたことになる。今後は『四明文献考』の編者は欠名とせず、李孝謙とすべきであろう。

(39) 『鮚埼亭集外編』巻二四、序二「榮陽外史題詞」に「先生所輯四明文献、至今流伝」とあり、同書巻四五、簡帖五「答九

沙先生問枢密兄弟遺事帖子」に見える双行注には、史宇之の事跡が記された史料として「見鄭氏四明文献」とある。また同書巻二八、題跋二「跋岳珂伝」所引の「張端義奏疏」も、明記はないが『四明文献』所収「宋張端義奏議」（目録2―（6））が出典であろう。

(40) 全祖望が『四明文献』よりも先に『四明文献録』を見た可能性、もしくは全祖望が見た『四明文献』が完本ではなかった可能性もあるが、全祖望は『鮚埼亭集外編』巻二四、序二「四明文献録題詞」で『四明文献』と『四明文献録』とを並列して論じたうえで、『四明文献録』がなければ乾道『四明図経』は伝世しなかったと述べている。やはり『四明文献』には乾道『四明図経』は収められていなかったと考えるのが妥当であろう。

(41) 例えば『四明文献』の史彌遠の項の按語には「庚戌［歳］十一月十一日」、鄭芳叔の項の按語には「庚戌之歳三月十二日」の年月日がそれぞれ記されている。

(42) 注（35）張論文一〇一頁は、『四明文献集』に付された鄭真の按語では、宋代のことを叙述する際は必ず国号を付していること、および元朝のクビライを世祖と呼称していることを根拠に、『四明文献』編纂の時期を元代と推測する。しかしそもそもの根拠が薄弱であるうえに、『四明文献』に明確に洪武三年（一三七〇）の按語が見られる以上、その議論に従うことはできない。仮に編纂が元代に開始されたとしても、その作業が明初に終えられたことは疑いないと思われる。

(43) 『四明文献志』巻四、郷賢誌「宋国子司業習菴陳公」・「宋尚書深寧王先生」・「宋文潔黄先生」は、その伝記の情報源として「四明文献集」の書名を挙げる。これは鄭真の『四明文献』のことである。さらに同書同巻「宋直華文閣独善史公」には王応麟「史彌鞏独善先生文集跋」（目録3―（3））が引用され、「国朝教授鄭先生」には「堂按、先生嘗採摭郷賢士夫言行文章、萃為一編、共□巻、為四明文献集。大約以表忠良、重節義、扶名教為主。観其著史南叔独善之伝、陳和仲習菴之詳、楊文元穆陵之対、叙史相十一制詞、褒揚上越伊周、引昆命元亀為僭、備載以俟公論。及載王厚斎、咸淳・徳祐間、社稷将危、而偏行諸房詞命、従容応当、曲中事機、忠義之心、藹然言表」とある。

(44) 『四明文献集』（四庫全書本）所収、陳朝輔「王深寧文集跋」に、「歳癸未、余屏跡家門、友人劉君譲、以鈔書見售。閲之、乃四明文献也。採輯者、乃滎陽外史鄭公真也。曷勝狂喜。不惜重貲、以応寒士之請」とある。

(45)　南図本（本文二二五～二二六頁を参照）・約園本『四明文献』所収、鄭喬遷「校録四明文献序」に「道光己丑之秋、有友携四明文献一書、就余讐校者。……余之知有是書、而不得見、而中心蔵之者、亦已三十年矣。今得見之、喜可知也」とある。鄭喬遷については光緒『慈渓県志』巻三三、列伝一〇、国朝三「鄭喬遷」や、鄭偉章『文献家通考』（中華書局、一九九九年）巻一八、一〇二五頁に伝記がある。また『四明文献』に言及している清代後期の例としては、光緒『鄞県志』人物伝が『四明文献』所収の各伝記を史料として用いていることが挙げられる。

(46)　南図本・約園本『四明文献』所収、馮登府「跋」に「此未見刊本、伝鈔亦少」とある。

(47)　明州以外では清・丁日昌『持静斎書目』続増、集に「四明文献二冊〈明人抄本〉明鄭真輯」とある。来新夏主編『清代目録提要』（斉魯書社、一九九七年）一七九～一八〇頁によると、丁日昌は広東の生まれであるが、上海や蘇州に任官した際に現地の蔵書家の書物を購入したとされる。恐らくはその際に『四明文献』を入手したのであろう。

(48)　南図本・約園本『四明文献』所収、馮登府「跋」に「不全不備、殆未成之書」とある。

(49)　①の書誌情報は『静嘉堂文庫漢籍分類目録』（静嘉堂文庫、一九三〇年）集部、総集類（八〇七頁）を、②③⑤の書誌情報は『中国古籍善本書目』集部、巻二八、総集類、地方芸文（一八〇三頁）を参照。なお『静嘉堂文庫漢籍分類目録』は、『四明文献』の編者鄭真を宋人としている。

(50)　ただし静嘉堂本には現行の『四明文献集』巻一、序「天禧編御集序」・「詩考語略序」と、同書巻二、詔「奨諭張世傑詔」が載せられていない。

(51)　黄震『古今紀要逸編』所収、陳自舜「刻古今紀要逸編跋」（清・鮑廷博輯『知不足斎叢書』所収本）に、「先大夫留心史志、蒐講遺書、鈔得鄭千之所輯四明文献、内有東発両朝紀要。余閲見狂喜。天下固有湮没数百年、而一旦復出者乎。……顧即此巻而談信耳信目、多足補宋史之闕文、真赤水之遺珠也。安可使其已獲而再堕乎。此後学之責也。因付梓人、公諸海宇」とある。

(52)　林申清編著『明清著名蔵書家・蔵書印』（北京図書館出版社、二〇〇〇年）一〇九～一一一頁を参照。

(53)　清・盧址『抱経楼書目』史部には、「四明文献、五本」「四明文献、四本」二つの記事が見える。

（54）残本には『四明文献集』巻二、詔「賜淮西制置大使夏貴奨諭詔」・「賜淮東制置大使李庭芝奨諭詔」と、巻五、賛「越大夫賛」・詩「悼袁進士鏞詩」が載せられていない。

（55）現行の『四明文献集』巻五、誥「資政殿大学士両浙鎮撫使謝堂該明堂恩封贈曾祖深甫特贈太師進封魯王誥」末尾の「深甫相寧宗」という按語のみが残本には見えない。

（56）約園本『四明文献』所収、張寿鏞「序」に「張君秉三、以其家蔵鄭千之所撰四明文献見、仮因録副」とある。また『四明叢書』第一集、張大昌『王深寧先生年譜』「所著書目」の「詞学指南四巻」に、「寿鏞案、四明文献集、今皆佚一語非也。余依南潯張氏鈔本、鈔得二巻」ともある。本文中で後述するように、張秉三は南潯出身の張鈞衡の一族であり、同じことを伝えたものであろう。

（57）張南琛・宋路霞「張静江与蔣介石的恩恩怨怨」（『檔案春秋』二〇〇六―一〇、二〇〇六年）二四頁を参照。

（58）張南琛・宋路霞「従公子哥児到書画鑑定大師」（『世紀』二〇〇六―三、二〇〇六年）四〇頁は、張秉三を張鈞衡の子張乃驊の族兄としているため、張静江もまた同族ということになる。

（59）『四明文献集』巻五、墓誌銘「故観文殿学士正奉大夫史宇之墓誌銘」・「史鄂州墓誌銘」は、『四明文献』の史宇之・史育之の項にそれぞれ引用されているため、王応麟の詩文一七八篇のなかには入れていない。したがって一七八という篇数は数え方によって変動しうることを注記しておく。

（60）注（6）で述べたように、『全元文』第四九冊では27の董復礼の詩以外の文章を紹介しているが、それ以外の同じく元人である20から28の人物の文章は『全元文』では一切採録されていない。『全元文』の編纂過程で生じた大きな脱漏として留意すべきであろう。

（61）馬兆祥主編『碑銘擷英（鄞州碑碣精品集）』（人民美術出版社、二〇〇三年）四二頁には「宋故淑人黎氏壙記」の拓本の写真が収められ、「東銭湖下水西村出土。現蔵東銭湖王安石紀念館」とある。出土した年月日は記されていないが、近年の出土と見て間違いないであろう。また龔烈沸編著『寧波現存碑刻碑文所見録』（寧波出版社、二〇〇六年）一三四頁にもほぼ同様の情報が見える。

(62) 兪福海主編『寧波市志外編』（中華書局、一九九八年）八七四頁・章国慶編著『寧波歴代碑碣墓誌彙編――唐／五代／宋／元巻――』（上海古籍出版社、二〇一二年）二四七頁に史彌遠「宋故淑人黎氏壙記」の録文が載せられている。ただし前者の録文は簡体字であるうえに文字の誤脱がある。
(63) 約園本・南図本『四明文献』所収、鄭喬遷「校録四明文献序」に「至蒙隠先生父子、採取特多者、是則其家集也」とある。
(64) 森田憲司「碑文の撰者としての知識人」（同『元代知識人と地域社会』汲古書院、二〇〇四年所収、一九八三年・一九九九年の初出論文を合編したもの）二一五～二一八頁を参照。
(65) 約園本・南図本『四明文献』所収、鄭喬遷「校録四明文献序」に「深寧為鄭氏壻」とある。
(66) 清・陳僅輯『王深寧先生年譜』所収、王昌世「宋吏部尚書王公壙記」に「娶鄭氏、継娶李氏、先卒、並贈碩人」とある。
(67) 『宋元学案』巻八五、深寧学案、深寧門人「訓導鄭先生芳叔」、および同書同巻「鄭氏家学」。
(68) 『滎陽外史集』巻四六、伝「遂初老人伝」に「駒一日謁遂初王先生、従容慰藉甚歓。因指几格上一小軸謂曰、此爾弟為我所作遂初老人伝。且言、郷之学士大夫、知我者莫如爾父。爾兄弟能継父志、亦能粗知我者。爾復為我写一通以来。庶幾見両家契誼之厚。退念、先生与先人、生同年、学同業、其相好為至篤」とある。遂初は王厚孫の号。また王厚孫については、近藤一成「黄震墓誌と王応麟墓道の語ること――宋元交替期の慶元士人社会――」（『史滴』三〇、二〇〇八年）一五四～一五七頁にも指摘がある。
(69) 『滎陽外史集』巻四二、行状「王先生叔遠行状」に「独兄事先君子求我先生、敦始終之誼、酒樽碁奕、論辨古今、真時以子弟侍立」とある。王叔遠は王寧孫のことで、求我は鄭覚民の号である。また王寧孫については、注(68)近藤論文一五四～一五七頁でも言及されている。
(70) 清・阮元『両浙金石志』巻一七、元「元慶元路総管王元恭去思碑」。なおこの史料や明・高于泰『敬止録』巻一四、学校考四「師」からは、鄭芳叔・鄭覚民を含む『四明文献』に名前の見える元人の多くが、明州の府学で学官を務めていたことが分かる。鄭芳叔・鄭覚民の両世代に府学を通じて形成された人間関係もまた、『四明文献』の収録文章の選択に大きな影響を与えたと考えられる。

(71) 『滎陽外史集』巻四六、伝「遂初老人伝」に「四明自宋紹興間有郷飲酒礼、其後寝廃、歳首僅序拝于学。程先生請王太守復其礼、属老人与鄭先生某考訂、一遵儀礼、用賓興歳行之。搢紳・韋布周旋者、毎千餘人」とある。この「鄭先生某」が鄭覚民であることは、『四明文献』の鄭覚民の伝にほぼ同文があることから分かる。

(72) 『滎陽外史集』巻四二、行状「王先生叔遠行状」に「郡有郷飲酒礼、先生毎歳周旋其間、升降揖譲、具中儀式、太守礼敬之」とある。

(73) 『滎陽外史集』巻四六、伝「遂初老人伝」に「先人不幸僅獲中寿以歿、先生状其行治、而使伝載之。吾兄弟之事先生、如事吾先人焉」とあり、同書巻五五、誄辞「故四明遂初老人王先生誄辞」に「真在幼時師事先生、今年已四十餘矣」とある。鄭駒・鄭真ともに王厚孫の弟子と見なして問題ない。

(74) 『滎陽外史集』巻四二、行状「亡兄金華府義烏県儒学教諭鄭先生行状」に「十歳餘遣入郡庠、王先生寧孫叔遠・蔣先生宗簡敬之・張先生用庚子西、相継訓導弟子員、先生得其緒餘」とあり、鄭駒が王寧孫に師事したことが分かる。また同書同巻「王先生叔遠行状」には「嘗為論唐正衙内殿之制・詞科・制誥・檄書・露布之体、以世之学者不暇致詳、而独許真為能学」とあり、唐代の詞科・制誥などの文体を鄭真に学ぶことを許したとあるため、鄭真も王寧孫の弟子と見なされる。

(75) 『滎陽外史集』巻四二、行状「王先生叔遠行状」に「宋景定末、度宗即位、尚書公、以礼部郎官草百官表奏。旧制請聴政四表已上、丞相賈魏公、命増撰三道。尚書公至幄殿、一揮而就。先生酒酣、嘗論先朝制作之盛。真素習其文、因為黙誦、先生喜曰、汝殆為吾家子弟也耶」とある。

(76) 『滎陽外史集』巻四二、行状「亡兄金華府義烏県儒学教諭鄭先生行状」に「女二、長適王中伝厚孫尚書公四世孫」とある。また同書巻三四、説「四明王氏二子名説」は、王厚孫が王公権の二人の子に命名した顚末を記した文章であるが、王厚孫の曾孫について「二孫曾、鄭氏出也」と記す。また鄭真の母の碣銘である『清江貝先生文集』巻三〇、中都集「故処州路儒学教授鄭以道先生妻蔣氏碣銘」「孫女三、長適王公権」とある。なお王公権の父王隲は王厚孫の子だが、王寧孫に子がなかったためその後を継いだ。

(77) 『滎陽外史集』巻五五、誄辞「故四明遂初老人王先生誄辞」に「過不自揆、於両制学誠有志焉。先生固深許之、出尚書公玉堂・掖垣二藁以伝」とある。

(78)『滎陽外史集』巻四三、墓銘「蓬廬処士史公墓誌銘」は史公珽の墓誌銘であり、そこに「一日語其子行可曰、門戸之託、実在汝等。汝及我、在厲志于学可也。未幾公即世、行可年方十五、佩服不忘、与其弟晟祖受業先君求我先生」と見える。同史料中に「長景祖即行可」とあるように、史行可とは史景祖を指す。

(79)『滎陽外史集』巻四三、墓銘「蓬廬処士史公墓誌銘」に、史詔→史木→史漸→史彌忞→史望之→史儀卿→史遂伯→史公珽という系譜が語られている。なお史氏全体の系譜は、戴仁柱著／劉広豊・恵冬訳『丞相世家――南宋四明史氏家族研究――』（中華書局、二〇一四年、英文原著は Richard L. Davis, *Court and Family in Sung China 960-1279 —— Bureaucratic Success and Kinship Fortunes for the Shih of Ming-Zhou*, Duke U.P., 1986）二〇七～二一九頁を参照。

(80)『滎陽外史集』巻四三、墓銘「蓬廬処士史公墓誌銘」に「真為史氏門婿、視公為外伯父行。且与行可幼同研席、親契之厚非一日矣」とある。

(81)『滎陽外史集』巻四三、墓表「故宋文林郎史公墓表」は史世卿の墓表であり、そこに「今公之孫公玗、以外舅之好、且使晋拝墓下」とあり、史公玗を外舅としている。

(82)『滎陽外史集』巻四三、墓表「故宋文林郎史公墓表」に「考諱損之、国子監発解進士、妣陳氏。公幼聡悟、生七年失父、十六年失母、従表兄陳習菴先生、学習詩賦、援筆立就、補入太学」とある。陳習菴とは陳塤を指す。

(83)『後村全集』巻一七〇、行状「丞相忠定鄭公」に「女一人、特封碩人、適故朝散郎大理少卿史望之」とある。なお『滎陽外史集』巻四三、墓銘「蓬廬処士史公墓誌銘」は史望之の妻を鄭清之の「玄孫女」とするが、史公珽の妻と混同した誤りであろう。

(84)『滎陽外史集』巻四三、墓銘「蓬廬処士史公墓誌銘」に「安晩曾孫習斎先生奕夫奇之、願敦世好、妻之以女」とある。安晩とは鄭清之を指す。

(85) 陳氏と黄氏の関係は注（68）近藤論文の一四六～一四七頁を参照。

(86)『滎陽外史集』巻五四、哀辞「送無服殤子如昇辞」に鄭如昇が至正二十八年八月十四日に史世卿の故第で死去したことが記され、「始如昇之父某、為史氏贅婿、其外祖延叟父、厚重朴素、有故家風、甥舅之好、不以門第自高、相得甚歓。居三歳、生二子」とあり、「先君既卒、如昇之母、帰鄭氏事其姑、留如昇侍其外祖父母」とある。外祖父の延叟は史公荇の父であり、同書巻四三、墓表「故宋文林郎史公墓表」によると、史公荇の父は史巨伯である。

(87)『滎陽外史集』巻四一、事実「史氏先塋事実」に「自忠定王至今、乃二百餘年、水砂龍穴之秀、儼如一日。王之四世孫公襲、毎過其処、為之慨然、不鄙謂、某托婿史氏、俾追述其事、求当世立言者、為碑銘、以伝不朽」とある。

(88)『滎陽外史集』巻三八、題跋雑識「跋史氏官誥及忠清公親帖」に「是誥是書、今為史氏家伝、真以門壻獲得拝観」とある。

(89)『王深寧先生年譜』所収、王昌世「宋吏部尚書王公壙記」に「女二、長適通仕郎史万卿」とあるほか、『滎陽外史集』巻四六、伝「遂初老人伝」に「姑適史万卿」とある。

(90)『滎陽外史集』巻四六、伝「遂初老人伝」に「娶史氏、系出相門、有賢行、尽斥其粧、具為公家費」とある。

(91)程端礼については、片山共夫「元代の家塾について」(『九州大学東洋史論集』二九、二〇〇一年)四二〜五一頁を参照。

(92)『両浙金石志』巻一七、元「元慶元路総管王元恭去思碑」に訓導として程端礼・王厚孫の名前が見え、斎長として鄭覚民・王寧孫の名前が見える。

(93)『滎陽外史集』巻五五、誄辞「故四明遂初老人王先生誄辞」に「郷達君子、若畏斎程先生・習斎鄭先生・孫先生正父・董先生秉彝・蔣先生敬之及先教授求我先生、則以斯文契誼、討論往復者也」とある。

(94)蔣宗簡については、『宋元学案』巻八七、静清学案、畏斎門人「蔣敬之先生宗簡」に見える。なお鄭真の母・祖母も蔣氏であるが、全祖望『甬上族望表』(全祖望撰・朱鋳禹彙校集注『全祖望集彙校集注』上海古籍出版社、二〇〇〇年所収)巻上によると、鄭真の母・祖母は「連桂坊蔣氏」に、蔣宗簡は「蔣家園蔣氏」に属し、両家は別族のようである。

(95)『四明文献』の蔣宗簡の伝に「而日与其友鄭覚民以道・王厚孫叔載、以文字義理相発明」とある。また注(92)で挙げた『両浙金石志』巻一七、元「元慶元路総管王元恭去思碑」の記述からも三人の関係がうかがえる。

(96)『滎陽外史集』巻四二、行状「王先生叔遠行状」に「早与董先生秉彝・蔣先生敬之為友」とある。

(97)注(74)引用の『滎陽外史集』巻四二、行状「亡兄金華府義烏県儒学教諭鄭先生行状」を参照。

(98) 宮紀子「「対策」の対策――科挙と出版――」（同『モンゴル時代の出版文化』名古屋大学出版会、二〇〇六年所収、初出は二〇〇三年）三九四頁は、鄭真を程端礼の弟子とするが、筆者にはその明証は見いだせなかった。宮氏の指摘が正しければ、史氏の学統は史蒙卿―程端礼―鄭真というラインによっても鄭氏に継承されたことになる。

(99) 明州の知識人家族同士の数世代に跨る重層的な関係については、黄寛重「発明本心――袁氏家族与陸学衣鉢――」（同『宋代的家族与社会』東大図書公司、二〇〇六年所収、初出は一九九二年）・同「千絲万縷――楼氏家族的婚姻圏与郷曲義荘的推動――」（同右書所収、初出は一九九九年）・同「真率之集――士林砥柱的汪氏家族与郷里文化的塑造――」（同右書所収、初出は二〇〇〇年）・同「洛学遺緒――高氏家族的学術与政治抉択――」（同右書所収、初出は二〇〇四年）に実例が示されているほか、近藤一成「鄞県知事王安石と明州士人社会」（注（1）近藤著書所収、初出は二〇〇八年）一九一～一九三頁でも言及されている。

(100) 井上徹「宗法の継承」（同『中国の宗族と国家の礼制――宗法主義の視点からの分析――』研文出版、二〇〇〇年所収、初出は一九九二年）を参照。

(101) 元代における族譜編纂の目的は、森田憲司「宋元時代における修譜」（『東洋史研究』三七―四、一九七九年）四五頁を参照。

(102) 注（21）引用の『滎陽外史集』巻三九、題跋雑識「先伯父府君譜系後録」を参照。

(103) 注（100）井上論文九二頁を参照。

(104) 約園本・南図本『四明文献』所収、鄭喬遷「校録四明文献序」に「今是書上下二巻、蓋僅輯其東湖之一派耳。不然自宋元来、何止二十五人。且独於史・鄭両家而詳之、即間及夫他姓、則皆史・鄭之親戚朋友也」とある。なおここに王応麟についての言及がないのは、鄭喬遷が見たテキストが王応麟の文章を欠いたものだったからである。

(105) 例えば寺地遵「南宋中後期政治史の試み」（公開講演要旨）（『日本歴史学協会年報』一八、二〇〇三年）八頁や、寺地遵「南宋末期、対蒙防衛構想の推移」（『広島東洋史学報』一一、二〇〇六年）一～二頁を参照。

(106) 馮貞群「編輯四明叢書記聞」（張寿鏞著・張芝聯編『約園著作選輯』中華書局、一九九五年所収）によると、『四明叢書』

編纂の発案者「張蹇叟徴士美翊」は、「嘗謂表章先哲、宜刻総集、用力少而伝者衆、資斧省而事易挙」と述べていたという。これが『四明叢書』編纂の主旨と見て間違いないであろう。

【付記】　筆者は二〇〇六～二〇〇八年に北京大学に留学していた際に『四明文献』を見いだし、この期間中に約園本・国図本・残本の調査を行った。帰国後、本書第四章の旧稿を発表し、本章旧稿の執筆を準備していたところ、第四章旧稿に引用した『四明文献』の記事を読まれた広島大学名誉教授の寺地遵氏から、静嘉堂文庫にも『四明文献』が所蔵されているとの教示を書簡によって受け、ここで筆者は初めて静嘉堂本の存在を知ることになった。ここに当時の事情を記し、寺地遵氏に対して深甚なる謝意を表する次第である。

第六章　史彌遠神道碑訓注稿――南宋四明史氏の伝記史料その一――

はじめに

本章は二〇一〇年に発表した拙稿[1]（以下、本章では旧稿と称す）を全面的に改稿し、明・鄭真輯『四明文献』史彌遠所収「宋理宗御製丞相衛王神道碑〈其略曰〉」（以下、本章で「史彌遠神道碑」と称する場合は『四明文献』所収の右の略文を指し、史彌遠の神道碑と称する場合は現存しないオリジナルの碑文を指す）の原文を校勘・断句したうえで、訓読と注釈の試案を提示しようとするものである。

四明史氏は明州慶元府（現在の浙江省寧波市）を出身とする一族で、南宋を通じて高位高官を多数輩出したことで知られる。史才が高宗朝で執政官となったのがその嚆矢であり、続く孝宗朝では史浩が宰相を二度務め、その子の史彌遠は寧宗・理宗朝で長期にわたって宰相を務めた。さらに理宗朝では史彌遠の従堂姪に当たる史嵩之が宰相にまで上り詰め、同じく史彌遠の子の史宅之は執政官を務めたのであった。南宋の中央政治と密接に関わった一族であったことが看取できるが、四明史氏についての史料は従来必ずしも豊富とはいえない情況にあった。とりわけ一族の全盛期を築いた史彌遠については、約二十五年にもわたって中央政治を壟断したにもかかわらず、先学によって関連史料の乏しさが指摘されていた[2]。

しかしこうした情況は近年大きく変化したといえる。筆者が発見・紹介した『四明文献』に史氏に関する史料が豊富に収められていたほか、中国においても寧波から出土した史氏関連の墓誌銘が多く紹介されたからである。[3] 旧稿もまたそうした斯界の潮流の一環をなすもので、『四明文献』に略文として載せられた「史彌遠神道碑」と、次章で掲げる清末の族譜所収の史彌堅の墓誌銘の全文を紹介し、そこからうかがえる歴史事実を論じたのであった。

右のような役割を果たした旧稿であるが、現在においては改訂の必要が生じている。史彌堅の墓誌銘についての事情は次章に譲り、ここでは史彌遠の神道碑のみについてその理由を述べると、史彌遠の神道碑を伝える別の史料の存在が明らかになったからである。旧稿の段階で筆者は、史彌遠の神道碑の内容を伝える史料は、『四明文献』とその約園刊本を資料源とした民国『鄞県通志』のみであると認識していた。ところが旧稿と同時期に出版された史美珩氏の著書には、「史彌遠神道碑」とは異なる史彌遠の神道碑のテキストが掲載されていたのであった。[4] このテキストは民国『鄞県通志』と録善堂史氏宗譜に基づくとされ、筆者はのちの史料調査で、録善堂史氏宗譜とは上海図書館所蔵の清・欠名纂修『慈渓史氏宗譜』（以下、本章では『慈渓譜』と称す）を指すことを確認した。『慈渓譜』巻三、忠献王碑文に、「理宗賜太師左丞相衛国忠献王御製碑文」（以下、本章では「族譜版神道碑」と称す）と題する文章が掲載され、一部に「史彌遠神道碑」には見えない文章が存在したのである。また旧稿の段階では、南京図書館所蔵抄本『四明文献』（本書二二五～二二六頁）の詳しい調査もできていなかった。前章で見たように、『四明文献』はテキスト同士の字句の異同がきわめて多く、なるべく多くのテキストを踏まえることが望ましい。右の調査結果を反映したうえで史彌遠の神道碑の全テキストの字句の異同を明らかにし、史彌遠の神道碑の原貌を可能な限り復元することが求められよう。

上記の問題関心のもと、本章第一節では「史彌遠神道碑」の簡単な解題を行い、続く第二節では史料の原文・校勘を提示し、続く第三節ではそのテキストに訓読と注釈を施す。なお史料内容についての踏み込んだ検討は、第九章の付論でなされることになる。

第一節　史料解題と『慈渓譜』の神道碑

史彌遠の神道碑は理宗の御製にかかり、淳祐十二年（一二五二）年六月二十六日に下された詔に基づいて建立された。[5]史彌遠は紹定六年（一二三三）十月二十日もしくは二十四日に死去したから、[6]死後二十年ほど経過してからの建立だったことになる。その神道碑は「公忠翊運、定策元勲」と題され、[7]乾隆『鄞県志』の記事によると、その原碑は当時すでに前方に倒れ臥していて、好事家が横から覗き見て辛うじて「御製御書」の四大字を確認することができただけであったという。[8]原碑はすでに失われたと見て間違いないと思われる。我々は「史彌遠神道碑」と「族譜版神道碑」を通じて、初めてその記述内容の概要を窺知することができるのである。

史彌遠（字同叔、号沖虚道人）[9]は史浩の第三子で、寧宗・理宗両朝で長期にわたって宰相を務めた。韓侂冑暗殺事件を首謀したほか、寧宗の死後に理宗を皇帝に擁立するなど南宋中後期の政治史に大きな足跡を残した人物であった。また真徳秀・魏了翁ら朱熹の学問の継承者たちと対立したため、反道学派と見なされることも多いが、『四明文献』史彌遠所収、史彌遠「祭慈湖楊先生文」に、「我生まるること晩きと雖も、好を締ぶこと百年、朝を同じくし里を同じくし、誨言を熟奉す」とあるように、陸九淵の弟子楊簡に師事したことが確実であるほか、金華学派で朱熹の盟友だった呂祖謙にも師事していたと思しい。[10]史彌遠は思想・学問的には、道学派に近しい立場にあったものと思われる。

すでに述べたように、史彌遠は南宋中後期の中央政治を主導した重要人物ではあるものの、政権中枢におけるその具体的な動向を伝える史料は非常に乏しい。『四明文献』が伝える「史彌遠神道碑」も略文であり、一四三〇字ほどが現存するに過ぎない。しかしそこには理宗の即位後、史彌遠が理宗と皇太后楊氏との関係を取り持っていたことや、理宗が楊氏への報告後に外廷に関する文書を下していたことなど、当時の政治のあり方の一端を示す新たな記述が含まれていた。「史彌遠神道碑」が既存の史料の欠を補うところ、きわめて大きいというべきであろう。

さて史彌遠の神道碑がもともとどれほどの内容を備えた碑文であったのかは定かではない。「史彌遠神道碑」が約一四三〇字を伝えるほか、「族譜版神道碑」が約一二三〇字を伝えるが、両者の文章のほとんどが重複している。この重複箇所を除くと、「族譜版神道碑」からは「史彌遠神道碑」に見えない一七〇字ほどの文章が新たに見いだされる。これらを合計した約一六〇〇字が、我々が現在把握できる史彌遠の神道碑の内容の全てということになる。しかしそこには史彌遠の官歴などはほとんど記されておらず、なおも多くの字句が欠落していることが想定される。「族譜版神道碑」が独自に伝える部分には「事実は云云」という文言があり、あるいはこの文言の後ろに史彌遠の官歴などが記されていたのかもしれない。

それでは我々に新たな情報をもたらした『慈渓譜』とは、そもそもいかなる族譜なのであろうか。『中国家譜総目』によると、『慈渓譜』は残本であり編纂者は不明だが、咸豊年間（一八五一～一八六一）までの記事が見られるという[11]から、清末の同治年間（一八六二～一八七四）か光緒年間（一八七五～一九〇八）の編纂物と推定される。『慈渓譜』巻三には一族の伝記が見え、それによる限りでは、同書は史嵩之―史玠卿―史儼孫―史公暨―史棣祖と続く家系の族譜であり、史公暨・史棣祖が方国珍の乱により荒廃した史嵩之の墓を心配し、明初に鄞県の東呉から慈渓県南部の車廏に移り住んできたのが一族のルーツであったらしい。史彌遠の直接の子孫ではないものの、同じ四明史氏であり、史彌遠の神道碑の文章を独自に伝えていたとしても不思議はないといえる。

ただし『慈渓譜』には看過できない誤りも多い。例えば「族譜版神道碑」のみで確認できる箇所では、史彌遠の子が父の棺を奉じて帰郷したことが伝えられる。この子息の名前は史宅之であるはずだが、「族譜版神道碑」は当時すでに死去していた史寛之に誤っている。このほか全体的に字句の誤りが多数認められるほか、史彌遠死去の日付について、「族譜版神道碑」が『宋史』や『宋史全文』と大きく異なる日付を伝えていることも留意される。となると、「族譜版神道碑」のみが伝える情報に虚偽が含まれる可能性も疑われてくるが、一七〇字ほどの文章を捏造することで『慈渓譜』の一族が何らかの利益を得たとも思えない。ここでは「史彌遠神道碑」と「族譜版神道碑」の内容がおおむね一致していることを重視し、「族譜版神道碑」の誤りは流伝の過程で生じた過誤であったとしばらく解釈しておく。もちろんそれでも「族譜版神道碑」が偽作である疑いは残るため、次節で掲げる「史彌遠神道碑」の各種テキストの校勘には「族譜版神道碑」を用いず、断句した「族譜版神道碑」の全文を次に提示し、読者の参考に供することとする。なお史料中の【　】は、「史彌遠神道碑」に見えず、「族譜版神道碑」のみに見える文章を示したものである。

清・欠名纂修『慈渓史氏宗譜』巻三、忠献王碑文「理宗賜太師左丞相衛国忠献王御製碑文」
【紹定六年冬十月甲申、太師・保寧昭信軍節度使致仕・会稽郡王史彌遠、薨于易地之正寝。朕不視朝者三日、冊贈中書令、追封衛王、謚忠献、吊奠並如礼。子寛之等、以十二月十二日奉王柩東帰、遣礼官祭于覩門之外、賜纛・佩玉・黝纁。端平元年三月壬辰、葬鄞之大慈名山。距今二十年、而隧碑未立、朕甚愍焉。】嘗評越王浩、在紹興輔導我孝宗、自為王子、以即皇帝位。衛王彌遠、在嘉定輔相我寧考、曁立朕為皇子、以即皇帝位。再世定策、勲名煇煌。自古喬木世臣、未之有比。然孝宗以岐嶷之姿、仁孝聞天下。故高宗揖遜、如堯之于舜、則王父之為力也易。朕嗣守宗藩、雖以小心抑畏、上簡寧宗・恭聖之心、然涼菲何敢望孝宗。故先皇顧命、如成王之于康王、則王之為功也難。此固天下万世之公言、朕不得而私也。【廼跡其世次・官秩・歳月与夫繫天下国家之大事者、刻諸翠琰、昭示来世。因名其額曰、公忠翊運、定策元勲之碑。嗚呼、王平生徳業、尽在是矣。事実云云〈詳載本伝〉。】王廼忠定第三子、山庭淵角、風神高邁、容止雍閑、忠定以為肖己。年十三当受京秩、乃遜仲父、忠定大奇之。忠定寿考康寧、富貴鼎盛、王敝衣糲食、不啻寒素、耳目不接紛華、独好交当時名勝、汲汲学問、専以聖賢為師。読周礼則曰、此周公致太平之書。苟設官分職、各当其任、政教礼刑、皆合其宜、何慮世不太平、豈独周乎。読春秋則曰、此孔子以匹夫行天子之賞罰。為天下者、賞罰之権必操之在上。毋軼而在下、斯為天子之春秋矣。尤精於典故、議論援古道今、孜孜可喜。忠定每嘆、異日廊廟器也。平時従容膝下、随事触物、必教以任天下之重。及為相天下皆曰、相門之相也。方事変沓来之日、独能雍容雅予、談笑而応之、尋亦帖然。故当国二紀、兵幾寝、刑幾措、躋天下以仁寿之域、屹然為一代宗臣。然且能鉅而不矜、功崇而不伐、爵禄貴富、而不驕不侈、卒如忠定所教。忠定其天人哉。朕在潜邸時、自事親講学之外、無他嗜好。寧宗・恭聖、每聞之輒為喜。所以然者、繇王之励賛也。朕既入翼室、王諄諄然、勧力行孝道、首命内侍、設寝幄于清暑楼下、以近慈闈。母子之情、得以親密、伝言易審、嫌間不生。所以然者、又王納誨輔徳之力也。嗚呼、寧考留王以輔朕、今寧考不復見、恭聖不復見矣、茲又撫王之遺事、而飭終焉。此朕所以悲也。昔韓琦、嘗擁立神宗矣。神宗御製琦碑有曰、豈特慰公之知、将為天下臣子之勧。朕于王亦云。銘曰、鄞山嵯峨、鄞江滉瀁。生忠定王、為国基仗。曾未訖施、止足高尚。而天祐之、王嗣厥響。聖朝詒謀、豊水有芑。相門之相、忠定有子。開禧陳謨、嘉定改紀。更宝歴紹、事業愈偉。王之全才、善蔵其用。淵澄海涵、仁静知動。王之定力、宏毅有勇。山立揚休、載嶽不重。昔者繇・驩、福威玉食。王正邦憲、安我社稷。昔者玁獯、羽書孔棘。王交隣好、尊我疆埸。有盗相挻、其虓如虎。王一発縦、如獮狡兎。有叛弗庭、其騂如馬。王一指授、如磔腐鼠。衛道隆儒、聘近宿望。丕闢正途、賢俊蒐網。録房之後、全実之党。燭冤鏡心、沢賁幽壌。慶元之禁、渙焉冰釈。伊洛之伝、幾断復緝。問之于民、有絲有粒。問之于兵、酒釃牛撃。乾坤曷清、王除其穢。日月曷明、王披其翳。人生斯時、歌村舞市。隆古太平、翹首可冀。寧宗曰噫、忻晩用汝。庶幾乾徳、専任一普。無曰元祐、有司馬・呂。暨予初潜、務学修己。王為元亀、承先帝意。一旦擁翊、十年毗倚。上公之封、熒煌袞繡。真王之封、舄奕璽紐。胡不慭遺、与国同寿。冥冥九原、従忠定後。我思寧宗、憑几顧命。王実相之、付託已定。我思恭聖、垂簾聴政。王実相之、保佑以正。我之孝思、昊天罔極。裨於宗社、推忠定策。周公之勲、伊尹之徳。王猶謙撝、曰非己力。爰法神宗、琦功是酬。親製銘文、且篆碑首。勒崇刻鴻、伝其不朽。鄞山・鄞江、相為長久。

第二節　『四明文献』所収「史彌遠神道碑」の原文と校勘

本節では各種の『四明文献』に収められる「史彌遠神道碑」のテキストを相互に校勘して字句の異同を明らかにしたうえで、校勘した史料原文を提示する。利用した『四明文献』のテキストは、本書第五章二二二～二二六頁で紹介した①静嘉堂文庫所蔵抄本（以下、本章では静嘉堂本と称す）・②中国国家図書館所蔵清抄本（以下、本章では国図本と称す）・④民国二十四年約園鉛印本（以下、本章では約園本と称す）・⑤南京図書館所蔵鄭喬遷家抄本（以下、本章では南図本と称す）の四種であり、このうち静嘉堂本と国図本とが善本である。静嘉堂本の「史彌遠神道碑」には文字の欠落や過誤がしばしば見られるものの、その多くは汚損や抄写時の誤りによると思しき軽微なものであり、逆にほかのテキストの字句の欠落や誤りを静嘉堂本によって正せる箇所もある。本章では静嘉堂本を史料原文の底本とし、静嘉堂本の明らかな誤りは国図本・南図本によって修正して原文上に反映させる。テキスト間の字句の異同と修正箇所とは、原文中に挿入された〔一〕の漢数字で示され、それらの結果は史料原文の後ろで校勘記として示す。なお校勘した史料原文には句読点を施し、読解の便宜のため適宜段落をつける。

また静嘉堂本・国図本・南図本の間では字句はよく一致するのに対し、約園本だけが異なる字句を伝えている場合が往々にしてある。約園本は鄭喬遷の家抄本に由来すると思しきテキストを民国二十四年（一九三五）に出版したものであるが、その鄭喬遷の家抄本であるという南図本と約園本とで字句が多く食い違うことは、約園本に何らかの手が加えられている可能性を示唆しよう。約園本の出版以前に、張寿鏞は夏同甫なる人物に『四明文献』の「讎校」を依頼したという[12]。夏同甫とは寧波人の夏啓瑜のことであり[13]、張寿鏞の手になる家伝にも「鄭千之の四明文献、君既に一一讎校す」と明記されている[14]。夏啓瑜は寧波の文献に明るく、『四明経籍述要』の主編を務めたともいう。あるいは夏啓瑜の手許には『四明文献』を校訂できる何らかのテキストがあったのかもしれないが、夏啓瑜が独自の判断で字句を補訂してしまった可能性も否定できない。約園本の字句のみに依拠して静嘉堂本のテキストを修正することは避け、校勘で字句の異同を示すに止めることとする。

史料原文

宋理宗御製丞相衛王神道碑〈其略曰〉

嘗評越王浩、在紹興輔導〔一〕我孝宗、自為皇子、以即皇帝位。衛王彌遠、在嘉定輔相我寧考、暨立朕為皇子、以即皇帝位。再世定策、勲名煇煌。自古喬木世臣、未之有比。然孝宗以岐嶷之資〔二〕、仁孝聞於天下。故高宗揖遜、如堯之於舜、則王父之為力也易。朕嗣守宗藩、雖以小心抑畏、上東寧考〔三〕・恭聖之心、然涼菲何敢望孝宗。故先王〔四〕顧命、如成王之於康王、則王之為功也難。此固天下万世之公言、朕不得而私也。

王父子宰相、三世皆至公師。仲子為枢臣、季子今為従臣。有子有孫、衣冠相望者七葉、非但閥閲〔五〕之盛、実為邦国之光。於是茂実栄名、甲於天下〔六〕。其後将方興未艾、韓・呂父子兄弟〔七〕、殆不足多矣〔八〕。王乃〔九〕忠定第三子、山庭淵角、風神高邁、容止雍閑、忠定以為肖己。

年十三当受京秩、乃遜仲父、忠定大奇之。忠定寿考康寧、富貴鼎盛、王敝衣糲食、不啻寒素、耳目不接紛華、独好交当世名勝、汲汲学問、専以聖賢為師。読周礼則歎曰、此周公致太平之書。苟設官分職、各当其任、政教礼刑、各得其宜〔一〇〕、何世不太平、豈独在周乎。読春秋曰〔一一〕、此孔子以匹夫行天子之賞罰也。為天子者、賞罰之権必操而在上也。軼而在下、斯為夫子〔一二〕之春秋矣。尤精於典故、議論援古通今、亹亹可喜。忠定毎歎異曰、廊廟器也。平時従容膝下、随事触物、必教〔一三〕以任天下之重。

及為相天下皆曰、相門之相也。方事変遝来之日、力排横遏、良・平不敢闘其智、韓・彭不敢角其力。而上焉尊宗廟、安社稷、下焉綏中国、撫四夷。雖当急証危機、衆駴〔一四〕失措、独雍容整暇、談笑而応之、尋亦帖然、如断鼇足、立四極。嘗曰、我国家聖聖相授、専以務仁義結人心。兵与刑、非甚不得已不用〔一五〕。故当国二紀、兵幾寝、刑幾措、躋天下於仁寿之域、屹然為一代宗臣。然且能鉅而不矜、功崇而不伐、爵禄富貴〔一六〕、而不驕不侈、卒如忠定所教。忠定真天人哉。

朕在潜邸時、自事親講学之外、無它〔一七〕嗜好。寧宗・恭聖、毎聞之輒為喜。即位前一年、一日早朝、寧宗独凝竚、朕班退目送〔一八〕之没階〔一九〕。是年唱進士第、恭聖垂簾御屏後、朕与済国、倶侍立殿上。少頃済国趨廡下、入中璫之次。恭聖令小黄門伝教旨、命朕面簾正立良久、然後令側侍如故。蓋寧宗・恭聖、以朕拝立歩趨、頗立礼度又益喜、乃知寧宗・恭聖之意、已深属久矣。所以然者、諒王之密賛也。

朕既入翼室、王諄諄然〔二〇〕、勧朕力行孝道、首命内侍、設寝幄於清暑楼〔二一〕下、以近慈闈〔二二〕。母子之情、得以親密〔二三〕、伝言〔二四〕易審、嫌間不生。恭聖既□御慈明〔二五〕、朕昏定〔二六〕晨省必厳、毎献饗景霊宮〔二七〕、出告反面必粛□□〔二八〕、機務餘暇〔二九〕、必数請開宴〔三〇〕、以致天下之養。内廷事必先取□〔三一〕、□外之書〔三二〕必先陳白。由是怡怡愉愉、恪尽子職、恭聖亦□□□〔三三〕撫愛、極其恩慈。宮中毎挙寿巵、恭聖飲既、間留其餘巵以授朕〔三四〕。朕拝而尽爵、慈顔益喜。所以然者、又王納誨輔徳□□□也〔三五〕。

嗚呼、寧考留王以輔朕、今寧考不復見、恭聖不復□□、茲又撫王之遺事〔三六〕、而飾終焉。此朕所以悲也。昔韓琦、前嘗〔三七〕擁立神宗矣。神宗御製琦碑有曰、豈特慰公之知、将為天下臣子之勧。朕示王〔三八〕亦云。銘曰、

鄞山嵯峨、鄞江滉瀁。生忠定王、為国基杖。曾未訖施、止足高尚。而天祐之、王嗣厥響。聖朝貽謀、豊水有芑。相門之相、忠定有子。開禧陳謨、嘉定改紀。更宝歴紹、事業愈偉。王之全才、善蔵其用。淵澄海涵、仁静智動。王之智力〔三九〕、洪毅有勇。山立揚休、載嶽不重。昔者鯀・驩、福威玉食。王正邦憲、安我社稷。昔者玁狁、羽書孔棘。王交隣好、奠我疆埸。有盗相挺、其虓如虎。王一発蹤、如獮狡兎。有叛弗廷、其駻如馬。王一指授、如磔腐鼠。衛道隆儒、聘迎宿望。丕開正途〔四〇〕、賢俊蒐網。録房之後、全寔〔四一〕之党。燭冤鏡忠、沢賁幽壌。慶元之禁、渙焉冰釈。伊洛之儒、幾断復続。問之于民、有絲有粒。問之于兵、酒醴牛撃。乾坤曷清、王滌其穢。日月曷明、王披其翳。人生斯時、歌舞村市〔四二〕。隆古太平、翹首可冀。寧宗曰噫、恨晩用汝。庶幾乾徳、専任一普。元曰元祐、有司馬・呂。曁予初潜、務学修己。王為元亀、承先帝意。一旦擁翊、十年毗倚。上公之封、熒煌袞綉〔四三〕。真王之封、舄奕璽紐。胡不憖遺、与国同寿。冥冥九原、従忠定後。我思寧宗、憑几顧命。王実相之、付託以定。我思恭聖、垂簾聴政。王寔〔四四〕相之、保祐以正。我之孝思、昊天罔極。王於宗社、推忠定策。周公之勲、伊尹之徳。王猶謙撝〔四五〕、曰非己力。爰法祖宗、論功是酬。親製銘文、且篆碑首。勒崇垂鴻、王其不朽。鄞山・鄞江、相為長久。

校勘記

〔一〕「輔導」：国図本は「輔道」に作る。
〔二〕「岐嶷之資」：国図本・南図本・約園本に従う。静嘉堂本は「岐凝之資」に作る。
〔三〕「上柬寧考」：約園本は「士承寧考」に作る。
〔四〕「先王」：国図本・南図本・約園本は「先皇」に作る。
〔五〕「閥閲」：国図本は「閲閥」に作る。
〔六〕「栄名、甲於天下」：国図本に従う。静嘉堂本・南図本は「栄□□於天下」に、約園本は「栄華、甲於天下」に作る。
〔七〕「兄弟」：国図本は「弟兄」に作る。
〔八〕「不足多矣」：国図本に従う。静嘉堂本は「不足多□」に、南図本・約園本は「不足多也」に作る。
〔九〕「王乃」：国図本・南図本・約園本に従う。静嘉堂本は「□乃」に作る。
〔一〇〕「各得其宜」：国図本・南図本・約園本に従う。静嘉堂本は「□□□其宜」に作る。
〔一一〕「曰」：国図本は「則曰」に作る。
〔一二〕「夫子」：国図本は「天子」に作る。
〔一三〕「必教」：国図本・南図本・約園本に従う。静嘉堂本は「必致」に作る。
〔一四〕「衆駴」：国図本・南図本・約園本は「衆駭」に作る。
〔一五〕「不得已」：南図本は「不得」に作る。

〔一六〕「富貴」：国図本は「貴富」に作る。
〔一七〕「無它」：国図本・約園本は「無他」に作る。
〔一八〕「目送」：国図本に従う。静嘉堂本・約園本・南図本は「目逆」に作る。
〔一九〕「没階」：南図本は「没堦」に作る。
〔二〇〕「諄諄然」：約園本は「諄諄」に作る。
〔二一〕「清暑楼」：国図本に従う。静嘉堂本・南図本・約園本は「清署楼」に作る。
〔二二〕「以近慈闈」：国図本・南図本は「以□近慈闈」に作る。
〔二三〕「母子之情得以親密」：約園本は「母子之情□得以親密」に作る。
〔二四〕「伝言」：約園本は「依言」に作る。
〔二五〕「既□御慈明」：南図本は「既□□御慈明」に、約園本は「既伝正御慈明」に作る。
〔二六〕「昏定」：約園本は「昏□定」に作る。
〔二七〕「景霊宮」：国図本に従う。静嘉堂本・約園本・南図本は「景雲宮」に作る。
〔二八〕「□□」：約園本は「礼儀」に作る。
〔二九〕「機務餘暇」：約園本は「機務餘□暇」に作る。
〔三〇〕「開宴」：約園本は「問用」に作る。
〔三一〕「取□」：国図本・南図本は「取□□」に、約園本は「取決」に作る。
〔三二〕「□外之書」：国図本は「中外文書」に、約園本は「宣外之□書」に作る。
〔三三〕「亦□□□」：約園本は「亦□□□□□」に作る。

〔三四〕「間留其餘厄以授朕」：国図本に従う。静嘉堂本は「間留其餘□□朕」に、約園本・南図本は「間留其餘以賜朕」に作る。
〔三五〕「納誨輔徳□□□也」：約園本は「納誨輔徳□□□□也」に作る。
〔三六〕「恭聖不復□□、茲又撫王之遺事」：国図本は「恭聖不復□□□慈、又撫王之遺事」に、約園本・南図本は「恭聖不復□□慈、又撫王之遺事」に作る。
〔三七〕「前嘗」：国図本に従う。静嘉堂本は「□□」に、約園本・南図は「定策」に作る。
〔三八〕「朕示王」：国図本は「朕於王」に作る。
〔三九〕「智力」：国図本は「定力」に作る。
〔四〇〕「丕開正途」：国図本は「丕開正塗」に作る。
〔四一〕「全寔」：国図本・約園本・南図本は「全実」に作る。
〔四二〕「歌舞村市」：国図本は「歌村舞市」に作る。
〔四三〕「袞綉」：約園本は「袞繡」に作る。
〔四四〕「王寔」：国図本・約園本・南図本は「王実」に作る。
〔四五〕「謙撝」：南図本・約園本は「撝謙」に作る。

第三節　訓読・注釈

本節では第二節で提示した史料原文に訓読と注釈とを施す。訓読中の（　）の漢数字が注釈を施した箇所であり、その結果は訓読の後ろに列挙する。

訓　読

宋理宗御製丞相衛王神道碑〈其の略に曰く〉

嘗て越王浩（一）を評するに、紹興に在りて我が孝宗を輔導し、皇子と為して自り、以て皇帝位に即かしむと。衛王彌遠、嘉定に在りて我が寧考を輔相し、曁び朕を立てて皇子と為し、以て皇帝位に即かしむ。再世定策し、勲名は輝煌たり。古自り喬木の世臣（二）、未だこれに比する有らず。然るに孝宗岐嶷（三）の資を以てし、仁孝は天下に聞こゆ。故に高宗揖遜すること、堯の舜に於けるが如かれば、則わち王父の力を為すや易し。朕宗藩を嗣守し、小心抑畏するを以て、上は寧考・恭聖（四）の心に柬ばるると雖も、然るに涼菲なれば何ぞ敢えて孝宗たるを望まんや。故に先王顧命すること、成王の康王に於けるが如かれば（五）、則ち王の功を為すや難し。此れ固より天下万世の公言にして、朕得て私にせざるなり。

王父子宰相にして、三世皆な公師に至る。仲子は枢臣と為り、季子は今従臣と為る（六）。子有り孫有り、衣冠の相望むこと七葉、但だに閥閲の盛んなるのみには非ず、実に邦国の光為り。是に於いて茂実栄名は、天下に甲たり。其の後も将方に興らんとし未だ艾まず、韓・呂の父子兄弟（七）も、殆ど多とするには足らざるなり。王乃ち忠定（八）の第三子、山庭淵角（九）にして、風神は高邁、容止雍閑なれば、忠定已に肖ると以為う。

年十三にして当に京秩を受くべきも、乃ち仲父に遜り、忠定大いにこれを奇とす。忠定寿考康寧にして、富貴鼎盛なるも、王の敝衣糲食すること、啻だに寒素なるのみならず、耳目は紛華に接せず、独だ当世の名勝と交わるを好むのみにして、学問に汲汲とし、専ら聖賢を以て師と為す。周礼を読めば則ち歎じて曰く、此れ周公太平を致すの書なり。苟くも設官分職し、各おの其の任に当たり、政教礼刑、各おの其の宜しきを得れば、何れの世か太平ならざらん、豈に独だ周に在るのみならんやと。春秋を読めば曰く、此れ孔子匹夫を以て天子の賞罰を行うなり。天子為る者、賞罰の権は必ず操りて上に在るべきなり。軼して下に在れば、斯れ夫子の春秋と為るなりと。尤も典故に精しく、議論すれば古を援きて今に通ぜしめること、衮衮として喜ぶべし。忠定毎に歎異して曰く、廊廟の器なりと（一〇）。平時に膝下に従容とせば、事に随い物に触れ、必ず教えるに天下の重を任うことを以てす。

相と為るに及び天下皆な曰く、相門の相なりと。事変還来の日に方り、力めて横遏を排するは、良・平も敢えて其の智を闘わせず、韓・彭も敢えて其の力を角べざるなり（一一）。而して上は宗廟を尊び、社稷を安じ、下は中国を綏んじ、四夷を撫す（一二）。急証の危機に当たり、衆駴きて措を失うと雖も、独り雍容整暇にして、談笑してこれに応じ、尋いで亦た帖然たること、鼇足を断ち、四極を立つるが如し（一三）。嘗て曰く、我が国家聖聖相い授くるに、専ら仁義に務め人心を結ぶを以てす。兵と刑とは、甚だ已むを得ざるに非ざれば用いざるなりと。故に当国すること二紀にして、兵は幾んど寝み、刑は幾んど措かれ、天下は仁寿の域に躋れば（一四）、屹然として一代の宗臣為り。然して且つ能は鉅にして矜らず、功は崇にして伐らず、爵禄富貴にして、驕らず侈らず、卒に忠定の教うる所の如し。忠定真に天人ならんや。

朕潜邸に在りし時、事親し講学する自りの外、它に嗜好無し。寧宗・恭聖、これを聞く毎に輒ち喜と為す。即位前の一年、一日早朝するに、寧宗独り凝竚し、朕班退するにこれの没階するを目送す。是の年進士の第を唱するに、恭聖御屏の後に垂簾するに、朕と済国（一五）とは、倶に殿上に侍立す。少頃し済国廡下に趨き、中璫の次に入る。恭聖小黄門をして教旨を伝えしめ、朕に命じて面簾正立せしめること良や久しくし、然る後に側侍せしめること故の如し。蓋し寧宗・恭聖、朕の拝立歩趨、頗る礼度を立つるを以て又た益ます喜び、乃ち寧宗・恭聖の意、已に深く属すること久しきを知るなり。然る所以は、諒に王の密賛なり。

朕既に翼室に入れば（一六）、王諄諄然として、朕に力めて孝道を行うを勧め、首ず内侍に命じ、寝幄を清暑楼（一七）の下に設け、以て慈闈に近づからしむ。母子の情、得るに親密なるを以てし、伝言は審し易く、嫌間生ぜず。恭聖既に□慈明に御すに（一八）、朕昏定晨省（一九）するは必ず厳とし、景霊宮に献饗する毎に（二〇）、出告反面は必ず□□を粛とし、機務の餘暇には、必ず数しば開宴を請い、以て天下の養を致す。内廷の事は必ず先に□を取り、□外の書は必ず先に陳白す（二一）。是れ由り怡怡愉愉とし、恪んで子職を尽くし、恭聖も亦た□□□撫愛し、其の恩慈を極む。宮中に寿巵を挙ぐる毎に、恭聖飲み既くせば、間ま其の餘巵を留め以て朕に授く。朕拝して爵を尽くせば、慈顔益ます喜ぶ。然る所以は、又た王の納誨輔徳（二二）の力なり。

嗚呼、寧考 王を留め以て朕を輔けしむるも、今寧考復た見えず、恭聖も復た□□、茲に又た王の遺事を撫して、終を飾る。此れ朕の悲しむ所以なり。昔韓琦、前に嘗て神宗を擁立す。神宗琦の碑を御製し曰う有り、豈に特だに公の知を慰むるのみならん、将に天下臣子の勧と為さんとするなりと（二三）。朕も王を示して亦た云わん。銘に曰く、鄞山は嵯峨とし、鄞江は滉瀁たり。忠定王を生み、国の基杖と為す。曾て未だ施を訖わらずして、止だ高尚たるに足る。而して天これを祐け、王厥の響きを嗣ぐ。聖朝謀を貽し、豊水芑有り（二四）。相門の相、忠定に子有り。開禧に陳謨し、嘉定に紀を改む。宝を更て紹を歴し、事業は愈いよ偉なり。王の全才、善く其の用を蔵む（二五）。淵澄にして海涵、仁静にして智動なり。王の智力、洪毅にして勇有り。山立にして揚休（二六）、嶽を載せても重しとせず。昔は鯀・驩（二七）、福威して玉食す。王邦憲を正し、我が社稷を安んず。昔は玁狁、羽書孔だ棘なり（二八）。王交わりて隣好し、我が彊場を奠む。盗有りて相い挺き、其の虓なること虎の如し（二九）。王一たび発蹤せば、狡兎を獮るが如し（三〇）。叛有りて廷せず（三一）、其の駻なること馬の如し。王一たび指授せば、腐鼠を磔くが如し。道を衛り儒を隆からしめ、宿望を聘迎す。丕いに正途を開き、賢俊は蒐網せらる。房の後を録し（三二）、寔の党を全うす。冤を燭らし忠を鏡らし、幽壌を沢おし責る。慶元の禁、渙けて冰釈す。伊洛の儒、幾ど断たれんとするも復た続く。これを民に問えば、絲有り粒有り。これを兵に問えば、酒醴され牛撃たる（三三）。乾坤曷ぞ清たるか、王其の穢れを滌えばなり。日月曷ぞ明たるか、王其の翳を披けばなり。人斯の時に生まれ、村市に歌舞す（三四）。隆古の太平、首を翹げて冀むべし。寧宗曰く噫、晩くに汝を用いたるを恨むと。乾徳に専ら一普を任ずるに庶幾し。元より元祐と曰わば、司馬・呂有り（三五）。予の初潜に暨びては、学に務め己を修む。王は元亀為りて、先帝の意を承く。一旦擁翊し、十年毗倚せらる。上公にこれ封ぜられ、熒煌なる袞綉なり（三六）。真王にこれ封ぜられ、舄奕なる璽紐なり。胡ぞ憖しいて遺し（三七）、国と同寿せしめざる。冥冥なる九原、忠定の後に従う。我思うは寧宗の、憑几顧命（三八）。王寔にこれを相け、付託せられ以て定む。我思うは恭聖の、垂簾聴政。王実にこれを相け、保祐して以て正す。我の孝思、昊天に極まる罔し。王宗社に於いて、忠を推して定策す。周公の勲、伊尹の徳なり。王猶お謙撝し（三九）、己の力に非ざると曰う。爰に祖宗に法り、功を論じ是に酬いん。親ら銘文を製り、且つ碑首に篆す。崇を勒み鴻を垂れれば（四〇）、王は其れ不朽とならん。鄞山・鄞江、相い長久為らん、と。

注釈

（一）「越王浩」：史彌遠の父史浩のこと。史浩は孝宗の皇子時代の傅役で、孝宗即位後に二度宰相を務め、死後の嘉定十四年（一二二一）に越王に追封され、謚を忠定に改められた。『宋史』巻一五五、史浩伝を参照。

（二）「喬木世臣」：『孟子』梁恵王章句下に、「所謂故国者、非謂有喬木之謂也。有世臣之謂也」とある。由緒ある国は、樹齢の高い古木があることではなく、忠義を尽くす譜代の臣下がいるからこそ尊ばれることを述べた言葉。

（三）「岐嶷」：『詩経』大雅、生民之什「生民」に、「誕実匍匐、克岐克嶷」とあり、『毛詩伝箋』の鄭箋に「能匍匐則岐岐然意有所知也、其貌嶷嶷然有所識別也」とある。生まれてまだ立つこともできない后稷が、早くから智慧にすぐれ物事を知りわきまえたことを述べた言葉。

（四）「恭聖」：寧宗の皇后楊氏のこと。謚は恭聖仁烈皇后。寧宗朝時代に史彌遠の韓侂冑暗殺に協力し、寧宗没後は史彌遠の理宗擁立に協力した。『宋史』巻二四三、恭聖仁烈楊皇后伝を参照。

（五）「如成王之於康王」：『史記』巻四、周本紀に「成王将崩、懼太子釗之不任、乃命召公・畢公、率諸侯以相太子而立之。成王既崩、二公率諸侯、以太子釗見於先王廟、申告以文王・武王之所以為王業之不易、務在節倹、毋多欲、以篤信臨之、作顧命」とあり、臨終の際に成王が康王の資質を心配し、召公・畢公に康王を助けさせ、臨終の詔を作成したとある。

（六）「仲子為枢臣、季子今為従臣」：『宋史』巻四三、理宗本紀三、淳祐九年閏二月甲辰条に「史宅之同知枢密院事」とある。また王応麟『四明文献集』巻五、墓誌銘「故観文殿学士正奉大夫史宇之墓誌銘」に、兄のための服喪明けのこととして、「召為兵部侍郎、辞不拝、進待制宝文閣・提挙祐神観。擢工部侍郎、権尚書」とあるから、淳祐十二年（一二五二）の史宇之は宝文閣待制の館職、および工部侍郎、もしくは権工部尚書の職事官を帯びており、侍従官の要件を満たしていた。侍従官の範囲については、張禕「宋代侍従官的範囲及相関概念」（『漢学研究』三四、二〇一八年）を参照。

（七）「韓・呂父子兄弟」：相州韓氏の韓琦・韓忠彦は父子で宰相となり（小林義廣「宋代の二つの名族――真定韓氏と相韓韓氏――」井上徹・遠藤隆俊編『宋―明宗族の研究』汲古書院、二〇〇五年所収）、河南呂氏では、呂蒙正とその族姪の呂夷簡、呂夷簡の子呂公著と、三代続けて宰相を務める人物が出た（衣川強「宋代の名族――河南呂氏の場合

――」同『宋代官僚社会史研究』汲古書院、二〇〇六年所収、初出は一九七三年)。どちらの一族も後裔から多くの官僚・文人が輩出された。

(八)「忠定」:注釈(一)で挙げた史浩を指す。忠定は史浩の諡号。

(九)「山庭淵角」:『文選』巻四六、序下、任昉「王文憲集序」に、「況乃淵角殊祥、山庭異表」とあり、李善注は「論語撰考讖曰、顔回有角額、似月形。淵、水也。月是水精、故名淵」と述べ、劉良注は「淵角山庭、賢人之相也」と述べる。額が四角で鼻が高い非凡な相貌で、賢人の相をいう。

(一〇)「廊廟器」:『三国志』巻三八、蜀志八、許糜孫簡伊秦伝の評語に、「蔣済以為、大較廊廟器也」とある。朝廷の重任を担う人材であることを評した言葉。

(一一)「良・平不敢闘其智、韓・彭不敢角其力」:良・平と韓・彭は、漢朝建国の功臣の張良・陳平と韓信・彭越をそれぞれ指す。前者の二人は謀臣を、後者の二人は将帥を代表させている。

(一二)「下焉綏中国、撫四夷」:『詩経』大雅、生民之什「民労」に、「恵此中国、以綏四方」とあるのが出典であろう。『毛詩伝箋』の毛伝に「中国、京師也。四方、諸夏也」とあり、鄭箋に「愛京師之人、以安天下」とあるように、もとは京師と諸侯とを対比した言葉であるが、ここでは中国と四夷に言い換えられており、宋朝と金国を指していると思われる。

(一三)「如断鼇足、立四極」:『列子』湯問第五に「故昔者、女媧氏練五色石、以補其闕、断鼇之足、以立四極」とあり、『淮南子』覧冥篇に「往古之時、四極廃、九州裂、天不兼覆、地不周載、火爁炎而不滅、水浩洋而不息、猛獣食顓民、鷙鳥攫老弱。於是女媧、錬五色石、以補蒼天、断鼇足、以立四極、殺黒龍以済冀州、積蘆灰、以止淫水。蒼天補、四極正、淫水涸、冀州平、狡蟲死、顓民生」とある。『淮南子』は災厄に見舞われた人々を女媧

が救ったことを述べており、本文中のニュアンスもこれに近いか。

（一四）「躋天下於仁寿之域」：『漢書』巻七二、王吉伝に「歐一世之民、済之仁寿之域」とあり、顔師古は「以仁撫下、則群生安逸而寿考」と注する。仁によって民を慈しめば、民は安逸して長寿となることを指す。

（一五）「済国」：趙竑のこと。趙竑は宗室趙希瞿の子で、継嗣の絶えた沂靖恵王（孝宗の次子趙愷の家）を嗣いだ。景献太子の死後、寧宗の養子として皇子となり、嘉定十五年（一二二二）に済国公に封ぜられ、これによって空席になった沂靖恵王は新たに史彌遠に見いだされた宗室の子趙昀が嗣いで皇姪となった。しかし寧宗の没後、史彌遠と皇后楊氏によって擁立された趙昀が理宗として即位すると、趙竑は済王に封ぜられ、湖州に退けられた。のちに湖州での叛乱に巻き込まれ、乱鎮圧後に自縊を強制されたという。『宋史』巻二四六、鎮王竑伝を参照。

（一六）「朕既入翼室」：『書経』周書、顧命に「延入翼室、恤宅宗」とある。蔡沈『書集伝』巻六、周書、顧命は「延、引也。翼室、路寝旁左右翼室也。太保以冢宰摂政、命桓・毛二臣、使斉侯呂伋以二干戈・虎賁百人逆太子釗於路寝門外。引入路寝翼室、為憂居宗主也」と解釈する。成王の死後に、重臣たちが王子を正寝の横の翼室に引き入れ、憂居の宗主としたことをいう。

（一七）「清暑楼」：王応麟『玉海』巻一六〇、宮室、殿下「淳熙延和殿」に「福寧殿側有清暑楼」とあり、皇帝の寝殿の側の建築物であった。

（一八）「恭聖既□御慈明」：『宋史全文』巻三一、宋理宗一、嘉定十七年十二月癸丑条に、「宰臣史彌遠等、請以皇太后殿名慈明。詔依」とあるように、理宗の即位後、皇太后楊氏の居所は慈明殿に置かれた。

（一九）「昏定晨省」：『礼記』曲礼上に「凡為人子之礼、冬温而夏清、昏定而晨省」とあり、鄭注は「定、安其牀衽也。省、問其安否如何」と解説する。子が親に仕える礼をいい、夜には寝床を整え、朝にはご機嫌を伺うことをいう。

（二〇）「毎獻饗景霊宮」：景霊宮は歴代皇帝の御影を祀る宮観で、四月の孟饗では皇帝自ら祭礼を行った。呉自牧著・梅原郁訳注『夢粱録2――南宋臨安繁昌記――』（東洋文庫六七六、平凡社、二〇〇〇年）二八～三三頁を参照。

（二一）「内廷事必先取□□、□外之書必先陳白」：前節の校勘記の〔三〇〕〔三一〕で示したように、国図本と南図本は「内廷事必先取□、□外之書必先陳白」に作り、約園本は「内廷事必先取決、宣外之□書必先陳白」に作る。前半部分はいずれのテキストでも理宗が内廷に関することは必ず皇太后楊氏からの許可を取っていたという意味で間違いないと思われるが、後半部分は理宗が皇太后楊氏に先に申し上げていたという文書について、静嘉堂本・南図本は「□外之書」とするのに対し、国図本は「中外文書」とし、約園本は「宣外之□書」とする。ここでの約園本は独自に字句を伝えているため、前節冒頭で述べたようにこれを採用するのは避ける。国図本に従えば欠字の問題を解決できるが、これも孤証であるうえに静嘉堂本・南図本との違いが大きくなるため、あえてこれに従う根拠が見いだせない。文章的に「□外之書」は「内廷事」と対句の形になっているため、静嘉堂本・南図本に従い、外廷に関する何らかの文書を指すものとここでは解釈しておく。

（二二）「納誨輔徳」：『書経』商書、説命上に、「命之曰、朝夕納誨、以輔台徳」とある。『書集伝』は「朝夕納誨者、無時不進善言也」と述べ、「高宗既相説、処之以師傅之職、而又命之朝夕納誨、以輔台徳、可謂知所本矣」と解説する。高宗が傅説に対し、朝夕に諫言を進め入れて自分の政治を助けるように述べた言葉。

（二三）「豈特慰公之知、将為天下臣子之勧」：杜大珪『名臣碑伝琬琰之集』上、巻一、神宗「両朝顧命定策元勲之碑」の末尾に「既述公以文、遂篆其首曰、両朝顧命、定策元勲之碑。夫豈特慰公之知、亦将為天下臣子之勧」とある。

（二四）「聖朝貽謀、豊水有芑」：『詩経』大雅、文王之什「文王有声」に、「豊水有芑、武王豈不仕。詒厥孫謀、以燕翼子」とある。『毛詩伝箋』の毛伝に「芑、草也。仕、事。燕、安。翼、敬也」とあり、鄭箋に「詒猶伝也。孫、順也。豊水猶以其潤沢生草、武王豈不以其功業為事乎。以之為事、故伝其所以順天下之謀、以安其敬事之子孫。謂使行之也」とある。水が潤沢で草が生じる豊水で武王が盛業を立て、天下を従える謀を伝えて、先祖を敬う子孫を安んじたことをいう。

（二五）「蔵用」：『易経』繫辞上に、「顕諸仁、蔵諸用、鼓万物而不与聖人同憂」とあり、孔穎達の正義は「蔵諸用者、謂潜蔵功用、不使物知、是蔵諸用也」と解説する。効用を隠すことをいう。

（二六）「山立揚休」：『礼記』玉藻に「山立、時行、盛気顛実揚休」とあり、孔穎達の正義は「山立者、若住立、則嶷如山之固、不揺動也」、「時行者、観時而行也」、「盛気顛実揚休者、顛、塞也。実、満也。揚、陽也。休、養也。言軍士宜怒其気、塞満身中、使気息出外咆勃、如盛陽之気、生養万物也」と解説する。山のようにどっしり構えて時が来るまで動かず、気力を充実させることをいう。

（二七）「鯀・驩」：舜の父鯀と驩兜を指す。共工・三苗とともに四罪と呼ばれた。『書経』舜典に四人の悪人を追放した記事として、「流共工于幽州、放驩兜于崇山、竄三苗于三危、殛鯀于羽山。四罪而天下咸服」と見える。

（二八）「昔者玁狁、羽書孔棘」：『詩経』小雅、鹿鳴之什「采薇」の「豈不日戒、玁狁孔棘」が出典であろう。『毛詩伝箋』の鄭箋に「戒、警勅軍事也。孔、甚。棘、急也。言君子小人豈不日相警戒乎。誠日相警戒也。玁狁之難甚急、予述其苦以勧之」とある。「史彌遠神道碑」の文章は、金国の急な侵攻を知らせる前線からの急報を述べたものであろう。

（二九）「其虓如虎」：『詩経』大雅、蕩之什「常武」に「闞如虓虎」とあり、『毛詩伝箋』の鄭箋は「闞然如虎之怒」

と解釈する。猛虎の哮り吼えることを指す。

（三〇）「王一発蹤、如獮狡兎」：『史記』巻五三、蕭相国世家に、「高帝曰、夫猟、追殺獣兎者狗也、而発蹤指示獣処者人也」とある。狗を放って場所を示し、獣や兎を狩らせることをいう。

（三一）「弗廷」：『春秋左氏伝』隠公十年六月辛巳条に「以王命討不庭」とある。不庭は朝覲しない、すなわち王朝に従わないことを指す。

（三二）「録房之後、全寔之党」：字義からは意味が通じないが、『綱目備要』巻一六、嘉定十七年正月戊戌条に「録程頤後」とあり、その詳細は李心伝『道命録』巻一〇「録用伊川先生後人詔旨」によって判明する。弾圧された道学の源流である程頤の曾孫（程観之）と玄孫（程源）を録用し、道学派の官僚たちの復権をなしたことを指したものか。

（三三）「酒釃牛撃」：『後漢書』列伝八、臧宮伝に「宮陳兵大会、撃牛釃酒、饗賜慰納之、越人由是遂安」とある。兵士を集め、牛を殺し、酒を漉して美酒とし、これを下賜して慰労したことを指すのであろう。

（三四）「歌舞村市」：『詩経』国風、陳「東門之枌」の詩序に、「男女棄其旧業、亟会於道路、歌舞於市井爾」とある。庶民の男女が市場で群がり歌舞する様を述べた言葉。

（三五）「有司馬・呂」：元祐元年（一〇八六）に宰相の任に当たった司馬光と呂公著を指す。司馬光は尚書左僕射兼門下侍郎を務め、呂公著は尚書右僕射兼中書侍郎を務めた。

（三六）「袞綉」：『詩経』国風、豳「九罭」に、「袞衣繡裳」とある。『毛詩伝箋』の鄭箋は「王迎周公、当以上公之服往見之」とする。袞綉は上公の衣装のことを指したものであろう。

（三七）「憖遺」：『詩経』小雅、節南山之什「十月之交」に「不憖遺一老、俾守我王」とあり、『春秋左氏伝』哀公、伝十六年四月己丑条に「孔丘卒。公誄之曰、旻天不弔、不憖遺一老」とある。『毛詩伝箋』の鄭箋は、「憖者、心不欲自彊之辞也」と解釈しており、ここでも「強いる」の意味にとる。

（三八）「憑几顧命」：『書経』周書、顧命に「相被冕服、憑玉几」とあり、『書集伝』は「扶相者被以袞冕、憑玉几発命」と解説する。重病になった王に侍臣が冕服を着せ、玉製の机によらせて命を発せさせたことをいう。顧命は『書経』の篇名で、鄭玄は「回首曰顧、臨死回顧而発命」と述べ、臨終に出す命令と解釈する。

（三九）「謙撝」：『陳書』巻一、高祖本紀一、太平元年九月条の詔書に、「夫備物典策、桓・文是膺、助理陰陽、蕭・曹不譲、未有功高於寓県、而賞薄於伊・周、凡厥人祇、固懐延佇。寔由公謙撝自牧、降損為懐、嘉数遅回、永言増歎」とある。斉の桓公や晋の文公、蕭何や曹参に匹敵する功績を挙げたにもかかわらず、謙遜して自らへの褒美を減らすことを望む陳覇先を賞賛した言葉。謙撝は謙遜する様をいう。

（四〇）「勒崇垂鴻」：『漢書』巻八七、揚雄伝上に、「因茲以勒崇垂鴻、発祥隤祉」とあり、顔師古は「勒崇垂鴻、勒崇名而垂鴻業也」と解釈する。

注

（1）拙稿「史彌堅墓誌銘と史彌遠神道碑――南宋四明史氏の伝記史料二種――」（『史朋』四三、二〇一〇年）を参照。

（2）寺地遵「南宋中期政治史の試み」（公開講演要旨）（『日本歴史学協会年報』一八、二〇〇三年）を参照。

（3）章国慶編著『寧波歴代碑碣墓誌彙編――唐／五代／宋／元巻――』（上海古籍出版社、二〇一二年）を参照。

（4）史美珩『是奸相還是能臣――史彌遠歴史真相研究――』（山西人民出版社、二〇一〇年）二二一〜二二八頁を参照。

（5）『宋史全文』巻三四、宋理宗四、淳祐十二年六月戊寅条に、「戊寅詔、朕惟故相・中［書］令・魏国公・忠献王史彌遠、光輔両朝、備殫忠藎、而嘉定更化之績、甲申定策之立、尤甚彰明昭著者也。銘書太常、永有休聞、而薨背越二十年、隧道之碑未立、朕甚憫焉。爰考太宗・神宗皇帝所以光寵普・琦故事、親御翰墨、為製碑銘、以公忠翊運定策元勲題其首。可宣付史館、以備立伝、以見朕褒嘉念旧之意」とある。

（6）『宋史全文』巻三二、宋理宗二は史彌遠死去の日付を紹定六年十月辛卯（二十日）とし、『宋史』巻四一、理宗本紀一は紹定六年十月乙未（二十四日）とする。

（7）『宋史』巻四一四、史彌遠伝。

（8）乾隆『鄞県志』巻二三、金石、宋「史彌遠墓碑」に「碑已仆、正面没土中。好事者従旁窺之、有御製御書四大字。攷、彌遠卒於紹定六年、理宗御製神道碑額云、公忠翊運定策元勲之碑。在大慈山」とある。

（9）京都大学に所蔵される五山版の橘洲宝曇『大光明蔵』冒頭の「大光明蔵序」は史彌遠が嘉定九年（一二一六）に記した文章であり、『全宋文』にも収録されていない。この序文において史彌遠は自らを「冲虚道人」と名乗っている。

（10）延祐『四明志』巻五、人物攷中、先賢「史彌遠」に「登進士第、折節下士、与東萊呂祖謙相游従」とある。「游従」とあるが、呂祖謙は史彌遠よりも十七歳も年長であり、史彌遠が呂祖謙に師事したというのがその実態だったのであろう。

（11）王鶴鳴主編『中国家譜総目』（上海古籍出版社、二〇〇八年）四四五頁を参照。

（12）約園本『四明文献』「序」に、「張君秉三、以其家蔵鄭千之所撰四明文献見、仮因録副、而浼夏君同甫讎校」とある。兪信芳『張寿鏞先生伝』（北京図書館出版社、二〇〇三年）二二四～二二五頁によると、張寿鏞は民国二十年（一九三一）に『四明叢書』を編纂するために忻江明・夏同甫とともに四明文献社を組織したと見え、張寿鏞の事業の有力な協力者であったようである。

（13）張寿鏞『約園雑著続篇』巻八下、雑文二「夏同甫先生家伝」に、「君諱啓瑜、浙江鄞県人」とある。この家伝によると、夏啓瑜は光緒二十年（一八九四）の進士で、翰林院庶吉士・甘粛学政を務め、国史館・編集処などでの史料編纂事業に携わり、知吉安府にまでなった。民国政府では用いられず、隠棲して郷里の文献に留意し、死の直前に張寿鏞に『四明経籍述要稿』九冊を託したという。

（14）張寿鏞『約園雑著続篇』巻八下、雑文二「夏同甫先生家伝」に、「鄭千之四明文献、君既一一讎校」とある。

第七章　史彌堅墓誌銘訓注稿——南宋四明史氏の伝記史料その二——

はじめに

本章は前章と同じく、二〇一〇年の拙稿[1]（以下、本章では旧稿と称す）を全面的に改稿し、清末の複数の族譜に収められた史彌堅の墓誌銘を相互に校勘し、その原文を断句したうえで、訓読と注釈の試案を提示せんとするものである。

前章で述べたように、旧稿では史彌遠の神道碑とともに、清・史悠誠纂修『鄞東銭堰史氏宗譜』（河北大学図書館所蔵。以下、本章では『鄞東譜』と称す）に収められた史彌堅の墓誌銘の全文を断句し、その内容について若干の分析を行った。史彌堅は史彌遠の異母弟であり、その墓誌銘には史彌遠や四明史氏に関する従来未知であった情報が豊富に載せられていたのであった。

旧稿の段階で筆者は、史彌堅の墓誌銘を現在に伝える文献は『鄞東譜』のみだと認識していた。ところが史彌遠の神道碑と同様、旧稿発表後の史料調査により、『鄞東譜』以外の族譜にも史彌堅の墓誌銘を伝えるものがあることが判明した。前章でも挙げた清・欠名纂修『慈渓史氏宗譜』（以下、本章では『慈渓譜』と称す）、および上海図書館所蔵の清・史玫纂修『餘姚半霖史氏小宗支譜』（以下、本章では『餘姚譜』と称す）がそれである。四明史氏の族譜はほかにも複数伝存するため、史彌堅の墓誌銘を伝える族譜はこれらに止まらない可能性もあるが、現状で三つのテキストを比較できるようになったことの意味は大きい。『鄞東譜』所収の史彌堅の墓誌銘には文字の誤りも多く、旧稿では筆者が気づいた以外にも文字の誤脱や転倒が潜んでいることを疑いながら断句せざるをえなかったからである。三つのテキストの相互参照によって以前の疑問点が大幅に解消され、それによって旧稿での断句の誤りがいくつか明らかになった。そのほか旧稿には筆者の未熟さによる断句の誤りも目立つため、(2)それらの修正点を史料原文上に反映したうえで読解する必要があるといえる。

第一節では史彌堅の墓誌銘についての解題を行い、その信憑性を確認する。続く第二節では各種テキストで校訂した史料原文と校勘記とを提示し、同じく第三節ではその史料原文に訓読・注釈を施す。なお本史料の内容の一部は、第一〇章の議論で活用される。

第一節　史彌堅墓誌銘の史料内容とその信憑性

史彌堅の墓誌銘は次の三つの族譜にそれぞれの名称で伝えられている。

① 『餘姚譜』巻三、鄭清之「忠宣公墓誌銘」
② 『慈渓譜』巻三、鄭清之「宋贈開府儀同三司忠宣公墓誌銘」
③ 『鄞東譜』巻一、鄭清之「宋贈開府儀同三司忠宣公墓誌銘」

本章では右の史料を「史彌堅墓誌銘」と呼称する。右の族譜の刊行年は前章で見たように『慈渓譜』が同治年間（一八六二～一八七四）か光緒年間（一八七五～一九〇八）と推定されるほか、『鄞東譜』は光緒三十二年（一九〇六）である。(3)また『餘姚譜』は同名の族譜が咸豊三年（一八五三）と同治九年（一八七〇）に刊行されているが、筆者が上海図書館で閲覧できた電子データは後者のものであった。(4)いずれも清末の族譜であり、『鄞東譜』より『慈渓譜』・『餘姚譜』

の方が若干早く出版されているものの、筆者は『慈渓譜』・『餘姚譜』を実見できておらず、あくまでも上海図書館において電子データを確認したのみである。三者のテキストとしての良否に大きな差があるとも思われないため、ここでは筆者が実見しえた右の③『鄞東譜』の「史彌堅墓誌銘」を史料原文の底本とする。

史彌堅（字固叔、号滄洲）は孝宗朝の宰相史浩の第四子であり、先述したように史彌遠の異母弟に当たる。また孝宗の親兄である趙伯圭の女婿となるなど、皇族と深い結びつきを持つ人物でもあった。『宋元学案』では楊簡・袁燮・孫応時の門人に位置づけられている。[5]また嘉定『鎮江志』の編纂に携わったほか、[6]『名公書判清明集』に判牘一篇が収められていることから分かるように、[7]地方官としての優れた治績で知られる人物でもあった。このように史彌堅は寧宗朝から理宗朝の南宋官界に小さからぬ足跡を残したが、『宋史』には立伝されておらず、また延祐『四明志』巻五の伝記もきわめて簡略であるため、「史彌堅墓誌銘」こそが現存する最も詳細な史彌堅の伝記史料ということになる。

「史彌堅墓誌銘」は理宗朝で宰相を務めた鄭清之によって淳祐二年（一二四二）に執筆された。全体で四五〇〇字以上にもおよび、李元礪（「史彌堅墓誌銘」では李元励）の乱や地方官時代の治績について、他史料の欠を補いうる詳細な記述が見える。とくに李栄村氏は、曹彦約に関する史料を根拠に史彌堅は李元礪の乱鎮圧に全く功績を立てることがなかったと論じていた。[8]ところが「史彌堅墓誌銘」によると、史彌堅は李元礪の乱に先立つ羅世伝の乱において武力鎮圧を主張したものの、江南西路安撫使趙希懌と対立してその主張を阻まれた。朝廷は趙希懌の主張する招降策をとったが、それがのちに李元礪の乱を引き起こす原因となった。史彌堅はそのことを事前に予期して対応策をとるように上奏していたが、朝廷の採用するところとはならなかったというのである（後掲の史料原文二八九頁一七行目〜二九〇頁一二行目）。従来の議論とは異なる事件の様相がうかがわれる。また「史彌堅墓誌銘」が詳述する知鎮江府時代の水利事業については、嘉定『鎮江志』にも対応する史料がある。両者を活用することで当時の鎮江府に関する新たな研究も可能となるであろう。このほか「史彌堅墓誌銘」には史彌堅が地方官時代に裁判に意を尽くしていたことを示す記述も見える。これまでほとんど不明であった史彌堅の「名公」としての相貌を伝える史料としても重視されよう。

問題となるのは、清末の族譜に収められた「史彌堅墓誌銘」が果たして真物であるか否かである。とくに後掲の史料原文二九三頁三行目において、史彌堅の長子史寯之が「公に先んずること三年にして卒」したとされていることは注目される。史彌堅の没年が墓誌銘に紹定五年（一二三二）と記されている以上、史寯之の没年は同二年（一二二九）ということになるが、永楽『常州府志』巻一〇、官績二、歴代県令、江陰県に「史寯之〈朝奉郎、三年十月到〉」とあって、史寯之が同三年（一二三〇）に知江陰軍を務めたことが明記されており、「史彌堅墓誌銘」の信憑性を揺るがしかねない年代的な齟齬を来すからである。この問題はいかに解釈されるのか。

これについては、洪咨夔『平斎文集』巻二二、外制六に「史寯之除直宝謨閣致仕制」なる文章が収められていることが留意される。外制というからには、洪咨夔が中書舎人を務めたときの史料ということになるが、『宋史』巻四〇六の洪咨夔伝によると、洪咨夔は端平元年（一二三四）頃に中書舎人となり、権吏部侍郎を兼任して同知貢挙を務めたという。端平二年（一二三五）の科挙のことであろうから、洪咨夔がそれまで中書舎人に在任していたことは確実であり、史寯之はその頃に致仕したことになる。致仕は老衰や重篤な病を理由に行われるのが普通であり、史彌堅も死を目前に致仕を乞うていた。父の死の数年後に行われた史寯之の致仕は、老齢を理由としたものとは考えにくく、重病が原因であったろう。とすれば、史寯之は史彌堅の死の三年後である端平二年（一二三五）に死去した可能性が高くなる。すなわち「公に先んずること三年にして卒す」という墓誌銘の文言は流伝の過程で生じた誤りであり、正しくは「公に後れること三年にして卒す」であったと推測されるのである。これにより右の疑問はほぼ氷解する。

また前章で紹介した『四明文献』も「史彌堅墓誌銘」の信憑性を支持する。同史料の史彌堅の項には史彌堅の伝記とともに、鄭清之による史彌堅の「墓銘」が収められる。この史彌堅の伝記と「史彌堅墓誌銘」とを比較すると、伝記の資料源が明らかに「史彌堅墓誌銘」であったことが分かるのである。しかも『四明文献』に収められた「墓銘」は、後掲する「史彌堅墓誌銘」末尾の銘とほぼ一致する。『四明文献』が信用に足る史料であることはすでに第五章で見た。もちろん「史彌堅墓誌銘」が『四明文献』をもとに偽作された可能性は残るものの、そのことを示す証左は見いだせていない。「史彌堅墓誌銘」が真物である可能性は高いと判断すべきであろう。

前章と同様、史料原文では『鄞東譜』の「史彌堅墓誌銘」を『慈渓譜』・『餘姚譜』の「史彌堅墓誌銘」で校勘して句読点を付し、適宜段落をつける。校勘した箇所は〔　〕の漢数字で示し、その結果を史料原文の後ろに校勘記として掲げる。またテキスト同士の校合によらずに字句の明らかな誤りを修正した場合は、該当の字句にルビで修正後の字句を表記し、次節での訓読はそれに基づいて行うこととする。なお史料原文の末尾の銘は、『四明文献』の各テキストとも校勘した。『四明文献』の各テキストの表記方法は、本書第六章の二六三頁に従う。

史料原文

宋贈開府儀同三司忠宣公墓誌銘

皇上纘祚之十年、躬万幾甄淑慝、凡四方名人才士、鬱於上聞者、不問在亡、悉関聡斟。一日坐便朝、諗宰執曰、故尚書史彌堅、朕久聞其賢。曩命召竟不至。今贈何官。倶以幽処対、上為動容。越翌日、御封従中下、制曰、故端明殿学士・贈開府儀同三司史彌堅、先朝従臣、忠績茂著。以其親兄秉政、深自退抑、投間一紀、乃心王室、言論不阿、風采凜凜。朕毎想見其人、恨不及用。可特贈資政殿大学士、与執政恩数、依前開府儀同三司、賜諡忠宣。宸奎舄奕、光燭九原。於是公薨一年矣。褒崇表異、出於聖謨。与范公堯夫同謚、天下栄之。上之知公、公為上所知、其勲節固犖犖、在人耳目間。

開禧末、太師衛国〔一〕忠献王、奉寧宗皇帝密旨、誅韓侂冑。公時為浙漕使者、叶志比力、謀断以定、遄以外府卿尹天府、指揮弾圧、不動声色。忠献有大勲労於帝室、公実輔以済。寧宗眷之厚、特旨兼貳夏官、未一月丐外去。忠献当軸、処中幾三十年、公確避栄寵、召未嘗一来。帰自長沙、強起守藩者再。蕭然間居、不交声利。朱顔緑髪、嘯歌湖山、若無意人世間〔二〕。而愛君憂国、至死不渝。嗚呼、其賢哉。公葬且十年、銘文未立。季子屢泣而告曰、先公之子三人、惟賓之在。敢鞠跽以請清之、辱従公遊久、義勿克辞、謹叙其官治徳烈、及平生大方、使刻石表於墓。

惟史氏食旧徳於鄞、葉夫人以婦節著、八行先生以儒行挙、厚積豊報、代有顕人。父子叔姪継相、政塗従橐、袂相属也。門緒赫弈、為中興最。曾祖・祖・考名諱・官贈、具載国史。

公太師〔三〕越忠定王第四子也。以乾道二年五月甲辰生、諱彌堅、字固叔。公生素貴中、幼岐嶷不好弄。忠定佩服清倹、於子姪如厳師。公与忠献、丱角而肩差読書、飯蔬糲視韋布子。叔季競爽、韻宇〔四〕不凡、庭闈燕侍、忠定以美言尊行詔之、時挙以問無留答。未弱冠敏於文、強記博習、遇長者辯詰、酬板〔五〕出問表。群居神采端毅、師友不敢以穉年易之。進揖父客、如沈公煥・呂公祖倹・蘇公訓直・陸公游・孫公応時、多海内知名士、得諸磨礱浸灌者尚矣。

淳熙九年、忠定該明禋恩、奏補承事郎、試甲吏部銓、授監紹興府支塩倉。太師崇憲靖王伯圭、聞其賢、妻以季女。十二年、特添差両浙転運使幹官。公恂恂自持、不為貴習遨放事〔六〕。為長官邱公崇所知、特疏論薦、益自力於学、既乃与忠献聯名鎖薦。

光宗紹熙〔七〕元年、差浙東安撫司幹官。申所生母陸氏心制、時忠定春秋高、公懼傷王之心也。入則施施、娯侍如常時、出則銜恤、悲不自勝。四年、差両浙運司主管文字。公方撫盛年、咫尺栄進、而蘭陔之思、視刻如歳。於是懐檄帰省、忠定薨。公孺慕毀瘠、踰禫祭猶疏食。

免喪、当寧宗慶元二年、添差通判衢州。郡有名儒祝公圭・張公杰老於学、与公語輒更僕。衢有劉氏厚於資、叔姪交訟、台以属公、公呼両造之隷、詰之曰、訟皆若曹為之、当先鞫治。訟果息。婺有獄成案上、屢以詆讕変。憲檄公往、一問得其情、折以数語。囚驚曰、若是死無憾。治有声、衢寄公。旧相余公端礼・次対劉公穎、交薦公上〔八〕、得旨与職事官。六年、除籍田令。嘉泰元年、除太府簿。二年、転為丞、居亡何、知嘉興府。三年、改高郵軍。四年、将之任、奏事称旨、寧宗面諭留中。除司農丞、遷大宗正丞。

開禧元年、兼右曹郎、又摂礼侍。公立朝侃侃、務壹心営職、久近劇易、胥称厥官。当権門如市、一不敢私謁、物望帰重。遷将作少監、再遷枢密院検詳、兼承旨司職事。前時枢府行文書、西曹吏、以方寸紙擬定、都承旨・兼詳（検）占筆唯謹。公曰、西府本兵地、其重奚若顧受成吏手耶。且安用我輩。白廟堂廃吏文、属掾〔九〕唯否、得以手筆抒意。至於今弗改。殿司卒戍辺、有旨命公閲視。公就以犒給請、按籍指呼点画、識良竄、諸軍罔聞知、疏不任遣者、聞於朝。侂冑才公之為、欲任以兵事、公録忠定甲申奏議、以警之。侂冑忿其異己、出公九江、次未幾寧宗問宰執、史某今安在。除江西運判。二年、改漕両浙、漕惟畿浙、兼総二路、事任雄劇、居然整暇。三年、除太府卿兼知臨安府。侂冑之誅也、忠献謀於公、公慤忠謹密、処分粛然〔一〇〕、既事若不預聞者。得旨、史某洊経煩使、宣労居多。除権兵部侍郎、尋乞補外。

嘉定元年正月、除集英殿修撰・知隆興府。対便殿疏論、更化風俗、枢機不宜矯枉過直、以生厲階。志念深矣。改知潭州・湖南安撫使。寧宗面諭曰、天府・畿漕、備著賢労。長沙巨鎮、暫煩鎮撫。公曲謝退、特賜帯、以寵其行。

公之未至長沙也、黒風洞羅世伝叛剽。湖南前帥、調兵討捕、将恃勇軽進、戦不利、賊愈張。公至則明紀律、厚賞激、士飽馬騰、遂決策進討。公度兵少、益発諸寨卒及義丁、合囲之。世伝可旦暮擒、会江西帥主招降、忌湖南功〔一一〕、白於朝沮進討計。下其事湖南、公言、賊果降、実両路幸、今請降而掠地如故。是以計授江西、而怠湖南、憂方大。江西檄世伝、果不出、反謂湖南急攻、致賊生疑、丐緩師、以朝旨公不獲已歛兵。得枢密院官勅、俾授世伝。公復命謂、賊毒湖南、人人欲啖其肉、奈何、従帥司官之。且招降非湖南〔一二〕所知。公又言、世伝之叛也、檄七甲、義兵餘五千、与賊苦戦、死山前者多。今世伝受賞、而置七甲不問。七甲兵械資聚、与黒風洞埒、諸李素黠得衆。願朝廷急撫懐〔一三〕。否則変叵測。

李元励七甲之雄、始嘗助官軍討賊、世伝就洞拝官、元励恚曰、為盗得官、為朝廷捕賊無賞。我必也為賊倡者。遂帥其徒胡元凱・李伯虎、与青草洞李尚合勢熾甚。元励叛、公策之久、惜計不用。公亟命許国、擒獲伯虎及其党数人。漕司廃将封彦明、執羅帛洞総首項庭佐、誣其通賊囚以来。族党怨且驚、聚兵起、将趨郡劫庭佐。公知其嘗抗賊有功、既至破械、借補官、縦使帰、庭佐感泣馳去、賊計解。非公明燭事表、且又生一元励矣。時元励久逋誅、群盗蝟奮。朝廷調江鄂大軍、護両路、江西主招降不置。公交疏力争謂、世伝既降復叛、降不可信甚白。今又欲襲前跡、是誨民為盗也。為今計莫若倚大軍、為声援、宥脅従、安反側、募敢死、入巣穴、殲巨魁〔一四〕、正典刑。此万全策也。或賊首自相擒斬、則受降為有名。未幾世伝之党、縛元励生致之、而他盗胡有功、取世伝首以献。卒如公所料。

郡有飛虎軍、額千七百、旧日鎮江移戍、節制不一。公請隷帥司、既請洗濯淬礪、不数月成勝兵。曩授予糧、私債官刻、至是給散厳整、軍情愜服。方寇攘、羽書紛委、公治郡事如常日。毎称俗吏所急、在於断獄聴訟・期会簿書而已。然今以能吏称者、自巧征豪奪外、於獄訟慢不省。王吉所謂俗吏正不多得。於是立程度、理放紛、於獄事尤謹。凡有訟繫、主囚官手録事節、而丹書之。墨曹掾〔一五〕伝以所当得之罪、職官審覆、伸所見、復参衆言、視獄成論決。其式敬若此。

公屢丐祠、三年、除宝文閣侍（待）制・提挙江西太平興国宮。六年、起家知太平州、過闕奉対（奏）、改知鎮江府。公至周覧江山形勢、喟然曰、京口古重鎮、今為国北門。其地重且急、最重且急者、曰漕運、曰江防。吾顧可忽歟。経画当先渠後江。即親履漕渠、知郡境地勢中高、水不能蓄。北泄南注、淤日積、舟行以艱。渠自江口達城南、幾十里、夾以壘肆、水葦若帯然。撤蔽疏壅、未易窺度。公竭心為之、期便於国、不厲於民、請於朝畀泉粟、撙節〔一六〕郡計以佐費、度地立表、魚貫受功、閲両月渠潰、以成深丈、闊十之（丈）、袤一千百八餘丈、亘九里。郡無城、古号鉄甕城者、以地形言也。江滸彌望、無横草限。旧有帰水澳、横転般倉之北、実障一面、且為漕渠輔、便蓄泄、久寖湮、公還其旧。又自東引水、浚濠西繞、出倉背起北固、還至（至還）京門。長壕蜿蜒、足依為固。仍取鑿壕土、築倉北地、而屋之増廒二十、積倉可居百万斛。浮江之輸、達淮之餉、渠壕分受之、餉道無壅。次及纜舟之隄、自城南門至呂城、有二十四里、甃治砥平、積雪流潦、無陥淖者。至於開別浦以艤風舟〔一七〕、拓巨港以蔵戦艦、浚市流如汾絳之疏穢、刱津館倣夷陵之至喜、壖閒〔一八〕高深、橋梁繕飭、皆是役之餘功也。渠事畢、選吏按事、沿江上下流、図其険要。公時乗単舸、掀舞鯨浪、相攸南北、水勢曲折、以験之、手疏上江防便宜。凡地利険阻、軍資用度、舟船規範、如燭照、数計無一不周。大較謂、京口境内、江之襟喉、東至毗陵之図山、西至建康之炭渚凡九、其最緊三曰青沙夾・西津渡・藤料沙、次緊六曰炭渚・開沙・高資渡・下鼻港〔一九〕・断妖港・石公山。最緊三備各百舟、次緊六〔二〇〕各三十舟、通四百八十舟、緩急以六次緊、策応三最緊。以一舟為率、篙師・戦士約五十人、通計二万四千人、其器具可挙隅而知。今京口春秋教閲、合二百五十艘、兵合八千三百人、此旧額也。今三虧一焉、舟之腐者、沈者、有不適用者、兵之癃弱者、給使者、不習水流者、又半焉。宜多備〔二一〕海舟、多募篙師水手、如所陳之数、水戦器械、悉用更造。其節目周密備具、難以悉数、政如充国屯田便宜。語語切実、惜其未用、而奉祠去矣。

十年、起知建寧府。建忠定帥閩之旧郡。公至老穉夾道、望而知為越王子也。既開藩、待士以礼不凌節、御軍以律不吝賞、撫民以仁不縦悪、理財不鑿、去其蠹而已、賦政不矯、当於時〔二二〕而已。凡利病所覩聞、必亟為、為則心誠求之。故慮精而計密。衢陸走建、晴則石齧足、雨則水至骭、負戴有健倒者。公見之思、昔忠定帥閩、嘗除道八百里、甃以陶石、今廃缺不治。是将以遺我。乃出緡銭、畀浮屠能治者、庀其役、尽復旧轍。北出衢南入剣、如九軌之途、民由之而不知也。公視尺籍、禁卒僅千人、越晨閲不満百。訊之則役於官府・私室者、什七八。歎曰、韓退之謂、坐坊売餅〔二三〕、亦称軍人。是由能贍其生、今縻其身、羸其家、豈非堕軍実哉。将皆化為窮民矣、郡何頼。乃按籍帰之、徙閲武之場於城外、以其地僦屋、裒其人充射賞。課技能高下為陟降、而州兵可教戦矣。郡試士踰万人、棘囲〔二四〕紛沓、闢而新之、出入如引縄無囂者。

十二年丐祠。視郡帑羸旧為銭五千万、公曰、献羨餘吾不敢、寧其予民乎。略倣朱文公社倉、以市沽分糴、置倉諸邑郷都、為米三万石有奇、七邑総一百一十四所、倉以広恵名。詳見真公徳秀之記。公尹天府時、於火政尤密。分散兵倣八陣法阨火衝、通汲道、鉤・縄・梯・缶器与籍、俱随所而辦。又置特賞、励先登後行之徒〔二五〕、并其市里、為三十六区、疏通条達、火不能災。

十三年、進徽猷閣直学士、召除権兵部尚書、辞弗受。十五年五月、除華文閣〔二六〕学士・提挙西京嵩山崇福宮、喜甚即日登塗〔二七〕。隆興間、忠定建第於東湖、万山如揖客、一水若懸鏡〔二八〕、燕室対嶼。扁曰〔二九〕、湖山勝概、烟雨奇観。公帰葺新之遊居、寝飯其中、日携親朋、泛凌風之舸、聆欵（欸）乃之歌、朝霞夕月、相与賓餞於紫翠空濛之間。觴詠逍遥、不知春秋之代序也。

皇上登極、改元宝慶、訪落之始、下詔求言、公上疏数、国事無所阿。於是嘉定初甘泉侍従之臣〔三〇〕、落落如晨星。二年、以刑部尚書召引、辞至五六、詔趣赴闕〔三一〕。三年、上以公辞召命、就賜帯与魚、除徽猷閣学士・知平江府、又力辞、進宝文閣学士・提挙南京鴻慶宮。紹定五年、除龍図閣学士・知福州・福建路安撫使、公已属疾、亟上章致事、除端明殿学士、転光禄大夫。公力疾占遺奏、一以忠定告君為法、言不及私。是年閏九月乙卯公薨。上以不及識為恨、詔贈開府儀同三司、贈銀絹匹両各五百、又別贈千疋両、以充葬費、特旨令慶元府護葬、皆殊寵也。享年六十有七。明年二月、葬於鄞県宝華山之原。夫人新安郡主諱師昭、先公二十年薨。丈夫子三人、長寯之〔三二〕、奉直大夫・直宝謨閣・知安吉州、先(後)公三年卒。次宗之、朝奉郎・知紹興府上虞県、先公六年卒。季賓之、朝請大夫・知徽州。女二人、長適朝奉大夫・新知峡州魏峴、次適朝奉郎・前通判吉州田芹。孫男四人、松卿・椿卿〔三三〕・埜卿・森卿、孫女一人、蚤殤。

公官至二品、爵奉化郡公、戸封若干。公識明量寛、包涵宏大、而綜理縻(靡)密、所至以治辦聞。其歴三郡也、風力凜凜、既足抗一方之任、而櫛垢爬痒、動切事宜。以約治繁、吏竦民恬、姦宄無所宿、郡務必身親、圭潔絲治、鮮能継者。公待人一以誠厚、不設鉤鐍(譎)、人有毫髪欺、靡不鏡見。語必周色夷気和、而詖言不敢進。居家治官、賓接無虚時、対之如光風霽月、儀観間雅、進止安詳、音吐皆成句読、可玩而味也。当暑汗浹、衣冠履襪嶄然〔三四〕、常曰、此先公閨門之規、自童丱〔三五〕安之至今。立不倚門、行不趨、坐無怠容、書無惰筆〔三六〕、無疾言遽色、無軽喜易慍、人一語当理、自以為弗及。平時雅有鑑裁、前後薦揚、多一時俊彦、自葛公洪・喬公行簡而次、皆卓卓有聞。喜作大字、清勁自成一家、無他嗜好。惟嗜書如飢渇食飲、過目輒成誦、山房挿架数千巻。有未見者、雖遐僻必蒐致、勉諸子曰、読書植宿業、不可暫忘也。自少厚於姻族、為漕属時、有未克葬者、祈公書達忠定。公曰、何以累吾親。為周之不遺餘力、王聞之喜曰、此吾堯夫也。仕既通顕、多所振徳、待故旧雖庸愚〔三七〕如賢、雖貧賤如貴、無隙末者。居東湖上、凡忠定疇昔経行、抜笻葉艇、無不偏造。有僧壁間題識、陸公游筆也。公援銭文僖・張退伝(傅)事、賦詩言志、風流醞藉〔三八〕。山谷謂、王・謝文献、生長見聞、於公見之。少日雅意三径、室名陶楽、晩事所居曰滄洲〔三九〕、寧宗書二大楷以賜、扁於閣〔四〇〕、過者戴仰。公服膺家教、如経史格言、毎燕語従容道忠定所以誨示本末、已乃粛襟、緬懐典型、有感悵色、知其於孝敬最隆也。且盛徳宜有後。今季子伝徳襲訓、期以才業世厥家。是真能子矣。銘曰、於赫我宋、国有世臣。顕允孔碩、燁如天人。王勲民庸、暴於〔四一〕宗社。休有烈光、旂常雅大。維時哲兄〔四二〕、接武盛朝。宮商相宣、韺謌濩韶。胥勤〔四三〕王家、乃播乃植〔四四〕。協比風霆、屛其蝨螣。既康厥功、褰裳〔四五〕去之。於荊浙〔四六〕閩、膏沢旱飢〔四七〕。未老而帰、可仕可止。駕言滄洲、以遠興寄〔四八〕。真隠之旧、湖山蒼蒼。公乎来思、幅巾短牀〔四九〕。世方峥嵘、淵名藪利。視公之為、可不富貴。文昌再命、納詔以聞。橐智弢勇、篙烟屐雲〔五〇〕。匪弁伊驥〔五一〕、匪蠹斯戟。風雨晦明〔五二〕、憂楽以国。蜺旌龍篆、縞鶴在廷〔五三〕。御彼六気、位於列星。宸章昭回、勲節有煒。政府〔五四〕視儀、忠宣之謚。匪我銘公、帝有恩言。裕垂昆仍、世百〔五五〕其伝。

魏恵王府学教授晋太傅・右丞相兼枢密使鄭清之撰

校勘記

〔一〕「衛国」:『慈渓譜』・『餘姚譜』は「衛」に作る。
〔二〕「人世間」:『慈渓譜』・『餘姚譜』は「人間世」に作る。
〔三〕「太師」:『慈渓譜』・『餘姚譜』に従う。『鄞東譜』は「太史」に作る。
〔四〕「韻宇」:『餘姚譜』は「器宇」に作る。
〔五〕「酬板」:『餘姚譜』は「剖析」に作る。
〔六〕「遨放事」:『慈渓譜』・『餘姚譜』に従う。『鄞東譜』は「邀放事」に作る。
〔七〕「紹熙」:『餘姚譜』に従う。『鄞東譜』・『慈渓譜』は「紹興」に作る。
〔八〕「交薦公上」:『餘姚譜』は「交薦於上」に作る。
〔九〕「属掾」:『餘姚譜』は「属椽」に作る。

〔一〇〕「粛然」：『餘姚譜』に従う。『鄞東譜』・『慈渓譜』は「蕭然」に作る。
〔一一〕「忌湖南功」：『餘姚譜』は「忘湖南功」に作る。
〔一二〕「湖南」：『餘姚譜』は「南湖」に作る。
〔一三〕「急撫懐」：『慈渓譜』・『餘姚譜』は「亟撫懐」に作る。
〔一四〕「巨魁」：『慈渓譜』・『餘姚譜』は「渠魁」に作る。
〔一五〕「曹掾」：『餘姚譜』は「曹椽」に作る。
〔一六〕「撙節」：『餘姚譜』は「樽節」に作る。
〔一七〕「艤風舟」：『慈渓譜』・『餘姚譜』に従う。『鄞東譜』は「風艤舟」に作る。
〔一八〕「壩閘」：『慈渓譜』・『餘姚譜』は「埧閘」に作る。
〔一九〕「下鼻港」：『慈渓譜』・『餘姚譜』に従う。『鄞東譜』は「下鼻江」に作る。
〔二〇〕「次緊六」：『餘姚譜』は「次六緊」に作る。
〔二一〕「宜多備」：『慈渓譜』は「馬宜多備」に、『餘姚譜』は「請宜多備」作る。
〔二二〕「当於時」：『慈渓譜』・『餘姚譜』は「当於事」に作る。
〔二三〕「坐坊売餅」：『慈渓譜』・『餘姚譜』に従う。『鄞東譜』は「坐坊買餅」に作る。
〔二四〕「棘囲」：『慈渓譜』は「棘闈」に作る。
〔二五〕「励先登後行之徒」：『餘姚譜』は「励先登復行之建」に作る。
〔二六〕「華文閣」：『慈渓譜』・『餘姚譜』に従う。『鄞東譜』は「文華閣」に作る。
〔二七〕「登塗」：『餘姚譜』は「首塗」に作る。

〔二八〕「懸鏡」：『慈溪譜』・『餘姚譜』は「円鏡」に作る。
〔二九〕「匾曰」：『慈溪譜』・『餘姚譜』は「扁曰」に作る。
〔三〇〕「侍従之臣」：『慈溪譜』・『餘姚譜』に従う。『鄞東譜』は「侍従臣之」に作る。
〔三一〕「詔趣赴闕」：『慈溪譜』・『餘姚譜』は「答趣赴闕」に作る。
〔三二〕「長雋之」：『慈溪譜』・『餘姚譜』に従う。『鄞東譜』は「長嶲之」に作る。
〔三三〕「椿卿」：『慈溪譜』・『餘姚譜』は「樗卿」に作る。
〔三四〕「嶄然」：『餘姚譜』は「斬然」に作る。
〔三五〕「自童丱」：『慈溪譜』・『餘姚譜』は「目童丱」に作る。
〔三六〕「惰筆」：『餘姚譜』は「堕筆」に作る。
〔三七〕「待故旧雖庸愚」：『慈溪譜』・『餘姚譜』は「待旧故雖庸」に作る。
〔三八〕「醞藉」：『慈溪譜』・『餘姚譜』に従う。『鄞東譜』は「蘊藉」に作る。
〔三九〕「蒼洲」：『慈溪譜』・『餘姚譜』に従う。『鄞東譜』は「蒼州」に作る。
〔四〇〕「匾於閣」：『慈溪譜』・『餘姚譜』は「扁於閣」に作る。
〔四一〕「暴於」：『四明文献』の南図本・約園本は「慕於」に作る。
〔四二〕「哲兄」：『四明文献』の静嘉堂本・南図本・約園本は「哲元」に作る。
〔四三〕「胥勤」：『四明文献』の静嘉堂本・南図本・約園本は「貢勤」に作る。
〔四四〕「乃植」：『四明文献』の静嘉堂本・国図本・南図本・約園本は「乃殖」に作る。
〔四五〕「褰裳」：『四明文献』の国図本は「搴裳」に作る。

〔四六〕「荊浙」：『慈渓譜』・『餘姚譜』に従う。『鄞東譜』は「浙荊」に作る。
〔四七〕「膏沢旱飢」：『四明文献』の静嘉堂本は「膏□旱飢」に、『四明文献』の南図本・約園本は「膏旱調飢」に作る。
〔四八〕「興寄」：『四明文献』の静嘉堂本・南図本・約園本は「興霽」に作る。
〔四九〕「短牀」：『四明文献』の国図本は「短床」に作る。
〔五〇〕「屐雲」：『慈渓譜』は「屣雲」に作る。
〔五一〕「伊驥」：『四明文献』の静嘉堂本・南図本・約園本は「伊騏」に作る。
〔五二〕「風雨晦明」：『四明文献』の国図本は「風雨冥晦」に作る。
〔五三〕「在廷」：『四明文献』の静嘉堂本・国図本・南図本・約園本は「在庭」に作る。
〔五四〕「政府」：『四明文献』の静嘉堂本・国図本・南図本・約園本は「政行」に作る。
〔五五〕「世百」：『四明文献』の静嘉堂本・国図本・南図本・約園本は「百世」に作る。

第二節　訓読と注釈

訓　読

宋贈開府儀同三司忠宣公墓誌銘

皇上纘祚の十年、万幾を躬(みずか)らし淑慝を甄(あき)らかにし、凡そ四方の名人才士、上聞に鬱(ふさ)がる者、在亡を問わず、悉く聡鬨に関せらる。一日便朝に坐し、宰執に諗(つ)げて曰く、故尚書史彌堅、朕久しく其の賢なるを聞く。曩に命じて召すも竟に至らず。今何がしかの官を贈らんと。倶に幽処を以て対えれば、上為に動容す。翌日に越りて、御封中従り下り、制に曰く、故端明殿学士・贈開府儀同三司史彌堅、先朝の従臣にして、忠績は茂著なり。其の親兄秉政するを以て、深く自ら退抑し、間に投ずること一紀、乃の心は王室にあり（一）、言論は阿らず、風采は凜凜たり。朕毎に其の人に見えんと想うも、用いるに及ばざるを恨む。特に資政殿大学士を贈り、執政の恩数を与え、前に依りて開府儀同三司とし、謚の忠宣を賜うべしと。宸奎は舄奕にして、光は九原を燭らす。是に於いて公の薨ずるより一年なり。褒崇は表異にして、聖謨に出づ。范公堯夫と謚を同じくし、天下はこれを栄とす。上の公を知り、公の上の知る所と為るは、其の勲節固より犖犖とし、人の耳目の間に在ればなり。

開禧末、太師衛国忠献王、寧宗皇帝の密旨を奉じ、韓侂冑を誅す。公時に浙漕使者為り（二）、志を叶わせ力を比わせ、謀断し以て定め、遄かに外府卿を以て天府を尹め（三）、指揮弾圧するも、声色を動かさず。忠献の大勲労を帝室に有するは、公実に輔け以て済さしめればなり。寧宗これを眷みること厚く、特旨もて兼ねて夏官を貳せしむるも（四）、未だ一月ならずして外去を丐う。忠献当軸し、中幾に処ること三十年、公確く栄寵を避け、召さるるも未だ嘗て一来せず。帰るに長沙自りし、強いて守藩に起せらるること再びなり。蕭然として間居すれば、声利に交わらず。朱顔緑髪にして、湖山に嘯歌し、人世の間に意無きが若し。而れども君を愛し国を憂うこと、死に至るも渝わらず。嗚呼、其の賢なるかな。公葬られて且に十年にならんとするに、銘文未だ立たず。季子屢しば泣きて告げて曰く、先公の子三人、惟だ賓之在るのみと。敢えて跡を鞠げ以て清之に請えば、辱くも公に従い遊ぶこと久しければ、義として辞すること克う勿く、謹んで其の官治徳烈、及び平生の大方を叙し、石に刻み墓に表せしめるなり。

惟うに史氏は旧徳を鄞に食み（五）、葉夫人は婦節を以て著れ、八行先生は儒行を以て挙げられ、厚積し豊報せられ、代顕人有り。父子叔姪相を継ぎ、政塗の従橐、袂は相い属くなり。門緒赫弈たること、中興の最為り。曾祖・祖・考の名諱・官贈は、具さに国史に載る。

公は太師越忠定王（六）の第四子なり。乾道二年五月甲辰を以て生まれ、諱は彌堅、字は固叔。公の生まるるは素より貴中なるも、幼くして岐嶷たり（七）て弄を好まず。忠定清倹を佩服し、子姪に於いても厳師の如し。公と忠献とは、丱角にして肩差読書し、蔬糲を飯すること韋布の子に視う。叔季より競爽にして、韻宇は不凡、庭闈に燕侍せば、忠定美言尊行を以てこれに詔げ（八）、時に挙して以て問うも答えを留むる無し。未だ弱冠ならずして文に敏く、強記博習にして、長者の辯詰に遇うも、酬板すれば問表に出づ（九）。群居すれども神采端毅にして、師友は敢えて穉年なるを以てこれを易らず。父客に進揖するは、沈公煥・呂公祖倹・蘇公訓直・陸公游・孫公応時の如きは、多くは海内知名の士にして、これを得て磨礱浸灌すること尚しきなり。

淳熙九年、忠定明禋の恩に該たり、奏して承事郎に補せられ、試するに吏部銓に甲たりて、監紹興府支塩倉を授けらる。太師崇憲靖王伯圭（一〇）、其の賢なるを聞き、妻せるに季女を以てす（一一）。十二年、特に添差両浙転運使幹官となる。公恂恂自持し、貴習の遨放の事を為さず。長官邱公崇（一二）の知る所と為り、特に疏して論薦すれば、益ます自ら学に力め、既にして乃わち忠献とともに聯名鎖薦せらる（一三）なり。

光宗の紹熙元年、浙東安撫司幹官に差せらる。生む所の母陸氏の心制を申するは、時に忠定の春秋高く、公は王の心を傷むるを懼れればなり。入れば則ち施施とし、娯侍すること常時の如く、出づれば則ち恤を銜み（一四）、悲しみ自ら勝えず。四年、両浙運司主管文字に差せらる。公方に盛年を撫し、咫尺に栄進せんとするも、而るに蘭陔の思（一五）は、刻を視ること歳の如きなり。是に於いて檄を懐きて帰省すれば、忠定薨ず。公孺慕（一六）毀瘠し、禫祭を踰ゆるも猶且お疏食す。

免喪するに、寧宗の慶元二年に当たり、添差通判衢州となる。郡に名儒の祝公圭・張公杰有りて学に老たり、公と語れば輒りに更僕なり。衢に劉氏の資に厚く、叔姪交ごも訟う有り、台以て公に属すに、公両造の隷を呼び、これを詰りて曰く、訟は皆な若曹（なんじら）これを為す、当に先に鞫治すべしと。訟果たして息む。婺に獄成し案上るも、屢しば詆讕を以て変ずるもの有り。憲 公に檄して往かしむるに、一問して其の情を得、折するに数語を以てす。因驚きて曰く、是くの若くんば死するも憾む無しと。治に声有り、衢 公に寄す。旧相余公端礼・次対劉公穎、交ごも公を薦めて上り、旨を得て職事官を与う。六年、籍田令に除せらる。嘉泰元年、太府簿に除せらる。二年、転じて丞と為り、居ること何（いくばく）も亡く、知嘉興府となる。三年、高郵軍に改む。四年、将に任に之（ゆ）かんとするに、奏事旨に称（かな）い。寧宗面諭して中に留まらしむ。司農丞に除せられ、大宗正丞に遷る。

開禧元年、右曹郎を兼ね、又た礼侍を摂る。公立朝すれば侃侃とし、務めて壹心に営職し（一七）、久近も劇易も、胥な厥の官に称う。権門市の如きに当たるも、一たびも敢えて私謁せず、物望帰重す。将作少監に遷り、再び枢密院検詳に遷り、承旨司の職事を兼ぬ。前時枢府文書を行するに、西曹の吏、方寸の紙を以て擬定し、都承旨・検詳は占筆し唯だ謹むのみ。公曰く、西府は本兵の地たるに、其の重奚若（いかん）ぞ顧って吏手に受成するや。且つ安にか我が輩を用いんやと。廟堂に白して吏文を廃せんとするも、属掾の唯否（いひ）は（一八）、手筆を以て抒意するを得。今に至るも改めず。殿司の卒辺を戍るに、旨有りて公に命じて閲視せしむ。公就きて犒給を以て請い、籍を按じて指呼点画し、良窳を識るも、諸軍聞知する罔く、遣に任えざる者を疏し、朝に聞す。侂胄 公の為を才とし、任ずるに兵事を以てせんと欲するも、公 忠定の甲申奏議（一九）を録し、以てこれを警（いまし）む。侂胄其の己に異なるを忿り、公を九江に出だすも、次いで未だ幾ばくせずして寧宗 宰執に問うに、史某今安くに在るやと。江西運判に除せらる。二年、改められ両浙に漕たるに、漕は惟れ畿浙にして、二路を兼総し、事任雄劇たるも、居然として整暇す。三年、太府卿兼知臨安府に除せらる。侂胄の誅さるるや、忠献 公に謀るに、公は愨忠謹密にして、処分は粛然とし、既に事うるに預聞せざる者の若し。旨を得るに、史某涖(しき)りに煩使を経、宣労多くに居りと。権兵部侍郎に除せられ、尋いで補外を乞う。

嘉定元年正月、集英殿修撰・知隆興府に除せらる。便殿に対して疏論するに、風俗を更化せんとせば、枢機宜しく矯枉過直にして、以て厲階を生ずべからずと。志念深きなり。知潭州・湖南安撫使に改めらる。寧宗面諭して曰く、天府・畿漕にては、備さに賢労を著す。長沙は巨鎮なれば、暫く鎮撫を煩わさんと。公曲謝して退がるに、特に帯を賜い、以て其の行を寵す。

公の未だ長沙に至らざるや、黒風洞の羅世伝 叛して剽む。湖南の前帥、兵を調して討捕せんとするも、将勇を恃みて軽進し、戦うも利せず、賊愈いよ張る。公至れば則ち紀律を明らかにし、賞激を厚くし、士飽馬騰たらしめ、遂に策を決して進討す。公兵の少なきを度り、諸寨の卒及び義丁を益発し、合わせてこれを囲む。世伝旦暮に擒うべきも、会たま江西の帥 招降を主とし、湖南の功を忌み、朝に白して進討の計を沮む。其の事を湖南に下すに、公言う、賊果たして降らば、実に両路の幸いなるも、今降を請いて地を掠めること故の如きなりと。是を以て計もて江西に授けるも、而るに湖南を怠(あなど)り、憂方に大ならんとす。江西 世伝に檄するも、果たして出でざるに、反って湖南急攻せば、賊の疑いを生ずるを致す、師を緩めんことを丐うと謂い、朝旨を以て公已むを獲ずして兵を斂(おさ)む。枢密院の官勅を得、世伝に授けしむ。公復命して謂う、賊湖南を毒し、人人其の肉を啖らわんと欲するに、奈何ぞ、帥司に従いこれを官するを。且つ招降は湖南の知る所には非ざるなりと（二〇）。公又た言う、世伝の叛するや、七甲に檄するに、義兵は五千に餘り、賊と苦戦し、山前に死す者多し。今世伝賞を受けて、七甲を置きて問わず。七甲の兵械の資聚すること、黒風洞と埒(ひと)しく、諸李素より黠にして衆を得。願わくは朝廷急ぎ撫懐せよ。否なれば則ち変は測る叵(な)しと。

李元励は七甲の雄にして、始めは嘗て官軍を助けて賊を討つも、世伝洞に就きて官を拝し、元励恚りて曰く、盗を為せば官を得、朝廷の為に賊を捕らえるも賞無し。我必ずや賊の倡者と為らんと。遂に其の徒胡元凱・李伯虎を帥(ひき)い、青草洞の李尚と合勢し熾んなること甚だし。元励の叛するや、公策することこれ久しきも、計の用いられざるを惜しむ。公亟やかに許国に命じ、伯虎及び其の党数人を擒獲す（二一）。漕司の廃将封彦明、羅帛洞の総首項庭佐を執らえ、其の賊に通ずるを誣し囚えて以て来たらしむ。族党怨み且つ驚き、兵を聚めて起ち、将に郡に趨り庭佐を劫せんとす。公其の嘗て賊に抗い功有るを知り、既に至らば械を破り、官を借補し、縦ちて帰らしめれば、庭佐感泣して馳去し、賊計解かる。公の事表を明燭するに非ざれば、且に又た一元励を生まんとするなり。時に元励久しく誅を逋れ、群盗蝟奮す。朝廷江鄂の大軍を調し、両路を護らんとするも、江西招降を主とせば置かず。公交ごも疏して力争して謂う、世伝既に降りて復た叛すれば、降の信ずるべからざること甚だ白らかなり。今又た前跡を襲わんと欲するは、是れ民に誨えて盗を為さしむるなり。今の計を為すや大軍に倚り、声援を為し、脅従を宥し、反側を安んじ、敢死を募り、巣穴に入り、巨魁を殲ぼし、典刑を正すに若くは莫し。此れ万全の策なり。或いは賊首自ら相い擒斬せば、則ち降を受けるも有名為らんと。未だ幾ばくならずして世伝の党、元励を縛りてこれを生致して、他盗の胡有功、世伝の首を取り以て献ず。卒に公の料る所の如きなり。

郡に飛虎軍（二二）有り、額は千七百、旧日鎮江より移戍せば、節制は一ならず。公 帥司に隷せしめんことを請い、既にして洗濯淬礪せんことを請い、数月せずして勝兵と成る。曩には糧を授予すれば、私債官刻（二三）あるも、是に至りて給散は厳整とし、軍情愜服す。寇攘に方り、羽書紛委なるも、公郡事を治めること常日の如し。毎に称するに俗吏の急とする所は、断獄聴訟・期会簿書に在るのみ。然るに今能吏を以て称せらる者は、巧征し豪奪する自りの外、獄訟に於いては慢として省みず。王吉の謂う所の俗吏（二四）は正に多くは得ざるなりと。是に於いて程度を立て、放紛を理めるに、獄事に於いて尤も謹む。凡そ訟繋有れば、主囚官事節を手録し、これを丹書す（二五）。墨曹の掾（二六）伝うるに当に得べき所の罪を以てし、職官審覆し、見る所を伸し、復た衆言を参じ、獄成の論決に視ぶ。

其れ式敬なること此くの若し。

公屢しば祠を丐い、三年、宝文閣待制・提挙江西太平興国宮に除せらる。六年、起家せられて知太平州となり、闕に過(ゆ)きて奏対し、知鎮江府に改めらる（二七）。公至れば江山の形勢を周覧し、喟然として曰く、京口は古の重鎮にして、今は国の北門と為る。其の地は重且つ急にして、最も重且つ急なるは、漕運と曰い、江防と曰う。吾顧って忽(ゆるが)せにすべけんや。経画は当に渠を先にし江を後にすべしと。即ちに親ら漕渠（二八）を履み、郡境の地勢の中高にして、水の蓄う能わざるを知る。北より泄れ南より注ぐも、淤は日び積まれれば、舟行は以て艱なり。渠は江口自り城南に達し、幾んど十里、夾(さしはさ)むに甕甓を以てし、水の堇(わず)かなること帯の若く然り。蔽を撤して壅を疏すも、未だ窺度し易からず。公心を竭くしてこれを為し、国に便たるも、民を厲(や)まざらんと期し、朝に泉粟を畀(たま)わらんことを請い、郡計を撙節し以て費を佐け、地を度り表を立てるに、魚貫して功を受け、両月を閲して渠潰(と)げられ、以て深さ丈、闊さ十丈、袤は一千百八餘丈、九里に亘るを成す。郡に城無くも、古に鉄甕城と号するは、地形を以て言えばなり。江滸彌望し、横草の限無し。旧くは帰水澳有り、転般倉の北に横たわり、実に一面を障(さえぎ)り、且つは漕渠の輔を為し、蓄泄に便たるも、久しくして寖(ようや)く湮(ふさ)がれば、公其の旧に還す（二九）。又た東自り水を引き、濠を浚い西に繞(めぐ)らせ、倉背に出でて北固（三〇）に起(た)ち、還京門（三一）に至らしむ。長壕蜿蜒とし、依りて固と為すに足る。仍お壕土を取甃し、倉の北地に築きて、これに屋して厫二十を増し、積倉は百万斛を居くべし（三二）。浮江の輸、達淮の餫は、渠壕これを分受し、餉道は壅がる無し。次いで舟を纜(つな)ぐの隄に及ぶに、城の南門自り呂城に至らば、二十四里有り、甃もて治めて砥平とし、積雪流潦あるも、淖(どろ)に陥る者無し（三三）。別浦を開き以て風舟を艤せしめ、巨港を拓き以て戦艦を蔵さしめ（三四）、市流を浚うこと汾絳の穢れを疏するが如く（三五）、津館を刱ること夷陵の至喜に倣い（三六）、壩閘高深たりて、橋梁繕飭せらるるに至りては、皆な是の役の餘功なり。渠の事畢われば、吏を選び事を按じ、沿江上下の流は、其の険要なるを図とす。公時に単舸に乗り、鯨浪に掀舞し、南北を相攸し、水勢の曲折は、以てこれを験べ、手疏して江防便宜を上れり。凡そ地利の険阻、軍資の用度、舟船の規範は、燭照するが如くして、数計は一も周ならざる無し。大較（おおよそ）謂うに、京口の境内、江の襟喉なるは、東は毗陵の図山に至り、西は建康の炭渚に至るまで凡そ九、其の最緊なるは三にして青沙夾・西津渡・藤料沙と曰い、次緊なるは六にして炭渚・開沙・高資渡・下鼻港・断妖港・石公山と曰う。最緊の三は各おの百舟を備え、次緊の六は各おの三十舟とし、通じて四百八十舟、緩急あらば六次緊を以て、三最緊に策応す。一舟を以て率と為せば、篙師・戦士は約五十人、通計すれば二万四千人にして、其の器具は隅を挙げて知るべし。今京口は春秋に教閲すること、合わせて二百五十艘、兵は合わせて八千三百人、此れ旧額なり。今三に一を虧き、舟の腐るもの、沈むもの、用いるに適さざる有るもの、兵の癃弱なるもの、給使するもの、水流を習わざるもの、又たこれに半ばす。宜しく多く海舟を備え、多く篙師・水手を募ること、陳（の）べる所の数の如くし、水戦の器械は、悉く用て更造すべしと。其の節目は周密備具なれば、以て悉く数え難きこと、政（まさ）に充国の屯田便宜の如きなり（三七）。語語切実なるも、其の未だ用いられずして、祠を奉じて去るを惜しむ。

十年、起ちて知建寧府たり。建は忠定閩に帥するの旧郡なり。公至れば老穉道を夾み、望みて越王の子為るを知るなり。既に藩を開かば、士を待するに礼を以てし節を淩がず、軍を御するに律を以てし賞を吝（お）しまず、民を撫するに仁を以てし悪を縦（ほしいまま）にせず、理財は鑿（うが）たず、其の蠹を去るのみ、賦政は矯（た）めず、時に当たるのみ。凡そ利病の覩聞する所は、必ず亟やかに為し、為せば則ち心誠もてこれを求む。故に慮は精にして計は密なり。衢より建に陸走せば、晴れれば則ち石は足を齧り、雨ふれば則ち水は骭（ひざした）に至り、負戴して健倒するもの有り。公これを見て思うに、昔忠定閩に帥たるや、嘗て除道すること八百里、甃（し）くに陶石を以てするも、今は廃缺して治めず。是れ将に以て我に遺すなりと。乃ち緡銭を出だし、浮屠の能く治むる者に畀（あた）え、其の役を庀（おさ）めしめ、尽く旧轍を復す。北は衢に出で南は剣に入り、九軌の途の如くなるも、民これに由るも知らざるなり。公尺籍を視るに、禁卒は僅かに千人にして、晨閲を越えれば百に満たず。これを訊すれば則ち官府・私室に役せらるる者、什に七八なり。歎じて曰く、韓退之謂う、坊に坐して餅を売るも、亦た軍人を称すと（三八）。是れ能く其の生を贍するに由るも、今は其の身を縻（つい）やし、其の家を羸（よわ）くす、豈に軍実を堕するに非ざるや。将に皆な化して窮民と為らんとせば、郡何をか頼らんやと。乃ち籍を按じてこれを帰し、閲武の場を城外に徙し、其の地を以て僦屋とし、其の人を裒めて射賞に充つ。技能の高下を課して陟降を為して、州兵は戦わ教むべし。郡士を試すに万人を踰え、棘囲は紛沓すれば、闢（ひら）きてこれを新たにし、出入すること縄を引きて囂無き者の如し。

十二年祠を丐う。郡帑の旧より羸（あま）すこと銭五千万為るを視るに、公曰く、羨餘を献ずるは吾敢えてせず。寧ろ其れ民に予えんかと。略ぼ朱文公の社倉に倣い、市沽を以て分糴し、倉を諸邑の郷都に置き、米三万石有奇と為し、七邑総じて一百一十四所、倉は広恵を以て名づく。真公徳秀の記に詳見す（三九）。公天府を尹むる時、火政に於いて尤も密なり。兵を分散すること八陣法に倣いて火衢を阨し、汲道を通じ、鉤・縄・梯・缶器と籍とは、倶に所に随いて辦ず。又た特賞を置き、先登後行の徒を励まし、其の市里を幷せて、三十六区と為し、疏通条達せしめ、火は災する能わざるなり。

十三年、徽猷閣直学士に進み、召されて権兵部尚書に除せらるるも、辞して受けず。十五年五月、華文閣学士・提挙西京嵩山崇福宮に除せられ、喜ぶこと甚だしく即日塗に登る。隆興の間、忠定第を東湖に建て、万山は揖客の如く、一水は懸鏡の若く、燕室は嶼に対す。匾に曰く、湖山は勝概、烟雨は奇観なりと。公帰りてこれを葺新して遊居し、其の中に寝飯し、日び親朋を携え、凌風の舸を泛かべ、欸乃の歌を聆き、朝霞夕月、相い与に紫翠空濛の間に賓餞す。觴詠逍遙とし、春秋の代序を知らざるなり。

皇上登極し、宝慶に改元し、訪落の始、詔を下して言を求めるに、公上疏すること数しばにして、国事は阿る所無し。是に於いて嘉定初めの甘泉侍従の臣（四〇）、落落たること晨星の如きなり。二年、刑部尚書を以て召引せらるるも、辞すること五六に至り、詔して趣(うなが)して闕に赴かしむ。三年、上 公の召命を辞するを以て、就ち帯と魚とを賜い、徽猷閣学士・知平江府に除すに、又た力辞し、宝文閣学士・提挙南京鴻慶宮に進む。紹定五年、龍図閣学士・知福州・福建路安撫使に除せらるるも、公已に属疾せば、亟かに章を上りて致事し、端明殿学士に除せられ、光禄大夫に転ず。公力疾して遺奏を占すに、一に忠定の告君を以て法と為し、言は私に及ばず。是の年の閏九月乙卯に公薨ず。上識るに及ばざるを以て恨みと為し、詔して開府儀同三司を贈り、銀絹匹両各おの五百を贈り、又た別に千疋両を贈り、以て葬費に充て、特旨して慶元府をして護葬せしむるは、皆な殊寵なり。享年は六十有七なり。明年二月、鄞県宝華山の原に葬らる。夫人は新安郡主 諱は師昭にして、公に先んずること二十年にして薨ず。丈夫子は三人、長は寯之、奉直大夫・直宝謨閣・知安吉州となるも、公に後れること三年にして卒す。次は宧之、朝奉郎・知紹興府上虞県となり、公に先んずること六年にして卒す。季は賓之、朝請大夫・知徽州なり。女は二人、長は朝奉大夫・新知峡州の魏岷に適ぎ、次は朝奉郎・前通判吉州の田芹に適ぐ。孫男は四人、松卿・椿卿・埜卿・森卿、孫女は一人、蚤殤す。

公の官は二品に至り、奉化郡公に爵せられ、戸若干を封ぜらる。公は識明量寛、包涵宏大にして、綜理すれば靡密たりて、至る所治辦を以て聞こゆ。其の三郡を歴するや、風力凜凜とし、既に一方の任に抗(あ)たるに足りて、垢を櫛(けず)り痒(かゆ)みを爬(か)けば、動(やや)もすれば事宜に切(あ)う。約を以て繁を治めれば、吏は竦(すく)み民は恬(やす)らかにして、姦宄は宿る所無く、郡務は必ず身親(みずか)らし、圭潔なる絲治は、能く継ぐ者鮮(な)し。

公 人を待するに一に誠厚を以てし、鉤譎を設けず、人に毫髪の欺有れば、鏡見せざる靡し。語れば必ず周(あまね)く色夷気和とし、諓言は敢えて進まず。家に居り官に治すも、賓接は虚時無く、これに対すれば光風霽月の如く、儀観は間雅、進止は安詳にして、音吐は皆な句読を成し、玩いて味わうべきなり。暑に当たりて汗浹すれど、衣冠履襪は嶄然とし、常に曰く、此れ先公閫門の規なれば、童丱自りこれに安んじ今に至ると。立てば門に倚らず、行けば趨らず、坐れば怠容無く、書けば惰筆する無く、疾言遽色する無く、軽がるしく喜び易く慍る無く、人一語も理に当たらば、自ら及ばざると以為う。平時より雅に鑑裁有り、前後薦揚するは、多くは一時の俊彦にして、葛公洪・喬公行簡自り而次、皆な卓卓として聞有り。大字を作すを喜び、清勁にして自ら一家を成し、他の嗜好無し。惟だ書を嗜むこと飢渇の食飲の如く、過目すれば輒ち成誦し、山房に数千巻を插架す。未だ見ざるもの有れば、遐僻と雖も必ず蒐致し、諸子を勉まして曰く、読書は宿業を植うるものなれば、暫忘もするべからざるなりと。少き自り姻族に厚く、漕属為りし時、未だ葬る克わざるもの、公に祈りて書を忠定に達せんとする有り。公曰く、何を以てか吾が親を累せんやと。為にこれを周いて餘力を遺さず、王これを聞きて喜びて曰く、此れ吾が尭夫（四一）なりと。仕えて既に通顕となるに、多く振徳する所にして、故旧を待すること庸愚と雖も賢の如く、貧賤と雖も貴の如くし、隙末すること無し。東湖の上に居るに、凡そ忠定疇昔に経行するところは、抜筇葉艇し、偏く造らざる無し。僧壁の間に題識有り、陸公游の筆なり。公　銭文僖・張退傅の事（四二）を援き、詩を賦して志を言えば、風流にして醞藉なり。山谷の、王・謝の文献、見聞に生長すと謂うは（四三）、公に於いてこれを見るなり。少き日より雅に三径（四四）を意い、室を陶楽（四五）と名づけ、晩事に居る所を滄洲と曰い、寧宗二大楷を書し以て賜い、閣に扁し、過ぐる者は戴仰す。公　家教に服膺すること、経史の格言の如くし、燕語する毎に従容として忠定誨示する所以の本末を道い、已にして乃ち襟を粛し、典型を緬懐し、感悵の色有り、其の孝敬に於いて最も隆なるを知るなり。且つ盛徳には宜しく後有るべし。今季子徳を伝え訓を襲い、期するに才業を以て厥の家を世がんとす。是れ真の能子なり。銘に曰く、於赫我が宋、国に世臣有り。顕允にして孔碩（四六）、煒やくこと天人の如し。王勲民庸（四七）は、宗社に暴る。休として烈光有り（四八）、旂常（四九）は雅に大なり。維の時哲兄、盛朝に接武す（五〇）。宮商（五一）相い宣すれば、韺䪫濩韶となる（五二）。胥い王家に勤め、乃ち播し乃ち植す。協比して風霆し、其の蟊螣を屏く。既にして厥の功を康められ、裳を褰げてこれを去る。荊浙閩に於いて、旱飢に膏沢す。未だ老いずして帰り、仕えるべし止めるべし（五三）。滄洲に駕し、以て興寄を遠ざく。真隠（五四）の旧、湖山は蒼蒼たり。公や来たるや、幅巾短牀なり。世は方に崢嶸たりて、名を淵め利を藪む。公の為を視れば、富貴ならざるべけんや。文昌の再命あるや、詔を納めて以て聞す。智を稾れ勇を弢れるに、烟に篙さし雲を屐く。匪の弁伊れ驥（五五）、匪の纛斯れ戟なり（五六）。風雨晦明（五七）なるも、憂楽は国を以てす。蜺旌に龍篆あり（五八）、縞鶴は廷に在り。彼の六気を御し（五九）、列星に位す。宸章昭回し、勲節に煒き有り。政府儀に視い、忠宣の謚あり。我 公に銘するに匪ざるも、帝に恩言有るなり。裕は昆仍に垂らされ、世すること百たびなるも其れ伝わらん、と。

魏恵王府学教授より太傅・右丞相兼枢密使に晋みし鄭清之撰す

注釈

（一）「乃心王室」：『書経』周書、康王之誥に「雖爾身在外、乃心罔不在王室」とある。蔡沈『書集伝』は「雖身守国在外、乃心当常在王室」と解釈する。諸侯に対して身は外にあっても常に心は王室にあるように諭した言葉。

（二）「公時為浙漕使者」：咸淳『臨安志』巻五〇、秩官八「両浙転運」に「史彌堅〈開禧二年、運判。三年、升副。十一月初三日、知臨安府〉」とある。

（三）「遄以外府卿尹天府」：咸淳『臨安志』巻四八、秩官六、古今郡守表の開禧三年は、十一月三日に前任の知臨

安府が離任したとし、史彌堅について「是日、以朝奉大夫・直宝謨閣・両浙路転運副使、除太府卿兼知」と記す。

（四）「特旨兼貳夏官」：咸淳『臨安志』巻四八、秩官六、古今郡守表の開禧三年に「十二月二十六日、彌堅除権兵部侍郎」とある。ただし同日に趙善宣が権知臨安府になっており、史彌堅は知臨安府として兵部侍郎を兼任したわけではなかったことになる。

（五）「食旧徳」：『易経』訟に「六三。食旧徳。貞厲終吉。或従王事、无成」とあり、孔穎達の正義は「食旧徳者、六三以陰柔順従上九、不為上九侵奪、故保全己之所有、故食其旧日之徳禄位」とする。先祖の遺徳により生活することをいう。

（六）「太師越忠定王」：史浩のこと。『宋史』巻三六、光宗本紀、淳熙十六年三月甲寅条に史浩が太師とされたことが見える。越王・忠定については、本書第六章「史彌遠神道碑訓注稿」第三節の注釈（一）（二七三頁）を参照。

（七）「岐嶷」：本書第六章「史彌遠神道碑訓注稿」第三節の注釈（三）（二七四頁）を参照。

（八）「以美言尊行詔之」：『老子』第六二章に「美言可以市、尊行可以加人」とある。美言は立派な言葉を、尊行は崇高な行いを指す。

（九）「酬板出問表」：『後漢書』列伝第二五、鄭玄伝に「玄依方辯対、咸出問表、皆得所未聞、莫不嗟服」とある、袁紹の客に異端の説や諸子百家のことを問われた鄭玄が全てに答え、質問者の意表に出たことを述べた言葉。酬板は用例が見いだせないが、返答することを指すと思われる。

（一〇）「太師崇憲靖王伯圭」：孝宗の実兄の趙伯圭のこと。『宋史』巻三六、光宗本紀、紹熙三年六月戊午条に趙伯圭を太師とした記事が見える。また『朝野雑記』甲集巻一、上徳「秀安僖王〈崇憲靖王〉」は、孝宗の実父趙子偁と趙伯圭の伝記であるが、趙伯圭の没後について、「追封崇王、謚憲靖」と記されており、崇憲靖王の呼称の由来が分かる。

（一一）「妻以季女」：延祐『四明志』巻五、人物攷中、先賢「史彌堅」には、「上問忠定、卿幼子当已択婚対。忠定謝、臣子彌堅、幼未知学。何敢議姻事。上曰、朕兄女年相若。朕定議成之。兄女、崇憲靖王伯圭女也」とあり、史彌堅と趙伯圭の女子との婚姻を、史彌堅の幼い頃に孝宗が史浩に持ちかけて決めたとする。

（一二）「長官邱公崇」：嘉泰『会稽志』巻二、太守に「丘崈、淳熙十三年正月、以朝請大夫・直龍図閣権発遣」とあり、丘崈が知紹興府であったことを伝える。

（一三）「鎖薦」：現任官の科挙応試を認める鎖庁試の制度により、史彌遠と史彌堅の二人がそろって中央の省試に薦送されたことを指すのであろう。荒木敏一『宋代科挙制度研究』（同朋舎、一九六九年）七二〜七五頁を参照。ただし「史彌堅墓誌銘」には明記がないが、宝慶『四明志』巻一〇、叙人下、進士「淳熙十四年王容榜」による限り、史彌遠は及第したものの、史彌堅は落第したようである。

（一四）「出則銜恤」：『詩経』小雅、谷風之什「蓼莪」に「無父何怙、無母何恃。出則銜恤、入則靡至」とあり、『毛詩伝箋』の鄭箋は「孝子之心、怙恃父母、依依然以為不可斯須無也。出門則思之而憂、旋入門又不見、如入無所至」と解釈する。父母を亡くした悲しみを歌った言葉。

（一五）「蘭陔之思」：『文選』巻一九、詩甲、補亡詩六首、束皙「南陔」に「循彼南陔、言採其蘭」とあり、張銑注は「循、順也。蘭以香、孝子採之以養也」と述べるほか、李善注も「言蘭芬芳、以之故、己循陔以采之。喩己当自身尽心以養也」と述べ、孝子の行為を顕彰するものと解釈する。南陔は『詩経』に題目のみが伝わる詩であり、孝子が親を扶養することを自分に言い聞かせた詩とされる。

（一六）「孺慕」：『礼記』檀弓下の「有子与子游立、見孺子慕者。有子謂子游曰、予壹不知夫喪之踊也。予欲去之久

矣。情在於斯、其是也夫」が出典であり、父母への哀悼を指す。

（一七）「壹心営職」：『文選』巻四一、書上、司馬遷「報任少卿書一首」に「務一心営職、以求親媚於主上」とあり、呂延済注は「言務一心専営其職、求親愛於天子也媚、愛也」と解釈する。一心に職務に励み、主上の気にいるように努めること。

（一八）「属掾唯否」：ここでの「属掾」は枢密院の胥吏を指し、「唯否」とは丁寧な応諾と拒否がもともとの意味であろう。史彌堅が胥吏の意向で枢密院の文書行政が決せられる現状を変えようとしたが、胥吏は依然としてメモを送って自分たちの意向を伝えることができたことを述べたものか。

（一九）「忠定甲申奏議」：史浩の隆興二年（一一六四）の奏議ということになるが、同年は隆興和議が成立した年であって正確ではない。対金強硬論を唱える孝宗に対し、史浩が紹興三十二年（一一六二）から隆興元年（一一六三）にかけて提示した戦争反対の上奏を指すと思われる。史浩『鄮峰真隠漫録』巻七・八に収録された複数の奏議がそれであろう。ここでは「甲申奏議」を隆興和議以前の奏議と解釈しておく。

（二〇）『宋会要』蕃夷五―六八、嘉定元年条には「郴州黒風峒徭人羅世伝寇辺、飛虎統制辺寧戦没、江西・湖南驚擾。知隆興趙希懌・知潭州史彌堅共招降之」とあり、史彌堅も招降策の推進者とされている。

（二一）『宋会要』兵一三―四五、嘉定二年九月十六日条に「湖南安撫司言、曾口賊徒李伯琥等嘯聚作過、督捕親兵忠義統領許国率兵剿除、一方清粛。詔、許国特転両官」とある。

（二二）「飛虎軍」：辛棄疾が淳熙七年（一一八〇）に創設した湖南飛虎軍であろう。ただし小岩井弘光「南宋潭州飛虎軍成立をめぐって」（国士舘大学文学部東洋史学研究室編『宋代史論考――小岩井弘光研究拾遺――』汲古書院、二〇一〇年所収、初出は二〇〇二年）が論じるように、飛虎軍は潭州の土軍であり、本文中にいうように鎮江から移戍してきたわけではない。創設後の飛虎軍が鎮江に移されたという明証は確認できないが、明・楊士奇ほか編『歴代名臣奏議』巻一八五、去邪、衛涇「按郭杲乞賜鐫黜状」に、「臣照対、湖南飛虎一軍、自淳熙間、帥臣辛棄疾奏請創置、垂四十年、非特弾圧蛮傜、亦足備禦辺境、北虜頗知畏憚、号虎児軍。開禧用兵、蓋嘗調発、縁統御無術、分隷失宜、兵将素不相諳、枉致剉衂、人皆惜之」とあり、飛虎軍が開禧北伐の際に対金戦争の最前線に動員されたことが分かる。あるいはこの際に一時的に鎮江の所属とされ、嘉定年間（一二〇八～一二二四）に湖南に戻されたのかもしれない。

（二三）「私債官刻」：私債は私的な債務を指すと思われるが、官刻は不詳。楼鑰『攻媿集』巻九四、新道碑「少傅観文殿大学士致仕益国公贈太師謚文忠周公神道碑」に「又奏兵将官刻削等事」とあるのを勘案し、ここでは将官による兵士の給与のピンハネを指すものと考えておく。

（二四）「王吉所謂俗吏」：『漢書』巻七二、王吉伝に「今俗吏所以牧民者、非有礼義科指可世世通行者也。独設刑法以守之」とある。王吉は俗吏が代々指針にできる礼儀を世に行うのではなく、ただ刑法によって民を治めていることを批判したが、史彌堅はそうした俗吏すら今は少ないと嘆いたものか。

（二五）「而丹書之」：『文選』巻三七、表、陸機「謝平原内史表」に「苟削丹書、得夷平民」とあり、李周翰注は丹書を「定罪之書」と解釈し、「言蒙天子照察、除其罪書、為凡民也」と述べる。ここでは判決書を指したものか。

（二六）「墨曹掾」：杜牧『通典』巻三三、職官一五、州郡下、総論郡佐「司法参軍」に、「両漢有決曹・賊曹掾、主刑法。歴代皆有、或謂之賊曹、或為法曹、或為墨曹」とあり、司法参軍を指すことが分かる。

（二七）「改知鎮江府」：嘉定『鎮江志』巻一五、宋潤州太守に「史彌堅、中大夫・宝文閣待制、嘉定六年九月二十八日到、八年九月五日除宝謨閣直学士、依所乞宮観」とある。

（二八）「漕渠」：鎮江内を南から北へと貫流し、長江へと注ぐ江南運河（大運河）を指す。嘉定『鎮江志』巻六、地理、山水、水「丹徒県」に引く蔡佑「雑記」に「京口漕河、自城中至奔牛堰一百四十里、皆無水源、仰給練湖」とあるように、漕河とも称された。

（二九）「帰水澳」：嘉定『鎮江志』巻六、山川、澳「丹徒県」に「帰水澳、在中閘東」とあり、その浚渫については「待制史彌堅深惟、昔人置澳瀦水、以補漕渠之泄。故閘雖日啓、渠不告虧失。今不図濬渠、僅済全功猶慊、廼講尋遺規、程工拓址、倍広増深、啓閉以時。又因其餘力、於転般倉後剏開護倉壕河、東北与甘露港接、仍鼎造石閘・木閘二所於港口、以便転輸」とあり、この後ろに史彌堅の手になる詳細な記文が引用される。

（三〇）「北固」：嘉定『鎮江志』巻六、山川、山「丹徒県」に「北固山、即今府治与甘露寺是」とある。

（三一）「還京門」：嘉定『鎮江志』巻二、城池「丹徒県」に「今僅存八門、東曰青陽、西曰登雲・還京」とある。

（三二）鎮江における倉の拡張については、嘉定『鎮江志』巻六、山川、澳「丹徒県」所引の史彌堅の記文に、「其護倉之壕、則取其土、以広倉垣之北、規為他敖、益受灌輸」とある。

（三三）鎮江府から呂城鎮までの道路の補修については、嘉定『鎮江志』巻六、水、丹徒県「丹徒水」所引の李埴の記文に「繇城南出、達於呂城、間石其途、挽夫上下、妥視安行。甚雨淫潦、免於旋淖」とある。

（三四）舟を収納するクリークの開拓については、嘉定『鎮江志』巻六、山川、澳「丹徒県」所引の史彌堅の記文に「其達於甘露港者、則為上下二閘、候潮登否、以益納上流之舟。且慮二閘之間不足以容多舟也、視北固之址有陂沢、則又通之為秋月之潭、以蔵舟焉。其下閘之外、則濬補八十丈、客舟浮江、乗便艤泊、以避夫風濤之害」とある。

（三五）市流の浚渫については、嘉定『鎮江志』巻六、水、丹徒県「丹徒水」所引の李埴の記文に「以及市溝、蠲濁而清、東抵黄泥、浚浅而深」とある。

（三六）「擬津館倣夷陵之至喜」：欧陽脩『欧陽文忠公集』巻三九、記「峡州至喜亭記」に「尚書虞部郎中朱公、再治是州之三月、作至喜亭于江津、以為舟者之停留也」とあるのを踏まえたものであろう。また嘉定『鎮江志』巻六、水、丹徒県「丹徒水」所引の李埴の記文に「又以餘力、改営旧館、敞為十楹、賓客往来、憩息有所」とあるのもこのことを述べたものか。

（三七）「充国屯田便宜」：『漢書』巻六九、趙充国伝に所引の「屯田奏」を指す。

（三八）「坐坊売餅、亦称軍人」：韓愈撰・朱熹考異『朱文公校昌黎先生集』巻一五、書「為河南令上留守鄭相公啓」に「坐軍営操兵守禦、為留守出入前後駆従者、此真為軍人矣。坐坊市売餅、又称軍人、則誰非軍人也」とある。

（三九）『西山文集』巻二四、記「建寧府広恵倉記」を指す。

（四〇）「甘泉侍従之臣」：白居易『白氏文集』巻一二、感傷四「東墟晩歇」に「誰言渭浦棲遅客、曾作甘泉侍従臣」とある。甘泉は秦漢の宮殿名であるから、宮城で皇帝に仕える近臣を指す。直接には漢の成帝の甘泉宮への行幸に従い、帰還後にこれを諫める「甘泉賦」を上呈した揚雄が意識されているものと思われる。『漢書』巻八七上、列伝五七上、揚雄伝上を参照。

（四一）「堯夫」：范仲淹の子范純仁の字。

（四二）「銭文僖・張退傅事」：北宋の銭惟寅と張士遜を指すが、詩が現存しないため具体的に何の故事かは不明。魏泰『東軒筆録』巻三に銭惟寅が宰相引退後に西京留守として多くの文人と交わったこと、江少虞『宋朝事実類苑』巻三五、詩歌賦詠「張鄧公」に張士遜が知邵武県時代に多くの寺院を巡って詩を詠んだことが伝わるが、史浩が陸游を連れて寺院に来ていたことと対比したものか。

（四三）「王・謝文献、生長見聞」：黄庭堅『山谷外集』巻一、賦二首「劉明仲墨竹賦」に、「王・謝子弟、生長見聞。文献不足、猶超人群」とある。王・謝両氏は多くの文献を所蔵したが、子弟達はその文献によってではなく、家風によってこそ薫陶されたことを称揚した言葉。

（四四）「三径」：『文選』巻四五、辞、陶潜「帰去来」に「三径就荒」とある。李善は「三輔決録曰、蔣詡、字元卿、舎中三逕、唯羊仲・求仲従之遊、皆挫廉逃名不出」と注し、李周翰は「昔蔣詡隠居幽深、開三径、潜亦慕之。言久不行、已就荒蕪也」と注す。隠遁の地のことを述べたものであろう。

（四五）「陶楽」：直前に陶潜「帰去来」の「三径」が引かれていることから、この陶は陶潜を指すものと推測される。

（四六）「顒允孔碩」：『詩経』小雅、南有嘉魚之什「湛露」に「顒允君子、莫不令徳」とあり、孔穎達の正義は「顒允君子」を「此庶姓明信之君子」と解釈し、朱熹『詩集伝』は「顒、明。允、信也」と注す。顒允は英明で信実なことを指す。同じく『詩経』国風、秦「駟驖」に「奉時辰牡、辰牡孔碩」とあり、孔穎達の正義は「此時節之牡獣甚肥大矣」と解釈し、『詩集伝』は「辰牡者、冬献狼、夏献麋、春献鹿豕之類。……碩、肥大也」と注する。孔碩は祭祀の供物の大きさ・多さをいう。

（四七）「王勳民庸」：『周礼』夏官、司馬、司勲に「王功曰勲、国功曰功、民功曰庸」とあり、鄭玄は「王功曰勲」に「輔成王業、若周公」と注し、同じく「民功曰庸」に「法施於民、若后稷」とある。勲は王業を助けて功績あること、庸は民を治めて功績あることをいう。

（四八）「休有烈光」：『詩経』頌、周頌、臣工之什「載見」に「鞗革有鶬、休有烈光」とあり、鄭箋は「休者、休然盛壮」と解釈する。美しい烈光があることを指す。

（四九）「旂常」：『周礼』春官、宗伯下、司常に「日月為常、交龍為旂」とあり、鄭玄は「王画日月、象天明也。諸侯画交龍、一象其升朝、一象其下復也」と注する。太常旗には日月が、大旂という旗には交龍が描かれたこと、および太常旗は王の旗で、旂常は諸侯の旗だったことが分かる。

（五〇）「接武」：『礼記』曲礼上に「堂上接武、堂下布武」とあり、鄭玄は「接武」に「武、迹也。迹相接、謂毎移足、半躡之。中人之迹尺二寸」と注す。堂上では後ろ足で前足の足跡の半分を踏み込みながら進むことをいう。兄の史彌遠が中央の朝廷にあったことを述べたものか。

（五一）「宮商」：『詩経』国風、周南「関雎」の詩序に「情発於声、声成文、謂之音」とあり、鄭玄は「声成文者、宮商上下相応」と解釈し、宮音と商音のこととする。転じて宮商は音楽や音律を表す。

（五二）「韺䪫濩韶」：韺：五韺は帝嚳の楽の名。六䪫は顓頊の楽の名。濩（護）は殷の湯王の楽の名。韶は虞舜の楽の名。

（五三）「可仕可止」：『孟子』公孫丑章句上に「可以仕則仕、可以止則止、可以久則久、可以速則速、孔子也」とある。仕えるべきときに仕え、辞めるべきときに辞めた孔子の姿勢を理想的なものと見た言葉。

（五四）「真隠」：史彌堅の父史浩の号。

（五五）「匪弁伊騏」：『詩経』国風、曹風「鳲鳩」に「其帯伊絲、其弁伊騏」とあり、毛伝は「騏、騏文也。弁、皮弁也」とし、鄭箋は「其帯伊絲、謂大帯也。大帯用素絲、有雜色飾焉。騏当作璂、以玉為之。言此帯弁者、刺不称其服」と解釈する。善人君子の衣裳の帯が白糸で飾られ、鹿の皮の冠は青黒く玉で飾られていることを指す。皮弁は諸侯が視朝する際の常服であり、天子に朝する時にも用いられる。

（五六）「匪纛斯戟」：『朱文公校昌黎先生集』巻二六、碑誌「魏博節度観察使沂国公先廟碑銘」に、「槖兜戟纛、以

長魏師」とある。『詩経』国風、曹風「鳲鳩」の文体を借り、史彌堅が安撫使を務めたことを述べたものか。

（五七）「風雨晦明」：『史記』巻一二八、亀策列伝に「正昼無見、風雨晦冥」とある。宋の元王が派遣した使者が、漁師に捕らえられた神亀を助け出し、泉陽県の門を出ようとしたところ真昼であるのに何も見えず、風雨が起こって真っ暗になったことを述べたもの。自分がどれだけ悪い状況にあっても、国のために憂い楽しむことを優先したことを述べたものか。

（五八）「蜺旌龍篆」：『文選』巻八、畋猟中、司馬相如「上林賦」に「拖蜺旌、靡雲旗」とある。呂向注には「画雲蜺以飾旌旗。拖、曳。靡、案也」とあり、張揖注には「析羽毛、染以五采、綴以縷為旗、有似虹蜺之気也」とある。蜺旌は羽毛を五色に染めて糸を綴って旗としたものと解釈できる。龍篆はゆらめく香煙や篆書を指す。

（五九）「御六気」：『荘子』逍遙遊に「若夫乗天地之正、而御六気之辯、以遊無窮者」とある。「六気」について、杜預は「六気者、陰陽風雨晦明也」と解釈し、支道林は「六気、天地四時也」と解釈する。六気とは自然の変化をもたらす陰陽風雨晦明であり、御とはそれを操ることをいうのであろう。

注

（1）拙稿「史彌堅墓誌銘と史彌遠神道碑——南宋四明史氏の伝記史料二種——」（『史朋』四三、二〇一〇年）を参照。

（2）夏令偉『南宋四明史氏家族研究』（科学出版社、二〇一八年）三一二～三一八頁にも『鄞東譜』に基づく史彌堅の墓誌銘のテキストが掲載されており、それによって旧稿の断句の誤りが明らかになった箇所も多い。しかし夏令偉氏の断句にも誤りが見られるため、テキストの完成度をより高める必要が認められる。

（3）『慈渓譜』については本書第六章二六〇～二六一頁を参照。『鄞東譜』は王鶴鳴主編『中国家譜総目』（上海古籍出版社、二〇〇八年）四四四～四四五頁によると、史悠誠を編纂者とし、史彌堅の曾孫史昂孫を始遷祖とする宗枝の族譜である。

（4）注（3）前掲『中国家譜総目』四四六頁によると、『餘姚譜』は史玫を編纂者とし、史彌堅の曾孫史渠卿・史埜卿を祖とする家系の族譜であった。この家系は元初に鄞県から餘姚半霖村に移ってきたという。
（5）清・黄宗羲『宋元学案』巻七四、慈湖学案、慈湖門人「忠宣史滄洲先生彌堅」や、同書巻七五、絜斎学案、慈斎門人、および同書巻七七、槐堂諸儒学案、燭湖門人。
（6）清・阮元『揅経室外集』巻一、四庫未収書目提要「嘉定鎮江志二十二巻提要」。
（7）欠名『名公書判清明集』巻一、官吏門、禁戢、滄洲「禁戢部民挙揚知県徳政」。滄洲は史彌堅の号である。
（8）李栄村「黒風峒変乱始末――南宋中葉湘粤贛間峒民的変乱――」（『中央研究院歴史語言研究所集刊』四一―三、一九六九年）五二一頁を参照。

第八章　南宋寧宗朝後期における史彌遠政権の変質過程
――対外危機下の強権政治――

はじめに

本章は南宋四代目寧宗朝の後期に成立した史彌遠政権が、嘉定十年（一二一七）からの宋金戦争を画期にいかなる変容を遂げ、なぜ強権的な政治へと傾斜していったのかを明らかにしようとするものである。

寧宗朝前期に十三年にもわたって中央政治を掌握し続けた韓侂冑は、朱熹や趙汝愚などのいわゆる道学派官僚を厳しく弾圧したことで知られている。これに対して、そのあとを受けて宰相となった史彌遠は、寧宗朝後期に自らの政権を発足させたあと、道学派官僚の復権や名誉回復を進めたのであった。ところが政権後期（五代目理宗朝の前期）になると、史彌遠は真徳秀や魏了翁といった官僚たちと激しく対立し、中央から排斥するに至る。真徳秀・魏了翁は、道学派の一つである朱熹の学派の領袖として知られる人物であった。そのため先学の多くは、史彌遠を反道学派の人物と位置づけるとともに、史彌遠が政権前期に道学重視の政策を行ったのは、輿論に迎合するための便宜的なものであったと解釈した(1)。しかも史彌遠が独員宰相を二十五年にもわたって務めたことや、自分の腹心を執政官や言路官に起用し、中央政治を壟断したことが大いに強調されることになった。これによって史彌遠は、南宋のいわゆる「専権宰相」の一人に数えられるとともに、道学派官僚と終始一貫して対立した人物と見なされたのである。つまり寧宗朝後期から理宗朝前期にかけての政治史は、史彌遠と道学派官僚の対立の構図のもとで説明されてきたのであった。

しかし次に述べる二つの理由から、諸先学によって示された史彌遠政権像には問題があったと見なさざるをえない。その理由の第一は、本書第四章で述べたように、成立直後の史彌遠政権は当時の士大夫官僚の輿論の後押しを受けて成立した形跡があり、必ずしも強権的な政治を行ってはいなかったということである。[2] 右で見たような史彌遠による強権的な政治姿勢は、政権後期の理宗朝前期になってからとくに顕著に見られるようになる。二十五年にもおよんだ史彌遠政権について、後期で見られた政権の特徴をそのまま前期にも敷衍し、あたかも史彌遠政権が全期間にわたって強権的であったかのように見なすのは妥当ではあるまい。むしろ問題となるのは、史彌遠政治が次第に強権的なものへと変貌していかざるをえなかったその原因の解明であるといえよう。

第二の理由は、真徳秀・魏了翁と対立したという一事をもって史彌遠を反道学派と見なし、当時の政治史を説明しようとしてきた諸先学の視点に危うさが感じられることである。[3] というのも、史彌遠にはもともと道学者として著名な楊簡に師事したほか、呂祖謙と交流していた過去があるからである。[4] しかも史彌遠の正妻潘氏の父潘時は朱熹・張栻・呂祖謙と親しかったことで知られ、潘氏の兄弟の潘友端・潘友恭はいずれも朱熹の弟子であった。[5] また史彌遠と潘氏とは、それぞれ明州慶元府と婺州（現在の浙江省寧波市と金華市）とを出身地としていたが、史彌遠政権に執政官として参画し、史彌遠と近い関係にあったと目される人物のうち、楼鑰・袁韶・鄭清之は明州人、喬行簡・葛洪は婺州人であり、加えて彼ら全員に道学派との密接なつながりが認められるのである。[6] 真徳秀にしても、もとは史彌遠と深い関係にあった可能性が指摘されるほか、[7] のちに史彌遠の腹心として糾弾された人物のなかには、ほかならぬ朱熹の子朱在までもが含まれていた。[8] 史彌遠が学問的にも政治的にも道学派官僚と地続きの関係にあったことは間違いないといえる。史彌遠と道学派官僚とを截然と区別し、両者の間に対立関係を想定することがそもそも適当なのかどうか、大いに疑問が残るのである。

とはいえ、理宗朝時代に史彌遠と真徳秀・魏了翁らが対立し、その対立が当時の政治史に大きな影響を与えたことは厳然たる事実である。問題は、道学派か否かではなく、両者の対立が何を原因としてどのように形成されたかであろう。その意味において、両者の対立を寧宗朝時代にまで遡って理解しようとした諸先学の視点自体は継承されるべきだと思われる。寧宗朝時代に真徳秀・魏了翁らが史彌遠政治に対して募らせた不満が、済王の死後の処遇をめぐる問題を契機に一気に表面化したのが理宗朝前期における両者の対立であったと筆者は考えるからである。その対立の寧宗朝における発端として改めて重視されるのが、真徳秀・魏了翁らが対金強硬論者であったという事実なのであった。

以上の問題関心のもと、本章第一節では嘉定七年（一二一四）に金国への歳幣停止の是非をめぐって南宋中央で行われた政策論争の顚末を検討し、同じく第二節では宋金戦争直前の嘉定十年（一二一七）二月における江淮制置使李珏の幕府発足から、翌十一年（一二一八）の泗州の敗戦に至るまでの政治過程を分析する。この間の対金強硬論者の動きこそが、その後の史彌遠政権のあり方を大きく変える原因になったと筆者は考えるからである。さらに続く第三節では、史彌遠が嘉定十年（一二一七）以降にいかなる体制作りを目指したのかを論じ、理宗朝時代における史彌遠と真徳秀・魏了翁らの対立の原因がどこにあったのかを指摘する。これらの検討によって、金国の衰亡とモンゴルの興起という東アジアの激動期において、南宋政権がいかなる変容を遂げたのか、その一端が明らかになるはずである。

第一節　嘉定七年（一二一四）対金歳幣停止の決定過程

史彌遠政権は嘉定二年（一二〇九）五月に母の喪を解かれた史彌遠が、半年ぶりに右丞相兼枢密使の職務に復帰し、独員宰相となったことで本格的に始動したものと見なされる。当時の執政官の顔ぶれは、参知政事婁機・参知政事楼鑰・知枢密院事兼参知政事雷孝友・同知枢密院事章良能・簽書枢密院事宇文紹節であった。注目されるのは、引退や死去によって欠員が生じたのを除き、嘉定七年（一二一四）まで右の執政官の陣容が基本的に維持されたことである。すなわち嘉定三年（一二一〇）に婁機が、同六年（一二一三）に楼鑰がそれぞれ老齢を理由に辞任し、同じく宇文紹節が同六年（一二一三）に死去したものの、執政官の新規の任命は行われなかった。翌七年（一二一四）正月に参知政事であった章良能が死去すると、ようやく三月に安丙が同知枢密院事に、七月に鄭昭先が簽書枢密院事兼権参知政事に任ぜられたのであった。なお安丙が臨安府に到着する前に知潭州に転任したことからすれば、嘉定七年（一二一四）七月の時点で実際に政策決定に携わっていた宰執は、史彌遠・雷孝友・鄭昭先の三人であったことになる。こうした執政官人事の安定性は、史彌遠政権が次第に寡頭的な性格を帯びつつも、宰執集団の内部では相互に対立することなく、協調的な政権運営が行われていたことを示唆する。

また当時の南宋政権は、開禧年間（一二〇五～一二〇七）の対金戦争における会子の濫発によって生じた会価の下落や、嘉定元年（一二〇八）に湖南の郴州で発生し、翌年以降、荊湖南路・江南西路・福建路・広南東路に大きな被害をもたらした黒風峒の乱などの大きな国内問題に直面していた。史彌遠政権はこれらの解決に取り組み、同四年（一二一一）に首謀者の李元礪を捕らえることで黒風峒の乱を鎮圧したほか、[9] 遅くとも同五年（一二一二）には会価の回復にも相応の成功を収めていたようである。[10] 安定的な政権運営を実現しつつ、着実に国内問題を処理していった史彌遠に対し、皇帝寧宗が強い信任を示したであろうことは容易に想像されよう。

ところが南宋を取り巻く国際環境の変化は、そうした状況に暗雲を投げかけることになった。モンゴル高原を統一したチンギス・カンによる金国への侵攻作戦が開始されたのである。嘉定四年（一二一一）六月に、金国の中都（現在の北京市）に派遣された賀生辰使の余嶸が、任務を果たせないまま涿州から引き返したのは、その影響の最初の表出であった。牧野修二氏によれば、このときモンゴル軍の侵攻はなおも長城以北に限定されていたが、金国はそれへの対応に忙殺され、使者を受け入れる餘裕がなくなっていたという。さらに嘉定六年（一二一三）にモンゴル軍はついに長城を突破して河北・山東・山西方面に侵攻し、翌年には全軍で中都を包囲するに至る。こうしたなかで金国皇帝の完顔允済（衛紹王）が政変で殺され、新たに宣宗が即位した。この間、金国は南宋から送られてきた歳幣を受領することすらできなくなっていた。[11] 宣宗の即位を受けた南宋は賀登位使として真徳秀を派遣したものの、真徳秀もまたモンゴル軍による混乱のために金国領内に入ることができず、嘉定七年（一二一四）二月に復命して金国の滅亡が近いことを南宋中央に対して明言した。[12] さらに同年七月に金国が開封府に遷都すると、[13] 真徳秀は金国への歳幣を一切停止することを上奏したのであった。[14] 同年三月と八月には、金国から南宋に未受領のものを含めた二年分の歳幣を督促する使者が送られており、それへの返答をどうするかが問題化したのである。[15] これをきっかけとして、南宋中央では歳幣停止の是非をめぐって激しい論争が繰り広げられたのであった。

それでは嘉定七年（一二一四）七月以降、対金歳幣をめぐってどのような人物が、いかなる議論を南宋中央で展開したのであろうか。現存史料の少なさからその全体像を網羅的に知ることは困難であるが、梁庚堯氏や鄭丞良氏らによる研究成果や、断片的な諸史料の記述を総合すると、歳幣の停止を主張していた人物としては、起居舎人真徳秀・

兵部侍郎李珏・権刑部侍郎劉爚・国子監司業袁燮・権知太平州黄榦・国子監録徐僑・秘書省校書郎鄭性之らの名前を挙げることができるようである。[16]黄榦についてはその文集である『勉斎文集』に、他人のために代筆した宰執宛ての文書が残されるのみであるが、[17]そこに黄榦の政見が反映されていたことは間違いなく、間接的に議論に参与したものとして名前を挙げておく。また同じく議論に直接関与した明証はないが、主管建寧府沖佑観だった魏了翁も歳幣の廃止を支持していたようである。[18]

これに対して、歳幣の継続を主張・支持していた人物は、数は少ないものの、右丞相兼枢密使史彌遠・淮西転運司判官喬行簡・主管官誥院程珌・主管武夷山沖佑観曹彦約らの名前が判明する。なお曹彦約は歳幣の継続を前提としつつも、金側が歳幣の受領時期を違えた場合は引き渡す必要はないと述べた文章が残されているので名前を挙げたが、この文章は草稿とされている。[19]そのため実際に中央に提示されたものなのかどうか不明である点は留意が必要であろう。

さて右で名前の挙がった人物のうち、当時まだ下級官僚に過ぎなかった徐僑・鄭性之や、遠く四川の地にあった魏了翁をしばらくは除外すると、そのほかの人物については停止派・継続派ともに史彌遠に近い人物が多く名前を連ねていることに気づかされる。例えば歳幣継続を主張していた喬行簡・程珌は、のちに史彌遠の腹心とされた人物であった。[20]前述したように、喬行簡は史彌遠の妻潘氏の同郷人であった。程珌は徽州府の人であるから、史彌遠との直接の地縁的な関係は認められないが、程珌の妻は孝宗朝で宰相を務めた王淮の孫女であった。[21]王淮の子は史彌遠の姉妹を娶っていたから、[22]程珌と史彌遠とは姻戚の関係にあったことになる。継続派のみに着目すると、歳幣をめぐる論争が党派対立の色彩を帯びていた可能性も否定できないといえる。

しかし次に停止派の人物を見てみると、歳幣停止の議論の口火を切った真徳秀は、史彌遠と同郷人の楼鑰の推挙を受けた人物であった。[23] 楼鑰は史彌遠の父史浩ときわめて親しい関係にあった人物である。[24] 鄭丞良氏が指摘するように、史彌遠と真徳秀とはもともと親密な関係にあった可能性は高いといえよう。[25] また同じく歳幣停止派の袁燮は、史彌遠と同じ明州を郷里としていたうえに、その一族の袁韶は史氏の姻戚となり、史彌遠の腹心として活躍した人物であった。[26] 袁燮と史彌遠はもともと深い関係にあったと見て間違いないと思われる。さらに李珏は、母の行状をその袁燮が執筆し、[27] 祖父の文集の序文を同じく楼鑰が執筆するなど、[28] 明らかに史彌遠に近い人脈に属していた。もちろん当時宰相を立て続けに輩出していた史氏の一族が、官界に多様な人脈を張り巡らしていたことはある意味当然ではある。だが右のような人間関係の錯綜ぶりは、歳幣をめぐる意見の相違が必ずしも党派的な権力闘争に根ざしたものではなかったことを示唆するのである。

それでは先学が述べるように、歳幣をめぐる論争を史彌遠と道学派官僚との対立と見なすことは可能であろうか。確かに歳幣停止派の黄榦・劉爚・真徳秀が朱熹の弟子や孫弟子であったことは目を引くが、継続派に属する曹彦約もまた同じく朱熹の弟子であった。[29] 停止派の袁燮も道学者であり、朱熹やその思想に対して好意的であったとされるものの、[30] 継続派の史彌遠が交流し、喬行簡が師事した呂祖謙もまた朱熹の盟友であった。しかも停止派の劉爚はその呂祖謙の弟子でもある。[31] 真徳秀の文集である『西山文集』に、真徳秀が史彌遠の師の楊簡と親密な関係を築いていたことを示す史料が残されていることも留意される。[32] 停止派・継続派のいずれにも道学派に連なる官僚が入り乱れており、この論争を道学思想の有無によって説明しえないことは明らかであろう。やはり本章の「はじめに」で述べたように、当時の政治史を史彌遠と道学派官僚との対立と見なすのは無理があるようである。歳幣をめぐる意見の相違は、あくまでも政策的な立ち位置の違いによって生じたものであったと理解されるべきであろう。

そうなると、次に停止派・継続派がそれぞれいかなる意図で自説を唱えていたのかが問題となってくる。これについては葉紹翁『四朝聞見録』甲集「請斬喬相」に象徴的な記述が残されている。

文忠真公奉使金廷、道梗不得進、止於盱眙、奉幣反命、力陳奏疏謂、敵既拠吾汴、則幣可以絶。朝紳三学主真議甚多、史相未知所決。喬公行簡為淮西漕、上書廟堂云云、謂強韃漸興、其勢已足以亡金。金昔吾之讐也、今吾之蔽也。古人唇亡歯寒之轍可覆。宜姑与幣、使得拒韃。史相以為行簡之為慮甚深、欲予幣、猶未遣、太学諸生黄自然・黄洪・周大同・家槙・徐士龍等、同伏麗正門、請斬行簡、以謝天下。

（文忠真公金廷に奉使するに、道梗にして進を得ず、盱眙に止まり、幣を奉じて反命し、力陳奏疏して謂うに、敵既に吾が汴に拠れば、則ち幣は以て絶つべしと。朝紳三学真の議を主するもの甚だ多きも、史相未だ決する所を知らず。喬公行簡淮西の漕為りて、廟堂に上書して云云うに、謂うに強韃漸く興り、其の勢已に以て金を亡ぼすに足る。金昔は吾の讐なり、今は吾の蔽なり。古人の唇亡びて歯寒しの轍覆すべけんや。宜しく姑く幣を与え、韃を拒むを得さしむべしと。史相 行簡の慮を為すこと甚だ深しと以為い、幣を予えんと欲するも、猶お未だ遣わさざるに、太学諸生の黄自然・黄洪・周大同・家槙・徐士龍等、同に麗正門に伏し、行簡を斬り、以て天下に謝せんことを請う。）

これによると真徳秀（「文忠真公」）は、金国への使者としての務めを果たせずに臨安府に戻ったあと、金国が開封府に遷都したことを問題視して歳幣の停止を強く主張し、その発言を多数の官僚や太学生たちが支持することになった。ところが喬行簡は、歳幣を継続することよって金国をモンゴルに対する防波堤として利用することを宰執に提言した。史彌遠（「史相」）は喬行簡の思慮のほうが深いと考え、歳幣の継続を支持したが、これに不満を抱いた太学生の黄自然らは皇城の南門である麗正門に押しかけて伏闕上書を行い、皇帝に対して喬行簡の誅殺を求めたというのである。

右の真徳秀の上奏は、正確には臨安府に戻って復命した嘉定七年（一二一四）二月ではなく、同年七月に提示されたものであるが、真徳秀の文集所収の当該の上奏には確かに右の論点が確認できる。[33] 歳幣停止派の議論について、右の史料は比較的正確な情報を伝えているといえよう。しかし右の史料が筆記史料であることを踏まえると、喬行簡が歳幣継続を主張した理由が、本当に金国をモンゴルへの盾として利用する策謀のみに置かれていたのか否かについては、より慎重な検討を要するように思われる。喬行簡の文集は現存していないが、幸いなことに『勉斎文集』巻二九、公箚「与淮西喬運判辨起夫運糧事」の三通目に、手がかりとなる記述が残されている。

聞虜之入寇、大抵以歳幣為主。三両年間、所謂書生者、皆以免歳幣為請也。榦雖至愚、亦切笑之。惟某官毅然力排衆論。至於今日、而其験已如此、則通儒有用之学、非若世之不達時宜者。

（聞くならく虜の入寇、大抵歳幣を以て主と為すと。三両年の間、所謂書生の者、皆歳幣を免ずるを以て請を為すなり。榦至愚なると雖も、亦た切かにこれを笑う。惟うに某官毅然として力めて衆論を排す。今日に至りて、其の験已に此くの如かれば、則ち通儒有用の学、世の時宜に達せざる者の若きには非ざるなり。）

これは黄榦が嘉定十年（一二一七）頃に喬行簡に宛てた文書である。これによると、同年に金国が開始した南宋侵攻において、金国側は南宋による歳幣の滞納を侵攻の口実としていた。かつて喬行簡（「某官」）は世間の多くの知識人が唱える歳幣停止の主張を排し、毅然として歳幣の継続を論じたが、喬行簡の不安は今日的中した。黄榦は喬行簡の学問を「通儒有用の学」とする賛辞を送り、その先見の明を賞賛したのであった。

右の文書を勘案すれば、歳幣継続派に属していた喬行簡は、歳幣の停止が金国との戦争を引き起こす可能性を強く懸念し、それを主な理由として歳幣の継続を主張していたことになるであろう。同じく継続派の曹彦約と程珌が、歳幣の停止が金国の侵攻を誘発しかねないという懸念を表明していたことはその証左である。[34] 既述したように、当時の南宋政権は対金戦争の敗北から七年を経過したばかりであったうえに、国内的にも黒風峒の乱の鎮圧はわずかに三年前のことであった。内憂外患が連続する状況下にあっては、国力に配慮した継続派の議論はやむをえないものであったろう。『四朝聞見録』に見えていた、継続派が金国をモンゴルへの防波堤とすることを目論んでいたとする言説は、そうした継続派の議論をいわば矮小化したものだったのではあるまいか。恐らく停止派が継続派の議論を批判するなかで、継続派の姑息さを印象づけるためにその主張の一端をことさらに強調、もしくは曲解した言説が流布されたのであろう。現存する停止派の議論に見える、「これを道路に聞くに、皆な謂う、進言の臣は虜人若し歳幣を索むれば、即当ちにこれを予え、以て達靼に賂うを得さしめれば、然る後に両国は寧静たらんと以為うと[35]」という伝聞も、これと同工異曲の事例であったと思われる。停止派は対金戦争をも辞さないことを中央に求めていたのであり、その意味では停止派を対金強硬論者と言い換えることも可能であろう。

以上のように、当時の南宋中央では、対金戦争が惹起される危険性を回避すべく、当面は歳幣を維持しようとしていた宰相たちを、政権内外の対金強硬論者やそれを支持する太学生たちが厳しく批判し、歳幣の停止を強く訴えるという状況が展開されていたのであった。それではこうした激しい論争はいかなる帰結を迎えたのであろうか。嘉定七年（一二一四）十一月に、南宋から金国に対して賀正旦使として聶子述が派遣されることになったが[36]、このとき南宋側は開封府への運河が涸れて通じていないことを理由に、歳幣の引き渡しをしばらく見送ることを金側に通告した[37]。さらに翌年には、南宋側から金側に対して、歳幣の減額が要求されるに至ったのである[38]。南宋中央がこうした外交方針をとった原因について、朱瑞熙氏は史彌遠が輿論の高まりに押しきられたかのように描写し[39]、鄭丞良氏は史彌遠に歳幣をめぐる交渉によって南宋の国際的地位を向上させようとする意図があったことを推測している[40]。両氏の見解は相違しているものの、当時の南宋における最終的な政策決定が、宰相史彌遠によってなされていたと見なしている点は共通するといえる。

確かに当時の寧宗は、臣下への諮問の回数の少なさが問題視されるなど、政治への関与には消極的だったようである。[41] しかも当時は景献太子の政治参与が認められたことで、宰執の政務処理の権限も拡大していた。[42] 恐らく寧宗は、具体的な政策立案や日常的な政務処理については史彌遠に一任していたのであろう。しかしそうであったとしても、当時の南宋政権の最終的な意思決定権が、依然として寧宗にあったことは動かしがたい事実である。史彌遠が皇帝の擁立者であったのちの理宗朝時代であればいざ知らず、[43] 寧宗朝時代の外交方針の決定者をも史彌遠であったと見なしてきた従来の見解には問題があったといわざるをえない。『西山文集』巻三、対越甲藁、奏箚「直前奏事箚子〈甲戌七月二十五日〉」の記事は、そのことを明確に示すと思われる。

是日読至此段、口奏云、虜人既有遷都之報、旦夕必須来索幣。臣窃以為、不可与。上曰、不当与。玉音頗厲、異於常時。未幾対境果移文来索。丞相史某奏云、従臣劉和・李珏、皆有文字謂不当予幣。取自聖裁。上曰、真徳秀亦曾説来。時十一月也。去徳秀直前之日稍久、而聖心猶簡記如此。

（是の日読みて此の段に至りて、口奏して云うに、虜人既に遷都の報有り、旦夕必須ず来たりて幣を索むべし。臣窃かに以為うに、与うるべからずと。上曰く、当に与うるべからずと。玉音頗る厲、常時に異なれり。未だ幾ばくせずして対境果たして移文して来索す。丞相史某奏して云うに、従臣劉和・李珏、皆な文字有りて当に幣を予うべからずと謂う。取るに聖裁自りせんと。上曰く、真徳秀も亦た曾て説来すと。時に十一月なり。徳秀直前の日を去ること稍や久しくして、聖心猶お簡記すること此くの如し。）

これは嘉定七年（一二一四）七月に対金歳幣の停止を論じた真徳秀の上奏の末尾に付された回想録である。真徳秀が同年七月に歳幣を「与うるべからず」と論じたところ、寧宗は普段とは異なる厳粛な声で「当に与うるべからず」と述べたこと、十一月に宰相史彌遠（「丞相史某」）が寧宗に対し、侍従官の劉爚（「劉和」）と李珏の歳幣停止論を伝えたうえで、(44)どうするべきか寧宗の決裁を仰いだことが伝えられている。この史料では、寧宗が最終的にいかなる決定を下したかまでは明記されていないものの、嘉定十年（一二一七）の時点においてもやはり寧宗が歳幣停止を支持していたことを考慮すれば、(45)右の史料は同年十一月における歳幣引き渡しの一時見送りが、寧宗の決定に沿うものであったことを強く示唆するのである。(46)

そもそも寧宗は、開禧年間（一二〇五～一二〇七）に韓侂冑の主張を支持して金国と開戦し、大敗して南宋政権を危機に陥れるという大きな失敗を犯していた。そのままでは歴史に汚名を残すであろう当時の状況下において、屈辱的な宋金関係を根本から変えうる歳幣停止派の主張が、寧宗にとってきわめて魅力的であったろうことは容易に想像される。また喬行簡の歳幣継続の主張に対し、太学生たちが皇城の南門に押しかけて反対したことは寧宗の耳にも当然入っていたろうし、それは寧宗の目には輿論を代表したものとして映ったであろう。かかる理由により、寧宗が対金歳幣の停止を決断したとすれば、宰相であった史彌遠はもとよりそれに従うほかなかったはずである。

しかしそうなると、右史料で寧宗が歳幣について発した「当に与うるべからず」という発言に比して、南宋政府が実際に金側に通達したのは、あくまでも運河の不通を口実とした歳幣の一時停止と、歳幣の減額要求に過ぎなかったことが注意される。金国に対する強硬さにおいて、後者は前者に比べて一定の後退が看取されるからである。あるいはここに史彌遠の関与が認められるべきではないかと筆者は考える。すなわち真徳秀の嘉定七年（一二一四）七月の上奏では、歳幣を停止して軍備を整えるのが上策、歳幣の減額を金国に認めさせるのが中策とされていた。(47)史彌遠は寧宗によって示された歳幣停止の方針を堅持しつつも、両国の戦争を回避するため、歳幣の減額を金国に要求することで、寧宗や対金強硬論者が納得しうる金国側の譲歩を模索していたのではないだろうか。南宋中央が上述のような対金外交を展開した背景には、こうした事情があったものと推測されるのである。

それでは対金強硬論者と太学生の行動によって引き出された寧宗の決断は、その後の南宋政治にいかなる影響をもたらしたのであろうか。引き続き検討したい。

第二節　江淮制置使李珏の幕府と泗州の敗戦

前節で見たように、南宋は嘉定七年（一二一四）十一月に金国への歳幣引き渡しを見送り、翌年三月には金側に歳幣の減額を要求したもののこれは拒絶されることになった。その後、国内の対金強硬論の高まりのためか、南宋が金国に歳幣を送ることはなく、これが金側の反感を大いに煽ったらしい。金国の貞祐三年（一二一五）、すなわち南宋の嘉定八年（一二一五）には、早くも金国の内部では南宋への侵攻を求める声が上がっていたのである。このとき金国はモンゴルの侵攻によって黄河以北を失陥していたほか、山東では楊安児や李全が率いる紅襖軍が蜂起するなど苦境に喘いでいた[48]。金国の朝政を壟断していた尚書右丞相の朮虎高琪は、南宋を討って領土を広げることを宣宗に提言し[49]、それはモンゴルによって生じた損失を南宋から補塡するためであったとされる[50]。かくして嘉定十年（一二一七）四月、ついに金国軍が南宋領の光州軍に侵攻し、宋金戦争が開始されることになったのである[51]。このとき金国側は、南宋が歳幣を引き渡さないことを開戦の理由としていた[52]。南宋による対金歳幣の一時停止は、金側に開戦のための格好の口実を与えたといえる。嘉定七年（一二一四）の時点で史彌遠ら歳幣継続派が示していた憂慮が、まさに的中する形になったのである。

さて金国による南宋侵攻のわずか二ヵ月前の嘉定十年（一二一七）二月十五日、南宋政府は李珏なる人物を江淮制置使に任命して建康府（現在の江蘇省南京市）に送り込んだ[53]。江淮制置使は建康府に衙門を置き、江南東路・淮南西路・淮南東路という広大な区域の防衛を管轄した司令官職であり[54]、李珏は同職とともに江東安撫使兼行宮留守司公事などをも兼任した[55]。のちに宋金戦争が開始されると、南宋中央は江淮制置使李珏と京湖制置使趙方に、中央の裁可を受けずとも臨機応変に戦局に対処しうる「便宜行事」の権限を与え、前線の防衛を委ねたのであった[56]。李珏の江淮制置使への起用は、明らかに対金戦争に対処するための人事であったといえるであろう。本節では対金戦争の最前線に立ったこの李珏という人物にとくに注目し、当時の宋金戦争を見てみることにしたい。

李珏（字夢簡）については、残念ながら詳しい伝記は残されていない[57]。一族の本貫地は蘇州の呉県であったというが、南宋初期の名臣として知られる祖父の李彌遜のときに福建の福州連江県に移住したらしい[58]。李珏の弟の李琪が連江の人とされているから[59]、李珏も福州の出身と見て間違いない。嘉定七年（一二一四）に南宋中央で対金歳幣をめぐる論争が起きた際には、李珏はすでに兵部侍郎という重職にあり、真徳秀に同調して歳幣の停止を主張していた[60]。さらに李珏と同じ福州の人で、朱熹の高弟で女婿でもあった黄榦の文集や年譜からは、李珏と黄榦が親密な関係を築いていたこと、および嘉定十年（一二一七）頃には李珏が六部尚書（部局は不明）に任ぜられていたことが判明する[61]。『後村全集』に収められる李珏の祭文に「然りと雖も、国家南渡して百年、士大夫皆な和に非ざれば以て立国する無しと以為うも、公に至りて遂に其の論を破る。異日史筆を秉る者書して曰わん、幣を絶ちて自立するは、李公由り始まると[62]」とあるように、侍従官であった李珏は対金強硬論者のいわば領袖として活躍していたのである。また前節で見たように、李珏は明州系の人脈と太いパイプを有していたうえに、黄榦の書簡に「天下の尚書に望むは、但だ両淮の両路のみならず。況んや廟堂の尚書に於いては、亦た相い知ること深き者と謂うべきをや[63]」とあるように、史彌遠とも親しい間柄にあった。史彌遠と李珏とでは対金政策をめぐる意見の相違はあったものの、当時は戦争が不可避な情勢にあった。史彌遠にとっては、対金強硬論者の輿望を集め、しかも自分にも近い李珏は前線の司令官として適任に思われたのであろう。当時の寧宗が強硬論に傾斜していたことをも勘案すると、李珏の江淮制置使への起用は、寧宗・史彌遠二人の肝煎りで実現した人事であったと考えられるのである。

李珏は江淮制置使として赴任するに当たり、自らの幕府を支える幕僚として多くの人物を辟召したようである。現在までに筆者が確認しえた限りでは、李珏の幕府で活躍したことが確実な人物は全部で十六人にのぼる。試みにこの十六人の名前と、判明する出身地とを挙げてみることにしよう。

①李任（李珏の子）：福建福州の人、②黄榦：福建福州の人、③葉莫：福建福州の人、④劉克荘：福建興化軍の人、⑤黄伯固：福建南剣州の人、⑥方信孺：福建興化軍の人、⑦杜杲：福建邵武軍の人、⑧余鑄：江西信州の人、⑨左謩：江西吉州の人、⑩薛師董：浙東温州の人、⑪董道隆：湖南常徳府の人、⑫袁甫（袁燮の子）：浙東明州の人、⑬毛自知：浙西衢州の人、⑭危和：江西臨川の人、⑮王好生：出身地不明、⑯何大節：出身地不明(64)

このうち⑫の袁甫は建康軍節度判官であった際に李珏に宛てたと思しき上書が残されているが、そもそも袁甫が同職に任ぜられたのは嘉定九年（一二一六）のことであって、李珏の辟召によるものではない。しかも翌年五月には臨安府に召喚されており、李珏のもとで活動した期間も短いため検討の対象外としておく。このほか嘉定十一年（一二一八）に幕府を離れた黄榦のように、残りの十五人が終始一貫して幕僚として活動したわけではなく、途中で出入りがあったと想定されることも留意する必要がある。また後述するように、この十六人のほかに王遂も李珏の幕府に関与していたようであるが、正式な幕僚ではなかった可能性があるため、右の一覧には加えないこととする。

右の一覧を見てすぐに気づかされるのは、福建人の比率がきわめて高いということであろう。袁甫を除く十五人のうち、半数近くの七人が福建人で占められている。しかも彼らの郷里の福州・興化軍・南剣州・邵武軍は、朱熹が交流や講学を盛んに行った地域であった。②の黄榦と、真徳秀の弟子であった④の劉克荘とは、その朱熹思想の継承者だったのである。もちろん李珏が自身の幕僚として気心の知れた同郷人を多く起用したことは、ある意味では当然ではある。とはいえ、李珏自身も朱熹の後継者の黄榦と親しかったことや、李珏とともに歳幣の廃止を主張した真徳秀・劉爚が、いずれもやはり福建人で朱熹思想の継承者であったことからすれば、これらの事実は決して看過されるべきではないであろう。しかも嘉定七年（一二一四）とその翌年に執政官となり、同十年（一二一七）の時点で史彌遠とともに三人で宰執集団を構成していた鄭昭先・曾従龍もまたそれぞれ福建の福州・泉州の人であり、鄭昭先に至っては朱熹の弟子であるとともに、(65) 同じく朱熹・黄榦の門人であった陳宓と姻戚の関係にもあった。(66) 曾従龍についての詳細は不明であるが、のちに曾従龍が和平論者の胡榘と対立して中央を去ったことからすれば、(67) 曾従龍も李珏らと同じく強硬論者であった可能性は高いといえる。

また前節で引用した『四朝聞見録』の記事で、喬行簡の歳幣継続論に反対して伏闕上書を敢行したとされていた太学生のうち、筆頭に名前の挙がっていた黄自然も福建の建寧府の出身であり、真徳秀との関係が確認できる人物であった。(68) さらに『勉斎文集』巻三、書二「与李敬子司直書」の三十七通目には注目すべき記事が見えている。

去冬有蜀人家擴、字本仲者来訪、与之語渉月、極不易得。多読書、持身甚介、玩理甚精、務学甚実、於貫之伯仲耳。近来諸生伏闕之書、雖是次名、実則首謀。故書中言蜀事、最詳且切、已試中優等。

（去冬蜀人の家擴、字は本仲なる者の来訪する有り、これと与に語ること月に渉るに、極めて得るに易からざるなり。読書すること多く、身を持すること甚だ介、理を玩うこと甚だ精、学に務めること甚だ実、貫之に伯仲するのみ。近来諸生伏闕の書、是れ次名なると雖も、実は則ち首謀なり。故に書中に蜀事を言うこと、最も詳且つ切にして、已に試して優等に中る。）

黄榦が同門の李燔に宛てた書簡である。前半部分からは、黄榦が前年冬に訪問を受け、一ヵ月間にわたって交流した四川人の家損を、同じく四川人で朱熹に私淑していた李道伝（「貫之」）に匹敵する人材として賞賛していたことが判明する。さらに後半部分では、最近太学生が行った伏闕上書では、家損は二番目に名前があったが、実際にはその首謀者であったと記されているのである。家損とは、黄自然と同じく『四朝聞見録』の記事で、伏闕上書を行った太学生として四番目に名前の見えていた家槙と同一人物であろう。家損は黄榦の弟子に準ずる存在だったのである。

寧宗がこのとき対金強硬論に傾斜した原因の一つとして、太学生の動きが数えられることは前節で見た通りである。その太学生たちは、嘉定七年（一二一四）十一月に南宋中央が金国に歳幣の一時停止を伝えようとした際にも、やはり劉爚に率いられて金国との通好に反対するという事件を起こしていた(69)。つまり当時の南宋中央で対金強硬論を執拗に唱え、寧宗に歳幣の停止を決断させる原動力となった官僚や太学生には、福建を出自とするか、もしくは朱熹の思想・学説に感化された人々が多く含まれていたと考えられるのである。本章では後世の体制教学の担い手としての朱子学者と区別するため、これらの人々をあえて福建・朱門系の士人と呼ぶことにしたい。

もちろん当時の人々の政治的な立場を、出身地や学派によって機械的に色分けすることは不可能であるし、もとより朱熹の弟子でありながら対金歳幣の継続を支持した曹彦約や、のちに史彌遠の腹心として名指しされた朱熹の子朱在といった大きな例外も存在する。しかし同時に福建出身の士人たちの文化的な傾向や、そこにおける朱熹一門の講学活動の特徴にもやはり注意する必要があると思われる。すなわち先学によると、反新法や主戦論を唱えて北宋・南宋の中央から排斥され、福建北部に逼塞した程学系の士人たちは、現地で互いに影響を与えあいながら文化的に一つのまとまりのある地域を形成した。そのあとを受けた朱熹も、福建北部を中心に交流や講学を行い、福建各地に多数の門人を獲得したほか、他地域の道学者との広域的な交流・講学によって、江西・江東・浙東などにも門人や同調者が現れたというのである(70)。

こうして形成された朱熹の門人集団は、朱熹の死後も相互に連携しながら活動を続けた。江東や江西の朱熹の門人たちが定期的に会読会を開いていたことや、[71]李道伝が各地の門人から朱熹の言葉を収集して語録を編纂したことはその典型的な事例である。[72]また黄榦は高官となった朱熹の門人や同調者を後ろ盾に地方官として活躍し、官界を離れたあとは福州に戻り、兄弟弟子や友人・門人と協力して『儀礼経伝通解』の編纂を継続した。[73]しかも福建内で講学を続けた陳淳のような門人を、福建の有力一族は家塾の教師として招聘したのであった。[74]朱熹の門人たちが凝集性と継続性に富んだ集団を形成していたことが判明するとともに、門人ではない福建出身の士人にしても、そうした人々に感化されやすい環境に置かれていたことがうかがえるのである。

以上のような背景を持つ福建・朱門系の士人たちは、嘉定七・八年（一二一四・一五）頃には官僚機構の中枢たる執政官・侍従官から、末端の太学生に至るまで様々なレヴェルで南宋中央に進出するようになっていた。ときに例外もありつつも、互いに共鳴・協力しあいながら対金強硬的な輿論を形成する傾向にあったものと推測されるのである。そうした彼らの活動の結果として嘉定十年（一二一七）からの宋金戦争が引き起こされたとすれば、対金歳幣の一時停止から開戦に至るまでの政治過程は、福建・朱門系の士人たちによって主導されていたといわざるをえない。近藤一成氏が指摘するように、当時の道学派官僚はいまだ体制派ではなかったが、[75]体制派に限りなく近いところにまで迫っていたのである。既述のように、史彌遠もまたそうした福建・朱門系の士人たちと強いつながりを有していたのであった。李珏の幕府はまさにその延長線上に形成されたものと考えられよう。

かかる観点から再び李珏の幕僚を通観してみると、史料的な限界から不明な点も多いものの、やはり福建・朱門系の士人の影響が色濃く見いだされる。②④の黄榦・劉克荘以外にも、①の李任は李珏の息子であるし、[76]⑥の方信孺は黄榦・李燔の友人であった。[77]また⑭の危和は上元県の主簿であった際に程顥の祠堂を設けて真徳秀に推挙された人物である。[78] ⑩の薛師董の父薛叔似は永嘉学派の士大夫で、朱熹を敬慕した対金強硬論者であった。[79] 福建・朱門系の士人とのつながりが不明な⑬の毛自知にしても科挙の答案で主戦論を展開した人物であり、[80] 福建・朱門系の士人と親和性の高い思想の持ち主であった。福建・朱門系の士人やその同調者たちは、今や司令官とその幕僚として対金戦争の最前線に臨むに至っていたのである。

こうして始動した江淮制置使李珏の幕府であったが、「鄭元粛録して云う、当時幕府の書館、往往にして軽儇浮靡の士なり」[81] とあるように、どうやら軽率な言動の目立つ人物が多かったようである。「適たま聞くに二十七日三統制の敗、極めて寒心を為す」「今乃ち深入し、以て敗衂を取るは、是れ何ぞ軽率なること此くの如きか。聞くに制幹なる者有りて、実に其の事を主すと。想うに是れ後生事を暁らず、是れを以て功名を取らんと欲するのみ」[82] という黄榦の書簡の記述は、そうした幕府の軽率な作戦が戦況に重大な影響を与えていたことを示している。その結果として引き起こされたのが、嘉定十一年（一二一八）前半における泗州の戦い（泗上の役）であった。[83]

泗州の戦いに関する史料はきわめて少ないが、金国の夾谷土剌の神道碑に「興定の初、宋人の歩騎数万泗州を侵し、声勢甚だ張る。公画策を為し、軍を潜めて霊壁に趍り、其の不意に出で、殺獲すること甚だ衆し」とあることからすれば、[84] 金国軍が泗州に進出した南宋軍を奇襲によって大破した戦いだったようである。『勉斎文集』巻九、書八「与金陵制使李夢聞書」の十通目にはその損害が次のように記されている。

> 向者軽信庸人之言、為泗上之役、喪師万人、良将勁卒、精兵利器、不戦而淪於泗水。黄団老幼、俘虜殺戮五六千人、盱眙東西数百里、莽為丘墟。聞之者莫不測然痛心。

（向者軽がるしく庸人の言を信じ、泗上の役を為し、師万人を喪い、良将勁卒、精兵利器は、戦わずして泗水に淪む。黄団の老幼、俘虜殺戮せらるは五六千人、盱眙の東西数百里、莽として丘墟と為る。これを聞く者測然として痛心せざる莫し。）

黄榦が李珏に宛てた書簡である。これによると、南宋側は一万人以上の軍兵と膨大な人的・物的資源を失ったという。これが決して誇張ではないことは、別の史料に「京口の一軍、泗州失利の後自り、缺額極めて多く、老弱大半なり[85]」とあって、泗州の敗戦後、鎮江府の駐箚御前諸軍に多くの欠員が生じていたことから確認できるのである。しかも金国の張汝翼の神道碑に、興定二年（一二一八）からのこととして「二年の泗州の勝ちに乗じて席巻するの後自り、霊壁・土山・亀山・蒙城・五河・九岡、前後殺獲すること、勝げて計うべき莫し[86]」と記されているように、この敗戦は南宋側の戦線に深刻な影響をおよぼしたのであった。

ところで、後世の編纂史料である『古今紀要逸編』や『宋史』は、史彌遠が密箚によって都統制使劉琸を出撃させたことが敗戦につながったと論じていた[87]。しかし『後村全集』巻一〇八、題跋「菊坡与劉制置書」にはそれとは異なる次のような証言が見いだされる。

虜先犯浮光、清献又勧李公持重、俄而我出泗上、師失利、虜大入。廟謨以咎李公、議擢清献代之、俾続和議、先以貽書諭上意。清献力言、虜垂亡不可和、李公不可去。後李公聞而嘆曰、若他人必擠而奪之矣。

（虜先に浮光を犯すに、清献又た李公に持重せんことを勧むるも、俄にして我泗上に出で、師利を失い、虜大いに入る。廟謨以て李公を咎め、議して清献を擢して之に代え、和議を続けしめんとし、先に以て書を貽りて上の意を諭す。清献力言するに、虜垂亡せば和すべからず、李公は去るべからずと。後に李公聞きて嘆じて曰く、若し他人なれば必ず擠してこれを奪うべしと。）

これは李珏の幕僚であった劉克荘が、同時期に李珏の指揮下にあった淮東安撫使崔与之の書簡に寄せた跋文である。宋金戦争の際に崔与之（「清献」）は李珏（「李公」）に自重するように忠告していたが、にわかに南宋軍が泗州に進撃して敗北し、金軍の侵入を許してしまった。朝廷はその罪を李珏に帰し、崔与之を抜擢して和議を進めさせようとしたが、崔与之は和議と李珏の更迭とに反対したという。これは裏を返せば敗因は李珏の軽挙にあったということになる。この見方が正しいことは、当の崔与之の言行録に「制司密かに劉琸等を遣して淮を渡りて泗州を攻めしむるも、全軍敗覆す」(88)とあることから確認できるほか、『勉斎文集』巻九、書八「与金陵制使李夢聞書」の十一通目にも次のように伝えている。

泗上之役、王穎叔嘗与謀矣。王穎叔之意、猶言燕可伐也。所以伐之者、尚書与幕府之責也。今不幸而敗、一則曰此王遂也、二則曰此王遂也。如此、則誰復為我謀哉。

(泗上の役、王穎叔嘗て謀に与る。王穎叔の意、猶お燕伐つべきを言うがごとくなり。これを伐つ所以は、尚書と幕府の責なり。今不幸にして敗れ、一に則ち曰く此れ王遂なり、二に則ち曰く此れ王遂なりと。此くの如くんば、則ち誰が復た我が為に謀らんや。)

黄榦が李珏に宛てた書簡であるが、泗州の戦いの原因となった南宋軍の進撃には王遂(王穎叔)の発言も与っていたこと、および李珏とその幕府は敗戦の責任をその王遂に帰していたことがわかる。そうした李珏たちの責任転嫁に対し、黄榦は実際の敗戦の責任は李珏とその幕府にあると批判したのであった(89)。なお王遂は鎮江の人ではあるが、真徳秀の親友として知られる人で、真徳秀の言葉に従って自分の字を変えるほどの仲であった(90)。李珏の幕府に福建・朱門系の士人が深く関与していたことが改めて知られる。以上に挙げた証言は、いずれも李珏の近くで泗州の敗戦を迎えた人々のものであって、その信憑性は高いといえる。泗州の敗戦の責任が、李珏とその幕府に帰せられることは明らかであるといえよう。

さて泗州における南宋軍の大敗は、南宋官界の輿論の風向きをも大いに変えることになった。『後村全集』巻一二

八、書「庚辰与方子黙僉判」は当時の南宋官界の雰囲気を次のように活写する。

某初入幕、朝野盛言虜衰、及泗上一跌、始息進取之謀、以守易戦。……於時金陵人情震動、外議以辺面無備、帰怨幕画。某在幕最久、得謗尤甚。

（某初め入幕するに、朝野盛んに虜の衰えたるを言うも、泗上に一跌するに及び、始めて進取の謀息みて、守を以て戦に易う。……時に金陵の人情震動し、外議辺面の備え無きを以て、怨みを幕画に帰す。某幕に在ること最も久しく、謗を得ること尤も甚だし。）

劉克荘が方阜鳴に宛てた書簡である。当初は対金強硬論を支持していた南宋官界の輿論が泗州の敗戦以降、一転して低調になったこと、および前線の建康府で李珏の幕府を非難する声が高まっていたことが記されている。さらに泗州の敗戦を史彌遠の責任とする点で論調は大きく異なるが、黄震の『古今紀要逸編』も泗州の敗戦を機に、南宋官界で和議を求める動きが生じたことを伝えていた(91)。まさに泗州の戦いが南宋中期政治史の一つの転換点となったことが理解されよう。その泗州の敗戦は強硬論者と李珏幕府の軽挙によってもたらされたのであり、その強硬論者と李珏幕府には福建・朱門系の士人たちが多く含まれていたのであった。

それでは本節で確認したこれらの状況の変化は、南宋の中央政治にいかなる変容を強いることになったのであろうか。

第三節　史彌遠強権政治の誕生とその性質

第一節・二節で論じてきたように、嘉定七年（一二一四）七月から同十年（一二一七）四月までの政治過程において、史彌遠は対金強硬論者たちの言動に、いわば引きずられる形で金国との開戦を許してしまったといえる。ところがその強硬論者たちを中心とする最前線の李珏幕府が、同十一年（一二一八）一月に泗州の敗戦を引き起こしたことで、南宋政権は一転して苦境に立たされたのであった。前節所引の劉克荘の書簡には、泗州の敗戦後の建康府において、李珏幕府への非難が強まっていたことが示されていた。同様のことは、同じく李珏の幕僚であった黄榦も強く感じ取っていたようである。『勉斎文集』巻一二、書一一「与林宗魯司業」の三通目には次のように記されている。

至其尤可怪者、泗上之役、軽脱之最、可笑者也。安慶深僻、全不知所以敗衂、所以調発之由。及至金陵、徐而扣之、至今亦莫知其故也。乃有倡為之説者、自是好言恢復者也、是嘗与泗上之謀也。安慶去金陵六七百里、制府欲為此秘密之挙、豈肯泄其機、而謀之於数百里之外耶。使榦果有恢復之志、又豈肯甘心築城以自固耶。制帥以泗上既敗之後、方思老成遅鈍者之可用、然後辟以為元僚。使榦果若後生軽鋭之為此謀、以誤制帥、又胡為於既敗之後、方見辟耶。又其辟之辞云曰、榦之所言、無非保民固圉之術、又何嘗言其善談恢復耶。

（其の尤も怪しむべき者に至りては、泗上の役、軽脱の最にして、笑うべき者なり。安慶深僻なれば、全く敗衂する所以、調発せらる所以の由を知らず。金陵に至るに及び、徐ろにしてこれを扣すも、今に至るも亦た其の故を知る莫きなり。乃ち倡えてこれが説を為す者有り、自らは是れ好んで恢復を言う者なり、是れ嘗て泗上の謀に与るなりと。安慶は金陵を去ること六七百里、制府此の秘密の挙を為さんと欲すに、豈に肯えて其の機を泄らして、これを数百里の外に謀らんや。使し榦果たして恢復の志有れば、又た豈に肯えて築城し以て自固するに甘心せんや。制帥泗上既に敗るるの後、方めて老成遅鈍の者の用うべきを思うを以て、然る後に辟して以て元僚と為す。使し榦果たして後生軽鋭の此の謀を為すが若くし、以て制帥を誤れば、又た胡為れぞ既に敗るるの後に於いて、方めて辟せられんや。又た其の辟の辞に云いて曰く、榦の言う所、保民固圉の術に非ざる無しと、又た何ぞ嘗て其の善く恢復を談ずると言わんや。）

黄榦が泗州の敗戦の直後に林岡に宛てた書簡である。右の引用箇所よりも前の部分で、黄榦は自分の行動に対して何かと批判的な者の存在について述べていた。[92] 右の史料によると、泗州の戦いは軽挙の最たるものであって、建康府から遠く離れた安慶府にいた黄榦はその作戦に関与できるはずもなかったという。ところが黄榦のことを好んで主戦論を唱える者であるとか、泗州の作戦に関与した者であるとする風説が流されていたため、黄榦は右の書簡でそのことへの不満と不審とを吐露したのであった。

ただし黄榦はそうした李珏幕府への反発が、前線周辺にとどまらずに南宋中央にまで波及することを強く憂慮していたらしい。黄榦は同時期に史彌遠に宛てた文書において、官界に自分を妬む者がいると前置きしたうえで、[93]「乃ち創りてこれが説を為す者曰く、是れ道学の徒なれば、大義を言い、恢復を談ずるを喜ぶなりと。守土の臣、制府を去ること五六百里、辺陲の事未だ嘗て与聞せざるに、一たび宜しきを失う有れば、則ち曰く是れ嘗て謀に与るなりと[94]」と述べ、自分が泗州の敗戦に関与したという風説は誤りだと弁明していた。黄榦の強い危機感がうかがわれよう。

黄榦がこうした危機感を抱くのには、それ相応の理由があった。黄榦が泗州の敗戦後に李珏に宛てた書簡には、李珏やその幕府に対する激しい非難の言葉が見えるのである。これによると、李珏とその幕府は、敗戦後においても麾下の武定軍の戦力を過信し、金軍の侵攻はないと決めつけるなど、楽観的な態度をとっていた。[95] しかも敗戦の責任を負うべき李珏は、身を慎むどころか、金軍が攻勢に出るという情報があるにもかかわらず、属僚や総領官・転運使とともに妓女や楽人を引き連れて牡丹鑑賞の宴会を催していたというのである。[96] 李珏幕府に軽率な者が多く、その作戦行動に慎重さを欠く傾向があったことは前節で確認した。最前線を統轄する李珏幕府のそうした実態と乱脈ぶりは、宰相である史彌遠の耳にも届かずにはいなかったであろう。そうなれば、李珏幕府に対する中央官界の反感をいやが上でも高めたであろうし、史彌遠にも不信の念を抱かせることになったであろう。かかる事態が現実的に危惧されたからこそ、黄榦は史彌遠に対して右のような申し開きをしなければならなかったと考えられるのである。

このように当時の南宋中央では李珏幕府に対する非難が高まる傾向にあった。それではその南宋中央ではどのような状況が展開されていたのか。前節既引の史料で確認したように、当時の南宋中央では泗州の敗戦を契機として、金国に対する専守防衛論や和平論がにわかに高まり、盛んに議論されるようになっていたらしい。[97]さらにこれも前節既引の『後村全集』巻一〇八、題跋「菊坡与劉制置書」（本書三三八頁）が、「廟謨以て李公を咎め、議して清献を擢してこれに代え、和議を続けしめんとし、先に以て書を貽りて上の意を諭」したと伝えていたように、少なくとも泗州の敗戦直後においては、寧宗も史彌遠も和平に傾斜していたようなのである。そのまま推移すれば、南宋と金国との間に再び和議が成立することも大いにありえたといえる。

しかし事態はそのようには進行しなかった。嘉定十一年（一二一八）から翌年にかけて、強硬論者の袁燮や楼昉・柴中行といった人物たちが寧宗に和平反対や対金軍備の引き締めを主張し、寧宗がしばしばそれに同調していたことが記録されているのである。[98]楼昉は呂祖謙の弟子として、[99]柴中行は朱熹思想の継承者としてそれぞれ知られていた。[100]こうした強硬論者たちは、南宋中央で和平が主張されることに反発し、一度は和平に傾いていた寧宗に働きかけ、寧宗の意志を反和平へと引き戻すことに成功したのであろう。それでは宰相の史彌遠の考えはどうであったかというと、史料的な限界から明証を欠くものの、史彌遠の腹心として知られる胡榘が和平を強く主張していたという記録が残されている。[101]寧宗が和平反対に転じたあとも、史彌遠が和平論を支持し続けていた蓋然性はきわめて高い。これは皇帝と宰相の外交方針が齟齬を来たしたという点で、第一節で見た対金歳幣をめぐる政治状況の再現であったといえる。

ところが『金史』によると、金国の興定二年（一二一八）、すなわち南宋の嘉定十一年（一二一八）十二月に金国が和平の打診を行おうとしたところ、南宋側に使者の受け入れを拒否されたという。[102] 歳幣をめぐる議論と同じく、寧宗が和平反対の方針を堅持したため、史彌遠はそれに従わざるをえなかったのであろう。

右の『金史』の記事は、南宋側の使者受け入れ拒絶によって和平の道が途絶えたと述べていた。しかし実際には嘉定十二年（一二一九）になっても、南宋中央では和平論者と強硬論者との綱引きがなおも続き、それが軋轢を生むことにもなった。同年五月五日、太学生二七三人と宗学生十二人・武学生七十二人とが、相継いで皇城の門で上書を行い、胡榘が軍を誤らせ国を衰退させたことや、金国と和平を結ぼうとしていることを批判し、その誅殺を請願した。[103] 翌月の六月四日には、礼部侍郎袁燮と権工部尚書胡榘とが互いに持論を主張して譲らず、国家のことを考えていないとして弾劾され、二人とも罷免される事件が生じた。[104] この罷免劇の裏には、主戦を唱える袁燮が、あくまでも和平を主張する胡榘と朝廷で口論となり、手にしていた笏で胡榘を殴打しようとし、周囲の者に取り押さえられるという一幕があった。[105] 袁燮が中央から離れる際には、太学諸生三五四人が詩を作って見送ったというから、[106] 袁燮と太学生とが協力関係にあったこと、および五月の太学生による胡榘誅殺の請願が、政府内の強硬論者の支援を目的としてなされたことは明らかであろう。南宋中央における和平論者と強硬論者との対立が深刻さを増していたことを端的に示す事件であるといえる。この事件のあと、南宋側で対金和平を進める動きは見られなくなり、宋金和議が復活することは二度となかった。史彌遠を筆頭とする和平論者は、寧宗を翻意させることがついにかなわなかったのである。

以上の議論から、当時の史彌遠が置かれていた政治状況は次のように整理されよう。国の舵取りを任されていた史彌遠としては、現実の戦況や彼我の国力差を睨みつつ慎重に対外政策を立案する必要があった。そのためには眼前にあらゆる選択肢が存在することが望ましかったろうし、一万人もの主力軍を緒戦で失った南宋としては、対金和平もまた現実的な選択肢の一つであったろう。ところがその選択肢は著しく狭められることになった。対金強硬論を唱える官僚や太学生たちが和平への激しい抗議を行い、寧宗に戦争の継続を決断させたからである。これによって政策立案を一任されていた史彌遠は、否応なしにその後の戦争の主導にも当たらざるをえなくなったのであった。こうした状況下にあった史彌遠の目には、中央や最前線で活躍する強硬論者たちは、自らが現実的と考える戦略や政策の遂行を妨げる存在として映ることになったであろう。黄榦が李玨に宛てた書簡である『勉斎文集』巻九、書八「与金陵制使李夢聞書」の九通目には次のような記述が見られる。

丞相誅韓之後、所以潜消禍変者、其於大本不為無助。惟其懲意外之変、遂専用左右親信之人、往往得罪於天下之公議、世之君子遂従而帰咎於丞相。丞相不堪其咎、遂断然屏逐而去之、而左右親信者、其用愈専矣。

（丞相韓を誅するの後、潜かに禍変を消する所以は、其の大本に於いて助無きとは為さず。惟だ其の意外の変に懲り、遂に専ら左右親信の人を用い、往往にして罪を天下の公議に得、世の君子遂に従りて咎を丞相に帰す。丞相其の咎に堪えず、遂に断然として屏逐してこれを去りて、左右親信の者、其の用愈いよ専なり。）

泗州の戦いの直前に書かれた書簡ではあるが、史彌遠が対金強硬論の高まるなか、政権に批判的な者を排斥し、自分に近しい者を重用するなど、政権の閉鎖性を次第に強めていたことが分かる。こうした傾向は泗州の敗戦後、一層強められることになったであろう。というのも、右のような政治状況のもと、当時の史彌遠は強硬論者の言説に左右されることなく、自らの意向のもとで一元的に戦争を主導しうる体制を創出する必要性に迫られていたと考えられるからである。その際にまず必要となったと想像されるのが、再び暴走しかねない前線の李玨幕府、および戦略の遂行を阻害しかねない中央の強硬論者の抑止であった。

そうしたなかで、嘉定十二年（一二一九）に李玨が江淮制置使を罷免されたのは、明らかに一つの画期であったと思われる。同年四月、李珏は死去した母親の服喪のために江淮制置使の任を離れたが、[107] その二ヵ月後には言路官から泗州の敗戦の責任者として弾劾され、服喪を終えるのを待って職名を剝奪されることが決められたのである。[108] しかも同じ日に江淮制置使は廃止され、その所管区域と権限とは、建康府・楚州府・廬州府をそれぞれ治所とする、沿江制置使・淮東制置使・淮西制置使に三分割されることになったのであった。[109] 各制置使の権限を小さくすることにより、大規模な作戦行動が前線の独断で行われるのを抑止しようとしたものであろう。このうち淮東制置使と淮西制置使については、新たに任命された賈渉と趙善湘の官序・資望の不足から、しばらくは制置副使と称することも決められていた。[110]

ここで注目すべきは、最前線に当たるべく淮東制置副使と淮西制置副使に任ぜられた、その賈渉と趙善湘の二人であろう。このうち賈渉は史彌遠の兄史彌正の女婿であったことが明らかであるほか、[111] もう一人の趙善湘は史彌遠の同郷人であったうえに、その末子の趙汝楳は史彌遠の女婿でもあった。[112] すなわち賈渉と趙善湘とは、いずれも史彌遠と姻戚関係を有する人物だったのである。このほか湖北方面の防衛に当たっていた京湖制置使趙方は、もともと史彌遠の族兄の史彌忠と親しく、また地方官時代の史彌遠の下で働いた過去のある人物であった。[113] さらに趙方の死後は、史彌忠の子の史嵩之が新たに京湖制置使となった陳晐の幕僚として送り込まれ、[114] 紹定四年（一二三一）十二月にはその史嵩之が京湖制置副使に起用され、[115] 翌月には京湖安撫制置使に昇進した。[116] また失敗に終わったものの、四川方面では史彌遠の腹心の聶子述を四川制置使として派遣する試みもなされていた。[117] これら一連の人事からは、自分に近しい人物を派遣して最前線を掌握することにより、前線の暴走を二度と許さない体制を築こうとしていた史彌遠の強い意図が看取されるのである。

さらに宋金戦争という対外危機により、宰相を中心とする文書行政の環境に変化が生じていたこともまた、史彌遠を頂点とする指揮系統の形成のための追い風になったと思われる。というのも、明・楊士奇ほか編『歴代名臣奏議』巻一六二、建官、袁燮の上奏には次のような記述が見られるからである。

今陛下更化以来、垂意宰属、精選才能之士、以戢堂後官之姦、可謂盛挙矣。然政事不勝其多、而宰属不過数人、耳目不能偏察、思慮不能周知。速則鹵莽、緩則壅滞。甚非所以彌縫宰輔也。而況辺境未寧、干戈未息、正国家多事之秋、有大議論、有大更張、必得人以共図之。自従臣以下、謁見宰輔、月不過一再爾。豈能如宰属之無時不見、款密無間哉。当世所切、不容少緩。伏惟陛下明詔二三大臣、増置宰属。

（今陛下更化以来、意を宰属に垂れ、才能の士を精選し、以て堂後官の姦を戢むるは、盛挙と謂うべし。然るに政事は其の多に勝えずして、宰属は数人に過ぎざれば、耳目は偏察する能わず、思慮は周知する能わざるなり。速ければ則ち鹵莽し、緩なれば則わち壅滞す。甚だ宰輔を彌縫する所以に非ざるなり。況んや辺境未だ寧ならず、干戈未だ息まず、正に国家多事の秋にして、大議論有り、大更張有れば、必ず人を得て以て共にこれを図るべし。従臣自り以下、宰輔に謁見すること、月に一再に過ぎざるのみ。豈に能く宰属の時に見えざる無く、款密にして間無きが如からんや。当世切とする所なれば、少緩するを容れず。伏して惟うに陛下二三の大臣に明詔し、宰属を増置せよ。）

『歴代名臣奏議』はこの上奏を嘉定九年（一二一六）のものとするものの、袁燮の行状では宋金戦争開始後の同十年（一二一七）末頃の上奏とされている。[118] 右の上奏中に「況んや辺境未だ寧んぜず、干戈未だ息まず」という文言があり、戦争状態にあったことが述べられているから、行状の記述に従うべきであろう。この上奏において袁燮は、戦時であるにもかかわらず行政文書の処理が遅滞していることを理由に、宰相属官の増員を提言したのであった。恐らくは戦争の勃発によって、宰相の裁決を要する行政文書の量が急増していたのであろう。これは前線からの情報が史彌遠一人のもとに集約される傾向があったことを意味する。右の上奏では、侍従官以下の官僚は一ヵ月に一・二回しか宰相に面会できなかったとも述べられているから、そうした重要な情報が宰相に独占されやすい状況にあったこともうかがわれよう。

次の『永楽大典』巻八四一三、兵字〈詩文三〉所引、王与鈞『藍縷集』「兵上房己見白箚」の記述は、右のような文書行政上の環境を、史彌遠が最大限に活用していたことを示唆する。

嘉定故相、本不知兵、用兵上房老吏、置局府前、画揭貼図、編夾細冊。凡三辺険阨之血脈、道理之遠近、屯戍之多寡、某為喉衿、某為衝要、某処糧草、見管若干、某屯制領、見差何人、某可嬰城自守、某可一面拒敵、某可声援策応、某処有急、調某人兵為便、移某司財為速、某為南人、某為北人、某為山寨、某為水寨、指掌可辨、按図可知。其在当時、酬応辺事、罕聞疎脱、惝有規模。

（嘉定の故相、本より兵を知らざるも、兵上房の老吏を用て、局を府前に置き、画揭貼図し、細冊を編夾せしむ。凡そ三辺険阨の血脈、道理の遠近、屯戍の多寡、某は喉衿為り、某は衝要為り、某処の糧草、見に若干を管す、某屯の制領、見に何人を差す、某は嬰城して自守すべし、某は一面に敵を拒むべし、某は声援して策応すべし、某処は急有れば、某人の兵を調せば便為らん、某司の財を移せば速為らん、某は南人為り、某は北人為り、某は山寨為り、某は水寨為り、掌を指して辨ずべく、図を按じて知るべし。其の当時に在りては、辺事に酬応するも、疎脱を聞く罕く、惝ぼ規模有り。）

冒頭に「嘉定」とあるだけで年月を明示しないが、戦時における宰相のあり方が問題とされていることから、嘉定十年（一二一七）以降の宋金戦争の際のことを述べたものと見て間違いないであろう。これによると、史彌遠（「嘉定故相」）は兵上房の練達な胥吏を使って宰相府の前に「局」を設置し、そこに絵地図を掲げて詳細な冊子を編纂させ、全国の地理の状況や将兵・物資・要害の配置などの情報を一目瞭然のものとさせた。そのため対金戦争における史彌遠の対応は相応の形を備え、大きな問題は生じさせなかったというのである。史彌遠が宰相府にもたらされた前線に関する情報を徹底的に整理させ、戦略の立案のために有効に運用していたことが明確に示されている。

さて史彌遠がそうした前線からの情報を入手していた経路は、必ずしも正式な行政文書のみには止まらなかったようである。『宋史』巻四二二、李知孝伝には次のように記されている。

李知孝、字孝章、参知政事光之孫、嘉定四年進士。嘗為右丞相府主管文字、不以為恥。差充幹辦諸司審計司、拝監察御史。

（李知孝、字は孝章、参知政事光の孫にして、嘉定四年の進士なり。嘗て右丞相府主管文字と為り、以て恥と為さず。幹辦諸司審計司に差充せられ、監察御史を拝す。）

李知孝はのちに史彌遠の腹心として三凶の一人に数えられた人物であり、理宗朝時代に言路官に就任して真徳秀らを弾劾したことで知られている。右の史料によると、李知孝は進士に及第したあと、右丞相府主管文字なる官職に就任したという。実はこの右丞相府主管文字は、現存史料からは李知孝のほかに就任事例が確認できない官職なのである。そのため、右丞相府主管文字がいかなる官職であったのか明証を欠くが、官職名からは宰相府の文書の処理を統轄する官職であったことが察せられる。さらに理宗朝時代に李知孝を弾劾した文章に、「方め其の仕進を苟むるや、右丞相府主管文字となる。此の名何くの官なるや」[119]とあることからすれば、右丞相府主管文字は正規の官職ではなく、宰相府の文書処理のために臨時に設けられた官職であったと推測される。李知孝がこの官職を務めた正確な時期は不明であるが、李知孝は嘉定十四年（一二二一）には江東転運司幹辦公事に在任していたことが確認できるので[120]、それ以前に右丞相府主管文字を務めていたのであろう。史彌遠が新たな体制づくりを目指していた時期と重なるといえる。

加えて注目すべきは、李知孝の祖父と史彌遠の妻の潘氏の外祖父とが、同じく李光であったという事実である。[121] つまり史彌遠は最前線を統轄する姻戚から私的に情報を吸い上げ、それを中央の宰相府に配置した姻戚に秘密裡に処理させうる体制を、少なくとも一時期は築いていたのであった。寺地遵氏によると、史彌遠は現場から直接情報を仕入れ、現場に秘密指令を下すことで官僚機構を統制していたという。[122] 史彌遠にそうした政治手法を可能にさせた要因の一端を、右の史料は端無くも示しているのである。

本書第四章では寧宗朝時代の史彌遠政権の特徴として、史彌遠が自らの腹心で実務に長けた薛極・胡榘・趙汝述・聶子述といった人物を、宰相属官の検正官（中書門下省検正諸房公事）や都司官（尚書省左右司郎中・員外郎）、枢密院属官の枢密都承旨・副都承旨などに次々に起用し、彼らに文書行政を統轄させることで強権を行使したことを指摘し、史彌遠がそうした体制を築きえた要因を、当時の士大夫官僚の輿論に求めたのであった。[123] ここではそれに加えて、当時の南宋が金国との戦争状態に置かれていたことをも要因の一つに新たに数えるべきであろう。すなわち右のような史彌遠政権の特徴は、宋金戦争によって宰相のもとにもたらされる行政文書や情報が急増していた嘉定十年（一二一七）以降の状況に組織的に対応し、宰相を頂点とする指揮系統を確立しようとする試みのなかで、次第に形成されていったと考えられるのである。右の薛極ら四人のほかにも、やはり史彌遠の姻戚の程珌が嘉定十三年（一二二〇）に都司官に任ぜられたほか、[124] 詳細な時期は不明ながら林介なる人物も史彌遠の妾の林氏と通譜して都司官に任ぜられていた。[125] 先の寺地氏の所論を踏まえれば、あるいはこうした人物たちもまた史彌遠と最前線とを私的に結ぶルートとして機能したのかもしれない。本書第九章で詳述するように、史彌遠は理宗朝時代になると、自らの私邸に枢密院関係の部局を設け、前線からの情報をそこに集中させることで、執政官が知りえない情報をも独占することになる。[126] こうした理宗朝時代の史彌遠政治の素地は、嘉定十年（一二一七）以降の宋金戦争のなかで形作られたものであったといえる。本章の「はじめに」で述べたように、「専権宰相」としての史彌遠のイメージは、理宗朝時代の強権的な史彌遠政治に由来していた。史彌遠にそうした強権政治を可能にさせた基盤の一つは、宋金戦争のために形成された戦時体制にあったのである。

さらに以上のような政治的な変化と歩調を合わせるように、嘉定十二年（一二一九）以降は執政官の顔ぶれにも変化が生じることになった。同年に対金強行論者と思しい曾従龍が罷免され、同十三年（一二二〇）に福建邵武軍の人で朱熹の弟子でもあった任希夷が執政官となったものの、翌十四年（一二二一）に鄭昭先・任希夷はそろって罷免されたのである。これにより宰執集団から福建・朱門系の人物が姿を消すことになった。これ以降、史彌遠の姻戚・腹心であった宣繒・薛極や、弟の史彌堅が推挙した葛洪[127]などの人物が続々と執政官入りしたのであった。同十五年（一二二二）に同知枢密院事となった程卓の行状に、「日び廟堂と講明議論し、密かに廟謨を賛け、人の預聞する莫し[128]」とあるのは、当時の宰執集団のあり方を端的に示した表現であろう。つまりこれまで述べてきた一連の変化によって、南宋中央には史彌遠を頂点とする、きわめて統制的かつ閉鎖性の高い文書・情報の流れや宰執集団が形成されるに至ったのである。史彌遠政権はこの体制のもと、前線の司令官と連絡を取り合いながら、金国から亡命してきた李全軍を戦力として活用するなどして戦局を有利に進め、嘉定十六年（一二二三）には戦線の膠着によって事実上の停戦に持ち込むことに成功した。まさに対外危機を乗り越えるための戦時体制そのものであったといえるであろう。

それでは最後に、史彌遠によって形成されたこうした体制が、なぜ真徳秀・魏了翁らに不満を抱かせたのかを考えてみたい。これについては、右で見たように嘉定十四年（一二二一）以降、福建・朱門系の人物が史彌遠政権に執政官として参画することが見られなくなった点が重視される。劉克荘の手になる丁伯桂の神道碑に、史彌遠が理宗朝前期に福建出身の官僚を信頼できないとして冷遇し、明州・婺州の出身者ばかりを厚遇したとする史料が残されているからである。[129]この記述をあくまでも誇張と見なす研究も存在するが、[130]ここで想起されるのが、当時の宋金戦争や泗州の敗戦が、対金強硬論者の動きによって引き起こされていたという事実である。その強硬論者には、福建・朱門系の人物が多く含まれていたのであった。史彌遠が当時の政治過程のなかで、対金強硬論者を自らの政策遂行のための阻害要因と見なしたとすれば、史彌遠を頂点とする戦争主導体制の形成は、福建・朱門系の人物の政権中枢からの締め出しをともなわざるをえなかったはずである。丁伯桂の神道碑の「是に於いて朝に莆人無し」[131]という言葉は、全くの誇張ではなく、当時の史彌遠政権の一側面を鋭く突いた文言だったのではあるまいか。そうであるとすれば、それは真徳秀・魏了翁といった福建・朱門系の官僚たちの激しい反発を惹起せずにはいなかったであろう。『鶴山文集』巻一〇九・一一〇「師友雅言」には次のようなエピソードが見えている。

曾見彌遠、論諸賢士、彌遠云、恐相激成朋党。鶴山答云、朋党有君子党、有小人党。彌遠云、固然。鶴山云、不知誰忍作小人一党。彌遠沈吟、良有悞意。

（曾て彌遠に見え、諸賢士を論ずるに、彌遠云う、恐るらくは相い激して朋党を成さんことをと。鶴山答えて云う、朋党に君子の党有り、小人の党有りと。彌遠云う、固より然りと。鶴山云う、誰か小人の一党を作すを忍ぶかを知らずと。彌遠沈吟し、良に意を悞る有り。）

史彌遠が「諸賢士」が党派をなしているのを憂慮したのに対し、面会した魏了翁がそれを君子の党であるとして擁護したところ、史彌遠の意を損ねたというのである。魏了翁が臨安府に滞在したのは嘉定十五年（一二二二）からの三年間のことであった。[132]右の史料からは、史彌遠と強硬論者との感情的な対立が、寧宗朝末期にはすでに抜き差しならないものになっていたことが分かる。こうして鬱積させられた福建・朱門系の士人たちの不満は、理宗朝時代における史彌遠と強硬論者との激しい対立を準備することになった。それが結果的には南宋滅亡の一因として作用することになるのである。

おわりに

以上本章では、寧宗朝時代の史彌遠政権のあり方が、嘉定十年（一二一七）の宋金戦争を画期として大きな変容を遂げたことを論じてきた。その内容は次のようにまとめられる。

旧来の研究においては、史彌遠政権は発足した当初から強権的な政治運営を行ったものと理解されてきた。しかし嘉定七年（一二一四）の対金歳幣停止の決定過程から明らかなように、事実はそれとは異なる様相を示していた。このとき真徳秀ら対金強硬論者が、金国の衰退に乗じて対金歳幣を停止することを提言したのに対し、史彌遠は戦争の再燃を懸念してこれに反対していた。ところが強硬論者や太学生の提言に動かされた寧宗は、史彌遠の主張を退けて歳幣の停止を決めたのであった。当時の史彌遠は政策決定を自らの意思のもとに統制することはいまだできてはいなかったのである。また当時の史彌遠が、自らと政見を異にする強硬論者となおも協調的な関係を保っていたことも留意されよう。

しかしながら、こうした状態は歳幣の停止によって引き起こされた嘉定十年（一二一七）からの宋金戦争によって一変することになる。すなわち南宋は緒戦の泗州の戦いに大敗し、一万人以上の主力軍を失ったのである。このとき前線において、江淮制置使として南宋軍の統轄に当たっていたのは福建出身の李珏であった。李珏は史彌遠と親しい関係を結んでいただけでなく、朱熹思想に近しい対金強硬論者でもあった。歳幣をめぐる議論を含め、当時の南宋官界における対金強硬論は、こうした福建・朱門系の人物によって主導される傾向があったのである。李珏の幕府にも福建・朱門系の人物が多数参画していたことが確認されるが、これらの人々は軽率な作戦行動に走ることが多かったらしく、それが泗州の敗戦につながったのであった。史彌遠は敗戦を受けて金国との和平を模索したが、またもや寧宗が強硬論者の主張に同調したため、戦争の継続が決められてしまう。ここにおいて史彌遠は、強硬論者の動きに左右されずに戦争を主導しうる体制を創出する必要に迫られることになったのであった。

かかる状況のもと、史彌遠はまず江淮制置使を廃止したうえで、淮東・淮西・沿江の三つの制置使を改めて設置し、淮東・淮西の制置使に自らの姻戚の賈渉・趙善湘をそれぞれ起用した。さらに南宋中央の宰相属官に史彌遠の腹心や姻戚が多く起用され、戦争によって増え続ける行政文書の統轄が委ねられた。中央の史彌遠と最前線との間での密接な連絡が可能になるとともに、重要な情報が宰相のもとに集約される状況が現出されたのである。これによって史彌遠は前線が再び暴走するのを抑止しえたほか、前線を秘密裡に統制することも可能になったのであった。しかも宰執集団からは福建・朱門系の人物が排斥され、史彌遠の腹心や姻戚が続々と執政官に任ぜられるに至る。こうして形成された統制的な体制は、宋金戦争を乗り越えるうえでは有効に機能したものの、同時に政権中枢から遠ざけられた福建・朱門系の人々に不満を抱かせることになった。理宗朝前期に顕在化した史彌遠と真徳秀・魏了翁らとの対立の背景には、こうした不満の蓄積があったものと解釈されよう。そしてこの対立において、史彌遠はきわめて強権的に真徳秀・魏了翁らを排斥することになる。史彌遠が理宗朝時代にそうした手段をとることができたのは、彼自身が理宗の擁立者であったことはもちろん、史彌遠が寧宗朝時代に右のような戦時体制を築いていたこともまた重要な要因として作用したものと考えられるのである。

ところで、史彌遠が自らの腹心や姻戚を最前線の制置使として起用し、緊密に連絡を取り合いながら戦争を主導していたことは、理宗朝時代の国防体制のあり方を考えるうえでの大きな示唆を与えてくれるように思われる。史嵩之・賈似道がのちに構築した対モンゴル防衛体制においても、前線の制置使は史嵩之・賈似道の腹心によって担われており、史彌遠政権時代との共通性が看取されるからである。[133] 史彌遠が確立した戦争主導体制は、史嵩之・賈似道の対モンゴル防衛体制の祖型として位置づけることができるであろう。その史彌遠の戦争主導体制が形成される原因となったのは、対金強硬論者の失策によって惹起された泗州の敗戦なのであった。理宗朝以降の南宋政治史の主役を担った人物としては、史嵩之・賈似道や趙葵・趙范らの名前が挙げられるが、彼らはいずれも史彌遠が泗州の敗戦の前後に起用した人物であるか、その子弟たちであった。その意味においても、泗州の敗戦は南宋政治史の転換点となった事件であったと見なされるのである。

最後に付言しておきたいのは、本章での議論は史料的な限界から、史彌遠政治に批判的であった人々が残した史料に多くを依拠せざるをえなかったということである。その多くは政権中枢から離れたところにいた者たちであった。それもあってか、本章では史彌遠がいかなる主体的な意図に基づいて対金政策を進めたのかまでは明らかにすることができなかった。これについては宋金間の戦局の詳細な推移や、李全軍などの華北の軍事勢力を用いた南宋の対金戦略のあり方などを踏まえたうえで論じられるべきであろう。また本章で論じた福建・朱門系の士人の行動原理についてもさらなる検討が必要と思われる。これらについては今後の課題としたい。

注

（1）例えば松丸道雄ほか編『世界歴史体系　中国史3――五代～元――』（山川出版社、一九九七年）第三章「南宋・金」五「最後の光芒」（梅原郁執筆）や、何忠礼・徐吉軍『南宋史稿――政治軍事和文化編――』（杭州大学出版社、一九九九年）三五〇頁などを参照。また虞雲国『宋光宗宋寧宗』（吉林文史出版社、一九九七年）三〇七頁は、史彌遠がもともと道学派と近しい関係があったことを指摘するものの、その道学派尊重の政策については、やはり人心籠絡の手段であったと断じている。

（2）本書第四章を参照。

（3）なお史彌遠と道学派とを対立的にとらえることに疑問を呈した研究として、前川亨「真徳秀の政治思想――史彌遠政権期における朱子学の一動向――」（『駒沢大学禅研究所年報』五、一九九四年）があるほか、概説書ではあるが、小島毅『中国の歴史07　中国思想と宗教の奔流――宋朝――』（講談社、二〇〇五年）一五五～一五七頁にも同様の問題提起が見られる。

（4）史彌遠が楊簡に師事していたことは、明・鄭真輯『四明文献』史彌遠所収、史彌遠「祭慈湖楊先生文」に見え、延祐『四明志』巻五、人物攷、先賢「史彌遠」には、史彌遠が呂祖謙と「游従」していたことが見える。「游従」は年配者と交際することを指し、この場合は呂祖謙に師事したに等しいものではなかったかと推測される。

（5）『晦庵文集』巻九四、墓誌銘「直顕謨閣潘公墓誌銘」。

（6）婺州人が史彌遠政権で重要な役割を果たしていたことは、廖寅「〝非鄞則婺〟――南宋理宗朝前期的政治格局――」（同『従内地到辺疆――宋代政治与社会研究散論――』科学出版社、二〇一八年所収、初出は二〇〇三年）を参照。

（7）本書第四章一八四頁、および鄭丞良「謀国？憂国？――試論真徳秀在嘉定年間歳幣争議的立場及其転変――」（『成大歴史学報』四三、二〇一二年）を参照。

（8）『四明文献』史彌遠所収の「宋張端義奏議」では、州郡にある史彌遠の腹心の一人として「朱在」の名前が挙がっている。本書第四章一九八頁と二一一頁の注（77）で見たように、朱在は史彌遠政権時代に枢密副都承旨を務めており、史彌遠の有力な腹心の一人であったと考えられる。

（9）李栄村「黒風峒変乱始末――南宋中期湘粤贛間峒民的変乱――」（『中央研究院歴史語言研究所集刊』四一―三、一九六九年）を参照。

（10）注（1）虞著書三一二頁を参照。

（11）牧野修二「チンギス汗の金国侵攻」（藤野彪・牧野修二『元朝史論集』汲古書院、二〇一二年所収、一九八六～一九八八年の初出論文を増補・再構成したもの）八〇五～九一四頁を参照。

（12）『西山文集』巻三、対越甲藁、奏箚「使還上殿箚子〈甲戌二月一日〉」に、「今女真土傾魚爛、執必不支」とある。

（13）『綱目備要』巻一四、嘉定七年七月乙亥条に、「金虜告遷于南京」とある。

（14）『綱目備要』巻一四、嘉定七年七月庚寅条に、「真徳秀請絶金虜歳幣」とある。

（15）『綱目備要』巻一四、嘉定七三月庚辰条に「金虜来督二年歳幣」とあり、八月癸卯条に「金虜復来督歳幣」とある。

（16）梁庚堯「南宋時期関於歳幣的討論」（『国立台湾大学歴史学系学報』一八、一九九四年）、注（7）鄭論文に挙げられた人物や諸史料を参照。このほか嘉定七年（一二一四）の際の歳幣をめぐる南宋中央の論争については、C・A・ピーターソン「モンゴルの華北侵入と南宋の動向」（『東方学』四七、一九七四年）や、朱瑞熙「宋朝的歳幣」（同『疁城集』華東師範大学出版社、二〇〇一年所収、初出は一九九二年）にも言及がある。

（17）『勉斎文集』巻二八、公箚「代人稟宰執論歳幣」がそれに当たる。

（18）『鶴山文集』巻三三、書「上曾枢密〈従龍〉」は嘉定八年（一二一五）以降の書簡であるが、対金歳幣について「外焉疆場之事、則汎無所主、非遣使則奉幣也、非殺降附、則戮流亡也」とする批判的な言説を残している。

（19）曹彦約『昌谷集』巻九、状「甲戌九月間伝聞盱眙軍得泗州関牒欲再行交聘之礼擬作議状」に、「合差下使命職位、権於鎮江府・揚州等処少待、候彼国使命過界、方許趲程前去、庶幾和好平允、不至抵牾。万一失期不来、便即喚回使副、収還歳幣、牒会泗州屢失信因依、仍秣馬厲兵、謹守辺陲、以備不測」とある。

（20）王邁『臞軒集』巻二、奏疏「乙未六月上封事」に、「行簡為人、素号多智、彌遠在時、善事惟謹、其性姿多苛、其薦挙多私、彌遠喜其順己、毎事委曲従之」とあり、喬行簡が史彌遠の腹心と目されていたことが分かる。史彌遠と喬行簡との間にはほかにもつながりが見いだせるが、これについては本書第九章三九六頁で後述する。程珌については、黄寛重「程珌与洺水集研究」（同『南宋史研究集』新文豊出版、一九八五年所収、初出は一九七四年）八九～九〇頁で史彌遠との関係が指摘されている。

（21）注（20）黄論文九五～九六頁を参照。

(22) 史浩『鄮峰真隠漫録』巻四三、祭文「祭王季海丞相文」に、「矧吾幼女、得壻賢郎」とある。
(23) 本書第四章一八四頁を参照。
(24) 黄寛重「真率之集――士林砥柱的汪氏家族与郷里文化的塑造――」(同『宋代的家族与社会』東大図書、二〇〇六年所収、初出は一九九九年)によると、史浩の同郷人で同年の進士でもあった汪大猷は、史浩ときわめて親しい関係にあった。この汪氏一族と幾重にもおよぶ姻戚関係を結んでいたのが楼鑰の一族であった。同じく黄寛重「四明風騒――宋元時期四明士族的衰替――」(同『政策・対策――宋代政治史探索――』中央研究院聯経出版、二〇一二年所収、初出は二〇〇九年)は、史浩と汪大猷がともに郷里の明州で組織した詩社や郷曲義荘に、楼鑰も参与していったことを指摘している。楼鑰と史浩の間にも親密な交際があったことは明らかであろう。勅命によるとはいえ、楼鑰が史浩の神道碑を執筆したのは、こうした背景があったからだと推測される(楼鑰『攻媿集』巻九三、神道碑「純誠厚徳元老之碑」)。
(25) 注(7)鄭論文二〇七頁を参照。
(26) 元・袁桷『清容居士集』巻三三、表誌「先夫人行述」によると、袁韶の子袁似道の妻王氏は史浩の「甥孫」であり、史彌遠と袁韶とは間接的な姻戚関係にあった。また袁韶が史彌遠の腹心とされていたことについては、『宋史』巻四一五の論賛に「袁韶力請討李全、蓋丞相史彌遠腹心也」と評されるほか、陳莉莉・陳小亮『宋元時期四明袁氏宗族研究』(浙江大学出版社、二〇一二年)一三六～一三七頁でも言及されている。
(27) 袁燮『絜斎集』巻一六、行状「李太淑人鄭氏行状」がそれに当たる。
(28) 李彌遜『筠渓集』巻首に、楼鑰「筠渓集原序」が収められている。
(29) 劉爚・曹彦約が朱熹に師事したことは、『宋史』巻四〇一・四一〇の各本伝にそれぞれ記載がある。同じく『宋史』巻三九三の詹体仁伝によると、真徳秀は朱熹に学んだ詹体仁の弟子であった。
(30) 市來津由彦「浙東陸門袁燮と朱熹」(同『朱熹門人集団形成の研究』創文社、二〇〇二年所収、一九九三年の初出論文を増補したもの)を参照。
(31) 『宋史』巻四〇一、劉爚伝に、「与弟韜仲受学于朱熹・呂祖謙」とある。

（32）『西山文集』巻三五、題跋「慈湖先生行述」に、「窃伏惟念、嘉定初元、先生以秘書郎召、某備数館職、始獲従之游、見其斎明盛服、非礼不動、燕私儼恪、如臨君師。……先生之於某、可謂愛之深、而教之篤矣」とある。

（33）『西山文集』巻三、対越甲藁、奏箚「直前奏事箚子〈甲戌七月二十五日〉」の「貼黄」に、「臣窃惟汴都者、我祖宗開基建国、立郊社宗廟、正南面朝群臣、而八蛮六狄奉琛臣妾之地也。今垂亡腥臊之虜、迺得窃而居之。伏惟陛下赫然発憤、思列聖所以得之守之之繇、考宣和・靖康所以失之之故。……臣窃惟虜既以移巣来告、索幣之報、必将踵至、其在朝廷、尤宜審処。以臣愚慮、苟能顕行止絶、以其貨幣頒犒諸軍、繕修戎備、于以激士心、而褫敵気、此上策也」とある。

（34）『昌谷集』巻九、状「甲戌九月間伝聞盱眙軍得泗州関牒欲再行交聘之礼擬作議状」、および程珌『洺水集』巻一七、書「上執政書二」。

（35）『勉斎文集』巻二八、公箚「代人稟宰執論歳幣」に、「聞之道路、皆謂、進言之臣以為虜人若索歳幣、即当予之、使得以賂達靼、然後両国寧静」とある。なお黄榦は歳幣廃止を求めるこの議論を執筆しながら、のちには喬行簡への書簡で自分も歳幣廃止の議論をひそかに笑っていたと述べていたことになる。

（36）『綱目備要』巻一四、嘉定七年十一月辛酉条に、「聶子述使虜」とある。

（37）『西山文集』巻五、奏状「江東奏論辺事状〈丙子十二月十二日上〉」に、「歳幣之弗遣是矣、然不以還燕為詞、而諉曰漕之渠乾涸、使残虜得以移文督責、中原豪傑聞之、寧不以寡謀見哂乎」とあり、南宋側が運河の不通にかこつけて歳幣を送らなかったことが分かる。

（38）『金史』巻六二、交聘表下、貞祐三年三月丙子条に、「宋使朝辞、因言宋主請減歳幣如大定例。上以本自称賀、不宜別有祈請、諭遣之」とある。

（39）注（16）朱論文二二五～二二六頁を参照。

（40）注（7）鄭論文一九五～一九六頁を参照。

（41）『絜斎集』巻一、奏疏「輪対陳人君宜勤于好問箚子」は嘉定年間（一二〇八～一二二四）の上奏文と考えられるが、寧宗が袁燮からの臣下によく諮問するようにとの上奏に同意したにもかかわらず、三ヵ月後も「陛下端拱淵黙、尚如曩時」であったことに対する苦言が見られる。また『西山文集』巻四七、行状「顕謨閣学士致仕贈龍図閣学士開府袁公行状」には、「陛下即位之初、群臣多聞玉音、自為韓侂冑所誤、惟恐有錯、所以咨訪甚少」という嘉定九年（一二一六）頃の袁燮の発言が記録されている。

（42）本書第四章第二節を参照。

（43）理宗朝において、理宗を擁立した史彌遠が、紹定六年（一二三三）のその死まで一貫して中央政治を壟断していたと見なされることは、本書第九章第一節・第二節で論じる。なお北宋七代目哲宗朝の事例であるが、熊本崇「高氏延和殿宣諭——宋蔡確「車蓋亭」案の一側面——」（『東北大学文学研究科研究年報』六三、二〇一四年）によると、当時の太皇太后高氏は、元宰相の蔡確に哲宗擁立の功績を認めた場合、哲宗が蔡確を制御しえなくなることを憂慮していたという。宰相が皇帝擁立の功績を有した場合、皇帝すらもその宰相の発言力を制御できなくなる可能性があるということは、宋代人も認識するところであったといえよう。

（44）史料中の「劉和」が劉爚を指すことは、注（16）梁論文一五〇～一五一頁に指摘がある。

（45）『西山文集』巻四七、行状「顕謨閣学士致仕贈龍図閣学士開府袁公行状」には、嘉定十年（一二一六）四月のこととして、「公復言歳幣不可与、上曰、却可以此賞有功」とする袁燮と寧宗のやり取りが記録されている。袁燮が歳幣を金国に与えてはならないと述べたところ、寧宗は歳幣を軍功のあった者の褒賞に活用すると答えたという。

（46）なお注（16）梁論文一五四頁は、歳幣の停止を支持する寧宗の態度が、南宋中央の政策決定に影響を与えたとするが、寧宗が政策の決定者であったとまでは見なしていないようである。

（47）『西山文集』巻三、対越甲藁、奏箚「直前奏事箚子〈甲戌七月二十五日〉」の「貼黄」に、「臣窃惟虜既以移巣来告、索幣之報、必将踵至、其在朝廷、尤宜審処。以臣愚慮、苟能顕行止絶、以其貨幣頒犒諸軍、繕修戎備、于以激士心、而褫敵気、此上策也。命疆吏移文与議、削比年増添之数、還隆興裁減之旧、此中策也」とある。

（48）趙永春『金宋関係史』（人民出版社、二〇〇五年）三二三頁を参照。

（49）『金史』巻一五、宣宗本紀中、興定元年正月己卯条に、「上謂宰臣曰、聞息州南境有盗、此乃彼界飢民沿淮為乱耳。宋人何故攻我。高琪請伐之、以広彊土」とある。
(50) 金・元好問『遺山先生文集』巻一八、碑銘表誌碣「内相文献楊公神道碑銘」に、「貞祐以後、主兵者不能外禦大敵、而取償于宋、故頻歳南伐」とある。
(51) 『宋史』巻四〇、寧宗本紀四、嘉定十年四月丁未条に、「金人犯光州中渡鎮、執権場官盛允升殺之、遂分兵犯樊城」とある。
(52) 『金史』巻一五、宣宗本紀中、興定元年四月丁未条に、「以宋歳幣不至、命烏古論慶寿・完顔賽不等経略南辺」とある。
(53) 景定『建康志』巻一四、建康表一〇、嘉定十年二月十五日条に、「宝謨閣学士・中大夫・江淮制置使・江東安撫使李珏、知府事。七月二十五日、転太中大夫」とある。
(54) 『宋会要』職官四〇―一八、嘉定五年八月三十日条に、「知建康府・兼江淮制置使楊輔奏、江淮州郡幷両淮江上諸軍、並隷本司節制、所有応干事件、辟置官属、乞並照江淮制置大司体例施行。従之」とあり、江淮制置使が江東・両淮の防衛を統轄していたことが分かる。
(55) 『絜斎集』巻一六、行状「李太淑人鄭氏行状」に記された李珏の肩書は、「宝謨閣学士・太中大夫・江淮制置使兼知建康府・江東安撫使兼行宮留守司公事」となっている。
(56) 『宋史』巻四〇、寧宗本紀四、嘉定十年四月丙辰条に、「詔江淮制置使李珏・京湖制置使趙方、措置調遣、仍聴便宜行事」とある。
(57) 李珏の字が夢聞であることは、『勉斎文集』巻八、書七と同書巻九、書八に収められる合計十一篇の「与金陵制使李夢聞書」が、明らかに黄榦から李珏に宛てられた書簡であることから分かる。
(58) 『筠渓集』巻末、李珏「筠谿李公家伝」に、「至大父、為平江府呉県人、公晩年、復帰隠於連江」とある。
(59) 淳熙『三山志』巻三一、人物類六、科名、宋朝、慶元二年〈丙辰〉鄒応龍榜の上舎釈褐の項に、「李琪〈字夢開、連江人、撰之曾孫、彌遜之孫〉」とある。李琪が李珏の弟であることは、『絜斎集』巻一六、行状「李太淑人鄭氏行状」に、「子珏、宝謨閣学士・太中大夫・江淮制置使兼知建康府・江東安撫使兼行宮留守司公事、琪、朝奉郎・守国子司業兼玉牒所検討官」とあることから確認できる。

(60) 本章第一節で見たように、『西山文集』巻三、対越甲藁、奏箚「直前奏事箚子〈甲戌七月二十五日〉」に、歳幣の廃止を求めた「従臣」として李珏の名前が見える。『勉斎文集』巻末、鄭元粛録・陳義和編「勉斎先生黄文粛公年譜」の嘉定七年二月条によると、当時の李珏の肩書は兵部侍郎であった。なお『宋会要』刑法三―四一、嘉定六年十月二十六日条では李珏の肩書は権戸部侍郎となっているから、その後変更になったのであろう。

(61) 『勉斎文集』巻末、鄭元粛録・陳義和編「勉斎先生黄文粛公年譜」によると、李珏は江西提刑使を務めていた嘉定四年（一二一一）頃から黄榦を幕僚に招聘したほか、中央への推挙をもしていたという。また李珏が嘉定十年（一二一七）頃に六部尚書になっていたことは、『勉斎文集』巻八、書七「与金陵制使李夢聞書」の一通目において、黄榦が李珏のことを「尚書」と称していることから分かる。

(62) 『後村全集』巻一三六、祭文「李尚書」に、「雖然、国家南渡百年、士大夫皆以為非和無以立国、至公遂破其論。異日秉史筆者書曰、絶幣自立、由李公始」とある。

(63) 『勉斎文集』巻八、書七「与金陵制使李夢聞書」の一通目に、「天下之望尚書者、不但両淮之両路而已。況廟堂之於尚書、亦可謂相知之深者」とある。

(64) 本文所掲の十六人のうち、②黄榦と④劉克荘が李珏の幕府にあったことについては、中砂明徳「劉後村と南宋士人社会」（同『中国近世の福建人――士大夫と出版人――』名古屋大学出版会、二〇一二年所収、初出は一九九五年）四一頁で指摘されている。そのほかの人物については、多くの場合は『後村全集』に李珏の幕僚であったことを示す手がかりが残されている。筆者は⑤黄伯固・⑦杜杲・⑧余鑄・⑨左簪が李珏の幕僚であったことを、程章灿『劉克荘年譜』（貴州人民出版社、一九九三年）四四～四六頁の記述によって知った。また同書の同じ箇所には、ほかにも李珏の幕僚として何立可・毛易甫・薛子舒・葉使君が挙げられているが、これらは字や通称であって本名ではない。これらの人物の本名については、劉克荘著・辛更儒校注『劉克荘集箋校』（中華書局、二〇一一年）の二〇九頁・一二二～一二三頁・二四頁・三二八頁の考証によって、それぞれ⑯何大節・⑬毛自知・⑩薛師董・③葉莫であることを確認した。
このほか①李任・⑮王好生については、例えば『宋会要』職官七五―二九、嘉定十四年七月二十三日条の李珏の処罰を伝えた記事に「其子内機李任・属官王好生」とある。⑥方信孺は李珏の幕僚だったことを直接示す記事はないが、方信孺の行状である『後村全集』巻一六六、行状「宝謨寺丞詩境方公」に、「制帥尚書李公珏、趨揚州督師、公夜乗小舟、欣舞巨浪、会於黄天蕩中、秉炬劇談」とあり、さらに「将檄公督戦」とあることから幕僚の一人と見なす。⑪董道隆・⑫袁甫・⑭危和については、『鶴山文集』巻八〇、墓誌銘「朝散郎知宜州董君墓誌銘」と袁甫『蒙斎集』巻一〇、書啓「上制帥書」、および『蒙斎集』巻一七、誌銘「危君墓誌銘」にそれぞれ彼らが李珏の幕府に所属していたことを示す記述がある。

(65) 田中謙二「朱門弟子師事年攷」（『田中謙二著作集　第三巻』汲古書院、二〇〇一年所収、一九七三・一九七五年の初出論文を増補したもの）一三一頁を参照。

(66) 陳宓『復斎先生龍図陳公文集』巻一一、書劄「回鄭知書院昭光」により、陳宓の姪女が鄭昭先の一族の男子に嫁いだことが分かる。なお表題末尾の「昭光」について、曾棗荘ほか編『全宋文』（上海辞書出版社・安徽教育出版社、二〇〇六年）第三〇四冊、四一五頁は「昭先」の誤りであるとする。従うべきであろう。

(67) 『宋史』巻四一九、曾従龍伝に、「進端明殿学士・簽書枢密院・太子賓客、改参知政事。疾胡榘憸壬、排沮正論、陳其罪。榘嗾言者劾罷、以前職提挙洞霄宮」とある。

(68) 欠名『南宋館閣続録』巻九、官聯三、正字、端平以後七人のなかに黄自然の名があり、「建寧府浦城人」とされている。また景定『建康志』巻三一、儒学志四、祀先賢「参政文忠真公祠」に「黄君曰、自然於真公為友」とあり、真徳秀と黄自然が親しかったことが分かる。

(69) 『綱目備要』巻一四、嘉定七年十一月辛酉条に、「聶子述使虜〈賀正旦也。刑部侍郎劉爚等及太学諸生上章言其不可、不報〉」とある。

(70) 朱熹の講学のあり方については、注（30）市來著書を通じて論じられている。その論旨の概要については、同書「結びに」五一三～五二二頁を参照。

(71) 市來津由彦「黄榦における「為己の学」の表象」（『集刊東洋学』一〇〇、二〇〇八年）一七五～一七六頁を参照。

(72) 当時における語録の編纂に関しては、例えば注（71）市來論文一六九頁や、市來津由彦「陳淳論序説――「朱子学」形成の視点から――」（『東洋古典学研究』一五、二〇〇三年）一四七～一四九頁を参照。

(73) 近藤一成「宋代の士大夫と社会――黄榦における礼の世界と判語の世界――」（同『宋代中国科挙社会の研究』汲古書院、二〇〇九年所収、初出は一九九八年）二九〇～三一二頁を参照。

(74) 小島毅「福建南部の名族と朱子学の普及」（宋代史研究会編『宋代の知識人』汲古書院、一九九三年所収）二三八頁には、陳淳が福建南部の家塾の教師をしていたことが見えるほか、二五〇頁では福建内の名族に朱熹思想を学ぶ者が現れると、家塾や姻戚を通じて一族の内外に朱熹思想が伝播していったことを指摘している。

(75) 注（73）近藤論文三〇三頁を参照。

(76) 注（64）所掲の『宋会要』職官七五―二九、嘉定十四年七月二十三日条。

(77) 『後村全集』巻一六六、行状「宝謨寺丞詩境方公」に、「由淮東帰、度暑廬阜、与黄寺丞榦・李司直燔、縦游南北両山、毫墨淋漓」とある。

(78) 『蒙斎集』巻一七、誌銘「危君墓誌銘」に、「簿舎明道先生旧游、応祥憫正学湮蕪、大闢祠宇、広養士員。西山真公偉是挙也、為記其事」とある。応祥は危和の字である。

(79) 『宋史』巻三九七、薛叔似伝に、「時韓侂冑開辺、除兵部尚書・宣撫使。叔似方乞給降官会、分撥綱運、募兵鬻馬、辟致僚佐、而皇甫斌唐州之師已敗矣」「叔似雅慕朱熹」とある。

(80) 『朝野雑記』乙集巻一五、取士「殿試不避親」に、「開禧元年、検詳毛憲為考官、其子自知以迎合用兵冠多士」とある。

(81) 『勉斎文集』巻末、鄭元粛録・陳義和編「勉斎先生黄文粛公年譜」嘉定十一年二月条に、「鄭元粛録云、当時幕府書館、往往軽儇浮靡之士」とある。

(82) 『勉斎文集』巻八、書七「与金陵制使李夢聞書」の五通目に、「適聞二十七日三統制之敗、極為寒心」とあり、さらに「今乃深入、以取敗衄、是何軽率如此。聞有制幹者、実主其事。想是後世不暁事、欲以是取功名耳」ともある。

(83) 泗州の戦いが何月に起こったのかは諸説ある。『金史』巻一五、宣宗本紀中、興定二年正月条には、「宋人攻泗州、又戦却之」とあるが、注（64）中砂論文四一頁は三月とし、注（73）近藤論文三〇二頁は「勉斎先生黄文粛公年譜」に依拠して二月とする。さらに黄寛重「賈渉事功述評――以南宋中期淮東防務為中心――」（同『史事・文献与人物――宋史研究論文集――』東大図書、二〇〇三年所収、初出は二〇〇二年）三七頁は、『続宋編年資治通鑑』の記事に依拠して四月としている。

(84) 『遺山先生文集』巻二〇、碑銘表誌碣「資善大夫武寧軍節度使夾谷公神道」に、「興定初、宋人歩騎数万侵泗州、声勢甚張。公為画策、潜軍趨霊壁、出其不意、殺獲甚衆」とある。

(85) 『後村全集』巻一四七、神道碑「毅斎鄭観文」に、「京口一軍、自泗州失利之後、缺額極多、老弱大半」とある。

(86) 『遺山先生文集』巻二〇、碑銘表誌碣「通奉大夫鈞州刺史行尚書省参議張君神道碑銘」に、「自二年泗州乗勝席巻之後、霊壁・土山・亀山・蒙城・五河・九岡、前後殺獲、莫可勝計」とある。

(87) 黄震『古今紀要逸編』本朝、理宗「崔与之」に、「劉琸潜以密箚取泗州、大敗致寇」とあり、『宋史』巻四〇六、崔与之伝に、「宰相欲図辺功、諸将皆懐僥倖、都統劉琸承密箚取泗州、兵渡淮而後牒報、琸全軍覆没。与之憂憤、馳書宰相言、与之乗鄣五年、子養士卒、今以万人之命、壊於一夫之手、敵将乗勝襲我」とある。

(88) 崔与之『宋丞相崔清献公全録』巻二、言行録中に、「制司密遣劉琸等渡淮攻泗州、全軍敗覆」とある。

(89) 『後村全集』巻八三「玉牒初草」嘉定十二年六月癸未条に、「李楠奏、前江淮制置使李珏、権重謀疏。泗上之役、実珏逼行、損国家威重、啓夷狄軽心、乞候服闋奪職」とあり、『宋会要』職官七五―二二、嘉定十二年六月二十日条にも、「江淮制置使李珏候服闋日褫奪職名。以右諫議大夫李楠言、適残虜寇辺、付以重地、既得辺報、不亟啓行、遷延畏縮。俟虜既退、僅至維揚而返。泗上之役、実珏逼使、損国威重、啓狄軽心」とある。李楠の上奏によると、泗州の敗戦は李珏の「逼行」もしくは「逼使」によって引き起こされたものであったという。

(90) 景定『建康志』巻三一、儒学志四、祀先賢「参政文忠真公祠」には「黄君曰、自然於真公為友、而知公最詳、無若王遂」とあり、真徳秀に最も親しい友人として王遂の名前が挙がっている。王遂の字についてのエピソードは、至順『鎮江志』巻一八、人材、科挙、土著「王遂」に見える。

(91) 『古今紀要逸編』本朝、理宗「崔与之」に、「劉琸潜以密箚取泗州、大敗致寇、而欲和議、公謂不可行、時相皆不果従」とある。

(92)『勉斎文集』巻一二、書一一「与林宗魯司業」の三通目に、「去年之方築城也、則曰此書生怯懦耳。及其速成、則曰此必労民也。及其費省也、則又曰此必擾民也」とある。

(93)『勉斎文集』巻二九、公劄「辞依旧知安慶且丐祠」に、「築城所以保民也、自初建議、已譁然而見攻矣。及其速成、則曰是必労民也、及其費省、則曰是必擾民也。元僚之辟、制府之請也。五関之守禦、浮光之督戦、制府之命也。未及行、而嫉之者紛然矣」とある。

(94)『勉斎文集』巻二九、公劄「辞依旧知安慶且丐祠」に、「乃創為之説曰、是道学之徒、喜言大義、談恢復也。守土之臣、去制府五六百里、辺陲之事、未嘗与聞、一有失宜、則曰是嘗与謀也」とある。

(95)『勉斎文集』巻九、書八「与金陵制使李夢聞書」の十一通目に、「今日之事、可謂至危。虜人能以弱而為強、吾国反以強而為弱、此士大夫之罪也。虜騎既退、窃意制府上下惕厲、悔前之失、思今之得、若不可以一朝居者。今則不然、尚書則曰、吾有二万武定、不足畏也。幕府則曰、比柴守所申虜騎将至、皆虚申也。古之用師、至六十万・八十万而不以為多、今以二万人而足恃。古之用師、常懐勿恃其不来之戒、今則曰、虜決不来。此何言耶」とある。なお武定軍とは、韓侂冑主導の対金戦争に際して国境周辺の民衆を集めて形成された鎮淮軍を、戦後に丘崈が整理・再編した御前武定軍のことであろう。『綱目備要』巻一一、嘉定元年三月丁酉条によると、御前武定軍には二万六〇〇〇餘人の兵員があったという。

(96)『勉斎文集』巻九、書八「与金陵制使李夢聞書」の十通目に、「安豊・浮光之事、大率類此、尚書亦豈不聞之乎。窃意千乗言旋、必須痛自咎責、出宿于外、大戒于国曰、此吾之罪也、有能箴吾之失者、疾入諫。日与僚属、与四方之賢士、討論条画、審思而力行之、必将臥不能安枕、食不能下咽也。今帰已五日矣、但聞請総領・運使至玉麟堂賞牡丹、用妓楽、又聞総領・運使請賞牡丹、用妓楽、又聞用妓宴僚属而已。邦人聞之、諸軍聞之、豈不痛憤」とある。

(97)『後村全集』巻一二八、書「庚辰与方子黙僉判」（本書三四〇頁）、および注（91）所引の『古今紀要逸編』本朝、理宗「崔与之」。

(98)『後村全集』巻八二、「玉牒初草」嘉定十一年六月丁未条に、「袁燮進対……又奏、両淮荊襄間、近雖稍静、然不可忽。上曰、夷狄姦詐、何可軽信。燮奏云、講和却是省事、但虜人之意、不専在歳幣、難与通和。上曰、他擄掠所得、已数倍於歳幣。

燮奏云、誠如聖諭。虜既不通和、中国尤当厳備」とあり、同書巻八三「玉牒初草」嘉定十二年三月丁卯条に、「太学博士楼昉面対……口奏云、虜欲求和、皆非実意。若不能自立崖岸、彼豈肯退聴。上曰、当立些崖岸。……口奏云、若朝廷能駕馭将帥、能激昂官軍、人人敢戦、山東一辺、自然不会頭重。上曰、然」とあり、同じく閏三月丙申条に、「袁燮進対、因賀生禽偽駙馬。燮言、若当時与虜講話、安得有今日之事。上曰、若講話則鋭気銷鑠。燮奏、人主鋭気、豈可銷鑠」とあり、五月己未条に、「秘書監柴中行輪対奏……又論辺事、臣観辺庭種類至多、使残虜滅亡、亦須数十年不定、朝廷卒未有息肩之期、安可一日少忘辺備。今偸安之徒、只欲苟目前富貴、豈復顧陛下宗廟社稷子孫計哉。又今日大患、最在虚誕。使辺備失措置、難倚仗。上曰、須是慤実理会」とある。

(99) 延祐『四明志』巻五、人物攷、先賢「楼昉」に、「少従呂成公於婺」とある。

(100) 清・黄宗羲『宋元学案』巻四八、晦翁学案上、晦翁学案表の「私淑」の項に柴中行の名が見える。

(101) 張仲文『白獺髓』に「嘉定間、韃虜交攻、廷臣有以和戦守三策為言者。謂、戦為上策、守為中策、和為下策。是時胡榘侍郎、専主和議」とあるほか、『宋会要』職官七三―五二、嘉定十二年六月四日条にも胡榘について「一主於和」と指摘されており、胡榘が和平を主張していたことが分かる。

(102) 『金史』巻六二、交聘表下、興定二年十二月甲寅条に、「朝議乗勝与宋議和、以開封治中呂子羽・南京路転運副使馮璧、為詳問宋国使、行至淮中流、宋人拒止之、自此和好遂絶」とある。

(103) 『宋史』巻四〇、寧宗本紀四、嘉定十二年五月己亥条に、「太学生何処恬等伏闕上書、以工部尚書胡榘欲和金人、請誅之以謝天下」とあり、兪文豹『吹剣録外集』所引の葉賁「三学義挙頌」の序に、「嘉定十二年五月五日己亥、太学生何処恬等二百七十三人、相率上書言、工部尚書胡榘及其兄槻、中外相挻、引董居誼・聶子述・許俊・劉琸、悞軍敗国。奏聞未報、宗学生公記等十二人・武学生鄭用中等七十二人、又相継伏闕、極言其事」とある。なお四庫全書本は「公記」を「公玘」、「鄭用中」を「郭用中」と表記する。

(104) 『宋会要』職官七三―五二、嘉定十二年六月四日条に、「権工部尚書胡榘・礼部侍郎袁燮並放罷。以合台言、其二人論議不一、各執偏見、一主於和、一主於戦、求勝報怨、殊非体国」とあり、『後村全集』巻八三「玉牒初草」嘉定十二六月丁卯条に、「権工部尚書胡榘・礼部侍郎袁燮並罷。以右諫議大夫李楠・殿中侍御史盛章・右正言胡衛・監察御史徐亀年・張次賢、言其和戦異論、待班漏院、会食公堂、紛争求勝、釁開朋党、言及国家、故有是命」とある。

（105）『吹剣録外集』所引の葉寘「三学義挙頌」の序に、「六月戊辰、諫大夫始率其属論榘及礼部侍郎袁燮倶罷。燮、老儒、好持論、嘗与榘争国事、欲振笏撃之、為衆所奪。朝廷欲示公行、故併及之」とある。ただし『白獺髄』は、「是時胡榘侍郎、専主和議、会入朝時、四明袁燮侍郎、与胡公廷争、専主戦守議、仍以笏撃胡公額、遂下」と述べ、袁燮が胡榘を実際に殴打したと伝える。

（106）『白獺髄』に、「侍従・台諫集議、後袁君以此辞帰、太学諸生三百五十四人、作詩以送袁君」とある。

（107）李珏の母が嘉定十二年（一二一九）四月二十四日に死去したことは、袁燮『絜斎集』巻一六、行状「李太淑人鄭氏行状」に見える。

（108）注（89）所掲の史料を参照。

（109）『宋会要』職官四〇―一九、嘉定十二年六月二十日条に、「詔、中奉大夫・宝文閣待制・兼知建康府・江東安撫使・行宮留守司公事李大東、充沿江制置使、建康府置司。朝奉大夫・右文殿修撰賈陟（渉）、充淮東制置副使、楚州置司。朝請郎・直龍図閣趙善湘、充淮西制置副使、廬州置司」

（110）『宋会要』職官四〇―一九、嘉定十二年六月二十日条に、「以臣僚言、国家設制置使、蓋以朝廷去淮差遠、軍政難以喩度。機有可乗、間不容髪、豈可無策以処此。臣恭覩高宗皇帝朝沿江及東西両淮各有制置使、官卑則命以副使、典故具存。乞仰体高宗成憲、分差沿江及東西両淮制置使。其有官序尚卑、資望尤浅、則亦命以副使」とあり、高宗朝の事例を参照して制置副使の名目を設けたことが分かる。

（111）理宗の貴妃賈氏は賈渉の女子であるが、洪咨夔『平斎文集』巻二〇、外制四「故母弟迪功郎史商卿贈修職郎制」こそは、その貴妃賈氏の母の弟史商卿に下された制書である。戴仁柱著／劉広豊・恵冬訳『丞相世家――南宋四明史氏家族研究――』（中華書局、二〇一四年、英文原著はRichard L. Davis, *Court and Family in Sung China 960–1279—Bureaucratic Success and Kinship Fortunes for the Shih of Ming-Zhou*, Duke U.P., 1986）二〇八頁によると、史商卿は史彌正の孫であるため、賈氏の母も史彌正の孫女であったことになる。また『古杭雑記』に「賈似道母両国夫人、本賈渉之賤妾。嘉定癸酉、渉為万安丞、似道在孕、不容於嫡」とあり、嘉定六年（一二一三）に胡氏が賈似道を妊娠すると、胡氏は賈渉の嫡妻から許されなかったとする。この嫡妻が史氏であろうから、賈渉は淮東制置副使に就任する前に史彌正の孫女を娶っていたことになる。

(112)『宋史』巻四一三、趙善湘伝に、「善湘季子汝楳、丞相史彌遠壻也」とある。

(113) 方震華「軍務与儒業的矛盾――衡山趙氏与晩宋統兵文官家族――」（『新史学』一七―二、二〇〇六年）四～五頁を参照。

(114) 延祐『四明志』巻五、人物攷中、先賢「史嵩之」に、「後登第、従父丞相彌遠曰、新調官当何之。嵩之願官襄漢。彌遠在相位最久、向仕内郡、実不知襄漢表裏。心大喜、即調為襄陽戸曹、襄帥陳垓、歳索調用増陁塞、丞相不能拒」とある。陳垓とは『鶴林集』巻二〇、箚子「辺備箚子」に、「一、江陵国之西門、素号重鎮。自趙方移治襄陽、而州之事権稍分、然守臣尚帯安撫正使。陳晐継之、乃京湖安撫使繫銜、而江陵僅存湖北副使之号、往往又兼制参、則殆如一大属官矣」とあることからすれば、陳垓とは陳晐の誤りであろう。

(115)『宋史』巻四一、理宗本紀一、紹定四年十二月乙亥条に、「以史嵩之為大理少卿兼京湖制置副使」とある。

(116)『宋史』巻四一、理宗本紀一、紹定五年正月壬辰条に、「史嵩之進大理卿・権刑部侍郎・京湖安撫制置使・知襄陽府」とある。

(117)『後村全集』巻八三「玉牒初草」嘉定十二年正月戊辰条に、「聶子述除宝謨閣直学士・四川制置使兼知成都府」とあるが、同年十一月戊午条には「以前四川安撫制置使聶子述為宝謨閣待制・提挙江州太平興国宮。給事中宣繒奏、子述入蜀之初、不能拊定潰卒、乃悉誅之、激而為乱、害及王人、驚惶奔竄、僅以身免、乞将子述奪職罷祠。従之」とあり、聶子述の失政により四川制置使を罷免されたことが分かる。

(118)『西山文集』巻四七、行状「顕謨閣学士致仕贈龍図閣学士開府袁公行状」では、嘉定十一年（一二一八）一月の記事の直前の部分に「又言、陛下垂意宰属、精選才士以充之。然政事不勝其多、而宰属止於数人、耳目不能偏察、思慮不能周知、急則鹵莽、緩則壅滞。甚非所以彌縫宰輔也。願詔大臣、増置掾属、広求賢俊、秉心公正者為之、則所補多矣」という本文で引

用した袁燮の上奏を節略した文言が置かれている。

(119) 呉泳『鶴林集』巻二一、繳黄奏議「繳李知孝宮観梁成大罷黜詞頭」に、「方其苟於仕進也、右丞相府主管文字、此名何官」とある。

(120) 景定『建康志』巻二三、城闕志四、諸倉「平糴倉」に引く嘉定省箚に「本司幹辦公事・承直郎李知孝」と見える。

(121) 潘氏の外祖父が李光であったことは、『晦庵文集』巻九四、墓誌銘「直顕謨閣潘公墓誌銘」に見える。

(122) 寺地遵「南宋中期政治史の試み」（公開講演要旨）（『日本歴史学協会年報』一八、二〇〇三年）四頁を参照。

(123) 本書第四章第三節を参照。

(124) 注（20）黄論文一一〇頁を参照。

(125) 『鶴林集』巻二一、繳黄奏議「繳陳宗仁林介落閣降官詞頭」の林介について論じた部分に、「当相妾顓寵、以譜系自通、毎四節之会、遺饋致礼、僕僕跪拝、不以為恥」とある。

(126) 本書第九章第二節を参照。なお韓冠群「従朝堂到相府――南宋史彌遠主政時期的中枢政治運作――」（『中山大学学報（社会科学版）』二〇二二―五、二〇二二年）九一頁は、史彌遠が私邸に枢密院関係の部局を設けたという記事と、紹定五年（一二三二）に史彌遠の三男の史宇之が枢密副都承旨に任ぜられたこととを関連させて論じる。しかし史宇之の人事は、史彌遠の死期が近いことが察せられるなか行われた恩典と考えるべきであって、史宇之に実権が与えられたか否かはより慎重に検討されるべきだと思われる。

(127) 清・史悠誠纂修『鄞東銭堰史氏宗譜』巻一、鄭清之「宋贈開府儀同三司忠宣公墓誌銘」（本書第七章に所掲の「史彌堅墓誌銘」二九三頁）に、「平時雅有鑑裁、前後薦揚、多一時俊彦、自葛公洪・喬公行簡而次、皆卓卓有聞」とあり、葛洪が史彌遠の弟史彌堅に推挙されたことが明記されている。

(128) 明・程敏政『新安文献志』巻七四、行実・勲賢、傅伯成「大宋故正議大夫守同知枢密院事致仕新安郡開国侯食邑一千三百戸食実封二百戸贈特進資政殿大学士程公卓行状」に、「日与廟堂講明議論、密賛廟謨、人莫預聞」とある。

(129) 『後村全集』巻一四一、神道碑「丁給事」に、「宝紹間、一相擅国、所抜之士、非鄞則婺、其言曰、閩人難保」とある。

(130) 注(64)中砂論文五七～五八頁を参照。
(131) 『後村全集』巻一四一、神道碑「丁給事」に、「於是朝無莆人」とある。
(132) 彭東煥『魏了翁年譜』(四川人民出版社、二〇〇三年)二四一～二八六頁を参照。
(133) 寺地遵「南宋末期、対蒙防衛構想の推移」(『広島東洋史学報』一一、二〇〇六年)、同「賈似道の対蒙防衛構想」(『広島東洋史学報』一三、二〇〇八年)を参照。

【付記】本章旧稿の発表後に①楊宇勛「南宋史彌遠為相的北方政策――従謹守辺備至聯蒙滅金――」(『中国中古史研究』一六、二〇一六年)、②鄭丞良「道学・政治与人際網絡――試探南宋嘉定時期黄榦的仕宦経歴与挫折――」(『史学彙刊』三五、二〇一六年)、③鄭丞良「試論南宋嘉定年間(1208-1224)対金和戦議論与政策的転変」(『台湾師大歴史学報』五七、二〇一七年)、および④方震華「復仇大義与南宋後期対外交政策的転変」(『中央研究院歴史語言研究所集刊』八八―二、二〇一七年)の四篇の関連論考があることを知った。このうち②は、本章で論じた嘉定十年(一二一七)の宋金戦争の前後の黄榦の動きや、李玨の幕府内部の交流の様子を詳細に明らかにしている。①③は、本章の主題と密接に関わる論考であり、当時の南宋中央における主戦派の擡頭が宋金戦争の原因になったことや、泗州の戦いの重要性を指摘するなど、本章の内容とも重なる論点が見いだされる一方で、嘉定七年(一二一四)から同十年(一二一七)にかけての南宋の対金政策が、全て史彌遠の一存で決められたと見なすなど、本章とは異なる理解も見いだされる。また本章が今後の課題とした、史彌遠の対金政策における主体的な戦略意図にまで踏み込むなど、注目すべき論点も多い。

④の論考は、韓侂冑による北伐の頃から道学派官僚の対金和平を恥とする主張が力を持ち始め、本章で論じた嘉定十年(一二一七)前後の論争を経て、理宗朝になると正面からそうした議論に反駁しがたい空気が官界で醸成され、これが南宋後期の対外政策の方向性を硬直化させる原因となり、対モンゴル和平の成立が阻害されることになったと指摘する。この指摘が正しければ、本章で述べた主戦派官僚の擡頭は、実は韓侂冑政権時代にまで遡りうることになる。本書第九章の議論とも密接に関わる議論であるといえる。①②③の論考とともにあわせて参照して頂ければ幸いである。

なお本章の旧稿は、二〇一四年一一月に広島大学で開催された宋代史研討会での口頭発表を基にしたものであり、右の四論考とは全く別個に進められた研究である。時期を同じくして、日本・台湾で類似した視点からの南宋政治史研究が複数展開されていたことに興味深さを感じる。

第九章　南宋理宗朝前期における二つの政治抗争
――『四明文献』から見た理宗親政の成立過程――

はじめに

本章は南宋理宗朝の前期にあたる紹定三年（一二三〇）、および端平三年（一二三六）に南宋中央で行われた二つの政治抗争が、理宗朝政治史においていかなる意味を持つものであったのかを明らかにしようとするものである。

近年の寺地遵氏の研究によれば、南宋後期政治史の一つの画期は嘉熙二年（一二三八）に求められる。すなわち端平元年（一二三四）にモンゴルと戦端を開いて大敗し、一時は重要拠点の襄陽府を失った南宋政府は、嘉熙二年（一二三八）に制置使の史嵩之を参知政事として督視を兼任させ、前線を一任することでようやく態勢を立て直すことに成功した。史嵩之は自身が信任する人物を長江沿いの各地の制置使に起用し、これを統轄することで有効に機能する防衛体制を構築した[1]。寺地氏が辺閫分治体制と称するこの体制は、景定二年（一二六一）に賈似道が新体制を築くまで、南宋国防の基本的な体制として機能したというのである[2]。モンゴル側にオゴデイ死後の政治的混乱があったことを考慮したとしても、史嵩之の督視起用とそれにともなう南宋国防体制の整備が、四十年にもわたる南宋・モンゴルの南北対峙を生みだす要因となったことは間違いないといえるであろう。

ところで寺地氏は、かかる重要性が認められる史嵩之の督視起用を、理宗の主導によって行われた人事であると見なしていた。理宗によるこうした政治の主導を、南宋の人々は皇帝が史彌遠に政治を委任する状態から脱して自ら執政したものと見なし「親政」と称した。本章でもこの呼称に従う。右の寺地氏の所説によれば、理宗は嘉熙二年（一二三八）の時点ですでに親政を確立していたことになる。だが理宗による親政が嘉熙二年（一二三八）以前のどの段階で、いかなる経緯で確立されたのかはいまだ明確ではない。通説では、理宗即位後の九年間は宰相史彌遠が中央政治を壟断した時代とされ、理宗は史彌遠が没した紹定六年（一二三三）に初めて親政を行ったとされてきた。(3)これに対して寺地遵氏は、さらに三年早い紹定三年（一二三〇）に理宗が政変を起こし、史彌遠を事実上失脚させて親政を開始したとする見解を提示した。(4)しかし後述するように、寺地氏が同説の論拠として提示した『宋史』李全伝下の記述は、必ずしも事件の時系列を正確に描いたものではなかったと考えられる。また通説にしても、同時代の史料からは端平三年（一二三六）の段階で、理宗がなおも南宋中央の対モンゴル政策を統御できていなかったことがうかがわれる。理宗親政の成立の過程、およびその時期については再検討の餘地が残されているのである。

さて南宋理宗朝以降の政治史研究を進めるためには、まず史料の少なさが問題となる。この時代に関する詳細な編年体史料や、宰相・執政官を務めた人物の文集史料がほとんど残されていないからである。そこで本章では、本書第五章で紹介した明・鄭真輯『四明文献』をとくに活用することにしたい。(5)『四明文献』には南宋中後期の政治史に関連する新出史料が、断片的ながら多数収められているのであった。

如上の問題関心のもと、本章第一節・二節では、紹定三年（一二三〇）に史彌遠が事実上失脚したとする寺地遵氏の前掲所説の妥当性を検討する。『四明文献』には史彌遠が同年以降も実権を掌握し続けたことをうかがわせる史料が収められている。これと他史料とをあわせて用いることで寺地氏の所説を再検討できるであろう。第三節・四節では、史彌遠死後の端平二年（一二三五）から同三年（一二三六）にかけて行われた左丞相兼枢密使鄭清之と右丞相兼枢密使喬行簡の政治抗争について検討する。理宗は対モンゴル政策の方針をめぐって対立した鄭清之を端平三年（一二三六）に罷免したが、『四明文献』にはこの事件が当時の政治の転換点として作用したことを示唆する史料が収められている。鄭清之罷免の背景を探ることで、通説とは異なる理宗親政の成立過程が明らかになるものと筆者は考える。以上の検討によって、理宗即位から南宋・モンゴルの南北対立に至るまでの理宗朝前期の政治史を、一貫した視点から展望することが可能になるはずである。

第一節　紹定三年（一二三〇）史彌遠没落説の再検討

既述したように通説では、理宗は紹定六年（一二三三）に史彌遠が没して初めて親政を開始したとされているが、その根拠は理宗の即位事情に置かれていた。嘉定十七年（一二二四）に寧宗が没した際、寧宗には皇子趙竑がいたが、右丞相史彌遠は自らに批判的な趙竑の即位を忌避し、沂靖恵王を継いでいた皇姪趙貴誠、すなわちのちの理宗を皇太后楊氏の名のもとに即位させた。理宗は自らを擁立した史彌遠に政治を一任し、史彌遠が死去するまで政治に主体的に関与しなかったとされてきたのである。(6)

これに対して寺地遵氏は、紹定三年（一二三〇）の李全問題の発生によって史彌遠専制は終わりを迎えたと論じた。李全は金末の山東半島で蜂起した群盗の頭目で、南宋に亡命した人物であった。史彌遠は嘉定十年（一二一七）からの宋金戦争において、李全軍の亡命を受け入れてその武力を利用する政策をとった。これによって南宋は山東半島の大半を奪回したが、山東経略を任された李全は次第に独立を強め、宝慶二年（一二二六）にはモンゴルに帰属してしまう。さらに紹定三年（一二三〇）十二月に李全が大軍をもって南宋の揚州を攻撃したことで、史彌遠の対李全政策は破綻することになった。

寺地氏によると、このとき南宋中央では二つの動きが見られたという。（1）なおも李全を懐柔しようとする史彌遠に対し、簽書枢密院事鄭清之は同僚とともに理宗を説得して、李全を逆臣と定める詔書（以下、逆臣詔と称す）を作成し、このことを史彌遠に伝えて追認を取りつけ、逆臣詔を発布した。（2）逆臣詔発布の翌日、史彌遠に「十日に一たび都堂に赴きて治事すべし」という、史彌遠の出仕を十日に一度に減ずる詔（以下、十日一赴詔と称す）が下された。それまで史彌遠は現場担当官と情報を直接やり取りすることで、国家意思を独断専行的に決定していたという。ところが（1）で史彌遠は理宗の意思決定を追認させられたうえに、国家意思は理宗が下した詔によって決定・表示され、（2）では国家意思決定の場から遠ざけられることになった。李全問題はまもなく李全が敗死したことで収束したが、史彌遠による中央政治の壟断もまた終焉を迎えた。寺地氏によれば、（1）（2）は理宗が主導した「宮廷政変による史彌遠の追放」であったというのである[7]。寺地氏のこの所説を、本章では史彌遠没落説と称することにしたい。

寺地氏の研究は金末の華北・山東の情勢から史彌遠政権の特質を論じた新しい試みであり、もとより重要な成果であるといえる。しかし右の史彌遠没落説には検討の余地が残されているように思われる。とくに寺地氏が描いた（1）の事実経過には明らかな誤りが存在する。本節では（1）の事実経過を再構成し、寺地氏とは別の視点からこの事件を解釈する。

さて寺地氏が描いた（1）の政府内部の動きは、①鄭清之らの提言によって理宗が李全討伐を決意し、史彌遠もそれを追認する、②逆臣詔が作成され発布される、の二つに分けられる。寺地氏は②の逆臣詔について、鄭清之が同僚とともに「皇帝を説得して李全を逆臣と決めつける詔書を作成させ」、そのあと史彌遠の追認を取りつけたとしていた。[8] つまり寺地氏は、逆臣詔が史彌遠の同意を得ることなく、理宗・鄭清之の主導によって作成されたと見なしたのであった。だからこそ同氏は、逆臣詔によって国家意思が決定・表示されたことを、史彌遠没落説の論拠の一つとして提示したのであろう。しかしこうした解釈は、右の①②が紹定三年（一二三〇）十二月七日に連続して生起したことを前提として初めて成り立つものである。寺地氏が依拠したと思われる史料を見ると、まず『宋史』理宗本紀には、逆臣詔発布の記事が同年十二月七日に繋けられている。[9] さらに『宋史』巻四七七、李全伝下には次のようにある。

独参知政事鄭清之、深憂之、密与枢密袁韶・尚書范楷議、二人所見合。清之乃約韶見帝、韶歴言全状、帝有憂色。清之即力賛討全、帝意決。清之退、以帝意告彌遠、彌遠意亦決。乙巳、金字牌進善湘、煥章閣学士・江淮制置大使、范、直徽猷閣・知揚州・淮東安撫副使、葵、直宝章閣・淮東提点刑獄兼知滁州、倶節制軍馬。全子才、軍器監簿・制置使参議官。下詔曰、……李全可削奪官爵、停給銭糧。勅江淮制臣、整諸軍而討伐。……布告中外、咸使聞知。詔詞清之所代也。

（独り参知政事鄭清之のみ、深くこれを憂い、密かに枢密袁韶・尚書范楷と議し、二人の見る所も合す。清之乃ち韶と約して帝に見え、韶全の状を歴言するに、帝憂色有り。清之即ち力めて全を討つことを賛し、帝の意決す。清之退きて、帝の意を以て彌遠に告ぐるに、彌遠の意も亦た決す。乙巳、金字牌もて善湘を煥章閣学士・江淮制置大使に進め、范を、直徽猷閣・知揚州・淮東安撫副使とし、葵を、直宝章閣・淮東提点刑獄兼知滁州とし、倶に軍馬を節制せしむ。全子才を、軍器監簿・制置使参議官とす。詔を下して曰く、……李全官爵を削奪し、銭糧を停給すべし。江淮の制臣に勅し、諸軍を整えて討伐せしめよ。……中外に布告し、咸なに聞知せしめよと。詔詞は清之の代する所なり。）

前半は①の内容に該当する部分である。李全軍の動きを憂慮した鄭清之は、同僚の袁韶と理宗を説得して李全討伐を決断させ、そのことを史彌遠に伝えて同意を取りつけた。これによって「乙巳」の日に趙善湘らを江淮制置大使などに任ずる命令が下ったという。後半は②の内容に該当する部分であるが、李全の討伐を命じる逆臣詔が鄭清之によって代筆され、中外に布告されたことが記されている。まさに①②が一連の事件として、間断なく生起したように描かれている。寺地氏は理宗本紀が伝える逆臣詔発布の日付に依拠し、この史料が十二月七日のことを伝えたものと判断したのであろう。同氏は①②の連続性を前提としたうえで、右史料前半の「清之即ち力めて全を討つことを賛し、帝意決す。清之退きて、帝の意を以て彌遠に告ぐるに、彌遠の意も亦た決す」という記述と、後半の「詔詞は清之の代する所なり」という記述とを結びつけ、理宗・鄭清之が、史彌遠の同意なく逆臣詔を作成したものと見なしたものと思われるのである。

しかし寺地氏の所論には疑問が残る。なぜなら李全伝下が逆臣詔発布の日付として伝えた「乙巳」は同年十二月七日ではなく、十一月十八日のことだからである。理宗本紀と李全伝下との間には、逆臣詔発布の時期に二十日間の差異があることになる。それではどちらの記述が正しいのであろうか。『宋史全文』は、逆臣詔発布の日付を十二月八日としていた[10]。さらに『斉東野語』は、南宋朝廷が逆臣詔を下したのは李全軍が泰州を攻め落とし、揚州包囲の動きを見せたあとであったとする[11]。泰州陥落は同年十一月二十八日であるから[12]、これも理宗本紀の記述と一致する。七日か八日かという問題は残るものの、②の逆臣詔の発布の時期は紹定三年（一二三〇）十二月であったと考えるのが妥当であろう。

それでは②が十二月の事件であったとすると、李全伝下において②と同時に生起したかのように描かれていた①の李全討伐の決定もまた、十二月の事件だったのであろうか。『後村全集』巻一七〇、行状「丞相忠定鄭公」は、①の過程を次のように伝えている（史料中の「　」は筆者加筆）。

初海陵失守、公早朝見薛・葛・袁三人、皆愕然未知所出。公曰、平時与全為敵者、不過三趙。若以一趙沿江為江淮制使、以二趙分帥両路、必能合力、捐身以当之。須即日処分。稍遅賊入維揚、大事去矣。三人者唯唯、同至上前奏之。上深以為然云、当即批与丞相。公奏、御批須是以「社稷存亡、在此一挙。苟不用此三人、或有疏失、過不在朕」。上頷之。既退、知御批已至相府。然至晩無所施行、公転扣相子宅之慫臾。憂懼待旦、四鼓後方繳入、黎明出命。

（初め海陵失守するや、公早朝に薛・葛・袁の三人に見えるに、皆な愕然として未だ出づる所を知らず。公曰く、平時に全と敵を為す者、三趙に過ぎず。若し一趙沿江を以て江淮制使と為し、二趙を以て両路を分帥せしめれば、必ず能く力を合わせ、身を捐て以てこれに当たるべし。須らく即日処分すべし。稍や遅れれば賊維揚に入り、大事去らんと。三人は唯唯とし、同に上前に至りこれを奏す。上深く以て然りと為して云うに、当に即ちに丞相に批すべしと。公奏するに、御批は須らく是れ「社稷の存亡、此の一挙に在り。苟しくも此の三人を用いず、或いは疏失有れば、過は朕には在らず」を以てすべしと。上これに頷く。既に退き、御批已に相府に至るを知る。然るに晩に至るも施行する所無く、公転じて相の子宅之を扣して慫臾す。憂懼して旦を待つに、四鼓の後に方めて繳入し、黎明に出命す。）

泰州（「海陵」）陥落を知った鄭清之（「公」）は、執政の薛極・葛洪・袁韶とともに理宗に上奏し、「三趙」（趙善湘・趙范・趙葵）を起用して李全問題に対処させることを求めた。理宗は同意して御筆（「御批」）を下して史彌遠を説得し、翌早朝に「三趙」の任命が行われたという。一見するとただの人事問題に過ぎないが、趙善湘が江淮制置大使に任命された際には「乃ち専討を命じ、便宜従事するを許」したとされており[13]、「三趙」の起用は李全討伐の決定を意味していた。

さて泰州陥落は十一月二十八日の事件であるから、右史料は十二月のことを伝えているようにも見える。しかし景定『建康志』によると、趙善湘が江淮制置大使に起用されたのは十一月十八日であり[14]、右史料には矛盾が認められる。これは恐らく冒頭の「海陵失守」に誤りがあるのであろう。弘治『江陰県志』には同年十一月十四日に江陰軍から中央に提示された行政文書が抄録されているが、そこには「紅軍の人馬、今月十二日未時において、已に泰州の城下に到る」[15]と記されている。「紅軍」とは李全軍（紅襖軍）のことだから[16]、李全軍の泰州攻撃が十一月十二日頃から始められていたことが分かる。この情報が十一月十二日以降に中央にもたらされ、それを受けた鄭清之らが李全討伐を発議し、同月十八日に「三趙」の起用がなされたと考えれば、右史料は整合的に理解できる。礼部尚書喬行簡は「又た論ず、李全泰州を攻囲すれば、勦除の兵は今已むべからず」[17]とあるように、ほぼ同時期に李全討伐の上奏を行ったとされるが、これは①の鄭清之らの動きに呼応したものだったのであろう。①は十一月十八日の事件であったと考えるべきである。

以上が正しければ、①の李全討伐の決定が同年十一月十八日になされたにもかかわらず、②の逆臣詔の発布は十二月七日か八日まで行われなかったことになる。この空白期間はどう理解されるであろうか。すでに見たように、十一月十八日に趙善湘が江淮制置大使に任命された際、趙善湘には李全討伐の命令が下された。ところが揚州通判の趙璥夫は、史彌遠の命令によって同月二十五日に李全を懐柔しようとしていた[18]。また十二月三日頃に史彌遠がなおも李全を「声討」することを躊躇していたとする史料もある[19]。以上を総合すれば、①の時点で南宋政府は李全討伐を決めたものの、史彌遠がなおも懐柔策に固執したため、詔を下して「声討」することは避けたものと推測される。恐らく趙善湘には内示の形で李全討伐の命令が伝えられたのであろう。趙璥夫の懐柔策が失敗し、泰州が陥落して揚州に危機が迫るにおよび、史彌遠はようやく逆臣詔を下すことを決断したのである。

以上から（1）において、あたかも同日に生起したかのように描かれていた①②が、実は紹定三年（一二三〇）の十一月から十二月にかけて、それぞれ別個に生起した事柄であったことが明らかになった。前掲した『宋史』李全伝下の記述は、①②の時系列を必ずしも正確に描写したものではなかったのである。とすれば、①②の連続性を前提として、李全討伐の決定を理宗による政変であったと見なしていた史彌遠没落説は見直されなければならなくなる。何よりも②の逆臣詔は決して史彌遠の同意なく作成されたわけではなく、右で見たようにむしろ史彌遠の許可のもとに作成・発布された可能性が高いといえるであろう。

それでは李全討伐の決定、すなわち①はいかなる意味合いを持つ事件だったのであろうか。前掲した『後村全集』にあったように、①の事件は十一月十八日頃に参知政事薛極・参知政事葛洪・同知枢密院事袁韶・簽書枢密院事鄭清之ら執政官が共同で上奏し、趙善湘・趙范・趙葵を李全討伐に起用することを理宗に求めたというものであった。問題となるのは、それを受けた理宗が史彌遠に下した御筆に「苟くも此の三人を用いず、或いは疏失有れば、過は朕に在らず」とあったことである。確かにこの文言は理宗が史彌遠に李全討伐の決断を強く促したことを意味するが、同時に最終的な判断は史彌遠に一任していたことをも意味する。理宗は実効性のある決定を下したわけではなく、あくまでも史彌遠の説得を行ったに止まっていた。だからこそ鄭清之は御筆が下されたあとも事態を憂慮し、史彌遠の子史宅之に口添えを頼んだのであろう。実はこの事件にはそれに先立つ執政たちの動きがあった。葛洪『蟠室老人文集』巻一四、箚子「与廟堂議乞決意誅逆全事」には次のようにある[20]。

某惶懼稟聞、塩城両日当有端報。此邑既為此賊拠定、決非口舌所能挽回。……聞今駸駸有窺伺通・泰之意。……若更不改紘易轍、名其為賊、関集諸将、各整大軍、以往臨之、彼復何所顧忌、甘心退聴邪。況近辺守臣如二趙、東淮諸将如卞整・丁勝、射陽湖頭首如范勝・□邦緒、皆有誓不与賊倶生之意。乗其大忿、以厲吾軍、則人人争先死敵之勢、自不可禦。彼雖恃衆、何可畏焉。

（某惶懼して稟聞するに、塩城両日当に端報有るべしと。此の邑既に此の賊の為に抄定せらるは、決して口舌の能く挽回する所には非ず。……聞くに今駸駸と通・泰を窺伺するの意有りと。……若し更に絃を改め轍を易え、其れを名づけて賊と為し、諸将を関集し、各おの大軍を整え、以て往きてこれに臨まざれば、彼れ復た何ぞ顧忌所ありて、甘心して退聴せんや。況んや近辺の守臣は二趙の如く、東淮の諸将は卞整・丁勝の如く、射陽湖の頭首は范勝・□邦緒の如く、皆な誓いて賊と倶に生きざるの意有るをや。其の大忿に乗じ、以て吾が軍を厲ませば、則ち人人の先を争いて死敵するの勢、自ずから禦すべからず。彼衆を恃むと雖も、何をか畏るるべけんや。）

参知政事葛洪は塩城県を占領し通州・泰州をうかがう李全を賊と定め、趙范・趙葵（「二趙」）・卞整らに討伐させるように史彌遠（「廟堂」）に請願したのであった。①の事件で執政たちが行った上奏と同じく、趙范・趙葵の起用が唱えられていることは重視されよう。塩城県が陥落したのは紹定三年（一二三〇）八月十一日で[21]、葛洪は右の中略部分で「淮東の塩課」にかかわる「客販」が一月前より減少したことを問題視しているから[22]、この箚子は九月頃に提示されたものと推定される。葛洪は①の上奏の二ヵ月前に、史彌遠に対して全く同じ内容の提言を行っていたのであった。

このほか簽書枢密院事鄭清之は史彌遠に宛てた書簡において、李全の罪を強く主張し[23]、権工部尚書范楷も李全討伐を史彌遠への書簡で主張していた[24]。また同知枢密院事袁韶も史彌遠に面会して李全討伐を主張し、卞整・崔福の起用を進言したとされる[25]。卞整の名は葛洪も挙げていたから、袁韶・葛洪は同様の政見を持っていたことになる。つまりこれらの事例は当時の執政官・大臣の多くが八月に生じた李全問題を危惧し、九月頃から史彌遠に対して李全討伐を水面下で求めていたことを意味する。その後、十一月頃には執政官全員が葛洪の政見を支持するようになっていた。ところが史彌遠が執政官・大臣の提言を受け入れないうちに事態は進み、十一月十二日には泰州が攻撃されてしまう。

かかる緊迫した情勢のなか、史彌遠の説得に失敗した執政官たちは共同での上奏に踏み切り、理宗を動かして史彌遠を翻意させようとした。こうして引き起こされたのが①の事件であったと考えられよう。

理宗の意思決定を史彌遠が追認したという①の事実経過のみに着目すれば、確かに寺地遵氏がいうように、理宗が主体的に史彌遠を排斥したものと見ることも可能であろう。しかし以上見てきたように、①の事件は史彌遠に対して李全討伐を求めていた当時の執政官たちの動きの結果生じたものであった。当時執政官を務めた人物のうち、葛洪は史彌遠の弟史彌堅の推挙を受けたとされるほか[26]、薛極・袁韶・鄭清之はいずれも史彌遠の腹心として知られる人物であり[27]、李全問題以外で史彌遠と対立した形跡は見いだされない。また李全問題の収束後、李全討伐を主張した葛洪・袁韶が罷免されるなど[28]、政権内における史彌遠の優位にも変化はなかったように思える。李全問題をめぐる政権内部の対立は権力闘争というよりは、非常事態に対処するための政策論争であったと考えるべきであろう。理宗はそうした非常時において、史彌遠を説得するためのいわば最後の手段として執政官たちに担ぎ出されたに過ぎなかったのである。これをもって李全討伐の決定を、史彌遠に対する理宗の政変であったと見なすことは困難であろう。

以上本節では、寺地遵氏が挙げた史彌遠没落説の論拠のうち、本節冒頭で掲げた（1）李全討伐の決定過程を再検討し、同説の妥当性に疑義を呈した。しかし本節での議論を立証するためには、寺地氏が史彌遠没落説のもう一つの論拠として挙げていた（2）十日一赴詔の発布についても検証する必要がある。節を改めて検討することにしたい。

第二節　紹定三年（一二三〇）以降の南宋官界と史彌遠政権

前節で見たように、寺地遵氏は紹定三年（一二三〇）十二月八日（『宋史全文』巻三一では七日）に十日一赴詔が発布されたことを、史彌遠没落説の論拠の一つとしていた。寺地氏によれば、十日一赴詔は史彌遠を政権内から完全に追放するものではなかったとしても、国家意思決定の場に史彌遠が常時必要ではないことを理宗が表明した「お役御免の申し渡し」であったというのである(29)。

寺地氏の見解が正しければ、史彌遠は紹定三年（一二三〇）十二月以降、出仕を減ぜられたことによって影響力を喪失したことになる。しかし史彌遠はそれ以前にすでに病を理由に朝廷への出仕を減少させていた。すなわち『宋季三朝政要』には同年九月に史彌遠が「臥病」したとあり(30)、さらに『宋史』李全伝下には十一月のこととして「時に彌遠多く在告す」とある(31)。史彌遠の出仕の減少は、必ずしも十日一赴詔の発布によって引き起こされたわけではなかったのであった。寺地氏の所論の当否については、朝廷への出仕の減少が本当に史彌遠の政治的没落をもたらしたのか否かを明らかにしたうえで論じられる必要があるといえよう。『四明文献』史彌遠所収「宋張端義奏議」には次のようにある。

宋張端義奏議曰、臣窃見、故相史彌遠、積威震主、黷貨蠹民、自恃擁立之功、陰為跋扈之態。……自庚寅称疾不朝、閉政事堂者五年、移枢密院于私［室］、［日］在気息奄奄之中、尚開売官鬻爵之事。

（宋の張端義の奏議に曰く、臣窃かに見るに、故相史彌遠、積威は主を震わせ、黷貨は民を蠹ない、自ら擁立の功を恃み、陰かに跋扈の態を為す。……庚寅自り疾を称して朝せず、政事堂を閉じること五年、枢密院を私室に移し、日び気息奄奄の中に在りて、尚お売官鬻爵の事を開く。）

これは『貴耳集』の著者としても知られる張端義が、端平元年（一二三四）に提示した上奏を伝えたものである。張端義は下級官僚であったが学者や詩人として著名な人物であった。これによると史彌遠は擁立の功績を恃んで権力を壟断し、「庚寅」すなわち紹定三年（一二三〇）以降、病を理由に朝廷に出仕せず、五年にわたって都堂（＝「政事堂」）

を閉鎖し、枢密院を私室に移してなおも「売官鬻爵の事」を行ったという。問題となるのは「枢密院を私室に移し」たとの一文であろう。約園刊本は「私室」を「私第」とするが、[32]いずれにせよ軍政の最高機関である枢密院が宰相の邸宅に移されたとは考えにくい。ここで想起されるのが、平章軍国事韓侂冑が枢密院機速房を「私第」に設けた寧宗朝時代の事例であろう。[33]枢密院機速房は辺防に関する重要文書を司る枢密院下属の部局であった。紹定三年（一二三〇）以降、史彌遠は韓侂冑の前例を踏襲し、枢密院文書行政にかかわる何らかの部局を自邸に設けたものと推測されよう。右史料の続きの部分には「辺報繹騒するも、共政の臣、知るに及ばざる者有り」[34]とあって、史彌遠が執政官すら知らない前線からの報告を把握していたとあるのは恐らくこれが原因ではなかったかと思われる。

また同じく右史料の続きの部分に、「箚の通簽紙尾の押は、悉く預請に従う」[35]とあることも注目される。『鶴山文集』巻一八、奏議「応詔封事」には、これと関連する次のような記事がある。

必者矣。

其有事関機速、則上不伺奏稟、下不俟勘当、而有云尚先行者矣。凡所謂奉聖旨依、奉聖旨不允、有未嘗将上、先出省箚者矣。有予取空頭省箚、執政皆先僉押、納之相府、而臨期書塡者矣。有疾病所撓、書押之真偽、不可得而必者矣。

（其の事の機速に関わる有れば、則ち上は奏稟を伺わず、下は勘当を俟たずして、尚先行と云う者有り。凡そ所謂聖旨を奉ずるに依れ、聖旨を奉ずるに允さずとあるは、未だ嘗て将上せず、先に省箚を出だす者有り。予め空頭の省箚を取り、執政皆な先に僉押し、これを相府に納めて、期に臨みて書塡する者有り。疾病の撓む所なるも、書押の真偽は、得て必するべからざる者有り。）

これは端平元年（一二三四）に提示された上奏である。冒頭によると、史彌遠政権時代には尚書省が機密緊急のことを上下に諮らないで処理する、「尚先行」なる方法が用いられたという。劉克荘が「天下の事、皆な尚書に上りて裁決し、而して後に奏御画旨す。これを尚先行と謂い、習いて以て常と為す」[36]と説明しているように、「尚先行」とは尚書省に上呈された案件を、皇帝の許可を待たずに裁決することであった。右史料に聖旨を受けていなくても受けたと称して省箚を出したとあるのはこのことであろう。さらに後段には、その省箚も執政が署名したものがあらかじめ史彌遠の邸宅（「相府」）に納められ、それが便宜にしたがって用いられた。史彌遠が病で弱っていたとしても、署名の真偽は判別しようがなかったともある。史彌遠の病が問題とされていることから、右史料は紹定三年（一二三〇）以降の状況を述べたものと判断される。

このように十日一赴詔が下された紹定三年（一二三〇）以降において、史彌遠は朝廷に出仕せずとも自邸に居ながら前線の情報を把握できただけなく、あらかじめ自邸に納められた省箚を用いることで国家意思の決定をも左右することができたのであった。ここで想起されるのが、いわゆる「専権宰相」の居宅が「皇城とは異なるもう一つの主要政治空間を構成」していたと論じた平田茂樹氏の指摘である。[37]「政治空間」とは政治の主体となる人々によって政治意思が形成される「場」のことであるという。『四明文献』史彌遠所収「宋張端義奏議」には、史彌遠政権時代の官界の様子が次のように描かれている。

監司郡主之朝辞、比(此)人主臨軒親遣之制、私為沮格、不容一至殿廷。即降任満奏事之旨、及趦趄相府、動渉半年、必候見而去、使陛下不得以申戒諭之令。取詔(承)群臣之到閣、此人主詢求民瘼之時、未進入国門、状未経閤門放見、軽車潜入、径謁相府、得賄進擬、売弄除目、使陛下不得以示予奪之公。

（監司郡主の朝辞するは、此れ人主臨軒し親ら遣わすの制なるも、私かに沮格せられ、一も殿廷に至るを容れず。即え任満すれば奏事せよの旨を降せども、相府に趦趄すること、動もすれば半年に渉り、必ず見ゆるを候ちて去かんとするに及べば、陛下をして以て戒諭の令を申するを得ざらしむ。承詔の群臣の到閣するは、此れ人主の民瘼を詢求するの時なれども、未だ国門に進入せず、状は未だ閤門の放見を経ざるに、軽車もて潜入し、径ちに相府に謁し、賂して進擬し、除目を売弄するを得るは、陛下をして以て予奪の公を示すを得ざらしむ。）

外任に出る監司・知州は皇帝への挨拶は行わないにもかかわらず、必ず「相府」で史彌遠に目通りしてから任地に赴こうとした。また地方から召喚された官僚たちも、皇帝への入見手続きをとる前に密かに「相府」で史彌遠に面会し、贈賄して人事を左右してもらっていたという。史彌遠の邸宅（「相府」）が一つの「主要政治空間」として機能していたことが分かる。史彌遠は病に倒れてからは客にあまり会わなかったが、その間は子の史宅之が人事の草案を作成すること、あたかも蔡京の子蔡絛のようであったというから[38]、右のような状況は紹定三年（一二三〇）以降も大きな変化はなかったものと考えられよう。また南宋時代の文書行政ではたとえ宰相が病気療養中であっても、存命・在職している限り人事の進擬権は宰相のみに認められたとする清水浩一郎氏の指摘もある[39]。史彌遠は朝廷に出仕せずとも、官僚機構を統御することが可能だったのである。

ところで史彌遠が十日に一度しか朝廷に出仕せず、ほとんど自邸から動くことがなかったとすれば、史彌遠と理宗とが面会する機会は著しく減少せざるをえなかったろう。それでは史彌遠はいかにして理宗からの信任を維持したのであろうか。同じく『四明文献』史彌遠所収「宋張端義奏議」には次のようにある。

去冬太后属疾、正陛下問安嘗薬、衣不解帯之時、遺詔将下、遽有冊妃之命。上累［聖徳］、下駭群聴。是豈陛下之初意哉。天下咸知、彌遠慮宮闈［鮮内］助、仮此以覘陛下之起居、迎合上意、以固其寵、掩蔽聡明、以済其姦識者。

（去冬太后属疾し、正に陛下問安嘗薬し、衣は帯を解かざるの時、遺詔将に下らんとするに、遽かに妃を冊するの命有り。上は聖徳を累わし、下は群聴を駭かす。是れ豈に陛下の初意ならんや。天下咸な知る、彌遠宮闈の内助し、此れに仮りて以て陛下の起居を覘き、上の意に迎合し、以て其の寵を固め、聡明を掩蔽し、以て其の姦識を済すこと鮮きを慮るを。）

紹定五年（一二三二）冬、皇太后楊氏（「太后」）が臨終を迎え、いよいよ遺詔が下されようとしていた際、にわかに貴妃冊立の命が下された。天下の人々は驚きながらも、この命が理宗の考えから出されたわけではないことを知っていた。史彌遠は楊氏を通じて理宗の動向を知り、理宗の意に迎合することで信任を強固なものにしていた。貴妃冊立の命令は宮中からの内助を失うことを恐れた史彌遠の意思によって下されたのだという。既述のように理宗は皇子趙竑を排斥して即位したが、その即位を決定づけた人物こそが皇太后楊氏であった。別の史料によると、理宗は皇太后楊氏が垂簾聴政を取りやめたあとも、内廷のことを取り決める際や、外廷にかかわる何らかの文書を発行する際は、必ず事前に楊氏に申し上げていたという。[40] 皇太后楊氏の存命中、理宗がきわめて強い制約のもとで政治を行っていたことが分かる。史彌遠はそうした楊氏と密接に結びつき、[41] 楊氏は史彌遠が没する一年前まで存命していたのであった。

また右の史料において、楊氏死去の直前に史彌遠の意向によって立てられたとされていた貴妃とは、理宗から寵愛を受けたことで知られる賈氏のことである。実はこの貴妃賈氏と史彌遠の間にも深い関係が認められる。寧宗朝時代に淮東制置使として活躍した賈渉には正妻の史氏と、妾の胡氏がいたとされる。何忠礼氏によると、賈渉と史氏の間に生まれた女子が貴妃賈氏であり、賈渉と胡氏の間に生まれた男子が南宋末期の宰相賈似道であった。[42] 賈似道にとって史氏は義母であったことになるが、この史氏は本書第八章で指摘したように、実は史彌遠の兄史彌正の孫女なのであった。[43] これまで全く看過されてきた事実ではあるが、貴妃賈氏は史彌遠と同じ四明史氏の血を引く女子だったのである。

このように史彌遠は十日一赴詔が発布された紹定三年（一二三〇）以降においても、自邸から問題なく政治を主導できたうえに、同五年（一二三二）までは皇太后楊氏、それ以降は貴妃賈氏という有力な支援者を宮中に擁していたのであった。たとえ朝廷への出仕が減少したとしても、そのことが史彌遠の政権運営にただちに深刻な影響を与えたとは考えにくいであろう。このことは同時代人の認識からもうかがわれる。例えば魏了翁は晩年の史彌遠を「乃ち近歳自り養疴して出でず、視いて常事と為」したと批判し[44]、張端義もまた「既に朝せざるを以て非と為さず、国に大喪有るも、又た能わざるを以て慢と為さず」と述べ、朝廷にも皇太后の葬儀にも顔を出さない史彌遠を「累年の臥相」と非難していた[45]。史彌遠が朝廷に出仕しなかったこと自体が、その不遜さを示す行為として批判の的になっていたのである。史彌遠没落説との間に認識の大きな落差があることは明らかであろう。むしろ魏了翁の上奏に「遂に事を房闥に決し、権を牀第に操り、人其の存亡を知る莫きに至る」とあり[46]、史彌忠の筆になる史彌遠の祭文に「病もて朝する能わざれば、第に就きて諮詢す」とあることからすれば[47]、十日一赴詔とは史彌遠が自邸で政務をとることを理宗が容認した、いわばお墨付きだったのではないかと思われるのである。

李全問題の発生が史彌遠の対外政策の失敗を意味した以上、その政治的な威信にある程度陰りが出るのは避けられなかったと思われる。しかし右の諸史料は、そのことがただちに史彌遠の没落にはつながらなかったことを示す。そもそも史彌遠は朝政を専断したとはされるものの、その実態は理宗が行政・軍政の差配を史彌遠に委ねていたというに過ぎず、理宗の君主権を脅かすようなものではなかったといえる。しかも史彌遠は李全問題を除けば、国内外の政治問題への対応にはおおむね成功していた。理宗にしてみれば、自らを擁立した恩人であり、しかも自らの即位を認めた皇太后楊氏とつながりのある史彌遠を排斥して宮中に波風を立てるよりは、史彌遠に政務の処理を全面的に委ねる方が現実的だったのであろう。通説がいうように、紹定六年（一二三三）に史彌遠が没するまで、史彌遠が朝政を壟断する状況は維持されたと見なすべきである。ただし理宗の親政が史彌遠没後ただちに成立したと見なす通説には疑問を呈せざるをえない。引き続き検討したい。

第三節　嘉熙元年（一二三七）「即位事始」の上呈

史彌遠死去の四年後の嘉熙元年（一二三七）二月十一日、南宋において「即位事始」なる文書の存在が明らかにされた。『宋史全文』巻三三、宋理宗三、嘉熙元年二月癸巳条には次のようにある。

詔故参知政事宣繒贈太師、謚忠靖。子璧服闋日、与職事官。以嘗預定策元勲。又詔、繒宝慶初元所進朕即位事始、悉本先帝遺訓。可宣付史館。

（詔するに故参知政事宣繒に太師を贈り、忠靖と謚す。子の璧の服闋の日、職事官を与えよと。嘗て定策に預かる元勲なるを以てなり。又た詔するに、繒の宝慶の初めに元進むる所の朕の即位事始は、悉く先帝の遺訓に本づく。史館に宣付すべしと。）

前年十二月に死去した参知政事宣繒は理宗即位の際に功績があったため、宣繒と子の宣璧に恩典を与えることが決められた。さらに詔が下され、宣繒が宝慶元年（一二二五）に上呈した「即位事始」は寧宗の遺訓に基づいた文書であることを理由に、史館に送ることが命じられたのであった。この「即位事始」の上呈こそは、次節で見る端平三年（一二三六）九月の政変と密接なつながりを持つ事件であった。本節では「即位事始」の上呈がいかなる意味を持つ事件だったのかについて検討する。

それでは「即位事始」とはいかなる文書だったのか。文書は現存しないが、その概要をうかがうことは可能である。『宋史全文』巻三一、宋理宗一、嘉定十七年正月条には、寧宗が皇子趙竑の素行の悪さを憂慮し、宰執たちに皇姪趙貴誠、すなわち理宗を後継者とすることを諮り、宰執たちが慎重に行うように進言したことが見え、[48] さらに八月丙戌条に次のようにある。

　寧宗違豫。壬辰、召右丞相彌遠・参知政事宣繒・簽書枢密院事薛極入禁中、寧宗頷使前曰、疾已不可為。朕前与卿議立皇姪、宜亟行之。

（寧宗違豫す。壬辰、右丞相彌遠・参知政事宣繒・簽書枢密院事薛極を召して禁中に入らしめ、寧宗頷きて前ましめて曰く、疾已に為すべからず。朕前に卿と皇姪を立てんことを議すは、宜しく亟やかにこれを行うべしと。）

嘉定十七年（一二二四）八月二十七日、病に倒れた寧宗は右丞相史彌遠・参知政事宣繒・簽書枢密院事薛極を宮中に召し、理宗を後継者とするように命じたという。この続きの部分にはまもなく寧宗が死去し、遺詔によって理宗が皇子に立てられ即位したことが記される。[49]

　すでに述べたように、史彌遠主導のもとで行われた理宗の擁立は、皇子趙竑を排斥するなどきわめて強引なものであったとされる。ところが右史料には、理宗の即位が寧宗の意向に基づいて、複数の宰執の主導のもと平穏裡に行われたことが述べられている。これに対して清・畢沅『続資治通鑑』巻一六九、嘉熙元年二月癸巳条は、前掲した『宋史全文』巻三三の同日条を引用し、その後段の「考異」で次のように論じている。

　宣繒為史彌遠之党、其所進即位事始、蓋曲為彌遠諱也。……蓋彌遠以私意擅行廃立、又使其党飾為此説以欺人。当日宣付史館、即此誣飾之詞也。今不取。

（宣繒は史彌遠の党為れば、其の進むる所の即位事始、蓋し曲げて彌遠の為に諱むものなり。……蓋し彌遠私意を以て擅に廃立を行い、又た其の党をして飾りて此の説を為し以て人を欺かしむ。当日史館に宣付するは、即ち此の誣飾の詞なり。今取らず。）

右の「……」の中略箇所には、先に見た『宋史全文』巻三一、宋理宗一、嘉定十七年正月条と八月条（以下、両条をあわせて嘉定十七年条と称す）が挿入される。これによると史彌遠の党派であった宣繒が上呈した「即位事始」は、史彌遠のために曲筆されたものであった。個人的な思惑から皇子の廃立を行った史彌遠は、それを糊塗するために自らの党派に「此の説」、すなわち嘉定十七年条を作らせた。嘉熙元年（一二三七）二月十一日（「当日」）に史館に送られた「即位事始」とは、「此の誣飾の詞」であったという。つまり畢沅は嘉定十七年条に記された理宗の即位事情こそが、宣繒が上呈した「即位事始」の記述を伝えたものと推測したのである。

近年の研究によると、『宋史全文』の理宗朝部分には当時の官制史料の原貌が色濃く残されているという。(50) 先に見たように「即位事始」が史館に送られていたことを勘案すると、畢沅の推測には一定の妥当性が認められる。この点において『四明文献』鄭清之所収、奏劄、鄭清之「乞将史衛王配享寧宗〈淳熙（祐）十年十月〉」の記述は注目される。(51)

①臣自聆彌遠浄慈仏閣之言、横経潜邸、日夜兢業、惟恐于魔寐間泄之。況是時臣与済府講官盧子章並居、臣恐其密有啓白、俾臣男易服、来往于済門之外、伺察動静。忽以赫蹏報済、将入禁中、已促前馬矣。彌遠亟遣人諭、以朝廷方挙行奏告礼、不宜深夜駭驚観聴。済乃掩関就寝、彌遠始獲一意区処。……暁鐘動、彌遠趨朝如常時、密疏椒集（禁）禁、乞于簾前有所陳説。既見、力請舎昏立明、以決大計。慈聖答曰、此先帝素志也。②当時簾前所奏之語、臣嘗見彌遠録本、自合進呈、付之史館、而彌遠以言功為嫌、止蔵于家。臣端平去国、乃有忌賢嫉功之相、誘他執政子、鑿空傅会、妄飾甌函、夤縁以進。而宿姦詭智、又為之羽翼、誣言簧鼓。聖聴雖脱、一時之褒贈、不顧百世之是非、亟取正史、勒之事実、帰功政地、使彌遠若無預者。臣嘗観時政記、無一語及当日事、為之短気払膺、而衛冠也。……代邸一節、在下者独彌遠・宅之与臣［父子］知之。而謂執政先時与聞者、実為欺天罔人之説。（丸数字は筆者加筆、史料中の「聖聴雖脱」は誤りと思われるため、書き下しでは「聖聴雖聡」に改めて訓ずる）

（①臣彌遠の浄慈仏閣の言を聆きて自り、潜邸に横経し、日夜兢業するも、惟だ魔寐の間にこれを泄らすを恐るるのみ。況んや是の時臣と済府の講官盧子章とは並居すれば、臣其の密かに啓白する有るを恐れ、臣男をして服を易え、済門の外に来往し、動静を伺察せしむ。忽ち赫蹏を以て済に報ずるあり、将に禁中に入らんとし、已に前馬を促す。彌遠亟かに人を遣わして諭すに、朝廷方に奏告の礼を挙行せんとすれば、宜しく深夜に観聴を驚駭せしめるべからざるを以てす。済乃ち掩関就寝し、彌遠始めて一意区処するを獲。……暁鐘動き、彌遠朝に趨くこと常時の如くし、椒禁に密疏し、簾前に于いて陳説する所有るを乞う。既に見え、力めて昏を舍て明を立てんことを請い、以て大計を決す。慈聖答えて曰く、此れ先帝の素志なりと。②当時簾前に奏する所の語、臣嘗て彌遠の録本を見るに、自ずから合に進呈し、これを史館に付すべきも、而るに彌遠功を言うを以て嫌と為し、止だ家に蔵するのみ。臣端平に国を去り、乃ち賢を忌み功を嫉むの相有り、他の執政の子を誘い、鑿空傅会し、妄りに甌函を飾り、夤縁して以て進む。而して宿姦詭智、又たこれが羽翼と為り、誣言簧鼓す。聖聴聡なると雖も、一時の褒贈、百世の是非を顧みず、亟かに正史に取り、これを事実に勒み、功を政地に帰し、彌遠をして預かる無き者の若からしむ。臣嘗て時政記を観るに、一語も当日の事に及ぶ無ければ、これが為に短気払膺して、冠を衝くなり。……代邸の一節は、下に在る者は独だ彌遠・宅之と臣父子これを知るのみ。而して執政の先時与聞すると謂うは、実に天を欺き人を罔みするの説為り。）

これは淳祐十年（一二五〇）十月に左丞相兼枢密使鄭清之が、史彌遠を寧宗の功臣として太廟に祭ることを請願した文章である。第一節でも名前が挙がったが、鄭清之は史彌遠と同じ明州慶元府（現在の浙江省寧波市）出身で、皇姪時代の理宗に学問を教授した人物であった。前述したように史彌遠の腹心であったとされ、また四明史氏と姻戚関係を結んでもいた。[52] 理宗即位後の紹定元年（一二二八）に執政官となり、史彌遠が没した紹定六年（一二三三）に宰相となった。

まず①部分で鄭清之は、理宗の即位にあたって自分と史彌遠とが尽力したことを主張する。すなわち理宗擁立の際、鄭清之は息子の鄭士昌（「臣男」）を皇子趙竑の邸宅（「済府」）に行かせて偵察させた。寧宗の訃報を聞いた趙竑が禁中に赴こうとすると、史彌遠は人々を驚かせてはならないと趙竑を諭して制止し、その隙に理宗擁立の計画を進めた。夜が明けて史彌遠が皇太后楊氏に「昏を舎て明を立て、以て大計を決」するように上奏し、楊氏が「此れ先帝の素志なり」と述べたことで、理宗の即位が決められたという。前掲した嘉定十七年条の記述と異なり、理宗の即位が趙竑との激しい競争の末に実現したことが暴露されているのである。

次に②部分では、史彌遠が皇太后楊氏に提示した上奏の副本は上呈して史館に送るべきであったが、史彌遠は功績を言うことを忌避して家に所蔵した。端平三年（一二三六）に鄭清之が失脚すると、左丞相兼枢密使喬行簡（「忌賢嫉功之相」）は、宣繒の子宣璧（「他執政子」）に「即位事始」（「匭函」）を上呈させて公式の記録としたが、そこには史彌遠の理宗擁立の功績は記されていなかった。鄭清之は時政記に理宗即位時のことが書かれていないことに激怒し、理宗擁立に関与したのは史彌遠・史宅之と鄭清之・鄭士昌だけであり、宣繒（「執政」）が当初から関与していたというのは虚妄だと主張したのである。「即位事始」には宣繒が事前に理宗擁立に関与したように描かれていたことになるが、これは嘉定十七年条の内容と合致する。「即位事始」の内容に関する限り、畢沅の推測は正しかったといえるであろう。

さて右史料で注意すべきは、「即位事始」の上呈が持つ政治的な意味について、畢沅の推測とは異なる主張がなされていたことである。すでに見たように畢沅は、史彌遠が自らの廃立の罪を糊塗するために、自派の宣繒に宝慶元年（一二二五）に「即位事始」を上呈させたと理解していた。ところが鄭清之は「即位事始」が喬行簡の働きかけによって嘉熙元年（一二三七）に初めて上呈されたこと、および「即位事始」上呈の目的は理宗を擁立した史彌遠の功績を奪うことにあったと主張したのである。「即位事始」上呈の背景に何らかの政治的な事情があったことを示唆するが、とりわけ後者の主張はその手がかりとして注目される。鄭清之によれば、「即位事始」には史彌遠があたかも理宗擁立に関与しなかったかのように描かれていたという。前掲した嘉定十七年条、すなわち「即位事始」には史彌遠が擁立を首謀したとは確かに記されていなかった。しかし宰執三人が協力して理宗擁立を推進したというその文脈からすれば、当時宰執のトップであった史彌遠に理宗擁立の最大の功績が帰せられることに変更はなかったはずである。淳祐十二年（一二五二）に立てられた史彌遠の神道碑に、理宗が自らを擁立した史彌遠の功績を特筆していることはその証左であるといえる。(53)

それでは鄭清之は「即位事始」の何に不満を持ったのであろうか。右の上奏では、理宗擁立に関与した人物として、史彌遠父子とともに鄭清之父子の名前も挙げられていた。ところが嘉定十七年条、すなわち「即位事始」には、鄭清之が理宗擁立に関与したとの記述は見られなかった。これは理宗即位時の鄭清之の官位に原因がある。嘉定十七年（一二二四）当時、鄭清之は魏恵憲王府教授を兼任して皇姪時代の理宗に学問を教授していたが、その職事官は従八品の太学博士に過ぎなかった。理宗の即位が穏当なものであったとすれば、理宗擁立の功績は当時の宰執だけのものとなり、下級官僚であった鄭清之の関与は認められなくなってしまう。「即位事始」の上呈によって理宗擁立の功績を奪われたのは史彌遠ではなく、鄭清之自身であったと考えられるのである。鄭清之が「即位事始」に不満を持った理由はここに求められよう。鄭清之の上奏によれば、「即位事始」上呈の背後には左丞相兼枢密使喬行簡の策動があった。

先学によると、南宋朝廷では端平二年（一二三五）から同三年（一二三六）にかけて、鄭清之と喬行簡による政争が行われたという。[54]「即位事始」が喬行簡の働きかけによって上呈されたとすれば、そこに当時の政局が反映された可能性は高いといえる。「即位事始」が上呈された理由については、鄭清之・喬行簡の対立がいかなるものであったのかを明らかにしたうえで検討する必要があると考えられるのである。

第四節　端平三年（一二三六）九月の政変とその政治史的意義

鄭清之と喬行簡の対立の原因は、「端平入洛」後の対モンゴル政策をめぐる理宗・鄭清之・喬行簡の思惑の違いに求められるように思われる。「端平入洛」とは南宋が端平元年（一二三四）六月に金滅亡後の河南をモンゴルから奪回するために出兵した事件である。このとき華北奪回に意欲を持っていた理宗は、この出兵計画に賛意を示した。[55]鄭清之は前年十月の史彌遠の死去と前後して右丞相兼枢密使に任ぜられて独員宰相を務め、喬行簡は参知政事兼同知枢密院事として執政官の立場にあった。ところが河南への出兵計画が議論されると、鄭清之がこれを積極的に主導したのに対し、喬行簡は国力不足と国内不安とを理由に出兵に反対した。[56]喬行簡は婺州（現在の浙江省金華市）出身で呂祖謙に師事し、[57]史彌堅に推挙されてその兄史彌遠の腹心と目されるに至った人物であった。[58]鄭清之と喬行簡はいずれも史彌遠の党派であったといえるが、[59]ここにおいて二人は対モンゴル政策をめぐって対立した。さらに同年八月に南宋軍がモンゴル軍に大敗し、出兵が失敗したことでその善後策が問題化したのである。

鄭清之と喬行簡の対立を考えるうえで重要となるのが京湖安撫制置使兼刑部侍郎であった史嵩之の動向である。史嵩之は史彌遠の族姪に当たる人物で、同年正月にモンゴル軍との共同作戦を指揮して金を滅ぼす大功を立て、その後は独自にモンゴルとの和平を模索していた。[60]そのため江淮制置使趙范とその弟の淮東制置使趙葵が河南への出兵計画を発議すると、史嵩之は強硬に反対した。鄭清之は趙氏兄弟に学問を教授した過去があり、鄭・趙は互いに親密な関係を築いていた[61]。史嵩之が趙氏兄弟と対立したことは、そのまま史嵩之と鄭清之の関係をも破綻させたようである。「端平入洛」が失敗に終わると同年九月に史嵩之は罷免され、替わって趙范が京湖安撫制置使に任命されたのであった。これによって鄭清之・趙氏兄弟と史嵩之は深く対立することになったのである[62]。

さて「端平入洛」の失敗後、史嵩之が進めていたモンゴルとの和議が大きな意味を持った。史嵩之が紹定六年（一二三三）六月にモンゴルに派遣した使者が、端平元年（一二三四）七月に王檝なるモンゴルからの和平の使者をともなって帰国したのである。南宋朝廷ではこの和議にどう対応するかが議論された。それでは鄭清之は和議についてどのような考えを持っていたのか。林希逸は鄭清之の文集の序文に「和使往来し、国是未だ一ならず。公条して間甚せられるも、迄には蓍亀の如し[63]」と記し、方大琮は淳祐四年（一二四六）に鄭清之に宛てた書簡で「向には先生、本朝立国の太弱なるを念い、和を主せず、独だ事機の遂げざるに乗じ、反って江沱に宴安する者をして以て藉口するを得さしむのみ[64]」と述べていた。さらに南宋朝廷で王檝への対応が議論されたのと同時期に、趙氏兄弟が河南への再出兵を求めていたことを伝える史料もある[65]。鄭清之はモンゴルに対する強硬論を崩していなかったのである。

これに対して強硬論に批判的であったのが喬行簡であった。喬行簡は河南出兵の失敗後、「戦守の備」の充実に専心するよう主張し、ある者が再び「進取の計」を唱えるとこれに反対したという[66]。ある者とは趙氏兄弟でなければ鄭清之のことであろう。しかも喬行簡はどうやら和議に積極的であった。例えば、殿中侍御史王遂は史嵩之を弾劾し、王檝を都に入れてはならないと主張するとともに、喬行簡に祠禄官を与えることを請願していた[67]。また方大琮は鄭清之失脚後に「本朝の立国素より弱ければ、盛時と雖も戎と和するを免れず。況んや今をや[68]」と喬行簡に書き送り、その和平政策に理解を示していた。喬行簡は和議を進めつつ国防体制の整備を行うことを目指していたものと考えられよう。なお史嵩之も和議を主張しつつも、理宗に引見された際に和議のみに依拠することの不可を論じ[69]、史嵩之の議論を邸報で読んだ方岳は、史嵩之が単に和議に依拠しようとしている者ではなく、「戦守の慮を為」す者であると歎じたというから[70]、喬行簡と史嵩之はほぼ同様の政見を持っていたことになる。

このように王檝来訪後の南宋朝廷では、鄭清之が唱える強硬論と喬行簡が唱える和平論とが並存していたが、最終的には和議が進められることになったようである。その原因は「帝師潰してより、始めて嵩之の言を用いざるを悔ゆ」[71]とある理宗の心境の変化に求められよう。もともと強硬論を支持していた理宗は、和議が問題化した端平元年（一二三四）十月から翌年正月にかけて、官僚たちに和議の是非やモンゴルの使者への儀礼・待遇について尋ねていた[72]。またのちに都督府参議官丁仁は、史嵩之が和議を主張した理由を理宗の意向に求めていたという[73]。理宗は「端平入洛」後、次第に史嵩之が唱えた和平論に傾斜していったのである。恐らく理宗が和議を唱える喬行簡を支持したため、鄭清之も表面上それに従わざるをえなくなったのであろう[74]。端平元年（一二三四）十二月に王檝は理宗との謁見を果たして帰途につき、翌月には南宋からもモンゴルに通好使が派遣されたのであった。この和議をモンゴル側の策略と見なす研究もあるが[75]、南宋側がこの和議をどう認識していたのかはまた別の問題である。礼部尚書魏了翁の端平二年（一二三五）六月の上奏には、「比ごろ海州棄師するを以て、嘗て孟珙をしてこれを王檝に言い、檝これを倴盞に言い、各おの信義を守り、干戈を動かす毋からしむ。彼嘗て退聴す[76]」とある。同年正月にモンゴルが起こした軍事行動に南宋側が抗議したところ、タガチャル（塔察児、倴盞は別名）は兵を引いたという。侍御史李鳴復のほぼ同時期の上奏にも、「蔡・息の師、忽爾として斂去し、徐・邳の寇、翻然として退休す。或いは謂う、倴盞実に之を為す、此れ和の小験なりと[77]」とあるから、南宋政府はタガチャルの動きに和議の手応えを感じていたのである。

かかる状況のなかで同年六月に鄭清之が左丞相兼枢密使に、喬行簡が右丞相兼枢密使に任ぜられた。この人事は理宗の独断によって行われたという。[78] この並相体制の発足後、まもなく鄭清之と喬行簡の不和が問題化したが、秘書省正字王邁の上奏に「明には明の党有り、其の右を攻める所以は至らざる無く、婺には婺の党有り、其の左を毀る所以は力めざる無し」[79]とあるように、両者の対立はもはや政策論争ではなく、二つの党派が互いを排斥し合う権力闘争になっていた。問題となるのは、理宗がこの権力闘争に積極的に介入していたことであろう。理宗は喬行簡を右丞相に任じたあと、御筆で袁韶に在京宮観を与えることを命じ、[80] さらには史嵩之の再起用をも試みていた。[81] 袁韶は喬行簡に近い立場にあったらしく、当時の人々は袁韶が用いられれば鄭清之は失脚すると見ていたという。[82] また史嵩之は鄭清之と対立していたうえに、[83] このとき江西安撫使の任にあってなおも和議を主張していた。[84] 当時の呉昌裔の上奏には理宗と一～二人の「大臣」が史嵩之を用いようとしたことが指摘されているが、[85] その「大臣」の一人は喬行簡のことであろう。理宗はタガチャルの動きから和議の実効性を確信し、和議をさらに進めるためにこれら一連の人事を行ったものと推測されるのである。

しかしそうした理宗の意図は容易に実現しなかった。袁韶・史嵩之の起用は、鄭清之に近かったと思しき秘書省正字王邁・殿中侍御史王遂らの反対によって阻まれたのである。[86] 加えてこのとき地方では史嵩之の元部下の淮西制置副使楊恢と侍衛馬軍行司馬事孟珙が和平を主張していたが、[87] 恐らくこれによって楊恢は京湖安撫制置使趙范と対立し、その対立は端平二年（一二三五）閏七月には深刻なものになっていたらしい。[88] 翌年正月には尤焴が淮西制置（恐らくは副使）の任にあったことが確認できるから、[89] 楊恢はそれ以前に罷免されたのであろう。楊恢の後任の尤焴は、趙范・趙葵と並ぶ強硬論者として知られていた。[90] 廖寅氏によると、鄭清之は南宋官界で強い力を持っていた明州人の政治的・社会的資産を史彌遠から継承していたという。[91] また鄭清之は当時の士大夫間に人望のあった真徳秀とその弟子たちとも強い結びつきを有し、[92] 右の王邁・王進もまた真徳秀と関わりの深い人物であった。[93] 袁韶・史嵩之起用の失敗や楊恢罷免は、喬行簡に有利な人事を行う理宗に対し、官界に強い影響力を持つ鄭清之が反発した結果であったのであろう。そもそも史彌遠とともに理宗の擁立に協力した鄭清之は、理宗の恩人の一人でもあった。理宗はこの翌年に鄭清之を罷免するが、その際に鄭清之の擁立の功を蔑ろにしたことに対して、鄭清之が十四年後に前節の「乞将史衛王配享寧宗」を提示し、理宗の即位が不正常なものであったことを暴露して報いていたことを考慮すると、鄭清之が理宗にとってきわめて扱いにくい、遠慮せざるをえない存在であったであろうことが容易に想像される。理宗は異なる政見を持つ鄭清之に対し、この時点では譲歩せざるをえなかったものと考えられよう。

理宗・喬行簡と鄭清之の対立は、南宋中央の対モンゴル政策を「和戦並行」(94)という、和平路線と強硬路線とが同時に行われる状態に陥れることになった。これは同簽書枢密院事魏了翁が督視として前線に赴く際の上奏で「且つ国論当に定むべき所なるも、甲は和として乙は戦とし、朝は是として暮は非とす」(95)と懸念していたように国策の分裂を意味した。和議が進められていたにもかかわらず、趙范・趙葵は唐州・宿州などの国境地帯で軍事行動を行い、モンゴル軍との衝突を引き起こしていたのである。(96)呉昌裔の上奏によれば、趙氏兄弟の軍事行動を支持していたのは鄭清之であった。(97)さらにモンゴル軍は端平二年（一二三五）冬から翌年三月にかけて大規模な南宋侵攻を行ったが、南宋中央にはこの侵攻自体が強硬論者の失策によって引き起こされたとする見解も存在した。このモンゴル軍の侵攻には南宋側に和平派と目されていたタガチャルも関与していたが、起居舎人袁甫は京湖安撫制置使趙范とその腹心の李伯淵の不用意な行動がタガチャルを怒らせ、和議を破綻させたと論じたのである。(98)趙范の行動の裏に鄭清之からの支持があったことは容易に想像されよう。

また対モンゴル政策をめぐる南宋中央の対立は、前線にも深刻な影響を与えた。端平二年（一二三五）にモンゴル軍が侵攻した際、京湖安撫制置使趙范の指揮下にあった知信陽軍孟璟と知随州張亀寿は、独断でタガチャルに使者を送って和議を行い、息州・棗陽軍・蘄州の防衛を動揺させたのである。[99]これによって南宋側は襄陽府・息州・随州・棗陽軍など、京西・荊湖地方の多くの重要拠点を失った。さらに南宋側は端平三年（一二三六）二月に史嵩之を淮西制置使兼副使に起用し、[100]同年夏には知鄂州を兼任させて再びモンゴルとの和議を進めようとしたが、[101]魏了翁はなおも「蓋し已に史嵩之子申を差して鄂に来たらしめれば、則ち和戦は議を異にし、事は多く窒礙せん」[102]と憂慮していた。南宋にとって対モンゴル政策の一元化は喫緊の課題であったと考えられる。

「端平入洛」の失敗後、理宗は和議を前提とした対モンゴル政策の実行を目指していた。ところが強硬論を主張する鄭清之によってその実現は阻まれ、ついにはモンゴル軍の侵攻と前線の崩壊という結果を招来したのであった。理宗にとって鄭清之の行為が到底容認できるものでなかったことは明らかであろう。鄭清之と喬行簡の対立は端平三年（一二三六）になっても沈静化せず、[103]なかにはより激しさが増していたとする史料もある。[104]こうした状況は、理宗と鄭清之の関係をも同時に悪化させたはずである。同年中に鄭清之を弾劾した監察御史唐璘の上奏には、鄭清之が軽々しくモンゴルに戦争をしかけたことや、子の鄭士昌を政治に関与させたことへの批判とともに、「瑣瑣なる姻娅、敢えて邪謀に預かる」[105]との文言があった。この文言について黄震『古今紀要逸編』本朝、理宗「唐璘」に付された自注は次のように解説する。

自注、邪謀之説、読之驚人、而世罕知其事。嘗見蔣峴尚書家子弟言、理宗丙申四月、乍暖、飲糖霜水過多、致疾頓甚。汪之道有異謀、欲奉上為太上皇。賈似道聞之、密告其姉貴妃転聞、上先事亟逐之、或誅之。凡其党尽属蔣峴以他事黜之。之道出入清之相府最密、併疑及清之。是年秋、宗祠雷変、併逐之。清之未必知其謀、璘之論及此、亦風聞也。

（自注、邪謀の説、これを読めば人を驚かすも、而るに世に其の事を知るは罕なり。嘗て蔣峴尚書家の子弟に見ゆるに言えらく、理宗丙申の四月、乍ち暖となれば、糖霜水を飲むこと多きに過ぎ、疾を致すこと頓に甚だし。汪之道に異謀有り、上を奉じて太上皇と為さんと欲す。賈似道これを聞き、密かに其の姉の貴妃に告げて転聞せしめるに、上事に先んじて亟やかにこれを逐い、或いはこれを誅す。凡そ其の党尽く蔣峴に属せば他事を以てこれを黜す。之道 清之の相府に出入すること最も密なれば、併せて疑は清之に及ぶ。是の年の秋、宗祠雷変すれば、併せてこれを逐う。清之未だ必ずしも其の謀を知らざるに、璘の論此れに及ぶは、亦た風聞なり。)

蔣峴の家の子弟が語ったことによると、唐璘の上奏にあった「邪謀」とは、同年四月に明州出身の汪之道[106]が急病になった理宗を退位させようと目論んだ事件のことであった。鄭清之は汪之道と親しい関係にあったため、鄭清之にもこの陰謀に加担していたとの嫌疑がかけられたというのである。黄震の解説では言及されていないが、唐璘の上奏に「瑣瑣なる姻婭、敢えて邪謀に預かる」とあったことからすれば、あるいは汪之道は鄭清之の姻戚だったのではないかとも思われる。いずれにせよ、鄭清之が本当に陰謀に関与していたのかどうかは疑問なものの、こうした話が真実味をもって伝えられていたことは、理宗と鄭清之の関係が当時すでに破綻していたことを如実に物語っているといえるであろう。

こうしたなか端平三年（一二三六）九月二十一日、左丞相兼枢密使鄭清之と右丞相兼枢密使喬行簡が天変を理由にそろって罷免された[107]。両成敗のようにも見えるこの罷免には実は裏があった。理宗はその日の夜のうちに御筆を下し、喬行簡だけを呼び戻したのである[108]。鄭清之にとっては騙し討ちに等しい罷免であったといえるであろう。同日には崔与之が右丞相兼枢密使に任ぜられたが[109]、前年から出仕を断っていた崔与之が就任を辞退することは明らかであった[110]。崔与之が出仕しないまま[111]十一月に再び喬行簡が左丞相兼枢密使に任ぜられると[112]、喬行簡の事実上の独相体制が成立したのである。「帝再び喬行簡を相とするに、或いは史嵩之の復た用いらるるを伝う[113]」とあるように、それは史嵩之の復権をも意味していた。史嵩之は翌嘉熙元年（一二三七）に京西荊湖安撫制置使と沿江制置副使を兼任して[114]南宋国防の多くを担うことになる。本章の「はじめに」で述べたように、その翌年に史嵩之は参知政事として督視京西・荊湖南北・江西路軍馬に任ぜられ、和平を進めつつ新たな南宋の国防体制の構築に乗り出すのである[115]。

以上のように、理宗は鄭清之を罷免することによって、初めて自らの意向のもとに対モンゴル政策を一元化することに成功したのであった。理宗は紹定六年（一二三三）十月の史彌遠の死によって、ただちに親政を確立できたわけではなかったといえる。理宗による親政は、端平三年（一二三六）九月の鄭清之罷免をもって成立したと考えるべきであろう。とすれば、「即位事始」がその五ヵ月後に上呈され、鄭清之の理宗擁立の功績が公式記録から削除された理由も自ずと明らかになる。そもそも「即位事始」を上呈した宣璧の祖母は四明史氏の女子であり[116]、その裏には喬行簡に近い史嵩之の働きかけがあったものと推測される。喬行簡・史嵩之は「即位事始」を上呈させることで、政敵の鄭清之が復権する可能性を事前に摘もうとしたのであろう。それは対モンゴル政策の一元化を求める理宗の思惑とも合致していた。端平三年（一二三六）九月の鄭清之罷免と、翌年二月の「即位事始」上呈という一連の政治事件こそは、政変としての側面を強く持っていたと考えられるのである。この二つの事件は、結果的に南宋・モンゴルの南北対峙という状況を東アジアに生みだす重要な要因として作用したのであった。

おわりに

以上本章では理宗親政の成立時期を紹定三年（一二三〇）に求める史彌遠没落説と、同じく同六年（一二三三）に求める通説について、それぞれの妥当性を再検討した。その結果は次のように整理できる。

寺地遵氏が唱えた史彌遠没落説は、理宗が紹定三年（一二三〇）の李全問題の発生を機に政変を起こし、史彌遠を事実上失脚させて親政を開始したとするものであった。第一節では李全討伐の決定過程を再検討し、同説の論拠となった史料には、事件の時系列が正確に描写されていなかったことを明らかにした。また同説では李全討伐の決定に際して理宗の意思決定を史彌遠が追認したことが重視されていたが、実は執政官たちはそれ以前から史彌遠に李全討伐を強く求めていた。理宗は史彌遠を説得するために執政官たちに担ぎ出されたに過ぎなかったと推測される。

また史彌遠没落説では、史彌遠が紹定三年（一二三〇）以降、朝廷への出仕を減ぜられたこともその没落を示す根拠の一つとして提示されていた。しかし第二節で『四明文献』所収の史料を検討した結果、史彌遠が同年以降も自邸から政治を主導していたことが明らかになった。また史彌遠は宮中に皇太后楊氏と貴妃賈氏という二人の有力な支援者を擁していたため、理宗との面会機会の減少がただちに政権運営の破綻につながったとも考えにくい。理宗が紹定三年（一二三〇）に親政を開始したという事実はなく、史彌遠が朝政を壟断する状況は同六年（一二三三）まで維持されたものと考えられる。

次に通説では、理宗は史彌遠が没した紹定六年（一二三三）に親政を成立させたとされてきた。第三節ではその妥当性を知る手がかりとして、『四明文献』所収の鄭清之の上奏に着目した。同史料からは、鄭清之が理宗擁立に貢献した功績が、嘉熙元年（一二三七）の「即位事始」の上呈によって公式記録から削除されたこと、および「即位事始」の上呈に端平二年（一二三五）から同三年（一二三六）にかけての鄭清之と喬行簡の政争が深く関係していたことがうかがわれた。

第四節では三節の結論を受けて鄭清之と喬行簡の政争を検証した。両者の政争の原因は「端平入洛」の失敗後、モンゴルとの和平を求める理宗・喬行簡と、強硬論を主張する鄭清之との対立にあった。理宗は端平二年（一二三五）

に和議推進のために鄭清之・喬行簡の並相体制を発足させ、次いで和平推進に有利な人事を強行しようとした。しかし鄭清之の反発のため、南宋中央では対モンゴル政策として和平路線と強硬路線が同時に行われ、同年のモンゴル軍の侵攻と前線の崩壊とを惹起した。史彌遠とともに理宗擁立に密接に関与した鄭清之の発言力は強く、理宗はこの段階ではなおも親政を行うことができていなかったと考えられる。理宗は翌年九月に鄭清之を騙し討ち同然に罷免し、さらに「即位事始」を上呈させてその復権の可能性を摘むことで、初めて対モンゴル政策を一元化することに成功した。鄭清之罷免と「即位事始」の上呈は、理宗が親政を確立させるうえで不可欠な政変であったといえる。理宗親政の成立時期は、端平三年（一二三六）九月に求められるべきである。

本章冒頭で述べたように、嘉熙二年（一二三八）に理宗主導で行われた史嵩之の督視起用は、その後の南宋・モンゴルの南北対峙を決定づける要因となった。本章では理宗による親政の成立が史嵩之の督視起用を可能にした前提条件であったと見なし、それが史彌遠政権の崩壊後どのように行われたのかを再構成した。これによって理宗朝前期十五年間の政治史を展望することが可能となったが、理宗の治世は四十年の長期にわたる。次章以降では理宗朝末期の賈似道政権を視野に入れつつ、その後の理宗朝政治の展開を追うことになるであろう。

また鄭清之と喬行簡の対立から看取されたのは、本書第一章で見た南宋初期の事例[117]と同様に、南宋中央に二人の宰相が並び立った場合の指導体制の不安定性である。清水浩一郎氏によると、南宋初期の制度改変によって南宋では首相と次相の文書行政上の職権は同一になったという[118]。鄭清之と喬行簡の間では「六房」の分割や、次相への「小治」の一任などがなされたものの[119]、両者の政見の不一致は党争へと発展し、結果的に国策の混乱と前線の崩壊とをもたらした。そうであるとすれば、金・モンゴルと国境を接した南宋政権にとって、いわゆる「専権宰相」は政府内の異論を淘汰し、国策を皇帝のもとに統一するうえでは、むしろすぐれて合理的な存在であったようにも思える。これについてはさらなる検討が必要であろう。今後の課題としたい。

注

（1）寺地遵「南宋末期、対蒙防衛構想の推移」（『広島東洋史学報』一一、二〇〇六年）を参照。
（2）注（1）寺地論文、および寺地遵「賈似道の対蒙防衛構想」（『広島東洋史学報』一三、二〇〇八年）を参照。
（3）例えば胡昭曦・蔡東洲『宋理宗宋度宗』（吉林文史出版社、一九九六年）二五～三八頁、何忠礼・徐吉軍『南宋史稿――政治軍事和文化編――』（杭州大学出版社、一九九九年）二九一～三〇〇頁を参照。
（4）寺地遵「南宋中期政治史の試み」（公開講演要旨）（『日本歴史学協会年報』一八、二〇〇三年）を参照。
（5）本書第五章を参照。
（6）注（3）を参照。
（7）注（4）寺地講演要旨、七～八頁を参照。
（8）注（4）寺地講演要旨、七頁を参照。
（9）『宋史』巻四一、理宗本紀一、紹定三年十二月甲子条に、「詔、逆賊李全、反形日著、今乃肆為不道、已勅江淮制臣、率兵進討、有能擒斬全以降者、加以不次之賞」とある。
（10）『宋史全文』巻三一、宋理宗一、紹定三年十二月乙丑条に「詔曰、逆賊李全、久蓄奸謀、大逆不道、已勅江淮制臣率兵追討、可削奪官爵、停給銭糧、罪止逆賊、罔及脅従」とある。
（11）周密『斉東野語』巻九「李全」に、「首攻海陵、守臣宋済迎降、遂進囲揚州。朝廷始降詔削奪全官爵、住結銭糧、会諸路兵誅討」とある。
（12）『宋史』巻四七七、李全伝下、紹定三年十一月乙卯条に「邦傑・雄武開門導全、済帥僚吏出迎」とある。
（13）『宋史』巻四一三、趙善湘伝に「乃命専討、許便宜従事」とある。
（14）景定『建康志』巻二五、官守志二「制置使」に、「紹定三年十一月十八日、改沿江制置使為江淮制置大使、趙善湘為之」

とある。

(15) 弘治『江陰県志』巻五、兵衛、宋、江防、紹定三年十一月十四日条に「紅軍人馬、於今月十二日未時、已到泰州城下」とある。弘治『江陰県志』は中国国家図書館に所蔵される。金恩輝・胡述兆主編『中国地方志総目提要』(漢美図書、一九九六年)によると、この史料は弘治年間に編纂され、正徳年間に刊行された。そのため正徳『江陰県志』とも称されるが、その名称は誤りだという。なお同史料については、濱島敦俊『総管信仰——近世江南農村社会と民間信仰——』(研文出版、二〇〇一年)六八～七二頁をも参照。

(16) 李全軍が紅襖軍とも呼ばれたことは、大島立子「金末紅襖軍について」(『明代史研究』創刊号、一九七四年)や、池内功「李全論——南宋・金・モンゴル交戦期における一民衆反乱指導者の軌跡——」(『社会文化史学』一四、一九七七年)などを参照。

(17) 『宋史』巻四一七、喬行簡伝に「又論、李全攻囲泰州、勦除之兵今不可已」とある。

(18) 『宋史』巻四七七、李全伝下、紹定三年十一月壬子条に、「時朝廷雖下詔討全、而猶有内図戦守、外用調停之説。是日、璥夫得彌遠書、許増万五千人糧、勧全帰楚州。璥夫亟遣劉易即全塁授全。全笑曰、丞相勧我帰、丁都統与我戦、非相紿耶。擲書不受、惟留省箚」とある。

(19) 『宋史』巻四一五、袁韶伝に、「李全叛、揚州告急、飛檄載道、都城争有逃避者。乃拝韶浙西制置使、仍治臨安鎮遏之。丞相史彌遠懲韓侂冑用兵事、不欲声討」とある。咸淳『臨安志』巻四九、秩官九、紹定三年条によると、袁韶が浙西安撫制置使兼知臨安府に任ぜられたのは十二月三日であった。右の『宋史』の記事もその頃のことを描いたものであろう。

(20) 『蟠室老人文集』(光緒六年(一八八〇)刊本)は南京図書館に所蔵され、曾棗荘主編『全宋文』(上海辞書出版社・安徽教育出版社、二〇〇六年)にも採録されていない史料である。筆者は北京大学留学中の二〇〇八年四月に現地において同史料を調査・筆写した。また張淘・金程宇「『全宋文』補遺(上)——以『蟠室老人文集』為中心——」(『古典文献研究』一一、二〇〇八年)、金程宇「『全宋詩』一補——以『蟠室老人文集』為中心——」(同『稀見唐宋文献叢考』中華書局、二〇〇九年所収)は同史料の一部を紹介しており、本章で引用した「与廟堂議乞決意誅逆全事」の全文も前者において示されている。さらに近年では、葛洪の文章は李偉国編『宋文遺録』（上海書店出版社、二〇二二年）巻九四～九八（一七二九～一八二〇頁）にも採録され、『蟠室老人文集』の文章も収められた。

(21)『宋史』巻四七七、李全伝下、紹定三年八月庚午条に「水陸数万径擣塩城、戍将陳益・楼強皆遁、全入城拠之」とある。

(22)『蟠室老人文集』巻一四、箚子「与廟堂議乞決意誅逆全事」に、「未説其他、只淮東塩課一項、朝廷藉此以助経費者、為不少矣。此賊万一迤邐拠定此邑、停民便無固志。且聞、日近客販漸稀、比一月日前、分数頓減、其事概可想見」とある。

(23)『後村全集』巻一七〇、行状「丞相忠定鄭公」に、「公在枢筦、李全以山陽畔、陥泰囲揚、国論猶為拚覆、又欲易置江上制総全所不楽者、以慰其心。公手書白相、因全一申、去岳逐趙、是朝廷之王人、国家之帥守、悉聴命於全矣。全以盗賊藍縷奔竄之餘、陸梁跋扈如此、曾無一人正色以議其罪、国無人矣」とある。本文中で確認したように、この行状には時系列に誤りが見られる。右の記述でも鄭清之が史彌遠に書簡を宛てた時期を、泰州陥落と揚州包囲のあとのこととするが、これも誤りであろう。

(24)明・徐象梅『両浙名賢録』巻二三、讜直、宋三「工部尚書范子式楷」に、「李全拠淮安、反状益急、宰相不能決、猶委曲拚護、大臣更諫不納。楷上書曰、賊全猖狂恣睢、挙朝皆欲食其肉、而寝処其皮。独丞相隠忍不発、其為保姦誤国甚矣」とある。この記事は延祐『四明志』巻五、人物攷中、先賢「范楷」にも伝えられていたと思われるが、現行本では伝記の後半が欠落している。

(25)延祐『四明志』巻五、人物攷中、先賢「袁韶」に、「公謁相言、揚失守則京口不可保、淮将如卞整・崔福皆可用。適崔奉閫命来枢府、公夜与同見相。故事、無暮謁相府。公言崔実可用、雅量鎮浮、恐非今時所当先」とあり、『宋史』巻四一五、袁韶伝にもほぼ同じ記述が見られる。これらによると、このとき袁韶は崔福をともなって史彌遠の邸宅を訪れたとする。注(19)で見たように、袁韶の浙西安撫制置使就任は紹定三年（一二三〇）十二月三日であるが、崔福は同月十六日に揚州城内にいたことが確認できるうえに、李全軍による揚州包囲は同月九日に完成しており（『宋史』巻四七七、李全伝下）、時間的に無理があるように思われる。袁韶による卞整・崔福の推挙は十一月の李全討伐の決定の際になされたと考えるべきであろう。

(26) 本書第八章三五一頁と三七〇頁の注（127）を参照。
(27) 薛極・袁韶については本書第四章一九三～一九四頁と第八章三二五頁をそれぞれ参照。鄭清之については、『臞軒集』巻二、奏疏「丙申九月封事」に「前者二相、雖所用有先後、均為受遠相之知」とあり、鄭清之が史彌遠の知遇を受けたことが明記されている。
(28)『宋史』巻四一、理宗本紀一、紹定四年七月庚戌条に「葛洪資政殿学士・知紹興府」とあり、延祐『四明志』巻五、人物攷中、先賢「袁韶」に「相疑逼己不悦、卒罷政帰府」とある。
(29) 注（4）寺地講演要旨、八頁を参照。
(30)『宋季三朝政要』巻一、紹定三年九月条に「史彌遠臥病」とある。
(31)『宋史』巻四七七、李全伝下、紹定三年十一月乙巳の記事の直前の部分に「時彌遠多在告」とある。
(32) 民国二十四年（一九三五）約園鉛印本『四明文献』巻上、史彌遠所収「宋張端義奏議」。なお約園鉛印本『四明文献』の書誌は、本書第五章二二四～二二五頁を参照。
(33)『宋史』巻四七四、韓侂冑伝に、「自置機速房於私第、甚者仮作御筆、升黜将帥、事関機要、未嘗奏稟、人莫敢言」とある。
(34)『四明文献』史彌遠所収「宋張端義奏議」に、「辺報駅（繹）騒、共政之臣、有不及知者」とある。
(35)『四明文献』史彌遠所収「宋張端義奏議」に、「箚通簽紙尾之押、悉従預請」とある。
(36)『後村全集』巻一七〇、行状「丞相忠定鄭公」に「天下事、皆上尚書裁決、而後奏御画旨、謂之尚先行、習以為常」とある。
(37) 平田茂樹「周必大『思陵録』・『奉詔録』から見た南宋初期の政治構造」（同『宋代政治構造研究』汲古書院、二〇一二年所収、初出は二〇〇四年）四四四頁の注（24）を参照。
(38)『宋史』巻四〇七、呂午伝に、「彌遠雖非賢相、猶置人才簿、書賢士大夫以待用、而午治県之政亦書之。差両浙転運司主管文字、彌遠病久不見客、午入謁、特出迎」とあり、明・楊士奇ほか編『歴代名臣奏議』巻一五〇、用人、呉昌裔「論史宅之上疏」に「況宅之方其父病時、代擬除目如條」とある。

(39) 清水浩一郎「南宋告身の文書形式について」(『歴史』一〇九、二〇〇七年) 二一頁を参照。
(40) 『四明文献』史彌遠所収「宋理宗御製丞相衛王神道碑〈其略云〉」(本書第六章に所掲の「史彌遠神道碑」二六六頁) に、「恭聖既□御慈明、朕昏必厳、毎献饗景霊宮、出告反面、必粛□□、機務餘暇、必数請開宴、以致天下之養。内廷事必先取□、□外之書必先陳白」とある。これが事実であることは、『宋史』巻四一七、喬行簡伝に「太后崩、疏言、向者陛下内廷挙動、皆有稟承」とあることからも確認できる。
(41) 史彌遠と皇太后楊氏の結びつきについては、注 (3) 胡・蔡著書二五〜三八頁、千葉炅「南宋楊皇后」(『桐朋学園女子部研究紀要』五、一九九〇年) などが指摘している。また近年出土した「史茂卿墓誌」によると、理宗朝時代には史氏一族と楊氏一族とは姻戚によっても結ばれるに至っていた。史茂卿は史彌遠の兄史彌正の孫で、当初は哲宗皇后孟氏の曾姪孫女を娶っていたが、紹定四年 (一二三一) に孟氏が死去したため、続いて皇太后楊氏の姪孫女を娶ったというのである。恐らくは史彌遠晩年のことであろう。この楊氏の姪孫女とは楊恵枀のことであり、楊恵枀の墓誌も出土している。章国慶編著『寧波歴代碑碣墓誌彙編　唐／五代／宋／元巻』(上海古籍出版社、二〇一二年) 二八三〜二八五頁の「宋史茂卿墓誌」、および三二四〜三二五頁の「宋楊恵枀墓誌」を参照。
(42) 何忠礼「賈似道与鄂州之戦」(同『科挙与宋代社会』商務印書館、二〇〇六年所収、初出は二〇〇四年) 四九一〜四九二頁を参照。なお賈渉の妾胡氏が賈似道の母であることは、宮崎市定「南宋末の宰相賈似道」(『宮崎市定全集』一一、岩波書店、一九九二年所収、初出は一九四一年) 二九一頁でも指摘されている。
(43) 本書第八章三四六頁と三六八頁の注 (11) を参照。
(44) 『鶴山文集』巻一八、奏議「応詔封事」に「乃自近歳養疴不出、視為常事」とある。
(45) 『四明文献』史彌遠所収「宋張端義奏議」に「彌遠累年臥相、既不以不朝為非、国有大喪、又不以不能為慢」とある。
(46) 『鶴山文集』巻一八、奏議「応詔封事」に「遂至決事於房闥、操権於牀第、人莫知其存亡」とある。
(47) 『四明文献』史彌忠所収、史彌忠「祭従弟衛王文」に「病不能朝、就第諮詢」とある。
(48) 『宋史全文』巻三一、宋理宗一、嘉定十七年正月条に、「宰執奏事、寧宗憂形於色、歴言竑溺女嬖、狎群小、傲誕淫褻数事、且密諭曰、皇姪端重英悟、可承宗祧、欲並立為皇子、続正元良之位。宰執奏曰、聖意堅定如此、宗社之福。然事大体重、容少遅精審行之。寧宗曰、俟瑞慶節可也」とある。

(49)『宋史全文』巻三一、宋理宗一、嘉定十七年閏八月丁酉条に、「是日、寧宗崩、遺詔命皇子即皇帝位」とある。

(50)汪聖鐸「試論『宋史全文』(理宗部分)的史料価値」(同『宋代歴史文献研究』河北大学出版社、二〇一六年所収、初出は二〇〇五年)を参照。

(51)この史料は『全宋文』(注(20)前掲)第三〇八冊にも収められているが、これは『四明叢書』第八集所収の『安晩堂集輯補』からの採録であり、さらに『安晩堂集輯補』所収の同史料は約園鉛印本『四明文献』からの転載である。本書第五章二二四〜二二五頁でも述べたように、約園鉛印本は善本ではなく、また各種の『四明文献』には誤字・脱字が多いため、相互に校勘することが不可欠である。『全宋文』所収のテキストには問題があるといえる。

(52)本書第五章二三六〜二三七頁を参照。

(53)『四明文献』史彌遠所収「宋理宗御製丞相衛王神道碑〈其略云〉」(本書第六章に所掲の「史彌遠神道碑」二六四頁)に、「衛王彌遠、在嘉定輔相我寧考、暨立朕為皇子、以即皇帝、再世定策、勲名煇煌」とある。

(54)中砂明徳「劉後村と南宋士人社会」(同『中国近世の福建人——士大夫と出版人——』名古屋大学出版会、二〇一二年、初出は一九九四年)七七〜七八頁、廖寅「〝非鄞則婺〟——南宋理宗朝前期的政治格局——」(同『従内地到辺疆——宋代政治与社会研究散論——』科学出版社、二〇一八年所収、初出は二〇〇三年)六六〜七一頁を参照。

(55)例えば黄寛重『晩宋朝臣対国是的争議——理宗時代的和戦・辺防与流民——』(国立台湾大学文学院、一九七八年)三三〜四九頁を参照。

(56)『宋史』巻四一七、喬行簡伝に、「拝参知政事兼知枢密院事。時議収復三京、行簡在告、上疏曰……往時江・閩・東浙之寇、皆藉辺兵以制之。今此曹猶多竄伏山谷、窺伺田里、彼知朝廷方有事於北方、其勢不能以相及、寧不又動其姦心。此臣之所憂者二也。……臣恐北方未可図、而南方已先騒動矣。中原蹂践之餘、所在空曠、縦使東南有米可運、然道里遼遠、寧免乏絶、由淮而進、縦有河渠可通、寧無盗賊邀取之患。由襄而進、必須負載二十鍾而致一石、亦恐未必能達。若頓師千里之外、糧道不継、当此之時、孫・呉為謀主、韓・彭為兵帥、亦恐無以為策。他日運糧不継、進退不能、必労聖慮、此臣之所憂者三也。願陛下堅持聖意、定為国論、以絶紛紛之説」とある。
(57)『宋史』巻四一五、喬行簡伝に、「喬行簡字寿朋、婺州東陽人。学于呂祖謙之門」とある。
(58)清・史悠誠纂修『鄞東銭堰史氏宗譜』巻一、鄭清之「宋贈開府儀同三司忠宣公墓誌銘」(本書第七章に所掲の「史彌堅墓誌銘」二九三頁)に、「平時雅有鑑裁、前後薦揚、多一時俊彦、自葛公洪・喬公行簡而次、皆卓卓有聞」とあることから、葛洪だけでなく喬行簡もまた史彌遠の弟史彌堅に推挙されていたことが分かる。また喬行簡が史彌遠の腹心と目されていたことは、王邁『臞軒集』巻二、奏疏「乙未六月上封事」に、「行簡為人、素号多智、彌遠在時、善事惟謹、其性姿多苛、其薦挙多私、彌遠喜其順己、毎事委曲従之」とあることから確認できる。
(59)注(27)前掲の『臞軒集』巻二、奏疏「丙申九月封事」に「前者二相、雖所用有先後、均為受遠相之知」とあり、鄭清之・喬行簡(「二相」)が史彌遠(「遠相」)の党派であったことが述べられている。
(60)史嵩之については、寺地遵「史嵩之の起復問題――南宋政権解体過程研究箚記――」(『史学研究』二〇〇、一九九三年)を参照。
(61)趙范・趙葵兄弟については、方震華「軍務与儒業的矛盾――衡山趙氏与晩宋統兵文官家族――」(『新史学』一七―二、二〇〇六年)を参照。
(62)鄭清之・趙氏兄弟と史嵩之の対立関係については、榎並岳史「孟少保神道碑の成立をめぐって」(『東洋学報』八九―二、二〇〇八年)を参照。
(63)林希逸『竹渓鬳斎十一藁続集』巻一二、序「安晩先生丞相鄭公文集序」に「和使往来、国是未一、公条間恭、迄如著亀」とある。
(64)方大琮『宋宝章閣直学士忠恵鉄庵方公文集』(以下、本章では『鉄庵文集』と称す)巻一四、書「鄭丞相〈清之〉」の三通目に「向者先生、念本朝立国太弱、不主和、独乗事機之不遂、反使宴安江沱者得以藉口」とある。
(65)注(55)黄著書四〇頁、および同上書四七頁の注(43)を参照。

（66）『宋史』巻四一七、喬行簡伝に「尋拝右丞相言、三京撓敗之餘、事与前異、但当益修戦守之備。襄陽失守、請急収復。或又陳進取之計、行簡奏、今内外事勢、可憂而不可恃者七。言甚懇切、師得不出」とある。

（67）欠名『京口耆旧伝』巻七「王遂」に「既而復論嵩之欺君誤国之罪、因言、王檝之来、只当令在建康、毋使外裔小臣容易入都、窺見国家虚実。又乞令喬行簡奉内祠」とある。

（68）『鉄庵文集』巻一四、書「喬丞相」に「本朝立国素弱、雖盛時不免和戎、況今乎」とある。なお注（55）黄著書六九頁は喬行簡を和平論者とするが、史料的な根拠は示されていない。

（69）『宋史』巻四一四、史嵩之伝に「引見、疏言結人心作士気、覈実理財等事。且言、今日之事、当先自治、不可専恃和議」とある。

（70）方岳『秋崖集』巻二四、書簡「代与史尚書」に「忽閲邸状、執事十難之論、喟然嘆曰、嗟乎、史子申、蓋為戦守慮者也。夫豈百事不理、而靠一和字哉」とある。

（71）『宋史』巻四一四、史嵩之伝に「帝自師潰、始悔不用嵩之言」とある。

（72）『西山文集』巻一八、経筵講義「講筵進読大学章句手記」に、十月十四日のこととして「上曰、虜使来議和、聞外間議論頗紛紛」とあり、同書同巻「講筵手記」は十月二十六日のことを「上問、虜人議和、未可軽信」と伝える。また同書同巻「講筵進読手記」は十二月十三日のことを「上問曰、曾見丞相箚子否。奏云、臣未之見、不知論何事。上曰、論虜使朝見事」と伝え、同書同巻「講筵進読手記」には、正月二十二日のこととして「又問、近使接待使人事、処得如何。聞大臣曾与卿議之」とある。このほか『宋史』巻四一二、孟珙伝は、端平二年（一二三五）のことを「帝問和議、対曰、臣介冑之士、当言戦、不当言和」と記す。

（73）『後村全集』巻一四一、神道碑「杜尚書」に「嵩之令参議官丁仁来調兵、公曰、督相昔欲和、今欲戦何也。丁曰、和自是上意」とある。

（74）『歴代名臣奏議』巻一五〇、用人、呉昌裔「論宰相不当指台臣為朋比」に、「蓋縁清之始也軽於用兵、而国威喪、終也折於従和、而虜難滋」とあり、強硬論を唱えた鄭清之がのちに和議に屈したと記されている。

（75）陳高華「王檝使宋事実考略」（同『元史研究新論』上海社会科学院出版社、二〇〇五年所収、初出は一九八九年）二二八～二二九頁を参照。
（76）『鶴山文集』巻一九、奏議「被召除礼部尚書内引奏事」の「第四箚」に「比以海州棄師、嘗使孟珙言之王檝、檝言之倴盞、各守信義、毋動干戈。彼嘗退聴」とある。
（77）『歴代名臣奏議』巻九九、経国、李鳴復「論天変可畏人事当修疏」に「蔡・息之師、忽爾斂去、徐・邳之寇、翻然退休。或謂、倴盞実為之、此和之小験也」とある。
（78）『鶴山文集』巻二〇、奏議「乙未秋七月特班奏事」に「内出手書、並命二相」とあり、『矓軒集』巻二、奏疏「乙未六月上封事」に「戊寅之旦、揚命於廷、爰立二相、清之為左、行簡為右。先是大臣不得知、群臣不得聞、不参朝野之論、不稽亀筮之謀」とあるから、鄭清之と喬行簡の任命は御筆によってなされ、それは理宗の独断であったことが分かる。
（79）『矓軒集』巻二、奏疏「乙未閏七月輪対第一箚」に「明有明之党、所以攻其右者無不至、婺有婺之党、所以毀其左者無不力」とある。
（80）『矓軒集』巻二、奏疏「乙未六月上封事」に「一日御筆中出、起袁韶而畀之祠、且将大用之、在廷搢紳、重足以立、給舎於是不已於言、陛下従諫如流、成命随寝」とあり、『鶴山文集』巻二〇、奏議「奏乞将趙汝愚配饗寧宗廟廷第一箚」に「頃者陛下欲起袁韶、而群臣争之」とある。
（81）『京口耆旧伝』巻七「王遂」に「未幾、上以御箚付台諫、以史衛王有定策功、自今勿復擿摭、以全大体。又辺耗急、欲復起史嵩之、亦以意諭公」とあり、『鶴山文集』巻二〇、奏議「奏乞将趙汝愚配饗寧宗廟廷第一箚」に「頃者陛下欲起袁韶、而群臣争之、欲保全史宅之・宇之、而群臣又争之、欲用史嵩之、台臣又争之」とある。
（82）『矓軒集』巻二、奏疏「乙未六月上封事」に「今塗人之論、皆謂小人之譏清之、而挙行簡也、意不在行簡、而専在韶。行簡既相、韶必継用、清之踧踖不安、有去而已」とある。
（83）延祐『四明志』巻五、人物攷、先賢「史嵩之」に「端平二年、趙范・葵弟兄、用師河南、丞相鄭清之主議、嵩之奏不可。師大衄、繇是三姓交悪」とある。繫年は端平元年（一二三四）の誤りであろうが、端平入洛の失敗によって鄭清之と史嵩之が対立したことは事実と思われる。

(84) 黄震『戊辰修史伝』「兵部尚書袁甫」に「時朝廷以辺事為憂、起史嵩之帥江西、将倚之和戎」とある。

(85) 『歴代名臣奏議』巻一八五、去邪、呉昌裔「論史嵩之疏」に「且陛下与一二大臣必欲用嵩之者、不過謂其嘗為襄帥、稍諳北人情性、可以招来郭勝、講解韃師而已」とある。

(86) 『矔軒集』巻二、奏疏「乙未六月上封事」に「一日御筆中出、起袁韶而畀之祠、且将大用之、在廷搢紳、重足以立、給舎於是不已於言、陛下従諫如流、成命随寝」とあって、袁韶の起用を給事中・中書舎人が阻んだことが分かるほか、王邁自身も「惟是方今君子之沢未究、生民之疾未瘳、乃使政府有刻薄姦険如韶者得厠迹焉、上而公卿、稍知畏義、必恥与之同列、下而百執、稍自愛重、必不屑出於其門」と袁韶の起用を批判していた。また『京口耆旧伝』巻七「王遂」に「又辺耗急、欲復起史嵩之、亦以意諭公。公繳奏、乞収回御札並止、嵩之且以去就決之」とあり、史嵩之の起用の是非を問う理宗に対し、王遂はその人事に反対していた。これらの事件は注(81)前掲の『鶴山文集』にも記事が見える。

王邁が鄭清之に近い立場にあったことは、『後村全集』巻一五二、墓誌銘「矔軒王少卿」に見える。王遂と鄭清之の関係を直接述べる史料はないが、『宋史』巻四一、理宗本紀一、端平元年四月丁丑条や、同書巻四二三、李韶伝、および『京口耆旧伝』巻七「王遂」を見ると、王遂は史嵩之・喬行簡を批判していたうえに、対モンゴル強硬論を支持しており、鄭清之に近い人物であったと推測される。

(87) 『京口耆旧伝』巻七「王遂」に「時楊恢・孟珙、亦陰主和議、私与敵交且請守江、公併劾之謂、当以戦為守」とあるほか、『鶴山文集』巻二七附二八、督府奏陳「奏和不可信常為寇至之備〈正月十一日〉」に「孟珙亦素主和好者」とある。楊恢が淮西制置副使であったことは洪咨夔『平斎文集』巻二一、外制五「楊恢除直宝文閣淮西制置副使兼知黄州制」や、『鶴山文集』巻二二、進故事「論黄陂叛卒〈八月二十五日〉」などの記事から分かる。孟珙については、『宋史』巻四二、理宗本紀一、端平二年正月丙辰条に「丙辰、詔主管侍衛馬軍孟珙、黄州駐箚、措置辺防」とある。楊恢と孟珙は当時いずれも黄州を任地としていた。

(88) 楊恢と趙范が対立していたことは、『鶴山文集』巻二二、進故事「論襄黄二帥〈閏月一日〉」に「襄・黄二帥、比肩事主、各効己見、以図補報。比乃聞二帥不和、幾有私闘之慮。審其如此、則所関甚大」とあることから分かる。閏月とは端平二年（一二三五）閏七月を指し、「襄・黄二帥」のうち「襄」は京湖安撫制置使兼知襄陽府の趙范を、「黄」は淮西制置副使兼知黄州の楊恢を指す。

(89)『鶴山文集』巻二七附二八、督府奏陳「奏和不可信常為寇至之備〈正月十一日〉」に「臣今月二日、得淮西制置尤焴書」とある。魏了翁が同簽書枢密院事・督視京湖軍馬に任ぜられたのは端平二年（一二三五）十一月であるから、右の上奏はその翌年正月のものである。
　また『平斎文集』巻一六、内制三「賜兵部侍郎淮東制置使兼知楊州淮東安撫使趙葵将作監淮西制置副使兼知廬州尤焴銀合臘薬勅書」が示すように、尤焴の肩書きは淮西制置副使兼知廬州であった。『宋史』巻四〇六、洪咨夔伝によると、洪咨夔は端平二年（一二三五）六月の科挙で真徳秀とともに同知貢挙を務め、その直後に直学士院を兼任した。右の内制はその後の執筆にかかる。さらに袁甫『蒙斎集』巻八、制「尤焴除兵部郎官兼淮西制置制」の史料は、その後、尤焴が淮西制置使に昇進したことを示す。

(90)『歴代名臣奏議』巻三三八、李鳴復「乞宣引両督視使各陳己見」に、「今范守襄峴、葵守維揚、焴守合肥、皆曩時之主戦者也」とある。

(91) 注（54）廖論文六六〜六七頁を参照。

(92)『鉄庵文集』巻一四、書「鄭丞相〈清之〉」の二通目に、「莆之受知於先生之者三人、衆謂潜夫当復入、某得帰、則与実之作伴」とあり、真徳秀の弟子であった劉克荘（「潜夫」）・方大琮（「某」）・王邁（「実之」）の三人が鄭清之から知遇を受けていたことが分かる。

(93) 清・黄宗羲『宋元学案』巻八一、西山真氏学案によると、王邁は真徳秀の弟子に当たる。王遂と真徳秀の関係については、本書第八章の三三九頁を参照。

(94)『鶴山文集』巻二七附二八、督府奏陳「奏和不可信常為寇至之備〈正月十一日〉」に「今乃和戦並行、臣知決無此理」とあり、同書巻三七、書「曾参政」に「而近日所聞、又若和戦並行者、遠方不知事体之詳、第深隠憂」とある。

(95)『鶴山文集』巻二七附二八、督府奏陳「階辞奏定国論別人才回天怒図民怨〈十二月十四日〉」に「且国論所当定也、甲和而乙戦、朝是而暮非」とある。

(96) 李天鳴『宋元戦史』（食貨出版社、一九八八年）二三六～二三九頁を参照。

(97)『歴代名臣奏議』巻一八五、去邪、呉昌裔「論鄭清之疏」に、「如清之者、能因一蹶之失、翻為百全之図、愛惜餘力、保守旧境、猶可補瘡痍之痛、収桑楡之功。而乃護疾弗悛、私心自用、但求己説之勝、靡恤事力之窮、復妄許於摧鋒、不痛懲於覆轍。継而邳・徐・唐・泗倶以敗聞、士気沮失、国威敗喪」とあって、鄭清之が「端平入洛」の失敗に懲りず、再びモンゴルへの攻撃を許したことが南宋側の前線の崩壊につながったと告発されている。この攻撃を指揮した者こそが趙氏兄弟であろう。

(98)『歴代名臣奏議』巻三三九、禦辺所収の袁甫の上奏に「倴盞本主和者也。近者淮安叛兵、倴盞挙兵相応。所以致此者、蓋亦有説。武仙・田八、靼之深仇、襄州軽於接納、已為失策、李伯淵又以詐奪愛頂馬、由是倴盞之怒愈甚。然則和好已難諧矣」とある。「襄州」とは趙范を指す。なお同じ上奏は袁甫『蒙斎集』巻六、奏疏「陳時事疏」にも見えるが、これは「倴盞」を「布占」と表記する。

(99)『鶴山文集』巻二七附二八、督府奏陳「奏和不可信常為寇至之備〈正月十一日〉」に、「已即箚下淮西制置司并諸将、厳作隄備外、縁臣先得知池州王伯大及知蘄州徐㮚申状、皆備黄州幹事人孫俊・魏信等探報、則謂知随州張亀寿、於十二月八日将金瓶一隻・金盤一十隻・銀盤一百隻・銷金鞍一十副・銀鞍二副・疋帛茶貨八駄・信掩二十四隻、令統制張子良伴送韃使安通事・劉通事、押前項物色、従随州西門郷北前去倴盞処求和。窃詳、韃賊姦計、雖非一端、然前後遣人至彼、其詞大抵謂、講和者自講和、厮殺者自厮殺。又常言、王檝出来遅、我国不信和。観其語意、固亦自謂和不可信。近者尤焴得孟珙書、亦言、常進自襄陽回、遇虜之在随者、遂合兵欲攻随、蓋因信陽孟璟・知随州張亀寿与虜講和。夫使和而可恃、則随・信不復被兵矣。今此両郡、乃正当寇来之衝。孟珙亦素主和好者、今虜退復還、趨黄之意甚切。臣疑虜意必謂此数州既来講和、則無縁厳備、再為擣虚之謀。故今之所憂、乃正在講和」とある。

また同書巻三一、督府書「左丞相」の二通目にも、「今漢東張亀寿・棗陽孟璟、迭為応和、以仮子質于賊、賊以此子示于

衆、於是息・棗・永間、皆為動揺。孟・張二人、始以和款賊、今反為賊所款。而崔文挙遂至挙息城率軍民以拝韃虜、然則非和也、乃叛矣。度自此諸人、必皆望風投拝、長駆至黄。黄既以和為信、漢之東・淮之西、倶無復与守。則此一路通行無礙、韃必長駆而来」とある。

(100)『宋史』巻四二、理宗本紀二、端平三年二月甲辰条に「詔、史嵩之淮西制置使兼副使」とある。

(101)『鶴山文集』巻三一、督府書「京湖別制置」に「史帥方遣人、至侪盞尋盟」とあるほか、「史帥既主和、而置司鄂渚、其勢必引北人南来」ともある。

(102)『鶴山文集』巻三一、督府書「安総領」に「蓋已差史嵩之子申来鄂、則和戦異議、事多窒礙矣」とある。

(103)『鉄庵文集』巻一、諫院奏議「九月分第一箚〈改除不果上〉」に、「今陛下既頒責己求言之詔矣、罪在朕躬、聖心既知自責。咎在臣等、宰輔亦不容黙。而一二宰輔亦知所以掇怨於天者乎。……向也至誠体公、収召衆賢、嘗以徳度称。向也揆事図策、動中機的、嘗以謨略称。粤従並建之初、已有不和之謗。今逾年矣、謗猶未解」とある。

(104)『鶴山文集』巻二九、督府奏陳「奏外寇未静二相不咸曠天工而違時幾〈二月三日〉」に、「乃聞近日以来、宰執多不入堂、亦意両相之不咸、不過如去歳夏秋以来、旁啓密陳、以相沮壊耳。而数日間、所聞益甚」とあり、鄭清之・喬行簡をめぐる官僚間の対立がより激しくなっていたことを伝える。

(105)『古今紀要逸編』本朝、理宗「唐璘」に、「擢監察御史、首疏言、丞相鄭清之、用時文之才為経世之具。不顧民命、軽挑兵端、不度事宜、頓空国幣。委政厥子、納交商人、賄塗大開、小雅尽廃。瑣瑣姻婭、敢預邪謀、視国事如俳優、以神器為奇貨、都人側目、朝士痛心。盍正無将之誅、以著不忠之戒」とある。なおこの上奏は『宋史』巻四〇九、唐璘伝にも引用されている。

(106)汪之道が明州出身者であったことは宝慶『四明志』巻一〇、郡志一〇、叙人下、進士「嘉定十五年国学以慶宝恩上舎釈褐」に名前があることから分かる。

(107)『宋史』巻四二、理宗本紀二、端平三年九月辛未条に「祠明堂、大赦。雷雨」とあり、乙亥条に「左丞相兼枢密使鄭清之、罷為観文殿大学士・醴泉観使兼侍読、右丞相兼枢密使喬行簡、罷為観文殿大学士・醴泉観使兼侍読」とある。

(108)『宋史』巻四一七、喬行簡伝に、「端平三年九月、有事于明堂、大雷雨。行簡与鄭清之並策免。既去、而独趣召行簡還京、留之、拝左丞相」とある。『宋史全文』巻三二、宋理宗一、端平三年十月戊子条は、喬行簡は罷免の十三日後に御筆で召還されたとするが、『後村全集』巻一四七、神道碑「毅斎鄭観文」は「是夕宣押喬公回」とし、罷免された日の夜に召還されたとする。なお『後村全集』は鄭清之・喬行簡罷免の日付を九月十七日とするが、本章では『宋史』『宋史全文』の日付に従う。

(109)『宋史』巻四二、理宗本紀二、端平三年九月乙亥条に「以崔与之為右丞相兼枢密使」とある。

(110)『臞軒集』巻二、奏疏「乙未六月上封事」は、端平二年（一二三五）の崔与之の参知政事起用について「但与之年已高、必不復出」と述べ、崔与之が就任を断ることを予測していた。実際に李昴英『文渓集』巻一一、行状「崔清献公行状」には、「俄拝参知政事、八辞不受」とあって、このとき崔与之は八度も参知政事への就任辞退を上奏して出仕しなかった。崔与之が右丞相就任を拒否するであろうことは誰の目にも明らかだったと思われる。

(111)『文渓集』巻一一、行状「崔清献公行状」に「踰年拝右丞相、上遣中使促召、命守帥彭鉉勧請、又命郎官李昴英銜命、而至遜辞凡十三疏、上知公志不可回、詔即家条上時政」とある。

(112)『宋史』巻四二、理宗本紀二、端平三年十一月丙寅条に「以喬行簡為特進・左丞相兼枢密使、封粛国公」とある。

(113)『宋史』巻四二三、王邁伝に「帝再相喬行簡、或伝史嵩之復用」とある。

(114)『宋史』巻四一四、史嵩之伝に「嘉熙元年、進華文閣学士・京西荊湖安撫制置使、依旧沿江制置副使、兼節制光・黄・蘄・舒」とある。

(115)注（1）寺地論文を参照。

(116)『四明文献』所収、宣繒「史忠散墓誌銘」には「繒史氏出也」とあり、さらに葉適『水心先生文集』巻二二、墓誌銘「史進翁墓誌銘」に「甥宣繒、始未知学、衣食訓誘、与諸子均」とあるから、宣繒の母が四明史氏の女子であったこと、および宣繒が史氏の族人とともに史漸に学問を教授されたことが分かる。実は宣繒の母は史浩の「従妹」であったらしく、この事実は魏峰・鄭嘉励「新出《史嵩之壙志》・《趙氏壙志》考釈」（『浙江社会科学』二〇一一―一〇、二〇一一年）一四四頁、およびその一四八頁の注（39）に引く袁燮『絜斎集』巻二一、誌銘「何夫人宣氏墓誌銘」（宣繒の姉の墓誌銘。魏・鄭両氏が宣繒の妹の墓誌銘とするのは誤り）を参照。宣繒は四明史氏にとって族人に準ずる存在であったと考えられる。

(117) 本書第一章六一～六二頁や六八頁を参照。

(118) 注（39）清水論文二二頁を参照。

(119)『鶴山文集』巻二〇、奏議「乙未秋七月特班奏事」に、「一臣伏見、陛下慨臨朝之既久、憤積弊之未除、内出手書、並命二相、庶幾同心戮力、新美治功、小大之臣、改視易聴、若有再睹升平之望。此天与陛下以転移人心之機也。今既月餘、而二相謙遜未皇、事多牽制、析六房而為二、既多窒礙、分小治於次輔、又傷事体」とある。

付論　淳祐年間（一二四一～一二五二）における理宗・鄭清之の対立とその帰結

本書第九章において、嘉熙元年（一二三七）に宣璧によって上呈された「即位事始」なる文書に、実は理宗・喬行簡と鄭清之との対モンゴル政策をめぐる対立が反映されていたことを論じた。その際に右の見解を裏づける史料として、明・鄭真輯『四明文献』鄭清之所収、奏箚、鄭清之「乞将史衛王配享寧宗〈淳熙（祐）十年十月〉」を挙げた。そこには理宗の即位がきわめて強引なものであったことや、端平三年（一二三六）に鄭清之と喬行簡とが激しく対立していたことが生々しく描かれていた。だがこの史料はそれだけに止まらず、鄭清之が理宗にこれを上奏した淳祐十年（一二五〇）前後の政治史の一端をも我々に伝えてくれる。本書第九章では本来の主題から外れてしまうため、この問題を論じることができなかった。そこで第九章の後ろに本付論を設けて若干の補足を試みるものである。

端平元年（一二三四）に右丞相兼枢密使として宰相の任にあった鄭清之は、モンゴルが占拠していた河南を奪回するための出兵を主導した。この戦争は宋側の敗北に終わり、南宋中央では戦争を継続しようとする鄭清之と、モンゴルとの和平を試みようとする理宗・喬行簡との間で対立が生じた。この対立は政争へと発展し、同三年（一二三六）に鄭清之が宰相を罷免されたことで決着を見た(1)。本付論で重要となるのはその後の鄭清之の動向である。失脚後の鄭清之は郷里で不遇のときを過ごしたが、淳祐四年（一二四四）に史彌遠の族姪史嵩之が宰相を罷免されると中央に戻り、同七年（一二四七）に再び宰相である右丞相兼枢密使に就任した。その三年後に上奏されたのが「乞将史衛王配享寧宗」であった。本書第九章で前掲した（三九二～三九三頁）ため引用は避けるが、この上奏がなされた背景やその内容について、本書第九章での所論を踏まえて確認しておこう。

鄭清之は「乞将史衛王配享寧宗」において、寧宗の死の直前、理宗の教育係であった鄭清之が子の鄭士昌に命じ、理宗の皇位継承の競争相手だった皇子趙竑の邸宅を監視させていたことを述べた。寧宗の死を知った趙竑が宮廷へ行こうとするのを察知した鄭清之は、このことをいち早く史彌遠に伝えてこれを制止させ、それによって史彌遠はようやく理宗擁立の段取りを進めることができたという(2)。理宗は皇子趙竑を出し抜くことで初めて即位しえたのであり、その即位が薄氷を踏むような危ういものであったことが分かる。鄭清之がこうしたことを「乞将史衛王配享寧宗」で述べたのは、「即位事始」に反論するためであった。

「即位事始」は鄭清之が端平三年（一二三六）に宰相位を追われてから、わずか五ヵ月後に上呈された。この「即位事始」は、理宗の即位が寧宗の遺志を奉じた宰執の主導によって平穏裡に行われたかのように粉飾したものであった。理宗にとって自らの即位の正当性を示す「即位事始」は望ましい内容だったらしく、理宗はこれを史館に送って王朝の正式な記録とした。ところがそれは鄭清之にとっては大きな不利益となった。理宗が宰執の主導下で穏当に即位したとすれば、当時はまだ下級官僚であった鄭清之が理宗即位に貢献した事実は覆い隠されてしまうからである。「即位事始」の上呈時、鄭清之は喬行簡と対立しており、喬行簡の党派には史嵩之も名を連ねていた。「即位事始」を上呈した宣璧の父宣繒が四明史氏の血を引いていたことを勘案すると、「即位事始」上呈の背後には喬行簡・史嵩之の思惑があったのであろう。喬行簡・史嵩之は、政敵の鄭清之から理宗擁立の功績を奪い、失脚した鄭清之が復権する可能性を事前に摘もうとしたものと推測される(3)。

「乞将史衛王配享寧宗」は、その「即位事始」の虚偽性を激しく糾弾した。「乞将史衛王配享寧宗」のなかで、鄭清之は史彌遠の理宗擁立の功績が覆い隠されたことへの怒りを示し(4)、また理宗の即位が「寧考の定見」に基づくことを述べてはいたものの、[5]これらはいずれも鄭清之の本心ではあるまい。右で見たように、擁立の功績を奪われたのは史彌遠ではなく鄭清之自身であったし、右の上奏は理宗の即位がほとんど政変に近いものであったことを暴露してもいたからである。鄭清之は右の上奏によって、自分とその子鄭士昌もまた理宗擁立に関与していたことを改めて証明し、「即位事始」の内容を是正しようとしたのであろう。鄭清之の証言が事実である以上、理宗はそれに正面から反駁することは困難であったと思われる。

それでは鄭清之は宰相に復帰した淳祐七年（一二四七）ではなく、なぜ同十年（一二五〇）に「即位事始」の是正を求めたのであろうか。その原因は当時の政治状況に求められる。史嵩之失脚後に南宋国防を一任された枢密使兼参知政事の趙葵は、同七年（一二四七）に督視江淮・京西・湖北軍馬に任ぜられ、前線でモンゴルの侵攻を防ぐことになった。寺地遵氏によると、このとき趙葵は皇帝周辺に自身が信頼する人物を配することを意図し、自身と深い結びつきのあった鄭清之を宰相に復帰させた。そのため当時の鄭清之は趙葵の傀儡的な存在に過ぎなかったという。[6]また同八年（一二四八）に史宅之が吏部尚書兼枢密都承旨から同簽書枢密院事に昇進したことも注目される。[7]理宗は史宅之を非常に信任し、将来的には史宅之を宰相に任ずるつもりであったとされるが、鄭清之は史宅之と「陽には与に相結び、陰ではこれを排」する仲であったという。[8]しかも史宅之は「乞将史衛王配享寧宗」に名前が挙がっていたように、鄭清之とともに理宗を擁立した当事者の一人であったうえに、史嵩之の族弟でもあることから史宅之もまた「即位事始」の内容を支持する立場にあった可能性が高い。淳祐七年（一二四七）から同九年（一二四九）にかけての南宋中央は、鄭清之が「即位事始」の是正を求められる状況にはなかったのであった。

ところが淳祐九年（一二四九）になって状況に大きな変化が生じた。理宗は趙葵を宰相に任じたものの、官界から科挙合格者ではない趙葵の宰相叙任に異論が出され、趙葵は宰相就任を辞退したのであった。[9]しかも残る史宅之までもが同年十二月に急逝したのであった。ここにおいて南宋中央には鄭清之の動きを抑制しうる人物はいなくなった。鄭清之が翌年十月に「乞将史衛王配享寧宗」を提示し、「即位事始」に異議を申し立てた背景にはかかる政治状況があったと推察されるのである。しかも鄭清之の動きはそれだけに止まらなかった。すなわち宋末元初の方回『桐江集』巻七「鄭清之所進聖語考一」は、その半年前の鄭清之の動きを次のように伝えている。

淳祐十年庚戌四月初四、大傅右丞相兼枢密使魏国公鄭清之、投進潜邸聖語一巻。其第二件曰、上在潜邸、臣時為国録。一日史丞相彌遠、以私□□浄慈寺飯僧、親戚人皆往、独留臣於寺閣上、屏去左右、密語□曰、済国公所為悖繆、恐誤社稷、至今五六年、迄不□皇儲之□、蓋両宮之意、已不在済邸矣。彌遠日夜憂之。今聞沂邸皇姪、事愈両国、極其恭順、朝謁時、歩履端重、儀止可観。彌遠毎於奏事、見主上目送之。今欲審択一講官、以輔成徳性、且察其行事之実、偏観庶僚中、惟足下忠実謹畏、可任此責。切望留意、不可露以一線也。

（淳祐十年庚戌四月初四、大傅右丞相兼枢密使魏国公鄭清之、潜邸聖語一巻を投進す。其の第二件に曰く、上潜邸に在り、臣時に国録為り。一日史丞相彌遠、私□□を以て浄慈寺に飯僧し、親戚人皆な往き、独り臣を寺閣の上に留め、左右を屏去し、密かに□に語りて曰く、済国公の為す所悖繆なれば、社稷を誤らんことを恐る、今に至ること五六年なるも、迄に皇儲之□を□せざるは、蓋し両宮の意、已に済邸には在らざるなり。彌遠日夜これを憂う。今聞くに沂邸の皇姪、事えれば両国を愈ばせ(10)、其の恭順を極め、朝謁の時は、歩履端重、儀止観るべし。彌遠奏事する毎に、主上のこれを目送するを見る。今一講官を審択し、以て徳性を輔成し、且つ其の行事の実を察せんと欲するに、偏く庶僚中を観るに、惟だ足下の忠実謹畏のみ、此の責を任ずべし。切に望むらくは意に留め、露すに一線を以てもすべからざるなりと。）

これは淳祐十年（一二五〇）四月に鄭清之が上呈した「潜邸聖語」なる文書の内容を伝えたものである。なお史料後半の「輔成徳性」は、『宛委別蔵』所収の同書は「輔臣徳性」とするが、李修生主編『全元文』第七冊（江蘇古籍出版社、一九九九年）二八一頁の校勘によって改めた。これによると史彌遠と鄭清之がかつて浄慈寺で面会した際、史彌遠は寧宗・楊氏にはすでに趙竑を後継者にする意向はないと述べ、鄭清之に理宗擁立の計画を打ち明けて理宗の講官に就任することを求めたという。ここで注目すべきは、方回が右史料に続く部分で述べているように[11]、この史料では史彌遠が寧宗からの「上旨」によって理宗擁立を進めたとは書かれていないことであろう。すなわち右史料において、史彌遠は寧宗が視朝のたびに理宗の退出を目で追いかけたのを目撃し、その意向を忖度したに止まっていたのである。恐らく鄭清之は寧宗・楊氏が理宗の即位を望んでいたという、理宗が最も強調したかった部分を曖昧にすることで、逆に自分の功績を明白なものにしようとしたのであろう。また右史料の続きの部分には、鄭清之が淳祐五年（一二四五）五月にも同じ文書を上呈していたこと、および右の再上呈では御筆を下して「潜邸聖語」を史館に送るように理宗に求めたことが記されている[12]。鄭清之がきわめて強硬に「即位事始」の是正を求めていたことがうかがわれるのである。

しかし右のような問題点がある「潜邸聖語」は、理宗にとって到底容認できるものではなかった。そのことを端的に示すのが次の『桐江集』巻七、「鄭清之所進聖語考三」の記述である。

①鄭清之所進聖語、後有録曰、淳祐十年四月十三日辰時、宸批曰、嘉定癸未、進士唱名、寧考臨軒、太母御看閤。朕在潜邸、侍立集英、済王忽入殿後、内侍来云、聖人在簾裏、要看観察揖。朕面簾立久之、以此知属意於朕、已非一日。②即位之後、毎侍宴慈明、朕之於太母、飲食之必進、衣服之必供、令朕共卓而食、趣膝而坐、一意奉承、乃人子之職、所当然者。太母極其慈愛、始終無間。又一日与朕云、官家凡大臣奏事、須与反覆商確。……此亦得於宮庭宴語之際者、因筆及之。回曰、淳祐十六年庚戌、清之再相之四年、年七十五矣。四月十三日、早朝奏事、

理宗語及簾間諦視事、退朝之後、又親批以付清之也。（丸数字と傍線は筆者加筆、以下同）

（①鄭清之の進むる所の聖語、後ろに録有りて曰く、淳祐十年四月十三日辰時、宸批に曰く、嘉定癸未、進士唱名するに、寧考臨軒し、太母看閣に御す。朕潜邸に在り、集英に侍立するに、済王忽ち殿後に入るも、内侍来りて云う、聖人簾裏に在り、看るを要むるに揖するを観察せんと。朕簾に面して立つことこれを久しくし、此れを以て意を朕に属すこと、已に一日に非ざるを知る。②即位の後、慈明に侍宴する毎に、朕の太母に於けるや、飲食はこれ必ず進め、衣服はこれ必ず供し、朕をして卓を共にして食せしめれば、膝を趣けて坐り、一意奉承するは、乃の人子の職の、当然とする所の者なり。太母其の慈愛を極め、始終間無し。又た一日朕に云う、官家凡そ大臣奏事せば、須らく与に反覆商確すべしと。……此れも亦た宮庭宴語の際に得る者なれば、因りて筆してこれに及ぶと。回曰く、淳祐十六年庚戌、清之再相の四年、年七十五なり。四月十三日、早朝奏事し、理宗の語簾間諦視の事に及び、退朝の後、又た親批して以て清之に付すなり。）

引用部前半の「太母御看閣」は、『宛委別蔵』本は「太母御看閤」とするが、『全元文』第七冊の二八五頁の校勘が挙げる清抄本の字句に従った。(13) また引用部後半の「淳祐十六年庚戌」は、「淳祐十年庚戌」の誤りであろう。この史料は「潜邸聖語」上呈から九日後に理宗が鄭清之に下した御筆の内容を伝えたもので、皇太后楊氏に関する二つのエピソードが載せられている。①には嘉定十六年（一二二三）の進士及第者発表の日、理宗が集英殿で侍立していたところ、皇子趙竑（「済王」）はすぐに退出したにもかかわらず、楊氏は理宗を呼んで簾の前に立たせて久しく見つめたため、理宗は楊氏がすでに自分を後継者に定めていることを知ったとある。さらに②には理宗が即位後も楊氏に孝養を尽くしたため、楊氏は理宗に慈愛を注いだ。あるとき楊氏は理宗に対し、皇帝たる者は大臣の上奏を何度も検討しなければならないと語ったと記されている。いずれのエピソードも理宗の帝位継承が楊氏に支持されていたことを強調する内容であるといえる。理宗は①②のエピソードを御筆に記して鄭清之に与え、「潜邸聖語」の末尾に収録させたうえで史館に送らせたのであった[14]。「潜邸聖語」に対する理宗の反論であったといえるであろう。しかしその半年後に鄭清之が前掲上奏を提示したことから分かるように、その反論の効果はきわめて限定的なものであった。

このように、鄭清之は淳祐十年（一二五〇）に「潜邸聖語」や「乞将史衛王配享寧宗」を次々に提示することにより、自らの理宗擁立の功績を明らかにしようとしていた。そうした鄭清之の動きは、理宗の帝位継承の正当性を著しく傷つけたであろう。ここで我々は、本書第六章で紹介した明・鄭真輯『四明文献』史彌遠所収、「宋理宗御製丞相衛王神道碑〈其略曰〉」（以下、本章では「史彌遠神道碑」と称す）の記述内容にもう一度立ち返る必要がある。本書二六五頁で紹介した記述だが再度掲載しよう。

③即位前一年、一日早朝、寧宗独凝竚、朕班退目送之没階。是年唱進士第、恭聖垂簾御屏後、朕与済国、倶侍立殿上。少頃済国趨廡下、入中璫之次。恭聖令小黄門伝教旨、命朕面簾正立良久、然後令側侍如故。蓋寧宗・恭聖、以朕拝立歩趨、頗立礼度又益喜、乃知寧宗・恭聖之意、已深属久矣。

（③即位前の一年、一日早朝するに、寧宗独り凝竚し、朕班退するにこれの没階するを目送す。是の年進士の第を唱するに、恭聖御屏の後ろに垂簾するに、朕と済国とは、倶に殿上に侍立す。少頃し済国廡下に趨（おもむ）き、中璫の次に入る。恭聖小黄門をして教旨を伝えしめ、朕に命じて面簾正立せしめること良や久しくし、然る後に側侍せしめること故の如し。蓋し寧宗・恭聖、朕の拝立歩趨、頗る礼度を立つるを以て又た益ます喜び、乃ち寧宗・恭聖の意、已に深く属すること久しきを知るなり。）

理宗即位の前年のある日、寧宗は自分の前から退出する理宗を最後まで目で追いかけた。さらにその年の進士合格者発表の際に理宗と趙竑（「済国」）は殿上で侍立し、しばらくして趙竑は退出したが、皇后楊氏（「恭聖」）は理宗だけを簾の前に立たせ、その後、再度もとのように侍立させたという。これは寧宗・楊氏が理宗の礼にかなった立ち居振る舞いに喜んだからであり、このとき理宗は寧宗・楊氏が以前から自分を後継者にしようと考えていたことを知ったとある。この③の記事は、理宗が史館に送らせた右の①の記事内容と酷似していることが容易に看取される。さらに「史彌遠神道碑」の続きの部分（本書二六六頁）には次のようにもあった。

④恭聖既□御慈明、朕昏定晨省必厳、毎献饗景霊宮、出告反面必粛□□、機務餘暇、必数請開宴、以致天下之養。内廷事必先取□、□外之書必先陳白。由是怡怡愉愉、恪尽子職、恭聖亦□□□撫愛、極其恩慈。宮中毎挙寿巵、恭聖飲既、間留其餘巵以授朕。朕拝而尽爵、慈顔益喜。

（④恭聖既に□慈明に御すに、朕昏定晨省するは必ず厳とし、景霊宮に献饗する毎に、出告反面は必ず□□を粛とし、機務の餘暇には、必ず数しば開宴を請い、以て天下の養を致す。内廷の事は必ず先に□を取り、□外の書は必ず先に陳白す。是れ由り怡怡愉愉とし、恪んで子職を尽くし、恭聖も亦た□□□撫愛し、其の恩慈を極む。宮中に寿巵を挙ぐる毎に、恭聖飲み既くせば、間ま其の餘巵を留め以て朕に授く。朕拝して爵を尽くせば、慈顔益ます喜ぶ。）

寧宗没後に皇太后楊氏が垂簾聴政を取り止め、慈明殿に移ったあとも、理宗は楊氏に対する礼を厳粛に行い、政治の合間に宴を開いて孝養を尽くした。内廷のことを決める際は必ず事前に楊氏の裁可をとり、外廷にかかわる何らかの文書を出す際も必ず事前に楊氏に申し上げた。そのため楊氏は大いに喜び、理宗にますます慈愛を注いだ。楊氏は長寿祝いの盃を残して理宗に賜り、それを理宗が飲み干すと大いに喜んだという。この④と②の記事とでは細部に違いはあるが、内容的には理宗が楊氏に孝養を尽くし、楊氏もそれに応えて恩愛を理宗に注いだことを強調する点でどちらも一致している。しかも①②の記事と、③④の記事の執筆者はいずれも理宗なのである。理宗が前者の御筆を記したのは淳祐十年（一二五〇）四月であり、同じく後者を史彌遠の神道碑に記したのは淳祐十二年（一二五二）六月であった。理宗が①②を下敷きにして③④を記したことは間違ないといえるであろう。そして①②は鄭清之の主張に対する反論としての性格を帯びていたうえに、鄭清之は史彌遠の神道碑が建立される前年の淳祐十一年（一二五一）十一月に死去していたのであった。とすれば、理宗が史彌遠の神道碑の文中に自らの即位事情を挿入した理由は自ずと明らかになるであろう。理宗は史彌遠の神道碑に自らが望む即位事情を公式見解として記すことによって、鄭清之が傷つけた自らの帝位継承の正当性を改めて回復しようとしたのである。

それではなぜ鄭清之は自らの理宗擁立の功績を執拗に証明しようとし、また理宗はなぜ自らの帝位継承の正当性に固執せねばならなかったのであろうか。前者については、鄭清之が自身の一族の行く末を案じていたことが推測される。鄭清之は当時七十五歳であったが、唯一の子鄭士昌は高官になれないまま淳祐五年（一二四五）に死去し、さらに三人の孫も高官になった形跡は見られないのである。[15]これに対して理宗擁立の功績を認められた史彌遠の一族は、史嵩之・史宅之が宰執になるなど繁栄を享受していた。鄭清之は自らの一族も四明史氏のような待遇を受けることを望み、本付論で検討してきたような行動に出たのであろう。鄭清之が鄭士昌の死去した年に「潜邸聖語」を一度上呈していたこともこの推測を裏づけるといえる。

後者の理由は、当時の理宗が後継者問題に直面していたことに求められよう。実子に恵まれなかった理宗は、淳祐六年（一二四六）に皇姪趙孟啓、すなわちのちの度宗を後継者とすることを決め、宝祐元年（一二五三）に趙孟啓を皇子に冊立した。ここで注意したいのは、皇姪から皇子に立てられたという点において、理宗の帝位継承のあり方は趙孟啓の先例をなしていたという事実である。実子のいない理宗にとって、同母弟の子である趙孟啓は血縁的に見れば最も望ましい後継者であった。ところが淳祐六年（一二四六）に参知政事兼同知枢密院事陳韡が、後継者問題について不遜の言辞を弄したと弾劾されたように、[16] 南宋官界には理宗の決定に反発する動きも存在していた。理宗は官僚たちの反対を抑え込むためにも、趙孟啓の先例である自らの帝位継承の正当性に傷をつけるわけにはいかなかったのであろう。

以上、本付論では断片的な史料をつなぎ合わせ、淳祐年間（一二四一～一二五二）に理宗の即位事情をめぐって理宗と鄭清之が対立していたことや、その原因などを明らかにした。これらの歴史事実は、それ単体では我々の南宋政治史についての認識を大きく塗り変えることはないであろう。しかし南宋後期についての現存史料が乏しいことに鑑みると、今後はこうした零細な知見を根気強く蓄積していくことこそが、南宋政治史の全貌解明のためには肝要であるように筆者には思われるのである。

注

（1）鄭清之と喬行簡の対立については、本書第九章第四節を参照。

（2）本書第九章三九二～三九四頁を参照。

（3）「即位事始」の上呈をめぐる政治的な事情については、本書第九章第三節を参照。

（4）本書第九章三九二～三九四頁を参照。

（5）『四明文献』鄭清之所収、奏箚、鄭清之「乞将史衛王配享寧宗〈淳熙(祐)十年十月〉」に、「共惟藝祖皇帝在天之霊、系隆正統、使孝宗既作于前、而陛下復啓於後、万世無疆之休、方自此始。初潜之建、継照［之升］、雖出於寧考之定見、陛下之無心、而実基於故相史彌遠之忠慮、培根沃膏、非一日矣」とある。

（6）寺地遵「南宋末期、対蒙防衛構想の推移」（『広島東洋史学報』一一、二〇〇六年）一四～一七頁を参照。

（7）『宋史全文』巻三四、宋理宗四、淳祐八年七月辛亥条に、「吏部尚書史宅之、為端明殿学士・同簽書枢密院事」とあり、

『四明文献』の史宅之の伝に、「七年兼枢密都承旨、歴兵部・吏部尚書。八年転正奉大夫、除端明殿学士・同簽枢密院事」とある。史料中の「同簽枢密院事」は「同簽書枢密院事」の誤りであろう。

（8）周密『癸辛雑識』別集下「史宅之」に、「穆陵念其擁立之功、思以政地処之」とあり、清・全祖望『鮚埼亭集外編』巻四五、簡帖五「答九沙先生問史枢密兄弟遺事帖子」に、「忠献既卒、鄭清之陽与相結、而陰排之〈見黄氏日抄〉、然理宗終以其父定策之功、下詔保全之、賜第湖上、引入西府、且有意相之、会以疾卒〈見史氏家伝〉」とある。

（9）趙葵が宰相就任を辞退した事情については、注（6）寺地論文一六～一七頁、および汪聖鐸「趙葵・趙范研究」（同『宋史探研』中国社会科学出版社、二〇一九年所収、初出は二〇一三年）二九八～三〇〇頁を参照。

（10）『後村全集』巻一七〇、行状「丞相忠定鄭公」もほぼ同文を伝えており、『宋集珍本叢刊』（綫装書局、二〇〇四年）所収の清抄本『後村全集』は「事僉両国」の「僉」を衍字として処理する。「事僉両国」では意味が通りにくいため、清抄本に従うべきかもしれない。

（11）『桐江集』巻七「鄭清之所進聖語考一」に、「今詳清之所書、初無上旨」とある。

（12）『桐江集』巻七「鄭清之所進聖語考一」に、「淳祐五年五月、先已上進、至是再録稿本、乞降御筆批付史館」とある。

（13）なお『後村全集』巻一七〇、行状「丞相忠定鄭公」も同様のエピソードを載せており、『宋集珍本叢刊』所収の清抄本『後村全集』はこの箇所を「上御集英中殿御看閣」と記す。

（14）『後村全集』巻一七〇、行状「丞相忠定鄭公」には史彌遠と鄭清之が浄慈寺で密談したエピソードと、嘉定十六年（一二二三）に皇后楊氏が理宗を簾のなかから見つめたというエピソードがあわせて収められており、「潜邸聖語」と理宗御筆の記述内容と一致する。これらのエピソードが劉克荘執筆の行状に反映されていることは、「潜邸聖語」と理宗御筆が確かに史館に送られ、それが行状執筆のための素材としてのちに劉克荘に提供されたことをうかがわせよう。

（15）『後村全集』巻一七〇、行状「丞相忠定鄭公」に、「男子一人、士昌、朝散大夫・宝謨閣待制、先公六年卒。……孫男三人、大有、某官。大節、某官。大□、某官」とある。また鄭士昌の右の官位は死後の追贈であったらしく、同史料には「莫愛於子、而士昌生前止通直、奉佑神祠」とあり、その生前の官位の低さが美談とまでされている。

（16）李昴英『文溪集』巻九、奏議「論陳枢密疏」に、「国本始定、神人所同喜、韡独出語不遜、識者駭愕」とある。李昴英は皇位継承者の決定に不満を表明したのが陳韡だけであったかのように描くが、このほか『宋史全文』巻三四、宋理宗四、淳祐八年八月丙申条にも「詔大理寺丞林炎、対疏狂妄、動揺国本、奪官三等、押出国門」とあることから、当時の南宋官界には同様の不満を持つ官僚が複数いたと考えて間違いないと思われる。

第一〇章　南宋四明史氏の斜陽——南宋後期政治史の一断面——

はじめに

清代の考証学者として有名な趙翼は、宋代に三世代にわたって宰相を生んだ名族を二つ挙げている。[1] 一つは河南呂氏であり、もう一つが四明史氏である。河南呂氏は北宋時代に呂蒙世・呂夷簡・呂公著の三宰相を輩出しただけでなく、南宋時代でも呂好問・呂本中・呂祖謙といった高官や思想家を世に送り出した。呂氏は両宋三二〇年を通じて名族としての地位を保ったといえるであろう。

これに対して四明史氏は、南宋時代にやはり史浩・史彌遠・史嵩之という宰相を輩出し、一時は「史氏一門、宰相三人、執政二人、執政の恩数に視う大臣三人、侍従二人、卿監四人、その餘は数を悉くす能わざるなり」[2]といわれるほどの繁栄を示したが、史嵩之失脚後は一族の科挙合格者数を減らすなど、その政治的地位を急速に低下させて南宋の滅亡を迎えた。史氏は明代までは郷里の明州慶元府（現在の浙江省寧波市）で地域の名族としての地位を保っていたようであるが、歴史の表舞台からは姿を消すことになったのであった。本章は南宋後期における四明史氏の衰退要因を再検討するとともに、その衰退が有した意味を政治史的な文脈のなかで探求しようとするものである。

史彌遠が南宋四代目寧宗・五代目理宗の両朝において、いわゆる「専権宰相」として長年にわたって独員宰相を務めたことや、史彌遠の死後に史嵩之がモンゴルとの和平政策を主導したことなどから分かるように、四明史氏は南宋中後期の政治史にとりわけ大きな足跡を残した一族であった。また後期南宋政治を主導したことで知られる鄭清之・喬行簡・趙葵・賈似道らが、いずれも史彌遠政権時代に形成された史氏の人脈から輩出されていたことも留意される。四明史氏の衰退過程を検討することが、そのまま南宋後期政治史の一端を明らかにすることにつながることが理解されよう。そのためか、史氏の衰退要因については、これまでにも先学によって注目されてきた。

例えばリチャード・デイビス氏は、史氏の衰退要因として、史彌遠が長期にわたって権力を独占したことで、官界から強い反発を受けていたことを重視する。こうした反発は史彌遠死後に史氏全体への批判へと転化し、官界における史氏の族人の昇進を阻害する大きな要因になったという。しかも何人かの史氏の族人はそうした事態を予期して史彌遠を非難したため、史氏の結束に亀裂が生じ、それが一族の分裂を誘発したとデイビス氏は論じていた[3]。

また黄寛重氏は、南宋官界における明州士大夫の消長を論じたなかで次のように述べている。史彌遠政権が成立すると、史彌遠は同郷の楼氏や袁氏などの有力宗族の族人を中央に糾合し、新たな政治勢力を形成した。ところが、やがて対金政策や理宗擁立をめぐって政見の違いが顕在化すると、これらの宗族同士の関係が悪化したり、各宗族の内部で対立が生じたりすることになった。四明史氏の内部でも史彌遠や史嵩之の政治姿勢をめぐって軋轢が生じ、それが史氏を政治的な衰退に追いやる要因として作用したというのである[4]。

デイビス氏と黄氏の見解には異なる部分もあるが、史氏内部における深刻な対立の存在を指摘し、それに起因する宗族結合の弱体化を史氏衰退の要因の一つに数える点では一致しているといえるであろう。両氏が依拠した史料には、後述するように何人かの史氏の有力な族人たちが、史彌遠の政治姿勢を非難していたとする記述が確かに見いだされる。しかしそれらの史料は、史彌遠の否定的な評価が定着した後世に編纂されたものであり、必ずしも公平な立場から書かれたものではない。とすれば、そうした史料に大きく依拠して導かれた右の両氏の見解には、再検討の餘地が多分にあると考えざるをえない。すなわち同時代の、しかも可能な限り史氏に近い立場から記された史料に依拠して、右の見解の妥当性が検証される必要があるのである。

以上の問題関心のもと、本章では本書第五章で紹介した明・鄭真輯『四明文献』(5)を主に活用し、右の問題の再検証を行うことにしたい。『四明文献』は明代初期に編纂された史料ではあるものの、南宋後期に史氏の族人の手で書かれた多くの文章がそのまま収められており、しかもそのほとんどは新出の史料である。それらを分析することにより、従来未知であった史実を明らかにすることができるはずである。

第一節　史彌遠政権時代の四明史氏

既述したように、史彌遠は寧宗朝後期から理宗朝前期にかけて、二十五年にもわたって独員宰相の地位を保持した。とくにその政権の後半期には、理宗の兄として帝位継承争いに敗北した済王趙竑の死後の処遇をめぐり、真徳秀や魏了翁ら朱学の領袖から厳しく批判されることになった。リチャード・デイビス氏と黄寛重氏は、そうした史彌遠の政治姿勢に不満を表明した史氏の族人として、史彌堅・史彌忠・史彌鞏・史彌応・史守之の名前を挙げている(6)。このうち史彌応・史守之については、清代以前の史料からは事跡をほとんど確認できないため保留とし、残りの史彌堅・史彌忠・史彌鞏の三人についてそれぞれ検証を加える。

(1)　史彌堅

史彌堅は史浩の末子で、史彌遠の異母弟に当たり、その事跡は元代の延祐『四明志』巻五、人物攷中、先賢「史彌堅」に見えている。史彌堅は開禧三年（一二〇七）に知臨安府に就任したが、右史料に「兄彌遠入相するに、嫌を以て出で潭州湖南安撫使と為る(7)」とあるように、兄史彌遠の宰相就任にともなって地方に出向し、のちには知鎮江府や知建寧府などを務めた。さらに「兄久しく相位に在るを以て、数しば帰を勧むるも聴かず、遂に祠禄を家に食むこと十有六年(8)」とあるから、宰相を長年務めていた史彌遠に引退を勧告するも容れられず、実権のない宮観差遣に十六年間も甘んじたというのである。

従来は右の記述から史彌堅と史彌遠との政見の不一致が指摘され、それが史氏の内部で不和が醸成されていたことの証左とされていた。しかしそうした議論には疑問が残る。というのも、第七章でその全文を紹介した清・史悠誠纂修『鄞東銭堰史氏宗譜』巻一、鄭清之「宋贈開府儀同三司忠宣公墓誌銘」（以下、本章では「史彌堅墓誌銘」と称す）は、史彌堅の事跡を最も詳細に伝える史料であるにもかかわらず、これまでの議論では見落とされてきたからである。ここでは主に「史彌堅墓誌銘」に依拠しながら、史彌遠と史彌堅との不仲説を検証する。まずは史彌堅が地方に出るきっかけとなった開禧三年（一二〇七）の韓侂冑暗殺事件を俎上にあげよう。

開禧元年（一二〇五）からの対金戦争を主導して失敗した韓侂冑は、同三年（一二〇七）十一月三日に、対金和平の早期締結を目指す官僚たちの謀略によって暗殺された。この暗殺事件を主導したのが史彌堅の兄の史彌遠であり、咸淳『臨安志』には、韓侂冑暗殺のまさにその日に史彌堅が両浙路転運副使として知臨安府に就任したことが記録されていた。リチャード・デイビス氏は、史彌堅の知臨安府就任と韓侂冑暗殺の時期が重なることを指摘し、通説では史彌遠と史彌堅との不仲が指摘されてきたうえに、史料的な裏づけがないことから自らの推論に半信半疑になりつつも、史彌堅が韓侂冑暗殺事件に巻き込まれた可能性を述べたのであった(9)。

さてこの件について、「史彌堅墓誌銘」には決定的ともいえる記述が見られる。当時の史彌遠・史彌堅の兄弟について、「開禧末、太師衛国忠献王、寧宗皇帝の密旨を奉じ、韓侂冑を誅す。公時に浙漕使者為り、志を叶わせ力を比わせ、謀断し以て定め、遄かに外府卿を以て天府を尹め、指揮弾圧するも、声色を動かさず。忠献の大勲労を帝室に有するは、公実に輔け以て済さしめればなり[10]」と伝え、さらに「侂冑の誅さるるや、忠献 公に謀るに、公は愨忠謹密にして、処分は粛然とし、既に事うるに預聞せざる者の若し[11]」とも述べていて、史彌遠（「太師衛国忠献王」「忠献」）が韓侂冑暗殺を主導した前後に、史彌堅も確かにそれに協力し、その事後処理にも当たっていたことが明記されていたのである。デイビス氏の推論が正しかったことが確認されよう。韓侂冑暗殺事件は、それを成功させた史彌遠が宰相に昇進するなど、四明史氏のいわば浮沈のかかった事件であった。かかる事件に対し、史彌遠・史彌堅は兄弟で協力して臨んでいた。少なくとも韓侂冑暗殺の時点までは、両者の間に政治的な対立は見いだしえないといえるであろう。

また前掲の延祐『四明志』には、史彌遠が宰相に就任したあと、史彌堅は地方に出ることになったと記されていた。リチャード・デイビス氏は、史彌堅のそうした行動の裏に史彌遠との不和があったと推測するが[12]、この見解は妥当であろうか。確かに「史彌堅墓誌銘」にも「寧宗これを眷みること厚く、特旨もて兼ねて夏官を貳せしむるも、未だ一月ならずして外去を丐う」（本書二八八頁）、もしくは「権兵部侍郎に除せられ、尋いで補外を乞う」（本書二八九頁）とあり、権兵部侍郎に就任した史彌堅が自発的に地方官を望んだことが記されており、一見すると史彌遠と史彌堅との不仲説を裏づけるように思える。しかしこれについてはより慎重な議論が求められる。というのも、史彌堅はもともと科挙合格を経ずに父の恩蔭によって出仕していたうえに、孝宗の実兄の趙伯圭の女子を娶ることで皇族の姻戚としての立場にもある人物だったからである。かかる背景を持つ史彌堅が権兵部侍郎という中央の顕職に留まれば、宰相となった兄が官界からの強い批判にさらされたであろうことは容易に想像される。史氏の族人に宛てられた劉宰の書箇に、「丞相当国するに及び、一尚書を以て滄洲を処するは、誠に未だ過為らざるも、而るに滄洲懇辞すること十数にして止まず、丞相も亦た終にこれを強いず。故に天下皆な大丞相の公に服して、滄洲の高を仰ぐ」[13]とあるのは決して誇張ではあるまい。親族回避の原則に照らしても、史彌堅（「滄洲」）が中央の官職を離れたのは、史彌遠（「丞相」）の安定的な政権運営を支援するための方便であったと考えるのが合理的である。[14]

さらに本書第九章で触れたように、史彌堅が葛洪・喬行簡を推挙していたことも注目される。[15]史彌遠は婺州（現在の浙江省金華市）出身の潘氏を妻とし、[16]同じく婺州出身の呂祖謙との交流が認められるなど、[17]婺州人と強いつながりを有していた。葛洪・喬行簡もまた婺州人であるうえに、史彌遠と交流のあった呂祖謙の門下生だったのである。[18]しかも葛洪・喬行簡はのちに執政官として史彌遠政権に参画したばかりか、喬行簡に至ってはのちに史彌遠の腹心と名指しされるほど史彌遠に近しい人物となった。[19]兄史彌遠の政権を支えた重要な人材を、弟史彌堅が推挙していたという右の事実からは、兄弟間の政治的な協力関係こそうかがわれるものの、不和や対立といった状態は想定しがたいように思われるのである。

（ii）　史彌忠

史彌忠は史浩の従弟の史漸の子であり、史彌遠にとっては堂兄に当たり、理宗朝時代に宰相を務めた史嵩之の父としても知られる。この史彌忠についても、延祐『四明志』に、「時に従弟彌遠、久しく相位に在り、数しば其の帰を勧む」[20]とあるように、史彌遠に宰相職からの引退を勧めたという、史彌堅の場合と全く同じ逸話が残されている。従来の研究が、これを史彌忠が史彌遠に不満を抱いていたことの例証として挙げている点も同様である。

しかし史彌忠と史彌遠の関係については、『四明文献』史彌忠所収、史彌忠「祭従弟衛王文」に次のようにある。

某再従為兄、同年進士、堕身選坑、誰其料理、遭〔王〕秉鈞、薦足五紙、循序而進、分符将指。納禄有請、嘉其知止、仮寵疏栄、聞者興起。

（某再従にして兄為りて、同年の進士なるも、身を選坑に堕とすに、誰か其れ料理せんや、王の秉鈞するに遭い、薦は五紙に足り、序に循いて進み、将指を分符せらる。禄を納めて請う有るに、其の知止を嘉せられ、寵に仮りて栄を疏せられ、聞く者興起す。）

史彌忠が史彌遠のために記した祭文であるが、二人が同年の進士であったことや、史彌忠は選人身分から長年抜け出せなかったが、史彌遠が宰相になったことでようやく推薦人がそろって改官できたことなどが記されている。史彌遠は史彌忠にとっての恩人であったことになるが、これは客観的な事実なのであろう。さらに右史料の続きには次のようにも記されている。

□□右之、視之如子、自叨世科、漫窃禄仕、誤辱当知、倶被隆□、□□無人、何用取爾、屢書力辞、幾於逆耳、言之不従、日虞□□、□□□〔□〕、□廟親政、当膺繁使、一召為郎、一進戸侍。抜擢之恩、銘〔鏤千〕載。

（□□右之、これを視ること子の如くし、世科を叨（かたじけ）なくして自り、漫として禄仕を窃み、誤りて当知を辱なくし、倶に隆□を被り、□□に人無し、何を以て取ること爾りか、屢しば書して力辞するも、逆耳するに幾く、これを言うも従わず、日び□□を虞れ、□□□□、□廟親政し、当に繁使を膺くべきに、一は召されて郎と為り、一は戸侍に進む。抜擢の恩、銘鏤千載なり。）

右冒頭の字句に欠字があり、前後の意味が不明瞭であるが、二句目に「これを視ること子の如くし」とあり、その下に「倶に隆□を被り」とあることからすれば、右冒頭の「□□右之」は、史彌忠の子である史嵩之・史巖之を示す語句か、史彌遠が二人を重用したという意味合いの語句だったのではないかと推測される。あるいは「巖」は「岩」

（本書二二二〜二二三頁の①静嘉堂文庫所蔵『四明文献』は宕とする）とも書くから、もともと「嵩之岩之」とあったものが、汚損などによって「□□右之」と見誤られたのかもしれない。いずれにせよ、右史料前半では、史彌遠が史嵩之・史巖之を我が子同然に扱ったことや、二人が科挙に合格し、出仕して理宗からの知遇を受けたことが述べられているのであろう。とすれば、後半の「□廟親政」と、「一は召されて郎と為り、一は戸侍に進めらる」とは、理宗（理廟）の「親政」開始によって、史嵩之・史巖之が郎官や戸部侍郎に抜擢されたことを特筆した文章であったことになる。この推測が正しいことは、近年公開された「宋史巖之墓誌」に紹定六年（一二三三）十二月に史巖之が金部郎官に任ぜられたことが記され[21]、同じく「史嵩之壙志」に端平元年（一二三四）に史嵩之が戸部侍郎に任ぜられたと述べられていることから確認できるのである[22]。

史嵩之は史彌遠政権時代に自らの新任の官職として、史彌遠も実情を掌握できていなかった前線の京湖制置使陳晐のもとの幕僚ポストを史彌遠に対して希望し、赴任後は前線の状況を史彌遠に逐一報告して軍費削減を成功させ[23]、のちには自ら京湖制置使のポストを務めた[24]。史巖之も史彌遠政権末期に江淮制置使趙善湘の幕僚を務めていたことを勘案すると、史彌遠は二人に前線の軍隊の目付役としての役割を期待していたものと推測される[25]。また理宗朝時代の監察御史呉昌裔の上奏には、晩年の史彌遠が史嵩之を自らの後継者と見なし、史嵩之を宰相にしようとしていたとする批判が見えている[26]。呉昌裔の批判内容の当否は不明としても、そうした批判が真実味をもってなされていたことは、史彌遠が史嵩之を重用していたことが誰の目にも明らかであったこと、および右の祭文が修辞的な言辞を用いつつも、一定の事実関係を記していたことを示している。史彌遠が史嵩之・史巖之兄弟にとくに目をかけていた事実は、史彌遠と二人の父史彌忠との間に親密な関係があったことを前提として初めて整合的に理解されるといえるであろう。

また史彌忠が咸寧県の県尉であった際に、隣接する蒲圻県の県尉であった趙方と親しい交友関係を築いていたことも重視される。両者は家族ぐるみのつきあいをしていたらしく、史彌忠はのちに趙方を史彌遠に推挙し、趙方は史彌遠政権のもとで長期にわたって京湖制置使を務め、金国の侵攻を食い止める役目を果たしたのである。そして趙方の死後は、史彌遠は趙方の子の趙范・趙葵を重用し、この兄弟はのちに李全軍の南下を阻止するなど、両淮地方の防衛の中核を担ったのであった。[27] 史彌忠は史彌堅と同じく、史彌遠政権を支える重要な人材の供給源となったのであり、そうした点からも史彌遠と史彌忠とが不和であったと見なすのには躊躇を覚えるのである。

(iii) 史彌鞏

史彌鞏は史彌忠の実弟であり、史彌遠にとっては堂弟に当たる。史彌鞏の伝記としては、至正『四明続志』巻二、人物、補遺「史彌鞏」と『宋史』巻四二三、本伝とがあり、後者は前者をもとにして作成された。[28] 内容も重複しているため、ここでは主に至正『四明続志』の記述に依拠したい。これによると、史彌鞏は太学の上舎生となったが、史彌遠が宰相となったことで親族回避が適用され、十年にもわたって試験が認められなかった。そのため科挙を受験して峡州教授として出仕したという。[29] のちに江東提点刑獄使などを務め、史嵩之が宰相となると親族回避によって直華文閣・知婺州に任ぜられたが、高齢を理由に宮観差遣に就任した。[30] 問題とされるのは、史彌鞏が史彌遠の死後に提示したとされる上奏である。すなわち史彌鞏は臨安府で火災があった際に、「霅川の変は済邸の本心に非ず、済邸の死は陛下の本心に非ず。矧や先帝の子、陛下の兄を以て、乃ち其の体魄を地下に安んずる能わざらしめば、寧んぞ能く和気を干して災異を召ぜざらんや」[31] と述べたのであった。

前述したように、史彌遠は理宗の兄の済王を差し置いて、強引な方法で理宗を皇帝に擁立した。『宋史』によると、済王はのちに反乱軍にシンボルとして担ぎ出され、反乱鎮圧後に中央の命令で殺されたという。[32] その後、理宗・史彌遠は済王の王号を剝奪したが、この措置に対して官界から批判が噴出し、批判者の筆頭であった真徳秀や魏了翁は排斥されたのであった。史彌鞏が済王の名誉回復を唱えたことは、史彌遠政治を批判したに等しい行為であったといえる。そのためか、真徳秀は史彌鞏を高く評価し、「史南叔、宗衮の門に登らざること三十年、未だ仕えざれば則ち其の寄理するところと為り、已に仕えれば其の排擯するところと為る」[33]と述べ、史彌鞏（「史南叔」）が史彌遠との関係を三十年にもわたって絶ち、史彌遠に排斥されたことを賞賛したらしく、至正『四明続志』の人物伝もそのことを特筆しているのである。

一見して明らかなように、史彌鞏の伝記史料は、史彌堅・史彌忠のそれよりも、史彌遠との政見の違いを一層強調する書き方になっている。それだけに史氏内部の不和を主張する立場からすれば、史彌鞏の事例は有力な論拠になりえよう。しかし史彌鞏が済王の名誉回復を求めたのが、史彌遠の死後であった事実には留意する必要があるのではないだろうか。当時は史彌遠に排斥されていた士大夫の復権が行われ、南宋官界では史彌遠を批判する言説がもてはやされていた[34]。反史彌遠の立場を鮮明にすることが、そのまま官界での声望や保身につながる状態にあったのである。史彌鞏が史彌遠を批判したといっても、そうした政治的な利害が錯綜するなかでなされたのであるから、その一事をもって両者間の不和を指摘するのはあまりにも性急であろう。

そうなると、史彌鞏が史彌遠との関係を三十年間も絶ったとする真徳秀の言葉の是非が改めて重視される。両者の不和が史彌遠政権成立直後から始まっていたと立証できるのであれば、史彌鞏による史彌遠批判も利害とは関係なく、その不和の延長線上でなされたと見なすことも可能だからである。これについては、『四明文献』宣繒所収、雑著、宣繒「史中散墓志銘」の記述が注目される。

四明山水之秀、鍾為人物者類多、英発偉特、而其気之蟠且聚、又有周流于民族間。疑若独厚者、如近世之名門史氏也。繒史氏出也。……繒童稚時、聞諸舅行曰、諱浤、字深翁、自幼敏悟、不好戯弄、七八歳時、挙止応対、如成人。……娶呉興楊氏、大理寺丞洎之孫、無子、立従兄漸之子彌鞏以嗣、今迪功郎峡州学教授君。……彌鞏求銘于繒、不得辞。

（四明山水の秀、鍾りて人物を為すこと類として多く、英発偉特にして、其の気の蟠かつ聚なること、又た民族の間に周流する有り。独り厚きが若きを疑うは、近世の名門史氏の如きなり。繒は史氏の出なり。……繒童稚の時、諸を舅行に聞くに曰く、諱浤、字深翁、幼き自り敏悟にして、戯弄を好まず、七八歳の時、挙止応対は、成人の如し。……呉興の楊氏を娶るに、大理寺丞洎の孫なり、子無く、従兄漸の子彌鞏を立てて以て嗣がしむるに、今の迪功郎峡州学教授君なり。……彌鞏銘を繒に求めれば、辞するを得ざるなり。）

宣繒が四明史氏の史浤のために記した墓誌銘である。これによると、史彌鞏は子がなかった史浤の継嗣となり、その墓誌銘の執筆を宣繒に求めたという。宣繒は史浩の「従妹」を母とし、史彌鞏の実父史漸に我が子同然に学問を教授されたという[35]から、史氏にとって宣繒は族人に準ずる存在であったといえる。問題となるのは、宣繒が史彌遠政権のもとで参知政事を務めるなど、史彌遠の腹心として活躍していたことである。右史料の省略部分では、史浩が「太師越忠定王」と称されているから、この墓誌銘は史浩が越王に封ぜられ、諡を忠定と改められた嘉定十四年（一二二一）八月以降に書かれたものと推定される。そして宣繒が同知枢密院事に任ぜられ、史彌遠政権に参画し始めたのも、同年同月のことなのであった[36]。

右の史料は史彌鞏と史彌遠とのつながりを直接示すものではもちろんない。しかし史彌鞏が義父の墓誌銘の執筆を、史彌遠政権の中核を担う準族人に依頼していた事実は、史彌鞏と史彌遠の関係が三十年間も断絶したとする言説の信憑性に、一定の疑義を突きつけるに十分であろう。前述した真徳秀の言葉には誇張が含まれていたものと推測されるのである。

史彌鞏が史彌遠との親族関係のために太学生から出仕するルートが使えず、科挙を受けて出仕したことや、史彌遠を後ろ盾にした昇進をしなかったことは劉宰が史氏の族人に宛てた書簡でも言及されており(37)、紛れもない事実だったのであろう。しかしそれとても史彌堅と同じく、史彌遠が親族を優遇しているという批判を受けないようにするための行為であったと考えれば十分に説明がつく。前掲した真徳秀の言葉だけに依拠して、史氏内部の不和を指摘するのはやはり問題があるといわざるをえない。

以上の検証により、先学が史彌遠政権時代における史氏内部の不和の例証として挙げていた五例のうち、少なくとも三例の妥当性に問題があることが明らかになった。史氏内部で作成された史料によったとはいえ、史彌堅・史彌忠の二人については、むしろ史彌遠に協力的であったことすらうかがわれたのである。先学が依拠していた史料の記述内容との落差はあまりにも大きいといえる。

それではなぜ史料の記述にこうした差異が生じたのであろうか。これについては、従来の議論で根拠とされていた史料が、いずれも地方志の人物伝であった点が留意される。史彌堅・史彌忠・史彌鞏は明州の道学者楊簡の高弟として知られた人物であり、今回検証を保留した史守之についてもそれは同様であった(38)。しかも史彌鞏の弟子の王応麟と、史彌鞏の孫で王応麟の弟子でもあった史蒙卿とは明州に朱子学をもたらした人物としても知られている(39)。四明史氏は朱子学を始めとする明州の道学の重要なルーツに位置づけられるのである。つまり史氏一族の全体が否定的な評価を被れば、それがそのまま明州で道学を学ぶ知識人全体の汚名となる状況にあったのであった。

ここで我々は、史彌遠と道学派士大夫との関係を論じた小島毅氏の指摘を想起する必要がある。小島氏によると、史彌遠と道学派士大夫との関係はもともと悪くはなかったが、後世になって史彌遠の否定的な評価が定着すると、史彌遠との関係が深かった道学派士大夫については史彌遠との不和がことさらに強調され、それによって名誉の回復や擁護がはかられたという。[40] これと同じことが、史彌遠以外の史氏の族人に対しても行われたのではないだろうか。延祐『四明志』の編者袁桷の母が史彌堅の孫女で、二人の姉妹がいずれも史彌忠の曾孫の妻となっていたこと、[41] および至正『四明続志』の編纂に携わった王厚孫も王応麟の孫で、史彌鞏の孫が王応麟の女婿となっていたことを勘案すれば、この疑いはより濃厚なものとならざるをえないであろう。[43]

このように、史彌遠政権に対して不満を持つ史氏の族人がいた可能性は残るにしても、少なくともそれが史氏一族の全体的な傾向であったとは見なしがたいことが明らかになった。このことは一宗族の問題を越えて、史彌遠政権のあり方そのものについても重要な示唆を与えるといえる。本節で見てきたように、執政官として史彌遠政権を南宋中央で支えた葛洪・喬行簡は、史彌遠と交流のあった呂祖謙の弟子であっただけでなく、史彌堅に推挙されてもいた。同じく執政官として活躍した袁韶・宣繒はいずれも史氏の姻戚であったし、[44] 鄭清之は史彌堅の家塾の元教師であった。[45] また前線の司令官として史彌遠政権を国防面で支えた趙方とその子の趙范・趙葵は、史彌忠による推挙をきっかけに重用され、史嵩之に至っては史氏の族人であった。さらに趙善湘と賈渉とは、嘉定十二年（一二一九）から淮西・淮東の制置副使をそれぞれ務めて対金防衛の最前線を担ったが、本書第八章で見たように、このうち趙善湘の子趙汝楳は史彌遠の女婿であり、[46] 賈渉は史彌遠の兄史彌正の孫女を娶っていたのであった。[47]

史彌遠政権は長期におよんだため、時期による程度の違いは見られるにしても、史彌遠政権が史氏一族やその姻戚・友人を重要な構成員としていたことは明らかであるといえよう。そういったことからしても、先学の主張には首肯できない点が残るのである。

第二節　史彌遠死後の南宋官界における四明史氏

前節では四明史氏の内部に不和が見られたとする先学の見解に異を唱えたが、その範囲はあくまでも史彌遠政権時代に止まっていたといえる。ところが黃寬重氏は、史氏内部の対立が史彌遠の死後に一層深刻さを増したと論じていた[48]。本節では引き続き、史彌遠死後の史氏内部の状況について検証することにしたい。

史彌遠死後の南宋政権では、前線にあった京湖制置使史嵩之がモンゴルと協力して金国を滅ぼすことに成功したが、まもなく右丞相鄭清之の主導で河南の奪還が図られ、モンゴルと開戦して大敗した。理宗は鄭清之を排斥しつつ、和平論者の喬行簡・史嵩之を宰執に起用し、喬行簡に中央政治を委ねるとともに、史嵩之に崩壊した前線の建て直しを命じたのであった[49]。その後、史嵩之が前線の総司令官として新たな防衛体制を構築し、襄陽府などの湖北方面の重要拠点を奪還すると、理宗は史嵩之を臨安府に召喚し、喬行簡亡きあとは中央政治をも史嵩之に委ねたのである。

史嵩之は嘉熙四年（一二四〇）に中央に召喚され、淳祐元年（一二四一）に独員宰相となった。淳祐四年（一二四四）に父史彌忠が死去して服喪し、その後は再び中央に戻らなかったことを勘案すると、史嵩之政権の存続期間は四年間から五年間ほどであったことになる。この期間中に、史嵩之はモンゴルの淮西侵攻を食い止め、余玠を派遣して四川の防衛体制を再建するなど、相応の成果をあげたようである。しかし史嵩之は「然るに儒士の迂緩なるを喜ばず[50]」とあるように、実務に疎い士大夫官僚を毛嫌いしていたという。このことが当時の士大夫にいまだ記憶の生々しかった史彌遠政権の再現を予感させたらしく、理宗が史嵩之の服喪を免除しようとすると官界や太学生から猛烈な反発が起こった。このとき史嵩之を弾劾した言路官の徐元杰・劉漢弼が相次いで急死したため、士大夫の多くが史嵩之による毒殺を疑ったという逸話[51]は、そうした反発の雰囲気の一端を伝えたものといえる。理宗も官界の声を無視することができず、ついには史嵩之の中央復帰を断念せざるをえなくなったのであった。

　このように史嵩之政権は当時の官界から強い反発を受けたが、黄寛重氏によると史氏の族人も史嵩之を公然と非難し、史氏内部の対立は激化の一途をたどったという[52]。その論拠としては二つの例証が挙げられており、そのうちの一つが史嵩之と史璟卿との対立である。史璟卿は史彌忠の孫とされるから、史嵩之にとっては姪（おい）に当たる。『宋史』巻四一四、史嵩之伝には、この史璟卿が史嵩之に宛てた書簡が引用されており、そこには史嵩之が宰相として都督を兼任してから不当な抜擢人事が横行していることや、荊湖の都督府から四川への援護が十分になされず、戦況を悪化させたことへの批判が見いだされる[53]。また史璟卿は右の書簡の末尾で「在野の君子」とともに早急に政策の転換を行うように提言したが、その後まもなく急死したため、人々は史嵩之による毒殺だと噂しあったというのである[54]。

　史璟卿が書簡で史嵩之の政策の誤りを指摘し、その是正を求めたこと自体は動かしがたい事実なのだと思われる。だがその内容は政策批判の枠内にとどまるものであって、右の書簡の存在だけをもって両者の不和の明証とすることには躊躇を感じざるをえない。史嵩之が史璟卿を毒殺したという疑惑にしても、徐元杰・劉漢弼の急死に附会して流布された憶説であろうから、これに信を置くことができないのはもちろんである。少なくとも右の事例だけでは、史氏内部に軋轢があったと立証することは困難であるといえよう。

　それではもう一つの例証は何かといえば、史嵩之と史宅之との対立がそれである。史宅之は史彌遠の子で、史彌遠の晩年には病に伏した父に代わって人事を差配したとされるほか[55]、同進士出身を賜って権戸部侍郎に任ぜられるなど優遇を受けた[56]。史彌遠の死後は賜与された邸宅を返納するなど謹慎の意を示し[57]、理宗も史氏の保全を命ずる詔を下して恩寵を示したが[58]、ほかの史彌遠の腹心たちともども弾劾を被り[59]、喪が明けてからもしばらくは地方と中央の官職を行き来した。しかし淳祐六年（一二四六）に工部尚書となり、翌年に括田法の施行を主導すると昇進を速め、同八年（一二四八）には同簽書枢密院事に任ぜられて執政官入りを果たし、まもなく同知枢密院事に任ぜられた[60]。理宗は史宅之を宰相に起用するつもりであったというが、史宅之は同九年（一二四九）に急死してしまい、理宗の意図は果たされなかったのであった[61]。

さて先学によると、史嵩之の服喪の免除が問題になった際に、史宅之もほかの官僚たちとともにこれに反対し、史嵩之の乱脈ぶりを暴露したという。周密『癸辛雑識』別集下「史嵩之始末」には次のようにある。

嵩之之従弟宅之、衛王之長子也。与之素不咸。遂入箚声其悪、且云、先臣彌遠、晩年有愛妾顧氏、為嵩之強取以去。乞令慶元府押顧氏還本宅、以礼遣嫁。仍乞置嵩之於晋朱挺之典。

（嵩之の従弟宅之、衛王の長子なり。これと素より咸せず。遂に箚を入れて其の悪を声し、且つ云う、先臣彌遠、晩年に愛妾顧氏有り、嵩之の為に強取せられ以て去る。乞うらくは慶元府をして顧氏を押して本宅に還らしめ、礼を以て遣嫁させしめんことをと。仍お嵩之を晋の朱挺の典に置かんことを乞う。）

もともと史嵩之と不仲であった史宅之は、箚子を提示して史嵩之が史彌遠の愛妾の顧氏を強引に連れ去ったことを非難し、顧氏を帰らせて再婚させることと、史嵩之を処罰することを求めたとある。史氏内部に深刻な対立があったことが示されており、これを文字通りに受け取ることができるとすれば、黄寛重氏の主張にとって有力な論拠となる史料であることは間違いないと思われる。

しかし筆者は右史料の記述に疑問を抱いている。というのも、本書第一一章で明らかにする当時の史嵩之政権のあり方と、右史料の記述との間には大きな隔たりがあるからである。第一一章の内容を一部先取りすると、史嵩之は嘉熙三年（一二三九）に南宋の国防体制を再建するに当たり、中央に働きかけて平江府（現在の江蘇省蘇州市）に浙西両淮発運使なる新官職を設けさせたと見られる。浙西地方から両淮方面への軍糧補給を統轄したこの官職の設置は、南宋中央による両淮防衛軍の統制を強化させるものであった。史嵩之は自分に近い人物を発運使・発運副使に起用することにより、自らの構想する防衛体制構築の助けとしたものと思われるが、このとき発運副使に任ぜられた人物のなかに史宅之の名前も見いだされるのである。(62) とすれば、右の『癸辛雑識』の記述と異なり、史嵩之と史宅之とが協力関係にあった可能性はきわめて高いといえる。『癸辛雑識』の記事内容の妥当性については、他史料と突き合わせたうえで慎重に検討される必要があるであろう。ここで注目したいのが、『四明文献』に収められている史宅之の書簡である。そこには当時の史氏の内部状況をうかがわせるものも含まれていた。『四明文献』史宅之所収、雑著、史宅之「与侍読修史判部尚書」には次のようにある。

伏領賜誨、不勝慰幸。六一姪、明爽可喜。吾族子弟、若此者亦不多得。命之以官、儘自承当〔得〕去、渠近者数有此請。和仲表兄、嘗与之言、継又貽書相囑。縁宅之諸□子、元被特旨、補授之官、今僅有其一、已許奏十三哥之孫。尚須挨排、必〔得〕両沢均命之、斯可矣。以此区処未定、非有他説也。兄長九鼎之重、既俯為著語。在宅之、敢不敬遵尊命。終有成説、自当稟白、而後畀之〈云云〉。銓期猶在来春、少俟政無害也。率此占復、尚容趨侍。稟謝、伏乞尊察。

（伏して賜誨を領するに、慰幸に勝えず。六一姪、明爽にして喜ぶべし。吾が族の子弟、此くの若き者も亦た多く得ず。これに命ずるに官を以てするも、儘自より承当して去くを得れば、渠れ近者数しば此の請有り。和仲表兄、嘗てこれに言い、継いで又た書を貽して相い囑す。宅之の諸□子、元より特旨を被るに縁り、これに官を補授せんとするも、今僅かに其の一有るのみにして、已に十三哥の孫を奏するを許す。尚し挨排するを須ち、必ず両沢もて均しくこれを命ずるを得んとすれば、斯れも可なり。此れを以て区処するや未だ定まらず、他説有るには非ざるなり。兄長九鼎の重、既に俯して著語を為す。宅之に在りては、敢えて尊命を敬遵せざらんや。終に成説有れば、自ずから当に稟白して、後にこれを畀うべし〈云云〉。銓期は猶お来春に在れば、少しく俟つも政に害無きなり。率ね此に占復し、尚お趨侍するを容れよ。稟謝し、伏して尊察されんことを乞う。）

内容に立ち入る前にいくつかの解説が必要であろう。まず書簡が宛てられた「侍読修史判部尚書」については、鄭真は右の書簡のために記した題跋において、「此の書の尚書は名号を著さざるも、其の時を以てこれを計るに、豈に大資寿楽公なるや」[63]と述べ、史巖之（「大資寿楽公」）ではないかと推測していた。「宋史巖之墓誌」によると、史巖之は嘉熙三年（一二三九）正月に権戸部尚書兼同修国史兼実録院同修撰に任ぜられ、同年六月に侍読を兼任しているので[64]、鄭真の推測は妥当だと思われる。さらに書簡中に見える「六一姪」「和仲表兄」「十三哥」のうち、「十三哥」は史氏の族人であること以外は不明なものの、鄭真は「六一姪」を史浩の同母弟史淵の曾孫の「菊屏君」に、「和仲表兄」を陳塤（字和仲）にそれぞれ比定していた[65]。陳塤は史氏の外甥で、史氏の族人と同じく楊簡に師事し、史彌遠の政治姿勢を厳しく批判して名声を博したとされる。問題は「菊屏君」の本名であるが、鄭真の手になる史世卿の墓表を見ると、この史世卿こそが「菊屏君」その人であることが判明する[66]。史世卿は史損之の子（史彌高の孫）であり、陳塤に文章を学んで太学生となった人物であった[67]。

以上を踏まえると、右の書簡は史宅之が史巖之に宛てたもので、史世卿をいかに任官させるかが話題とされていたことが分かる。史宅之は史世卿を任官させたく思っていたところ、史世卿自身からその要請があったほか、姻戚の陳塤も書簡で同じことを依頼してきた。史宅之は諸子に官職を与える特旨を受けていたが、すでに残りの枠は一つしかなく、その一つも「十三哥」の孫にあてがうことを約束してしまっていた。「十三哥」の孫と史世卿とを順番に任官させればよいが、自分の最終的な考えはまだ定まっていないと述べ、史宅之は史巖之からの返信を謝し、史巖之の教

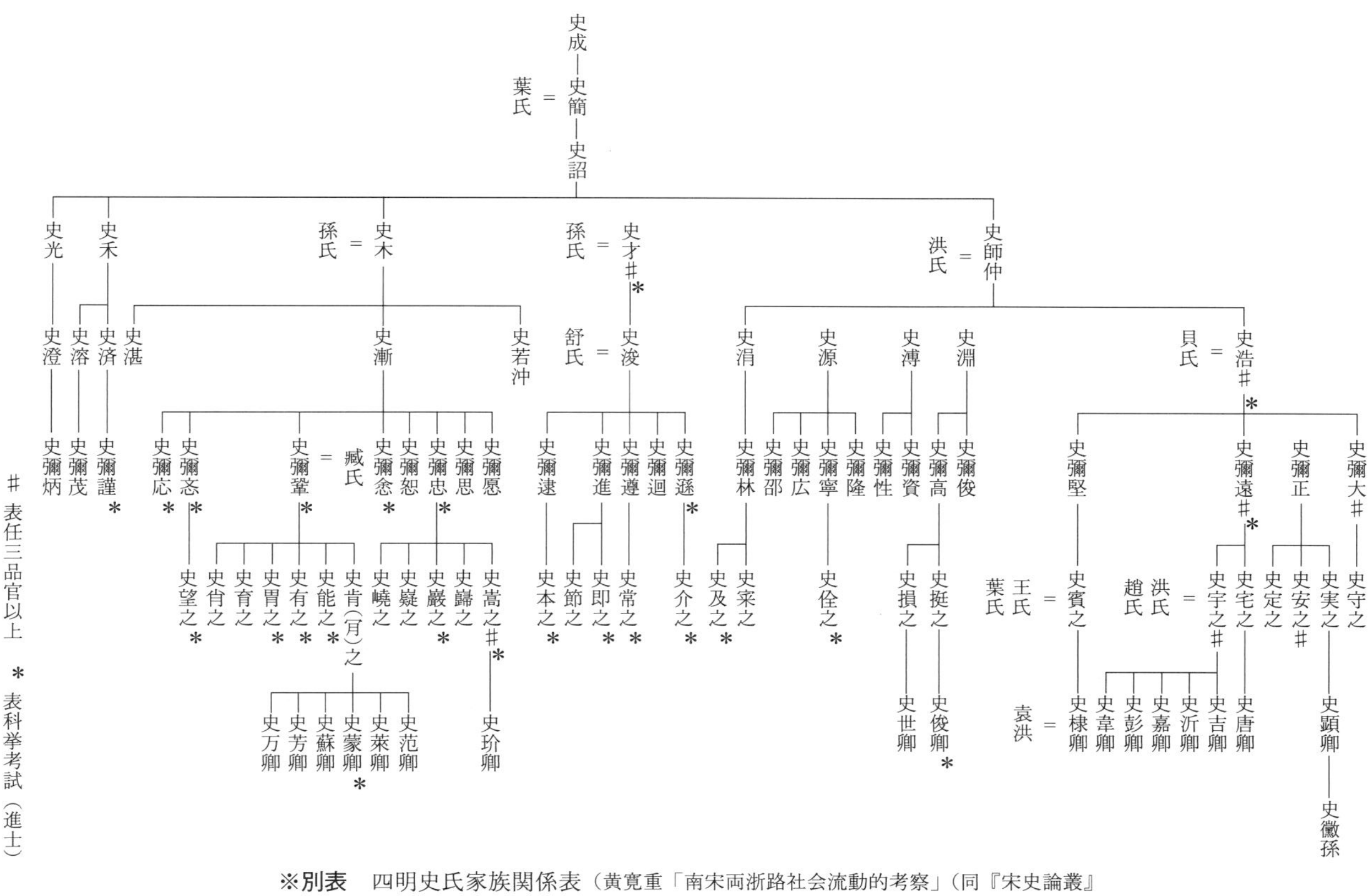

※別表　四明史氏家族関係表（黄寛重「南宋両浙路社会流動的考察」（同『宋史論叢』新文豊出版、1993年所収、初出は1991年）所掲表を一部補訂して転載）

えに従うと述べたのであった。

右の書簡に先立ち、史宅之は史巖之に書簡で史世卿の任官を相談していたようであるが、その文面や史巖之からの返信内容は明らかではない。ただしその後の状況は『四明文献』史宅之所収、雑著、史宅之「与丞相永国公書」からうかがうことができる。

宅之僭有忱悃、仰扣崇厳。六一姪幼失怙恃、能自植立、且其疏爽可愛。先爹爹在日、嘗欲命為待制兄之後、旋即中輟、東馳西騖、依然白丁。宅之甚念之。因思先爹爹解政、有特補諸孫恩命、曩嘗改奏、已蒙公朝従申、已保明補授。茲欲以宅之第四子会卿未受告命、申請于朝、改奏六一姪承受。向者制書兄長数嘗為致斯請、因循未嘗所願、毎切歉然。伏惟兄長独運化鈞、斡旋成就、尤易為力。此又六一姪之栄遇。謹先具拝呈、敢望鈞慈憐其困躓之久、曲賜造化。時与鈞判箚下、召保具奏、庶使大田二位、復有此姪、預名仕版、不勝宗党之幸。凌躐控稟、伏绪震悚、仰祈鈞察。不備。

（宅之僭にして忱悃有り、崇厳を仰扣す。六一姪幼くして怙恃を失うも、能く自ら植立し、且つ其の疏爽愛すべし。先爹爹在りし日、嘗て命じて待制兄の後と為さんと欲すも、旋いで即ち中輟し、東馳西騖し、依然として白丁なり。宅之甚だこれを念う。先に爹爹解政し、特に諸孫を補すの恩命有るを思うに因り、曩に嘗て改奏せんとするも、已に公朝の申に従うを蒙り、已に保明して補授せらる。茲に宅之の第四子会卿未だ告命を受けざるを以て、朝に申請し、六一姪に改奏して承受せしめんと欲す。向者（さきごろ）制書兄長数しば嘗て為に斯の請を致すも、因循として未だ嘗て願う所のごとからず、毎に切に歉然とす。伏して惟うに兄長独運化鈞すれば、斡旋成就せしめるは、尤も力を為し易からん。此れ又た六一姪の栄遇なり。謹んで先に具して拝呈し、敢えて望むらくは鈞慈其の困躓の久しきを憐れみ、曲げて造化を賜らんことを。時に与（ため）に鈞判箚下し、召保具奏せしめ、大田二位をして、復た此の姪有りて、名を仕版に預からしむれば、宗党の幸に勝えざるに庶からん。凌躐して控稟し、伏して震悚を褚し、鈞察を仰祈す。不備。）

これは史宅之が史嵩之に宛てた書簡であり、先の書簡と同じく史世卿の任官が話題とされている。史嵩之が「独運化鈞」しているとあるから嘉熙四年（一二四〇）以降のものであろう。史宅之によると、史彌遠（「先爹爹」）は史世卿を早逝した史宅之の兄史寛之（「待制兄」）[68]の継嗣にしようと考えていたが果たせず、史世卿は依然として無官のままである。史彌遠の死に当たり、諸孫を任官する恩命が下されていたため、史宅之はそのとき申請した枠の一つを史世卿に改めようとしたが、その前に申請が認められて任官の命令が下されてしまった。史宅之の第四子の史会卿だけはまだ告命を受けていないため、朝廷に上奏して史会卿の枠を史世卿に振り替えたいと考えている。以前、「制書兄長」がこのことを請願してくれたがまだ認可されていない。史嵩之は独員宰相であり、このことを斡旋するのは容易であろうから、どうか力添えをしてもらいたいと述べ、「大田二位」（本書二二三～二二四頁の②中国国家図書館所蔵清抄本は「大田一位」とする）において史世卿のような者を仕籍に登らせることは宗族の幸いであると結ばれている。

「制書兄長」と「大田二位」の意味が明らかではないが、前掲した「与侍読修史判部尚書」の内容を踏まえると、あるいは「制書兄長」とは「制置尚書兄長」を省略したもので、史巖之を指しているのではないかと思われる[69]。この推測が正しければ、史巖之は史宅之と前掲書簡のやり取りをしたあと、史世卿の任官のために中央に対して働きかけを行ったものの、それは不首尾に終わっていたということになる。また「大田二位」については、史彌遠や史彌忠・史彌鞏らの曾祖父であった史詔が連想される。史詔は北宋末に八行科に挙げられたが、母葉氏と離れることを忌避し、葉氏を連れて鄞県東部の大田山に逃避したという[70]。史詔のことを「大田」と称した事例が見いだせず、根拠が薄弱であることを免れないが、右の故事から史詔を開祖とする史氏一族の一分枝を「大田二位」と呼んでいたものとここでは推測しておきたい。

右の二通の書簡は一事例を提供するにとどまるが、それでもその内容からは、当時の史氏の族人が互いに書簡をやり取りし、恩蔭による任官を融通し合うことで一族の結束を維持しようとしていたことが事実として看取されよう。ただしこれらの書簡の内容だけでは、史嵩之と史宅之が不仲であったとする『癸辛雑識』の前掲記事を否定することはできない。史宅之の働きかけにもかかわらず、史世卿の任官はこのとき成就しなかったからである。史世卿は史宇之（史宅之の弟）に認められた明堂の恩により、淳祐九年（一二四九）にようやく出仕できたのであった。となると、史嵩之の政権下で史世卿の任官がかなわなかったのは、史嵩之が不仲であった史宅之の要請を拒否したからだったとも解釈しうるのである。しかしこうした解釈の可能性は、次の史料によってほぼ否定される。『四明文献』史宅之所収、雑著、史宅之「与六一姪」にはこのようにある（丸数字と傍線は筆者加筆）。

宅之初七日、承見訪、獲聆偉論、且同得剖露心曲之蘊。諒辱采悉、慰甚幸甚。次日沐恵汗、開諭諄諄、足仞委曲之意。第吾姪行計速甚、［竟］不果相送、殊用慊然。別去幾旬、已切馳企想、已善達郷間、未審幾次到。①集賢叔公（父）、侍旁大資伯公、何日成服、用何日出殯、用何日一（下）葬。佳城必已有吉地、定在何処。集賢叔父、已頒奪情之制、殊切賛慶。宣押中使、絶江已多日、必已到郷里。集賢当須急遵承聖上眷倚之意、必不俟駕。不諗的、用何日届途。計今必已有成説。造朝右（在）大資成服之後、或在窀穸之後、悉勺一一批報。此間近日事体、当自知之、政不在劣叔賛（贊）述也。②宅之本擬此月半喚渡、上澣前後、感冒発熱、一病数日、謁告之奏、今日方上、勢須俟得回降、方可絶江也。劣叔心事、昨已面剖、凡心之精微、已索言之、無餘蘊矣。或有揣摩臆度者、妄為異端、幸為我明辨之。宅之已連拝集賢書、如到侍辺、望為伸起居。率此布叙。人行速不克詳控、欲言未竟。尚俟続訊、幷幾亮及。不具。

（宅之初七日、見訪を承り、偉論を聆くを獲、且つ同に心曲の蘊を剖露するを得。諒に采悉を辱けなくし、慰めらるること甚しく幸いなること甚しきなり。次日恵汗を沐るに、開諭すること諄諄にして、委曲の意を伮るに足る。第だ吾が姪の行計速きこと甚だしく、竟に相い送るを果たせず、殊に用て慊然とす。別去すること幾旬、已に切に企想を馳せ、已に善く郷間に達すること、未だ幾次到るかを審らかにせず。①集賢叔父、大資伯公に侍旁するに、何れの日に成服し、何れの日を用て出殯し、何れの日を用て下葬せんや。佳城なれば必ず已に吉地有るべきも、定むること何処に在るや。集賢叔父、已に奪情の制を頒せらるること、殊に切に賛慶す。宣押の中使、絶江して已に多日なれば、必ず已に郷里に到るべし。集賢当に須らく急ぎ聖上眷倚の意を遵承し、必ず駕を俟たざるべし。諗らかならざる的は、何れの日を用て途に届らんや。計るに今必ず已に成説有るべし。造朝は大資成服の後に在るや、或いは窀穸の後に在るや、悉く一一批報せられんことを匄う。此の間近日の事体、当に自ずからこれを知るべくして、政に劣叔の贅述には在らざるなり。②宅之本より此の月の半ばに喚渡せんと擬すも、上澣前後、感冒発熱し、一病数日、謁告の奏、今日方めて上れば、勢いとして須らく回降を得るを俟ち、方めて絶江すべきなり。劣叔の心事、昨ごろ已に面剖し、凡そ心の精微は、已に索めてこれを言えば、餘藴無し。或いは揣摩臆度する者、妄りに異端を為す有れば、幸わくば我が為にこれを明辨せよ。宅之已に集賢の書を連拝し、侍辺に到り、望みて為に起居を伸するが如し。率ね此に布叙す。人の行いは速ければ詳控する克わず、言わんと欲するも未だ竟くさず。尚お続訊を俟ち、幷びに幾わくは亮及せられんことを。不具。）

史宅之が史世卿に宛てた書簡である。冒頭では史宅之が史世卿の訪問を受けて腹を割って話し合ったこと、史世卿の明州への出発を見送れずに残念であったことなどが述べられている。注目すべきは①の部分であり、ここではまず史嵩之（「集賢叔［父］」）が父史彌忠（「大資伯公」）の成服（喪服に着替えること）・出棺・埋葬を何日に行い、墓地はどこに決めたのかが尋ねられている。(71) つまりこの書簡は『癸辛雑識』の前掲記事と同じく、史嵩之の父の死の直後に出されたものなのである。さらに史宅之は、史嵩之の服喪を免除する「奪情の制」が下されたことを祝福し、その使者は何日も前に銭塘江を渡っており、すでに明州に到着しているはずであり、史嵩之は必ずやすぐにそれに応じるべきだと主張する。そして史嵩之が中央に戻るのは成服のあとなのか、それとも埋葬のあとなのか、逐一教えて欲しいと記されている。また②には、史宅之の帰郷は病のせいで遅れてしまうため、自分の気持ちを邪推する者がいれば弁明して欲しいともあるが、その後ろの記述から史宅之が史嵩之の書簡を何度も受け取っていたことが判明するのである。

史嵩之と史宅之がきわめて親密な関係にあり、官界でも協力しあっていたことが赤裸々に示された書簡であるといえよう。それではこれと異なる事情を記していた『癸辛雑識』の前掲記事は全くの虚偽であったのかといえば、必ずしもそうではあるまい。史宅之が箚子によって史嵩之を批判したこと自体は事実だったのではないかと思われる。史嵩之の服喪の免除が問題化すると、南宋の官界では「時に士人の嵩を攻める者は免解せられ、士大夫の嵩を攻める者は擢用せらる[72]」ことになった。史嵩之を批判することが史氏全体の政治的な利益につながる状態にあったとすれば、政治的な配慮のもとで史宅之が史嵩之を批判したとしても何ら不思議はあるまい。また史宅之がのちに執政官になると、「不知の者乃ち曰く、宅之政府に在れば、以て嵩之を遏めてこれを来たらざらしむべし[73]」とあるように、南宋中央では親族回避の原則を盾にして史嵩之の中央復帰を阻もうという声も出たというが、史嵩之の代わりに史宅之の執政官への起用を許容する声が官界にあったという事実は、史宅之による史嵩之批判が一定の効果を収めていたことを示唆するのである。

なお同族内でこうした政治的な選択が行われることは決して珍しくなかったようで、同時代の類似例としては趙范・趙葵の事例が挙げられる。河南の領有をめぐる南宋とモンゴルとの戦争において、趙氏兄弟は南宋軍の司令官を務めたが大敗した。そこで趙范は弟の趙葵が洛陽を軽々しく占拠したことが敗北につながったとして趙葵を弾劾し、自らは京湖安撫制置大使に任ぜられた。[74] これだけを見ると、兄弟は不仲であったように思える。ところがその二年後に趙范の不手際で重要拠点の襄陽府が失陥すると、趙葵は密かに「趙検正」に書簡を送り、兄の窮状を救うための力添えを依頼したのであった。[75] 右の趙范の弾劾が、あくまでも兄弟のどちらかが高官に残るための便宜的なものであったことは明らかであろう。史氏も趙氏も本音と建前を巧みに使い分けながら、官界における一族の生き残りを模索していたのである。恐らくは官界の側もそれを承知のうえでそうした駆け引きを容認していたであろうことを考えると、そこに政治の場における伝統中国の人々の行動様式を垣間見ることも可能かもしれない。

以上の検証により、史彌遠の死後においても、四明史氏の内部に深刻な軋轢があったとは見なしがたいことが明らかになった。となると、史氏が政治的に衰退した原因を別途説明する必要が生じてくるが、これについては史氏の衰退が史嵩之・史宅之の退場後に始まっていたことが留意される。すなわち宰相史嵩之が淳祐四年（一二四四）に父の死を機に引退に追い込まれ、そのあとを襲って執政官となった史宅之も淳祐九年（一二四九）に急死すると、政府高官に史氏の族人が起用されることはほとんど見られなくなるのである。そもそも理宗が史嵩之・史宅之を重用したのは、二人の才腕もさることながら、史彌遠政権が長期に及んだがゆえに、中央政府や最前線での政務経験を持つ者の多くが史氏の人脈で占められていたこともその理由であったと推測される。理宗が即位してから史彌遠が死去するまで、南宋の中央政治のほとんどは史彌遠によって取り仕切られていた。そうした理宗にとって、にわかにモンゴルの脅威に自ら対処しなければならなくなったことは、あまりにも大きな負担であったに相違ない。理宗がかかる状況下で現実的に頼りにできたのは、中央・前線の有為な人材を知悉し、様々なつながりを張り巡らしていた史氏の巨大な人脈であったはずである。なかでも史嵩之と史宅之は人脈の中心に位置していたうえに、史彌遠政権のもとで最前線の司令官を務めたり、宰相が行うべき人事の差配を代行したりしていた点で、理宗の補佐役として二人はまさに最適の人材であったといえるであろう。

　ところが史嵩之・史宅之の退場後、史氏にはこの二人に匹敵する経歴・実績・能力を備えた族人は見当たらなくなる。史嵩之政権のもとで沿江制置副使を務め、開慶元年（一二五九）に同職に復帰した史巖之は例外であるが、史嵩之の服喪をめぐって官界が紛糾したあとにあっては、その実弟の史巖之が中央の要職に起用されることは困難であったろう。[76]つまり史氏が政治的に衰退した最大の要因は、史嵩之・史宅之の退場後にその役割を引き継ぎ、政府高官を担うことのできる史氏の族人が存在しなかったことに求められる。史嵩之・史宅之は理宗の求める人材像に合致していたからこそ躍進できたのであり、史氏がそれに見合う人材を供給できなくなれば、政治の表舞台から遠ざかるのはむしろ当然であったといえる。高官となる族人が減れば恩蔭も減少し、それだけ史氏一族の結束を減退させたと思われるが、それは当時の宗族で普遍的に見られた現象であろう。史氏の内部に不和があったと無理に想定せずとも、史氏もまたほかの宗族と同じ衰退過程をたどったものと説明できるのである。

　それでは四明史氏のこうした衰退は、当時の政治史においていかなる意義を有したのであろうか。これについては、史氏の衰退が結果として賈似道を登場させたことに留意すべきだと筆者は考える。賈似道は賈渉の子で、賈渉は前節で見たように史彌遠政権のもとで国防を担った人物であり、その妻は史彌遠の兄史彌正の孫女であった。理宗の貴妃賈氏はこの史氏と賈渉との間に生まれた女子である。賈似道は賈渉の妾胡氏を母とし、[77]史氏の血を引いてはいなかったが、賈似道が史氏一族にとって近しい姻戚であったことは間違いないといえる。これまで賈似道は貴妃賈氏が異母姉であったことから理宗の信任を受け、要職に抜擢されたと理解されてきたが、[78]史氏の姻戚であったことも理由の一つに数えられるべきであろう。というのも、賈似道を金部に推薦して昇進の足がかりを与えたのは、ほかならぬ史巖之だったからである。[79]その後、賈似道は史嵩之政権下の淳祐元年（一二四一）に湖広総領官に抜擢され、京湖方面の軍糧補給を一任されるが、当時の京湖安撫制置大使は史嵩之の腹心孟珙であった。史嵩之は孟珙が動きやすいように自らの姻戚を補給役に起用したのであろう。また孟珙は死の直前に賈似道を自分の後任として中央に推挙するとともに、賈似道に李庭芝を推挙したという[80]。李庭芝はのちに賈似道の腹心となり、賈似道政権のもとで両淮方面の防衛を担うことになる。同じく賈似道の腹心として京湖・四川方面の防衛を担った呂文徳は趙葵に見いだされた人材であり[81]、その趙葵がもともと史氏の人脈から出ていたことは前節で見た。ちなみに、『宋史』巻四七、瀛国公本紀では、趙葵の長子趙溍もまた賈似道に近い人物として名前が挙がっている。呂文徳は賈似道が開慶元年（一二五九）に鄂州府を防衛した際に信任されたらしく、前後関係は不明だが、呂文徳の姪の呂師孟が賈似道に近い東元嘉の女子を娶るなど[82]、呂文徳と賈似道は親密な関係にあったようである。このほか賈似道が両淮制置大使であった宝祐三年（一二五五）に、史嵩之の孫女を娶った程坰を蔡県の県丞として辟召していたことも注目される[83]。

　これらの事例からは、賈似道が四明史氏の人脈、とりわけ史嵩之に連なる人脈を濃厚に継承していた事実がはっきりと浮かび上がる。史彌遠は自分が才腕を認めた人物を「人才簿」に記録していたとされ、その「人才簿」はのちに史嵩之に継承されたと伝えられる[84]。ことの真偽は不明なものの、当時の人々が史彌遠・史嵩之両政権の間に人脈の連続性を看取していたのは間違いないと思われる。賈似道もまたそうした人脈のなかでそれを利用しながら擡頭し、史嵩之の退場後にその人脈を取り込んでいったものと見られるのである。賈似道は前線の司令官としてのキャリアを積み重ね、開慶元年（一二五九）には鄂州府の防衛を成功させるに至る。理宗の目にこうした賈似道が能力・実績からしても、また人的なつながりからしても、史氏に代わりうる存在として映ったであろうことは想像するに難くない。だからこそ賈似道は宰相に就任したあと、打算法（軍事経費の会計監査）を推進するに当たり、史氏の人脈のもう一つの中心として自らの対抗馬になりうる存在であった史巖之をも標的にしなければならなかったのであろう[85]。史氏の姻戚として史嵩之に重宝され、その手駒として頭角を現した賈似道は、史巖之の政治生命を絶つことでついに史氏との立場を完全に逆転させたと思われる。景定二年（一二六一）から史嵩之の子史玠卿が、同じく咸淳元年（一二六五）から は史彌鞏の孫史蒙卿までもが呂文徳の幕府に参画しているのは[86]、賈似道政権に取り込まれた史氏の姿を如実に示すといえる。しかも史玠卿の女子史釆伯は、范文虎の子と思しき范偉に嫁いでいた[87]。范文虎は呂文徳の一族の女婿であるとともに[88]、賈似道政権のもとで国防の中核を担ったことでも知られるから、右の婚姻が南宋滅亡前に行われたとすれば、そこに賈似道の意思が介在していた可能性は高いといえる[89]。この想定が妥当であるとすれば、史氏は賈似道の姻戚として、いまや逆にその手駒とされるに至っていたとも考えられるのである。

元代の袁桷は、賈似道が権力掌握後に明州人を毛嫌いして排斥したことを伝えているが、恐らくはこれも史巖之の排斥と同じく、高衡孫・趙汝楳・趙孟伝・袁洪といった史氏に近い明州人たちを、賈似道が自らの潜在的な脅威と見なして狙い撃ちした結果であったと思われる[90]。これまで見た経緯からしても、賈似道はもともと明州人の人脈にきわめて近い立場にあったと考えざるをえず、賈似道が明州人の全てを目の敵にしたとする袁桷の証言には明らかな誇張が認められる。黄震・孫子秀・陳著といった明州人が、賈似道政権のもとで活躍していた事実はそれを裏づけるといえる[91]。袁桷は賈似道による権力抗争を針小棒大に書き立て、賈似道と明州人全体との間に対立があったかのように歪曲することで、「亡国の宰相」であった賈似道と自らの属する明州人との関係を糊塗しようとしたのであろう。そこに貫かれているのは、やはり袁桷が史彌堅・史彌忠と史彌遠との不和を曲筆していたのと全く同じ手法である。

おわりに

以上本章では、四明史氏の内部に深刻な対立が見られたとする先学の見解を再検討した。その論点は次のようにまとめられる。

まず史氏同士の対立が醸成されたという史彌遠政権時代については、墓誌銘や祭文といった史氏内部で形成された同時代史料を検討したところ、史氏の族人が史彌遠と対立した形跡は見いだされず、それどころか史彌堅・史彌忠といった族人は史彌遠の政権運営に協力的だったことがうかがわれた。史彌遠政権の安定的な運営は、史氏の族人・姻戚・友人を政権の中核とすることで果たされており、史氏内部に史彌遠への不満を持つ族人がいたとしてもそれはごく少数だったはずである。当時の史氏内部の対立を伝える史料はいずれも地方志の人物伝であり、それらの編纂には後世の史氏の縁者が深くかかわっていた。彼らが史氏の内部対立を強調したのは、自らの姻戚である一部の史氏の族人を、史彌遠が被った否定的な評価から切り離す狙いがあったと考えられる。

さらに史氏同士の対立がより深刻化したとされる史彌遠死後については、史宅之が族人に宛てた三通の書簡に注目した。これらの書簡には、互いに書簡をやり取りしながら恩蔭の分配を調整し、一族相互の結束を維持する努力を払っていた当時の史氏の姿が描かれていた。当時の筆記史料には史宅之と史嵩之の不和が書き立てられていたが、右の書簡からはむしろ二人が互いに協力し合いながら、官界での生き残りを模索していたことが明らかになったのである。史嵩之・史宅之の退場後に四明史氏が政治の表舞台から遠ざかった理由は、当時の史氏に二人の政治的な役割を引き継げる族人が不在であったことにこそ求められよう。

ただし史氏の政治的な衰退には、単なる一宗族の盛衰を超えた政治史的な意義が認められる。すなわち史氏の姻戚としてその人脈を継承し、しかも貴妃の異母弟として理宗からの信任を受けやすい立場にあった賈似道が、史氏が衰退した間隙を縫う形で擡頭していたからである。賈似道がのちに形成した対モンゴル国防体制は、史彌遠・史嵩之の政策を祖型とするものであった。理宗が史氏に代わる新たな補佐役を求めることで史氏の政治的な衰退が始まったとすれば、史嵩之・史宅之が退場したあとの四明史氏の衰退は、賈似道政権成立のための前提条件をなしていたと結論づけられるのである。

注

（1）趙翼『廿二史箚記』巻二六「継世為相」に、「再世為相、漢推韋・平、唐推蘇・李、已属僅事、宋則有三世為相者。呂蒙正相太宗、其姪夷簡相仁宗、夷簡子公著、哲宗時亦為相、伝賛謂世家之盛、古所未有。南宋則史浩相孝宗、其子彌遠相寧宗・理宗、浩孫嵩之〈彌遠之姪〉、理宗時亦為相」とある。なお史嵩之は史浩の孫ではなく、正確には史浩の従弟史漸の孫である。

（2）清・全祖望『甬上族望表』巻上「西湖史氏」に、「史氏一門、宰相三人、執政二人、視執政恩数大臣三人、侍従二人、卿監四人、其餘不能悉数也」とある。

（3）戴仁柱著／劉広豊・恵冬訳『丞相世家――南宋四明史氏家族研究――』（中華書局、二〇一四年、英文原著はRichard L. Davis. *Court and Family in Sung China 960–1279—Bureaucratic Success and Kinship Fortunes for the Shih of Ming-Zhou*, Duke U.P., 1986）一四三～一九二頁を参照。なお英文原著の結論部分にも参照すべき箇所があるが、右の中文版では節略されてしまっている。これについては右の英文原著の一六九～一八七頁を参照。

（4）黄寛重「四明風騒――宋元時期四明士族衰替――」（同『政策・対策――宋代政治史探索――』中央研究院聯経出版、二〇一二年所収、初出は二〇〇九年）一四〇～一五八頁を参照。

（5）本書第五章を参照。

（6）注（3）戴著書一四三～一六九頁、および注（4）黄論文一五三～五頁を参照。

（7）延祐『四明志』巻五、人物攷中、先賢「史彌堅」に、「兄彌遠入相、以嫌出為潭州湖南安撫使」とある。

(8) 延祐『四明志』巻五、人物攷中、先賢「史彌堅」に、「以兄久在相位、数勧帰不聴、遂食祠禄於家十有六年」とある。
(9) 注(3)戴著書一四五頁を参照。
(10) 本書第七章に所掲の「史彌堅墓誌銘」二八八頁を参照。
(11) 本書第七章に所掲の「史彌堅墓誌銘」二八九頁を参照。
(12) 注(3)戴著書一四五頁を参照。
(13) 劉宰『漫塘集』巻六、書問「回鎮江権倅史延陵〈時之〉」の二通目に、「及丞相当国、以一尚書処滄洲、誠未為過、而滄洲懇辞十数不止、丞相亦終不強之。故天下皆服大丞相之公、而仰滄洲之高」とある。
(14) 南宋初期の事例ではあるが、明・楊士奇ほか編『歴代名臣奏議』巻一四二、用人、許景衡「論黄潜厚除戸部尚書箚子」と「乞令黄潜厚回避第二箚子」は、宰相黄潜善の兄黄潜厚が戸部尚書に任ぜられた際に、兄弟が尚書省に属することを不適当と見なして批判した上奏文である。事情は史彌遠・史彌堅においても全く同じであった。
(15) 葛洪については本書第八章三五一頁と三七〇頁の注(127)を、同じく喬行簡については本書第九章三九六頁と四一二頁の注(58)をそれぞれ参照。
(16) 潘氏の一族については、『晦庵文集』巻九四、墓誌銘「直顕謨閣潘公墓誌銘」に記述がある。
(17) 延祐『四明志』巻巻五、人物攷中、先賢「史彌遠」に、「与東莱呂祖謙相游従」とある。
(18) 清・黄宗羲『宋元学案』巻七三、麗沢諸儒学案、東萊門人「端献葛先生洪」、および同書同巻「文恵喬孔山先生行簡」。
(19) 王邁『臞軒集』巻二、奏疏「乙未六月上封事」に、「行簡為人、素号多智、彌遠在時、善事惟謹、其性姿多苛、其薦挙多私、彌遠喜其順己、毎事委曲従之」とある。
(20) 延祐『四明志』巻五、人物攷中、先賢「史彌忠」に、「時従弟彌遠、久在相位、数勧其帰」とある。
(21) 章国慶編著『寧波歴代碑碣墓誌彙編　唐/五代/宋/元巻』(上海古籍出版社、二〇一二年)所収「宋史巖之墓誌」三一九頁を参照。
(22) 魏峰・鄭嘉励「新出《史嵩之壙志》・《趙氏壙志》考釈」(『浙江社会科学』二〇一一—一〇、二〇一一年)一四六頁を参照。

（23）延祐『四明志』巻五、人物攷中、先賢「史嵩之」に、「後登第、従父丞相彌遠曰、新調官当何之。嵩之願官襄漢。彌遠在相位最久、向仕内郡、実不知襄漢表裏。心大喜、即調為襄陽戸曹、襄帥陳垓、歳索調用増陒塞、丞相不能拒。嵩之密疏地里、言某地当撤戍、某地当増防。丞相如其言下之、帥大驚。軍費減十六。不十年与為代」とある。第八章三六九頁の注（114）で述べたように、陳垓とは陳晐の誤りであろう。

（24）『宋史』巻四一、理宗本紀一、紹定五年正月壬辰条に、「史嵩之進大理卿・権刑部侍郎・京湖安撫制置使・知襄陽府」とある。

（25）注（21）章編著書所掲の「宋史巖之墓誌」三一九頁の記述から、史巖之が紹定三年（一二三〇）十二月に江淮制置大使司主管機宜文字兼通判真州となって以降、同六年（一二三三）十二月に金部郎官に任ぜられるまで、一貫して江淮制置大使の幕僚を務めていたことが確認できる。

（26）『歴代名臣奏議』巻一八五、去邪、呉昌裔「論史嵩之疏」に、「彌遠晩年、毎欲引之自代。師昭之心、人皆知之」とある。

（27）方震華「軍務与儒業的矛盾――衡山趙氏与晩宋統兵文官家族――」（『新史学』一七―二、二〇〇六年）三～一五頁や、李超「既用且防――史彌遠与衡山趙氏家族関係考論――」（『南華大学学報（社会科学版）』一九―五、二〇一八年）を参照。

（28）稲葉一郎「袁桷と『延祐四明志』」（同『中国史学史の研究』京都大学学術出版会、二〇〇六年所収、初出は二〇〇二年）六〇三～六〇六頁を参照。

（29）至正『四明続志』巻二、人物、補遺「史彌鞏」に、「升上舎待対大廷、時従兄彌遠柄国、寄理不獲試、淹抑十載、始登進士第、調峡州教授」とある。

（30）至正『四明続志』巻二、人物、補遺「史彌鞏」に、嘉熙元年（一二三七）に「除江南東路提点刑獄公事」とあり、「兄子嵩之入相、引嫌丐祠、除直華文閣・知婺州、時已七十、丐祠提挙建康府崇禧観、而里居絶口不道時事」とある。

（31）至正『四明続志』巻二、人物、補遺「史彌鞏」に、「霅川之変非済邸本心、済邸之死非陛下本心。矧以先帝之子、陛下之兄、乃使不能安其体魄於地下、寧不能干和気召災異乎」とある。

（32）『宋史』巻二四六、鎮王竑伝に、「宝慶元年正月庚午、湖州人潘壬与其弟丙謀立竑、竑聞変匿水竇中、壬等得之、擁至州治、以黄袍加身。……竑知其謀不成、率州兵討之。遺王元春告于朝、彌遠命殿司将彭任討之、至則事平。彌遠令客秦天錫、託召医治竑疾、竑本無疾。丙戌、天錫詣竑、諭旨逼竑縊于州治」とある。

(33)『宋史』巻四二三、史彌鞏伝に、「史南叔不登宗衮之門者三十年、未仕則為其寄理、已仕則為其排擯」とある。

(34)当時の南宋中央の状況は、中砂明徳「劉後村と南宋士人社会」(同『中国近世の福建人——士大夫と出版人——』名古屋大学出版会、二〇一二年所収、初出は一九九四年)六四頁や、何忠礼・徐吉軍『南宋史稿——政治軍事和文化編——』(杭州大学出版社、一九九九年)二九六~三〇〇頁などに描かれている。

(35)本書第九章四一九~四二〇頁の注(116)を参照。

(36)『宋史』巻四〇、寧宗本紀四、嘉定十四年八月壬戌条に「以兵部尚書宣繒同知枢密院事」とあり、同年同月乙丑条に「追封史浩為越王、改謚忠定」とある。

(37)『漫塘集』巻六、書問「回鎮江権倅史延陵〈時之〉」の二通目に、「溧水之在太学也、以大丞相故、不得成校定者累年。及既出官、循序而進、未嘗超躐。得邑山陰、棄之而易溧水、在溧水為郡所抑。自他人処此、干造物、求速化、溧水終安之、以俟秩満」とある。

(38)『宋元学案』巻七四、慈湖学案「慈湖門人」にこれら史氏の族人の名前が見られる。

(39)陳暁蘭『南宋四明地区教育和学術研究』(鳳凰出版社、二〇〇八年)一八六~二一二頁を参照。

(40)小島毅『中国の歴史07　中国思想と宗教の奔流——宋朝——』(講談社、二〇〇五年)一五五~一五七頁を参照。

(41)袁桷『清容居士集』巻三三、表誌「先大夫行述」に、父袁洪の妻について「元配史氏、太師丞相忠定史越王浩之曾孫。祖彌堅、資政殿学士、贈太傅、謚忠宣」とあり、三人の女子については「女三、長適丞相史荘粛公嵩之孫似伯、前将仕郎。次適工部尚書余天任孫昌期、前通仕郎。次適資政殿大学士史巖之孫益伯、前承務郎」と伝える。

(42)注(28)稲葉論文六〇三頁、および本書第五章二三七頁と二五三頁の注(89)を参照。

(43)なお史彌堅が史彌遠に宰相からの引退を勧めたという延祐『四明志』所載の逸話については、実は編纂者の袁桷自身がその史料源を明らかにしている。『清容居士集』巻三三、表誌「外祖母張氏墓記」の、「汝外曾祖太傅忠宣公、居東湖滄洲十有四年、不復仕。作書諫兄忠献辞相位不輟」という記述がそれで、史賓之（史彌堅の子）の妻張氏が袁桷に語ったことが情報の出所になっていたようなのである。史氏内部からの情報ではあるものの、袁桷が生きたのは史彌遠への否定的な評価が定まった元代である。張氏を初めとする史彌堅の子孫やその関係者たちが、史彌堅が史彌遠の悪評に巻き込まれるのを防ごうと試みていたことがうかがわれ、本章における筆者の推測を裏づけるといえる。

（44）袁韶については本書第八章三二五頁と三五八頁の注（26）を参照。宣繒については本書第九章四一九～四二〇頁の注（116）を参照。なお宣繒の妻楼氏は、史彌遠政権初期の参知政事楼鑰の従兄楼鍠の女子であり、ここにも史彌遠政権の構成員と史氏一族との間接的な姻戚関係が認められる。

（45）『清容居士集』巻三三、表誌「外祖母張氏墓記」に、「鄭忠定丞相、忠宣公塾師也」とある。「忠宣公」とは史彌堅を指す。

（46）本書第八章三四六頁と三六九頁の注（112）を参照。

（47）本書第八章三四六頁と三六八～三六九頁の注（111）を参照。

（48）注（4）黄論文一五五頁を参照。

（49）寺地遵「南宋末期、対蒙防衛構想の推移」（『広島東洋史学報』一一、二〇〇六年）七～一一頁を参照。

（50）延祐『四明志』巻五、人物攷中、先賢「史嵩之」に、「然不喜儒士迂緩」とある。

（51）周密『癸辛雑識』別集下「嵩之起復」に、「嵩之之起復也、匠監徐元杰攻之甚力、遂除起居舎人・国子祭酒、仍摂行西掖。未幾暴亡、或以為嵩之毒之而死、俾其妻申省。……先是侍御史劉漢弼尽掃嵩之之党、至此亦以暴疾亡、或者亦謂嵩之有力、然皆無実跡也」とある。また元・劉一清『銭塘遺事』巻三「嵩之起復」にも類似の記述がある。

（52）注（4）黄論文一五五頁を参照。

（53）『宋史』巻四一四、史嵩之伝に、「初、嵩之従子璟卿嘗以書諫曰、伯父秉天下之大政、必辦天下之大事。膺天下之大任、必能成天下之大功。比所行寖不克終、用人之法、不待挙削而改官者有之、譴責未幾而旋蒙叙理者有之、丁難未幾而遽被起復者有之。借曰有非常之才、有不次之除、醲恩異賞、所以収拾人才、而不知斯人者果能運籌帷幄、献六奇之策而得之乎。……近聞蜀川不守、議者多帰退師於鄂之失、何者。分戍列屯、備辺禦戎、首尾相援、如常山之蛇。維揚則有趙葵、廬江則有杜伯虎、金陵則有別之傑。為督府者、宜拠鄂渚形勢之地、西可以援蜀、東可以援淮、北可以鎮荊湖。不此之図、尽損藩籬、深入堂奥、伯父謀身自固之計則安、其如天下蒼生何」とある。

(54)『宋史』巻四一四、史嵩之伝に引く史璟卿の書簡の末尾に、「為今之計、莫若尽去在幕之群小、悉召在野之君子、相与改弦易轍、戮力王事、庶幾失之東隅、収之桑楡矣。如其視失而不知救、視非而不知革、薫蕕同器、駑驥同櫪、天下大勢、駸駸日趨於危亡之域矣。伯父与璟卿、親猶父子也。伯父無以少年而忽之、則吾族幸甚、天下生霊幸甚、我祖宗社稷幸甚。居無何、璟卿暴卒、相伝嵩之致毒云」とある。

(55)『歴代名臣奏議』巻一五〇、用人、呉昌裔「論史宅之上疏」は、「況宅之方其父病時、代擬除目如條、及其病棘時、僥覬恩賞如熺」とある。

(56)『宋史全文』巻三二、理宗二、紹定六年十月甲申条に、「詔、史彌遠二子宅之・宇之、並賜同進士出身」とあり、同年同月戊子条に、「長子宅之、権戸部侍郎兼崇政殿説書」とある。

(57)『宋史全文』巻三二、理宗二、紹定六年十二月戊寅条に、「詔、史彌遠擁立渺躬、功在社稷。宅之繳納賜第、今特賜本家居止、仍奉家廟、以称朕始終優礼之意」とある。

(58)『四明文献』史宅之所収、雑著「宋理宗保全史氏後詔」に、「忠献史衛王、輔先帝、以靖邦家、定大策、以安宗社、厥功茂焉。朕欲保持其家、以全功臣之世、人言不已、良用慊然。今札付定之兄弟、宜安兮(分)畏法、益加戒飭。自今中外臣寮、毋務捃摭、務存大体、以副朕終始待遇之意」とある（史料中の「定之兄弟」は「宅之兄弟」の誤りか）。また『鶴山文集』巻二〇、奏議「奏乞収回保全故相史彌遠御筆」や袁甫『蒙斎集』巻五、奏疏「論史宅之奏」などに右の詔の一部が引用されており、この詔が御筆によって下されたことが分かる。

(59)『蒙斎集』巻五、奏疏「論史宅之奏」や『歴代名臣奏議』巻一五〇、用人、呉昌裔「論史宅之上疏」がその一例である。

(60)『四明文献』史宅之所収の伝によると、知嘉興府や浙西提挙使・知平江府・知紹興府などを務めたあと、「六年、除工部尚書、以明堂恩進封奉化郡開国侯、七年、兼枢密都承旨、歴兵部・吏部尚書、八年、転正奉大夫、除端明殿学士・同簽枢密院事、明堂礼成、進封□国公、除同知枢密院事」とある。また括田法については、兪文豹『吹剣録外集』に、「淳祐八年、史

宅之以僉書枢密院事領財計、建議括浙西囲田及湖蕩為公田、置田事所、選差官属」とある。

(61) 本書第九章付論四三一頁の注(8)を参照。

(62) 本書第一一章四八三〜四八六頁を参照。

(63) 明・鄭真『滎陽外史集』巻三八、題跋雑識「跋史忠清公貽其兄判部尚書墨跡」に、「此書尚書不著名号、以其時計之、豈大資寿楽公也」とある。

(64) 注(21)章編著書所掲の「宋史巖之墓誌」三一九頁に、「三年正月、除権戸部尚書兼同修国史兼実録院同修撰」とあり、「六月、兼侍読」とある。

(65) 『滎陽外史集』巻三八、題跋雑識「跋史忠清公貽其兄判部尚書墨跡」に、「尤愛仲子菊屏君、菊屏則忠定越王母弟、知江陰軍淵之曾孫、即公所与判部尚書書中称六一姪是也」とあり、「若書中所称和仲、則習庵先生陳公塤、蓋史氏之甥、菊屏嘗師事之」とある。

(66) 『滎陽外史集』巻四三、墓表「故宋文林郎史公墓表」に、「自号菊屏」とある。

(67) 『滎陽外史集』巻四三、墓表「故宋文林郎史公墓表」に、「考諱損之、国子監発解進士、妣陳氏、公幼聡悟、生七年失父、十六年失母、従表兄陳習庵先生、学習詩賦、援筆立就、補入太学」とある。

(68) 「待制兄」が史寛之を指すことは、注(21)章編著書三一七〜三一八頁「宋史汲卿墓誌」に、「考諱寛之、待制・中大」とあることから分かる。この墓誌によると、史寛之の継嗣には史宅之の子の史汲卿がなったという。

(69) 注(21)章編著書所掲の「宋史巖之墓誌」三二〇頁によると、史巖之は嘉熙四年(一二四〇)から淳祐二年(一二四二)まで沿江制置副使の任にあり、それ以前には戸部尚書であった。

(70) 成化『寧波郡志』巻八、人物攷、隠逸「史詔」に、「大観二年、詔挙八行、郷人以詔応命、遂与母避于県東大田山」とある。

(71) 「集賢」が史嵩之を指し、「大資」が史彌忠を指すことは、『滎陽外史集』巻三八、題跋雑識「題史忠清公帖」に記述がある。

(72)『後村全集』巻八〇、掖垣日記「跋語」に、「時士人攻嵩者免解、士大夫攻嵩者擢用」とある。

(73)『四明文献』史宅之所収、雑著「宋太学生裘楚(埜)等五十六人上皇帝書」に、「不知者乃曰、宅之在政府、可以遏嵩之之不来」とある。

(74)『宋史』巻四一、理宗本紀一、端平元年九月庚子条に、「趙范依旧京西・湖北安撫制置大使・知襄陽府」とあり、同月壬寅条に、「趙范言、趙葵・全子才軽遣偏師復西京、趙楷・劉子澄参賛失計、師退無律、致後陣敗覆。詔、趙葵削一秩、措置河南・京東営田辺備」とある。

(75)方岳『秋崖集』巻二四、書簡「代与趙検正」に、「某家兄不幸遭襄州之変、死有餘辜。適会寛恩、国言未靖、此雖刀鋸鼎鑊有所不辞。然仁厚之朝、未嘗殺士、烈聖相授、実惟万世丕丕之基、豈可以蟣蝨臣上為仁厚之累。家兄自捍強敵、継羅叛兵、脱命於絲毫之間、驚心於変故之後、精神為之怳惚、形体為之支離、蓋去死不能以寸、某日夜危之。……区区所望於造化之筆者、雖尽鐫其官猶為僥倖、独願追念先公之旧、存録前日之労、而不賜之遷竄焉、則庶幾得以天年視於聖明之世、不勝大幸」とある。

(76)注(21)章編著書所掲の「宋史巖之墓誌」三二〇～三二一頁を参照。また王応麟『四明文献集』巻五、墓誌銘「故観文殿学士正奉大夫史宇之墓誌銘」によると、史宇之も宝祐二年(一二五四)に兵部尚書になっているが、まもなく地方に出されている。兵部尚書への就任は、あくまでも父史彌遠の功績に付随する恩典に過ぎなかったのであろう。

(77)何忠礼「賈似道与鄂州之戦」(同『科挙与宋代社会』商務印書館、二〇〇六年、初出は二〇〇四年)四九一～四九二頁を参照。

(78)宮崎市定「南宋末の宰相賈似道」(『宮崎市定全集』一一、岩波書店、一九九二年所収、初出は一九四一年)を参照。

(79)黄震『古今紀要逸編』「度宗」に、「初似道恃其姊貴妃勢、游狎博戯、為市井無頼、理宗知之不用。史巖之薦擢金部、以刻薄称職、得為京湖総領」とある。

(80)『宋史』巻四二一、李庭芝伝に、「珙卒、遺表挙賈似道自代、而薦庭芝於似道」とある。

(81)『古今紀要逸編』「度宗」に、「文徳起土豪、趙葵始擢之為将、似道始結之為大将、沿辺数千里、皆帰其控制、所在将佐列戌、皆俾其親戚私人」とある。

(82) 向珊「方回撰《呂師孟墓誌銘》考釈」(『中国国家博物館館刊』二〇一五―六、二〇一五年)一四九頁に、「娶束氏、大寧郡婦人、都承・宝章元嘉女」とある。同論文一五二頁によると、束元嘉は呂文徳と同じく淮西出身で、枢密都承旨まで昇進したという。また賈似道と束元嘉が親しかったことは、咸淳『臨安志』巻七八、寺観四、寺院、大仁院「太傅平章賈魏公游山題名」や、同書同巻、旌徳顕慶寺「太傅平章賈魏公留題」に、賈似道の「客」として束元嘉の名前が見えることから分かる。

(83) 注(21)章編著書所掲の「宋太常丞尚右郎官兼史館校勘程公(坰)歳月記」三一二頁に、「宝祐三年、今太傅平章賈魏公、臥護全淮、以寿春府下蔡県丞奏辟起家」とあり、「娶史氏、封孺人」とある。この史氏が史嵩之の孫女であることは、同史料の三一一頁に「時外祖太保節使・丞相荘粛史魯公、方以詩書元帥滅金扞韃、督師奏凱、即軍中拝相」とあることから分かる。

(84) 呂午『左史諫草』所収、方回「左史呂公家伝」に、「時彌遠雖非賢相、猶置人才簿、書賢士大夫以待用」とあり、「嵩之雖得彌遠人才簿、心知敬公」とある。

(85) 寺地遵「賈似道の対蒙防衛構想」(『広島東洋史学報』一三、二〇〇八年)三一頁を参照。

(86) 注(21)章編著書所掲の「元史玠卿墓誌」三四一頁に、「辛酉、服闋除太社令、尋通判真州、改京湖制置司主管機宜文字」とあるほか、その後ろの記述から、少なくとも咸淳三年(一二六七)までは京湖方面の幕府にあったらしいことが分かる。また『清容居士集』巻二八、墓誌銘「静清処士史君墓誌銘」に、「咸淳元年、登進士第、授迪功郎・復州景陵県主簿。呂少保文徳帥鄂、檄入幕」とある。

(87) 注(21)章編著書所掲の「元史玠卿墓誌」三四一頁に、「采伯適范偉、今中書右丞之子」とあり、注(22)魏・鄭論文一四八頁の注(43)は、この「中書右丞」を范文虎に比定している。

(88) 『滎陽外史集』巻三七、題跋雑識「論范氏」に、范文虎が「呂氏子壻」と称されている。

(89) 注(21)章編著書三三七頁「元魯十娘子墓誌」によると、史玠卿の次女は至元十七年(一二八〇)の時点で十六歳であった。史采伯が史玠卿の長女であったとすれば、南宋滅亡前に范偉に嫁いでいた可能性はあるといえる。

(90)『清容居士集』巻三三、表誌「先大夫行状」に、「度宗忽降手札、諭賈相曰、舒津、太学名士。袁洪、嘉定名臣孫、宜与陞擢差遣。舒、同里人、賈疑有内援、遂除舒太常博士、公為太社令。就職両月、諷門下省論、而舒亦以他事去。賈相嘗曰、浙東唯温・処士可任事。四明士不宜用。于時高公衡孫・趙公汝楳以戸部侍郎、汪之林以汀州、陸合以軍器少監、章士元以太常少卿、趙孟伝以贛州、合執政官至守倅凡六十餘人、皆家居、月為一集、約討論先哲言行、不得議時事。繇是、公益得紬繹文献、深愛重自晦、絶不通京師書問。賈相悉偵知之、迺命主管華州雲台観」とある。賈似道が明州の士大夫を任用するのを避け、それによって六十人以上もの官僚が明州での逼塞を餘儀なくされ、彼らの月に一度の集まりでも政治を話題にするのを避けていたこと、賈似道がそれを監視していたことが記されている。

(91)賈似道政権下での黄震・孫子秀の活動については、本書第一一章四九三〜四九五頁からその一端をうかがうことができる。さらに公田法施行の際の黄震の活躍については、方誠峰「南宋末年的公田法与道学家」(『中華文史論叢』一四九、二〇二三年)一五〇〜一五一頁を、陳著と賈似道の関係については、宮崎聖明「南宋末期における賈似道と宗室・外戚の対抗関係——陳著『本堂集』を手がかりに——」(『歴史学研究』九三五、二〇一五年)をそれぞれ参照。

【付記】 本章旧稿の発表後に夏令偉『南宋四明史氏家族研究』(科学出版社、二〇一八年)が提示された。同書は史氏衰退の原因を一族の内訌に求める点(同書四四頁)で、リチャード・デイビス氏や黄寛重氏と同じ視点に立つが、同時に史氏の擡頭過程を史浩の文学作品から跡づけるなど、本書とは全く異なる論点をも示す。また史氏の内部で作成された史料の体系的な整理(同書二一一〜二四六頁)や、南宋における史氏に対する毀誉褒貶の変遷の追跡(同書二四六〜二七七頁)など、本章の論旨と密接にかかわる議論も見られる。とくに同書二六六頁では、史彌堅が兄の威光を借りて台官をけしかけ、黄以寧を弾劾したことを示す史料が挙げられている、これは本章第一節(ⅰ)の議論の正しさを裏づけうる史料でもある。あわせて参照して頂ければ幸いである。

第一一章　南宋後期における両淮防衛軍の統制政策

――浙西両淮発運司から公田法へ――

はじめに

本章は後期南宋政権が、両淮地方（淮南東路・淮南西路）の対モンゴル防衛軍をいかに統制したのかを考察することにより、南宋・モンゴルの南北対峙がその後の江南支配のあり方にどのような影響を及ぼしたのか、その一端を明らかにしようとするものである。

先学によると、南宋の国防体制は中期の四代目寧宗朝頃を境に明確に変化した。中期以前の南宋政権は、首都臨安府に約一〇万人の三衙を置いたほか、建康府・鎮江府・鄂州府・興元府など前線近くの十都市に三〇万人以上の駐箚御前諸軍を配置し、金国に備える体制をとっていた。駐箚御前諸軍は私兵化していた岳飛ら南宋初期の諸将の軍隊を朝廷の直轄軍として再編成したもので、三衙とともに大軍と呼ばれ、その軍政を統轄した司令官職を都統制といった。[1]そしてこれら前線の大軍を統制するために、建康府・鎮江府・鄂州府・利州府に設けられた財務機関が総領所であった。総領所の長官（以下、本章では総領官と称す）には中央から派遣された朝官があてられ、大軍への銭糧補給の統轄のほか、都統制の軍政に干渉する権限も与えられた。中期以前の南宋政権は、総領所を通じて銭糧を掌握し、それによって各地の大軍を統制していたのである。[2]

ところが中期以降になると、南宋国防における制置使の重要性が増すことになる。制置使とは前線にあって特定区域の軍政を統轄した臨時的な司令官職であったが、嘉定十年（一二一七）以降、金国・モンゴルとの長期的な戦争が相継いで勃発したことで設置が常態化し、所管区域の拡大や他官の兼任などによって民政・財政にも強い権限を持つに至ったのである。(3) 南宋後期の制置使のこうした権限の強さは、南宋初期に岳飛らが就任し、軍・民・財を強力に統轄した宣撫使を連想させるといえよう。(4) しかも南宋中期以降は、各地で大軍の兵額を割くことで新軍が次々に創建され、その多くが制置使の指揮下に置かれることになった。大軍の兵数減少によって都統制の地位は大きく低下し、代わって制置使が南宋国防の主力を担うことになったのであった。

ところで諸先学は、南宋後期において総領所の機能が大きく低下したことを指摘していた。とりわけ内河久平・川上恭司両氏によると、もともと総領所体制は平和を前提としてのみ成立するものであった。そのため戦時が続き財政も悪化した南宋後期になると、総領所は軍政に関与するどころか財政上の機能すらも十分に果たせなくなり、地域によっては制置使が総領官を兼任するなど、総領所が制置使の隷属機関と化すケースまでもが出現したというのである。(5) 長井千秋氏が述べるように、内河・川上両氏の議論は性格の異なる四つの総領所を一括して論じている点で問題があり、各総領所の状況をより詳細に見る必要があるが、(6) 全体的な傾向としては一定の妥当性が認められよう。となると、そもそも総領所は中央に従順ではなかった宣撫使から財政権を切り離し、軍隊を中央の統制下に置くために設けられたということが次に想起される。その総領所の形骸化が進み、各地の制置使が南宋初期の宣撫使に近い権限を持つようになったとすれば、モンゴルとの戦局が悪化の一途をたどった南宋後期において、制置使がなぜ地方割拠勢力となることなく、南宋中央の統制下にあり続けたのかが改めて問題となる。例えば南宋がモンゴルと開戦した端平元年（一二三四）に、京湖安撫制置使史嵩之は中央の主戦論に反対して両淮方面軍との共同作戦を頓挫させ、(7) 前線への軍糧補給を意図的に遅らせて敗因を作ったとされる[8]。また和平に批判的であった淮西制置使陳韡は、嘉熙元年（一二三七）にモンゴルからの和平の使者王檝が帰国しようとすると、中央の命令に反してこれを殺害しようとしたという[9]。さらに同時期に淮西がモンゴルの侵攻を受けると、淮東制置使趙葵は南宋中央からの援軍派遣命令を拒否して自勢力の温存を図ったばかりか、中央の言路官と結びついて自らへの批判の矛先をかわそうとした[10]。モンゴルとの開戦直後の時点において、各地の制置使は必ずしも南宋中央に従順ではなく、むしろ反抗的な態度を示す者すらいたことが分かる。総ところが史嵩之が宰相に就任した嘉熙三年（一二三九）以降は、制置使のこうした行動は影を潜めることになる。総領所の機能低下が進んでいたにもかかわらず、後期南宋政権はなぜ各地の制置使を中央の統制下に置き続けることができたのか、明確に説明することが求められよう。

これについて王曾瑜氏は、制置使の多くが文臣であったことから、南宋が「文を以て武を制する」政策によって制置使とその麾下の軍隊を統制したものと説明していた[11]。しかし王氏が文臣制置使として名前を挙げた趙范・趙葵・余玠らは、いずれも軍中での戦功によって文階を獲得した人物であり[12]、制置使を文武で色分けすることにどれほどの意味があるのか疑問が残る。王氏自身が「武将が大兵力を擁すればもちろん皇帝権力の脅威となるが、文臣であってもことは同様」と述べていたように[13]、文武を問わず制置使がいかに統制されたのかその仕組みこそが問題になるはずである。また姚建根氏は、南宋中央が制置使の権力を分散・抑制していたことを強調するものの[14]、提示された事例の多くは南宋中期以前のものであり、それを戦時が続いた後期にも無条件に敷延するのは妥当性を欠くように思われる。この問題については、あくまでも南宋後期の史料に即して答えを模索する必要があるのである。

以上の問題関心のもと、本章では後期南宋政権がいかなる方法を用いて両淮防衛軍への軍糧補給を行っていたのかに注目する。総領所の事例から明らかなように、南宋における軍隊の統制は基本的に中央による兵站の掌握によって果たされていた。両淮地方が南宋政権の中枢を守るための最前線であったことを考えれば、両淮防衛軍の軍糧補給のあり方には、当時の南宋政権の政治的意図が最も直接的に反映されているものと推測されよう。そこで第一節では、南宋後期の両淮地方でどのような防衛体制がとられ、その維持のためにどれほどの軍糧が必要であったのかを再整理する。これによって当時の南宋政権が直面していた政治課題が明らかになるであろう。さらにそこでの結論をもとに、第二節・三節では五代目理宗朝の史嵩之政権、および賈似道政権のもとで形成された、両淮防衛軍への軍糧補給体制を検討する。第二節では嘉熙三年（一二三九）に設置された浙西両淮発運司が、同じく第三節では景定四年（一二六三）に施行された公田法がその分析の対象となる。発運司と公田法に関しては、これまで主に社会経済史的な観点から論じられてきたが[15]、政治史的な視点を導入することで従来とは異なる分析が可能となるはずである。

第一節　南宋後期の両淮地方の防衛体制

既述のように、南宋の国防体制は南宋中期の嘉定年間（一二〇八～一二二四）以前と以後とで大きく変化したが、その変化は両淮地方においても顕著に見られた。南宋中期以前において、淮東（淮南東路）防衛の中心だったのが長江南岸の鎮江府である。鎮江には鎮江都統制司と淮東総領所とが並置され、多くの大軍兵士が駐屯していた。長井千秋氏の試算によると、南宋前期の乾道年間（一一六五～一一七三）の淮東には、大軍五万八〇〇〇人と臨安の三衙からの出戍（派出）兵一万人、合計六万八〇〇〇人が駐屯しており、そのうちの三万一〇〇〇人が淮東各地に出戍し、残りの三万七〇〇〇人が鎮江に駐屯して有事に備えていた。淮東総領所はこれらの軍兵の補給をまかなうため、毎年銭七〇〇万緡・米七〇万石の財政規模を有したのであった[16]。

ところがモンゴルとの開戦後の嘉熙三年（一二三九）になると、鎮江には歩軍・水軍一万三〇〇〇人しか駐屯しておらず、大部分の軍兵は淮東各地に移屯（駐屯地の変更）・出戍するようになっていた。こうした変化の原因は、嘉定十年（一二一七）に再開された金国との戦争に対応するため、南宋政権が淮東・淮西（淮南西路）にそれぞれ制置使を

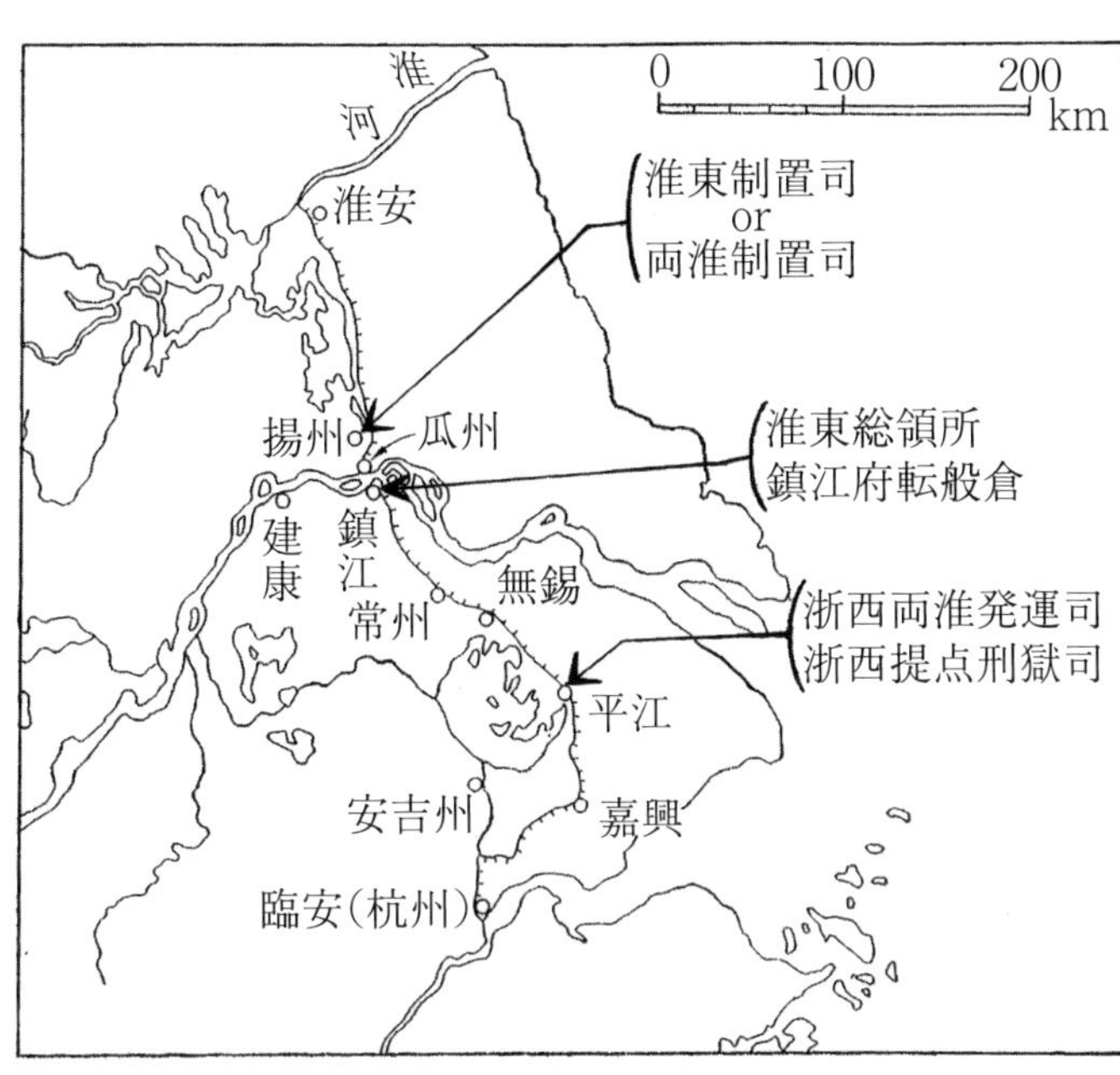

※地図　（星斌夫『大運河 ── 中国の漕運 ──』（近藤出版社、1971 年）68 頁所掲「元代漕運路」を基に作成）

設け、前線の防衛を統轄させたことに求められる。淮東制置使と淮西制置使は、モンゴルとの戦争が始まってからも両淮の防衛を担い続けたのである。このうち淮東制置使の治所は、紹定元年（一二二八）以降はおおむね長江北岸の揚州府に置かれた。モンゴルとの戦争が激しさを増すと、淮東制置使による淮西制置使の兼任や、両制置使を合併した両淮制置使の設立が行われ、一人の制置使が両淮の防衛を統轄する事態も生じることになった。注目すべきは、淮東制置使兼淮西制置使と両淮制置使の治所が、いずれの場合も揚州府にほぼ据え置かれていたという事実である。つまり南宋後期において、揚州府は鎮江府に替わって淮東防衛の中心となっただけでなく、両淮全体の防衛の要としても位置づけられることになったのである。

それでは南宋後期の淮東、および揚州府にはどれほどの軍兵が駐屯していたのであろうか。長井千秋氏は、嘉熙三年（一二三九）に提示された浙西制置使兼知鎮江府呉潜の上奏に基づき、鎮江を除く淮東全体の当時の軍兵数を六万六〇〇〇人とし、さらにそのうちの二万一〇〇〇人が揚州に駐屯したものと試算していた[17]。しかしこの数字はやや少なすぎるようである。とりわけ揚州の軍兵数は、あくまでも鎮江大軍の兵額を割いて設けられた敢勇・精鋭・武鋒・強勇の四軍を合計したものに過ぎず、鎮江大軍の兵額外の軍兵はこれに含まれていない。他史料によると、南宋の揚州では、紹定元年（一二二八）に制勇軍が設けられ[18]、南宋末期には武鋭軍が創立されたという[19]。また嘉靖『惟揚志』には、右以外にも屯駐大軍として雄勝軍・雄辺軍・武定軍・遊撃水軍・神武軍・護聖馬歩軍の名が見えるほか[20]、趙范が民兵を召募したことで雄辺軍所属の義士後軍が形成されたことや[21]、武定軍所属の江淮忠義軍・滁州武定軍は嘉熙年間（一二三七～一二四〇）に揚州に移屯させられてきた軍隊であったことも記されている[22]。新設・移設された軍隊も多かったがことが分かる。淳祐十二年（一二五二）の京湖制置大使李曾伯の管轄区域には紹興年間（一一三一～一一六二）の大軍の兵額を四万人も上回る軍兵が存在した[23]。右の揚州府の諸軍も多くは兵額の外に設けられたものであろう[24]。詳細は不明ながら、こうした軍兵数も考慮する必要があるといえる。

京湖制置使の治所があった江陵府には、城内外と城外の諸堡に合わせて三万三〇〇〇人以上が駐屯し、長江南岸の付近の諸都市にはさらに一万六〇〇〇～七〇〇〇人が控えていた[25]。南宋末に李庭芝が揚州府から四万人の軍兵を率いて出撃したという記録があるが[26]、揚州府もまた淮東制置使の治所が置かれた都市であったことを考えれば、確かに揚州府やその周辺に四万人前後の軍兵が常駐していたとしても不思議はないといえる。咸淳七年（一二七一）の上官渙の上奏に「姑く両淮を以てこれを言えば、官兵十七八万を下らず。毎年の防辺、又た江上の諸軍を調して以てこれを赴かしむるも、常に敷布周からざるの慮有り[27]」とあるから、一七～八万のうち淮西・淮東で半数ずつとしても、南宋末期の淮東では、恐らくは鎮江を除いて九万人前後の軍兵が常駐し、さらに有事の際には長江沿線上の各都市から援軍が派遣されていたのである。

さて淮東に九万人前後の軍兵が存在したとすれば、その補給は淮東総領所が担当したことになるが、その財政規模は前述したように毎年銭七〇〇万緡・米七〇万石であった。このうち米だけについて見ると、大軍兵士の本体は一年で米九石であり、さらに出戍した場合は加俸として一年で米九石が追加された[28]。南宋後期の淮東では軍兵の移屯が進められたことが確認できるが[29]、それでも戦局に応じて揚州府などから淮東各地に相当数の軍兵が出戍していた[30]。また建康府の淮西総領所は淮東総領所よりもやや大規模で、平時であれば毎年銭七〇〇万緡から一一〇〇万緡、米七〇万石から八〇万石を消費したが[31]、嘉熙四年（一二四〇）には「今部する所の江上の諸屯・淮辺の諸郡を通じ、一歳の経常・生券、大略会約すれば、歳に百五十万石を得るに非ざれば不可なり[32]」という状況であった。また淳祐十年（一二五〇）頃の湖広総領所がその年の冬から翌年にかけて一三〇万餘石を必要としていたことも注目される[33]。淮東制置使麾下の歳費軍糧は一五〇万石には届かなかったであろうが、右と同じく一〇〇万石を大きく上回る水準にあったことは疑いないといえよう。

ただし淮東制置使は淳祐二年（一二四二）以降、淮西制置使を兼ねて廬州府・濠州・安豊軍をも管轄し、この三府州軍の軍兵の補給も淮東側の負担となった[34]。廬州府は淮西制置使の治所で、相当数の軍兵が置かれていたから[35]、これらの必要軍糧を合わせれば年間一五〇万石に近い数字になったと判断される。南宋後期に淮東総領所が制置使麾下の軍兵のために調達・転輸しなければならなかった軍糧は、最大で年間一五〇万石前後であったと見積もられよう[36]。南宋後期の米価の高騰状況を踏まえれば[37]、これは淮東総領所の負担能力を明らかに超過していた。淮東制置使も独自の財源を有していたが、それはあくまでも戦局に臨機応変に対応するためのものであり、総領所の財政不足を補えるものではなかったと考えるのが穏当である。[38]

それでは南宋後期において、淮東総領所はいかなる立場に置かれていたのであろうか。呉潛『許国公奏議』巻二「奏乞令東閫兼領総司以足兵食」には次のようにある。

兵事方殷、調度益急、総所之権、素不能行于所部、則軍籍之盈虚、戍兵之増減、銭糧之当支与不当支、皆莫可致詰。不過憑受給庁片紙、銷豁而已。……此固勢之所趨、非人之所為也。故臣以為総計併国之制司、有数利焉。

（兵事方に殷んにして、調度益ます急なるも、総所の権、素より所部に行う能わざれば、則ち軍籍の盈虚、戍兵の増減、銭糧の当に支すべきと当に支すべからざるとは、皆な詰を致すべく莫し。受給庁の片紙に憑りて、銷豁するに過ぎざるのみ。……此れ固より勢の趨く所にして、人の為す所には非ざるなり。故に臣以為えらく総計もて国の制司に併すれば、数利有るなりと。）

この史料は呉潛が知鎮江府兼淮東総領官を務めた嘉熙二年（一二三八）頃の上奏であり、モンゴルとの戦争が激化するなか、淮東総領所が管轄下に対しその権限を行使できていなかったことが示されている。当時の総領所は、軍籍の虚実や守備兵の増減、銭糧支給の当否を監査できず、「受給庁」からの書面に依拠して銭糧を放出しているに過ぎなかった。これは時勢の問題であるので、淮東総領所を淮東制置使に併合してしまったほうが得策だというのである。

先に見たように、当時の淮東防衛の中心は揚州府に移っていたが、淮東総領所は依然として鎮江府に置かれていた。こうした状況下において、淮東総領所が軍隊の実情を正確に把握することはきわめて困難であった。さらに『宋史』巻四七四、賈似道伝には、次のような逸話が伝わっている。

孫子秀新除淮東総領、外人忽伝似道已密奏不可矣。丞相董槐懼、留身請之、帝以為無有。槐終不敢遣子秀、以似道所善陸壑代之。其見憚已如此。

（孫子秀淮東総領に新除せられんとするに、外人忽ち伝うるに似道已に密奏して不可とすと。丞相董槐懼れ、留身してこれを請うに、帝は以て無有と為す。槐終に敢えて子秀を遣わさず、似道の善くする所の陸壑を以てこれに代う。其の憚らるること已に此くの如し。）

賈似道は淳祐十年（一二五〇）から開慶元年（一二五九）にかけて両淮制置使を務めた。右史料によると、孫子秀が淮東総領官に任ぜられようとした際に、賈似道が密奏してそれに反対したという噂があった。右丞相董槐は恐れ、ついには賈似道と親しい陸景思（陸壑から改名）[39]を淮東総領官に任じたのであった。董槐が右丞相を務めた時期に、陸景思が淮東総領官に就任した事実は確認できず、[40]また賈似道の権勢を強調することを意図した史料ではあるものの、当時の淮東総領所が両淮制置使の強い影響下にあったことを示唆しよう。さらにそれは景定元年（一二六〇）に淮東総領官となった麋弁の行状によって裏づけられる。麋弁は淮東総領所の財政が歴代の総領官の任期ごとに区分して管理されず、前任者と後任者の事績が混乱しているうえに、生券に定額がないために監査することができないと指摘し、年数を区切って軍糧を管理するほか、生券を制置使の管轄にすることを請願して許可されたのであった。[41]生券とは出戍兵に加俸を受領させるために発給された証明書を指すが、[42]それが上限なく発行されていたことを理由に、管理権限が淮東総領所から両淮制置使に移されたという。淮東総領所が十分な監査を行わずに、両淮制置使に要請されるままに生券を発行していたことがうかがわれるのである。

既述したように、南宋政権にとって淮東・淮西の防衛軍は、自らの心臓部を守るための最重要な軍隊の一つであった。ところが当時の淮東総領所は軍隊を統制する機能を著しく低下させていたのである。また内河久平氏のいうように、総領所が制置使の隷属機関と化していたとまでは断言できないものの、右の『宋史』賈似道伝と麋弁の行状の記述からは、淮東総領所が両淮制置使からの強い圧力にさらされていたことが確認される。しかも当時は戦乱による減収や交通の困難のため、各地から総領所に送られるはずの上供綱運も半減もしくは途絶していたとされるから[43]、淮東総領所の軍糧調達の機能自体も大きく減退していたと考えざるをえない。かかる状況のもとで南宋政権が両淮防衛軍を自らの統制下に置き続けようとすれば、淮東総領所の機能回復を図るか、あるいは全く別の方策を模索するかの二つの方法があったであろう。このうち前者については、史宅之の括田法によって新たに検出された囲田・圩田を、淮東・淮西両総領所に管理させることなどが行われた[44]。それでは後者についてはいかなる方法が模索されたのであろうか。次節で検討したい。

第二節　嘉熙三年（一二三九）浙西両淮発運司の設立

南宋政権は端平元年（一二三四）に一度はモンゴルと協力して金国を滅ぼしたものの、まもなく河南の地をめぐってモンゴルと開戦して大敗した。南宋中央では皇帝理宗と右丞相喬行簡が和平論を支持したが、左丞相鄭清之が強硬論を唱えたことで国策は分裂し、京西（京西南路）・荊湖（荊湖北路・荊湖南路）方面の前線を崩壊させることになった。このため理宗は鄭清之を罷免するとともに、嘉熙二年（一二三八）には和平論者であった史嵩之を再起用したのであった[45]。

史嵩之は明州慶元府（現在の浙江省寧波市）の名族、四明史氏の出身者であった。寧宗・理宗両朝で宰相を務めた史彌遠の族姪であり、長期にわたって京西方面の制置使を務めたため軍事にも明るかった。理宗は国防体制の再建をこの史嵩之に託したのであった。史嵩之は嘉熙三年（一二三九）正月に右丞相兼枢密使に昇進し、二月に都督江淮・京湖・四川軍馬として前線の総司令官に就任すると、自身が信任する人物を長江沿いの制置使に次々に起用し、それを自らが統轄する新たな防衛体制を構築したのである[46]。

ここで注目したいのは、史嵩之による国防体制の再建とほぼ同時期に、平江府（現在の江蘇省蘇州市）に浙西両淮発運司なる新官署が設置されていたことである（本章四七七頁に前掲の※地図参照）。浙西両淮発運司の制度的概要や財政的意義については、すでに周藤吉之・斯波義信両氏が論じているが[47]、その設置の政治的意図はいまだ明らかではない[48]。まずは洪武『蘇州府志』巻八、官宇「発運司」の記述を見てみたい（引用史料中の明らかな誤字は正徳『姑蘇志』巻二一、官署中「発運司」で修正し、修正後の字句をルビの（　）で示した。書き下しもそれに従う）。

嘉熙三年九月、置浙西両淮発運司于平江、以守臣兼領。時知府趙与憲、遂兼別（副）使、仍以措置浙西和糴繫銜。既而又剏提領和糴所、幷節制司、増置官吏。先是和糴数歳（歳敷）属県有田官民戸。宝祐四年、糴至一百五十万、五年至二百五十万。景定中、派買官民田為公田、永免浙西之糴。至四年八月、有旨省罷、而節制司併帰于郡。

（嘉熙三年九月、浙西両淮発運司を平江に置き、守臣を以て兼領せしむ。時の知府趙与憲、遂に副使を兼ね、仍お措置浙西和糴を以て繫銜す。既にして又た提領和糴所、幷びに節制司を剏め、官吏を増置す。是れより先和糴は歳に属県の有田の官民戸に敷す。宝祐四年、糴すること一百五十万に至り、五年は二百五十万に至る。景定中、官民の田を派買して公田と為し、永に浙西の糴を免ず。四年八月に至り、旨有りて省罷し、而して節制司は郡に併帰す。）

これによると、浙西両淮発運司は嘉熙三年（一二三九）九月に設置されてから、景定四年（一二六三）八月に廃止されるまで平江府に存在し、知府が発運使もしくは発運副使を兼任して「措置浙西和糴」という職名を帯びた。つまり浙西（両浙西路）での和糴を総攬する官署であった。和糴とは政府による米の買い上げを指し、右史料にも属県の有田の官民戸に「敷」したとあったように、往々にして税糧と同じく強制性を帯びることがあった[49]。その和糴量については、淳祐六年（一二四六）から翌年にかけて発運副使を務めた徐鹿卿が「淮浙発運司の遞年糴する所、率ね一百万石を下らず」と述べていたほか[50]、発運副使司主管文字を務めた徐謂礼に関する同六年（一二四六）付の文書に「両年の内、本司招糴すること貳伯陸拾餘万石」とあり[51]、その翌年付の文書にも「発運和糴所申するに、糴し到る米壹伯伍万捌伯碩、本司の属官の任責し措置するに係る」と記されている[52]。さらに右で引用した洪武『蘇州府志』には、宝祐四年（一二五六）に一五〇万石、翌年に二五〇万石を和糴したと見えるほか、開慶元年（一二五九）に二〇〇万石を和糴したとの記録もある[53]。戦局の変化に応じて和糴量が増減したものであろう。また『文献通考』には、「平江府の守臣を以て兼ねしめ、専ら糴運の事を領し、以て淮軍を餉」したとあるので[54]、和糴が両淮防衛軍の軍糧のためになされていたこと、およびその運搬もまた発運司の責務だったことが分かるのである。

前述したように、史嵩之による南宋国防体制の再建と、発運司の設置とは時期を同じくしていた。興味深いのは、史嵩之の宰相在任中に発運使・発運副使に起用された人物に、ある傾向が見いだされることである。紹定『呉郡志』巻一一、題名に依拠しつつ当時の人事を列挙すると次のようになる。

①趙与憲：嘉熙三年（一二三九）四月〜淳祐元年（一二四一）二月
②史宅之：淳祐元年（一二四一）三月〜（離職年月日不明）
③陳　塏：淳祐三年（一二四三）二月〜同四年（一二四四）四月
④魏　峻：淳祐四年（一二四四）四月〜同六年（一二四六）三月

右のうち①の趙与憲は、史嵩之の父史彌忠と同じく楊簡の弟子であり[55]、「与憲乃ち嵩之の死党なり」と言われるほど史嵩之に近い人物であった[56]。さらに②の史宅之は史彌遠の次子であり、史嵩之にとっては従堂弟に当たる血縁者である。③の陳塏は、詳細は不明だが京湖制置使司主管機宜文字を歴任し[57]、紹定三年（一二三〇）にはやはり京湖制置使麾下の「荊襄監軍」の地位にあった。[58] 史嵩之も嘉定十六年（一二二三）から紹定四年（一二三一）まで京湖制置使司の幕府にあったから、[59] 二人は長年をともにした同僚であった。④の魏峻は史嵩之と同じ明州の人で、[60] 明州の魏氏といえば孝宗朝で宰相を務めた魏杞がいる。魏杞の孫には峴・巘・岠・崌等がいたが、[61] 魏峻も同じ輩字であり、同族と考えてほぼ間違いない。[62] 魏崌は史彌遠の弟史彌堅の娘婿であるから、[63] 魏峻は史嵩之の姻戚であったことになる。なお魏峻は史彌遠が擁立した理宗の姉婿でもあり、[64] ここにも魏峻と史嵩之の間接的なつながりが看取される。

　以上の検証から、発運使・発運副使に史嵩之にきわめて近い人物が起用されていたことが明らかになった。さらに明・王禕『王忠文公集』巻一七、義烏宋先達小伝「康植」には次のようにある。

> 劾奏平江守臣史宅之、治郡無状。嵩之、宅之兄也。時為丞相、幷連及之。其言以謂、宅之不思掩前人之愆、専務聚斂、以事貢献。是以小忠、而成大不忠也。嵩之不知而使之、不智、知而使之、不仁。
>
> （平江の守臣史宅之の、郡を治むること状無きを劾奏す。嵩之、宅之の兄なり。時に丞相為れば、幷びに連ねてこれに及ぶ。其の言もて以て謂うに、宅之前人の愆を掩うを思わず、専ら聚斂に務め、以て貢献を事とす。是れ小忠を以て、大不忠を成すなり。嵩之知らずしてこれを使うは、不智、知りてこれを使うは、不仁なり。）

浙西提点刑獄使康植は知平江府兼発運副使史宅之が「専ら聚斂に務め」ているのを指摘するとともに、史嵩之と史宅之の協力関係を暗に批判したのであった。つまり史嵩之は自らに近しい人物を通じて、発運司を自らの影響下に置いていたものと考えられるのである。嘉熙四年（一二四〇）以前の史嵩之は前線の総司令官として鄂州府にあり、中央政治に直接関与することはできなかったが、「嵩之外に督師するに、乃ち詭計を用い、微服もて疾馳し、張路分と詐称し、径ちに将作監に入りて百官に見ゆ」[65] とあるように、変装・偽名で臨安府に潜行して官僚と面会するなど、南宋中央に影響力を維持していた。しかも同三年（一二三九）に左丞相から特別宰相である平章軍国重事となり、中央政治を主導していた喬行簡は史彌遠の腹心として知られた人物であり[66]、史嵩之とは政治的にもきわめて近い関係にあった[67]。発運使・発運副使の顔ぶれからしても、発運司の設置とは史嵩之がこうした関係を通じて中央に働きかけた結果であったと考えるべきであろう。

次に史嵩之がなぜ発運司を設置したのかが問題となるが、これについては発運司が米をいかに和糴・備蓄して前線に運搬したのかを踏まえる必要がある。発運副使徐鹿卿の淳祐七年（一二四七）九月の上奏によれば、発運司による和糴は朝廷から下される命令と資本金に依拠して行われた[68]。また浙西各地の州軍に和糴の目標額を割り当てる権限を有し[69]、役目を果たした官僚は手厚く褒賞された[70]。和糴の方法も発運使の判断に委ねられ、往々にして強制的な徴発が行われたようである[71]。さらに水害が起こって和糴に支障を来すのを防ぐため、発運司は水軍を結成して浙西各地の江湖河塘の補修・浚渫を行わせたほか、この水軍が枢密院に接収されて水害が再び生じると、発運司は没官田米により州県に民衆を徴募させ、補修・浚渫を行わせたともいう[72]。その権限が広範囲に及んでいたことが分かる。このほか沿海制置使呉潜が管轄区域の軍糧不足のため、人を派遣して平江府で和糴を行わせたところ、発運司に帰りの出港を阻まれたという事例もあり[73]、目標額を満たすために強引な手法もとられていた。

このように和糴された米は、次に倉庫に備蓄されて前線への運搬に供された。徐鹿卿の上奏には、淳祐六年（一二四六）に先に五〇万石を和糴して「百万倉」に納めたが、その後さらに追加で和糴した五〇万石は運搬して「転般倉」に納めさせたとあり、二つの倉庫名が記されている[74]。このうち前者の百万倉は平江府に数箇所設けられた倉庫で、発運司設置後はその下属となって和糴米を貯蔵した[75]。ここでは後者の転般倉に注目したい。

転般倉とは船で運ばれてきた物資を、別の船に積み替えて再運搬するために保存した、一時的な保管倉庫のことである。建康府・鎮江府などに所在したが、徐鹿卿が述べているのは鎮江府転般倉のことであろう[76]。鎮江府転般倉は淳熙五年（一一七八）に創設され、当初は淮東総領所の所属とされたが、同十年（一一八三）に知鎮江府の所属に改められた。嘉定六年（一二一三）以降は、宰相直属の尚書省右司や中書門下省検正諸房公事が鎮江府転般倉を提領し、その監官の人事を掌握するなど、中央の管理を強める試みがなされた[77]。しかし景定五年（一二六四）に、鎮江府転般倉を嘉定六年（一二一三）のときと同じく中央の所属とし、京官を派遣して管理させることが議論されると、黄震はそれでは十年後には「監司は既に得て検柅せず、朝省も又た未だ隔遠なるを免れず[78]」という事態になり、不正を防げなくなると述べて反対していた。形式上はどうあれ、臨安府所在の宰相属官では遠方の鎮江府転般倉の実務を実効的に管理できなかったことは明らかである。しかも鎮江府節制司や淮東総領所は、鎮江府転般倉の倉場を自らの所属のように見下していたという[79]。鎮江府節制司とは知鎮江府が兼領した統兵官署であった[80]。南宋後期には淮東総領官が知鎮江府をしばしば兼任したこと[81]、およびモンゴルとの戦争によって総領所による軍糧確保の緊急性が増していたことを踏まえれば、嘉定六年（一二一三）以降も、鎮江府転般倉は実質的に淮東総領所の強い影響下に置かれていたものと考えざるをえない。

ところが浙西両淮発運司が設けられるとこうした状態に変化が生じることになった。「発運使の置司するに方るや、即ち転般倉はこれ属と為る[82]」とあり、また「嘗て攷するに本倉初めは総領所に属すも、継いで発運司に属す[83]」と記されているように、それまで淮東総領所の強い影響下にあった鎮江府転般倉は、発運司が設置されると改めてその管下に移されることになったのである。平江―鎮江間は一五〇キロほどの距離があるが（本章四七七頁に前掲の※地図参照）、発運司が漕運されてくる糧米のチェックのために鎮江府に水閘を増設したという事例からは[84]、発運司が平江―鎮江間の軍糧輸送を厳しく監督していたことが分かる。さらに景定五年（一二六四）に鎮江府転般倉を中央の所属とするか否かが議論された際に、黄震は「向には也た近く監司に属せば、緩急は猶お上達に易きも、今也た遠く朝省に属せば、申請は以て立ちに応ずべからず[85]」と反対意見を述べていた。次節で見るように、この「監司」は浙西提点刑獄使司を指すが、浙西提刑司の治所もまた基本的に平江府に置かれたから[86]、発運司も条件は同じであったろう。つまり右の黄震の言葉は、発運司が鎮江府転般倉を実効的に管理していたことを示している。そして「本倉昨ごろ発運司に隷し、毎日発運司の運び到る和糴せる人戸の米一万石を交発す[87]」とあるように、発運司の管理のもと、鎮江府転般倉は発運司が大運河を経由して運搬してきた和糴米を、淮東総領所に引き渡す役割を帯びたのであった。

それでは鎮江府転般倉はどれほどの和糴米を、いかにして淮東総領所に引き渡していたのか。その数量については、右で見た徐鹿卿の上奏には五〇万石を転般倉に納めたとあった。さらに淳祐六年（一二四六）付の徐謂礼文書には、「又た朝廷の節次の札を蒙り、鎮江府転般倉に往来し、百万倉の米斛陸拾万石を督運せしめるに、倶に已に辦集す[88]」とある。戦況によってはさらに増大することもあったと思われるが、鎮江府転般倉は毎年最低でも五〇万から六〇万石の和糴米を、軍糧として淮東総領所に引き渡していたのである[89]。その方法については、『黄氏日抄』巻七二、申明三、第三任分司鎮江条陳転般倉事〈上〉「申乞支米須給省箚状」に注目すべき記述がある。

照対、本倉久例、必有省箚、方可支米。近来間有只批総所転箚。雖是所付本倉省箚偶然未到、但恐因循不到、将来本倉無憑出豁、或倉官未見省箚、不敢擅支、有妨軍餉、或総所他時急欲得米、因而遂作転箚名色、倉官不敢申索真本。三者皆属利害、乞賜申明。応干科撥応副制・総両司等処糧米、並将本倉照箚与科箚同時発下、或総所転箚、径可理為執照。亦須明降指揮、以憑遵守。

（照対すらく、本倉の久例、必ずや省箚有りて、方めて米を支すべし。近来間ま只だ総所の転箚に批るのみ有り。是れ本倉に付す所の省箚偶然未だ到らざると雖も、但だ恐るらくは因循して到らざるも、将来本倉憑無くして出豁す、或いは倉官未だ省箚を見ざれば、敢えて擅支せず、軍餉を妨ぐること有り、或いは総所他時急ぎ米を得んと欲し、因りて遂に転糴の名色を作し、倉官敢えて真本を申索せざらんことを。三者皆な利害に属せば、申明を賜わらんことを乞う。応干科撥して制・総両司等の処を応副する糧米は、並びに本倉の照糴と科糴とを将て同時に発下し、或いは総所転糴せば、径ちに理めて執照と為すべし。亦た須らく指揮を明降し、以て遵守に憑らしむべし。）

これは鎮江府転般倉を管理していた黄震の申状である。正確な日時は記されていないが、同書同巻の申状の配列からすると景定五年（一二六四）のものであろう。このとき発運司はすでに廃止されていたが、冒頭に「本倉の久例」とあるので、発運司時代も状況は同じであったと判断される。すなわち鎮江府転般倉がその備蓄米を淮東総領所に引き渡す際には、尚書省から転般倉・総領所に省箚が下される必要があった。しかし転般倉にまだ省箚が到着していないにもかかわらず、総領所から転送されてきた省箚のみに依拠して引き渡すことがあったため、黄震はその改善を求めたのであった(90)。こうした省箚に関する規定は、鎮江府転般倉が宰相属官に属したときからあった可能性もあるが、それが有効に機能したかどうか疑問が残ることはこれまでの議論で明らかであろう。南宋中央は発運司を設置することにより、鎮江府転般倉から淮東総領所への米の引き渡しを完全に掌握したのである。

前節で見たように、南宋後期の淮東総領所は最大で年間一五〇万石の軍糧を必要とした。発運司管下の鎮江府転般倉は、最低でもその三割から四割の和糴米を掌握しており、中央の命令がなければ総領所もその米を自由にはできなかったのである。しかもかかる状況は淮西でも同様だったようで、嘉熙四年（一二四〇）に淮西総領所はその年の必要軍糧米一五〇万石のうち、四七万餘石を発運司管下の百万倉から融通されていた(91)。鎮江府転般倉の米と合わせれば約一〇〇万石となり、これは淳祐年間（一二四一～一二五二）の発運司の毎年の和糴数量と一致する。発運司は両淮防衛軍の必要軍糧の約三分の一を掌握していたのである。

以上を総合すれば、発運司の設置もまた史嵩之が構想した新国防体制の一環であったと考えるのが自然であろう。史嵩之は、浙西両淮発運司の和糴によって両淮の膨大な軍隊を養うとともに、それを南宋政権が掌握することを通じて、両淮防衛軍を統制する体制を創出したのである。両淮の防衛を担う制置使にとってこの発運司体制は中央に死命を制せられたに等しく、制置使が中央の統制から外れることを事実上不可能にしたと考えられよう。

それでは発運司廃止後はいかなる体制がとられたのであろうか。引き続き検討したい。

第三節　景定四年（一二六三）公田法の施行と両淮防衛軍の統制体制

史嵩之は嘉熙四年（一二四〇）に臨安入りしてから、淳祐四年（一二四四）九月に中央を去るまで、五年にわたって中央政治を主導した。その外交政策はモンゴルの侵攻を食い止めつつ、和平を模索するというものであった。したがって史嵩之が構築した発運司体制は、あくまでも和平を実現するまでの臨時的な体制として構想されたと考えられる。ところが史嵩之が失脚して和平政策が破綻したことにより、発運司体制はそのまま二十五年間も存続し、浙西の地域社会に大きな影響を与えることになったのである。

例えば景定元年（一二六〇）に呉県県尉黄震は、諸司や州県から欠租（けんそ）（未納小作料）の取り立てを命じる「帖牒」が毎日四通以上も下され、一帖につき数十家、多いときには一五〇～一六〇家を呼び出す状態であったと述べていた。(92) しかも地主の田地を管理する幹人のなかには、県尉に頼んで佃戸を監禁して死に至らしめ、それによって郷村を壟断しようとする者も存在したという。(93) 公権力と地主層とが結託して私租（小作料）の取り立てを行なっていたことが知られよう。

周藤吉之氏はこうした状態を、南宋における佃戸の抗租闘争の必然的帰結と見なしていた[94]。しかし草野靖・高橋芳郎両氏が指摘したように、これは南宋末期の社会情勢に基づく特異な現象であろう[95]。淳祐年間（一二四一〜一二五二）の浙西地方では、発運司によるものも含めて毎年五〇〇万石以上もの和糴が行われていた[96]。当時の浙西はなおも開拓途上の段階にあり、田地一畝当たりの生産力は低かったものの、圧倒的な農田面積によって多大な収穫量を実現しており[97]、全体的な生産高から見れば右の和糴に応じることは可能であったと思われる。しかし宮澤知之氏によれば、南宋時代の浙西はごく少数の大地主層と、大多数の下層主戸・客戸によって構成される、中産・自作農層を欠く世界であった[98]。和糴の主な対象は大地主であったろう[99]。とすれば、和糴に応じた地主層は、その損失を補うために佃戸からの欠租収奪を強化せざるをえず、官府もまた和糴の目標額を満たすためにそれに協力せざるをえなかったと想像されるのである。こうして行われた苛酷な取り立てに対し、当時の浙西の佃戸層が大勢で捕縛に抵抗し[100]、徳清県では軍が出動する事態が生じたほか[101]、湖州で活動していた賊にも私租未払いの佃戸が含まれていた[102]。当時の浙西には深刻な社会不安が醸成されていたといえる。

これに加えて和糴の支払いが主に会子によってなされたことも留意される。というのも、軍兵の給与の相当部分にも会子が用いられていたため、大量の和糴によって会価（会子の価値）が下落すると[103]、その分だけ軍兵の生活も困窮したからである。史嵩之失脚後に右丞相を務めた杜範は、「臣窃かに見るに楮券折閲して以来、辺上諸軍の請給、以て衣食の費を供するに足らず、飢困藍縷、常に怨声有り。……臣此の番朝に造り、其の怨声日び甚だしきを聞き、窃かに或いは離心有るを恐る。唯だに以て其の用命死敵を責し難きのみならずして、勢の激する所あれば、必ずや追すべからざるの悔有るべし[104]」と述べ、会価の下落によって軍隊が離反する可能性を警告していた。また和糴は基本的に市場の米価に依拠して行われたため、時期を誤ると米価が高騰し、軍糧の確保に支障をきたしかねないという問題点があったことも見逃せない[105]。和糴に依拠する発運司体制には本質的な不安定性が内包されており、浙西の社会不安とあわせて早急に改革される必要があったのである。

かかる状況下において、景定元年（一二六〇）三月に賈似道が右丞相兼枢密使として臨安入りした。賈似道は台州の出身で、史彌遠政権のもとで淮東制置使として活躍した賈渉の子であり、理宗の貴妃賈氏の異母弟でもあった。貴妃賈氏の母は四明史氏の女子であるから、賈似道は四明史氏ときわめて近い関係にあったことになる[106]。長期にわたって京湖制置使や両淮制置大使などの前線の司令官職を務めたあと、鄂州の役でクビライの攻囲を退ける大功をたて、中央政治を主導することになったのであった。

それでは新たに南宋政権の舵取りを任された賈似道の眼前にはいかなる政治情勢が展開されていたのであろうか。とりわけ留意されるのは、モンゴルとの対峙が一時的な小康状態を迎えていたことであろう。このことは南宋の景定元年（一二六〇）に当たる元朝の中統元年（一二六〇）三月に、クビライが郝経を国信使として南宋に派遣し、和平を打診したことに端的に示されている。このとき賈似道は両淮安撫制置副使李庭芝に命じて郝経を長江北岸の真州に幽閉し、モンゴルからの国信使の来訪を公表しなかった。賈似道は鄂州の役の際に、南宋からの領土割譲と歳幣とを条件にクビライと和平を約束した過去があり、郝経の幽閉はそれを隠蔽するためであったとする説もあるが、宮崎市定氏がいうようにそれは事実ではあるまい[107]。モンケの死後、クビライは開平府で帝位についたものの、これに反対してカラ・コルムで皇帝を称した弟アリクブケと対立することになった[108]。クビライが南宋に和平を持ちかけたのは、南北両面に敵を受けるのを一時的に避けるための便宜的なものであったと考えられる。郝経が賈似道宛ての書簡でクビライとアリクブケの争いを傍観することの非を説いていたように[109]、賈似道もまたそのことを重々理解していた。賈似道が郝経を幽閉したのは、和平の使者王檝の来訪によって、南宋の国策が和戦をめぐって分裂した理宗朝前期の前例[110]の二の舞を避けるためであったと考えるのが妥当であろう。

このようにクビライが即位した景定元年（一二六〇）から、アリクブケがクビライに降服した同五年（一二六四）までは、南宋政権にとってモンゴルからの外圧が低下した最後の時期に当たっていた。賈似道が自らの腹心であった呂文徳・李庭芝の二人に、京西・荊湖・四川方面と両淮方面の広大な戦線をそれぞれ委任したのは、まさにこの機会を逃さずに新たな国防体制の確立を目指すものであったといえる。[111] そしてその国防体制の実現のため、景定二年（一二六一）六月から八月にかけて施行されたのが打算法（軍事経費の会計監査）であった。打算法には前線の制置使や武将による権力の壟断を抑制する目的もあったとされるが、これによって賈似道の競争相手となりうる人物の多くが失脚した。[112] ここで重視されるのは、打算法の施行からわずか五ヵ月後の同年十一月、鎮江府転般倉にも大きな制度的変更が加えられていたことである。すなわち鎮江府転般倉の所属が、浙西両淮発運司から浙西提点刑獄司に変更となり、[113] 新たに江西（江南西路）からの綱運米を管理することになったのであった。

鎮江府転般倉に関するこれら一連の変更は、すでに斯波義信氏によって指摘されているものの、[114] かかる変更がいかなる政治的意図のもとで行われたのかは明らかではない。本節ではこの点を追究する。まずは鎮江府転般倉の管理する米がなぜ浙西米から江西米に変更されたかであるが、その原因は景定二年（一二六一）に生じた浙西の水害に求められよう。この水害によって湖州の和糴は全免され、平江での和糴は五〇万石が減らされるなど、[115] 前線に提供できる浙西米は大きく減少した。そのため鎮江府転般倉に江西米が委ねられたものと推測される。また浙西提刑司同提領鎮江府転般倉分司幹辦公事を務めた黄震によれば、鎮江府転般倉が景定二年（一二六一）十一月から同五年（一二六四）三月二十四日までに収納した江西安撫司・転運司からの運搬米や和糴米・鎮江府諸項の旧米は一一八万八一五一石ほどであったという。[116] これはほとんど同三・四年（一二六二・一二六三）の数字と見なせるから、当時の鎮江府転般倉は年間約五五万石の軍糧補給能力を有していたことになる。前節で確認したように、発運司管下の鎮江府転般倉は年間五〇万から六〇万石の浙西米を管理していた。管理する米が江西米に変更になったあとも、鎮江府転般倉の軍糧補給能力に低下は見られなかったのである。

それでは南宋政権は、なぜ鎮江府転般倉の所属を発運司から浙西提刑司に変更したのであろうか。黄震は、発運司は自ら和糴し自ら運搬するため、その間に数字のごまかしが多く発生したことを指摘していた[117]。恐らくはこれも一因だとは思われる。しかし注意されるのは、公田法の施行が鎮江府転般倉の所属変更のわずか二年後であり、その際にあわせて発運司も廃止されていたことである。右の所属変更は事前に転般倉の帰属先を改めることで、発運司の撤廃にともなう混乱を避けようとしたものであり、その意味においては公田法施行のための準備措置であったと考えるのが自然であろう。このことは鎮江府とその南の常州のほぼ中間に位置した、呂城鎮の有年倉の事例からも明瞭にうかがうことができる。「有年倉、宋置く、呂城鎮に在り〈淮浙発運司置く。凡そ四十廒、蘇・常の公租を受納し、鎮江転般倉に転輸し、摺運して淮に過く〉[118]」とあるように、平江―鎮江間の軍糧輸送の一翼を担うべく、発運司によって設けられたこの有年倉もまた、「後に浙西提刑司に隷し[119]」たという。つまり発運司の管下にあった平江―鎮江間の軍糧輸送機構は、最終的には浙西提刑司の監督下にそのまま移されたのである。

提刑司はもともと広域監察区域である路の司法を統轄する官署であったが、北宋後期には新法改革によって創出された財源の管理が委ねられるなど財政への権限を強めた。南宋になるとこの傾向に拍車がかかり、提刑司には経総制銭・無額上供銭の管理・徴集や、各地の没官田産・封樁銭物（特定目的以外の使用を禁じられた保管銭物）の管理、中央で不足した財物の地方からの発送など、多くの財政業務が委ねられたという[120]。財政分野における提刑司の権限拡大という当時の傾向の延長線上に南宋末期に現れたのが、右に見た前線への軍糧輸送機構の監督という役割だったと理解されよう。景定四年（一二六三）に浙西提刑使を務めた孫子秀の行状に、「其の再び浙西憲司為る時に、嘗て奔牛より呂城に至る糧運河を浚い、又た併せて呂城より京口に至る河を鑿深し、淮運を平通し、南北を貫徹せんと欲するも、地高く費大なるを以て未だ果たせず[121]」という記述は、未遂に終わった事業をも含むとはいえ、浙西提刑司が平江―鎮江間の軍糧輸送機構を実効的に管理していたことを示している。

さて賈似道主導のもと、南宋政権は景定四年（一二六三）二月についに公田法を施行し、同年八月には発運司を廃止した。浙西の官民の地主層の田地三五〇万餘畝を収買し、それを公田として国の直轄下に置き、そこから収穫される公租米（公田からの小作米）を臨安府の備蓄米と両淮防衛軍の軍糧米とにあてたのであった[122]。さらに両淮の軍糧として集められた公田米の管理は、鎮江府転般倉に新たに委ねられることになったのである。黄震の申状によると、同年冬頃に淮東総領所は南宋朝廷に対し、鎮江府転般倉に公田米の速やかな引き渡しを命じること、および転般倉の官吏・専人を総領所が取り締まれるようにすることを求め、朝廷も一度はそれを認めたという。ところが黄震は、公田米の引き渡しが遅れているのは米の好悪の選別とその取り締まりのためであり、米を受け取る官司が引き渡す官吏を取り締まればそれは不可能になると反発し、鎮江府転般倉は朝廷の倉であり、中央からの省箚による命令がなければ右のようなことを自分から進んでやることはありえないのだと述べ、浙西提刑使に対して朝廷に異議を申し立てるように求めたのであった[123]。黄震はこの翌年に淮東総領所の訴えを受けて鎮江府転般倉の「倉衆」を取り調べているから[124]、黄震の言い分は中央に聞き入れられたものと判断されよう。

以上を勘案すれば、鎮江府転般倉は軍糧米の確保を最優先とする淮東総領所からの圧力にさらされながらも、浙西提刑司を通じて南宋中央の管理下に置かれていたことになる。浙西提刑使の治所は基本的に平江府に置かれたから、当時の南宋政権は発運司体制のときとほぼ同じく、平江府を通じて鎮江府転般倉を掌握し続けていたのであった（本章四七七頁に前掲の※地図参照）。ここで我々は前節で引用した黄震の「申乞支米須給省箚状」（本書四八八頁）を再び想起する必要がある。景定五年（一二六四）に繫年されるこの申状には、南宋中央からの命令文書がなければ、淮東総領所は鎮江府転般倉から公田米を受け取れないことが明記されていた。南宋中央は右の構造のもとで、公田米の出納をほぼ完全に自己の統制下に置いていたものと推測されるのである。

ただし元初に書かれた『斉東野語』には、景定四年（一二六三）五月に、常州・鎮江の公田が淮東総領所の所属となったと記されている。[125]淮東総領所が常州・鎮江の公田米を自由に管理できたと受け取ることもでき、右の筆者の理解と齟齬しかねないといえる。しかし事実はそうではなかったらしい。というのも、黄震は鎮江府転般倉が受領した公田米について、「鎮江等三郡の初納の時、米色多く好からざる有り」と述べ、続けて「常州の季宅幹人」の米の低質さを問題視していたからである。[126]「鎮江等三郡」とは鎮江府・江陰軍・常州のことであろう。[127]なお同じ申状には「平江府の米の若きは、只だ已に到るに抛れば、皆な是れ乾浄なり」[128]という文言も見えるから、鎮江府転般倉は上の三府州軍に加えて平江府の公田米をも受領し、管理していたのであった。

それでは公田法の施行後、鎮江府転般倉はどれほどの軍糧補給能力を有したのであろうか。咸淳元年（一二六五）の黄震の申状によれば、当時公田米の受領を行なっていた鎮江府転般倉は、「本倉元より六十二敖を修むるも皆な已に充満し、続いて十八敖を起するも、僅かに麗・水・列・張四敖有るのみ」[129]という状態であったという。黄震の別の申状には、鎮江府転般倉の倉庫四敖で四万石を収納できたとあるから、[130]右の倉庫が全て同規模であったとすれば、鎮江府転般倉は公田法施行後、少なくとも六〇万から八〇万石の軍糧補給能力を有することになったものと見なされるのである。[131]

これまでの研究は公田法施行の主な原因を、当時の南宋政権の財政難や、会価の深刻なインフレーション、臨安府の物価高騰などに求めてきた[132]。これらの見解の妥当性はもとより疑うべくもないが、同時に宋朝の財政が本質的に軍事財政であったとした宮澤知之氏の指摘[133]をも想起する必要があるように思われる。本節での議論を踏まえれば、公田法施行の背景には、それによって両淮防衛軍を統制しようとした南宋政権の政治的意図もまた強く作用していたものと考えざるをえないからである。賈似道は両淮防衛軍を自らの腹心李庭芝に統帥させるとともに、両淮防衛のための膨大な軍糧を公田からの収入でまかない、さらにその公田米の出納を南宋中央が統轄するという体制を考案したのであった。公田法体制とでも称すべきこの体制は、宋朝が公田とその佃戸とを把握している以上、公租の納入を請け負う荘官による佃戸の誅求や、公田の元売田主に対する未納公租の支払い強制など諸種の問題をはらみつつも[134]、発運司体制よりも安定的に軍糧を調達できたものと考えられよう。南宋政権にとって公田法体制の成立は、両淮防衛軍の統制体制の完成を意味したのである。モンゴルは公田法体制のもとで整備された両淮防衛線を無理に突破しようとせず、攻撃の矛先を京西南路の襄陽府に向け、そこを五年がかりで攻め落とすことで南宋攻略の足がかりをようやくつかむことになったのであった。

おわりに

以上本章で論じたことは次のようにまとめられよう。

南宋後期以降、両淮方面の防衛の中心は揚州府に置かれるようになり、南宋末期には淮東だけで少なくとも九万人前後の軍兵が存在したと推測される。しかしこれは補給を担当する淮東総領所の本来の財政規模を凌駕しており、また戦時下では淮東総領所の軍隊統制機能も大きく低下せざるをえなかった。南宋政権は軍隊統制のための新たな体制を整える必要性に直面していたといえよう。

こうしたなか平江府に新設されたのが浙西両淮発運司であった。発運司の設立は史嵩之による南宋国防体制の再建と時期を同じくしており、両者には相関関係が認められる。発運司は浙西での米の和糴と運搬とを総攬し、その管下の鎮江府転般倉は南宋中央の命令に依拠してその米を淮東総領所に引き渡す役割を果たしていたのであった。南宋中央は発運司を通じて軍糧米を掌握することにより、両淮防衛軍を統制していたと考えられる。

しかし和糴に依拠する発運司体制は、米価の高騰や会価の下落などによる本質的な不安定性を内包していたほか、膨大な和糴が長期にわたって行われたことは、浙西地方に深刻な社会不安をもたらした。このため賈似道は中央政治を主導して間もなく、両淮防衛軍を自らの腹心に統帥させるとともに、その補給を担う発運司体制の改革に乗り出すことになる。賈似道は新たに公田法体制を構築することで、発運司体制を廃止しようとしたのである。景定二年（一二六一）に鎮江府転般倉などの平江―鎮江間の軍糧輸送機構が、発運司から浙西提刑司に移管されたのはそのための準備措置であった。公田法施行後は、両淮の軍糧として集められた公田米の受領と、その淮東総領所への引き渡しとを鎮江府転般倉に管轄させた。南宋中央は発運司体制のときと同じく、浙西提刑司を通じて鎮江府転般倉を管理することで公田米の出納を掌握し、それによって両淮防衛軍を統制した。発運司体制よりも安定的に軍糧を確保できた公田法体制の発足は、南宋政権による両淮防衛軍の統制体制の完成を意味したのである。

先学は制置使が軍・民・財にわたる強力な権限を擁したことのみを過度に強調してきたといえる。しかし両淮に限っていえば、南宋中央は重要な財源を終始自らのもとに掌握し続けることで、制置使が中央の統制から外れることを許さない体制を構築していたのである。

ところで理宗朝における最大の政治課題とは、モンゴルの侵攻に耐えうる防衛体制の構築にあったと考えて間違いないであろう。その際に焦点となったのは、当時開発の途上にあった浙西の広大な農田の生産力を、対モンゴル防衛のためにいかに有効に活用するかであった。史嵩之・史宅之・賈似道による発運司の設置や括田法・公田法の施行は、まさにそのための試みであったといえる。(135) これらの政策は浙西の地主経営に少なからぬ打撃を与えるものであった。史嵩之・史宅之・賈似道がそろって地主層を母胎とする士大夫官僚からの激しい批判にさらされたのは、まさにその裏返しでもあった。しかしそうであるにもかかわらず、そうした政策が理宗朝を通じて貫徹されたのは、やはり皇帝理宗がそれを強力に後押ししていたからであったと考えるのが妥当であろう。だからこそ発運司は史嵩之失脚後もにわかに廃止されることなく、二十五年間も存続したのであった。そのあとを受け、公田法推進のために士大夫官僚の反発を徹底的に排除する必要に迫られた賈似道は、理宗からの支持を背景として強権政治を行わざるをえなかったものと推測されよう。賈似道のいわゆる「専権宰相」としての相貌は、南宋の国論を統一し、対モンゴル防衛体制の構築を急がなければならなかった当時の政治状況のもとで形成されたと考えるべきである。その成果としての公田は、元朝・明朝に官田として引き継がれ、その豊富な収入は両朝の重要な財源となったのであった。(136)

それでは両淮以外の京湖・四川方面の防衛軍に対し、南宋政権はいかなる統制政策を施したのであろうか。また南宋滅亡後に浙西に残された広大な公田を、元朝はどのような方法によって掌握したのであろうか。(137) これらについては別途の検討課題に属するであろう。

注

(1) 小岩井弘光「南宋初期兵制について」(同『宋代兵制史の研究』汲古書院、一九九八年所収、初出は一九七二年)、王曾瑜『宋朝軍制初探(増訂本)』(中華書局、二〇一一年、原版は『宋朝兵制初探』中華書局、一九八三年)一五八～二一〇頁などを参照。

(2) 内河久平「南宋総領所考――南宋政権と地方武将との勢力関係をめぐって――」(『史潮』七八・七九、一九六二年)、斯波義信「長江下流域の市糴問題」(同『宋代江南経済史の研究』汲古書院、一九八八年所収、初出は一九七四年)、川上恭司「南宋の総領所について」(『待兼山論叢』一二史学篇、一九七八年)、長井千秋「淮東総領所の機能」(『待兼山論叢』二二史学篇、一九八八年)、長井千秋「淮東総領所の財政運営」(『史学雑誌』一〇一―七、一九九二年)、長井千秋「南宋の補給体制試論」(『愛大史学――日本史・アジア史・地理学――』一七、二〇〇八年)、雷家聖『聚斂謀国――南宋総領所研究――』(万巻楼図書、二〇一三年)、高橋弘臣「南宋淮西総領所考――物資・財貨の調達をめぐって――」(『愛媛大学法文学部論集人文学編』五五、二〇二三年)などを参照。

(3) 制置使は中央に指定された区域の軍政を臨時的に統轄した南宋の軍職差遣である。その区域は広域監察区画である路を越えて数路にわたる場合もあり、路の監司・帥司に優越する権限を有した。本来は民政・財政には関与できなかったが、南宋後期には軍糧確保を名目に権限を拡大し、知府や総領官・転運使など民政・財政にかかわる官職を複数兼任した。注(1)王著書二二七~二六二頁、寺地遵「南宋末期、対蒙防衛構想の推移」(『広島東洋史学報』一一、二〇〇六年)八頁、余蔚「論南宋宣撫使和制置使制度」(『中華文史論叢』二〇〇七―一、二〇〇七年)、姚建根『宋朝制置使制度研究』(上海書店出版社、二〇一〇年)、余蔚「隠性的機構精簡与南宋中央集権之弱化――論南宋地方行政機構的〝兼職〟現象――」(『復旦学報(社会科学版)』二〇一二―四、二〇一二年)七七~七九頁などを参照。

(4) 宣撫使は制置使と同じく特定区域の軍政を臨時的に統轄し、その地位は制置使の上級にあった。南宋初期には地方官の人事を掌握し、監司・帥司を影響下に置いて民政・財政を事実上統轄したが、秦檜による諸軍の中央直轄化後は権限を軍政のみに縮小され、設置される機会も減少した。山内正博「南宋建国期の武将勢力に就いての一考察――特に張・韓・劉・岳の四武将を中心として――」(『東洋学報』三八―三、一九五五年)、注(3)余二〇〇七年論文などを参照。

(5) 注(2)内河論文一七~二四頁、注(2)川上論文一九~二一頁、注(3)余二〇一二年論文七七~七九頁を参照。

(6) 注(2)長井一九八八年論文四二頁を参照。

（7）『宋史』巻四一四、史嵩之伝に、「会出師、与淮閫協謀掎角、嵩之力陳非計、疏為六条上之。詔令嵩之籌画糧餉、嵩之奏言、……若夫和好之与進取、決不両立。臣受任守辺、適当事会交至之衝、議論紛紜之際。雷同和附、以致誤国、其罪当誅。確守不移之愚、上迕丁寧之旨、罪亦当誅。迕旨則止於一身、誤国則及天下。丞相鄭清之亦以書言勿為異同、嵩之力求去」とあり、史嵩之が鄭清之・趙范・趙葵のいわゆる端平入洛に強く反対し、軍糧の調達命令にも異議を唱えたことを伝える。

（8）元・劉一清『銭塘遺事』巻二「三京之役」に、「子才駐汴以俟糧、嵩之主和、中沮之、不肯運糧、卒至誤事」とあり、史嵩之が開封に駐屯する全子才の軍への軍糧補給を拒否したことが端平入洛での敗北につながったとする。

（9）『後村全集』巻一四六、神道碑「忠粛陳観文」に、「韡兵帰、道命合肥制司贈以金幣、且留其使王檝与計事、公欲伺便殺之、不果」とあり、陳韡が王檝を殺そうとしたが果たせなかったとする。

（10）明・程敏政『新安文献志』巻七九、行実〈風節〉、方回「宋故中奉大夫右文殿修撰致仕歙県開国男食邑三百戸贈華文閣学士通奉大夫呂公午家伝」に、「最大患者、清之喪師挑敵、至是丁黼死於成都、史嵩之・孟珙在京湖、嵩之尋陞督府、陳韡・杜杲在淮西、処処危急。王鑑在黄州、計用兵十七万人囲始解、独趙葵在淮東不受兵、而坐視淮西之囲、不肯出兵応援。文具啓擬非不嚴切、而葵終於迂延。公数入文字奏不已、葵造謗以公為党於京湖制司。公坐是出台、遂与郡。……時行簡拝少傅・平章、李宗勉先在政府、深以葵攻公之言為疑。後有自淮東来見宗勉者、乃言、台官皆有書与葵往来。独呂御史無之」とあり、趙葵が淮西の危機を座視したばかりか、監察御史の呂午がその行為を批判すると、呂午以外の台官と結びついていた趙葵は、呂午に史嵩之の党派としてのレッテルを貼らせ、監察御史を罷免させたという。

（11）王曾瑜「宋朝的文武区分和文臣統兵」（同『点滴編』河北大学出版社、二〇一〇年所収、初出は一九八四年）を参照。

（12）趙范・趙葵については方震華「軍務与儒業的矛盾——衡山趙氏与晩宋統兵文官家族——」（『新史学』一七—二、二〇〇六年）を、余玠については陳世松『余玠伝』（重慶出版社、一九八二年）を参照。なお方氏は、制置使として軍務に長期間従事し、武人と頻繁に接触した文臣を「統兵文官」と呼称し、一般の文臣とは行動様式や官界での生き方が異なったとしている。

（13）注（1）王著書二三六〜二三七頁を参照。

(14) 注（3）姚著書一九五～二二〇頁を参照。

(15) 周藤吉之「南宋末の公田法」（同『中国土地制度史研究』東京大学出版会、一九五四年所収、初出は一九五二年）、注（2）斯波論文、草野靖「賈似道公田法の系譜」（『日野開三郎博士頌寿記念論集　中国社会・制度・文化史の諸問題』中国書店、一九八七年所収）、寺地遵「南宋末期、公田法の背景」（『史学研究』二三一、二〇〇一年）、高橋弘臣「南宋臨安の倉庫」（『愛媛大学法文学部論集人文学科編』三五、二〇一三年）などを参照。

(16) 注（2）長井一九九二年論文を参照。

(17) 注（2）長井一九九二年論文一六～二六頁を参照。ただし長井氏は嘉熙三年（一二三九）の淮東の軍兵を七万一〇〇〇人とするが、そのうち五〇〇〇人は鎮江水軍で鎮江に駐屯していたため、本文中では六万六〇〇〇人とした。

(18) 『永楽大典』巻七五一六、倉字、都倉所引の『維揚志』周元「南倉記」に、「紹定戊子、制置按撫使翟公朝宗、建閫是州、安集流民、修飭辺備、又刱立制勇一軍、廩給教閲、以壮軍声」とある。

(19) 『宋史』巻四二一、李庭芝伝に、「庭芝乃築大城包之、城中募汴南流民二万人以実之、有詔命為武鋭軍」とある。

(20) 嘉靖『惟揚志』巻一〇、軍政志に、「其次在揚、則有諸屯駐大軍、曰強勇軍・武鋒軍・敢勇軍・雄勝軍・雄辺軍・武定軍・遊撃水軍・神武軍・護聖馬歩軍」とある。

(21) 嘉靖『惟揚志』巻一〇、軍政志に、「雄辺之属一、曰義士後軍。趙范以雄辺民兵招充本軍、屯駐揚州者也」とある。

(22) 嘉靖『惟揚志』巻一〇、軍政志に、「武定之属二、曰江淮忠義軍・滁州武定軍、乃嘉熙間移屯揚州者也」とある。

(23) 李曾伯『可斎雑稿』巻二〇、奏申「申枢密照戎司兵額状」に、「自開禧・嘉定以来、軍政日壊、各路有制閫、各州有節制、往往侵奪諸戎司権柄、刱招軍分、理塡闕額四万七百五十八人、却縁本所通融調度、以此各処之新軍日添、戎司之旧軍日減、積而至于今日、沿江諸戎司遂致倒壊、蓋不独鄂州都統司一処也。今準密箚所坐、鄂司旧額四万六千一百二十人、比今来見管五千三百六十二人、委若是有闕額。目今見餉江・鄂・荊・襄・潭・黄等処二十八屯、共管官軍一十二万一百八十五人、毎有逃亡揀汰、随即招刺塡補、比之司存紹興旧管兵額八万四千人、今殆増及四万人」とある。鄂州都統司には四万六一二〇人の兵額があったが、制置使などの新軍に四万七五八人が割かれて五三六二人のみとなっていた。江西・湖北・湖南などをあわせて総勢一二万一八五人の軍兵があったが、これは紹興の旧額である八万四〇〇〇人と比較しても四万人も多かったという。

(24) 注(2)長井一九九二年論文は、鎮江から淮東に移屯・出戍した兵のうち、一万二〇〇〇人の駐屯地が分からないとしている。そのうちの一部が揚州にいた可能性はあるが、『許国公奏議』巻三「奏乞増兵万人分屯瓜洲平江諸処防拓内外」には、このうち八〇〇〇人は「淮東諸郡」に移屯・出戍したと明記されており、全てが揚州にいたとは考えがたい。

(25) 『可斎雑稿』巻一八、奏申「手奏荊閫事宜」に、「一、京湖所管諸項官軍、雖通九万六千餘人、任責辺面、江面上下数千里、秋防在即、見議擺布。兵之屯江陵南岸者、如公安・松滋・安市・下沱等、共一万六七千人、距城一江之隔、内多北人。其屯江陵城内外者、共二万三千人、差出老弱皆在其数。城外環列諸堡、障護一水、近二十処、邇者十数里、或二三十里、遠者至一二百里、其中分布守把、或老小亦移屯焉、少者百十人、或三四百人、多者至千人、総而計之、共万餘衆」とある。京湖制置使の管下に総勢九万六〇〇〇人が存在し、江陵城の内外に二万三〇〇〇人が駐屯し、さらに江陵城外の諸堡に一万人があり、江陵の南岸の公安・松滋・安市・下沱などに一万六〇〇〇〜七〇〇〇人があったことが分かる。

(26) 『宋史』巻四五一、姜才伝に、「未幾、瀛国公至瓜洲、才与庭芝泣涕、誓将士出奪之、将士皆感泣。乃尽散金帛犒兵、以四万人夜擣瓜洲、戦三時、衆擁瀛国公避去、才追戦至浦子市、夜猶不退」とあり、臨安府がモンゴルに開城したあと淮東制置安撫使李庭芝が四万人の軍兵を率いて瓜洲を夜襲し、連行される恭帝を奪おうとしたことを伝える。南宋末期の揚州府とその周辺には四万人以上の軍隊が駐屯していたのであろう。

(27) 欠名『咸淳遺事』巻下、咸淳七年九月条に引く上官渙の上奏に、「姑以両淮言之、官兵不下十七八万、毎年防辺、又調江上諸軍以赴之、而常有敷布不周之慮」とある。この上奏には「官兵」とあるため、これには華北の流民からなる忠義軍や民兵が含まれていない可能性もある。

(28) 南宋軍兵の給与については、安部健夫「生熟券支給制度略考」(同『元代史の研究』創文社、一九七二年所収、初出は一九三一年)、小岩井弘光「南宋大軍兵士の給与銭米について」(注(1)小岩井著書所収、初出は一九七七年)、小岩井弘光「南宋の生券・熟券制」(注(1)小岩井著書所収、初出は一九八九年)、長井千秋「南宋軍兵の給与——給与額と給与方式を中心に——」(梅原郁編『中国近世の法制と社会』京都大学人文科学研究所、一九九三年所収)などを参照。

(29) 李曾伯『可斎続稿後』巻五、奏申「条具広南備禦事宜奏」に、「移屯則不過一番支費、可以永戍。向来淮・襄皆行之」とある。

(30) 例えば『許国公奏議』巻二「奏乞選兵救合肥〈嘉熙二年〉」に、「則淮東連年緝兵整武、雖号完固、然真・滁増兵、泗・漣増兵、皆割維揚見存」とある。

(31) 注（2）斯波論文二四七頁、注（2）高橋論文六頁を参照。

(32) 『可斎雑稿』巻一五、奏申「再辞免〔除左曹兼淮西総領〕状」（〔 〕は同史料の複数の同じ表題の文章と区別するために筆者が加筆、以下同）に、「今通所部江上諸屯・淮辺諸郡、一歳経常生券、大略会約、非歳得百五十万石不可」とある。

(33) 『可斎雑稿』巻一九、奏申「奏総所科降和糴利害」に、「通両項計約、則是自今冬至来歳、合要措辦米一百三十万餘石、方能応両司経常科降之数、倘有券外之費不与焉」とある。

(34) 『可斎雑稿』巻一五、奏申「辞免兼淮西制帥状」に、「分疆雖止於三州、建閫仍関於一路」とあり、さらに同書同巻「再辞免〔兼淮西制帥〕状」に、「又若廬・濠・安豊三郡、年来屢経兵燹、郡計虚枵、全仰制司応副、以助辺費。近以沿江兼領、則藉有餘而補不足、猶可通融。今東淮一路、自是一路用度、猶慮無以自給。安得復有事力可資他路乎」とあることから分かる。

(35) 注（1）王著書二五六頁を参照。

(36) 問題は両淮制置使の所管区域と必要軍糧であるが、淳祐二年（一二四二）から同六年（一二四六）にかけて淮東制置使兼淮西制置使を務めた李曾伯の『可斎雑稿』巻一七、奏申「淮閫奉詔言辺事奏」に「臣之所部両道十有四州」とあるのに対し、『永楽大典』巻一四六二七、部字〈吏部一四〉所引、欠名『吏部条法』薦挙門、薦挙、侍郎左選申明、開慶元年閏十一月条の両淮安撫制置使兼知揚州杜庶の状奏には「臣蒙恩制閫、兼領両淮、所部之州二十餘郡」とある。所管区域が戦争によって頻繁に変動したことを考慮しても、両淮制置使の所管区域は淮西制置使を兼任した淮東制置使よりもはるかに広く、両淮全域に及んでいたことが分かる。とすると、両淮あわせての必要軍糧は年間二〇〇万石を大きく上回ったはずである。この軍糧を淮東総領所だけで負担できたとは到底考えられず、淮西総領所も分担したと思われるが、現存史料からはその具体的な仕組みは判然としない。別途の検討課題とし、本章では両淮制置使のもとでの淮東総領所も、最大で年間一五〇万石を負担したものと推定して議論を進めることとする。

（37）島居一康「南宋の上供米と両税米」（同『宋代税政史研究』汲古書院、一九九三年所収、初出も一九九三年）四六五頁を参照。

（38）元・盛如梓『庶斎老学叢談』巻下に「昔在宋時、建制閫於揚、事大体重。既兼州事、又以調度浩繁、仍兼塩司、財計可以那融」とあり、揚州府の制置使が知揚州府と「塩司」を兼ね、その財源を利用していたことが分かる。また『可斎雑稿』巻一六、奏申「乞給仮尋医奏」では、李曾伯が淮東制置使兼権淮西制置使の職を辞するために、淮東制置司・淮西制置司・淮東転運司・揚州府の財賦の帳簿を決算したことが見えている。制置使がこれらの財政を統轄していたことは間違いないといえよう。

（39）『新安文献志』巻七九、行実〈風節〉、洪焱祖「方吏部岳伝」所引、方回「方秋崖壬戌書」に「陸壑之誣不必辨。陸後改名景思」とあり、陸壑が陸景思と改名したことが分かる。

（40）董槐は宝祐三年（一二五五）八月から翌年六月にかけて右丞相を務めたが（『宋史』巻四四、理宗本紀五、宝祐四年六月癸未条）、陸景思が淮東総領官に就任したのは景定五年（一二六四）である（至順『鎮江志』巻一七、寓治、宋「総領所」）。董槐の宰相在任時に淮東総領官を務めた人物としては、宝祐四年（一二五六）五月就任の趙与訔が挙げられる。周密『斉東野語』巻一七「景定行公田法」によると、趙与訔は公田法の推進に協力しており、賈似道に近い人物であったと思われるが、趙与訔の子趙孟頫は元朝で高官となった人物であった。元朝の『宋史』編纂官が趙与訔と賈似道の関係を記すのを忌避し、趙与訔の名を陸景思に置き換えた可能性も想定される。

（41）黄震『黄氏日抄』巻九六、行状「知吉州兼江西提挙大監槩公行状」に、「公知総所財計前後政混淆、而生券無定額、尤不可稽、請截界管餉、而改生券属制司。従之」とある。

（42）注（28）前掲の諸論文を参照。なお注（2）川上論文二〇頁によると、総領所から制置使に生券を移管させる措置は、淳祐年間（一二四一～一二五二）に京湖方面においても行われていた。

(43) 注(37)島居論文四六三〜四六五頁を参照。なお島居氏の議論は『可斎雑稿』巻一五、奏申「再辞免〔除左曹兼淮西総領〕状」を根拠とするが、これを淳祐十一年(一二五一)の上奏と見なし、南宋の官米調達システムが一二五〇年頃に崩壊したとしている。しかしこの上奏は、正しくは嘉熙四年(一二四〇)頃のものであるため、島居氏の結論はさらに十年ほどさかのぼることになる。

(44) 注(15)草野論文一三〇〜一三二頁を参照。括田法は淳祐七・八年(一二四七・四八)に理宗の支持のもと、史彌遠の子史宅之の主導下で施行された。検出された囲田や圩田は当初は宰相直属の尚書省左右司が管理したが、同十年(一二五〇)に淮東・淮西両総領所に移管された。総領所への上供綱運の半減・途絶を、囲田・圩田からの収穫で補塡しようとしたものであろう。ただし兪文豹『吹剣録外集』によると、括田法による検出田数は誇張されたものであった。

(45) 本書第九章第四節を参照。

(46) 寺地遵「史嵩之の起復問題――南宋政権解体過程研究箚記――」(『史学研究』二〇〇、一九九三年)、および注(3)寺地論文を参照。

(47) 注(15)周藤論文五四七〜五五三頁、および注(2)斯波論文二四五〜二五五頁を参照。

(48) 北宋の江淮等路発運司は東南六路から首都開封府への米の漕運や、そのための和糴を統轄する重要機関であったが、南宋では首都臨安府が穀倉地帯に位置したため発運司の必要性は薄れ、置廃を繰り返した。本章で見る浙西両淮発運司は、和糴と漕運を主要任務とした点で北宋と類似するが、首都ではなく前線への軍糧の和糴・漕運を統轄した点に相違が認められる。なお南宋前期の発運使については、井手達郎「南宋時代の発運使及び転運使について」(東京教育大学東洋史学研究室『東洋史学論集』三、不昧堂書店、一九五四年所収)を参照。

(49) 北宋の東南六路では、毎年の上供米の定額を両税苗米だけで満たすことができず、和糴を恒常的に行って欠額を補わざるをえなかったため、和糴は付加税化することになった。南宋前期になると上供米の年額は両税苗米の実徴額に照らして減額され、和糴は振済や軍糧の補助のための貯蔵を主目的に随時行われるようになり、恒常的なものではなくなった。しかし南宋後期に金・モンゴルとの戦争が始まり、上供米が減少すると和糴は再び頻繁に行われ、付加税化する趨勢を見せたようである。注（15）周藤論文、注（2）斯波論文や、注（37）島居論文、および地濃勝利「南宋代の和糴政策について――江南西路を中心として――」（『星博士退官記念中国史論集』星斌夫先生退官記念事業会、一九七八年所収）などを参照。

(50) 徐鹿卿『清正存稿』巻一、奏札「九月朔有旨令伺候内引壬子入国門是日内引奏札」の「第二札」に、「而淮浙発運司遞年所糴、率不下一百万石」とある。

(51) 包偉民・鄭嘉励編『武義南宋徐謂礼文書』（中華書局、二〇一二年）録白印紙第八巻、五二「淳祐六年閏四月　日浙西両淮発運司主管文字随司解任」に、「両年之内、本司招糴貳伯陸拾餘万石」とある。

(52) 注（51）包・鄭編著、録白告身第二巻、九「淳祐七年四月五日転朝散郎告」に、「発運和糴所申、糴到米壹伯伍万捌伯碩、係本司属官任責措置」とある。

(53) 『宋史』巻一七五、食貨志上三「和糴」に、「開慶元年……淮浙発運司二百万石」とある。

(54) 元・馬端臨『文献通考』巻六二、職官考一六「発運司」に、「以平江府守臣兼、専領糴運之事、以餉淮軍」とある。

(55) 清・黄宗羲『宋元学案』巻七四、慈湖学案「文靖史自斎先生彌忠」、および同書同巻「少師節斎与憲」。

(56) 『宋史』巻四一五、程公許伝に、「与憲乃嵩之死党」とある。

(57) 『宋史』巻四一五、陳塏伝に、「歴京湖制置使司主管機宜文字」とある。

(58) 明・宋濂『宋学士文集』、鑾坡前集巻五「贛州聖済廟霊跡碑」に、「紹定三年、黥卒朱先率其徒陳達・周進・蔡発以叛、有旨除荊襄監軍陳塏提刑江西、仍護諸将致討」とある。

(59) 史嵩之の経歴については、魏峰・鄭嘉励「新出《史嵩之壙志》・《趙氏壙志》考釈」（『浙江社会科学』二〇一一―一〇、二〇一一年）一四六頁を参照。

(60) 宝慶『四明志』巻一〇、郡志一〇、叙人下、進士「嘉熙二年周坦榜」に「魏峻〈通直郎〉」の名がある。

(61) 章国慶編著『寧波歴代碑碣墓誌彙編　唐／五代／宋／元巻』（上海古籍出版社、二〇一二年）南宋「宋故太師右丞相食邑五千九百戸食実封三千九百戸謚文節魯国公魏公（杞）神道碑」二七一頁に、魏杞の孫として峴・巘・岠・崌等の名前が挙がる。

（62）なお上海図書館所蔵の清・魏恭寿ほか主修『蘭風魏氏宗譜』巻一、鉅鹿分派は、魏峻を魏杞の弟魏梠の孫とする。道光二十九年（一八四九）の族譜ではあるが、傍証として挙げておく。

（63）清・史悠誠纂修『鄞東銭堰史氏宗譜』巻一、鄭清之「宋贈開府儀同三司忠宣公墓誌銘」（本書第七章に所掲の「史彌堅墓誌銘」二九三頁）に、「女二人、長適朝奉大夫・新知峡州魏峿」とある。

（64）周密『癸辛雑識』後集「魏子之謗」に、「魏峻字叔高、号方泉、娶趙氏、乃穆陵親姉四郡主也〈理宗第六、福王第八〉」とある。

（65）『後村全集』巻八〇、掖垣日記「奏乞坐下史嵩之致仕罪名状〈十二日〉」に、「嵩之督師於外、乃用詭計、微服疾馳、詐称張路分、径入将作監見百官」とある。

（66）本書第九章三九六頁と四一二頁の注（58）を参照。

（67）本書第九章第四節を参照。

（68）『清正存稿』巻一、奏札「九月朔有旨令伺候内引壬子入国門是日内引奏札」の「第二札」に、「臣昨在朝、已嘗建減糴之議、故去年之秋、初止糴五十万石。臣之意不在希賞、止欲相安。故亦止為五十万之規模。糴数既減其半、凡旧招於巨室之数亦減其半。施行已定、忽準朝旨、増糴五十万石。時節已晩、米直已窮、而本銭逼歳方下、臣逆料不可、遂於発運司・平江府借撥諸色官銭、別委官属招糴、一毫不敢敷及上戸、然後得以及事」とあり、朝廷にあった徐鹿卿が発運司による和糴数量の減額を議論したことから、朝廷の命令によって和糴が行われていたことが分かるほか、朝廷の方針転換によって五〇万石の追加和糴が決められたが、すでに米価が高騰しており、朝廷からの本銭の給付も遅れたため、発運司と平江府から諸種の官銭を借りて和糴を行ったとあることから、通常は朝廷からの糴本に依拠して和糴が行われたことも分かる。

（69）永楽『常州府志』巻一〇、官績二所引『江陰続志』「屯苗截軍糧箚子」に、「開慶元年朝旨一例下行諸郡和糴、前守王琮再三控告、随蒙蠲免、経今数載矣。偶去年発運司以浙西被水、行下派糴五万石、百姓驚駭、多有逃亡、今年之夏尚不及数」とあり、江陰軍は狭小なため和糴を免除されていたが、水害のため浙西両淮発運司から五万石の和糴が命じられたとあり、浙西両淮発運司が各州軍に和糴額を割り当てる権限を有していたことが分かる。

（70）注（51）包・鄭編著、録白告身第二巻、九「淳祐七年四月五日転朝郎告」に褒賞の実例が見えるほか、『永楽大典』巻一四六二七、部字〈吏部一四〉所引、『吏部条法』薦挙門、淳祐格からは、浙西両淮発運使（「淮浙発運」）にきわめて多くの薦挙枠が与えられていたことが分かる。

（71）注（15）周藤論文五四七～五五一頁、注（2）斯波論文二五二～二五五頁を参照。

（72）元・任仁発『水利集』巻八「元貞二年六月潘応武於行省講究撩清軍事」に、「亡宋初年廢弛、至理宗朝、帰之浙西発運司。有発運使趙与篙、招募流移農民、立魏江・江湾・福山水軍、三部三四千人、専一修浚江湖河塘。後因改除、以此軍籍帰隷枢密院、又為水災復至、又発運使呉淵拘収没官田米、責之州県、自行支用雇募百姓修浚」とある。

（73）『許国公奏議』巻四「奏乞就淮西管下歳糴以継軍食之闕」に、「本府両年之間、百計提聚官銭、僅能糴及六七万石、尚未及一歳十万之数。近縁青黄不接、軍食正艱、遂差官吏往平江収糴四万石、以備支遣。幷将昨来朝廷発還借支義倉米価銭四十万貫、収糴一万石、以償上件義倉窠名、共為米五万石。已差撥軍船、雇募民船、摺運船載。出港之間、忽準発運司反汗拘攔、所有昨来已奉聖旨指揮、未肯行用」とある。

（74）『清正存稿』巻一、奏札「九月朔有旨令伺候内引壬子入国門是日内引奏札」の「第二札」に、「去年先糴五十万石、循例於百万倉交納。後増糴五十万石、今運至転般倉交納」とある。

（75）注（2）斯波論文二五〇頁を参照。また『永楽大典』巻一四六二七、部字〈吏部一四〉所引、『吏部条法』薦挙門、薦挙、侍郎左選申明、淳祐二年正月二十八日条に、「尚書省箚子、浙西両淮発運副使・提領措置和糴史宅之状、照対発運一司、専任糴買綱運之責。於是百万東西倉、亦帰隷属」とある。

（76）北宋の転般倉は真州・揚州・泗州・楚州に置かれ、東南六路からの漕運米を保管して首都開封府に転送する役目を担ったが、南宋では主に長江沿線の鄂州・江州・建康・鎮江などに置かれ、各地からの漕運米を一時的に保管し、前線の駐屯軍に転送・補給する役目を帯びた。井手達郎「南宋の漕運——主として転般法について——」（『埼玉大学紀要教育学部編』六、一九五七年）、汪聖鐸「宋代転般倉研究」（同『宋史探研』中国社会科学出版社、二〇一九年所収、初出は二〇一一年）を参照。

(77) 注(76)汪論文二四四～二四八頁を参照。

(78)『黄氏日抄』巻七三、申明四、第三任分司鎮江条陳転般倉事〈下〉「辞提刑司発到省箚陞差提領所幹官状〈甲子五月〉」に、「監司既不得而検柅、朝省又未免於隔遠」とある。

(79)『黄氏日抄』巻七二、申明三、第三任分司鎮江条陳転般倉事〈上〉「申提刑司乞免専人幷豁耗状」に、「今歳取運、又是鎮江府節制司・淮東総領使所両大司存差向上官、下視倉場如臨部曲」とある。

(80) 節制司については、注(1)王著書二二七～二三七頁を参照。

(81) 至順『鎮江志』巻一五、刺守、宋太守に歴代の知鎮江府の名前と肩書が列挙されるが、嘉定年間(一二〇八～一二二四)以降の知鎮江府の多くは淮東総領官を兼任している。

(82)『黄氏日抄』巻九三、啓「謝包発運有結局時改官状納廟堂忽見予」に、「方発運使之置司、即転般倉之為属」とある。

(83)『黄氏日抄』巻七三、申明四、第三任分司鎮江条陳転般倉事〈下〉「辞提刑司発到省箚陞差提領所幹官状〈甲子五月〉」に、「嘗攷本倉初属総領所、継属発運司」とある。

(84)『黄氏日抄』巻七二、申明三、第三任分司鎮江条陳転般倉事〈上〉「再申提刑司乞移還甘露閘状」に、「今発運司又於元置則水閘之東、稍折而南、約百歩外作閘、名栲栳上閘、此既不預州県水利事。及訪問無端添閘之因、則発運司毎発米到倉、恐其出卸不尽、到即関置上閘之内、候差人検空、方開閘放行」とある。

(85)『黄氏日抄』巻七三、申明四、第三任分司鎮江条陳転般倉事〈下〉「辞提刑司発到省箚陞差提領所幹官状〈甲子五月〉」に、「向也近属於監司、緩急猶易於上達、今也遠属於朝省、申請不可以立応」とある。

(86) 浙西提刑司の治所が基本的に平江府に置かれたことは、理宗朝に出版された祝穆『方輿勝覧』巻二、平江府、建置沿革に「浙西提刑・提挙置司」とあることから分かるが、小林隆道「宋代文書行政中の「備」について」(同『宋代中国の統治と文書』汲古書院、二〇一三年所収)一〇九頁にあるように、景定年間(一二六〇～一二六四)には知常州が浙西提刑使を兼任することが見られた。その場合、常州に置かれた浙西提刑司の官署はより鎮江府転般倉に近接していたことになる。

(87)『黄氏日抄』巻七二、申明三、第三任分司鎮江条陳転般倉事〈上〉「申提刑司乞免専人幷豁耗状」に、「本倉昨隷発運司、

毎日交発運司運到和糴人戸米一万石」とある。

(88) 注(51)包・鄭編著、録白印紙第八巻、五二「淳祐六年閏四月　日浙西両淮発運司主管文字随司解任」に、「又蒙朝廷節次箚、令往来鎮江府転般倉、督運百万倉斛陸拾万石、倶已辦集」とある。

(89) 注(2)長井一九九二年論文一四～一六頁によると、淮東総領所の補給業務の円滑化のため、嘉定十五年(一二二二)以降の両淮の州県官は淮東総領所受給銭糧の官名を帯びた。淮東総領所は鎮江府転般倉から軍糧米を受領したあと、両淮各地の州県官と連携しながら両淮の軍隊に補給を行ったのであろう。

(90) 注(86)小林隆道論文一〇五～一一一頁に従えば、省箚は鎮江府転般倉に直接下されたのではなく、先に上司の発運司(景定二年(一二六一)以降は浙西提刑司)に下され、そこで省箚の内容が引用された使牒が作成され、その使牒が鎮江府転般倉に伝達されたことになる。

(91)『可斎雑稿』巻一五、奏申「再辞免〈除左曹兼淮西総領〉状」に、「今歳前政任内、委官呉門運過科撥米共四十七万餘石、則是科撥猶可仰。今総所雖有科撥数隷百万倉、深慮憲司新糴之米未登、而諸路取撥之米不一」とある。淮西総領所が蘇州(呉門)から科撥米四七万餘石を運んできたとあり、科撥米は百万倉の所属になっているとあるから、この四七万餘石は百万倉の米であると推測できる。

(92)『黄氏日抄』巻七〇、申明一、初任呉県尉本職事「申提刑司乞免一路巡尉理索状〈庚申七月、孫憲任内〉」に、「某自到官、承准諸司及州県送下人戸理索私租帖牒、日不下数四。一帖牒動追数十家、甚至百五六十家」とある。

(93)『黄氏日抄』巻七〇、申明一、初任呉県尉本職事「申提刑司乞免一路巡尉理索状〈庚申七月、孫憲任内〉」に、「蓋有一等凶毒之幹、復将已断佃戸仍押下元捕尉司、託名監租、而情愿不取其餘租、囚鎖至死、借之立威、以懼来者」とある。

(94)周藤吉之「宋代荘園制の発達」(注(15)前掲周藤著書所収、初出は一九五三年)二六四～二七一頁を参照。

(95)草野靖「宋代の頑佃抗租と佃戸の法身分」(『史学雑誌』七八—一一、一九六九年)一四～一六頁、高橋芳郎「宋代の抗租と公権力」(同『宋代中国の法制と社会』汲古書院、二〇〇二年所収、初出は一九八三年)を参照。

(96)『清正存稿』巻一、奏札「九月朔有旨令伺候内引壬子入国門是日内引奏札」の「第二札」に、「浙西号為畿内沃壌、毎歳豊

儲及百万倉所糴似不啻三数百万石。若以諸総司計之、在呉門者已不下二百万石、私販滲漏者不与焉」とある。浙西では豊儲倉と百万倉だけで三百万石以上の和糴を行い、さらに諸総領所は蘇州で二百万石を和糴していたという。私販の者はこれに含まれないというから、浙西で五〇〇万石以上の米が買い上げられていたことは確実である。

(97) 足立啓二「宋代両浙における水稲作の生産力水準」(同『明清中国の経済構造』汲古書院、二〇一二年所収、初出は一九八五年)、大澤正昭「宋代「江南」の生産力評価をめぐって」(同『唐宋変革期農業社会史研究』汲古書院、一九九六年所収、初出は一九八五年)、宮澤知之「宋代先進地帯の階層構成」(同『宋代社会経済史論集』汲古書院、二〇二二年所収、初出は一九八五年)、長井千秋「南宋時代の小農民経営再考」(伊藤正彦編『『万暦休寧県二七図黄冊底冊』の世界』二〇〇九～二〇一一年度科学研究費補助金、基盤研究(C)研究成果報告書、二〇一二年所収)を参照。

(98) 注(97)宮澤論文を参照。

(99) 注(68)前掲の『清正存稿』巻一、奏札「九月朔有旨令伺候内引壬子入国門是日内引奏札」の「第二札」に、一〇〇万石の和糴数量を五〇万石に減らしたことで「巨室」の負担も一度は半減したこと、および急に五〇万石を増糴することが決まったが、徐鹿卿は少しも「上戸」に和糴を強制することがなかったことが明記されている。和糴の主な対象は「巨室」や「上戸」であったことが分かる。

(100) 『黄氏日抄』巻七〇、申明一、初任呉県尉本職事「再申提刑司乞将理索帰本県状〈壬戌六月、余憲新到〉」に、「既捕到解県、則断訖再押下尉司、託名監租、強幹遂陰嘱承監弓手、飢餓殺之、以立威郷落。以故郷落之被追者、但見百人往、不見一人還。其所以群起而拒捕者、非拒捕也、為必死之性命争也」とある。なおこの史料の表題の本来の双行注には〈同前〉とあるため、右の双行注の年月はそれに従って付した。

(101) 『黄氏日抄』巻七〇、申明一、初任呉県尉本職事「申提刑司乞免一路巡尉理索状〈庚申七月、孫憲任内〉」に、「頃歳徳清県降斗之事、嘗煩官兵」とある。

(102) 包恢『敝帚稿略』巻一、札子「奏平荻浦寇箚子〈浙西提刑〉」に、「臣窃惟、此寇横行王畿之内、与窃発於遠方者不同、深為腹心之患、与流毒於四肢者大異。其繫国家之休戚、至不軽也。且安吉去天咫尺、而長興県之嘉会・長興両郷十有七村、如

荻浦・環沈等処、使止於私販塩茶売酒、則其罪猶小、若有田不必納租、則非王民、殺人不必償命、則無王法」とあり、湖州で横行していた盗賊に、塩・酒の密売人のほか、私租未払いの佃戸や殺人を犯した者までが含まれていたことが示唆されている。

（103）南宋は会子を安定的に流通させるために、原則として三年一界という流通期限と、一界一〇〇〇万貫という発行上限を定めた。これにより南宋前期の会子は額面価格一貫に対し、銅銭六〇〇文から七五〇文前後の会価を維持した。しかし金・モンゴルとの戦争によって財政が悪化すると、会子の三界併用や発行額の極端な増額が行われたためインフレーションを起こし、会価は額面価格一貫に対して銅銭二五〇文以下にまで落ち込んだ。草野靖「南宋財政における会子の品搭収支」（『東洋史研究』四一―二、一九八二年）、草野靖「南宋東南会子の界制と発行額」（『劉子健博士頌寿紀念宋史研究論集』同朋舎、一九八九年所収）、本田精一「南宋官会子の論理と実態」（『九州大学東洋史論集』二五、一九九七年）、汪聖鐸『両宋貨幣史』（社会科学文献出版社、二〇〇三年）六五四～七三〇頁などを参照。

（104）杜範『清献集』巻一四、奏箚「三月初四日未時奏」に、「臣竊見、自楮券折閲以来、辺上諸軍請給、不足以供衣食之費、飢困藍縷、常有怨声。……臣此番造朝、聞其怨声日甚、竊恐或有離心。不唯難以責其用命死敵、而勢之所激、必有不可追之悔」とある。

（105）注（68）前掲の『清正存稿』巻一、奏札「九月朔有旨令伺候内引壬子入国門是日内引奏札」の「第二札」に、朝廷が五〇万石の追加の和糴を決めたがすでに米価が高騰しており、しかも朝廷からの糴本の支給も遅れたことで困難を来した事実が記されている。

（106）本書第八章三四六頁と三六八～三六九頁の注（111）、および本書第九章三八八頁と四一〇頁の注（42）を参照。

（107）宮崎市定「南宋末の宰相賈似道」（『宮崎市定全集』一一、岩波書店、一九九二年所収、初出は一九四一年）三〇九頁を参照。

（108）杉山正明「モンゴル帝国の変容――クビライの奪権と大元ウルスの成立――」（同『モンゴル帝国と大元ウルス』京都大学出版会、二〇〇四年所収、初出は一九八二年）八三～一二一頁を参照。

(109) 元・郝経『陵川集』巻三八、使宋文移「復与宋国丞相論本朝兵乱書」に、「不意一二懽罪不逞之徒、糾合奴隷、間離骨肉、翅立阿里不歌大王、締起兵端、拒命漠北。以次則幼、以事則逆、以衆則寡、以地則偏、兵食不足、素無人望、一時跳踉、終就擒滅」とあるように、郝経はアリクブケがクビライには敵わないことを述べ、すぐにクビライからの和平の提案に応じるように賈似道を説得していた。

(110) 本書第九章第四節を参照。

(111) 寺地遵「賈似道の対蒙防衛構想」（『広島東洋史学報』一三、二〇〇八年）二二～二七頁を参照。なお寺地氏は賈似道が新たに構築した防衛体制を「藩鎮鼎足体制」と呼称している。

(112) 注(107)宮崎論文三〇二～三〇三頁、衣川強「劉整の叛乱」（『劉子健博士頌寿紀年宋史研究論集』注(103)前掲書所収）三〇七～三一一頁、梁庚堯「南宋的軍營商業」（『宋史研究集』三二、蘭台出版社、二〇〇二年所収、初出は一九九八年）三七一～三七二頁、注(111)寺地論文二七～三三頁を参照。

(113) 注(76)汪論文は、景定二年（一二六一）以降の鎮江府転般倉を中書門下省検正諸房公事が管轄する提領司の所属と見なすが、注(2)斯波論文二五〇～二五一頁から分かるようにこれは誤りである。

(114) 注(2)斯波論文二五〇～二五一頁を参照。

(115) 『後村全集』巻八七、進故事「辛酉八月二十日」に、「不幸歳事又敗於積潦、先是五六月、水災止及湖・秀、及七月之水、則併呉田為壑。三数郡之人、皇皇然救死之不贍。天子臨朝惻然、不待臣僚奏請、濬発玉音、呉郡歳糴減五十万石、而湖全免、秀与旁県亦減免有差」とある。

(116) 『黄氏日抄』巻七二、申明三、第三任分司鎮江条陳転般倉事〈上〉「申乞支旧米見底并巡倉」に、「本司自景定二年十一月内、準省箚同提領此倉、元登承発運司見管在倉米六百四十五石七斗九升九合八勺八抄四撮、自当時本司提領以来、截止今年景定五年三月二十四日終、節次共収江西帥・漕両司併和糴・鎮江府諸項旧米一百一十一万八千一百五十一石二斗一升三合五勺八抄四撮」とある。なお「節次共収江西帥・漕両司併和糴・鎮江府諸項旧米」の「併」は、あるいは「併せて」と訓じ、江西の安撫司・転運司がともに和糴した米と鎮江府諸項の旧米の二項目を指すものと解すべきかもしれない。しかし注

(115) 前掲の『後村全集』の記事から、浙西でも減額がありながらも和糴がなされたことは確かなため、ここでは「節次共収江西帥・漕両司併和糴・鎮江府諸項旧米」の「併」を並列の意味でとり、江西の安撫司・転運司が送ってきた米と浙西での和糴米・鎮江府諸項の旧米の三項目を指すものと解釈した。

(117)『黄氏日抄』巻七二、申明三、第三任分司鎮江条陳転般倉事〈上〉「申乞支旧米見底幷巡倉」に、「其在発運司提領之日、既以手糴手運、子母一家、間有耗折不及三釐者、例欲援豁以為贏餘、不与討見分暁」とある。

(118) 至順『鎮江志』巻一三、宮室、倉、丹陽県「有年倉」に、「有年倉、宋置、在呂城鎮。〈……淮浙発運司置。凡四十廒、受納蘇・常公租、転輸鎮江転般倉、摺運過淮。……〉」とある。『永楽大典』巻七五一四、倉字所引の『鎮江府志』は有年倉を「大有倉」と記すが、ここでは至順『鎮江志』の記述に従う。なおいずれの史料も発運司によるこの倉の設置を咸淳年間（一二六五〜一二七四）とするが、淳祐年間（一二四一〜一二五二）の誤りであろう。

(119) 至順『鎮江志』巻一三、宮室、倉、丹陽県「有年倉」に、「後隷浙西提刑司」とある。

(120) 提点刑獄司は路の司法・警察・監察を統轄する官署で、転運司・提挙常平司とともに監司と称された。本文中で述べたように、北宋後期以降は財政にも大きな権限を持つようになった。包偉民『宋代地方財政史研究』（中国人民大学出版社、二〇一一年、原版は上海古籍出版社、二〇〇一年）八〇〜九六頁、梅原郁『宋代司法制度研究』（創文社、二〇〇六年）二四四〜二六一頁、王暁龍『宋代提点刑獄司制度研究』（人民出版社、二〇〇八年）三三四〜三五四頁などを参照。

(121)『黄氏日抄』巻九六、行状「安撫顕謨少卿孫公行状」に、「其再為浙西憲司時、嘗浚犇牛至呂城糧運河、又欲併鑿深呂城至京口之河、平通淮運、貫徹南北、以地高費大未果」とある。

(122) 注（15）周藤論文を参照。

(123)『黄氏日抄』巻七二、申明三、第三任分司鎮江条陳転般倉事〈上〉「申提刑司辦総所再欲追人状」に、「準使牒、備準尚書省箚子施行、淮東総領所再申朝廷、乞明賜箚下鎮江転般倉、如遇本所取運公田租米到来、即仰従公速与交量、仍従般戸自行斛概、併照京倉交受運司公田米例、毎綱定要三日交収斗級、或有欠折、即従本倉径行拘収、押綱船梢任責、随即監納了足、毋致牴牾。如或本倉官吏・専斗生事、即照已準指揮追人究実、具申朝廷施行。都省照得、省倉下界交納両郡公田米、毎日不下一万餘石、兼有出剰米、反責還綱吏。転般倉当体此奉行。合議行下、除已箚付鎮江府転般倉、遵照今来箚下事理施行、或稍有阻滞乞覓等事、断是追究外、箚本司密切関防具申。今承本司牒、其厳切関防、如運到租米、即令本倉従公速与交量。某竊詳交量之遅速、全係米色之好悪。米若乾浄、随到随収、日交万石、儘可遵守。万一関防不周、綱梢作弊、米一有湿、則決不容不曬。米一有雑、則決不容不篩。自然担閣工夫、豈可概言揹勒。今来総所申明、固是仰体朝廷之意、期於速辦公米。但恐綱吏・船戸不能仰体総所之意、反借此脅持倉官。兼官司各有部属、転般倉自係提刑司提領。今詳牒内、備坐総所申請、称如或本倉官吏生事、即照已準指揮追人、則是取運官司、径可追治交量官吏、米有湿悪誰復敢争。況転般倉係朝廷之倉、本司不過同提領。同之一字、言尊無二上、権在朝廷也。故本司自提領以来、非準省箚未嘗自有施行。今若他司径追本倉官吏、則於事理亦恐更合斟酌。未委此項指揮、元係如何行下、所合具申使台、乞賜詳酌。或与申審的実、以憑遵守」とある。なお四庫全書本は「非準省箚未嘗自有施行」を、「非準省箚米嘗自有施行」とするが、『黄震全集』浙江大学出版社、二〇一三年、二一二七頁の校勘記に従って改めた。

(124)『黄氏日抄』巻七二、申明三、第三任分司鎮江条陳転般倉事〈上〉「回申提刑司備省箚令為総所監銭状」に実例が見られる。

(125) 周密『斉東野語』巻一七「景定行公田法」に、「至五月、乃命江陰・平江隷浙西憲司、安吉・嘉興隷両浙漕司、常州・鎮江隷総所」とある。この史料は冒頭で景定三年（一二六二）に賈似道が富国強兵の策を行おうとしたとあって以降は明確な年を示さないが、『宋史』や『宋史全文』では公田法の施行は景定四年（一二六三）に繫年されており、右の五月もこの年のことと思われる。

(126)『黄氏日抄』巻七三、申明四、第三任分司鎮江条陳転般倉事〈下〉「回申省箚状〈咸淳元年〉」に、「鎮江等三郡初納時、米色多有不好」とあり、その後ろに「常州季宅幹人包到久陳紅赤小米様称有三十来石」とある。また鎮江府に属する丹陽県や丹徒県の公田を管理する荘官が送ってくる米の低質さを問題視する文言も見られる。

(127)『黄氏日抄』巻七二、申明三、第三任分司鎮江条陳転般倉事〈上〉「申乞支旧米見底并巡倉」に、「今年二月十五日、風雨曾壊江陰軍公田米三船」とあり、江陰軍から鎮江府転般倉に公田米が運搬されていたことが明記されている。

(128)『黄氏日抄』巻七三、申明四、第三任分司鎮江条陳転般倉事〈下〉「回申省箚状〈咸淳元年〉」に、「若平江府米、只撥已到、皆是乾浄」とある。

(129)『黄氏日抄』巻七三、申明四、第三任分司鎮江条陳転般倉事〈下〉「申提刑司区処交米状」に、「本倉元修六十二敖皆已充満、続起十八敖、僅有麗・水・列・張四敖」とある。

(130)『黄氏日抄』巻七二、申明三、第三任分司鎮江条陳転般倉事〈上〉「申提刑司乞申朝省修倉幷乞免江西米入倉状〈癸亥五月、孫提刑任内〉」に、「四敖所容、約不過四万石有奇」とある。

(131)注(76)汪論文は、南宋末期の鎮江府転般倉の規模を約六〇敖とするが、本文中で示したように、汪聖鐸氏は鎮江府転般倉が増築された事実を見逃している。

(132)注(15)所掲の諸論考を参照。

(133)宮澤知之「北宋の財政と貨幣経済」(同『宋代中国の国家と経済』創文社、一九九八年、初出は一九九〇年)を参照。

(134)注(15)周藤論文五七五～五九二頁を参照。

(135)濱島敦俊「江南デルタ圩田水利雑考――国家と地域――」(『中国21』三七、二〇一二年)九七頁は、当時の江南デルタで「国家がリアルタイムで捕捉し得ぬ大量の新田が生まれ続けていたことを前提に」賈似道の公田法を理解する必要があると論じている。

(136)森正夫『明代江南土地制度の研究』(同朋舎、一九八八年)、植松正「元初江南における徴税体制について」(同『元代江南政治社会史研究』汲古書院、一九九七年所収、初出は一九七四年)を参照。

(137)南宋公田の元朝への継承については、本章旧稿発表後、拙稿「元代浙西の財政的地位と水利政策の展開」(宋代史研究会編『宋代史料への回帰と展開』汲古書院、二〇一九年所収)において論じた。あわせて参照して頂ければ幸いである。

【付記】　本章旧稿の発表後、余蔚「南宋後期東南軍需供応与両淮浙西発運司」(鄧小南主編　曹家斉・平田茂樹副主編『過程・空間――宋代政治史再探研――』北京大学出版社、二〇一七年所収)が提示された。本章と類似した問題関心から書かれた論考であるが、南宋末の発運使について本章よりも制度的な沿革の解明に力を注いでおり、発運使が平江府内の和糴のみしか管轄できなかった可能性を指摘するほか、発運使の設置が地方政府の力を増大させるものであったと論じるなど、本章とは異なる見解を示している箇所もある。あわせて参照して頂ければ幸いである。

付章　南宋寧宗朝政治史研究の前進のために

はじめに

これまで筆者は南宋政治史に関する複数の論考を発表してきた。そのうち本書第四章の旧稿である「南宋寧宗朝における史彌遠政権の成立とその意義」（『東洋学報』九一―一、二〇〇九年、以下、本章では第四章旧稿と称す）の内容について、韓冠群氏と李超氏が近年異議を唱えた。拙論への批判を展開した両氏の研究は次の通りである。

① 韓冠群「従宣押入内到独班奏事――南宋韓侂冑的専権之路――」（『北京社会科学』二〇一六―四、二〇一六年、以下、本章では韓氏①論文と称す）

② 韓冠群「従政帰中書到権属一人――南宋史彌遠専権之路――」（『四川師範大学学報（社会科学版）』四四―三、二〇一七年、以下、本章では韓氏②論文と称す）

③ 李超『南宋寧宗朝前期政治研究』（上海古籍出版社、二〇一九年、以下、本章では李氏著書と称す）

韓氏①論文では、十三年間におよぶ韓侂冑政権が時系列に沿って分析され、韓侂冑自身の官職の変動に応じて政権運営の方法が変化していたことが論じられ、同じく韓氏②論文では、韓侂冑暗殺直後における史彌遠政権の成立過程が検討される。また李氏著書は、韓侂冑政権の成立要因や、同政権が推進した慶元党禁・開禧用兵の実態、韓侂冑の暗殺から史彌遠政権の成立に至る政治過程などを総合的に論じたものである。

南宋四代目寧宗朝は大きく前・後期に分けられる。前期は韓侂冑が実権を掌握していた十三年間であり、後期は韓侂冑暗殺後に成立した史彌遠政権の十七年間である。韓侂冑は科挙合格を経ていない武臣官僚でありながら寧宗の最側近として大きな権力を行使し、最後の二年間は特別宰相である平章軍国事として政治を運営した。これに対して史彌遠は科挙合格を経た文臣官僚であり、終始正式な宰相職である丞相として政治を主導した。拙論はこの二つの政権の権力形態に差異を読み取り、前者から後者への移行を南宋政治史上に意義づけたものであった。安倍直之氏によると、韓侂冑政権の祖型は二代目孝宗朝に求められる。宋朝の政策決定は皇帝・宰執の熟議により行われるのが原則であったが、孝宗は自らが信任する皇帝側近武臣官僚（以下、本章では側近武臣と称す）に政治を諮り、決定内容を御筆に託して直接現場に下すなど、政策決定や命令伝達の過程から宰執を排除し、皇帝による「独断」的な政治運営を追求した。安倍氏は、孝宗の側近武臣重用路線の寧宗朝への継承が、同じく側近武臣であった韓侂冑の擡頭を惹起したと考えた。[1]

第四章旧稿は基本的に安倍氏の右の所論を継承したうえで次のような議論を展開した。韓侂冑死後の南宋官界には、側近武臣による権力掌握を許した寧宗の政治姿勢、すなわち孝宗以来の政治路線を批判し、皇帝が宰相と熟議して政治を運営することを求める言説が多く見られた。史彌遠政権成立の前後には、一つには皇太子（＝景献太子）を皇帝視朝の場に同席させ、視朝終了後は皇太子と宰執が会議を行い、そこで一定レヴェルの政策決定がなされるという嘉定資善堂会議が設けられ、二つにはそれまで武臣官僚が就任し、皇帝による宰執を回避した命令伝達ルートとして機能してきた枢密都承旨に史彌遠腹心の実務官僚が配されるようになるという変化があった。これらはいずれも政策決定における宰相の主導力の強化へとつながる措置であり、当時の士大夫官僚の輿論の方向性と合致する。ここから拙論は、韓侂冑政権から史彌遠政権への交代に、孝宗の政治路線の終焉としての意義を見いだしたのである。

かかる拙論に対する韓冠群・李超両氏の批判は三点にまとめられる。第一は、孝宗の政治路線は決して寧宗朝に継承されていないと見るものであり、これは李氏著書のみによる批判である。李超氏によると、側近武臣の重用は孝宗朝の前期にはなされたものの、孝宗朝後期から三代目光宗朝では見られず、寧宗朝まで長期的に存続してはいなかった。寧宗即位直後に韓侂冑が実権を掌握するに至った要因としては、韓侂冑の側近武臣としての立場よりも、外戚として寧宗擁立にかかわったことがより重視されるべきだという(2)。

第二は、拙論が韓侂冑政権から史彌遠政権への移行を、孝宗以来の皇帝による「独断」的政治運営から、皇帝と宰執とが熟議して政務を処理する政治運営への回帰と見るのに対し、韓冠群・李超両氏はこれを否定する。まず韓氏①論文は、韓侂冑が権力を掌握していた十三年の間にその官職が知閤門事→在京宮観→平章軍国事と変化していることを重視し(3)、末期の韓侂冑は寧宗と単独で面会できる特権のもと、官僚機構のトップとして権力を行使したと見なし、史彌遠政権との間に共通性を見いだす(4)。李氏著書は、そもそも孝宗の側近武臣重用路線が寧宗朝に継承されたとは見ないため、韓侂冑政権から史彌遠政権への移行に拙論のような意義を認めない。李超氏は、韓侂冑と史彌遠のいずれもが宮中と強く結びついていたことをとくに重視しており、両政権を同質ととらえているようである(5)。

第三に、拙論は韓侂冑死後においては、側近武臣が再度実権を掌握することへの警戒感が士大夫官僚の間で党派を超えて共有され、嘉定資善堂会議はそのための対策として設けられたと論じた。資善堂会議の設置は、早くから景献太子と結びついていた史彌遠に有利に作用し、結果的に史彌遠政権の成立に寄与したが、その設置には官界の輿論の後押しも大きく寄与したと解釈したのである。これに対して韓氏②論文は、資善堂会議の設置意図については拙論に同意するものの、当時の官界には史彌遠の政治的な擡頭を危惧し、その独走を抑制しようとする動きも併存したと主張する。[6] 李氏著書も、当時の官界に史彌遠の擡頭への反発があったと見る点は同様であるが、さらに嘉定資善堂会議は史彌遠による権力壟断を阻害するために設けられたとする新説を唱える。[7]

学術研究が既存の研究を常に乗り越えようとするものである以上、拙論が批判的に検証されることは当然であり、その批判が妥当であれば自説を修正するのに吝かではない。しかし韓冠群氏の批判については、拙論が踏まえる日本の先学の諸研究についての理解不足が目立つほか、同じく李超氏の批判にも拙論の全体像についての誤解が見受けられる。とりわけ後者の問題は大きく、李超氏は第四章旧稿の中文訳のみに依拠して批判を展開するが、それ以外の筆者の論考を参照すればそうした議論の一部が成り立たないことは明らかである。仄聞するところでは、李氏著書は第一一届鄧広銘学術奨励基金の二等奨を受賞するなど、中国で高い評価を得ているとのことであり、それによって拙論に対する誤解が拡散されれば、南宋政治史研究の今後の展開に大きな支障をきたす恐れがある。そのほか韓・李両氏の批判には、史料批判の観点から首肯できない論点も散見され、これについても明確に指摘する必要がある。

以上の問題関心のもと、本章では韓冠群・李超両氏の批判によって示された右の三つの論点について検証し、その当否を論じることとする。それによって拙論の内容を再整理し、南宋政治史に関するより生産的な議論が行える土台を形成しようとするものである。

第一節　孝宗の政治路線の光宗・寧宗朝への継承の有無

李氏著書はその緒論において、近年の日本における南宋政治史研究の動向として安倍直之・藤本猛両氏の名前を挙げ、両氏によって孝宗の側近武臣重用路線が分析されたこと、それが寧宗朝にまで継承されて韓侂冑による権力壟断が引き起こされたと論じられたことを紹介する。(8) さらに第四章旧稿の中文訳を挙げ、拙稿は安倍・藤本両氏の見解を発展させ、孝宗が側近武臣を重用したのは宰相による権力壟断に打撃を与えるためであり、それによって側近武臣の権力が宰執をも圧倒する状況を将来したと論じたとする。(9) 李氏著書によって拙論は、秦檜・史彌遠の「擅権」を「宰相専政」、韓侂冑による「専権」を「近習専政」として区別したものと総括された。(10)

かかる認識に基づき、李氏著書の第一章「従内禅到党禁」では次のような批判が展開される。孝宗はその治世前半は北宋旧領の恢復を志向し、側近武臣を重用した皇帝の「独断」的政治運営を行ったものの、治世後半の淳熙八年（一一八一）に側近武臣の王抃を罷免してからは、一転して宰相を重用した穏健な政治を行うようになった。こうした姿勢は光宗も継承しており、光宗は即位直後こそ側近武臣の姜特立を重用したが、姜特立は間もなく排斥され、紹熙四年（一一九三）に試みられた姜特立の再起用も宰相留正の反対で防がれた。そのほか光宗は宦官の陳源・林億年らを重用したが、彼らは孝宗・光宗父子の仲を離間したことが知られるのみで、朝政には大きな影響を与えなかった。光宗は五年間の治世で三人の宰相しか任命しておらず、また宰相を重用した光宗を称賛する言説が残されていることから、光宗もまた宰相を信任した穏健な政治を行っていたと考えられる。孝宗が始めた皇帝の「独断」的政治運営は、光宗朝まで継承されておらず、長期にわたって存続したと見るのは誤りだというのである。(11)

筆者が安倍氏の所説に従い、秦檜・史彌遠と韓侂冑とを異なるタイプの権力者と認識していること、孝宗の政治路線が寧宗朝まで継続したと考えていることは間違いない。しかしながら、孝宗が側近武臣を重用した狙いが、宰相による権力壟断に打撃を与えることにあったと筆者が論じたというのは全くの誤りである。李超氏が参照する第四章旧稿の中文訳の該当箇所(12)は、安倍氏の所論を筆者が要約して提示した部分であって、筆者の考えを述べたものではない。

安倍氏の斯界における学術的な功績を蔑ろにする誤りであり、明確に訂正しておく。なお右の問題について筆者は安倍氏とは異なる見解を持っており、それは本書第二章の旧稿である「南宋孝宗朝における太上皇帝の影響力と皇帝側近政治」(『東洋史研究』七一―一、二〇一二年、以下、本章では第二章旧稿と称す)で示した。

第二章旧稿では、孝宗が側近武臣を重用した要因として太上皇帝の存在を重視した。孝宗は金国に対する強硬な政策を志向したが、太上皇高宗は金国との安定的な関係を重視する立場をとっていた。しかも孝宗朝では宰執人事に皇帝だけでなく、太上皇帝の意向も強く反映される傾向があった。そのため孝宗朝の宰執には常に和平派の人物が加わっており、皇帝・宰執が熟議する政策決定の方式では、孝宗が志向する対金強硬策が阻害される恐れがあった。孝宗は太上皇高宗の影響力を政治上から極力排除するために、自分で自由に差配できる側近武臣を重用した政策決定を選択せざるをえなかった。同様の構図は次の光宗朝にも継承され、最終的に寧宗朝で韓侂冑による実権掌握に結実したと論じたのであった。

右に示した第二章旧稿の概要から、李氏著書が問題視する孝宗朝後期から光宗朝にかけての側近武臣重用の低調化が、すでに拙論に組み込まれていたことが分かるであろう。孝宗は金国に対し、南宋皇帝が金国皇帝からの国書を起立して受領しなければならない「受書礼」の変更や、河南にある北宋皇帝の陵寝地の返還を強硬に求めていた[13]。ところが孝宗は、淳熙八年(一一八一)に金側の求める「受書礼」を勝手に許可した王抃を罷免して以降、それ以前ほどの強硬さを見せなくなる[14]。これは孝宗が同年以降、太上皇高宗に逆らってまで対金強硬策をとることを断念したこと、つまり側近武臣を重用する積極的な理由を失ったことを意味する。この年を境に側近武臣の重用が後景に退いたように見えるのはむしろ当然であり、同十四年(一一八七)の高宗の死後はなおさらであったろう。それでは李氏著書が指摘するように、孝宗は側近武臣の重用を全く行わなくなったのかといえばそうではない。高宗の死の直後、服喪を理由に金使との面会謝絶を望む孝宗が、それに反対する宰執をいわば迂回し、宦官を通じて特定の官僚に直接働きかけることによってその目的を達していた事実を、許浩然氏が明らかにしている[15]。孝宗が形成した皇帝の「独断」的政治運営のルートは、頻繁に使われなくなっただけで温存されていたと見るべきであろう。

孝宗が太上皇帝として存在した次の光宗朝ではどうであろうか。光宗朝でも宰執人事に太上皇帝の意向が強く反映されていたことは第二章旧稿で論じた。光宗が即位直後に側近武臣の姜特立を重用したにもかかわらず、間もなく罷免して宰執中心の政治に移行したのは、光宗もまた当初は自らの「独断」的な政治運営を望んだものの、この時点では断念して孝宗の主導権を一旦認めたからであろう。紹熙四年（一一九三）に光宗が姜特立を再び起用しようとしたのは、光宗が孝宗の影響下から脱し主体的な政治を始めるための試みだったと思われる。しかしこの試みは、孝宗からの信任厚い宰相留正が自身の進退をかけて反対し、五ヵ月近くも政務をボイコットした末に光宗が留正の諫言に従うことで失敗に帰した。光宗は再び孝宗に屈従することを餘儀なくされたのであった[16]。この事件の前後から孝宗・光宗父子の不仲が取り沙汰されていたことは[17]、光宗が孝宗に抑圧される状態に徐々に不満を募らせ、最終的には孝宗と対立するに至ったことを意味しよう。紹熙五年（一一九四）三月に提示された彭亀年『止堂集』巻三、奏疏「論剛断得失疏〈紹熙五年三月〉」は当時の光宗政治を次のように描く。

> 然搢紳之間、窃議聖徳、猶以剛断不足為恨。群臣進対、必有以是告陛下者。臣不知其説為如何。但見陛下期年以来、施為稍異、若示人以不可測者。政事挙措、稍不循節奏、進退臣下、頗不事礼貌。意所欲用、雖給舎屢繳、而不可回、意所不欲、雖台諫弾撃、而不可動。宦寺任職于中禁、而不用誥命、内廷取財于総司、而特免録黄。如此之類、未易悉数。其始群臣争之、而不能得、其終陛下行之、而不復疑。一時操縦自我、予奪自我。仰窺聖意、必自以為能駕御臣下、而権綱在我矣。然而紀綱隳廃、廉恥刓滅、陛下雖快一時之意、而不知実為異日之憂。蓋紀綱

隳廃、則国制亡、廉恥刓滅、則士気奪、国制亡、則禍乱所由作、士気奪、則緩急不足恃。此臣所甚懼也。夫人君而無剛断、誠不足以宰制万物、統御万方。然所謂剛断者、豈以事自己出、人不我違之謂哉。……臣窃観今日陛下所為、不過以勢屈群下、使之従己而已。夫人主、其威雷霆也、其重万鈞也。震之以威、圧之以重、夫誰敢不従。（然るに搢紳の間、窃かに議するに聖徳、猶お剛断足らざるを以て恨みと為すと。群臣進対するに、必ず是れを以て陛下に告ぐる者有るべし。臣其の説何如為るかを知らず。但だ陛下期年以来、施為稍や異なるを見るに、人に示すに測るべからざるを以てする者の若し。政事挙措は、稍や節奏に循わず、臣下を進退すれば、頗る礼貌を事とせず。意の用いんと欲する所、給舎屢しば繳すると雖も、回すべからず、意の欲せざる所、台諫弾撃すると雖も、動かすべからず。宦寺中禁に任職すれば、誥命を用いず、内廷総司より取財すれば、特に録黄を免ず。此くの如きの類、未だ数を悉くすは易からず。其の始め群臣これを争いて、得る能わず、其の終わり陛下これを行いて、復た疑わず。一時の操縦我に自り、予奪も我に自る。聖意を仰窺するに、必ず自ら能く臣下を駕御して、権綱我に在ると以為うなり。然るに紀綱隳廃し、廉恥刓滅せば、陛下一時の意を快とすると雖も、実に異日の憂と為るを知らざるか。蓋し紀綱隳廃すれば、則ち国制亡び、廉恥刓滅すれば、則ち士気奪わる。国制亡べば、則ち禍乱の由りて作す所にして、士気奪わるれば、則ち緩急恃むに足らず。此れ臣の甚だ懼るる所なり。夫れ人君にして剛断無くんば、誠に以て万物を宰制し、万方を統御するに足らず。然るに所謂剛断なる者は、豈に事の己より出で、人の我に違わざるの謂を以てせんや。……臣窃かに今日の陛下の為す所を観るに、勢を以て群下を屈し、これをして己に従わしむるに過ぎざるのみ。夫れ人主、其の威は雷霆なり、其の重は万鈞なり。これを震わすに威を以てし、これを圧するに重を以てすれば、夫れ誰ぞ敢えて従わざらんや。）

韓侂冑が擡頭を始めるわずか四ヵ月前の上奏である。これによると、光宗は何者かの提言により、自らに「剛断」が足りないと考え、臣下からの進言に耳を貸さずに自らが望む宦官人事や財政政策を断行したらしい。同じく徐自明『宋宰輔編年録』巻一九、紹熙元年七月乙卯条に引く留正の行状は、右史料の翌月の留正の上奏を伝える。

奏言、陛下近年不知誰献把定之説、遂至毎事堅執、断不可回。臣居家八日、出門三日、並皆不報。此把定之説誤陛下也〈云云〉。

（奏して言う、陛下近年誰か把定の説を献ずるかを知らざるも、遂に事毎に堅執し、断じて回すべからざるに至る。臣居家すること八日、出門すること三日なるも、並びに皆な報ぜず。此れ把定の説陛下を誤るなり〈云云〉。）

留正の主張によれば、光宗は何者かに吹き込まれた「把定」の説に誤られたことで、自分の考えに固執し、それを撤回することが全くなくなったという。[18] 彭亀年のいう「剛断」とは孝宗が追求した「独断」と異なるところはないであろうし、留正のいう「把定」は「剛断」を別の言葉で言い換えたものであろう。光宗が孝宗の抑圧からの反動で「剛断」や「把定」に走ったとすれば、光宗に「剛断」「把定」を提言したのは孝宗・光宗父子を離間したとされる陳源・林億年ら宦官であった可能性が高い。光宗朝においても、皇帝がその気になりさえすればいつでも「独断」的な政治運営のルートは機能したのであり、李氏著書の批判は妥当性を欠くように思われるのである。

李氏著書が参照した第四章旧稿の中文訳には、確かに誤解を招く表現があったかもしれないが、李氏著書の注には同じく第二章旧稿も引かれており、[19] それを参照したのであればこうした誤解は生まれようがなく、また拙論がいかなる政治史を構想しているかも容易に推測できるはずである。にもかかわらず、李氏著書が右で見たような的外れな議論を展開したことには首を傾げざるをえない。

次に李氏著書が拙論に対し、韓侂冑の外戚としての立場をより重視すべきだと批判したことについて見てみよう。

李氏著書の第四章「韓侂冑的困境与北伐」は次のように述べる。近年の研究は、寧宗即位直後に韓侂冑が実権を掌握しえた原因として、韓侂冑が側近武臣であったことを重視する傾向があり、とくに小林や張維玲氏は、韓侂冑が寧宗擁立に関与した際に知閤門事のポストに就いていたことから、孝宗朝の側近武臣と韓侂冑との類似性を指摘した。しかし韓侂冑が実権を掌握できた直接的な原因は、趙汝愚ら外朝の官僚が寧宗擁立への同意を太皇太后呉氏に求めた際に、呉氏との連絡役を韓侂冑に務めさせ、その働きによって寧宗の信任を勝ちえたことにあった[20]。呉氏との連絡役として最初に候補となったのは呉氏の姪（おい）の呉琚であり、呉琚が辞退して初めて呉氏の妹の子である韓侂冑に白羽の矢が立った。韓侂冑は知閤門事の職掌とは関係なく、外戚だったからこそ呉氏との連絡役に選ばれたのである[21]。韓侂冑は側近武臣と外戚という二つの立場を持ち、前者は皇帝からの信任のみを権力の基盤とするが、後者は后妃との血縁関係が影響を及ぼす[22]。孝宗・光宗の即位前からの旧僚として側近武臣となった曾覿・龍大淵・姜特立と異なり、寧宗と何ら結びつきを持たなかった韓侂冑にとって、太皇太后呉氏や寧宗の皇后韓氏との血縁は、寧宗から信任を受けるうえで有利に作用した[23]。韓侂冑の側近武臣としての側面のみを取り出し、韓侂冑による権力掌握を単純に孝宗朝の側近武臣重用の延長と見なすことはできないというのである[24]。

右の李超氏の批判に関して、安倍直之氏の所論と拙論とがここでも混同されていることをまず指摘しなければならない。韓侂冑の就任官職などから、孝宗朝の側近武臣と韓侂冑との連続性を指摘したのは安倍氏の功績である[25]。そしてこれも同様に、筆者は安倍氏とは異なる観点から韓侂冑政権の成立過程を論じたことがあった。本書第三章の旧稿である「南宋中期における韓侂冑専権の確立過程――寧宗即位（一一九四年）直後の政治抗争を中心として――」（『史学雑誌』一一五―八、二〇〇六年、以下、本章では第三章旧稿と称す）がそれであり、その所論の概要は次の通りである。

安倍直之氏や寺地遵氏により[26]、韓侂冑政権が孝宗の政治路線の延長線上に生起したことが論じられたが、なぜ孝宗朝の側近武臣と異なり、韓侂冑のみが強大な実権を掌握できたのかが分明ではない。この解明のためには韓侂冑の外戚としての立場に改めて注目する必要がある。寧宗が即位してから六ヵ月間は、皇帝が太上皇帝の居所である重華宮で生活し、太上皇帝が皇帝の居所である皇城で生活するというきわめて特異な状態が現出した。これは退位させられた光宗が重華宮に移るのを拒否したためであり、寧宗は政務をも重華宮でとらざるをえなかった。重華宮は皇城の北東に位置する離宮であり、宰執が執務する都堂からも空間的に切り離されていた。寧宗が重華宮に半年も滞在したことは、宰執に皇帝と面会して政策を論じる機会を大きく制限した反面、韓侂冑には皇帝を独占してその信任を獲得する絶好の機会を提供することになった。重華宮には太皇太后呉氏の居所も存在し、呉氏の近親者だった韓侂冑は比較的自由に重華宮に出入りできたと考えられるからである。韓侂冑は側近武臣としてだけでなく、外戚としても寧宗により近侍できる環境にあったといえる。しかも太上皇光宗が自らの退位に納得せず、寧宗との面会すら拒否していたことで、自らの帝位に不安定さを感じていたと思われる寧宗にとって、その即位を決めた太皇太后呉氏と、その近親者たる韓侂冑の影響力は自ずと高くならざるをえなかった。こうして寧宗からの信任を強固にした韓侂冑は、孝宗朝の側近武臣と同じく寧宗に御筆を下させて自らに有利な人事を進め、政敵であった宰相趙汝愚を失脚させるに至ったのであった。

韓侂冑の外戚としての立場に注目すべきとする李超氏の批判は、実は第三章旧稿の主張そのものだったことが明らかであろう。李氏著書の出版からさかのぼること十三年前の論考である。李超氏の批判は誤解に基づくものであり、全くの筋違いであるといわざるをえない。ただし筆者は、韓侂冑の外戚としての立場を重視する点では李超氏と大筋で一致するものの、韓侂冑政権の成立を、孝宗朝以来の政治的な流れのなかで評価しない考えには到底同意することはできない。そもそも宋朝については、国政を預かる宰相には原則として科挙に合格した文臣官僚が起用され、かつ外戚を政治に関与させることにきわめて消極的な王朝であったというのが斯界の通説ではなかったか。李超氏の所論に従えば、韓侂冑のように武臣官僚であり、なおかつ外戚で大きな戦功もない人物が宰相位にまで到達するという宋代でも特異な現象が、何の脈絡もなく寧宗朝で突然生じたことになってしまう。韓侂冑政権をこのように非歴史的に理解することは、宋代史の全体的な流れのなかで南宋政治史の独自の意義を明らかにしようとする試みをも大きく後退させかねないといえる。韓侂冑という特異な権力者を出現させた要因とはいかなるもので、それがいつ生じたのかが問題となる所以である。

さて李超氏は、孝宗朝の曾覿・龍大淵のみを取り出して韓侂冑と比較し、韓侂冑は孝宗朝の側近武臣と異なって皇帝の即位前からの旧僚ではなく、両者の間に連続性は見られないと論じる。(27) しかしその議論において、同じく孝宗朝の側近武臣であった張説に全く言及しないのはあまりにも恣意的であろう。張説は太皇太后呉氏の妹の子であり、かつ戦功のない武臣官僚でありながら執政官である知枢密院事にまで到達した人物であった。(28) 一見して明らかなように、外戚としての立場といい、その経歴といい、まさに孝宗朝の張説は韓侂冑の先駆的存在の一人として位置づけられるのである。これだけでも孝宗朝から寧宗朝の連続性を見いだすに十分であるが、韓侂冑が外戚として寧宗の信任を受けたとして、どのように政治を運営したのであろうか。韓侂冑は側近武臣や在京宮観として皇帝に近侍し、皇帝が下す御筆に依拠して政策や人事を差配したのではなかったか。それこそ安倍直之氏が明らかにした、孝宗朝の曾覿や張説と同じ手法である。(29) 韓侂冑が寧宗から絶大な信任を勝ちえた要因は、寧宗即位直後の特異な状況と、韓侂冑の外戚としての立場に帰せられる。しかし韓侂冑が大きな権力を行使するためには、やはり孝宗朝から温存されていた皇帝の「独断」的政治運営のルートが必要不可欠だったと考えるべきであろう。

それにしても、李氏著書に第三章旧稿を参照した形跡が見られないのはいかなる理由によるのであろうか。李氏著書は韓侂冑政権の解明を主要なテーマとしたものであるが、第三章旧稿もまた韓侂冑政権の成立過程を検討した論考であった。しかも李氏著書は第四章旧稿を批判対象の一つとしている。李氏著書が参照する第四章旧稿の中文訳では、注に第三章旧稿が引かれており[30]、李超氏が第三章旧稿の存在を見落とすことはありえない。つまり李超氏は、批判対象の研究者に自分の研究テーマと重なる論考が存在するにもかかわらず、それを無視して別の論考に依拠して見当違いな批判を展開していたわけである。第二章旧稿の論旨を全く理解していなかったことも含めて、学術研究としての厳密さを著しく欠いていることに困惑を覚えるばかりである。

第二節　平章軍国事就任以降の韓侂冑をめぐって

第四章旧稿は、韓侂冑・史彌遠の二人の政権の間に権力形態の相違を認める立場から執筆された論考であった。これに対して部分的に異を唱えたのが韓冠群氏である。韓氏①論文の内容は次のようにまとめられる。趙冬梅氏や小林は、寧宗即位直後に韓侂冑が擡頭した要因として、韓侂冑が皇帝側近官ポストの知閤門事に在職していたことを重視するが、韓侂冑が実権を掌握したあとにその権力をいかに維持したかはあまり論じていない。韓侂冑は紹熙五年（一一九四）十二月に知閤門事兼枢密都承旨を罷免されてから、開禧元年（一二〇五）七月に平章軍国事に就任するまで、一貫して実際の職務を持たない在京宮観の地位にあった[31]。そうであったにもかかわらず、韓侂冑がこの期間においても朝政を壟断できたのは、韓侂冑が宮中に出入りして寧宗に近侍することが可能であったことで、御筆の発布を思い通りにできたことと、自身が信任する人物を言路官に配し、その言論を自在にコントロールできたことによる[32]。平章軍国事就任以前の韓侂冑は朝政に参与する正式な権限を持たず、その実権は自らを信任する寧宗を通じて初めて行使できるものであった。ところが平章軍国事就任後の韓侂冑は、通常の宰相職である左右丞相の上に位置づけられただけでなく、独班奏事と留身独対の特権によって寧宗の意思決定に大きな影響を与えるようになった[33]。独班奏事とは、皇帝に対して単独で上殿奏事することを、同じく留身独対とは上殿奏事後に単独で居残って皇帝に上奏することを意味する。政権末期の韓侂冑は、依然として御筆を掌握しつつも、朝政の場で正式に皇帝の聖旨を求められる権限を得ており、御筆よりもこちらのルートを多用して政権を運営した[34]。こうした韓侂冑政権のあり方は、嘉定元年（一二〇八）に知枢密院事となった史彌遠が独班奏事の特権を有し、大きな権力を行使したことと類似するという[35]。ここでは明言されていないが、韓氏②論文には、小林が「孝宗と韓侂冑の統治方式を同一視している」ことへの批判のほか、史彌遠の独班奏事の特権が紹定六年（一二三三）のその死まで一貫して維持されたことを重視する見解が示される[36]。つまり韓冠群氏は、韓侂冑が平章軍国事となったことで、末期の韓侂冑政権はそれ以前の同政権から変質し、孝宗の政治路線からの連続としてはとらえられなくなったこと、および独班奏事の特権を政権運営に活用したという点において、末期の韓侂冑政権と史彌遠政権との間には一定の連続性が見いだせることを主張したのであった。

まず指摘すべきは、韓侂冑が知閤門事兼枢密都承旨を罷免されてから平章軍国事に就任するまで在京宮観の地位にあったことが重視されてこなかったというのは誤りだということであろう。この問題については安倍直之氏がすでに明確な見通しを示しており[37]、そうした韓侂冑のあり方を先取りする存在として、孝宗朝時代に同じく在京宮観の官職にありながら大きな権力を行使した曾覿が挙げられていた[38]。なお曾覿は孝宗の側近武臣を出発点としながら、のちに節度使や開府儀同三司・少保といった最高位の官階を次々に付与された。韓侂冑もまた節度使・開府儀同三司を授けられたあと、少傅→少師→太傅→太師と昇進しており、官階の昇進経路においても曾覿は韓侂冑の先例として位置づけられる[39]。

次に韓侂冑が平章軍国事に就任して以降、その政権が変質したとする見方について検討しよう。それ以前の権限のない官職から特別宰相に一躍就任したことで、韓侂冑の官制上の権限にはきわめて大きな変化が生じた。韓侂冑は平章軍国事として朝政に参加するようになっただけでなく、尚書省の官印を掌握して行政文書の発給にも責任を持つようになったのである。(40)しかし衣川強氏がつとに指摘していたように、それ以前の韓侂冑は自身に権限がないとしても、自身とつながりのある人物を宰執に据え、その宰執を通じて朝政や文書の発給を舞台裏から実質的に操作していた。(41)韓侂冑がそれらを直接取り仕切るようになったことは、韓侂冑政権の一大画期を意味するのは間違いないにしても、従前の側近武臣の政権としての性格がにわかに払拭され、根本的に異なるものに変質したと見るのは妥当であろうか。

この問題については蘇師旦なる人物に注目する必要がある。韓侂冑のかつての下属の胥吏であった蘇師旦は、韓侂冑が擡頭して以降はその腹心として活躍し、嘉泰二年（一二〇二）に知閤門事として枢密都承旨を兼任し、その後は在京宮観として領閤門事を兼任した。(42)領閤門事の職掌は知閤門事のそれとほとんど異なるところはあるまい。韓侂冑がかつて側近武臣として在職し、大きな権力を行使した官職は、蘇師旦にそのまま引き継がれていたことになる。韓侂冑が平章軍国事に就任しながらも、自らの腹心を側近武臣として寧宗の身辺近くに送り込んだことは、衣川強氏がいうように、「表舞台に登場した韓侂冑が、裏舞台を蘇師旦に任せたことを意味」(43)するのであろう。このことは末期の韓侂冑政権が依然として側近武臣の政権としての性格を色濃く持ち続けていたことを示唆する。

それでは宰相となって以降、韓侂冑が独班奏事と留身独対の特権により朝政を壟断したとする所見はいかに解釈されるであろうか。確かに平田茂樹氏は、宋代では皇帝と直接対面して上奏する機会をより多く持つ官僚が、そうでない官僚に比べて政治的に優位に立つ傾向があったことを指摘している。(44)しかしこれは皇帝と官僚との対面の機会が制限されるなかで、いかなる官僚が相対的により多くの影響力を皇帝に行使できるかをモデル化したものである。側近武臣として十年以上も寧宗に近侍してその信任を強固にし、それによって平章軍国事に任ぜられた韓侂冑とは前提となる条件が違いすぎるといわざるをえない。寧宗が宰相となった韓侂冑の進言をよく聞き入れたとしても、それは独班奏事や留身独対を行いえたからというよりも、それ以前の十年間で培われた韓侂冑との信頼関係によると考えるべきであるし、寧宗の身辺近くに配された蘇師旦からの支援も考慮されなければならない。なおその蘇師旦は韓侂冑に対金戦争の失敗の責任を押し付けられ、開禧二年（一二〇六）六月に罷免される。その経緯を『綱目備要』巻九、開禧二年六月戊寅条は次のように伝える。

韓侂冑既喪師、始覚為蘇師旦所誤、欲去之。李壁時在翰林、一夕侂冑招之。……壁乃悉数其罪、勧之斥去、侂冑納其言、請壁代己草奏。……壁抒思良久、奏牘遂成。明日朝退、壁坐玉堂、遣人伺其事。或報平章奏事畢、随駕入内矣。壁聞之、且驚且喜。少頃批出、師旦与在外宮観。

（韓侂冑既に喪師し、始めて蘇師旦の誤る所と為るを覚り、これを去らんと欲す。李壁時に翰林に在り、一夕侂冑これを招く。……壁乃ち悉く其の罪を数え、これに斥去するを勧めるに、侂冑其の言を納れ、壁に己に代わりて奏を草せんことを請う。……壁抒思すること良や久しくし、奏牘遂に成る。明日退朝し、壁玉堂に坐すに、人を遣わして其の事を伺わしむ。或るもの報ずるに平章奏事し畢わり、駕に随いて入内すと。壁これを聞きて、且つ驚き且つ喜ぶ。少頃して批出するに、師旦に在外宮観を与うと。）

韓侂冑が蘇師旦を弾劾し、御筆による罷免がなされたことを記す。韓冠群氏は、韓侂冑の留身独対の実例として右史料を挙げる[45]が、この記事には留身独対をした事実は明記されてはいない。むしろ上奏後に韓侂冑が寧宗に宮中に招じ入れられたことや、それを聞いた李壁が驚いたとされていることが留意される。韓侂冑が平章軍国事に就任して以降も、寧宗が相変わらず韓侂冑に親しみを持ち、宮中への出入りを容易に許していたことや、韓侂冑がそれを利用して重要な人事を発令していたこと、そうした寧宗からの恩寵は官僚を驚かせるほど特異なものであったことが判明するからである。重大な政局に直面した韓侂冑は、朝政の場での上奏という正規のルートはもちろんのこと、側近武臣時代と同じく宮中での接触という非正規のルートをも併用して寧宗に働きかけ、蘇師旦罷免の御筆を勝ち取ったのであった。政権末期の韓侂冑が特別宰相としての新たな側面だけでなく、側近武臣時代の要素をも相変わらず持ち続けていたことが明らかである以上、孝宗の政治路線と末期の韓侂冑政権の間にも連続性を見いだすことこそが妥当なのではないだろうか。

また前節で韓侂冑の先駆的存在として名前を挙げた、孝宗朝の張説の事例にも注目すべきであろう。張説は乾道七年（一一七一）に執政官の簽書枢密院事に任ぜられたが、士大夫官僚からの批判を受けて一度罷免され、翌年二月に簽書枢密院事に再度就任した。その際、尤袤らによって再び批判されたが、張説は「留身密奏」して尤袤を罷免に追い込んだという。[46]張説もまた留身独対を行うことが可能であったことが分かるが、その讒言が受け入れられたのはやはり側近武臣としての活躍によって張説が孝宗から強く信任されていたからであろう。韓冠群氏の所論に従えば、張説が執政官となり留身独対ができるようになったことをもって、張説の権力運用のあり方は側近武臣時代のそれから根本的に変化し、のちの史彌遠政権のそれと全く同質になったことになるが、そうした解釈には論理の飛躍があってにわかには首肯できない。基本的な構図は末期の韓侂冑政権においても同じであり、この点からも韓冠群氏の議論は成立しがたいように思われるのである。

第三節　史彌遠政権の成立過程をめぐって

第四章旧稿は、史彌遠政権を成立させた要因の一つとして、嘉定元年（一二〇八）における嘉定資善堂会議の設置を重視し、当時の士大夫官僚の輿論がその設置を促したものと推測した。当時の官界には、韓侂冑が側近武臣でありながら実権を掌握したことを反省し、「左右」「近習」が皇帝の権力を奪うことを警戒する文言が広範に見られた。当時の士大夫はその防止策として、皇帝と宰執とが熟議して政策を決定すべきことのほか、一部の政務の処理を皇太子と宰執との会議に委ねることをも求めたのであった。「左右」「近習」は、孝宗朝の士大夫が側近武臣を批判する際にその代名詞として頻繁に用いた言葉であり、それは寧宗朝初期に韓侂冑を指弾した朱熹らの上奏においても同様であった。そのため韓侂冑の死の直後においても、これら「左右」「近習」は側近武臣を指していると筆者は解釈した。当時の士大夫が立場の違いを超えて、側近武臣がしばしば実権を掌握してきた孝宗朝以来の政治的な傾向の変更を企図していたものと見なしたのである。それはこのとき宰執を務めていた銭象祖・衛涇・史彌遠も同様であり、三者は相互に対立しつつも右の輿論と共通する問題意識を持ち、それが資善堂会議の設置に結実したと推測した。嘉定資善堂会議の設置目的は、宰執の政務処理の権限を拡大し、孝宗朝以来の皇帝の「独断」的政治運営に歯止めをかけることで、側近武臣による再度の実権掌握を防止することにあったというのが、第四章旧稿の結論であった。

これに対して李氏著書は、当時の文章に見られる「左右」「近習」などが側近武臣一般ではなく、特定の人物を指していたと主張する。李氏著書の第六章「〝共治〟理想的破滅与史彌遠上台」によると、当時の南宋中央では四人の宦官の召還を命じる御筆が下され、それに一部の官僚が反対する事件が出来した。[47] 当時の宦官のトップの王兪（＝王瑜）は皇后楊氏の腹心であったため、この宦官人事には王愈と皇后楊氏が関与していた可能性が高く、[49]「左右」「近習」などの言葉の矛先は王愈、ひいてはその後ろ盾の皇后楊氏に向けられていたという。[50]李超氏は、当時の士大夫が皇后楊氏による政治への介入こそを懸念していたと解釈したのであった。

韓侂冑の暗殺を主導した廷臣は銭象祖・衛涇・史彌遠であり、銭象祖は開禧三年（一二〇七）に宰相となり、衛涇・史彌遠も相継いで執政官の参知政事や知枢密院事に就任した。李超氏によると、このうち銭象祖・衛涇は、最終決定権を握る皇帝が宰相・台諫と相互に牽制・補完し合いながら統治を行う君臣「共治」を理想とし、韓侂冑暗殺後には宰執としてその実現を目指した。[51]しかしその理想の追求は、皇后楊氏と史彌遠とによって阻まれることになった。[52]韓侂冑暗殺後、宮中を掌握した皇后楊氏は外朝の政治に介入しようとし、その際に史彌遠を自らの代弁者に仕立てた。[53]史彌遠は韓侂冑暗殺前から景献太子の教育係を務めており、その縁で皇后楊氏と早くから結びついていた。皇后楊氏から支持された史彌遠は独自に人事を動かすなど、大きな権力を行使するようになった。ここにおいて銭象祖・衛涇は、史彌遠が朝政を壟断する存在になりかねないとして危険視し、激しく対立するに至ったという。[54]一見すれば銭象祖・衛涇と史彌遠との対立だが、実際には銭象祖・衛涇は皇后楊氏とも対立していたものと李超氏はとらえたといえる。

こうした状況のなか、嘉定元年（一二〇八）閏四月に嘉定資善堂会議が設けられるに至る。現存史料による限り、開禧三年（一二〇七）の年末にすでに王炎と倪思とが会議の設置を提言していた。王炎の提言の内容は、彼が中央の官僚に宛てた二通の書簡から確認できるほか、[55]倪思の提言の内容は、墓誌銘と『宋史』本伝に断片的な記述が残されている。第四章旧稿では、提言の全貌が分かる王炎の書簡を重視したが、李超氏は倪思の提言にとくに注目する。その内容を見てみよう。『鶴山文集』巻八五、「顕謨閣学士特贈光禄大夫倪公墓誌銘」には次のようにある。

十一月、侂冑誅、召為兵部尚書兼侍読。入見便殿、請遵用故事、命東宮参決政事、以杜権臣之専。不時宣引宰執、及別創直廬、令詞臣候対、以備批旨、諭大臣以容受直言、飭朝列以砥厲名節。

（十一月、侂冑誅せられ、召されて兵部尚書兼侍読と為る。便殿に入見し、故事を遵用し、東宮に命じて政事を参決せしめ、以て権臣の専を杜がんことを請う。不時に宰執を宣引し、及び別に直廬を創り、詞臣をして対を候たせ、以て批旨に備えしめ、大臣に諭すに直言を容受するを以てし、朝列を飭するに名節を砥厲するを以てせよと。）

倪思の墓誌銘の一節である。開禧三年（一二〇七）十一月に韓侂冑が誅殺された直後、兵部尚書兼侍読となった倪思が寧宗に対し、政策決定に皇太子を参加させて「権臣の専」を防ぐこと、および宰執を頻繁に引見し、大臣の直言を受け入れるように求めたことが記されている。さらに『宋史』巻三九八、倪思伝は次のように伝える。

侂冑殛、復召、首対、乞用淳熙例、令太子開議事堂、閑習機政。又言、侂冑擅命、凡事取内批特旨、当以為戒。除権兵部尚書兼侍読。求対言、大権方帰、所当防微、一有干預端倪、必且仍蹈覆轍。厥今有更化之名、無更化之実。今侂冑既誅、而国人之言猶有未靖者、蓋以枢臣猶兼宮賓、不時宣召。宰執当同班同対、枢臣亦当遠権、以息外議。枢臣、謂史彌遠也。……徙礼部尚書。史彌遠擬除両従官、参政銭象祖不与聞。思言、奏擬除目、宰執当同進。比専聴侂冑、権有所偏、覆轍可鑑。既而史彌遠上章自辨、思求去、上留之。思乞対言、前日論枢臣独班、恐蹈往轍、宗社堪再壊耶。宜親擢台諫、以革権臣之弊、並任宰輔、以鑑専擅之失。

（侂冑殛せられ、復た召されて、首対するに、淳熙の例を用い、太子をして議事堂を開き、機政を閑習せしめんことを乞う。又た言うに、侂冑命を擅にし、凡そ事は内批特旨に取れば、当に以て戒と為すべしと。権兵部尚書兼侍読に除せらる。対を求めて言うに、大権方に帰し、当に防微すべき所なるも、一も干預の端倪有れば、必ず且に仍お覆轍を蹈まんとすべし。厥れ今更化の名有るも、更化の実無きなり。今侂冑既に誅せられて、国人の言猶お未だ靖からざる有るは、蓋し枢臣猶お宮賓を兼ね、不時に宣召せらるるを以てするなり。宰執当に同班同対すべくして、枢臣も亦た当に権を遠ざけ、以て外議を息むべしと。枢臣、史彌遠を謂うなり。……礼部尚書に徙る。史彌遠両従官を擬除し、参政銭象祖与聞せず。思言う、除目を奏擬するは、宰執当に同進すべし。比ごろ専ら侂冑に聴ね、権に偏する所有れば、覆轍鑑みるべしと。既にして史彌遠上章自辨し、思去を求め、上これを留む。思対を乞いて言う、前日枢臣の独班を論ずるに、恐るらくは往轍を蹈めば、宗社再壊に堪えんや。宜しく親ら台諫を擢し、以て権臣の弊を革め、宰輔を並任し、以て専擅の失に鑑みるべしと。）

中央に召還された倪思が寧宗に対し、淳熙年間（一一七四～一一八九）の例により、皇太子に議事堂で会議を行わせ、枢要な政務に熟達させるように請願したこと、韓侂冑による実権掌握を教訓として御筆の利用を控えるように述べたことが冒頭に記される。さらに別の機会に上殿奏事を求め、韓侂冑が誅殺された現在も人々は知枢密院事の史彌遠が東宮官を兼任しているために、寧宗に頻繁に引見されていることを心配している、宰執は共同で上殿奏事しなければならないと主張した。その後、礼部尚書に移った倪思は、史彌遠が参知政事（正しくは右丞相）の銭象祖を差し置いて侍従官の人事案を決めたことを批判し、人事案の皇帝への上呈は宰執が共同で行うべきだと主張した。また倪思は史彌遠のみが独班奏事していることを懸念し、寧宗が自ら台諫を抜擢して「権臣の弊」[56]を改め、一人を専任する誤りに鑑みて複数の宰相を任ずるように要請したという。

これらの史料をもとに、李氏著書は次のように論じる。まず右の『宋史』末尾での倪思の上奏では、皇帝が自ら台諫を抜擢して複数の宰相を任ずることが求められているが、これは銭象祖・衛涇が理想とする君臣「共治」に近く[57]、また倪思は衛涇と親しかったことから、倪思は銭象祖・衛涇と共同して史彌遠と対立したものと推測する[58]。さらに同じく『宋史』の記述から、史彌遠が宰執のなかで東宮官を唯一兼任していたため、寧宗にしばしば引見されうる優位性を有しており、それを倪思が問題視していたことが指摘され、嘉定資善堂会議の設置に際し、宰執全員に東宮官を兼任させる措置がとられたことが強調される[59]。ここから李氏著書は、資善堂会議設置の目的は側近武臣の抑制ではなく、宰執全員に東宮官を兼任させることで、史彌遠のみが享受していた優位性を相殺し、史彌遠一人の権力が増大するのを防ぐことにあったと主張したのであった[60]。

また李超氏は、嘉定資善堂会議の運用面からも同様の結論を引き出す。李氏によると、資善堂会議は一定レヴェルの政務処理の権限を寧宗から景献太子と宰執との合議に委ねるものであり、その設置には皇后楊氏が寧宗を通じて政治に介入することを抑制する効果が見込まれていた[61]。資善堂会議では宰執全員に等しく景献太子と接触する機会が提供され、史彌遠のみが景献太子と頻繁に接触し、皇后楊氏と結びつく状況を変えることになった。銭象祖・衛涇・倪思は、皇太子と宰執集団とが合議して政務を処理することを制度化し、景献太子を自分たちの制御下に置くことで、史彌遠が景献太子・皇后楊氏を後ろ盾にして独走するのを阻止しようとした。したがって第四章旧稿が、銭象祖・衛涇とともに史彌遠もまた資善堂会議の設置を支持していたと主張するのは誤りであり、史彌遠は自らの権益を削ぐ会議の設置に反発していた[62]。しかし現実には史彌遠の景献太子への影響力は大きく、資善堂会議の設置もむなしく銭象祖・衛涇は史彌遠との争いに敗れて罷免され、史彌遠による権力の独占が完成したというのである[63]。

それではこうした李超氏の議論は成り立つのか、順を追って見ていこう。まず当時の士大夫官僚が実は側近武臣ではなく、皇后楊氏の政治介入こそを懸念していたとする主張はどうであろうか。嘉定元年（一二〇八）の南宋中央で、御筆による宦官人事が問題化したのは事実であり、また「左右」「近習」などの一部が王愈を指していた可能性も高いと思われる。しかしだからといって「左右」「近習」が皇后楊氏を批判する言葉であったと断言しうる史料的根拠は皆無であり、推測にしてもあまりにも論理の飛躍が過ぎるであろう。そもそも宦官と后妃とが結びつくことは普遍的に見られる現象であり、仮に「左右」「近習」の一部が王兪を指したとしても、批判の矛先が皇后楊氏にも及んでいたと強いて考える必然性は認められない。むしろ宦官が側近武臣の範疇に含められることからすれば、側近武臣一般を指すと考えるほうが合理的である。にもかかわらず李超氏があえてそう解釈したのは、一つは『宋史』に見える「彌遠丞相と為り、既に后に信任せられ、遂に国政を専らにす」[65]という記述に示された歴史観を踏襲したことによるのであろう。李超氏は正史の見解をそのまま受け入れ、史彌遠政権が皇后楊氏の庇護のもとで初めて成立でき、かつ長期的に存続できたものと考えた。だからこそ李氏は韓侂冑死後における皇后楊氏の政治的影響力を高く評価し、当時の士大夫官僚もそれを警戒していたものと見なしたのであろう。

皇后楊氏が寧宗朝時代の人事に関与していたことを示す史料はいくつか残されている。葉紹翁『四朝聞見録』丙集「慈明」には次のようにある。

慈明所以報憲聖者、既無不至。閤子内掲帖図、則呉氏之宗枝也。居則指姓名以問左右曰、這箇有差遣也未。每遣景献諭時相、凡除授必先呉氏而後其家。

（慈明の憲聖に報ずる所以は、既に至らざる無し。閤子内に帖図を掲げれば、則ち呉氏の宗枝なり。居れば則ち姓名を指し以て左右に問いて曰く、這箇（このもの）差遣有りや未だならずやと。每に景献をして時相を諭し、凡そ除授は必ず呉氏を先にして其の家を後にせしむ。）

かつて太皇太后呉氏（「憲聖」）付きの宮女だった過去のある皇后楊氏（「慈明」）は、景献太子を通じて史彌遠（「時相」）に連絡をとり、自分の一族よりも呉氏一族への官職授与を優先させていたという。また『西山文集』巻四六、墓誌銘「宋集英殿修撰王公墓誌銘」は、嘉定二年（一二〇九）頃の事件を次のように記す。

後張允済以閤門宣賛舎人兼権臨安府鈐轄。公謂、此細事也。而用権臣例、破祖宗例不可。封還詞頭。先是、丞相語公、此中宮意。公不顧。丞相復詰公、公正色曰、宰相而逢宮禁意嚮、給舎而奉宰相風旨、朝廷紀綱掃地矣。数日、徙起居舎人、自是外補、訖不復還国。

（後に張允済閤門宣賛舎人を以て権臨安府鈐轄を兼ねんとす。公謂う、此れ細事なり。而るに権臣の例を用て、祖宗の例を破るは不可なりと。詞頭を封還す。是れより先、丞相 公に語るに、此れ中宮の意なりと。公顧みず。丞相復た公を詰るに、公正色して曰く、宰相にして宮禁の意嚮を逢え、給舎にして宰相の風旨を奉ずれば、朝廷の紀綱は地を掃かんと。数日して、起居舎人に徙り、是れ自り外補せられ、訖に復た国に還らず。）

王介の墓誌銘の一節である。当時、中書舎人であった王介（「公」）は、閤門宣賛舎人の張允済に臨安府鈐轄を兼任させる辞令の執筆を拒否して差し戻した。それ以前に王介は史彌遠（「丞相」）から皇后楊氏の意向による人事だと伝えられたが、王介はそれを批判して拒否し、結果的に左遷されたとする。このほか『四朝聞見録』乙集「真文忠居玉堂」に、給事中の許奕が皇后楊氏の兄楊次山を少保・永陽郡王に任ずる命令を差し戻したところ、皇后楊氏が「震怒」して許奕が罷免されたとあるのも同様の史料といえよう。

右の三史料はいずれも韓侂冑死後の寧宗朝の状況を伝えている。皇后楊氏は韓侂冑の暗殺を宮中から主謀したとされるから、その事実と右の三史料とを結びつけ、韓侂冑の死後における皇后楊氏の影響力を高く評価するのも分からなくはない。しかし右の三史料に示されたのは、外戚や内諸司などのいわば奥向きの人事とそれにまつわるトラブルである。そうした人事に皇后や皇太后の意向の反映が疑われることは宋代でも珍しくなく[66]、これのみをもって楊氏が政治に強く介入していたと見なすのは適当ではない。皇后楊氏が寧宗や景献太子を通じて自らの意向を政治に反映させることは当然あったろうが、それを示す史料は右の『四朝聞見録』丙集「慈明」を除けば残されておらず、それとても外戚の人事をめぐる平凡な案件であった。このことは寧宗朝における皇后楊氏の政治的な関与が、むしろ限定的かつ常識的な範疇に止まっていたことを示すのではないだろうか。

ならば皇后楊氏の政治的影響力の大きさを示唆していた『宋史』の記述は全て誤りなのかといえばそうではあるまい。元末明初に編まれた『四明文献』には史彌遠の神道碑の略文が掲載されており、そこには即位後の理宗が楊氏に対して「内廷の事は必ず先に□を取り、□外の書は必ず先に陳白」したと記されている。[67]理宗は即位後、宮中のことを決定する際や外廷に関わる何らかの文書を下す際には、その前に必ず皇太后楊氏に報告を行っていたのであった。つまり寧宗存命中には抑制されていた楊氏の影響力は、寧宗の死後、楊氏が理宗を擁立したことで大きく増幅されたものと考えられるのである。少なくとも史料に厳密に依拠する限り、先の『宋史』に描かれた楊氏の姿は嘉定年間（一二〇八～一二二四）のそれではなく、あくまでも理宗が即位した嘉定十七年（一二二四）閏八月から、楊氏が死去した紹定五年（一二三二）十二月までのものであったと解釈するのが穏当であろう。

もちろん筆者は史彌遠と皇后楊氏との結びつきの重要性を過小評価するつもりはない。本書第九章三八七～三八九頁において、史彌遠が皇太后楊氏の死の直前に、兄の外孫女の賈氏を理宗の貴妃としていたことを明らかにし、理宗朝時代の史彌遠にとって宮中からの支援が不可欠だったことを示したのはその一例である。しかし寧宗朝の楊氏については実情を伝える史料に乏しく、韓侂冑の暗殺についても不利な戦況下での金国との和平交渉のさなかに行われたことであって、寧宗朝の全期間に敷衍することはできない。史彌遠が寧宗・景献太子からの信任を維持するうえで楊氏の存在が強く作用したことは当然としても、『宋史』が書き立てるほどには寧宗朝の楊氏の影響力の大きさは自明ではなく、それを過大評価することは著しく慎重さを欠くように思われるのである。

次に嘉定資善堂会議の設置目的が、史彌遠の権力掌握を防ぐことにあったとする主張について見ていこう。李超氏が重視したのは『宋史』倪思伝の二つの記述である。一つは倪思が「淳熙の例」に依拠して皇太子と宰執との会議の設置を求めたという記述であり、もう一つは宰執のなかで史彌遠だけが東宮官を兼任していたため、ほかの宰執を差し置いて史彌遠が単独で寧宗に引見されていたのを倪思が批判したという記述であった。李氏はこの二つを結びつけ、倪思が「淳熙の例」に依拠して宰執全員に東宮官を兼任させることで、史彌遠がほかの宰執に対して保持していた優位性を打ち消そうとしていたものと解釈した。[68]

しかし李超氏のこの主張には無理があるといわざるをえない。なぜなら倪思が準拠を求めた「淳熙の例」では、そもそも宰執による東宮官の兼任は行われていなかったからである。[69]宰執が東宮官を兼任したのは、あくまでも北宋の天禧四年（一〇二〇）の故事においてであった。[70]墓誌銘や『宋史』本伝の記事は、倪思の発言の一部を切り抜いたものであるため、散佚した部分に北宋の故事が引かれていた可能性は残るが、それを示唆する史料は全くない。現存史料に厳密に依拠すれば、倪思が資善堂会議を設けることで、史彌遠以外の宰執にも東宮官を兼任させることを企図していたと論じるのは不可能なのである。

それでは銭象祖・衛涇らは嘉定資善堂会議を設けて景献太子との結びつきを形成することで、史彌遠一人の権力が肥大化するのを抑止しようとしていたとする、李超氏のもう一つの主張はどうか。李氏はこの主張に基づき、実は史彌遠は資善堂会議の設置には反対していたのだとするが、[71]それが正しければ史彌遠は銭象祖・衛涇を排除したあと、資善堂会議を廃止して宰執全員による東宮官の兼任を解消してしかるべきであろう。これらをそのままにすれば、執政官のなかに史彌遠に対抗しうる人物を生じさせかねないからである。李氏が推測するように、史彌遠が自らに有利な状況の独占に汲々としていたとすれば、例え執政官が史彌遠に近しい人物で固められていたとしても、史彌遠がそうした状態を放置するとは考えにくい。ところが事実はその逆であり、資善堂会議と宰執による東宮官の兼任とは、嘉定十三年（一二二〇）に景献太子が死去するまでいずれも維持され続けたのであった[72]。このこともまた李超氏の仮説が誤っていることを強く示唆しよう。

以上から、嘉定資善堂会議の設置についても、李超氏の議論は史料の記述や歴史事実との間に齟齬を生じさせるため成立しえないことが判明した。となれば、次に李氏の議論と拙論との間の相違が何によってもたらされたのか、李氏が何によって誤られたのかが問われなければならないであろう。これについては、李氏著書において史彌遠が「権臣」と称されるほか[73]、銭象祖・衛涇が君臣「共治」の推進者とされるのに対し、史彌遠がその対立者と規定されていることが留意される[74]。「権臣」とは権勢のある専横な臣僚を指す、否定的な価値判断を含む言葉である。このことは李超氏が、史彌遠政権を好ましくないものと評価し、またその成立によって朝政の壟断が行われたと見ていることを意味する。だからこそ李氏著書においては、当時の政治事件の全てが権力を独占せんとする史彌遠と、それを防がんとする勢力との角逐という二項対立の図式で説明されるに至ったのであろう。韓氏②論文もこの点で李氏著書と同じ立場にあることは、本章「はじめに」で見た通りである。

しかし本書第八章で指摘したように、嘉定十一年（一二一八）以前の史彌遠は、自身は金国との戦争に反対しつつも対金強硬論を唱える官僚と協調し、金との開戦後においても前線の指揮を強硬論者に委ねるなど、なおも官界の輿論に融和的な政権運営を行っていた。史彌遠が強権的な政治に傾斜し始めるのは嘉定十一年（一二一八）の泗州の役以後であり、その強権政治が決定的となるのは理宗即位後における済王の死後の処遇をめぐる政争においてであった[75]。少なくとも嘉定初めにおいては、史彌遠は朝政を壟断していたとは見なせないというのが筆者の立場であり、ここに韓冠群・李超両氏と筆者との間の最大の相違が見いだされよう。

ならば韓・李両氏はなぜ史彌遠が嘉定初めから朝政を壟断していたと考えたのか。その原因は韓・李両氏が重視する史料の記述にあると思われる。韓氏②論文と李氏著書は、主に当時の行状・墓誌銘・神道碑や『宋史』の各列伝のほか、各種の上奏文などをその論拠としていた。例えば倪思の墓誌銘には、「方に柄臣の初め相たりて、中外を震赫するに、公独り其の角を折りてこれが気を奪う[76]」とあるほか、前掲の『宋史』倪思伝においても、嘉定初めにまだ執政官であった史彌遠が宰相を差し置いて人事案を上呈したことを、倪思が指弾していた。また『宋史』の王介伝では、「乞うらくは彌遠をして終喪せしめ、公正無私の者を択びて左右に置かんことを。王・呂・蔡・秦の覆轍、以て戒めと為すべし[77]」という嘉定初めの上奏が引かれ、権力を専らにしたとされる王安石・呂恵卿・蔡京・秦檜と史彌遠とが同列に扱われ、王介の墓誌銘にも寧宗が王介の諫言を聞かなかったために「史彌遠遂に一相を以て国を顓らにす[78]」るに至ったとある。このほか李氏は、呉泳『鶴林集』巻一七、奏疏「論元祐建中嘉定及今日更化疏」の次の一節を引用していた[79]。

雖遠相是時未至以賄聞、而牢籠宮府、参用邪私、意已不能掩、給諫台省、耳目喉舌之司、而流品混淆、用一正人也、則必邪讇一人為之対、衛涇・銭象祖去、而君子之勢孤、倪思黜、而小人之脈盛。逮至三凶・四木之謡、一二年以後、国論遂変矣。

（遠相是の時未だ賄を以て聞くには至らざると雖も、而るに宮府を牢籠し、邪私を参用し、意は已に掩う能わず、給諫台省は、耳目喉舌の司なるも、而るに流品混淆し、一正人を用いるや、則ち必ず邪讇一人これが対と為り、衛涇・銭象祖去りて、君子の勢孤となり、倪思黜せられて、小人の脈盛んとなる。三凶・四木の謡に至るに逮び、一二年以後、国論遂に変ず。）

理宗朝の端平年間（一二三四～一二三六）の初めに提示された上奏である。嘉定初めに史彌遠が宮中を籠絡し、言路官に「正人」と「邪私」をないまぜにして起用したこと、衛涇・銭象祖・倪思が中央から排除されて改革が骨抜きにされたことへの批判が見える。

右の諸史料はいずれも史彌遠が嘉定初めから朝政を壟断していたことを示唆する。だがこれらの記述は、理宗朝の南宋中央で生じた済王の死後の処遇をめぐる政争を踏まえて検討される必要がある。史彌遠はこの政争において魏了翁・真徳秀らを厳しく排斥したが、倪思・王介の墓誌銘の執筆者こそ、その魏了翁と真徳秀なのであった。魏了翁・真徳秀は史彌遠の死後に復権すると激しい史彌遠批判を展開した。王介と倪思の没年はそれぞれ嘉定六年（一二一四）と同十三年（一二二一）であるが、右の墓誌銘はいずれも史彌遠死後の執筆にかかる。また右で挙げた上奏文の著者の呉泳は、その魏了翁の弟子であった。これらに魏了翁・真徳秀の政治的な立場が色濃く反映されているであろうことは想像するに難くない。

墓誌銘に見える倪思・王介の史彌遠批判は、史彌遠と銭象祖・衛涇との政争が行われるなかでなされていた。王介の立場は明らかでないものの、倪思は銭象祖・衛涇に与していた可能性が高い。『後村全集』巻一六七、行状「龍学竹隠傅公」はこの政争を次のように描く。

公之未為諫官也、嘗言、方史公誅韓、若事不遂、其家先破。韓誅而史代之、勢也。諸公要相叶和、共済国事。若立党相擠、必有勝負、非国之福。又勧銭丞相象祖、安危大事、当以死争。小小差除、何必乖異。

（公の未だ諫官為らざるや、嘗て言う、史公の韓を誅するに方りては、若し事遂げざれば、其の家先に破る。韓誅せられて史これに代わるは、勢なり。諸公要らず相い叶和し、共に国事を済すべし。若し党を立てて相い擠せば、必ず勝負有り、国の福には非ざるなりと。又た銭丞相象祖に勧むるに、安危の大事は、当に死を以て争うべし。小小なる差除は、何ぞ必ずしも乖異せんやと。）

傅伯成の行状の一節である。傅伯成は史彌遠が権力を掌握するのは自然の趨勢であり、党派を立てて争うよりも史彌遠と協調して政治に当たる必要性を説き、銭象祖に重大事以外の些細な人事は史彌遠と争わないように勧めたという。銭象祖・衛涇と史彌遠の政争は君臣「共治」の理想をめぐる争いなどではなく、互いに党派を立てての権力闘争に過ぎなかったのである。倪思・王介の史彌遠批判もかかる状況下でなされたのだから、その言説が銭象祖・衛涇の政敵を一方的に貶めようとする党派性を帯びていても不思議はない。少なくとも墓誌銘に示された倪思・王介の言説はそのことを念頭に置いて分析される必要がある。史彌遠をその死後に批判した魏了翁・真徳秀の言説には、理宗朝時代の史彌遠政権に見られた強権政治の特徴を、寧宗朝時代の同政権にまで遡らせて当てはめ、その全てを否定しようとする傾向が看取され[80]、それは右の呉泳の上奏にも通底していた。とすれば、魏了翁・真徳秀が墓誌銘を書くに当たり、倪思・王介の言説からその党派性を意図的に消し去っていた可能性すら疑われてくる。倪思・王介の墓誌銘において、史彌遠政権成立の前から党派的な利害に関係なく二人が史彌遠を批判していたと主張することは、倪思・王介の先見性や廉直さを称揚するのはもちろんのこと、魏了翁・真徳秀の史彌遠批判を正当化することにもつながるからである。かかる史料に描かれた寧宗朝の史彌遠政権像の受容に一定の慎重さが求められるのは当然といえよう。

史彌遠政権を寧宗朝時代にまで遡って否定しようとする傾向は『宋史』にも見られる。資料源の明らかな事例を示そう。明・謝鐸ほか輯『赤城論諫録』巻三、王居安「論更化治本当以侂冑為戒」には次のようにある。

人主公聴並観則治、偏任私信則乱。政事帰諸外朝則治、帰諸内廷則乱。問諸百辟士大夫則治、問之左右近習則乱。謀諸大臣則治、謀諸小臣則乱。人主以一人之身応万幾之繁、裁処事幾有所未決、虚心任下、何損盛徳。雖堯舜之聖、未嘗不資人以下問。然公朝之事、当与廷臣公謀之、不当有私人以議公政也。臣惓惓愚忠、伏望陛下当此更化之初、予防憸倖之進、鑑覆轍之已失、杜来事於未萌、躬親政事、委聴輔弼。毎日於退朝之暇、或於内殿、或於経筵、時賜宣召執政大臣、共議国事。凡臣僚之章奏、辺陲之便宜、郡国之申明、相与諮謀、而付外施行之。庶幾政事紀綱方当人心、不出多門、或所行有所未当、則台諫給舎得以辯争、正救於下、不至如曩時有掠権植党害政誤国之事矣。若用人稍誤、則旧病復在。是一侂冑死、一侂冑復生也。

（人主公聴並観すれば則ち治まり、偏任私信すれば則ち乱る。政事諸を外朝に帰せば則ち治まり、諸を内廷に帰せば則ち乱る。諸を百辟士大夫に問えば則ち治まり、これを左右近習に問えば則ち乱る。諸を大臣に謀れば則ち治まり、諸を小臣に謀れば則ち乱る。人主一人の身を以て万幾之繁に応ずれば、事幾を裁処するに未だ決せざる所有れば、虚心に下に任ずるも、何ぞ盛徳を損わんや。堯舜の聖と雖も、未だ嘗て人に資るに下問を以てせざるなし。然れば公朝の事、当に廷臣と公にこれを謀るべきも、当に私人以て公政を議すこと有るべからざるなり。臣惓惓たる愚忠、伏して望むらくは陛下此の更化の初に当たり、予め憸倖の進を防ぎ、覆轍の已失に鑑み、来事を未萌に杜ぎ、政事を躬親し、輔弼に委聴す。毎日退朝の暇に於いて、或いは内殿に於いて、或いは経筵に於いて、時に宣召を執政大臣に賜い、共に国事を議す。凡そ臣僚の章奏、辺陲の便宜、郡国の申明は、相い与に諮謀して、外に付してこれを施行せられんことを。政事紀綱方に人心に当たり、多門に出でず、或いは行う所未だ当たらざる所有れば、則ち台諫給舎以て辯争するを得、正に下に救い、曩時の如く権を掠めて党を植え政を害い国を誤るの事有るには至らざるに庶幾からん。若し用人稍や誤まれば、則ち旧病復た在り。是れ一侂冑死して、一侂冑復た生ずるなり。）

王居安が韓侂冑の死後に提示した上奏である。長大なため前半部分は省略してある。人主が政治を外朝の「士大夫」や「大臣」と相談すれば治まり、内廷の「左右近習」や「小臣」と相談すれば乱れるため、皇帝は自ら政治を行い頻繁に「執政大臣」を引見して国事を議論し、あらゆる事柄を外朝に付して施行すべきとし、もしも人事を少しでも誤れば側近武臣から第二の韓侂冑が現れるであろうと結論づける。上奏の主旨は一貫して寧宗による側近政治の批判にある。だが『宋史』巻四〇五、王居安伝では同じ上奏が次のように節略される。

古今之治本乱階、更為倚伏。以治易乱、則反掌而可治、以乱治乱、則乱去而復生。人主公聴則治、偏信則乱。政事帰外朝則治、帰内廷則乱、問百辟士大夫則治、問左右近習則乱。大臣公心無党則治、植党行私則乱。大臣正、小臣廉則治、大臣汙、小臣貪則乱。如用人稍誤、是一侂胄死、一侂胄生也。

（古今の治本乱階は、更ごも倚伏を為す。治を以て乱に易えれば、則ち掌を反して治まるべし、乱を以て乱を治むれば、則ち乱去りて復た生ず。人主公聴すれば則ち治まり、偏信すれば則ち乱る。政事外朝に帰せば則ち治まり、内廷に帰せば則ち乱る、百辟士大夫に問えば則ち治まり、左右近習に問えば則ち乱る。大臣公心にして党無ければ則ち治まり、党を植え私を行えば則ち乱る。大臣正しく、小臣廉なれば則ち治まり、大臣汙にして、小臣貪なれば則ち乱る。如し用人稍や誤まれば、是れ一侂胄死して、一侂胄生ずるなり。）

後半に「大臣」のあるべき姿を述べた一節がどこからか挿入されたことで、上奏の主旨が相当薄められていることが知られよう。しかもこの直後に、趙彦逾を中央に召還する人事に反対したことで王居安が「権要」の不興を買い、左遷されたとする記事が続けられる。読み手は史彌遠の長期政権がこのあと発足することを知っているため、「権要」とは史彌遠を指すのではないかと考えることになる。これにより、読み手は右引用末尾の「是れ一侂胄死して、一侂胄生ずるなり」が、史彌遠が第二の韓侂胄となりつつあることを批判した言葉であるかのようにミスリードされるのである。虞雲国氏がその著書において、韓侂胄政権から史彌遠政権への交替を象徴するものとして右の言葉を用いた(81)のも、『宋史』に誤られた結果であったことは明らかである。

また『宋史』には対金戦争での敗北の原因を、史料操作によって史彌遠に帰している事例も見られる。『宋史』巻四〇六、崔与之伝では、嘉定十一年（一二一八）の泗州の役での敗因を史彌遠が出した出撃命令に求めている。ところがその資料源と思しき史料では、敗戦の原因となった出撃命令は李珏が出したことになっていたのであった。[82]
少数ながら右の事例から、寧宗朝の史彌遠に関する『宋史』の記事に著しい偏向があることはほぼ確実であり、その利用に注意が必要なことも明白であろう。そもそも『宋史』編纂の総裁官であった欧陽玄は朱子学を信奉していたとされ、[83]先に見たように史彌遠は朱学の領袖であった魏了翁・真徳秀を理宗即位後に排斥し、魏了翁・真徳秀はのちに史彌遠の所業を厳しく断罪した。『宋史』が魏了翁・真徳秀の言説に影響されやすかったであろうことは容易に想像される。韓冠群・李超両氏の誤りは、そうした偏向のある史料の記述を鵜呑みにし、史彌遠政権の成立が即座に朝政の壟断を意味したと決めつけたことでもたらされたと考えられよう。韓氏①論文は、韓侂冑政権が十三年の間にその権力運用のあり方を変化させていた可能性を指摘し、[84]同じく李氏著書は、韓侂冑に関する史料の記述に大きな偏向があること、[85]および韓侂冑政権についての先行研究の多くが結論ありきの議論になっていることを批判的に論じていた。[86]しかしながら、これらは自分たちが史彌遠政権を研究するに当たっても全く同様に注意されるべき問題であることを両氏は見落としていたといわざるをえない。

おわりに

以上、本章では韓冠群・李超両氏によって近年提示された第四章旧稿に対する批判の当否を検討してきた。その結果、両氏の拙論への批判はいずれも妥当性を欠いていることが明らかになった。したがって第四章旧稿の論旨を大きく修正する必要性は現在のところ認められないというのが本章の結論である。

韓・李両氏が議論を誤った原因の一つは、第四章旧稿が踏まえる日本の諸先学の業績や、第四章旧稿の中文訳以外の拙論をほとんど参照せずに批判を展開していたことに求められよう。韓冠群氏の所論の誤りは、衣川強氏や安倍直之氏の論考を参照しさえすれば避けられたものであるし、第四章旧稿に対する李超氏の批判に至っては、第三章旧稿や第二章旧稿の論旨に照らせば成り立ちようのないものであった。韓・李両氏は、批判対象の論考がいかなる研究史のもとで生み出されたのか、またその執筆者がどのような歴史像を構想しているのかを把握しないまま批判を行っていたのであり、その研究姿勢には違和感を覚えざるをえない。

もう一つは、記述内容に偏向が疑われる史料に依拠し、史彌遠が寧宗朝時代から朝政を壟断していたと見なしたことによると思われる。理宗朝以降の朱子学に偏向した史料を用いて寧宗朝時代の史彌遠政権を論じることを避ける必要性については、第四章旧稿の冒頭で言及したところである[87]。第四章旧稿の中文訳では字数制限のためにこの箇所を削除したが、あるいはこのことが韓・李両氏による不用意な史料の利用を誘発したのかもしれない。とはいえ、韓・李両氏が拙論への批判に性急になるあまり、史料批判をおろそかにしたことは事実であり、両氏の研究の問題点として指摘しておく。

もちろん韓・李両氏の研究にとって、拙論への批判はあくまでもその議論の一環に過ぎず、本章での指摘によって両氏の研究の価値が全て失われるわけではない。とりわけ李氏著書は、寧宗朝で起きた政治事件の発生要因を、安易に趙汝愚や皇后楊氏などの特定の個人の策謀に求める点には問題が感じられるものの、南宋朝廷が慶元党禁の際に「偽学逆党籍」を頒布したとされるのは誤りである可能性[88]や、開禧北伐後の宋金和議で金側が必ずしも韓侂冑の首級を求めていなかった可能性[89]を指摘しており、通説に異論を唱えたものとしてきわめて重視される。

しかしそれだけに韓・李両氏が拙論に対する的外れな批判に終始し、斯界の知見を進展させるに至らなかったことが残念でならない。思うに、歴史研究とは単なる知的遊戯ではなく、諸先学の成果と異なることを述べればそれでいいというものではあるまい。現存する各史料の性質を見きわめつつ、諸先学の成果との格闘のなかでより実際に近いと思われる歴史像を、自らの歴史家としての責任のもとに描き出す営為こそがその本分であろう。その意味で、韓冠群・李超両氏の議論には、歴史研究としての慎重さと誠実さとにやや欠けるところがあったように思えてならない。

注

(1) 安倍直之「南宋孝宗朝の皇帝側近官」(『集刊東洋学』八八、二〇〇二年)を参照。
(2) 李氏著書一七五～一八二頁を参照。
(3) 韓氏①論文一三～一八頁を参照。
(4) 韓氏①論文一八～二〇頁を参照。
(5) 李氏著書一七七～二〇二頁、および同書二六七～二九四頁を参照。
(6) 韓氏②論文一四九～一五〇頁を参照。
(7) 李氏著書二六七～二九四頁を参照。
(8) 李氏著書六頁を参照。
(9) 李氏著書一五～一六頁を参照。
(10) 李氏著書一五頁を参照。
(11) 李氏著書三四～五四頁を参照。
(12) 拙稿「南宋寧宗時期史彌遠政権的成立及其意義」(鄧小南ほか主編『宋史研究論文集(二〇一二)』河南大学出版社、二〇一四年所収)一三〇～一三一頁を参照。この中文訳は二〇一二年に河南大学で開催された「宋開封与十至十三世紀中国史」学術研討会暨中国宋史研究会第十五届年会での発表原稿を掲載したものであり、字数制限のため第四章旧稿の原文に比べて一部を節略している。

(13) 趙永春『金宋関係史』(人民出版社、二〇〇五年) 二六四～二六九頁を参照。
(14) 張維玲『従南宋中期反近習政争看道学型士大夫対「恢復」態度的転変 (一一六三～一二〇七)』(花木蘭文化出版社、二〇一〇年) 一一一～一一七頁を参照。
(15) 許浩然『周必大的歴史世界──南宋高・孝・光・寧四朝士人関係之研究──』(鳳凰出版社、二〇一六年) 一三一～一三九頁を参照。
(16) 光宗朝の政治状況については、寺地遵「韓侂冑専権の成立」(『史学研究』二四七、二〇〇五年) 二三～二四頁を参照。
(17) 彭亀年『止堂集』巻三、奏疏に収録の上奏文の日付を見る限り、光宗に孝宗を見舞うことを求める上奏は紹熙四年 (一一九三) 三月頃から見られ、同年九月以降に大きく増加する。留正が姜特立の罷免を求めて政務を放棄したのが同年五月から六月頃であり、光宗が留正の諫言に従ったのが同年十一月であったことからすれば、ほぼ同時期に光宗・孝宗間の対立が生じつつあったことが推測される。
(18) 同様の記事は『宋史』巻三九一、留正伝にも見える。
(19) 李氏著書一六頁を参照。
(20) 李氏著書一七八頁を参照。
(21) 李氏著書一七八～一七九頁を参照。
(22) 李氏著書一八〇～一八一頁を参照。
(23) 李氏著書一八〇頁を参照。
(24) 李氏著書一八一頁を参照。
(25) 注 (1) 前掲安倍論文を参照。
(26) 注 (1) 前掲安倍論文、および注 (16) 寺地論文を参照。
(27) 李氏著書一八〇頁を参照。
(28)『宋史』巻四七〇、張説伝、および『宋史』巻二一三、宰輔表四、淳熙九年条。

(29) 注(1)前掲安倍論文を参照。
(30) 注(12)前掲の第四章旧稿の中文訳一三一頁を参照。
(31) 韓氏①論文一三頁を参照。
(32) 韓氏①論文一六～一八頁を参照。
(33) 韓氏①論文一八～二〇頁を参照。
(34) 韓氏①論文一九～二〇頁を参照。
(35) 韓氏①論文一九頁を参照。
(36) 韓氏②論文一五一～一五二頁を参照。
(37) 注(1)前掲安倍論文九七頁を参照。
(38) 注(1)前掲安倍論文八五～八七頁を参照。
(39) 注(14)張氏著書一三五～一三六頁を参照。
(40) 韓氏①論文一八頁を参照。
(41) 衣川強「「開禧用兵」と韓侂冑政権」(同『宋代官僚社会史研究』汲古書院、二〇〇六年所収、初出は一九七七年)三〇一頁・三〇七頁を参照。
(42) 『綱目備要』巻七、嘉泰二年正月癸亥条、および同書巻八、開禧元年七月丙辰条。
(43) 注(41)衣川論文三〇七頁を参照。
(44) 平田茂樹「宋代の政策決定システム――対と議――」(同『宋代政治構造研究』汲古書院、二〇一二年所収、初出は一九九四年)二八八～二八九頁を参照。
(45) 韓氏①論文一九～二〇頁を参照。
(46) 『宋史』巻三八九、尤袤伝に、「先是、張説自閤門入西府、士論鼎沸、従臣因執奏而去者数十人、袤率三館上書諫、且不往見。後説留身密奏、於是梁克家罷相、袤与秘書少監陳騤各与郡」とある。

(47) 李氏著書二七六～二七八頁を参照。
(48) 李氏著書二七六頁を参照。
(49) 李氏著書二七八～二七九頁を参照。
(50) 李氏著書二七九頁・二八四頁を参照。
(51) 李氏著書二七〇～二七四頁を参照。
(52) 李氏著書二八四頁を参照。
(53) 李氏著書二八〇～二八三頁を参照。
(54) 李氏著書二八二頁を参照。
(55) 王炎『双渓類稿』巻二二、書「上執政〈銭参政・衛参政〉」、および同書同巻「上趙大資」。
(56) 『宋史』倪思伝に見える「権臣の弊」について、李氏著書二八八頁は、注（12）前掲の第四章旧稿の中文訳一三四頁がこの「権臣」を側近武臣と解釈したとして批判し、この「権臣」は史彌遠を指すと指摘する。しかし拙稿の議論は『宋史』ではなく、倪思の墓誌銘に見える「権臣の専」の「権臣」を解釈したものである。李氏著書は史料を取り違えており、右の批判は成立しえない。
(57) 李氏著書二八九頁を参照。
(58) 李氏著書二八五頁を参照。
(59) 李氏著書二八八頁を参照。
(60) 李氏著書二八九～二九〇頁を参照。
(61) 李氏著書二九〇頁を参照。
(62) 李氏著書二九〇頁を参照。
(63) 李氏著書二九〇～二九一頁を参照。
(64) 注（1）安倍論文九七頁では、孝宗の側近体制を担った人物の一人として宦官の甘昪の名が挙げられている。

(65)『宋史』巻二四三、恭聖仁烈楊皇后伝に「彌遠為丞相、既信任於后、遂専国政」とある。

(66)例えば李心伝『建炎以来繫年要録』巻一一、建炎元年十二月庚辰条や同書巻一二、建炎二年正月壬子条には、皇太后孟氏の姪であった孟忠厚の抜擢人事に対する廷臣の批判が見られる。また楼鑰『攻媿集』巻二七、奏議〈西掖奏稿〉「繳皇后宅恩沢」や同書同巻「繳皇后宅門客親属補官」は、光宗の皇后李氏の恩沢による人事を批判した上奏である。

(67)明・鄭真輯『四明文献』史彌遠所収「宋理宗御製丞相衛王神道碑〈其略云〉」(本書第六章に所掲の「史彌遠神道碑」二六六頁)に、「内廷事必先取□、□外之書必先陳白」とある。

(68)李氏著書二八七～二九〇頁を参照。

(69)欠名『皇宋中興両朝聖政』巻六四、淳熙十五年正月戊戌条からは、皇太子時代の光宗が淳熙十五年(一一八八)一月以降、宰執と合議して政務を処理していたことが知られる。しかし徐自明『宋宰輔編年録』巻一八、淳熙十五年条・淳熙十六年条や、何異『宋中興百官題名』「中興東宮官寮題名」からは、当時の宰相・執政官が東宮官を兼任した事実は確認できない。

(70)例えば『宋会要』職官七―二三、天禧四年十一月二十一日条に、「参知政事任中正・枢密副使銭惟演・参知政事王曾、並兼太子賓客、又以工部尚書兼太子賓客林特、兼太子詹事、枢密直学士兼太子賓客張士遜、兼太子詹事。翰林学士兼太子舎人晏殊、為太子左庶子、職位並如故。執政兼東宮官、自中正等始也」とあり、同書職官七―二四、天禧四年十二月二十三日条に、「以吏部尚書・同中書門下平章事丁謂、兼太子少師、枢密使・吏部尚書・同中書門下平章事馮拯、兼少傅、曹利用兼少保。宰臣兼東宮官自謂始也」とある。

(71)李氏著書二九〇頁を参照。

(72)『後村全集』巻八三、玉牒初草、嘉定十二年二月庚戌条に「礼部尚書任希夷、除端明殿学士・簽書枢密院事兼太子賓客」とあり、同書同巻、同年三月己巳条に「鄭昭先除知枢密院事、曾従龍参知政事、並兼太子賓客」とある。景献太子死去の前年に執政官に任ぜられた人物がいずれも太子賓客を兼任していることから、宰執による東宮官の兼任は太子の死去まで継続されたと考えられる。

(73)例えば李氏著書二七四頁は、嘉定元年(一二〇八)以降、史彌遠が宰相として朝政を専断したとし、これを長い「権臣」

政治の段階の始まりであったと述べる。
(74) 李氏著書二八二〜二八四頁を参照。
(75) 廖寅「〝非鄞則婺〟――南宋理宗朝前期的政治格局――」(同『従内地到辺疆――宋代政治与社会研究散論――』科学出版社、二〇一八年所収、初出は二〇〇三年)六二〜六六頁も、寧宗朝の史彌遠政権が融和的な政権運営を行っていたが、済王の事件を機に朱子学派との関係を破綻させたことを指摘している。
(76) 『鶴山文集』巻八五、「顕謨閣学士特贈光禄大夫倪公墓誌銘」に「方柄臣初相、震赫中外、公独折其角、而奪之気」とある。
(77) 『宋史』巻四〇〇、王介伝に「乞令彌遠終喪、択公正無私者、置左右、王・呂・蔡・秦之覆轍、可以為戒」とある。
(78) 『西山文集』巻四六、墓誌銘「宋集英殿修撰王公墓誌銘」に「史彌遠遂以一相顓国」とある。
(79) 李氏著書二八四頁を参照。
(80) 『鶴山文集』巻一八、奏議「応詔封事」や、『西山文集』巻一三、対越乙藁、奏箚「召除戸書内引箚子一」、および同書同巻「召除戸書内引箚子二」。
(81) 虞雲国『宋光宗宋寧宗』(吉林文史出版社、一九九七年)二七四頁を参照。
(82) 『後村全集』巻一〇八、題跋「崔菊坡与劉制置書」、および崔与之『宋丞相崔清献公全録』巻二「言行録中」。これについては本書第八章三三七〜三三九頁でも論じた。
(83) 周少三『元代史学思想研究』(社会科学文献出版社、二〇〇一年)二〇四〜二〇五頁を参照。
(84) 韓氏①論文一三頁を参照。
(85) 李氏著書一九〜二一頁を参照。
(86) 李氏著書一八〜一九頁を参照。
(87) 第四章旧稿三七頁を参照。本書第四章では一七九頁に当たる。
(88) 李氏著書六七〜一三八頁を参照。
(89) 李氏著書二二三〜二六六頁を参照。

終　章

以上、本書では、南宋時代の四人のいわゆる「専権宰相」を安易に類似した存在として一括りにせず、各政権の権力形態や歴史的個性の相違に着目しながら、南宋一五〇年の政治史を一貫した政治過程として叙述することを試みてきた。最後に本書各章での検討結果を総括し、そこから南宋政治史のいかなる特質が見いだしうるのかを考えてみよう。

第一章では、高宗朝の建炎三年（一一二九）に形成された南宋三省制に、どのような歴史的意義が認められるのかを再検討した。南宋三省制が、制度史的には北宋徽宗朝の公相制からの流れを受けて形成されたこと、およびごく少数の宰執によって文書行政を運用できたその制度的な特徴が、秦檜を独員宰相として長期在任させる要因となったことは先学によりつとに指摘されてきた。しかしこれが金国との戦時に対応するための制度改革であったことからすれば、南宋三省制の施行後、三省の宰執が外地で軍政に従事するようになることに改めて注目する必要がある。すなわち建炎三年（一一二九）から紹興七年（一一三七）にかけては、朝廷内で皇帝を補佐し、文書行政の処理に当たる宰執とともに、宣撫使や都督を兼任して朝廷外で軍事に当たる宰執が生み出され、両者による分業が行われたのであった。本来は文書行政で多忙なはずの三省の宰執を長期にわたって外地に派遣することができたのは、南宋三省制がごく少数の宰執で文書行政を運用可能であるという制度的特質を備えていたからであったと考えられる。文書行政を運用できる最低限の宰執を中央に残しさえすれば、そのほかの宰執を外地に出して特務に従事させたとしても、行政には何ら問題は生じなかったからである。南宋三省制は宰執を最前線に派遣し、戦時体制に迅速に移行することを容易にした制度だったのであり、それゆえに常に北方に脅威を抱えた南宋にとってはきわめて適合的な制度であったと結論づけられる。またこの仕組みは南宋末期の対モンゴル防衛においても有効に機能した。賈似道は南宋三省制のもとでこそ、最前線の司令官でありながら宰執ポストを兼任して大きな軍功を立て、政治的な擡頭を遂げることができたのである。

第二章では、孝宗即位直後に起こった宋金戦争から和議締結に至るまで（一一六三〜一一六五）の政治過程を分析し、太上皇帝高宗が現実政治に対してどのように影響力を行使していたのかを論じた。太上皇高宗が対金政策や人事に関与したことは知られていたものの、あくまでも個別事例が列挙されるに止まり、体系的な整理はなされてこなかったからである。分析の結果、太上皇高宗は人事に介入して和平論者を宰執に据えることで、孝宗の対金強硬論に歯止めをかけようとしていたことが明らかになった。さらにそれ以降の孝宗朝から光宗朝にかけての宰執人事においても、その時々の太上皇帝の意向が通時的に反映されていたのであった。宋朝では皇帝・宰執が入念に熟議したうえで政策決定が行われるのが原則であったが、右の状況下でそれを遵守すれば、孝宗が求める対金強硬策を実行するのは困難となる。孝宗があえて皇帝側近の武臣官僚（以下、側近武臣と称す）を重用し、皇帝が「独断」的に政治を行いうる体制を追求したのは、一つには太上皇高宗の影響力を政策決定過程から穏便に排除するためであったと考えられる。そうした体制が寧宗朝にまで温存されたことが、韓侂冑による権力掌握を引き起こす一因になったと考えられよう。

第三章では、紹熙五年（一一九四）の寧宗即位直後に南宋中央で行われた韓侂冑と趙汝愚の政治抗争に注目した。韓侂冑はこの政争での勝利を契機に中央政治に大きな影響力を行使するようになるが、韓侂冑が勝利しえた要因については、これまでは右で見た孝宗の政治路線が寧宗朝にまで継承されたことばかりに帰せられていた。しかしそれでは孝宗朝の側近武臣と異なり、なぜ韓侂冑だけが大きな実権を掌握できたのか説明できなくなる。そこで従来よりもミクロな視点から当時の政治を観察した結果、寧宗が即位から半年もの間、皇帝の宮城ではなく、本来は太上皇帝が住まうべき重華宮（宮城の北東に設けられた離宮）を行宮とし、そこで政治を行っていたことが判明した。きわめて特異な状況が展開されていたといえるであろう。しかも重華宮は都堂（宰執の執務場所）からも遠く離れており、当時の皇帝と宰執の面会機会は著しく減少していた。かかる状況下においては、皇帝・宰執間の意思疎通は御筆などの文書を介した方法に頼らざるをえなくなる。ところが韓侂冑は側近武臣としても、または外戚としても重華宮に自由に出入して寧宗に近侍することが可能であった。韓侂冑はこうした特異な閉鎖性を利用して寧宗の信任を独占し、寧宗に御筆を出させることで人事を恣意的に左右した。韓侂冑は自身に近い人物を言路官に配置し、彼らに趙汝愚に近い人物を弾劾させることで趙汝愚との政争に勝利したのであった。孝宗朝の側近武臣が持ちえなかった優位性を韓侂冑が保持しえたこと、ここに韓侂冑が中央政治を壟断しえた大きな要因が見いだされる。

孝宗朝から韓侂冑政権まで、四十年にもわたって断続的に現れた皇帝による「独断」的政治運営は、韓侂冑暗殺後に宰相をトップとする史彌遠政権が成立すると影を潜めるようになる。史彌遠政権のもとでは、政治を主導する宰相の姿が再び見られたのであった。それでは孝宗以来の政治路線はいかにして終焉を迎え、宰相の政治的な影響力の回復はどのようにして果たされたのか。第四章ではこの問題を議論した。韓侂冑暗殺後の南宋官界では、韓侂冑による権力掌握を惹起し、対金戦争の敗北をもたらした原因として、寧宗の政治姿勢を批判する議論が多く提示された。かかる寧宗の政治姿勢は、実は孝宗の政治路線を継承したものであったが、官界の批判もそれを認識したうえで展開されていた可能性が高い。恐らく当時の士大夫官僚は、皇帝による「独断」的政治運営が国家を危機に陥れたことに反発し、皇帝と宰執とが熟議して政策を決定する体制への回帰を求めていたのであろう。そうした官界の輿論に後押しされ、二つの政治的な改変が行われた。一つは嘉定資善堂会議の設置であり、皇太子を皇帝視朝の場に侍立させるとともに、視朝終了後には皇太子と宰執に政事を会議させることが定められた。皇帝から皇太子に一定レヴェルの政策決定権が委譲され、それを宰執が皇太子の顧問として監督することにより、政策決定における宰執の影響力の回復が図られたものと考えられる。もう一つの改変は、枢密院承旨司の宰相直轄化であった。孝宗朝以降、枢密院承旨司は皇帝の「独断」的政治運営を実現するための命令伝達ルートとして機能した。ところが史彌遠は自らが信任する実務官僚に、枢密院承旨司の責任者をかわるがわる務めさせることで、この命令伝達ルートを宰相に直属させたのであった。これらの改変によって史彌遠が中央政治を主導しうる体制が整えられたが、それは右で見たように当時の士大夫官僚の輿論が求めた結果であったといえる。

第五章では、これまで斯界で存在が見逃されてきた『四明文献』なる史料について、その史料価値とそれが編纂された元来の目的とを明らかにした。『四明文献』は元末明初の人鄭真によって編まれ、そこには宋元時代の明州慶元府（現在の浙江省寧波市）出身者の従来知られていなかった文章が多数収められていた。宋代の文献史料が新たに発見される可能性は低いとされてきたことからすれば、それら収録文章の史料価値はきわめて高い。しかも『四明文献』所収の史彌遠「宋故淑人黎氏壙記」の文言が、近年出土した同名の石刻史料の文言とほぼ一致することから、『四明文献』所収の諸史料の信憑性の高さも明らかである。それでは鄭真はなぜこうした史料を編纂したのであろうか。『四明文献』に収められた文章の大半は鄭氏・史氏・王氏のものであり、しかも鄭氏・史氏・王氏は婚姻・学縁によって相互に親密な関係にあった。他方で、鄭氏は科挙及第者も高官も輩出したことがなく、名族としてはきわめて脆弱な存在であったが、史氏・王氏は宋代に高官・大学者を多数輩出した明州有数の名族であった。また鄭真が生きた明初は、元代に一時中断されていた科挙が復活したことで、宗族結合の動きが再び活性化した時代でもあった。とすれば、鄭真が『四明文献』を編纂した目的は、鄭氏・史氏・王氏間の親密な関係を強調することにより、名族としては微妙な立場にあった鄭氏を改めて名族として位置づけ直そうとすることにあったと推測されるのである。

第六章では、『四明文献』に収められた史彌遠の神道碑の節略文を『四明文献』の各種のテキストで校勘し、その訓読・注釈の試案を作成して提示した。本史料は関連史料が極端に乏しい史彌遠についての、現存する最古の伝記史料であるといえよう。そこには理宗が即位後、宮中のことを取り決める際や、外廷に関する何らかの文書を下す際には、それに先立って皇太后楊氏への報告を必ず行っていた事実や、理宗と楊氏の間を史彌遠が取り持っていたことなど、当時の政治のあり方を示す貴重な事実が理宗の手によって記されていた。また史彌遠の神道碑は淳祐十二年（一二五二）に建立されており、その建立事情には当時の政治的な事情が強く反映されていたものと考えられる。これについては第九章付論で論じられる。

第七章では、第六章と同じく清末の族譜に収められていた史彌堅（史彌遠の異母弟）の墓誌銘の原文を複数の族譜収録のテキストで校勘し、その訓読・注釈の試案を作成して提示した。そこには史彌遠が韓侂冑暗殺を主導した際に、史彌堅までもが協力していたことや、史彌遠政権で執政官を務めた葛洪・喬行簡が実は史彌堅に推挙されていたことなど、四明史氏にまつわる新事実が記されていた。これらの情報は第一〇章の分析で活用される。

第八章では、寧宗朝後期に成立した史彌遠政権がいつ頃から強権政治に傾斜していったのかを論じた。通説では、史彌遠政権は当初から強権的な政治を行い、自らに逆らった道学派士大夫を中央から排斥するなど、反道学派の立場にあったものと見なされていた。しかし実際には史彌遠もまた道学者の楊簡に師事した過去があり、朱熹に近い士大夫ともつながりを有していた。嘉定七年（一二一四）の対金歳幣をめぐる議論では、史彌遠が歳幣の継続を主張したのに対し、寧宗は真徳秀ら福建・朱門系の士大夫（福建出身者、もしくは朱熹の思想に強い影響を受けた士大夫）の唱える強硬論を支持し、対金歳幣の停止が決定された。当時の史彌遠は、中央の政策決定を自分の意のままに壟断することなどしておらず、対金強硬論者とも協調しながら政権を運営していたといえる。だが嘉定十年（一二一七）の宋金戦争により、史彌遠の政治姿勢は一変する。このとき最前線の司令官には、史彌遠とも親しい関係にあったと思しき李珏が起用された。李珏は福建出身者で、朱熹の高弟黄榦とも親しい強硬論者であった。そのため李珏の幕僚には福建・朱門系の人物が多く名を連ね、彼らが立案した軽率な作戦は南宋軍を緒戦で大敗させた。史彌遠が模索した対金和平の道も、寧宗が福建・朱門系の官僚が唱える強硬論に同調したことでまたも阻まれた。宰相として引き続き戦争を主導せねばならない立場にあった史彌遠は、中央と最前線の動きを強力に統制する必要に迫られた。そのため史彌遠は最前線の二箇所の司令官職を自らの姻戚に委ねたほか、中央の宰相の属官ポストや執政官にも自らの腹心や姻戚を続々と起用し、強権的に政治を運営しうる体制を整えていった。その過程では福建・朱門系の人物は必然的に排斥された。こうして形成された戦時体制は宋金戦争では有利に機能したものの、福建・朱門系の士大夫に強い不満を懐かせ、それが理宗朝における史彌遠と魏了翁・真徳秀との激しい対立を準備したものと考えられる。また史彌遠が形成した、最前線の司令官を中央の宰相が強力に統制するというあり方は、理宗朝の史嵩之・賈似道が築いた防衛体制の祖型になったと見なしうることでも注目される。

第九章では、『四明文献』所収の史料を活用し、史彌遠政権末期から理宗親政の成立に至るまでの政治過程を検討した。これまで理宗の親政については、紹定六年（一二三三）の史彌遠の死によって開始されたとする通説と、同三年（一二三〇）に理宗が史彌遠の影響力を排除する政変を起こしたことで成立したとする寺地遵氏の所説とが並存していた。しかし寺地氏の所説の論拠となっていた史料は、必ずしも時系列が正確に描写されたものではなく、『四明文献』所収の史料には、史彌遠が紹定三年（一二三〇）以降も南宋中央において大きな影響力を行使していたことが示されていた。また端平元年（一二三四）以降の南宋中央の政治過程を見ると、当時の理宗は自身の擁立に功績のあった宰相鄭清之に配慮し、自らが望む対モンゴル政策を推し進めることができていなかったことがうかがわれ、理宗親政の成立を同六年（一二三三）とする通説にも疑問が残る。すなわち端平元年（一二三四）に鄭清之の主導で行われた河南出兵で南宋側がモンゴルに大敗して以降、理宗は和平を前提とした防衛体制の構築を提言した喬行簡の主張を支持していた。ところが鄭清之がなおも主戦論を主張したため、当時の南宋中央では和平路線と強硬路線が並行されることになったが、こうした国策の分裂は前線を混乱させ、襄陽府の失陥という容易ならざる事態を引き起こすことになった。理宗は端平三年（一二三六）に鄭清之を騙し討ち同然に宰相職から罷免し、さらに翌年には自らを擁立した鄭清之の功績を公式記録から削除するという二重の排斥を行い、ようやく自らのもとに対モンゴル政策を一元化することに成功したのである。それにともなう南宋の国防体制の整備は、結果的に南宋・モンゴルの南北対峙を四十年の長きにわたって持続させる要因として作用したのであった。

付論では、淳祐七年（一二四七）に宰相に復帰した鄭清之に焦点を当て、当時の鄭清之が盛んに自身の理宗擁立の功績を公式記録に残そうと画策していたことを指摘した。鄭清之は理宗の即位が競争者の皇子趙竑を出し抜いてなされた危ういものであったことを上奏文で暴露したほか、理宗擁立が史彌遠と自分の画策によるものであることを上奏に記し、それを史館に送ることまでをも求めていたのである。自らの姪（おい）に帝位を継がせようとしていた理宗は、同じく皇姪から皇帝位を継承した自身の即位の正当性に傷をつけたままにするわけにもいかず、鄭清之の死後に建立した史彌遠の神道碑のなかに、自身の即位が正当であったことを示すエピソードを改めて記すことになったのであった。

第一〇章では、史彌遠政権以降の四明史氏に内紛があったとするリチャード・デイビス氏と黄寛重氏の所説の当否を検証した。両氏によると、史氏の一族としての結束は、道学派に共鳴する史氏の族人が史彌遠や史嵩之の政治を批判し始めたことで乱れが生じ、これがのちに史氏が衰退する原因になったという。しかし『四明文献』所収の史氏関連の諸史料や史彌堅の墓誌銘からは、史氏の族人が史彌遠や史嵩之と対立していた痕跡は見いだせず、むしろ批判的だったとされる族人が史彌遠や史嵩之の政権運営に協力していたのではないかとさえ推測された。先学の所説には問題があったといわざるをえない。そもそも史氏が繁栄しえたのは、理宗が史彌遠や史嵩之の対金防衛や対モンゴル防衛の手腕を高く評価していたからであった。ところが史嵩之・史宅之の退場後、国防の重任を担える人材は史氏の内部からは払底してしまう。その間隙を縫って擡頭したのが賈似道であった。賈似道は史氏の姻戚だったことから最前線の重要官職を歴任し、史宅之が急逝した頃には最前線の司令官にまでなっていた。理宗は史氏に代わって対モンゴル防衛を担いうる人材として賈似道に白羽の矢を立てたのであり、これが賈似道政権の成立につながったものと考えられる。

第一一章では、両淮防衛軍への軍糧供給体制が理宗朝でどう変化したのかを考究した。モンゴルと開戦して以降、最前線の淮東には九万人以上の南宋軍が置かれたものと推算される。これは総領所の軍糧供給能力を超過する軍兵数であった。南宋政権による軍隊の統制は、軍糧供給を中央が掌握することでなされていた。当時の南宋中央にとって、新たな軍糧供給体制を創出することは急務であったといえる。かかる状況下で、嘉熙三年（一二三九）に平江府に新設されたのが浙西両淮発運司であった。発運司は両淮の軍糧の原資である浙西の米の和糴・運搬を総攬したが、その米を最前線に引き渡すには南宋中央からの許可を受けることが義務づけられていた。南宋中央は発運司を通じて最前線の軍隊を統制していたといえる。しかし膨大な米が浙西で長期にわたって和糴され続けたことは、浙西の米価や社会を不安定化させることになった。賈似道が発運司を廃止して公田法を施行したのはその解決のためであった。賈似道は公田から収穫される米を最前線の軍糧に充てることで、和糴の持つ不安定性を克服しようとしたのである。しかも公田米の運搬は浙西提刑司によって統括されたが、その最前線への引き渡しにもまた南宋中央からの許可が必要とされた。南宋政権はモンゴルとの開戦以降も最前線への軍糧供給を掌握することで軍隊を強力に統制し続け、それによって戦線を長期にわたって維持することに成功したといえる。公田法の施行は南宋の国防とっては必須であったが、それは士大夫官僚から強い反発を受ける政策でもあった。賈似道がそうした反発を受けながらもこうした政策を強行できたのは、理宗からの後押しがあったからであろう。

付章では、韓冠群・李超両氏によって示された本書第四章の旧稿に対する批判について、その当否を検証した。しかしその結果、韓冠群氏は第四章旧稿が踏まえていた日本の先学の業績を無視していたうえに、李超氏に至っては中文訳された第四章旧稿以外の拙稿の論旨すら理解できておらず、全く的外れな批判に終始していたことが判明した。また李超氏が唱える仮説には、歴史事実に照らして明らかに誤っており、成り立ちようのないものが見られたほか、韓・李両氏が偏向した史料を無批判に用いて議論を展開している箇所もあった。韓・李両氏の批判は斯界の知見を前進させるものではなく、現在のところ第四章旧稿の論旨を変更する必要はないというのが付章での結論であった。

以上各章の議論からまず気づかされるのは、寧宗朝に至るまでの南宋政治においては、宰相として中央政治を主導した「専権宰相」（秦檜・史彌遠）と、皇帝の側近武臣として権力を壟断した「専権宰相」（韓侂冑）とが交互に出現していたことである。このうち後者は、孝宗が行った皇帝による「独断」的な政治運営が、寧宗朝にまで継承されたことで登場した「専権宰相」であった。この事実だけを見ると、本書序章で否定した政治権力をめぐる皇帝・宰相間の綱引きが、実際には南宋政治上で展開されていたかのようにも思える。しかし孝宗が「独断」的な政治運営を行ったのは、宰相の権力を抑制するためというよりは、むしろ太上皇帝の影響力を排除するためであった。元豊官制の成立以降、宋朝の宰相は皇帝の意思の忠実な遂行者となったはずであったが、孝宗朝では太上皇帝が長期にわたって存命していたことにより、必ずしもそうはならない状況が生まれていたわけである。右の「専権宰相」の顔ぶれの変遷だけをもって、寧宗朝までの南宋政治史の展開を、のちの明の太祖による宰相制度の廃止の前史と見なし、両者を安易に結びつけるのはなおも慎重さを要するように思われる。

次に注目されるのは、北宋後期から南宋への諸制度の連続性という点からだけでは、南宋における「専権宰相」の出現を説明しきれないことが鮮明になったことであろう。北宋末の公相制の流れを汲む南宋三省制は、確かに秦檜政権の長期化をもたらす制度的な基盤となり、同じく北宋後期に誕生した御筆制度は、孝宗による「独断」的政治運営の実現や、韓侂冑による権力掌握が果たされるための有力な手段となった。しかし南宋三省制は、金国との戦争に対処するために設けられた制度でもあった。秦檜が主戦論者の政策が行き詰まるなか宰相に就任し、宋金和議を締結に導いたことは第一章で見た。秦檜は和平の維持のために主戦論者を厳しく弾圧したが、政権の長期化はそうした動きの結果としてもとらえられる。また孝宗が「独断」的な政治運営を志向したのは、対金政策の方針をめぐって太上皇高宗と意見を齟齬させたためであった。韓侂冑が平章軍国事に就任し、正式に国政に当たるようになったのも対金北伐のためであったし、史彌遠もまた対金戦争を主導するために戦時体制を形成し、強権政治を行うようになっていった。史彌遠の死後、理宗が対モンゴル主戦論と和平論とで対立する宰相二人のうち主戦論者の宰相を罷免し、対モンゴル政策を強引に一元化していたことも見逃せない。その後、賈似道が対モンゴル防衛の司令官として活躍し、それによって中央政治を壟断するに至ったことも、本書で論じた通りである。

つまり南宋一五〇年の政治史においては、対金・対モンゴル政策を決定する主導権を、特定の人物のもとに一元化させようとする傾向が顕著に見られ続け、「専権宰相」もまたその動きのなかで登場していたのである。南宋政権は常に金国やモンゴルの動向に神経をとがらせ、その時々の状況に応じて中央の対外政策の方針や最前線の作戦行動を統一させねばならなかった。さもなければ、国内の議論は強硬論者と和平論者との間で二分されてしまい、最前線の軍事行動に混乱をきたすのは必至だったからである。そのためには国家意思を正しい方向に、かつ迅速に決定することこそが肝要であり、そのプロセスを主導するのが皇帝であるのか宰相であるのかは二次的な問題であった。皇帝に信任できる宰相がいれば、皇帝は自らの方針をその宰相に委ねて対外政策を推進させるが、そうでなければ孝宗・理宗のように皇帝が自ら前面に出て対外政策を主導することもありえたわけである。これは本書序章の第三節で見通した、北宋神宗以降の皇帝政治のあり方から逸脱するものではないといえる。

南宋が北宋後期から継承した諸制度は、間違いなく南宋政治の展開を規定した重要な要素であったし、南宋三省制や孝宗の「独断」的政治運営の形成も北宋後期の制度の延長線上に見据えることができた。したがって、「専権宰相」が宋代政治史の流れから完全に逸脱した存在であったわけでは決してない。しかし同時に、四人の「専権宰相」の出現が、南宋と金・モンゴルとの南北対峙の状況をいわば触媒として果たされていたこともまた事実なのであった。南宋は金国・モンゴルとの戦争に対処しうる体制を旧来の制度の枠組みのなかで築こうと模索しただけでなく、ときにはそのために枠組み自体の改変や新たな制度の創造までをも行った。「専権宰相」はそうした非常事態を切り抜けようとする苦闘のなかで姿を現していた。北宋後期の制度から必ずしも直線的に生み出されていなかったという意味では、「専権宰相」は変則的な要素をも少なからず備えた存在だったのであり、我々はそうした側面も正当に評価して初めてその等身大の実像に迫ることができるのである。北宋後期に創出された元豊官制は、金国・元朝に継受されて新たな発展を示し、それが明朝の官制の原型となっていった。南宋も同じく元豊官制を継承したが、金国・モンゴルの擡頭という東アジアの激動のなかでそれとは異なる変化を遂げたのであった。その結果もたらされた四人の「専権宰相」の出現とは、元豊官制のもう一つの可能性の表出であったともとらえられる。それは政治制度史的には明清時代に直接つながるものではなかったものの、「専権宰相」が金国・モンゴルに対抗するためにとった諸政策に目を向けると、その出現にはやはり一定の歴史的な意義が認められる。例えば、南宋末の賈似道が設置した広大な公田は、元朝・明朝の重要な財源となっただけでなく、後世の江南中国の政治・社会に大きな影響を残すことになった。本書では論じられなかったが、南宋初期の秦檜政権が施行した経界法もまたその点では同様であろう。

「専権宰相」の出現をも内在させた整合的な宋代政治史像を構築するために、南宋一五〇年の政治史を一貫した視点から見通そうとしてきた本書の所期の目的は、以上の考察によって不十分ながらも一応は達せられたといえるであろうか。なおも追究すべき論点は多いことを自覚しつつも、これをもって本書を擱筆する。

あとがき

本書は、二〇一〇年に北海道大学に提出した博士論文「南宋中期政治史研究」（主査：三木聰先生、副査：吉開将人先生・橋本雄先生）をベースに、その後発表した論考のほか、新たに書き下ろした論考を加えて一書にまとめたものである。博士論文の提出から本書の出版までかくも長い時間を要したのは、博士論文が南宋中期の政治史のみしか射程にとらえられていなかったことに対し、私自身がその不十分さを痛感していたためであった。その後、南宋前期・後期の政治史についての研究をいくらか重ね、改めて南宋政治史の全体像を自分なりに素描しようと試みたのが本書である。私の著書刊行の計画が遅々として進まないことを常にご心配して下さった三木・吉開両先生のご厚情に深甚なる謝意を表するとともに、生来の不敏のため、なおも口頭試問の場で頂いたご指摘に十分応えられるものになっていないことを恥じるばかりである。

本書の出版に当たっては、日本学術振興会令和六年度科学研究費補助金（研究成果促進費・学術図書、課題番号：24HP5075）による助成を受けた。また本書に書き下ろした論考（序章・第一章・終章）と付章の旧稿は、同じく日本学術振興会令和二年度科学研究費補助金（基盤研究（C）「伝統中国の官僚体系の継承と変質――南宋時代の人事政策と下級知識人――」、課題番号：20K01003）による研究成果の一部である。記して感謝申し上げる。また刊行をお引き受け頂いた汲古書院の三井久人社長と、的確な編集を行って下さった小林詔子氏に厚くお礼申し上げる。

私の学問生活は一九九八年に高知大学人文学部に入学したことでスタートした。当時の高知大学には人文学部に明清史の三木聰先生と秦漢史の大櫛敦弘先生が在籍され、教育学部に宋元史の遠藤隆俊先生が在籍されていた。早くから南宋史を専攻したいと考えていた私は、二年次から先生方の史料講読ゼミに加えて頂き、漢文史料と格闘する毎日を過ごすようになった。今ではすっかり失われてしまった、独法化前の地方国立大学の穏やかで和やかな雰囲気が懐かしく思い出される。三木先生はお酒がお好きで、ゼミが終わるとそのまま日本史や西洋史の学生も交えた宴会に移行することが多かった。そうした席上で、歴史学の研究手法や歴史学徒としての心構えについてのお話を、私はしばしば三木先生にせがんだのであった。当時の私は史学に魅了されつつも、これをどう学んでいくべきか懊悩していた。三木先生は酒席に不釣り合いな私の問いを面倒がられることもなく、史料を扱うことの面白さや歴史学徒が持つべきモラルについて、ご自身の体験を踏まえつつ丁寧にご教示して下さった。歴史学とは何かを私に示して下さったのは三木先生であり、その教えは自分にとっての礎となっている。

二〇〇二年からは北海道大学大学院に進学し、そのまま二〇一一年に博士の学位を取得するまで在籍することになった。三木先生もまた私の進学と同時期に北海道大学に異動となり、大いに驚くことになった。北海道大学では宋代法制史の津田（高橋）芳郎先生のご指導を仰いだ。大学院生としての生活はそれなりに忙しく、午前中から夜まで研究室に詰めて史料読解や文献講読に励む毎日だった。昼休みには、昼食を終えた津田先生と三木先生が連れ立って学生研究室にやって来られ、中国古代史の吉開将人先生や北魏史の松下憲一先生（現愛知教育大学）も交え、コーヒーをすすりながら談笑されるのが常で、それを拝聴するのが私にとっての日々の楽しみだった。そういった場で、津田先生はご自身の留学時代の思い出や、ご自身の考える伝統中国の社会像などをしばしば学生たちに語って下さったのであり、その一つ一つが私にとって無上の財産になっている。伝統中国とはいかなる世界かを私に示して下さったのは、津田先生にほかならない。

津田先生のお話のなかで、最も印象深かったのが上海図書館での明版『名公書判清明集』との邂逅についてであった。自分もその顰みに倣い、中国での史料調査に独力で挑んでみたいという思いは抑えがたいものとなっていった。そうしたなか、二〇〇六年から二〇〇八年にかけて、張希清先生の受け入れで北京大学に留学する機会を得た。この期間中に出会ったのが、本書第五章で紹介した『四明文献』であった。北京大学図書館の古籍閲覧室において、眼前の約園刊本の『四明文献』が紛れもなく新史料であると悟った瞬間に、全身の血が逆流するかのような興奮を覚えたことを今でもはっきりと思い出す。

帰国後、博士論文の執筆に向けて動き出した矢先、二〇〇九年三月二十二日、津田先生が出張先の北京で急逝された。何度現実を恨み、煩悶したことだろう。思えば津田先生の下で研究に励んだ日々は、私にとって至福の時間であった。もちろんそれにも終わりがあることは分かってはいたが、それは私の修了、もしくは先生のご退休によるものと信じて疑わなかった。先生の生前に博士論文を提出することも、そのご学恩に報いることも適わなかったことが、悔やまれてならない。

津田先生の逝去後、研究を続けることに迷いを生じた私は、本書第五章の旧稿をなかば絶筆のつもりで書き上げた。その旧稿の公刊後、お手紙をお寄せ下さり、さらなる研究の進展を促して下さったのが広島大学名誉教授の寺地遵先生であった。南宋政治史研究のパイオニアとして私淑申し上げていた寺地先生の励ましのお言葉に、もう少し研究を続けてみようと考えることができるようになった。ありがたいことに、寺地先生との学問的な交流は現在に至るまで続いている。

博士論文の提出から一年後、日本学術振興会の特別研究員に採用され、二〇一二年から東京の東洋文庫で研究を続けることになった。受け入れて下さったのは山本英史先生（現慶應義塾大学名誉教授）であり、東京では斯波義信先生（東洋文庫文庫長）や近藤一成先生（現早稲田大学名誉教授）の研究会にも参加させて頂いた。また研究会の席上でお目にかかった徳永洋介先生（富山大学）のお誘いにより、先生主催の『皇明条法事類纂』『慶元条法事類』読解の研究会や、小島浩之先生（東京大学）主催の『大唐六典』読解の研究会に参加させて頂けるようになったことは、自分にとっての転機となった。当時の私は制度史方面の知識不足を強く自覚し、独力で足掻いているさなかであった。私にとってこれらの研究会への参加はまさに旱天の慈雨に等しく、中国史全体を通じて制度史を見つめ直す大きなきっかけとなった。徳永先生のお話から新たな着想を得ることもしばしばであり、それらは本書の随所に反映されている。

二〇一五年十月から奉職している熊本大学では、同じく中国史を専門とされている伊藤正彦先生や黨武彦先生はもちろんのこと、日本史・西洋史・考古学・文化史・地理学など、他分野の同僚の諸先生から毎日のように多くの学問的刺激を賜っている。とくに安易に妥協することなく、学問的な思索を誠実に深めていく伊藤先生の姿勢には学ぶところがきわめて大きい。こうした環境に身を置けていることの幸運さを日々嚙みしめている。

活動の場を九州に移してからは、津坂貢政氏（現東北文教大学）のお誘いにより、高津孝先生（現鹿児島大学名誉教授）主催の宋代文献研究会に参加させて頂くことになった。研究会での史料講読を通じて、山根直生氏（福岡大学）や舩田善之氏（広島大学）・宮崎聖明氏（別府大学）らほかの参加者と学問的な交流を行うことは日々の活力の源泉となっている。本書第六章・七章の「史彌遠神道碑」と「史彌堅墓誌銘」の訓読・注釈の試案も、そこでの発表内容を基に作成したものである。言うまでもなく、試案の誤りの責任は私に帰すものであるが、研究会の場でご批正して下さった参加者の方々にお礼申し上げる。

以上にお名前を記すことができなかった方々を含めて、心からの感謝の意を申し上げたい。

また私事ではあるが、研究という道を選んだがばかりに、多大な苦労をかけてしまったにもかかわらず、常に前進するよう励ましてくれた父勝昭・母宣子の名前をここに記すことをとくにお許し願いたい。両親の温かい支えがなければ、私が研究を続けることは到底できなかったろう。

最後に、まだ見ぬ畏るべき後生が本書の未熟な議論を糧の一つにして、本書の枠組みを大きく超えた新たな南宋政治史像を紡いでくれることを願ってやまない。それが近い将来のことになるのか、はたまたはるか先のことになるのか見当もつかないが、それこそ歴史家冥利に尽きる出来事なのであるから。

二〇二五年一月十三日

小林　晃　識

Political History of the Southern Song Dynasty

AKIRA Kobayashi

Contents

索　引

【凡例】

地名・官職名・人名の雅称や異称による煩を避けるため、本文・注いずれにおいても引用史料からは語彙を採録しないものとする。

事項索引

サ行

タ行

ナ行

ハ行

マ行

ヤ行

人名索引

サ行

タ行

ラ行

史料名索引

ア行

カ行

タ行

ナ行

ハ行

マ行

ヤ行

ラ行

研究者名索引

サ行

タ行

著者紹介

小林　晃（こばやし　あきら）

1979年　神奈川県に生まれる

2002年　高知大学人文学部卒業

2011年　北海道大学大学院文学研究科博士後期課程修了

現在　　熊本大学大学院人文社会科学研究部（文学系）准教授

主要業績

「元代浙西の財政的地位と水利政策の展開」（宋代史研究会研究報告第11集『宋代史料への回帰と展開』汲古書院、2019年所収）ほか。

汲古叢書188

南宋政治史論

二〇二五年二月二十日　発行

著　者　小　林　　晃

発行者　三　井　久　人

整版印刷　㈱　精　興　社

発行所　汲　古　書　院

〒101-0065　東京都千代田区西神田二-四-三

電　話　〇三（三二六五）九七六四

ＦＡＸ　〇三（三二二二）一八四五

牧製本印刷株式会社

ISBN978-4-7629-6087-1　C3322

166	渤海国と東アジア	古畑　徹著	品　切
167	朝鮮王朝の侯国的立場と外交	木村　拓著	10000円
168	ソグドから中国へ―シルクロード史の研究―	栄　新江著	13000円
169	郷役と溺女―近代中国郷村管理史研究	山本　英史著	13000円
170	清朝支配の形成とチベット	岩田　啓介著	9000円
171	世界秩序の変容と東アジア	川本　芳昭著	9000円
172	前漢時代における高祖系列侯	邉見　統著	10000円
173	中国国民党特務と抗日戦争	菊池　一隆著	10000円
174	福建人民革命政府の研究	橋本　浩一著	9500円
175	中國古代國家論	渡邊信一郎著	品　切
176	宋代社会経済史論集	宮澤　知之著	9000円
177	中国古代の律令と地域支配	池田　雄一著	10000円
178	漢新時代の地域統治と政権交替	飯田　祥子著	12000円
179	宋都開封の成立	久保田和男著	12000円
180	『漢書』の新研究	小林　春樹著	7000円
181	前漢官僚機構の構造と展開	福永　善隆著	14000円
182	中国北朝国家論	岡田和一郎著	11000円
183	秦漢古代帝国の形成と身分制	椎名　一雄著	13000円
184	秦漢統一国家体制の研究	大櫛　敦弘著	15000円
185	計量的分析を用いた北魏史研究	大知　聖子著	11000円
186	中国江南郷村社会の原型	伊藤　正彦著	22500円
187	日中戦争期上海資本家の研究	今井　就稔著	9000円
188	南宋政治史論	小林　晃著	13000円
189	遼金塔に関する考察	水野　さや著	9000円
190	中国古代帝国の交通と権力	莊　卓燐著	8000円

（表示価格は2025年２月現在の本体価格）

133	中国古代国家と情報伝達	藤田　勝久著	15000円
134	中国の教育救国	小林　善文著	10000円
135	漢魏晋南北朝時代の都城と陵墓の研究	村元　健一著	14000円
136	永楽政権成立史の研究	川越　泰博著	7500円
137	北伐と西征—太平天国前期史研究—	菊池　秀明著	12000円
138	宋代南海貿易史の研究	土肥　祐子著	18000円
139	渤海と藩鎮—遼代地方統治の研究—	高井康典行著	13000円
140	東部ユーラシアのソグド人	福島　　恵著	10000円
141	清代台湾移住民社会の研究	林　　淑美著	9000円
142	明清都市商業史の研究	新宮　　学著	11000円
143	睡虎地秦簡と墓葬からみた楚・秦・漢	松崎つね子著	8000円
144	清末政治史の再構成	宮古　文尋著	7000円
145	墓誌を用いた北魏史研究	窪添　慶文著	15000円
146	魏晋南北朝官人身分制研究	岡部　毅史著	10000円
147	漢代史研究	永田　英正著	13000円
148	中国古代貨幣経済の持続と転換	柿沼　陽平著	13000円
149	明代武臣の犯罪と処罰	奥山　憲夫著	15000円
150	唐代沙陀突厥史の研究	西村　陽子著	11000円
151	朝鮮王朝の対中貿易政策と明清交替	辻　　大和著	8000円
152	戦争と華僑　続編	菊池　一隆著	13000円
153	西夏建国史研究	岩﨑　　力著	18000円
154	「満洲国」の日本人移民政策	小都　晶子著	8000円
155	明代国子監政策の研究	渡　　昌弘著	9500円
156	春秋時代の統治権研究	水野　　卓著	11000円
157	燉煌文書の研究	土肥　義和著	18000円
158	唐王朝の身分制支配と「百姓」	山根　清志著	11000円
159	現代中国の原型の出現	久保　　亨著	11000円
160	中国南北朝寒門寒人研究	榎本あゆち著	11000円
161	南宋江西吉州の士大夫と宗族・地域社会	小林　義廣著	10000円
162	後趙史の研究	小野　　響著	9000円
163	20世紀中国経済史論	久保　　亨著	14000円
164	唐代前期北衙禁軍研究	林　　美希著	9000円
165	隋唐帝国形成期における軍事と外交	平田陽一郎著	15000円

100	韋述『両京新記』と八世紀の長安	妹尾　達彦著	未　刊
101	宋代政治構造研究	平田　茂樹著	13000円
102	青春群像－辛亥革命から五四運動へ－	小野　信爾著	13000円
103	近代中国の宗教・結社と権力	孫　　江著	12000円
104	唐令の基礎的研究	中村　裕一著	15000円
105	清朝前期のチベット仏教政策	池尻　陽子著	8000円
106	金田から南京へ－太平天国初期史研究－	菊池　秀明著	10000円
107	六朝政治社會史研究	中村　圭爾著	品　切
108	秦帝國の形成と地域	鶴間　和幸著	品　切
109	唐宋変革期の国家と社会	栗原　益男著	12000円
110	西魏・北周政権史の研究	前島　佳孝著	12000円
111	中華民国期江南地主制研究	夏井　春喜著	16000円
112	「満洲国」博物館事業の研究	大出　尚子著	8000円
113	明代遼東と朝鮮	荷見　守義著	12000円
114	宋代中国の統治と文書	小林　隆道著	14000円
115	第一次世界大戦期の中国民族運動	笠原十九司著	18000円
116	明清史散論	安野　省三著	11000円
117	大唐六典の唐令研究	中村　裕一著	11000円
118	秦漢律と文帝の刑法改革の研究	若江　賢三著	12000円
119	南朝貴族制研究	川合　　安著	10000円
120	秦漢官文書の基礎的研究	鷹取　祐司著	16000円
121	春秋時代の軍事と外交	小林　伸二著	13000円
122	唐代勲官制度の研究	速水　　大著	12000円
123	周代史の研究	豊田　　久著	12000円
124	東アジア古代における諸民族と国家	川本　芳昭著	品　切
125	史記秦漢史の研究	藤田　勝久著	14000円
126	東晉南朝における傳統の創造	戸川　貴行著	6000円
127	中国古代の水利と地域開発	大川　裕子著	9000円
128	秦漢簡牘史料研究	髙村　武幸著	10000円
129	南宋地方官の主張	大澤　正昭著	7500円
130	近代中国における知識人・メディア・ナショナリズム	楊　　韜著	9000円
131	清代文書資料の研究	加藤　直人著	12000円
132	中国古代環境史の研究	村松　弘一著	12000円

67	宋代官僚社会史研究	衣川　強著	品　切
68	六朝江南地域史研究	中村　圭爾著	15000円
69	中国古代国家形成史論	太田　幸男著	11000円
70	宋代開封の研究	久保田和男著	10000円
71	四川省と近代中国	今井　駿著	17000円
72	近代中国の革命と秘密結社	孫　江著	15000円
73	近代中国と西洋国際社会	鈴木　智夫著	7000円
74	中国古代国家の形成と青銅兵器	下田　誠著	7500円
75	漢代の地方官吏と地域社会	髙村　武幸著	13000円
76	齊地の思想文化の展開と古代中國の形成	谷中　信一著	13500円
77	近代中国の中央と地方	金子　肇著	11000円
78	中国古代の律令と社会	池田　雄一著	15000円
79	中華世界の国家と民衆　上巻	小林　一美著	12000円
80	中華世界の国家と民衆　下巻	小林　一美著	12000円
81	近代満洲の開発と移民	荒武　達朗著	10000円
82	清代中国南部の社会変容と太平天国	菊池　秀明著	9000円
83	宋代中國科學社會の研究	近藤　一成著	12000円
84	漢代国家統治の構造と展開	小嶋　茂稔著	品　切
85	中国古代国家と社会システム	藤田　勝久著	13000円
86	清朝支配と貨幣政策	上田　裕之著	11000円
87	清初対モンゴル政策史の研究	楠木　賢道著	8000円
88	秦漢律令研究	廣瀬　薫雄著	品　切
89	宋元郷村社会史論	伊藤　正彦著	品　切
90	清末のキリスト教と国際関係	佐藤　公彦著	12000円
91	中國古代の財政と國家	渡辺信一郎著	品　切
92	中国古代貨幣経済史研究	柿沼　陽平著	品　切
93	戦争と華僑	菊池　一隆著	品　切
94	宋代の水利政策と地域社会	小野　泰著	9000円
95	清代経済政策史の研究	黨　武彦著	11000円
96	春秋戦国時代青銅貨幣の生成と展開	江村　治樹著	15000円
97	孫文・辛亥革命と日本人	久保田文次著	品　切
98	明清食糧騒擾研究	堀地　明著	11000円
99	明清中国の経済構造	足立　啓二著	品　切

34	周代国制の研究	松井　嘉徳著	9000円
35	清代財政史研究	山 本　　進著	7000円
36	明代郷村の紛争と秩序	中島　楽章著	10000円
37	明清時代華南地域史研究	松田　吉郎著	15000円
38	明清官僚制の研究	和田　正広著	22000円
39	唐末五代変革期の政治と経済	堀　　敏 一著	12000円
40	唐史論攷－氏族制と均田制－	池 田　　温著	18000円
41	清末日中関係史の研究	菅 野　　正著	8000円
42	宋代中国の法制と社会	高橋　芳郎著	8000円
43	中華民国期農村土地行政史の研究	笹川　裕史著	8000円
44	五四運動在日本	小野　信爾著	8000円
45	清代徽州地域社会史研究	熊　　遠 報著	8500円
46	明治前期日中学術交流の研究	陳　　　　捷著	品　切
47	明代軍政史研究	奥山　憲夫著	8000円
48	隋唐王言の研究	中村　裕一著	10000円
49	建国大学の研究	山根　幸夫著	品　切
50	魏晋南北朝官僚制研究	窪添　慶文著	品　切
51	「対支文化事業」の研究	阿 部　　洋著	品　切
52	華中農村経済と近代化	弁納　才一著	9000円
53	元代知識人と地域社会	森田　憲司著	品　切
54	王権の確立と授受	大原　良通著	品　切
55	北京遷都の研究	新 宮　　学著	品　切
56	唐令逸文の研究	中村　裕一著	17000円
57	近代中国の地方自治と明治日本	黄　　東 蘭著	11000円
58	徽州商人の研究	臼井佐知子著	10000円
59	清代中日学術交流の研究	王　　宝 平著	11000円
60	漢代儒教の史的研究	福井　重雅著	品　切
61	大業雑記の研究	中村　裕一著	14000円
62	中国古代国家と郡県社会	藤田　勝久著	12000円
63	近代中国の農村経済と地主制	小島　淑男著	7000円
64	東アジア世界の形成－中国と周辺国家	堀　　敏 一著	7000円
65	蒙地奉上－「満州国」の土地政策－	広川　佐保著	8000円
66	西域出土文物の基礎的研究	張　　娜 麗著	10000円

汲古叢書

1	秦漢財政収入の研究	山田　勝芳著	本体 16505円
2	宋代税政史研究	島居　一康著	12621円
3	中国近代製糸業史の研究	曾田　三郎著	12621円
4	明清華北定期市の研究	山根　幸夫著	7282円
5	明清史論集	中山　八郎著	12621円
6	明朝専制支配の史的構造	檀上　寛著	品　切
7	唐代両税法研究	船越　泰次著	12621円
8	中国小説史研究－水滸伝を中心として－	中鉢　雅量著	品　切
9	唐宋変革期農業社会史研究	大澤　正昭著	8500円
10	中国古代の家と集落	堀　敏一著	品　切
11	元代江南政治社会史研究	植松　正著	13000円
12	明代建文朝史の研究	川越　泰博著	13000円
13	司馬遷の研究	佐藤　武敏著	12000円
14	唐の北方問題と国際秩序	石見　清裕著	品　切
15	宋代兵制史の研究	小岩井弘光著	10000円
16	魏晋南北朝時代の民族問題	川本　芳昭著	品　切
17	秦漢税役体系の研究	重近　啓樹著	8000円
18	清代農業商業化の研究	田尻　利著	9000円
19	明代異国情報の研究	川越　泰博著	5000円
20	明清江南市鎮社会史研究	川勝　守著	15000円
21	漢魏晋史の研究	多田　狷介著	品　切
22	春秋戦国秦漢時代出土文字資料の研究	江村　治樹著	品　切
23	明王朝中央統治機構の研究	阪倉　篤秀著	7000円
24	漢帝国の成立と劉邦集団	李　開元著	9000円
25	宋元仏教文化史研究	竺沙　雅章著	品　切
26	アヘン貿易論争－イギリスと中国－	新村　容子著	品　切
27	明末の流賊反乱と地域社会	吉尾　寛著	10000円
28	宋代の皇帝権力と士大夫政治	王　瑞来著	12000円
29	明代北辺防衛体制の研究	松本　隆晴著	6500円
30	中国工業合作運動史の研究	菊池　一隆著	15000円
31	漢代都市機構の研究	佐原　康夫著	品　切
32	中国近代江南の地主制研究	夏井　春喜著	20000円
33	中国古代の聚落と地方行政	池田　雄一著	15000円